Eça
vida e obra de
José Maria Eça de Queirós

MARIA FILOMENA MÓNICA

Eça
vida e obra de
José Maria Eça de Queirós

EDITORA RECORD
RIO DE JANEIRO • SÃO PAULO
2001

CIP-Brasil. Catalogação-na-fonte
Sindicato Nacional dos Editores de Livros, RJ.

M754e Mónica, Maria Filomena, 1943-
Eça: vida e obra de José Maria Eça de Queirós / Maria Filomena Mónica. – Rio de Janeiro: Record, 2001.

Inclui bibliografia
ISBN 85-01-06048-8

1. Queirós, Eça de, 1845-1900 – Biografia. 2. Escritores portugueses – Biografia. I. Título.

00-1714
CDD – 928.69
CDU – 92(Queirós, E.)

Título original em português:
EÇA DE QUEIRÓS

Copyright © by Maria Filomena Mónica

Todos os direitos reservados. Proibida a reprodução, armazenamento ou transmissão de partes deste livro através de quaisquer meios, sem prévia autorização por escrito.
Proibida a venda desta edição em Portugal e resto da Europa.

Direitos exclusivos de publicação em língua portuguesa para o Brasil adquiridos pela
DISTRIBUIDORA RECORD DE SERVIÇOS DE IMPRENSA S.A.
Rua Argentina 171 – Rio de Janeiro, RJ – 20921-380 – Tel.: 585-2000

Impresso no Brasil

ISBN 85-01-06048-8

PEDIDOS PELO REEMBOLSO POSTAL
Caixa Postal 23.052
Rio de Janeiro, RJ – 20922-970

EDITORA AFILIADA

Sumário

Prefácio 7

PARTE I

1. A infância 15
2. Coimbra 23
3. A descoberta da capital 39
4. Évora 47
5. O regresso à capital 63
6. No Egito 73
7. Os mistérios de Leiria 85
8. As Conferências do Casino 109

PARTE II

9. Cuba 127
10. O padre Amaro em Newcastle 145
11. O romance realista 167
12. Obras abandonadas 197
13. Um conto fantástico 215
14. O outro Eça 221
15. Noivado e casamento 241
16. Um ensaio pícaro 255
17. A obra-prima 271

PARTE III

18. Os dias de Paris   303
19. Entre Paris e Lisboa:
    os "Vencidos da Vida"   325
20. O Ultimato na *Revista de Portugal*   339
21. Um dândi imaginário   367
22. O *spleen*   399
23. A tentação bucólica   425
24. O último romance   437
25. A morte   447
26. A segunda morte   455

Conclusão   463
Bibliografia citada   477
Fontes das ilustrações   485
Índice toponímico   487
Índice onomástico   493

Prefácio

Em setembro de 1971, entrava, de olhos abertos e coração aos saltos, na Universidade de Oxford. Oriunda de um país opressivo, educada em meio conservador, tendo freqüentado uma faculdade onde os alunos eram tratados como menores, a mudança representou uma revolução espiritual. Naturalmente, tudo me surpreendeu, mas nada tanto quanto a pessoa do reitor de St. Antony's College, Raymond Carr, que acumulava este cargo com o de meu "supervisor moral". Inesperadamente, numa festa de recepção aos calouros, convidou-me a trocar a sociologia, curso em que acabara de me inscrever, por uma biografia de Eça de Queirós. Como ele muito bem sabia, até por razões institucionais, isto não era fácil. Tentei esquecer o conselho. Mas, encurralada numa sociologia recheada de estatística, muitas vezes o recordei.

Passaram-se meses, anos. Raymond Carr continuava a sugerir-nos, como se de banalidades se tratassem, as mais loucas aventuras. Sisudamente, eu tentava seguir o meu percurso. Entretanto, em Portugal, acontecia uma Revolução. Fiquei no país durante vinte meses. Assisti a comícios, fiz pesquisa, dei aulas. Em 1977, acabava o meu doutoramento. Durante mais de uma década, Eça não fez parte da minha vida. Até que, em 1992, sem um intuito preciso, voltei a ler suas obras. A sugestão de Raymond Carr continuava a parecer-me absurda. Eu não tinha formação em literatura, não dominava a bibliografia, não possuía documentos inéditos. E, no entanto, nada me apetecia tanto na vida quanto compreender este romancista.

Como tantas vezes sucede com as paixões, a atração por Eça começara por uma proibição. Teria eu 14 anos, quando descobri que, nas prateleiras superiores das estantes da casa dos meus pais, havia dois livros, cuja encadernação, extravagante, escondia o vazio. O miolo tinha sido arrancado por minha mãe, uma senhora de sólidas convicções católicas, que temia leituras perigosas em mãos juvenis. Um dos livros era *A velhice do padre Eterno,* de Guerra Junqueiro, o outro, *O crime do padre Amaro*, de Eça de Queirós. Com o dinheiro de várias mesadas, adquiri as obras. Os versos do padre Eterno enfadaram-me mais do que é possível descrever. O mesmo não sucedeu com o outro livro. Enquanto a casa dormia, eu deleitava-me com as aventuras do pároco de Leiria.

Em 1995, decidi arriscar. Era mais do que tempo de fazer o que me apetecesse. Alguns colegas tentaram dissuadir-me, declarando que já existia a biografia escrita por J. Gaspar Simões. O argumento não me afetou. Sabia perfeitamente que nenhuma biografia é definitiva. Vieram, em seguida, as surpresas. A primeira foi a dimensão da bibliografia. Num cálculo rápido, e referindo-me apenas até ao ano de 1984 (fim da edição dos volumes de Guerra da Cal), o número de livros, opúsculos e artigos publicados sobre Eça estaria em torno de 11 mil. Pensei que fosse morrer. Pouco a pouco, fui descobrindo que nem tudo possuía a importância que eu imaginara. Muitas obras eram meras repetições umas das outras; a maioria dos artigos de crítica literária não tinha nenhum interesse.

A crítica tornara-se um campo povoado pelos botânicos das letras, de que Eça nos fala, num dos seus artigos, para a *Gazeta de Notícias*: "Percorrendo os canteiros dum jardim, o botânico conhece cada flor, e o seu nome latino, e o número das suas pétalas e todas as suas variedades e o largo gênero em que se filia e a zona e o terreno que melhor convém ao seu desenvolvimento, etc. etc. Há só na flor uma coisa sobre o que o juízo do velho botânico sempre claudica, ou porque a desdenhe ou porque a não sinta — e é a beleza especial da flor, que está talvez na cor, nas dobras das folhas, na maneira como se mantém na haste, em mil particularidades indefinidas, nesse não sei quê que lhe habita as formas e que faz com que, diante dela, paremos, e a contemplemos, e a apeteçamos e a colhamos."[1] Com a expansão das universidades, esta espécie de críticos, que Eça denunciara há mais de cem anos, multiplicara-se. Não nascendo de uma solicitação íntima, mas da necessidade de ascensão na carreira universitária, os respectivos escritos morriam ao romper da aurora.[2]

Verifiquei, em seguida, que praticamente não existiam biografias em Portu-

---

[1] *Ecos de Paris, Obras de Eça de Queiroz*, Porto, Lello, s/d, vol. 2, pag. 1.201.
[2] Ver, a este respeito, o ensaio que deu o título ao livro, *in* Gertrude Himmelfarbe, *On Looking into the Abyss*, Nova York, Alfred A. Knopf, 1994.

gal. A hegemonia das correntes semióticas, estruturalistas e pós-modernistas, que, a partir dos anos 1960, se abatera sobre as faculdades de letras, tinha liquidado o gênero. A fim de se permitirem o gozo insólito de olhar o texto de forma asséptica, os mandarins mataram o autor. Havia, aqui, mais pedra para quebrar do que eu imaginara. Em março de 1997, sentei-me a uma escrivaninha. Reli, por ordem cronológica, todos os escritos de Eça. Tendo-me apercebido que a sua faceta de jornalista tinha sido negligenciada, optei por lhe dar prioridade. Só depois, de caneta na mão, reli os romances. Consultei, em seguida, tudo o que, de inédito, se tinha publicado, relatórios consulares, cartas de namoradas, notas a amigos. Mesmo assim, estava insatisfeita. Fui em busca de Eça, por leilões, bibliotecas e alfarrabistas. Os resultados foram fracos. Só mais tarde perceberia que o motivo residia no naufrágio do barco que transportara, da França para Portugal, grande parte dos papéis pessoais de Eça.

No verão de 1997 voltei a Oxford. Foi durante este retiro, de três meses, que li várias dezenas de biografias sobre romancistas estrangeiros. O principal sentimento que me suscitaram foi de inveja: os meus rivais tinham acesso a fontes que, nem nos momentos mais otimistas, podia imaginar possuir. Quando verifiquei que, em Portugal, nem sequer existia uma edição crítica das obras de Eça, quase desisti. Mais desesperada fiquei ao constatar ser Eça um senhor tranqüilo, o qual, ainda por cima, levara uma vida sossegadíssima. Seu quotidiano, quando comparado com o de um Balzac, de um Victor Hugo ou de um Charles Dickens, era de uma monotonia terrível. Como Flaubert, Eça não gostava de sair de casa.[3] Grande parte de seu tempo era passado num sofá, a ler, ou, de pé, junto de uma escrivaninha, a escrever. Para que gastar energia contando as miudezas de uma vida sem acidentes?

Salvou-me o *Footsteps*, de Richard Holmes, e o trabalho biobibliográfico de Ernesto Guerra da Cal.[4] O primeiro mostrou-me o que um biógrafo pode fazer; o segundo, que alguém compilara tudo o que sobre Eça, ou de Eça, se tinha

---

[3]Ver as seguintes biografias, P. Ackroyd, *Dickens*, Londres, Minerva, 1991; F. Kaplan, *Dickens: A Biography*, Londres, Sceptre, 1988; H. Lottman, *Flaubert*, Londres, Methuen, 1989; V. S. Pritchett, *Balzac*, Londres, The Hogarth Press, 1992; G. Robb, *Balzac*, Londres, Picador, 1994; G. Robb, *Victor Hugo*, Londres, Picador, 1997; J. P. Sartre, *L'Idiot de la Famille*, Paris, Gallimard, 1988 e H. Troyat, *Flaubert, Paris, Flammarion*, 1998.
[4]R. Holmes, *Footsteps*, Londres, Penguin, 1985 e os *Apêndices* de Ernesto Guerra da Cal, *Lengua y Estilo de Eça de Queiroz*, Universidade de Coimbra, 1975-1984, com a bibliografia ativa e passiva sobre Eça.

publicado. Subitamente as nuvens desapareceram. Queria experimentar, com uma intimidade que não possuíra, os romances que tinha admirado. A verdade é que um autor é grande não por ter nascido aqui ou ali, por ter tido esta ou aquela relação com a mãe, por ter sido feliz ou infeliz no casamento, mas por razões inerentes à literatura. Mas este fato não invalida a biografia como gênero. O atual debate sobre a pertinência deste tipo de obra resulta, em grande parte, do *boom* ocorrido no mundo anglo-saxônico, o qual conduziu à edição de biografias absurdas.

Voltei a sentar-me à escrivaninha, desta vez, em Lisboa. Todos os dias, fizesse sol ou chuva, vivia oito horas na companhia de Eça. No café da manhã, era com ele que conversava. À noite, era nele que pensava. Durante dois anos nada mais me interessou. Literalmente. Dei-me com pessoas esquisitas, apenas porque elas eram capazes de me dar numa pista, viajei por ruas ocultas à procura de casas habitadas por Eça, visitei hotéis onde ele se instalara. Até fui a Tormes.

Percebi, por fim, que não tinha de me preocupar com o fato de a vida de Eça ser despida de acontecimentos exteriores. O que lhe faltara em movimento pelo planeta, sobrara-lhe em capacidade de criar universos. Sua vida era a sua obra. Se a separação entre as duas é sempre artificial, no caso de Eça era-o duplamente. Dei comigo a dar mais atenção aos seus livros do que planejara. Em setembro de 2000, terminava a última versão. Em vez de me sentir aliviada, fiquei triste. Como o amor, a biografia começa por uma curiosidade apaixonada, e como aquele, quando termina, deixa um desconsolo na alma.

Poucas instituições me teriam dado a oportunidade e o financiamento para fazer este trabalho. Agradeço, mais uma vez, ao Instituto de Ciências Sociais, da Universidade de Lisboa, e à Fundação Gulbenkian. Agradeço, em seguida, aos meus amigos, Maria de Fátima Bonifácio, José Cutileiro, Luís Salgado de Matos, Rui Ramos, Vasco Pulido Valente e Antônio-Pedro Vasconcelos. Ao contrário de outros, Fátima acreditou, desde o início, que eu era capaz de escrever este livro. José Cutileiro, que conhece Eça de cor, não se limitou a ler os originais uma vez: repetiu a dose a fim de, segundo ele, comentá-lo conscienciosamente. Luís Filipe lançou sobre o Eça um olhar de tal forma cínico que me obrigou a sair do torpor reverencial em que me abatera. Nos vários almoços em que só falávamos de Eça, Rui ofereceu-me idéias, estímulo e referências bibliográficas.

Com Vasco foi mais difícil, dado que ele considera que os meus livros nunca estão prontos para publicação. Ao fim de tantos anos, seria difícil, quando lhe entreguei o texto, não saber o que me esperava. Ficaram, felizmente, as conversas. Ao tentar convencer-me, numa estrada alentejana, de que Camilo era um escritor superior a Eça, Antônio-Pedro Vasconcelos obrigou-me a refletir longamente sobre as virtudes de meu biografado.

Muitas outras pessoas me ajudaram. Paulo Achmann, que me deixou consultar duas cartas, inéditas, de sua coleção. Na Livraria Histórica-Ultramarina, José Maria Almarjão e Fritz Berkemeier. Na Biblioteca Nacional, Maria José Marinho. Na Biblioteca Pública Municipal do Porto, Maria Helena Braga da Cruz. No *Forum* da Maia, José Valle de Figueiredo. No Arquivo Distrital de Leiria, Acácio de Sousa. No Arquivo Nacional da Torre do Tombo, Paulo Tremoceiro. No ICS, Ana Caridade.

Gostaria ainda de mencionar não só a amabilidade, mas o cuidado da Sra. Maria da Graça Salema de Castro em preservar o pouco que sobreviveu dos papéis de Eça. Se outros familiares não cuidaram do espólio com o zelo que desejaríamos, esta descendente por afinidade tudo fez para redimir erros passados.

A Antônio, não sei como agradecer. Viver comigo não é fácil. Viver com um Eça, que não fazia parte dos planos, deve ter sido insuportável. Apesar de tudo, manteve a calma, o que lhe permitiu insistir em que eu pensasse antes de escrever. Para alguém que não me conhece pode parecer absurdo, mas não é. No final, ainda teve paciência para, mais uma vez, discutir os originais comigo.

Lisboa, 1º de setembro de 2000.

PARTE I

1

A infância

Era o outono de 1845. Os dias andavam cheios de grandes chuvas. Uma jovem, envergando roupas de viagem, saía de uma carruagem na Póvoa do Varzim. Entrou numa casa perto do mar. Tinha 19 anos, estava grávida e era solteira. Chegara de Viana do Castelo. Quando as contrações começaram, Carolina Augusta, assim se chamava, fora despachada pela mãe, Ana Clementina de Abreu e Castro Pereira d'Eça, para a casa de uma tia-avó. Convinha que o parto se realizasse fora do local de residência da família, onde todo mundo gostava de inquirir da vida dos outros. Em 25 de novembro, entre casas brancas e barcos de pesca, nascia José Maria Eça de Queirós.

A criança poderia ter sido entregue na "Roda", a vetusta instituição gerida pela Misericórdia, onde eram depositados os filhos indesejados. Por coincidência, a da Póvoa do Varzim ficava situada mesmo em frente da casa onde o menino viria a nascer, mas Carolina Augusta e o pai da criança, o Dr. José Maria Teixeira de Queirós, quiseram manter o filho. Não era possível, sabiam-no, trazê-lo de volta com eles: nem para Viana, onde vivia Carolina Augusta, nem para Ponte de Lima, onde o Dr. Teixeira de Queirós era delegado do procurador real.

Mãe nenhuma abandona, de alma leve, a criança que acaba de dar à luz. Mas Carolina Augusta conhecia de antemão o seu destino. Resignada, regressou ao lar materno (o pai, o coronel José Antônio Pereira d'Eça, já tinha morrido). O menino ficou em Vila do Conde, entregue a uma ama. Esta, oriunda de Pernambuco, era filha natural de uma criada que estivera a serviço do avô paterno da criança, quando da estada deste no Brasil. Mesmo antes de José Maria nascer, este avô desempenhava um papel crucial em sua vida. Em 18 de novembro de 1845, ou seja, uma semana antes do parto, o pai da criança escrevia a Carolina Augusta, dizendo ter recebido instruções de seu próprio pai, no sentido de que este último orientaria "a criação de meu filho", oferecendo-se "para o mandar criar no Porto, em companhia de minha família, quando a senhora nisto convenha". Informava-a do fato de o desembargador Queirós ter recomendado que, na certidão de batismo, se declarasse ser a criança filha de pai conhecido, "sem todavia se enunciar o nome da mãe". Acrescentava: "Isto é essencial para o destino futuro do meu filho, e para que, no caso de se verificar o meu casamento consigo — o que talvez haja de acontecer brevemente — não seja preciso em tempo algum justificação de filiação". No final, exprimia um desejo: "Espero se ponha ao nosso filho o meu, ou o seu nome, conforme deve ser. Adeus. Acredite sempre nas minhas sinceras tenções e agora mais do que nunca." O tom não é sentimental: nem a ocasião nem os costumes o permitiam.

No primeiro dia de dezembro, a criança era batizada na igreja matriz de Vila do Conde. Nenhum membro da família esteve presente. Os padrinhos foram o Senhor dos Aflitos e a ama, Ana Joaquina Leal de Barros. A certidão de batismo registava: "José Maria, filho natural de José Maria de Almeida de Teixeira de Queirós e de mãe incógnita; neto paterno de Joaquim José de Queirós e de sua mulher, D. Teodora Joaquina de Almeida Queirós, nasceu aos..." O prior, Domingos da Soledade Silos, continuava: "Declaro que fiz este assento sem assinatura do pai, por estar ausente em Ponte de Lima e me ser apresentada uma carta, que fica em meu poder, escrita pelo mesmo, datada daquela vila, com data de dezoito de Novembro, na qual expressamente recomenda o que acima fica escrito e por isso fiz este assento, que assino." A carta era uma cópia da que o pai da criança escrevera a Carolina Augusta.

Que se teria passado para que esta jovem, oriunda de uma das mais conhecidas famílias de Viana do Castelo, não pudesse, ou não quisesse, casar com o homem que a engravidara? Os testemunhos familiares — poucos e pouco críveis — dizem ter sido ela senhora de um gênio violento, o que a teria levado a odiar o namorado, após a defloração. Outras fontes indicam que tudo resultara do fato de a mãe de Carolina Augusta ter antipatizado, por razões sociais, com o pretendente à mão de sua filha. Outras citam o caráter agitado da época: a criança nascera poucos meses após uma das mais violentas eleições ocorridas na história política do Minho. Mas isso não é suficiente para explicar o que aconteceu. No meio da convulsão geral — e os tempos nunca foram pacíficos enquanto Costa Cabral esteve no poder —, o ano de 1845 até fora sereno.[5] Provavelmente nunca teremos certeza sobre estes amores. No entanto, parte do mistério tem de residir na figura da mãe de Carolina Augusta. Apenas seis dias tinham se passado após sua morte quando, em 3 de setembro de 1849, realizou-se o casamento entre os jovens. Ora, como não era possível a alguém casar-se subitamente — há documentos a tratar, "banhos" a afixar, padres a contatar —, a data do casamento foi necessariamente marcada numa altura em que a filha percebera que a mãe estava agonizante. Das duas, uma: ou Carolina amava ou não amava o Dr. Queirós. Na primeira hipótese, limitara-se a esperar que a mãe, que se teria oposto ao matrimônio, morresse; na segunda, ter-lhe-ia prometido, quando esta estava no leito de morte, que o faria. E mais não se pode dizer.

No final do verão de 1849, Carolina Augusta Pereira d'Eça e José Maria Teixeira de Queirós regularizavam a sua situação. Devido ao casamento, Eça ficou automaticamente legitimado. Mas continuou a viver em Vila do Conde, na casa da ama, casada com um alfaiate. Carolina Augusta poderia ter ido buscá-lo. Optou, contudo, por não o fazer. Pode-se imaginar — hipótese benévola — que o jovem casal não teria condições econômicas para sustentar a criança, dado que, durante o cabralismo, mais precisamente em janeiro de 1847, o Dr. Teixeira de Queirós fora afastado, por razões políticas, do cargo de delegado de procurador real, que só viria a recuperar em 1851. Mas também é possível que Carolina Augusta estivesse tentando esconder o filho concebido antes do casamento. São explicações insatisfatórias, mas os dados que possuímos não nos permitem ir além.

Em 1945, João Gaspar Simões concluía sua biografia argumentando que o nascimento ilegítimo de Eça o teria marcado para toda a vida.[6] A tese indignou a

---

[5]Há alguma bibliografia sobre o nascimento e antepassados de Eça. As obras mais úteis são J. Gaspar Simões, *Vida e obra de Eça de Queirós*, Lisboa, Bertrand, 1980 (a primeira edição é de 1945); A. Cabral, *Eça de Queiroz*, Lisboa, Bertrand, 1944; T. Eça Leal, *Eça de Queiroz, menino e moço*, Lisboa, Sá da Costa, 1954; Rocha Martins, *Os românticos antepassados de Eça de Queirós*, Lisboa, Inquérito, 1945; J. Calvet de Magalhães, *José Maria, a vida privada de um grande escritor*, Lisboa, Bertrand, 1994 e B. Berrini, *Eça de Queiroz: palavra e imagem*, Lisboa, Inapa, 1988.
[6]J. Gaspar Simões, *op. cit.*, p. 345.

família do escritor, mas de maneira geral foi aceita. Escrevendo numa época em que as teorias de Freud eram populares, Gaspar Simões reconstruiu a vida e a obra de Eça como uma resposta à ilegitimidade. A evidência em apoio de tal hipótese era escassa, o que não o impediu de mantê-la nas sucessivas edições do livro. O mínimo que podemos afirmar é que ela se baseia numa visão anacrônica. Ao falar-se em ilegitimidade, casamentos tardios, filhos educados por amas, temos de ter em mente que o século XIX via estes fenômenos de uma forma diversa da contemporânea. O número de nascimentos ilegítimos, não só entre as classes populares como entre a aristocracia, era então muito elevado.

De que tipo de família provinha Eça? Quer do lado materno, quer do paterno, era gente com tradição no serviço público. No caso da mãe, no serviço militar; no do pai, na magistratura. Embora só recentemente tivessem vindo a ocupar posições destacadas, os Queirós eram, há várias gerações, homens da lei. O bisavô de Eça fora escrivão. Depois de formado, o avô fora colocado, como juiz, no Brasil, então uma colônia portuguesa. Com ele, ia uma camponesa de Fornos de Algodres, Teodora Joaquina, com quem ele já tivera vários filhos. Casariam apenas no Brasil, tendo aliás sido ali que nasceu o pai de Eça.[7] O avô regressou à metrópole em 1820, a tempo de aderir à Revolução Liberal. Sua carreira foi várias vezes interrompida pelas aventuras políticas em que se envolveu. Conhecido maçom, Dr. Queirós viria a ser perseguido após a tomada do poder por D. Miguel. Em 16 de maio de 1828, proclamava-se favorável à causa liberal, na praça do Comércio de Aveiro, pelo que teve de fugir para Galiza e, dali, para a Inglaterra. Em 25 de novembro de 1829, estando fora do país, foi condenado à morte pelos miguelistas (à revelia), enquanto sua casa era invadida e sua mulher presa. De volta ao país, após o fim da guerra civil, foi reintegrado no posto de desembargador da Relação do Porto, que chegou a presidir. Em 1846 optou pelos Cabrais, ou seja, pela direita, o que lhe valeu ser demitido do cargo de presidente da Relação pela Junta do Porto. Em julho de 1847, voltou a ocupar o cargo e, em 18 de dezembro, foi nomeado ministro da Justiça, num governo presidido por Saldanha, cargo que exerceu até 21 de fevereiro de 1848. Tivera uma vida atarefada. Basta olhar o retrato a óleo, hoje pendurado na Quinta de Tormes, para se perceber o orgulho que provinha de sua ascensão.

---

[7]Rocha Martins, *op. cit*, p. 13.

Seu filho, José Maria de Almeida Teixeira de Queirós, seguiu-lhe os passos na magistratura. Era, como o pai, maçom. Formara-se em Coimbra em 1841. Tinha sido um bom estudante e, mais tarde, seria um juiz prestigiado. Na juventude, escrevera obras românticas. Publicou vários livros de versos, de que se destaca o *O castelo do lago*, e uma novela histórica, *O mosteiro de St. Maria de Tamarães*, ambos influenciados por Walter Scott.[8] Tomando um rumo oposto ao do pai, optou pela ala esquerda do liberalismo. Em fins da década de 1840, participou das lutas contra Costa Cabral. Em 1852, dirigia *O Campeão do Vouga*, um famoso jornal de Aveiro. No Porto, celebrizar-se-ia em alguns julgamentos, como os do conde do Bolhão, por falsificação de moeda, e o do adultério de Camilo Castelo Branco.[9] Em 1868, era nomeado juiz de primeira instância em Lisboa. Sua carreira terminou em glória: foi presidente do Tribunal do Comércio, conselheiro do Supremo Tribunal, deputado em várias legislaturas e, por fim, par do reino.

A família materna de Eça distinguira-se sobretudo nas armas. O avô de Eça era o coronel José Antônio Pereira d'Eça, um liberal ferrenho, a quem, um dia, D. Pedro IV oferecera um cavalo branco. O gesto quase lhe custou a vida. Ao entrar no Porto, foi confundido, por um miguelista, com o monarca liberal, o que lhe fez ser alvo de um tiro. A má pontaria do adepto do "Usurpador" salvou-lhe a vida. Os Pereira d'Eça gostavam de se gabar de seus títulos de nobreza. Segundo uma versão, popular na família, os Eça descenderiam do infante D. João, um dos filhos do rei D. Pedro e de Inês de Castro, que casara com Maria Teles, irmã da rainha Leonor. Deste casamento, nascera um filho, D. Fernando, o qual, tendo passado à Galiza, ali teria obtido a posse das terras de Eça, concedidas por um primo, o duque de Argona. Este teria gerado inúmeros filhos, deles procedendo vários ramos, uns legítimos, outros bastardos, usando todos o sobrenome de Eça. De certo, sabe-se apenas que a família Pereira d'Eça, de Viana do Castelo, fora fundada, no século XVII, por um padre de nome Martinho Pereira d'Eça e por Isabel Pereira.

---

[8] J-M. Teixeira de Queirós, *O castelo do lago*, Coimbra, 1841 e Rocha Martins, *op. cit*, pp. 166-7. O autor inspirara-se, como ele próprio reconhecia, em Castilho e em Garret.
[9] O julgamento, com júri, foi presidido pelo juiz Teixeira de Queirós, que, aliás, pedira dispensa, invocando ser amigo pessoal dos argüidos, o que não lhe foi concedido. A sentença — absolvição do crime de adultério — seria lida, em 16 de outubro de 1861, no tribunal do Porto. Nessa altura, o juiz Queirós já não estava no Porto. Cinco dias antes, tinha sido transferido para a comarca de Vila Franca de Xira.

Quando se apercebeu da diferença entre sua situação e a de seus irmãos, é possível que Eça se tenha sentido abandonado, mas não há nada — uma linha, uma referência, uma indiscrição — que o prove. Eça nunca falou no assunto, o que nos obriga a ter cautela com a interpretação de seus atos. Nunca saberemos — até porque Eça de Queirós jamais quis que o soubéssemos — se e o quanto ele sofreu com o duro caráter de Carolina Augusta. O que sabemos, comprovadamente, é não ser o seu caso único. Para não irmos mais longe, basta citar Camilo, igualmente filho de "pais incógnitos", ou os vários tios de Eça, os nascidos de sua avó Teodora Joaquina, antes de ela partir para o Brasil, todos ilegítimos. É verdade que Eça teve de suportar não só o afastamento dos pais, mas a separação dos sucessivos seres a quem esteve afetivamente ligado — o que não acontecia a todos os filhos ilegítimos —, mas sobre isto também é difícil falar, até porque a situação de permanência na casa dos avós poderá ter sido vivida não como uma carência, mas como um privilégio. Em vez de se continuar a especular, convém limitarmo-nos aos fatos.

Ei-los. Em 1850, a ama morria. Nem assim os pais o levaram para junto deles. O menino foi viver em Verdemilho, uma aldeia perto de Aveiro, onde os avós paternos tinham construído uma casa. Foi aqui que José Maria cresceu. A criança formou sua personalidade ao colo de uma velha avó, que lhe lia versos de Mendes Leal, e de um casal de criados negros, que lhe contavam histórias fantásticas. Mas o neto do Sr. desembargador Queirós não podia brincar com os rapazes de pé descalço que rodeavam a casa brasonada que habitava. Foi entre muros, sem ninguém de sua idade, que cresceu.

Eça tinha conhecimento de que, além da ama, que o amamentara, e dos avós, a quem depois fora entregue, tinha pai e mãe. No Porto, ouvira dizer, viviam irmãos seus. Só ele, por razões que lhe escapavam, ficara em Verdemilho. Como todas as crianças que têm diante de si um mistério que os adultos não querem elucidar, tentou esquecê-lo. Entreteve-se a folhear livros da biblioteca do avô. Ficava, tardes sem fim, a olhar o estreito de Bósforo, os cavaleiros templários, os índios do Suriname, que *O Panorama* diligentemente imprimia. Num escrito jamais publicado em vida, Eça fala-nos destes tempos: "A minha mais remota recordação é de escutar, nos joelhos de um escudeiro negro, grande leitor de literatura de cordel, as histórias que ele contava de Carlos Magno e dos Doze Pares."[10] Não sabia se era ou não infeliz. Sabia apenas que vivia numa redoma.

José Maria ia crescendo. Era agora necessário ensiná-lo a ler e escrever. O criado negro, e a sua mulher, que o adoravam, não podiam se ocupar da tarefa.

Tampouco o podia fazer a avó, uma antiga camponesa pouco letrada. A única pessoa habilitada na família fora o avô. Mas este morrera pouco tempo depois de o menino ter ido para Verdemilho. Seria o padre Antônio Gonçalves Bartolomeu que lhe ensinaria, através da tradução do romance francês *Simão de Nântua*, as primeiras letras.[11] Em 1855, a avó paterna morria. Aproveitando-se da faculdade legal de poder dispor da terça da fortuna, esta o fizera em favor de José Maria. "Este legado será aplicado", especificava o testamento, "para completar a educação do meu dito neto, e administrado por seu pai, com aquela aplicação. O que existir deste legado ao tempo em que o dito meu neto se emancipar, lhe será entregue para ele se governar e administrar como seu."[12] O menino ficava sozinho.

Desta vez, foi para o Porto. Os pais, que nessa altura ali viviam, decidiram inscrevê-lo como aluno semi-interno no Colégio da Lapa. A instituição fora selecionada com cuidado. Através do colégio, Eça teve contato com as grandes famílias do norte: tanto os Resende como os Pindela, mais tarde seus amigos, foram conhecidos na adolescência. O diretor da instituição era Joaquim da Costa Ramalho. Seu filho, Ramalho Ortigão, que viria a desempenhar um papel importante na vida de Eça, era professor de francês.

No Porto, a situação de Eça tornou-se incômoda. Talvez por o Dr. Teixeira de Queirós prever uma próxima colocação no sul do país, Eça residiu na casa dos tios Albuquerque, na rua da Cedofeita. Nos fins de semana, em vez de ir para a casa dos pais, ficava na residência dos tios. As famílias oitocentistas tinham composições estranhas, mas, mesmo assim, esta solução era insólita. Foi Afonso Tavares de Albuquerque, casado com uma irmã de sua mãe, quem se tornou responsável por sua educação. Nesta casa havia rapazes e moças da sua idade, mas as brincadeiras não o desviaram dos estudos. Foi aprovado nos exames, de latim, francês, filosofia racional, princípios de direito natural, história, oratória, matemática e físico-química, com a devida regularidade. Além disso, continuava a ler tudo o que

---

[10] "O Francesismo", *Obras de Eça de Queiroz, op. cit.*, vol. 2, p. 814.
[11] J. Calvet de Magalhães, *op. cit.*, p. 26.
[12] B. Berrini, *Eça de Queiroz: palavra e imagem, op. cit.*, p. 32.

lhe vinha parar às mãos. Os folhetins do *Nacional*, onde escreviam Camilo, Arnaldo Gama e Evaristo Basto, eram consumidos com sofreguidão.

Não fora a paixão pela prima mais velha, Cristina, uma adolescente sem encantos, e teria ficado com boas recordações de sua estada. Mesmo depois de ter entrado para a universidade, sempre que visitava o Porto declarava à menina o seu amor. Ela hesitava e invocava o medo do pai. Até que Eça se decidiu a ter uma conversa com o tio. Invocando serem "primos carnais", este recusou peremptoriamente autorização para o namoro. Eça sofreu, mas o desgosto acabaria por passar. O que não superou foi a humilhação. Sentiu, pela primeira vez, o que era ser rejeitado. Magro, com um grande nariz, olhos caídos — Eça parecia-se com a mãe —, o físico não era o seu ponto forte. Mais importante do que isso, Eça percebeu não ser um noivo cobiçado. Pouco depois, viria a ter conhecimento de que o tio autorizara a filha a casar com outro primo de primeiro grau, João Pedro Schwalbach, um tenente-coronel, viúvo, de 50 anos.

Eça não era um escritor confessional, o que faz com que não abundem elementos — cartas, cadernos, fotografias — sobre os primeiros anos de sua vida. Por mais de uma vez, declarou que não queria que escrevessem sua biografia, chegando a afirmar: "Um homem de letras que não escreve memórias tem realmente direito a que os outros lhas não escrevam." Quando o editor Chardron comunicou-lhe que ia encomendar, a um literato de Lisboa, a história de sua vida, de tal forma se afligiu que, em desespero de causa, pediu a Ramalho para que ele se encarregasse do trabalho. Em carta de 10 de novembro de 1878, dizia-lhe: "Dados para a minha biografia, não lhos sei dar. Eu não tenho história, sou como a República do Vale de Andorra." Confidenciava-lhe que Chardron o intimara a dar-lhe todos os documentos necessários: "Que documentos, meu Jesus? Eu só tenho a minha carta de bacharel formado."[13] No fundo, a última coisa que Eça desejava era ter de assistir "a Gervásio Lobato fazendo variações sobre o meu nascimento". Ver sua infância esquadrinhada, especialmente por alguém, como Gervásio Lobato, com quem ele tinha ligações familiares, desagradava-lhe.[14] Seja como for, sua infância iria suscitar uma polêmica que dura até hoje.

---

[13] G. de Castilho (org.), *Eça de Queirós: correspondência*, Lisboa, Imprensa Nacional, 1983, vol. I, p. 162.
[14] Gervásio Lobato, um folhetinista famoso, era casado com uma prima sua, Maria das Dores Pereira d'Eça e Albuquerque, estando provavelmente a par das circunstâncias de seu nascimento.

2

Coimbra

Em 1861, em uma tarde de outono, Eça chegava a Coimbra. Dois meses antes, fizera o exame de admissão. Tudo correra bem, o que, dada a simplicidade das condições de acesso, não é de espantar. Segundo ele, a única coisa que interessara o júri fora o seu conhecimento da língua francesa: "E foi tudo ótimo, recitei o meu Racine, tão nobremente como se Luís XIV fosse lente, apanhei o meu *nemine* e, à tarde, uma tarde quente de agosto, comi com delícia a minha travessa de arroz-doce na estalagem do *Paço do Conde*."[15] Voltou, feliz e sereno, para o Porto. Seria, como seu pai, bacharel. Em outubro instalou-se, em Coimbra, na casa de um lente, o Dr. José Dória, que morava na rua do Loureiro. Quando foi se inscrever na Faculdade de Direito, atribuíram-lhe o número 124, o que, na prática, significava que se sentaria nos bancos de trás. Mais do que acompanhar as aulas, ali jogavam-se as cartas, conversava-se, liam-se os jornais. No meio da balbúrdia, ninguém, estudante ou lente, daria por ele. Deve ter considerado que tirara a sorte grande.

Quando Eça chegou a Coimbra, vivia-se, em nível nacional, uma grave crise política. Esta era acompanhada, em nível local, pela agitação estudantil. Eça viveu-a como um tumulto mental: "Cada manhã trazia a sua revelação, como um sol que fosse novo. Era Michelet que surgia, e Hegel, e Vico e Proudhon; e Hugo, tornado poeta e justiceiro dos reis; e Balzac, com o seu mundo perverso e lânguido; e Goethe, vasto como o Universo; e Poe, e Heine, e creio que já Darwin, e quantos outros!" Com os livros, vinham os ideais: "E ao mesmo tempo nos chegavam, por cima dos Pireneus moralmente arrasados, largos entu-

---
[15]"O Francesismo", *Obras de Eça de Queiroz, op. cit.*, vol. 2, p. 815.

siasmos europeus que logo adotávamos como nossos e próprios: o culto de Garibaldi e da Itália redimida, a violenta compaixão pela Polónia retalhada, o amor à Irlanda, a verde Erin, a esmeralda céltica, mãe de santos e dos bardos, pisada pelo Saxónio!"[16] Uma das descobertas desta geração foi a Humanidade: "Começamos logo a amar a Humanidade, como há pouco, no ultra-romantismo se amara Elvira, vestida de cassa branca ao luar." Eça até escreveu poemas, hoje desaparecidos, que começavam "por uma tremenda invocação à Índia, aos Árias, à sua marcha sublime desde Gau até Septa-Sindu!"

Filhos e netos dos homens que tinham, de armas na mão, lutado pela liberdade, os estudantes sentiam-se ideologicamente destituídos. Em 1861, com um governo frouxo presidido pelo frouxo duque de Loulé, Portugal não oferecia causas mobilizadoras. Daí terem-se eles voltado para a Itália e para a Polónia, países oprimidos que consideravam necessário libertar. Nos intervalos destas exaltações, estudavam as civilizações primitivas. Pelas suaves noites de maio, a invocação aos nibelungos misturava-se, à porta da Sé, com os cânticos que, de dentro, vinham. As civilizações distantes não lhes proporcionavam apenas o prazer do exotismo: lançavam nas almas o germe do relativismo religioso. Tornou-se moda, entre os estudantes, desafiar Jesus Cristo: "Outra das ocupações espirituais a que nos entregávamos era interpelar Deus. Não O deixávamos sossegar no Seu adormecido infinito. Às horas mais inconvenientes, às três, quatro da madrugada, sobre a Ponte Velha, no Penedo da Saudade, berrávamos por Ele, só pelo prazer transcendente de atirar um pouco do nosso ser para as alturas, quando não fosse senão em berros." Era assim "absurda" a geração de Eça.

Mas, ao contrário do que às vezes se afirma, Eça não pertenceu ao grupo que tornou famosa a Coimbra destes anos. Faltava-lhe a rebeldia de Antero de Quental e o ressentimento de Teófilo Braga. Enquanto os estudantes que seguiam Antero alarmavam Coimbra, Eça recolhia-se em casa, ao toque da "cabra", para tomar as refeições junto da família Dória. Passava os dias lendo. Tal como Artur Corvelo, de *A capital*, devorou, numa sofreguidão confusa, Balzac, Nerval, Hugo, Proudhon e Heine. Depois das aulas, as margens de Coimbra eram substituídas pelo Reno, com os seus castelos de burgraves

---

[16] "Antero de Quental", *Obras de Eça de Queiroz, op. cit.*, vol. 2, p. 1.542.

heróicos, pelo Oriente, com as suas cidades eriçadas de minaretes, e pela Índia, com as suas neblinas sagradas. Durante os primeiros anos, Eça não fez um único amigo.[17]

Em meados de 1863, foi viver em uma "república", na rua do Salvador, 16. O desconforto da instalação foi compensado pela possibilidade de contatar, com mais intimidade, alguns colegas. Nesta altura, era ainda vagamente religioso. Na parede do quarto existia uma grande cruz, pintada a carvão, e, em volta, versículos da Bíblia e dizeres da "Imitação de Cristo". Um dia estava ele constipado, e um dos seus novos amigos, Frederico Filemon da Silva Adelino, mais conhecido por Filemon, entrou pelo quarto, aos gritos, declarando que o mal de Eça era misticismo demais e ar de menos. Explicou-lhe que "o misticismo, proibindo o sol, o calor, os banhos tépidos, as flanelas e todos os cuidados corporais", era nocivo à saúde. De um dia para outro, Eça deixou de acreditar em Deus. Nas férias seguintes, para escândalo de seu tio Albuquerque, declarou-lhe que tinha deixado de ir à missa, recusando-se a acompanhar a família à igreja habitual, em Sto. Idelfonso. Como lhe disse, com ar pretensioso, os estudos de filosofia haviam conduzido o seu espírito a uma nova orientação de idéias.

Isto não o impedia de continuar a ser supersticioso, atitude que manterá durante anos, porque, como verificou, causava efeito. Usava "bentinhos" ao pescoço e dizia temer Satanás. Entretanto descobrira outro amigo, João Penha. Nascido em Braga em 1838, este considerava-se um visionário. Um pouco mais velho do que os outros, gozava, sobre eles, de uma grande ascendência. Além de escrever poemas em estilo parnasiano, levava uma vida esplendidamente boêmia. Eça participou então, em sua companhia, de aventuras de caráter tétrico. Em seu livro *Por montes e vales*, João Penha relata que, em uma noite de luar, ele e vários amigos, entre os quais Eça, Guerra Junqueiro e Gonçalves Crespo, tinham parado junto à porta da Sé Velha, de onde saíam ruídos sinistros. Todos

---

[17] Os amigos continuavam a ser os rapazes que tinha conhecido no Porto. Os Resende, J.M. Almeida Garrett e João Canavarro formavam um grupo boêmio, pertencente a famílias importantes, que era capaz de episódios violentos, como o rapto — e tentativa de estupro — de uma burguesinha do Porto, do qual Eça parece não ter participado. Ver Tomás d'Eça Leal, *Eça de Queiroz, menino e moço, op. cit.*, pp. 135- 153. Para este tipo de "partidas", que os filhos de boas famílias gostavam de fazer, veja-se ainda a efetuada a uns pobres galegos que almoçavam numa taberna, in A. Cabral, *Eça de Queiroz, op. cit.*, pp. 124-5.

sentiram pela espinha "o arrepio dos coisas sobrenaturais", tanto mais que, no alto, uma coruja piava. Penha aconselhou a fuga, dizendo, aos risos, que se travava de Satanás perseguindo uma jovem defunta. Todos começaram a fugir quando Eça berrou: "Voltemos! Tentemos salvar aquela pobre criança!" Os outros não sabiam se riam ou o levavam a sério. Mas aparentemente Eça ficara tão abatido que nem as polêmicas sobre a existência de Deus, nem a ida ao bordel da Lola, onde era sempre "o mais irrequieto", conseguiram despertá-lo.[18] Era assim que Eça ia aperfeiçoando a sua carreira de "poseur".

Os últimos tempos de Coimbra foram os melhores. Penha recorda-os, numa carta a Antônio Cabral: "Eça de Queirós (...) passou a dormir comigo, *duo in eodem lecto*, e era aí que, de manhã, e sentados na cama, nos era levado o almoço. Vinha num tabuleiro e consistia, invariavelmente, em ovos batidos, com queijo parmesão ralado, e uma pitada de pimenta, segundo a fórmula de Brillart de Savarin, e um pão (por cabeça) com manteiga inglesa, da melhor. E, sentados assim na cama, víamos embaixo o Mondego a deslizar, e, de fronte, os chorões da Fonte dos Amores."[19] Na companhia de Penha, um epicurista, a melancolia de Eça se atenuava. Vinham-lhe apetites de iguarias raras, de indumentárias sofisticadas, de requintes sexuais. Foi então que, imitando Penha, Eça comprou um monóculo.

Apesar de tudo, continuava tímido. Seria o teatro, neste caso o "Teatro Acadêmico", que o ajudaria a vencer sua natural reserva. Além da fama, o teatro deu-lhe acesso à vida noturna. Descido o pano, estes atores-estudantes deliciavam-se com ceias, mulheres e música. Às vezes Eça ia até à residência de outro amigo, Carlos Mayer, um aluno que possuía o quarto mais luxuoso de Coimbra. Foi ali que se celebraram várias devoções culturais, de que Eça participou: diante do busto de Shakespeare, de uma gravura do *Juízo Final* e de um quadro representando Napoleão, o grupo discutia, noite adentro, as obras de Voltaire, Diderot e Rousseau. Às vezes Eça declamava *Hamlet*, enquanto, ao lado, alguém tocava numa rabeca um trecho da *Lucia de Lamermoor*. O grupo era heterogêneo: de um lado, os pagãos, os clássicos, os materialistas; do outro, os bárbaros, os românticos, os místi-

---

[18] J. Penha, "A Orgia", *Por montes e vales*, Lisboa, 1899.
[19] A. Cabral, *Camillo e Eça de Queirós*, Coimbra, Antiga Casa França, 1924.

cos.[20] Eça pertencia ao segundo. Declarava, a quem quisesse ouvir, que desprezava a harmonia de Racine, de Horácio ou de Virgílio e que considerava terem os clássicos "açaimado" a paixão, o que para alguém que, como ele, tinha "uma alma doente, febril, ansiada, nostálgica", era funesto. Eça queria sentir as angústias de uma geração, "que vê esvaecer-se Cristo, a que tanto tempo amou, e não vê chegar a liberdade por quem há bastante tempo espera". Em tom de combate, acrescentava: "Os outros, os saudáveis, os sacerdotes da tradição e do *magister dixit*, não pertencem à arte pura: pertencem aos arquivos." Eça aspirava a ser um romântico.

Não parece, contudo, que, ao contrário do que por vezes se diz, tenha sido um revolucionário. Oportunidades não lhe faltaram, mas Eça não pertenceu a qualquer das lojas maçônicas que pululavam por Coimbra, nem participou nas lutas estudantis. No ano em que entrou para a universidade, os alunos e o reitor envolveram-se numa luta de morte. O Dr. Basílio Alberto de Sousa Pinto decidira disciplinar, entre outras coisas, a indumentária dos estudantes. Nomeado reitor em 1859, este eminente jurista tinha perdido contato com o espírito dos tempos. Em 1860, mandou afixar um edital ressuscitando o regulamento pombalino, o que implicava, por exemplo, que a meia preta dos estudantes tinha de subir acima dos joelhos; que não lhes era permitido estarem fora de casa *depois das tristes* ou do *toque de cabra;* que eles teriam de usar a batina aberta por trás, abotoada pelas costas e costurada na frente, com uma fila de pequenos botões. Diante disto, um grupo de alunos decidiu organizar uma associação secreta, intitulada "O Raio", cujo fim principal era a demissão do reitor. Em 1902, Teófilo Braga, um dos participantes, lembrou como tudo se passara: "Em um meio mais vasto, o protesto não passaria das piadas do ridículo; naquele meio fechado, em que havia ainda as tradições da maçomaria e do carbonarismo, a oposição entre os estudantes em 1860 para 1861 tomou o caráter de uma conspiração na sombra, formando-se uma vasta associação secreta intitulada *O Raio*." Os membros da sociedade reuniam-se num pinhal, nos fundos do cemitério de Santo Antônio dos Olivais, no Choupal ou num local chamado Vale do Inferno. A luta contra as cerimônias de iniciação eram, segundo ele, um meio de dar descarga à raiva da mocidade.[21] Além da luta pela demissão do

---

[20]"Uma Carta", *Prosas bárbaras, in Obras de Eça de Queiroz, op. cit.*, vol. 1, pp. 640-646.
[21]*Idem*, pp. 488-9.

reitor, "O Raio" dedicava-se a outras práticas, como por exemplo a interpelações ao divino. Corria a história — daí o nome — que, durante uma trovoada, Antero de Quental teria intimado Deus a, caso existisse, fulminá-lo com um raio. De cabelos desalinhados e olhos fulgurantes, Antero prestava-se ao papel.[22] Embora, na época, Eça mal o conhecesse — provavelmente só ouviria esta história por terceiros —, foi sobre Antero que Eça nos deixou um dos poucos textos que escreveria sobre os seus amigos.

Após o suicídio de Antero de Quental em 1891, Luís de Magalhães teve a idéia de pedir a vários indivíduos, entre os quais Eça, para que escrevessem qualquer coisa sobre Antero. Embora este lhe tivesse dito que não se atreveria a escrever sobre a obra (apenas se comprometeu a dar-lhe "recordações e notas"), Luís de Magalhães insistiu. Teve razão: "Um gênio que era um santo" é o melhor texto de *In Memoriam*.[23] Eça começa o relato lembrando, de forma romântica, o seu encontro. Vira Antero, em Coimbra, ao longe, fazendo um discurso, nas escadarias da Sé Nova: "Então (...) destracei a capa, também me sentei num degrau, quase aos pés de Antero, que improvisava, a escutar, num enlevo, como um discípulo. E assim me conservei a vida inteira." Conta ainda que, em 1862 ou 1863, numa manhã em que, "com muita curiosidade e muita timidez", visitara Antero, assistira a uma cena que o impressionou: entre uma Bíblia e as obras de Virgílio, ele rasgava os poemas que escrevera.

Antero, segundo consta, era de uma beleza física rara. Desde cedo, contudo, instalara-se nele o desespero: "Já então o ditoso Antero, tão prodigamente dotado por Deus, se considera um filho abandonado de Deus." Em torno de Antero reinava o otimismo — "Ninguém então, do Reno para cá, lera ainda Schopenhauer" —, mas Antero não partilhava dessa alegria: "Daqui provinham certos modos de Antero ainda então inexplicáveis, dias de tristeza e esparsa cólera,

---

[22]Em seu livro *La Confession d'un enfant du siècle*, de 1836, a propósito da transição do mundo antigo para o moderno, Musset fala do ateu que, olhando para um relógio, dava um quarto de hora a Deus para o fulminar. Ver A. Musset, *La Confession d'un Enfant du siècle*, Paris, Gallimard, 1973, p. 33. Toda a geração de Coimbra, dos anos 1860, deve ter lido aquelas linhas, e é possível que elas tenham impressionado Antero a ponto de ele ter decidido pôr em prática o gesto. Ou então, o que parece menos verossímil, ter Eça, confundido o real e o imaginário, quando, vinte anos depois, escreveu sua contribuição para o *In Memoriam* em homenagem a Quental.
[23]*Antero de Quental/ In Memoriam*, Porto, Mathieu Lugan, 1896. Transcrito, como "Um gênio que era um santo", em *Notas contemporâneas, Obras de Eça de Queiroz, op. cit.*, vol. 2, p. 1.540.

um querer e um não querer entrechocados, entusiasmos que logo escarnecia, bocados de vida deixada sumir em fumo, e esses apetites de solidão, esses períodos de trapismo artificial em que desaparecia, se embrenhava sozinho pelas espessuras do Bucaço." O pessimismo levava-o ocasionalmente à inação.

Eça voltou a encontrar Antero na casa de Batalha Reis, em Lisboa. Foi então que Antero o obrigou a estudar Proudhon. Depois, participou com ele das Conferências do Cassino, tendo ficado impressionado com a qualidade de sua oratória. Contudo, Eça não tinha em grande consideração as opiniões literárias de Antero. Ficou mesmo furioso quando soube que era ele que estava à frente da edição dos folhetins de *O crime do padre Amaro*. Ficaram muito tempo sem se ver. Só nos anos 1880, pela mão de Oliveira Martins, voltariam a se encontrar.

Mas voltemos a Coimbra. Em outubro de 1862, o príncipe Humberto visitou a cidade universitária. Antero foi escolhido para proferir um discurso em nome dos estudantes. Para fúria dos lentes, este optou por fazer um elogio a Garibaldi. Em 8 de dezembro, quando o reitor se preparava para entregar, na Sala dos Capelos, os prêmios escolares, os estudantes, instruídos pelos membros de "O Raio", voltaram-lhe as costas, abandonando, em massa, o local. Impassível, o reitor continuou a ler o discurso. Todos perceberam que sua personalidade o levaria, como levou, à desgraça. No próprio dia do "desacato", Basílio Alberto pedia demissão.

Os estudantes, bem entendido, não agiam sozinhos. Por trás de suas lutas, estavam clubes políticos interessados na queda de Loulé. Em 1862, um tio de Antero, Filipe de Quental, havia sido incumbido, por José Estevão, de criar uma loja maçônica em Coimbra. A agitação radical fomentava a revolta estudantil. De "O Raio" viria a nascer a loja "Reforma", regularizada, pouco depois, na "Grande Confederação Maçônica Portuguesa", cujo venerável era José da Cunha Sampaio, amigo íntimo de Antero.[24] Eça não se envolveu nestas lutas. Ou, se o fez, não deixou rasto. Seu único traço é a assinatura do "Manifesto dos Estudantes" — redigido por Antero de Quental e assinado por trezentos estudantes —, no qual se exigiam reformas na universidade, sobretudo no que dizia respeito ao julgamento e à punição dos estudantes.

---

[24]Rui Ramos, "A formação da *intelligentsia* portuguesa, 1860-1880", in *Análise Social,* 116-7, 1992.

Em 1864, durante a "Rolinada" (insurreição assim batizada por um dos sobrenomes do presidente do Conselho ser Rolim), Eça foi, com os outros estudantes, para o Porto. Mas, dado que era no Porto que vivia, o gesto talvez não significasse militância. A revolta tivera como causa a recusa dos estudantes a serem submetidos a exame. Segundo uma tradição recente, sempre que a rainha tinha um filho, a Academia pedia ao rei "perdão de ato", isto é, dispensa de exames.[25] Em 28 de setembro de 1863, ou seja, em um período de férias, nascia o príncipe D. Carlos. Isto pareceu aos estudantes uma injustiça, pelo que, chegada a primavera, decidiram reivindicar passagem administrativa. Mas, por portaria de 25 de abril de 1864, o governo recusou-lhes a facilidade. Furiosos, os estudantes queimaram, numa das praças, a efígie do duque de Loulé, antes de organizarem tumultos pela cidade. Coimbra assumiu um aspecto suficientemente assustador para que o governador civil se visse forçado a pedir o envio de tropas: em 29 de abril, chegava à cidade um contingente de duzentos praças do regimento de infantaria 5, do Porto. Contudo, as manifestações estudantis continuaram. Antero, então quintanista, foi o principal orador num comício, onde declarou que os estudantes deveriam se retirar para o Porto, símbolo e sede da liberdade. No dia 30, várias centenas de estudantes abandonavam Coimbra. No Porto, realizou-se um comício, no qual discursou um dos ídolos estudantis, Vieira de Castro. Mas o Porto não aprovou a luta. Cabisbaixos, os estudantes tiveram de regressar. Em 9 de maio, já estavam sentados diante dos lentes.

A profusão de queixas dos estudantes que, durante estes anos, freqüentaram a universidade é tal que podemos ser levados a pensar que a vida em Coimbra era um calvário. Mas convém não tomar ao pé da letra estes testemunhos. Os lentes podiam ser despóticos, cruéis e desatualizados — a situação era muito variável — mas, fora das aulas, havia compensações. No caso de Eça, a válvula de escape era, como vimos, o teatro: "Depressa compreendendo que, por aquele método de decorar todas as noites, à luz do azeite, um papel litografado que se chama a *sebenta*, eu nunca chegaria a poder distinguir, juridicamente, o justo do injusto, decidi aproveitar os meus anos moços para me relacionar com o

---

[25]Por razões demagógicas, em 1851 Saldanha concedera "o perdão de ato" aos estudantes habilitados pelos conselhos das respectivas faculdades. Ver A. Sousa Lamy, *A Academia de Coimbra*, Lisboa, Rei dos Livros, 1990.

mundo. Comecei por me fazer de ator do Teatro Acadêmico. Era *Pai Nobre*." Eça divertia-se neste seu novo papel. A par de peças famosas, como *A Dama das Camélias*, entrou em dramas menores, como *O Chapéu de Palha de Itália* e até numa peça portuguesa, o *Garçon ou o Poeta em Desgraça*, escrita por Teófilo Braga, que foi um fracasso. Os portugueses não queriam dramas sérios, escritos por autores nacionais, mas melodramas lacrimejantes importados da França.

Não se sabe qual a opinião, na época, de Eça quanto à polêmica denominada "Questão do Bom Gosto e do Bom Senso".[26] Os louvores encomiásticos de Castilho a uma peça medíocre, *D. Jaime*, de Tomás Ribeiro, já tinham enfurecido os estudantes, mas a gota que fez extravasar a sua indignação foi a zombaria que, numa carta-posfácio ao "Poema da Mocidade", de Pinheiro Chagas, Castilho fazia dos escritos de Antero e de Teófilo. Note-se que não eram apenas questões estéticas que estavam em causa, mas oportunidades. Sem o patrocínio do poeta, os poetas de Coimbra jamais conseguiriam arranjar editor para as suas produções. Grande proprietário nos Açores, Antero era dos poucos que estava acima destas questões comezinhas. Não queria ser lente, nem precisava, para a publicação dos seus poemas, de patrocínios. Foi, por conseguinte, o escolhido para, em novembro de 1865, responder a Castilho, num folheto intitulado "Bom Senso e Bom Gosto". O país, que não lia, gostou do escândalo: esgotou o opúsculo, em três edições, em um ano.

De repente, intelectuais de todos os feitios consideraram seu dever tomar parte na controvérsia. Seguiram-se declarações a favor de Castilho, assinadas por, entre outros, Camilo Castelo Branco, Manuel Pinheiro Chagas, Teixeira de Vasconcelos e Ramalho Ortigão. Em vez de escrever, Castilho preferiu incitar os discípulos a darem uma lição aos meninos de Coimbra. Invocando ser desonroso injuriar um escritor cego, Ramalho Ortigão desafiou Antero de Quental para um duelo, o qual veio a acontecer. Diante de um país encantado, publicaram-se, em rápida sucessão, cerca de quarenta opúsculos, tendo-se formado, no país, dois grupos, o dos poetas de Coimbra, que diziam querer renovar a literatura, e outro, ligado a Castilho, o qual defendia as tradições literárias.

---

[26]Na França, em 1850, teve lugar uma polêmica semelhante, durante a qual Baudelaire atacou o que ironicamente chamou "L'École du Bons Sens" (os escritores que lisonjeavam a burguesia); ver C. Pichois e J. Ziegler, *Baudelaire,* Londres, Vintage, 1991, p. 103.

Gente que nunca tinha ouvido falar de Teófilo ou de Antero passou a olhá-los como vítimas de uma *côterie* de reacionários.[27]

Mesmo sem ter participado destes debates, Eça evocaria a polêmica, no texto que escreveu depois da morte de Antero. Sutilmente, dava a entender que tudo não passara de uma infantilidade. Concordava que Castilho, que ele dizia possuir uma arte de escrever "polida", havia demonstrado "intolerância e malignidade" em relação a Antero e Teófilo. Afirmava ainda que o ataque de Antero impressionara os estudantes, "não só pelo brilho superior da sua ironia, mas pela sua tendência moral, e pela quantidade de revolução que continha aquela altiva troça ao déspota do purismo e do léxico". Explicitamente declarava que não participara destas lutas. Era, contava, um mero observador e "rondava em volta destas revoluções, destas campanhas, destas filosofias, destas heroicidades ou pseudo-heroicidades, como aquele lendário moço de confeiteiro que assistiu à tomada da Bastilha com o seu cesto de pastéis enfiado no braço, e quando a derradeira porta da fortaleza feudal cedeu, e a velha França findou, deu um jeito ao cesto leve e seguiu, assobiando a *Royale*, a distribuir os seus pastéis".[28] Esta atitude não significava, de forma alguma, que Eça tivesse apreciado a vida universitária.

Mais do que outros, detestou as aulas, os docentes e as apostilas da universidade. No texto que escreveu em memória de Antero, dizia ainda: "A Universidade, que, em todas as nações, é para os estudantes uma Alma Mater, a mãe criadora, por quem sempre se conserva através da vida um amor filial, era para nós uma madrasta amarga, carrancuda, rabugenta, de quem todo o espírito digno se desejava libertar, rapidamente, desde que lhe tivesse arrancado pela astúcia, pela empenhoca, pela sujeição à 'sebenta', esse *grau* que o Estado, seu cúmplice, tornava a chave das carreiras." A instituição gerava, nos espíritos livres, uma repulsa natural: "A Universidade era, com efeito, uma grande escola de revolução: e, pela experiência da sua tirania, aprendíamos a detestar todos os tiranos, a irmanar com todos os escravos. O nosso entusiasmo pela Polônia nascia de nos sentirmos oprimidos como ela por um czar de borla e capelo, que se

---

[27]A. Ferreira e M. José Marinho (org.), *Bom senso e bom gosto (A questão coimbrã)*, Lisboa, Imprensa Nacional, 3 vols., 1985.
[28]Ver o texto memorialístico de Eça, que, nesta edição, mas não em outras, recebeu o título de "Antero de Quental", *Obras de Eça de Queiroz, op. cit.*, vol. 2, p. 1.546.

chamava Basílio." A tentativa de disciplinar a instituição fora contraproducente: "E era por nos sentirmos envolvidos numa opressão teocrática, que, além de pendermos para o jacobinismo, tendíamos, por puro acinte de rebeldia, para o ateísmo." Mais do que de si, Eça falava de uma geração.

Em outros escritos, Eça viria a criticar a incompetência científica de Coimbra, de que o sinal mais visível era a importação, da França, das teorias ali ensinadas. Em "O francesismo", Eça recordava que os livros, pelos quais tinha de estudar, eram, aberta ou secretamente, traduções de compêndios franceses: "E todavia Coimbra fervilhava de lentes, que decerto tinham ócios. Havia-os no meu tempo inumeráveis, moços e vetustos, ajanotados e sórdidos, castos e debochados, e todos decerto tinham ócios: mas empregavam-nos na política, no amanho das suas terras, no bilhar, na doçura da família, no trabalho de dominar pelo terror o pobre acadêmico encolhido na sua batina; e o saber necessário para confeccionar a *sebenta*, iam buscá-lo todos os meses aos livreiros da Calçada, que o recebiam de França, encaixotado, pelo paquete que vinha do Havre."[29] Até a cultura jurídica nacional era francesa, o que lhe parecia um escândalo.

Seus textos de ficção dão-nos uma imagem de Coimbra ainda mais sombria do que os memorialísticos. Tão subversivas são essas linhas que vale a pena citar, com alguma extensão, o que Eça escreveu, em 1879, em *O conde de Abranhos*. Este imaginário conde era um pateta, cuja vida estava sendo descrita por outro imbecil, o secretário Zagalo. Eis as reflexões, geradas no espírito do conde, sobre a sua passagem pela universidade: "A primeira vantagem da Universidade, como instituição social, é a separação que se forma naturalmente entre *estudantes* e *futricas*, entre os que apenas vivem de revolver idéias ou teorias e aqueles que vivem do trabalho. Assim, o estudante fica para sempre penetrado desta grande idéia social: que há duas classes — uma que sabe, outra que produz. A primeira, naturalmente, sendo o cérebro, governa; a segunda, sendo a mão, opera, e veste, nutre e paga a primeira." Zagalo prosseguia na exposição das idéias do conde: "*Bacharéis* são os políticos, os oradores, os poetas, e, por adoção tácita, os capitalistas, os banqueiros, os altos negociadores. *Futricas* são os carpinteiros, os trolhas, os cigarreiros, os alfaiates... *O bacharel*, tendo a consciência da sua supe-

---

[29]"O Francesismo", *Últimas páginas, Obras de Eça de Queiroz, op. cit.*, vol. 2, p. 816.

rioridade intelectual, da autoridade que ela lhe confere, dispõe do mundo; ao *futrica* resta produzir, pagar para que o bacharel possa viver, e rezar ao Ser Divino para que proteja o bacharel. (...) Esta divisão em duas classes é salutar, porque assim, educados nela, os que saem da Universidade não correm o perigo de serem contaminados pela idéia contrária — de que o futrica pode saber tanto quanto sabe o bacharel. Não, não pode: logo, as inteligências são desiguais e assim fica destruído esse princípio pernicioso da igualdade das inteligências, base funesta dum socialismo perverso."[30]

O texto, em que o conde reflete sobre a universidade, não termina por aqui. Utilizando o artifício de um suposto relatório elaborado por Abranhos, eis o que Zagalo regista sobre as *sebentas*: "Têm alguns espíritos ávidos de inovação, ainda que no fundo sinceramente afeiçoados aos princípios conservadores, sustentado que o sistema da *sebenta* (...) é antiquado. Eu considero, porém, a *sebenta* como a mais admirável disciplina para os espíritos moços. O estudante, habituando-se, durante cinco anos, a decorar todas as noites, palavra por palavra, parágrafos que há quarenta anos permanecem imutáveis, sem os criticar, sem os comentar, ganha o hábito salutar de aceitar sem discussão e com obediência as idéias preconcebidas, os princípios adotados, os dogmas provados, as instituições reconhecidas." Para o conde, o livre exame constituía o princípio da revolução: "Se se acostuma a mocidade a não receber nenhuma idéia dos seus mestres sem verificar se é exata, corre-se o perigo de a ver, mais tarde, não aceitar nenhuma instituição do seu país sem se certificar que é justa." O texto continuava: "Hoje, destruído o regime absoluto, temos a feliz certeza de que a Carta liberal é justa, é sábia, é útil, é sã. Que necessidade há de a examinar, discutir, verificar, criticar, comparar, pôr em dúvida?"[31] Entre os arvoredos de Bristol, era assim que Eça recordava a sua universidade.

É possível, e mesmo provável, que aquilo que Eça nos diz sobre Coimbra

---

[30] É interessante comparar este texto com a legislação promulgada, alguns anos antes, sobre o funcionalismo. Um decreto de 1859 estipulava que se deveria estabelecer uma diferença nítida entre oficiais e amanuenses: "Os primeiros extractam, coordenam, informam e redigem; os segundos, copiam. Para os oficiais, exigem-se conhecimentos superiores; para os amanuenses, uma instrução modesta e limitada." O decreto esclarecia tratar-se de "duas classes distintas, os que pensam e os que executam". Ver P. Tavares de Almeida, *A construção do Estado liberal*, tese de doutoramento não publicada, FCSH, UNL, 1995, p. 254.
[31] *O conde de Abranhos*, in *Obras de Eça de Queiroz*, Porto, Lello, 1979, vol. 3, pp. 319-320.

seja exagerado. Foram os alunos, e, dentre eles, os mais rebeldes, que nos legaram suas impressões, e não os lentes, o que torna difícil uma avaliação equilibrada. De qualquer forma, uma coisa é certa: a qualidade científica variava bastante de faculdade para faculdade. Algumas escolas, especialmente as ligadas às ciências exatas, mantinham-se, em geral, a par das correntes contemporâneas.[32] Já o *curriculum* da Faculdade de Direito — de longe a maior escola da universidade — era visto como medíocre. Devido a uma multiplicidade de fatores, entre os quais avultavam o envelhecimento do corpo letivo e a deserção de lentes para a vida política, seu nível se deteriorara. Um jurista conhecido, Levy Maria Jordão, dizia, em 1857: "Em geral (e salvas raríssimas exceções de alguns professores digníssimos), o estado do ensino é desgraçado e os estudantes, a não ser os que por dedicação pouco vulgar se resolvem a conseguir sós, pelos próprios esforços, o que nas aulas lhes deviam ensinar, pouco ou nada aproveitam." Criticava especialmente os exames: "Mas este chamado ato é uma coisa que para mim não tem significação alguma, pelo modo por que está ordenado. Com um ponto tirado à sorte, com 48 horas para o estudar, com a certeza de que a argumentação há de sempre versar sobre esse ponto, será provável (principalmente na ciência jurídica) que o estudante menos cuidadoso não satisfaça e até cabalmente?" Em sua opinião, para ser aprovado, bastava assistir a alguns exames orais e fixar as respostas sacramentais.[33]

No princípio deste século Teófilo Braga escreveu sobre a universidade, mas o que disse tem de ser analisado com cautela, dado que ele tentara, sem êxito, ascender a lente: "Com pouca diferença se conservou sempre esta série de compêndios e textos escolares inaproveitáveis, dando lugar à sua substituição pelas lições litografadas, ou sistema de sebentas, ignobilmente exploradas em favor da algibeira de alguns e da preguiça mental de quase todos os estudantes."[34] Teófilo não era gentil com os estudantes: "A classe acadêmica achava-se sem ideal, entregue às arruaças para entreterem a monotonia do meio coimbrão; fazia-se alarde

---
[32]Seis anos apenas depois da publicação do livro de Darwin *A origem das espécies*, era apresentada em Coimbra uma tese de doutoramento sobre o assunto. Ver R. Ramos, *A segunda fundação*,... p. 310.
[33]Prefácio a J. Vieira de Castro, *Uma página na universidade*, Porto, 1858.
[34]Teófilo Braga, *História da Universidade de Coimbra nas suas relações com a instrução pública portuguesa*, Lisboa, 1902, Tomo IV, pp. 473-570.

das forças musculares e comesainas; cada qual ostentava a sua vesânia, uns eram queimadores de cachimbos, outros alpinistas em volta de Coimbra e todo aquele que estudava para as aulas era chasqueado como *urso* ou pretendente a prêmio." Os estudantes, especialmente os de origem social mais elevada, cometiam desacatos que, em qualquer outro local, seriam severamente punidos. Era a famosa boêmia de Coimbra.

O tipo de relação pedagógica existente na Faculdade de Direito era o aspecto apontado como o mais negativo. Em geral, na relação com os alunos, os lentes comportavam-se como deuses. O que não quer dizer que, em outras áreas, fossem reacionários. A Universidade de Coimbra não era uma instituição fechada. No tempo em que Eça por lá passou, conheceu vários colegas de esquerda, alguns dos quais viriam mais tarde a ser lentes: Manuel Emídio Garcia declarava-se republicano e José Falcão teve a temeridade, alguns anos depois, de defender, sob a chancela da Imprensa da Universidade, a Comuna. Também os temas escolhidos para concursos, mesmo na Faculdade de Direito, fazem-nos pensar que não existia homogeneidade ideológica entre os docentes. Em 1854, Martens Ferrão, o futuro procurador geral da Coroa, apresentava sua tese de doutoramento com o seguinte tema: "Será possível, com esperança de permanência, e, quando o seja, será necessário, para o melhoramento das classes operárias, reorganizar-se a esfera industrial de uma qualquer forma imposta pela autoridade?"

Portugal não era um país autocrático, nem Coimbra uma ilha nas mãos da reação. Por vezes, ao lerem-se as linhas escritas sobre Coimbra, tem-se a sensação de que os estudantes estão falando da Rússia dos czares e não do pacato país que desabrochara com a Regeneração. Os escritos de Eça não devem nos afastar da realidade. E a realidade era liberal. Toda a geração de Eça comentou fartamente *Qu'est-ce la proprieté?*, de Proudhon.[35] Não era a ausência de liberdade que indignava os alunos, mas o desprezo que os lentes manifestavam por eles.

Significativamente, não foi no convívio com Antero ou Teófilo que Eça descobriu a sua vocação, mas na camaradagem com João Penha, Guerra Junqueiro

---

[35] O livro de Petrus, *Proudhon e a cultura portuguesa,* Porto, Editorial Cultura, 1961-8, mostra quão variado era o leque de assuntos abordado na universidade.

e Gonçalves Crespo, ou seja, com os rapazes que escreviam para a *Folha*, a revista que acolhia tanto os "metrificadores do ai" como os "sacerdotes da idéia vaga". Ao terminar o curso, a idéia de uma carreira na magistratura, que a família aprovava, não lhe parecia apetecível. Era a literatura que o convocava. O pai viria em sua ajuda, apresentando-o a um amigo seu, Teixeira de Vasconcelos, que dirigia a *Gazeta de Portugal*. Ainda em Coimbra, Eça começou a enviar artigos para este jornal de Lisboa. Eça era então um idealista. Numa carta aberta a Carlos Mayer, escrita pouco depois de ter deixado Coimbra, era assim que falava da arte: "Na arte, só têm importância os que criam almas, e não os que reproduzem costumes (...) Queremos ver o homem, não o homem dominado pela sociedade, entorpecido pelos costumes, deformado pelas instituições, transformado pela cidade, mas o homem livre, colocado na livre natureza, entre as livres paixões." Neste artigo, publicado em novembro de 1867, recordava, com simpatia, o grupo de amigos que acompanhara no seu último ano de Coimbra: "Tínhamos, ao mesmo tempo, ocultamente, um idealismo doentio e dissolvente. O nosso grande compositor era Beethoven; e, todavia, eu, desgraçado de mim!, adorava Mozart em segredo. E eu suspeito-te, amigo [Carlos Mayer], de teres nesse tempo condescendido com Novalis e Luis Tieck." Recordava a efervescência intelectual daqueles meses: "Havia entre nós todas as teorias e todas as seitas; havia republicanos bárbaros e republicanos poéticos; havia místicos que praticavam as éclogas de Virgílio; havia materialistas sentimentais e melancólicos que proclamavam a matéria com uma meiga languidez nos olhos, e falavam da força vital, quase de joelhos, com as mãos amorosamente postas; havia pagãos que lamentavam as suas penas de amor, castamente, sob a névoa luminosa dos astros. Tudo havia, e também a serena amizade incorruptível, o fecundo amor do dever, e a ingenuidade risonha de tudo o que desperta."

Eça estreou na literatura aos 20 anos. Em 28 de março de 1866, a *Gazeta de Portugal* publicava seu primeiro folhetim. Nele, Eça fingia ter encontrado alguns restos de uma trova, nas margens de uma folha de papel, motivo pelo qual o texto aparecia truncado, com uns pontinhos denotando os rasgões. O artigo, com fabulações à Baudelaire, lirismos à Heine e romantismos à Nerval, causou espanto. Em Portugal, ninguém havia ainda escrito coisas assim: "Eu andava perdido pela floresta escura e sonora. As estrelas, como grandes olhos curiosos, espreitavam através da folhagem." Terminava lembrando Nerval: "Eu era o tenebroso, o inconsolável, o viúvo."[36] Como sucede a todos os adolescentes, a universidade mudou Eça. Mas não lhe deixou saudades. Nem as noites terminadas, de madrugada, na taberna das tias Carmelas, onde, diante de toscas mesas de madeira, ingorgitava doses monumentais de sardinhas, fizeram-no esquecer as odiosas *sebentas*.

---

[36] Ao contrário do que se disse, Eça não pretendeu plagiar Nerval. A referência era uma homenagem ao autor do *El Desdichado*. Aliás, a frase era demasiado conhecida para poder ser copiada impunemente.

3

A descoberta da capital

No verão de 1866, com o diploma de bacharel debaixo do braço, Eça chegava a Lisboa. Pela primeira vez, ia viver com os pais e com os irmãos, Alberto, Aurora ("Miló") e Henriqueta. É fácil imaginar que a frieza fosse a nota dominante, mas, dado que, sobre a experiência, Eça não escreveu uma linha, só podemos especular. A integração familiar de Eça terá sido facilitada pela dimensão de Lisboa, embora, no meio social que freqüentava, não deva ter sido possível a Carolina Augusta apresentar este filho sem maiores explicações.[37] Colocado em Lisboa havia quatro anos, a ascensão do juiz Teixeira de Queirós na magistratura fora rápida. Habitava então um prédio situado em pleno Rossio, a praça mais importante da capital. Do quarto andar, no n.º 26, viam-se, defronte, as belas colinas que levavam ao Castelo e de baixo vinha o rumor da agitação da cidade.[38]

O primeiro passeio de Eça pela cidade fascinou-o. Parava, olhando as vitrines das lojas; seguia com os olhos as carruagens de criados perfilados; admirava a vastidão das ruas, a multidão sussurrante. À noite, das altas varandas de sua casa, via janelas iluminadas e, do seu quarto, que dava para os fundos, os telhados, sob os quais imaginava amores, mistérios, crimes. Como Artur Corvelo, pôs-se a sonhar. Ali, jornalistas compunham artigos, mais adiante,

---
[37] Lisboa tinha então 190 mil habitantes, mais do que o dobro de Porto.
[38] O prédio, onde se situa atualmente o café Nicola, ainda se mantém de pé. Apesar de, na parte térrea, estar desfigurado, os andares superiores, com varandas de sacada, pouco foram afetados pelos anos.

oradores preparavam discursos, estadistas conferenciavam, mulheres aristocráticas falavam de amores, e, aos pianos, gemiam melodias apaixonadas. Ramalho Ortigão falará da atração, quase hipnótica, que Eça sempre sentiu pela cidade: "Lisboa foi desde então o seu laboratório de arte, o seu material de estudo, a sua preocupação de crítico, o seu mundo de escritor, o seu romance — iria dizer o seu vício —, a sua fatalidade, o seu destino. E, pela razão de que se profundamente se ama tudo o que profundamente se estuda, pouco a pouco se tornou ele próprio enraizadamente lisboeta, lisboeta até às mais íntimas moléculas do seu organismo, até às mais profundas criptas da sua alma."[39] Nenhuma outra cidade, e viveria em muitas, marcou Eça tanto quanto Lisboa. Quando foi para a Inglaterra, bastava-lhe fechar as janelas que davam para os prados de Bristol e Lisboa lá estava, com suas casas como palácios e suas tabernas, seus pregões e seus jardins públicos, seus jardins e suas praças, seus teatros e suas missas. Os primeiros tempos na capital não devem ter sido fáceis. Passado o entusiasmo inicial, Eça descobriu, alarmado, que seus amigos tinham ficado em Coimbra ou no Porto. As fachadas das casas, que, antes, tanta alegria lhe tinham suscitado, espelhavam agora o seu isolamento. Não era apenas a falta de convívio que o deprimia, mas o fato de se sentir à deriva na vida. O pai insistia em que ele começasse a advogar, mas faltava-lhe a vontade. Durante algum tempo, trabalhou no escritório de um amigo do pai, após ter se inscrito, em 10 de outubro de 1866, como advogado, no Supremo Tribunal de Justiça. Anunciou o seu nome nos jornais. Ninguém apareceu.

Na ausência de clientes, decidiu retomar a redação dos folhetins. Foram estes que acabaram por lhe dar um amigo. Batalha Reis recordou, no prefácio que escreveu para *Prosas bárbaras,* o encontro entre os dois na sede da *Gazeta de Portugal*: "Uma noite, junto da mesa onde escrevia o Severo, vi uma figura muito magra, muito esguia, muito encurvada, de pescoço muito alto, cabeça pequena e aguda que se me mostrava inteiramente desenhada a preto intenso e amarelo desmaiado. Cobria-a uma sobrecasaca preta abotoada até à barba, uma gravata alta e preta, umas calças pretas. Tinha as faces lívidas e magríssimas, o cabelo corredio muito preto, do qual se destacava uma madeixa triangular,

---
[39] R. Ortigão, *Quatro grandes figuras literárias,* Lisboa, Empresa Literária Fluminense, 1924, p. 180.

ondulante, na testa pálida que parecia estreita, sobre olhos cobertos de lunetas fumadas, de aros muito grossos e muito negros. Um bigode farto, e também muito preto, caía aos lados da boca grande e entreaberta, onde brilhavam dentes brancos." Batalha Reis, que admirava os seus escritos, ficou a observar Eça, enquanto este contava ao tal Severo algo simultaneamente trágico e cômico, dando, eventualmente, gargalhadas sinistras. No final do texto, Batalha Reis conta-nos: "Saí do escritório da *Gazeta de Portugal* com o Eça de Queirós, jantamos, passamos toda a noite juntos e, desde então, por anos, não nos separamos quase."

Os jornais eram, na época, importantes centros sociais. Era ali — e Eça o recordará em várias das suas obras — que se faziam amigos, se discutia política, se ficava a par das intrigas do dia. Um periódico oitocentista era o centro do mundo. Além do jornal, Eça passou a freqüentar a casa de Batalha Reis. Este, ainda estudante, vivia sozinho numa modesta habitação no Bairro Alto, na travessa do Guarda-Mor, n.º 19, na esquina com a rua dos Calafates.[40] Os dois davam-se bem: tinham os mesmos gostos literários e apreciavam vaguear pela cidade. A partir de certa altura, a intimidade era tão grande que, quando se separavam durante o dia, se reuniam para jantar, num dos restaurantes que existiam perto do largo de S. Roque. Depois de muitas xícaras de café, iam, de novo, para a travessa do Guarda-Mor, onde Eça escrevia até a madrugada.

Dois anos mais novo, Batalha Reis foi um amigo leal e um admirador indefectível de Eça. Freqüentando o curso de agronomia — área onde viria a notabilizar-se —, Batalha Reis nunca se considerou, ao contrário de outros, um rival. Não era um literato, mas um cientista. Depois de dois anos de quase coabitação, a vida os separou, mas nunca deixaram de se ver. Batalha Reis se candidatara a cônsul ao mesmo tempo em que Eça acabaria por ficar em Lisboa, prosseguindo uma carreira acadêmica no Instituto Superior de Agronomia. Só em 1883 ingressaria na diplomacia, num posto, Newcastle, que curiosamente fora ocupado por Eça. A relação entre eles teve altos e baixos. Como momento alto, basta lembrar as longas noites de conversa na travessa do Guarda-Mor; como

---

[40]Hoje, rua do Diário de Notícias. O bairro mantém muitas de suas características, mas a casa em questão foi demolida.

baixo, a fúria de Eça quando Batalha Reis decidiu imprimir, sem que ele tivesse revisto as provas, os folhetins de *O crime do padre Amaro*. Contudo, a amizade se conservou. Sempre que Batalha Reis passava por Paris, nunca deixava de visitar Eça. Por mais de uma vez, as mulheres de ambos, com os respectivos filhos, passaram férias juntas. Mas, embora se continuassem a tratar por "tu", a proximidade entre eles desaparecera. De qualquer forma, Batalha Reis foi o melhor amigo que Eça teve.

Os primeiros folhetins de Eça foram redigidos no quarto que os pais lhe tinham atribuído. Mas, habituado à liberdade, não se sentia bem nesta casa. Não era agora, que já estava formado, que iria aceitar uma disciplina. Mal terminava os folhetins, corria até o Bairro Alto, a fim de os ler para Batalha Reis. Muitas foram as vezes em que o acordou, exclamando: "Sou eu e os meus abutres: vimos criar, devorando cadáveres!" Eça foi ficando, por períodos cada vez mais longos, na casa do amigo. Aqui, podia fazer o que queria, na hora em que queria. Além disso, gostava do ambiente, do bairro, dos pregões. Até apreciava o mobiliário. No quarto, havia duas mesas, a central, que servia para comer, e uma escrivaninha alta, que Almeida Garrett oferecera ao pai de Batalha Reis, na qual Eça podia escrever de pé.

Ficou durante meses morando com Batalha Reis, o que fez deste uma testemunha privilegiada de seu temperamento. À sua personalidade supersticiosa — continuava com "bentinhos" ao pescoço —, Eça juntava a obsessão. Só gostava de escrever em papel almaço, que ele próprio comprava, numa pequena loja da rua de S. Roque; só entrava no quarto com o pé direito; passava o dia a fechar as janelas com medo das correntes de ar; a fim de amenizar a luz, colocava sobre o candeeiro de óleo longas tiras de papel; não podia suportar poeira nas mãos. Ao deitar, tinha ritos especiais sobre a forma de dispor a roupa: colocava os punhos da camisa sobre uma mesa, pela ordem em que os tinha usado, dispondo as botas à porta, para que o criado as limpasse de manhã e, de novo, colocasse-as no lugar, ordenadamente emparelhadas.

Ao contrário do que viria a acontecer, Eça praticamente não corrigia o que escrevia. Apreciava a prosa livre. Mal terminava um folhetim, lia-o, entre grandes gestos, para Batalha Reis. Depois, iam entregá-lo os dois no jornal, após o que peregrinavam, noite adentro, pela Mouraria. Se houvesse luar, aventuravam-se pelos campos em redor. Batalha Reis, famoso por nunca se calar, entretinha Eça com as suas histórias. Nesta fase, a única pessoa com quem eles se davam era Salomão Saragga. Este jovem, oriundo de uma família judia muito rica, era um excêntrico, que tão depressa lhes pretendia explicar o processo de fabricação de tecidos com desperdícios de lã como as origens do cristianismo. Acabaria por emigrar para Paris, onde, no prosseguimento dos seus estudos de língua hebraica, conheceu E. Renan. Em 1877, fundou uma revista, *Os Dois Mundos,* destinada a ser lida em Portugal e no Brasil, na qual colaboraram, entre outros, Eça, Antero, Bulhão Pato, Gomes Leal e Ramalho. Depois, desapareceu desta história.

Quem começou por conhecer Eça através das obras da maturidade ficará seguramente perplexo ao ler seus primeiros escritos. Neles, Eça divaga sobre murmúrios distantes, águas vingativas e árvores encarquilhadas. Estes folhetins, que saíam na edição de domingo de *A Gazeta de Portugal*, eram ainda exercícios literários de juventude.[41] O conto, publicado em 7 de outubro de 1866, começava da seguinte forma: "Eu ontem pensava nas viagens imensas que os deuses têm feito, desde o templo de Elora, onde andavam, ferozes, por entre os elefantes sagrados, até à cruz de Jesus, onde um rouxinol veio pousar, cantando de amor e de angústias de amor." Depois, falava da arte e de como ela se fizera música: "Assim a música aparece neste século como uma voz inesperada em que se entendem os desconsolados." Depois da música alemã, chegara à italiana. Tinham-se verificado hostilidades, mas as duas tradições, a alemã e a italiana, estavam prestes a se fundir: "E assim a arte vai sendo a primeira a unir as pátrias pela reconciliação das almas."

No folhetim seguinte, Eça fala-nos do *Macbeth* de Shakespeare e da versão musical de Verdi. O primeiro seria um gênio, mas a Verdi faltaria "o lume

---

[41]Ver *Prosas bárbaras, in Obras de Eça de Queiroz, op. cit.*, vol. 1. Trata-se da coletânea póstuma, de 1903, contendo o prefácio de J. Batalha Reis. Este opusera-se à forma como Luís de Magalhães se permitira certas liberdades, tais como a exclusão de alguns artigos, a mudança de títulos etc., mas a sua opinião não foi considerada. A coletânea inclui apenas 16 artigos, 15 publicados em *A Gazeta de Portugal* e um, "A Morte de Jesus", publicado na *Revolução de Setembro*. Ficaram de fora os seguintes artigos, "Sinfonia de Abertura", "Os Poetas do Mal", "Onfália Benoiton", "Farsas" e "Da Pintura em Portugal". O filho de Eça, José Maria, incluiria os dois primeiros numa obra por ele organizada. A edição mais completa é, todavia, a organizada por Helena Cidade Moura, para os "Livros do Brasil", também sob o título de *Prosas bárbaras.*

santo, o desvairamento ideal, o deus, aquele sopro de que fala a *Bíblia*". Eça continuava a dissertar sobre música, que ele considerava dever ser "a voz das estrelas, das pedras, das nuvens, das flores, de tudo o que, desde as ervas molhadas até as vias lácteas, fala muito indefinidamente e com vibrações muito sobrenaturais, para que o nosso êxtase as possa escutar". De música e de músicos, neste caso de Berlioz, escreve em "A Ladainha da Dor", o conto publicado em 28 de outubro. No seguinte, "Entre a Neve", supostamente o primeiro de uma série intitulada "As Misérias" (que por aqui terminará), aparece um lenhador que, de madrugada, sai pelas florestas geladas em busca de madeira com que aquecer os filhos enregelados. Eça terminava: "A neve riscava a noite de branco. Ao longe uivavam os lobos. E a neve descia. As sombras dos corvos sumiram-se para além das ramas negras. Os cabelos desapareceram. Só ficou a neve!" O conto "Os Mortos" terminava com uma frase suscetível de causar escândalo: "É na natureza que se deve procurar a religião: não é nas hóstias místicas que anda o corpo de Jesus, é nas flores das laranjeiras." Em outro conto, "A Península", Eça evocava os tempos dos Descobrimentos: "De vez em quando desembarcava este povo, bradando que tinha descoberto um mundo, que lá tinham ficado infinitas multidões, negras, bestiais e nuas, sob a bênção dos padres (...)Todos os anos, aquela multidão imensa de aventureiros embarcava nos galeões, entre os salmos e os coros, e eles iam, silenciosos e flamejantes, por entre as sonoras ilimitações, os ventos aflitos e os tremores da água — para os nevoeiros inesperados." No último, intitulado o "Misticismo Humorístico", escrito em 23 de dezembro de 1866, debruçava-se sobre o tédio: "Eu ia escutando os passos da doce noite, que vinha caminhando. Ia-me afundando no tédio, como um navio roto numa maré de equinócio. Enchiam-me a alma crepúsculos brancos." Nesse meio tempo, escrevera os "Poetas do Mal", um dos textos excluídos por Luís de Magalhães da coletânea por ele organizada, mas que, anos mais tarde, seria republicado. Nele, Eça pretendia apresentar ao leitor português Poe, Baudelaire e Flaubert: "Como vão para uma idéia nova, desordenada e estranha, aparecem vestidos por uma forma nova, estranha e desordenada. Eles sabem que as imitações arcádicas estão gastas, que as velhas árvores donde se dependuravam as liras clássicas estão secas, que os caminhos trilhados pelas togas brancas de pregas hieráticas levam ao deserto." Eram escritores em luta contra o mundo burguês. Era assim que ele próprio se via.[42]

Nestas suas primeiras tentativas, a influência de Heine, Nerval e Hugo está patente na sacralização da natureza, na filosofia do sofrimento e na adjetivação abstrata. Eça sempre se considerou devedor de Hugo: "Eu aprendi quase a ler nas obras de Hugo; e de tal modo cada uma delas me penetrou, que, como outros podem recordar épocas de vida ou estados de espírito por um aroma ou por uma melodia, eu revejo de repente, ao reler antigos versos de Hugo, todo um passado, paisagens, casas que habitei, ocupações e sentimentos mortos... Fui realmente criado dentro da obra do Mestre — como se pode ser criado numa floresta: recebi a minha educação do rumor das suas odes, dos largos sopros da sua cólera, do confuso terror do seu deísmo, da graça da sua piedade e das luminosas névoas do seu humanitarismo."[43] Pode-se pensar, alguns autores têm-no feito, que Eça exagerava. Mas era assim que ele gostava de evocar o Mestre.

Se os folhetins nos espantam, espantaram ainda mais os contemporâneos. A maior parte dos leitores de *A Gazeta de Portugal* não sabia o que pensar da prosa de Eça. O próprio diretor do periódico, Teixeira de Vasconcelos, que era gago, confidenciou a um amigo: "Tem muito talento este rapaz; mas é pena que estudasse em Coimbra, que haja nos seus contos sempre dois cadáveres amando-se num banco do Rossio e que escre...va...va...va... em francês."[44] Com exceção de Batalha Reis, ninguém lhe previa um futuro promissor.

De qualquer forma, sua vida não podia continuar limitada à redação semanal de um folhetim. O pai iria encarregar-se de lhe dar um destino. Estranhamente, foi pela via da política que Eça arranjou um emprego. Em 1865, os regeneradores e os históricos tinham-se unido na "Fusão", deixando de fora os intransigentes, entre os quais o juiz Queirós, o qual, apesar de apoiar o Partido Histórico, considerava aquela coligação um erro. O mesmo pensava José Maria

---

[42]Como em Flaubert, Eça tende a usar o termo "burguês" não no sentido sociológico, mas intelectual. As pessoas que ele tem em mente, quando fala em burgueses, não são tanto os ricaços gordos das caricaturas, mas os boçais, de qualquer classe, regendo-se apenas nos valores convencionais. Ver. V. Nabokov, *Lectures on Literature,* Nova York, Harvest Book, 1980, pp. 126-7.
[43]*Notas contemporâneas, Obras de Eça de Queiroz, op. cit.*, vol. 2, pp. 1.423-4.
[44]Contado por J. Batalha Reis, no Prefácio a *Prosas bárbaras, in Obras de Eça de Queiroz, op. cit.*, vol. 1, p. 544.

Eugênio de Almeida, seu colega de Coimbra. Por sua iniciativa, ou por sugestão do juiz Queirós, este decidira fundar, em Évora, um jornal da oposição. O pai de Eça sugeriu-lhe o nome do filho para diretor. Eugênio de Almeida aceitou.

Com 36 anos, José Maria Eugênio de Almeida era um dos mais ricos agricultores nacionais. Quando morreu em 1872, deixou uma fortuna avaliada em 1.785 contos de réis. No país, acima dele, só os duques de Palmela e do Cadaval. No Alentejo, era um potentado. Depois de uma carreira política na juventude — nos anos 1830 fora setembrista — Eugênio de Almeida dedicara-se, exclusivamente, à administração de sua fazenda. Em 1851, aderira à Regeneração que, em 1853, fizera-o membro. Viria, contudo, a separar-se deste partido, tendo-se, durante uns anos, aproximado dos históricos. Em 1862, voltava às origens de esquerda, apoiando a ala radical dos históricos, liderada por Lobo d'Ávila. Em 1867, a ameaça da reavaliação das matrizes das propriedades rurais, anunciada por Fontes, deve ter-lhe parecido suficientemente assustadora para que a idéia de fundar um jornal da oposição lhe agradasse.[45]

A idéia de ter de viver numa cidade de província não atraía Eça, mas o orçamento previsto para o periódico (1.200.000 réis anuais) era tentador.[46] Eça montou então um esquema que, embora lhe exigisse trabalho, o compensava amplamente: em vez de contratar jornalistas, redigiria ele todas as seções do jornal. Faria, então, oposição ao governo. Não era difícil para ele. A humanidade, mesmo na sua versão portuguesa, tinha certamente razões de sobra para se queixar do poder. No final de dezembro de 1866, Eça partia para a capital alentejana. A boêmia lisboeta ficava para trás.

---

[45]Ver Fonseca, H. e Reis, J,. "José Maria Eugénio de Almeida, um capitalista da Regeneração", in *Análise Social*, 99, 1987.
[46]Se comparado com os vencimentos do alto funcionalismo, o ordenado era incomum: um diretor geral ganhava 1.014 mil réis, um governador civil 1.080, um lente 720. Salários mais elevados só os auferidos pelo presidente do Supremo Tribunal (2.400 mil réis), pelo procurador geral da Coroa (1.620 mil réis), pelo reitor da Universidade de Coimbra (1.440 mil réis) e pelos generais de divisão (1.296 mil réis). Ver P. Tavares de Almeida, *A construção do Estado liberal, op. cit*. O salário de um trabalhador oscilava entre 100 e 200 réis diários. Ver M. Filomena Mónica, *Artesãos e operários*, Lisboa, ICS, 1986.

4

Évora

No final de dezembro de 1866, Eça, então com 21 anos, saía do vagão do trem em Évora. O silêncio das praças e a temperatura, gélida, eram aterradores. No outro dia a cidade pareceu-lhe bonita, mas as casas brasonadas, dos Monfalim, dos Cogominho e dos Faro, pouco acolhedoras. Nas ruas, só via homens: funcionários, de jaquetão e chapéu mole, agricultores, de calça bem cortada e jaqueta curta, e trabalhadores, de camisa de chita. De mulheres, nem sinal. Parecia uma cidade árabe. Pouco tempo tinha passado desde o momento em que, após a descida das pontes levadiças, as portas da cidade haviam deixado de ser encerradas. Ainda existia o toque de recolher e de render da guarda. O único jornal que ali se publicava era a *Folha do Sul*, exatamente aquele que ele fora incumbido de atacar.[47]

Apesar de tudo, convém não exagerar no atraso. Desde 1864 a cidade possuía um Passeio Público. O fato de os grandes agricultores residirem, quase todos, na cidade, dava-lhe alguma animação. Para espanto dos conterrâneos, em 1842, Martins Duarte tinha mandado instalar, em sua casa de Évora, uma mesa de bilhar. No verão, os proprietários deslocavam-se até as casas que possuíam nas herdades, mas, durante os meses restantes, viviam em palacetes onde já existia um piano.[48] Do quotidiano de Eça, nesta cidade de 12 mil habitantes, não há

---
[47]Celestino David, *Eça de Queiroz em Évora*, 1945.
[48]Eugênio de Almeida era um dos poucos proprietários que passava grande parte do tempo no luxuoso palácio, que mandara erguer, em Lisboa. Fonseca, H.A, *O Alentejo no século XIX: economia e atitudes econômicas,* Lisboa, I.N., 1996, pp. 201-220. A casa de Eugênio de Almeida é atualmente o Quartel do Estado-Maior da Região Militar de Lisboa e os seus jardins hoje pertencem à Fundação Gulbenkian e ao Parque Eduardo VII.

registro. Não dispomos das cartas que teria escrito, nem existem os apontamentos que eventualmente teria tomado.

Quase só sabemos onde Eça não esteve. Não foi a espetáculos porque, durante a sua estada, o Teatro Eborense esteve fechado. Não freqüentou o Círculo Eborense, praça forte dos Barahona, Fernandes e Vaz Freire, que apenas admitia, por ano, dois sócios. Não foi às *soirées* na casa das senhoras Gançoso, porque não foi convidado. Não foi às touradas que tinham lugar após festas de S. João, porque, nessa altura, já tinha deixado Évora. Finalmente, é improvável que tivesse comparecido à grande festividade religiosa do ano, a Procissão do Corpo de Deus. Quando muito, freqüentou os cafés da rua da Porta Nova, os quais, a partir do pôr-do-sol, ofereciam concertos gratuitos a seus clientes.[49]

Após sua chegada, Eça lançou-se na procura de um lugar onde se instalar. Alugou, primeiro, um quarto na travessa dos Grilos e, depois, um andar na praça de S. Pedro, onde instalou a redação (ele próprio) e a tipografia de o *Distrito de Évora*. No dia 6 de janeiro de 1867, lançava o primeiro número do jornal.[50] As três páginas de texto — a quarta era ocupada por anúncios — eram todas escritas por ele.[51] Como o periódico era bissemanal, Eça escreveu, durante os sete meses que ali passou, 198 páginas impressas. Ser um intelectual a serviço da "unha negra" do Partido Histórico não era propriamente uma tarefa exaltante, mas, entre livros e "espanholas", agüentava-se. Terminada a ferrovia que ligava Évora à capital, o acesso tinha passado a ser fácil. Eça podia receber ali rapidamente os jornais e livros que encomendasse na capital. Por outro lado, "Lolas" que o aquecessem nas noites eborenses não faltariam.

Mais grave era a situação do país. Em 1867, devido ao fato de as remessas dos emigrantes do Brasil estarem bloqueadas, após o começo da guerra entre o Paraguai e o Brasil, a situação financeira era catastrófica. A economia estagnara, as obras públicas tinham abrandado, o desemprego era assustador. Era evidente

---
[49]M. A. Rodrigues Bernardo, *Sociabilidade e práticas de distinção em Évora na segunda metade do século XIX,* Provas de Capacidade Científica e Aptidão Pedagógica, Departamento de História, Universidade de Évora, 1992.
[50]A assinatura era de 4$000 por ano, para os residentes em Évora; de 4$480 para o resto do país. Avulso, custava 40 réis, o que era caro, tendo em conta que o *Diário de Notícias* custava 10 réis.
[51]O caso, de um escritor a redigir sozinho um jornal, era mais freqüente do que se pensa: Mallarmé o fez, ao escrever *La Dernière Mode*.

que o governo precisava aumentar os impostos, a fim de equilibrar as contas públicas, mas não era menos evidente que o povo não os suportaria. Habituados a ver suas propriedades subavaliadas para efeitos fiscais, mal ouviram dizer que o Executivo se preparava para elaborar um novo cadastro predial, os ricos afiaram as facas.

Os comícios eram a novidade do dia. Os que tinham ficado de fora do arranjo partidário, com particular destaque para a "unha negra", proferiam discursos exaltados. Em janeiro e fevereiro, centenas de petições locais contra os impostos começaram a chegar ao Parlamento. Em 28 de fevereiro, fartas de esperar, milhares de pessoas invadiram a Câmara do Porto. Dezenas de vilas assistiram, pela primeira vez, a comícios. No Porto, em 21 de março, falou-se de Revolução. Dois dias depois, em Lisboa, seis mil pessoas reuniam-se, no Campo de Santana, para elegerem uma comissão (onde figurava o nome de Eugênio de Almeida), destinada a apresentar um protesto contra a nova lei tributária. Em 24 deste mês, a lei sobre o imposto — Fontes limitava-se agora a alterar um imposto indireto — era votada favoravelmente no Parlamento. A população, especialmente a do norte, entrou em ebulição.

Não era apenas devido aos impostos que o povo andava irado. O ministro da Fazenda decidira ainda assinar um novo tratado comercial com a França. Os sapateiros, os chapeleiros e os alfaiates temiam, com razão, que, diante dos produtos mais baratos que vinham da França, não conseguissem sobreviver. Na Covilhã, a agitação juntou na rua patrões e operários. Em 4 de maio, o rei recebia uma delegação dos habitantes do Porto. A ela se uniram, no trajeto até Belém, centenas de populares e gente que se deslocava em carruagens. Depois de quase vinte anos de sossego (se excetuarmos a agitação de 1861-62), as massas populares reentravam na cena política.

No Porto, nascia a União Patriótica, que, em nome das forças produtivas, atacava os parasitas da capital. Em Lisboa, membros de clubes com nomes de ruas, da travessa da Queimada ou do pátio do Salema, declaravam estar contra *todos* os políticos. Dominado por um pequeno número de notáveis, o regime vivia uma crise de legitimidade. Como se isto não bastasse, previa-se um ano agrícola ruim. No final da primavera, todos sabiam que, devido à seca, as colheitas de cereais iriam ser péssimas. No resto da Europa a situação não era melhor, o que fazia com que não se pudessem importar cereais. Em muitos lares isto significava, pura e simplesmente, a fome. Em maio de 1867, na Póvoa do Lanhoso, duzentos camponeses, que, segundo os jornais, mais pareciam "guerrilheiros", organizaram tumultos. A uma crise do tipo *Ancièn Régime*, provocada pelo espectro da fome, juntava-se outra, causada pelos efeitos da industrialização. O Executivo de Joaquim Antônio de Aguiar, o político que em 1834 fora responsável pela extinção das ordens religiosas, fora apanhado numa tenaz: tinha diante de si uma crise típica do Antigo Regime, a dos cereais, e outra, a do desemprego, derivada da concorrência de produtos industrializados.

Embora nunca tivesse demonstrado uma preferência particular pelo tema, Eça tinha de falar da vida política. Decidiu assim dividir o *Distrito de Évora* em muitas seções — "Correspondência do Reino", "Leituras Modernas", "Política Estrangeira", "Política Nacional", "Crônica", "Interesse Provincial", "Revista Crítica de Jornais", "Crítica de Literatura e Arte" e "Agricultura, Comércio e Indústria" — para que, em algumas, pudesse dissertar sobre outros temas. A maioria dos artigos era publicada sem assinatura. Alguns ostentavam anagramas, A.Z. — últimas letras de "Eça" e "Queirós" — e iniciais avulsas, A.M. e A.G.M. Eram, todos, disfarces de Eça.

Os comentários políticos foram integrados na seção "Correspondência do Reino". Globalmente, Eça partilhava as idéias dos radicais, as quais, neste caso, coincidiam com as de Eugênio de Almeida. Em uma palavra, todos queriam economia pública. Contudo havia um tema, o liberalismo econômico, em que Eça se afastava do pensamento radical, embora curiosamente não do seu patrono.[52] Eça escrevia esta coluna fingindo ser um correspondente que vivia em Lisboa, o qual enviava suas impressões para Évora. No artigo inaugural falou muito do Povo, com maiúscula. Em 13 de janeiro, numa coluna em que condenava a sua apatia, o povo passou a surgir com minúsculas: "Os seus direitos podem ser vio-

---

[52] Eça viria a escrever três artigos sobre o tema do protecionismo *versus* livre cambismo. Compreendia que, perfeita na forma, a doutrina liberal poderia ter, na prática, custos inaceitáveis. Não se conclui daqui, contudo, que ele aprovasse as tarifas em vigor, tidas como demasiado elevadas. Por seu lado, sendo Eugênio de Almeida um dos maiores moageiros do país, interessava-lhe naturalmente dispôr de trigo barato. Nos anos 1850, quando se declarou em Portugal uma crise de abastecimento do trigo, este defendeu, no Conselho Superior de Comércio, Agricultura e Manufaturas, uma política de liberdade cambial para o comércio dos cereais.

lados, as suas garantias cerceadas, a sua liberdade assassinada; eu não sei se ele levantará a cabeça do seu trabalho para suspirar sequer." O povo o estava desiludindo.

No final de março Eça encontrava-se em Lisboa por razões que explicarei a seguir. Para que o jornal saísse, inventou um esquema em que se desdobrava duas vezes: o "correspondente de Lisboa" dava lugar a um "diretor político". Este contava aos eborenses: "A todo o momento se espera uma solução; ou uma solução pacífica constitucional, ou solução violenta, de aclamações e de destruições. E devo dizer-lhes a verdade: a decisão serena e legal parece improvável. O governo, desde o momento que quis adormecer o direito de petição, fez acordar o direito de insurreição." Ao longo destes artigos, Eça vai-nos dando um retrato muito negativo dos políticos. Em 17 de janeiro, apresentava-os como um grupo "longe do povo, dos seus interesses, dos seus tormentos, da sua alma". Segundo ele, os políticos, todos os políticos, não faziam mais do que dedicar seu tempo a combates inúteis, num "movimento que ondeia lentamente de S. Bento às secretarias e das secretarias ao Conselho de Estado". Sobre os deputados, que acabavam de aprovar as leis do consumo, dizia: "O seu horizonte político não passa daquele círculo que descreve o braço dum ministro, num gesto imperativo. Não são homens livres que ali vão representar o País, são simplesmente mandatários oficiais que representam o governo." Sua opinião sobre o Parlamento não podia ser pior: "A Câmara dos Deputados resume-se a uma realidade, a *maioria*. O resto, o que se convencionou chamar a minoria, são alguns homens honrados, alguns descontentes, que se ligam maquinalmente, e por vezes inteligentemente, para protestar com o seu voto e com a sua palavra contra todas as prepotências que a maioria aplaude, vota e vence." Sobre os deputados, eis o que tinha a acrescentar: "Desconhecem as questões, não as estudam, não as analisam, nada sabem da história política e da filosofia popular; assistem solenemente às sessões, dormitando, contando anedotas, combinando partidas de *whist*, escrevendo cartas e depois, à noite, vão pelos cafés e pelo peristilo dos teatros contar como uma tal moção deu lugar a uma escaramuça terrível."

Eça indignava-se com o processo que colocara ali estes homens: "Quem leva à urna não é o instinto que diz aos eleitores que aquele homem lhes promoverá o bem social, não é ainda a certeza, a confiança por atos passados em que ele demonstrou a sua afeição ao círculo e as complacências dos seus espírito de proteção — quem os leva é a autoridade: uns, violentados pela pressão moral; outros, influenciados pela esperança dum interesse; outros, pela timidez de dar uma recusa a um superior; outros, por relações individuais; outros, pela dependência coacta; outros, pela ligação afeiçoada; todos por uma causa indiferente à sua vontade, ao seu instinto (e coisa horrível!) à sua consciência." O sistema representativo resultara, em Portugal, num aborto.

Apesar de escrever para um jornal da oposição, Eça não parecia muito entusiasmado com ela. Eis o que, em 21 de fevereiro, tinha a dizer sobre um — não diz qual — dos grupelhos oposicionistas que pululavam por Lisboa e pelo Porto: "Mas o que é o partido novo, o que faz ele, o que fez (...), donde vem, o que quer? (...) Eu creio que eles apenas trazem de novo os seus nomes! Que igual será o seu sistema de governar, a mesma a sua ambição de lá ficar." No número seguinte, retomava a crítica: "O governo oscila, inquieta-se, apresenta medidas, procura discuti-las, supõe sustentá-las. A oposição, austera e moral, na antiga posição olímpica dos deuses irritados, faz escorrer o desdém, a ironia, a apóstrofe, sobre as cadeiras governamentais." Segundo ele, nenhum dos políticos tinha uma solução para a crise. Ele a tinha, mas infelizmente era pouco original: "Economizar, dar instrução, reformar a lei fundamental, codificar a legislação, extinguir os privilégios, animar a agricultura, velar pelo povo, dar a todos o voto espontâneo."

Na primavera, o povo apático revoltou-se. Radiante, Eça escrevia, em 23 de maio de 1867: "O povo acordou; não pode nem deve agora adormecer, sem deixar tudo bem sanado e bem esclarecido, bem liberal e justo, de tal modo que não tornem as opressões e as vexações a perturbar-lhe o seu sono político." Lembrando-se do credo progressista, continuava: "O que mata sobretudo Portugal é a existência de certas instituições decrépitas, sem razão de existência, embaraçadoras e estéreis, que estão hoje repelidas pela filosofia, pela experiência, pela prática, pela história, que nem os antigos regimes queriam, nem o partido democrático aceita."

Como Eça não era um jornalista de província, decidiu declarar que considerava vergonhoso nenhum português ter estado presente nas exéquias de Proudhon, ocorridas dois anos antes. O lamento vinha atrasado, mas isso não parece tê-lo preocupado. Tristemente, comentava: "Aqui em Portugal (...) quando se fala em liberdade, em justiça, em democracia, todo o mundo volta as suas largas costas, dizendo: '*Ora, sonhos dos vinte anos!*'" Antecipando Durkheim, lamentava a "anomia" da sociedade: em Portugal, não existiria um sistema de princípios unanimemente respeitado, o que seria uma característica de sociedades imaturas. O país precisava crescer.

Para que fosse possível, era imperativo derrubar o governo. O combate não lhe desagradava, dado que, como estava descobrindo, gostava de falar mal dos poderosos. A certa altura, reconhecia ter o país enriquecido durante as últimas décadas. O problema residia — e era Eça, não Fontes, quem tinha razão — no fato de a conjuntura econômica ser tão ruim que uma reforma tributária, decretada nestas condições, era criminosa. Eça sabia que o déficit — que ele estimava em 5 mil contos (na realidade era de 10 mil) — constituía um problema grave, mas isso não o levava a mudar de opinião.[53] Finalmente, irritava-o a arrogância de Fontes, comprovada pelo fato de o ministro da Fazenda ter declarado, em março, não se preocupar com o que "as praças públicas" diziam. Segundo Eça, a revolta estava no ar. No Porto, os protestos, com responsáveis autárquicos à frente, eram raros. Ora, fora precisamente isto que acontecera na primavera de 1867. Na capital, qualquer veleidade conduzia o povo à rua; nas aldeias, bastava um líder para arrastar consigo uma dúzia de camponeses. No Porto, terra trabalhadora e sossegada, um tumulto, como aquele que tivera lugar, tinha um significado especial.

Em 17 de março, o *Distrito de Évora* publicava um manifesto contra os impostos, para o qual havia recolhido 637 assinaturas. Uma semana depois, o Parlamento votava a lei fiscal. Eça reagiu num editorial, declarando que daí em diante nada havia a esperar, uma vez que as representações eram inúteis, os manifestos sem proveito, as petições desnecessárias. Não tendo sido escutada a voz do povo, dizia, a este só restava a insurreição. Para piorar, o ministro do Reino, Martens Ferrão, decidira alterar a constituição dos conselhos.[54] Se havia alguma coisa tão

---

[53] M. Eugênia Mata, *As finanças portugueses da regeneração à Primeira Guerra Mundial*, op. cit.
[54] A lei de Martens Ferrão estabelecia como regra que o conselho deveria ter pelo menos 3.000 residências, o que suprimiria um número considerável de autarquias. Apesar de aprovada, a lei nunca entraria em vigor. Ver J. T. Lobo d'Ávila, *Estudos de administração*, Lisboa, 1867.

impopular quanto os aumentos de impostos, eram as mudanças nos municípios. Insensível, o governo prosseguiu com ambos os projetos. Em 5 de abril, José Maria Eugênio de Almeida apresentava, na câmara alta, um manifesto dos habitantes de Évora contra a medida relativa à reorganização territorial, mas o presidente da Câmara dos Pares entendeu que, dado o tom em que o manifesto estava redigido, não podia aceitá-lo. Eça considerou o gesto uma afronta. Entretanto, continuava a pensar que os eborenses precisavam de mais um pouco de Proudhon. Em 9 de maio, a propósito da vinda a Lisboa de um grupo de vereadores do Porto, aproveitava para os ensinar: "As revoluções são fatos providenciais: ninguém o nega. Quando um país chegou àquele estado de miséria, de decadência, de abaixamento, em que os mais esperançosos se humilham e os mais devassos tremem, é tomado por uma daquelas convulsões que se chamam revoluções e sai delas curado e feliz." Alguns proprietários de Évora consideraram estas linhas um desvario; a maioria não deu importância.

No início do verão, quaisquer ilusões sobre a força da oposição tinham-se desvanecido. Em 6 de junho de 1867, Eça lamentava a desunião entre os grupos oposicionistas, porque "o pior que a desunião tem não é fazer perder a força, é fazer perder a convicção". Com o fechamento das câmaras, a vida política serenou. Era o momento de Eça olhar, com um pouco de atenção, o mundo que o rodeava. Honestamente, reconheceu que, durante os últimos anos, tinham-se verificado progressos, como o aumento do número de estradas, a construção de ferrovias, a criação de instituições de crédito e a extinção das leis vinculares. Mas Eça desejava mais: queria estradas vicinais, um sistema de bancos rurais e escolas agrícolas. Finalmente, perorava sobre a deficiência cultural dos lavradores alentejanos. No derradeiro artigo, publicado em 28 de julho, o tom continuava sombrio: "... a iniciativa particular é ainda hoje tão limitada e tão circunscrita como era no tempo do *direito divino*, sinal certo de que a tirania se ajusta debaixo de todas as formas de governo e prova evidente de que não temos governo nem liberdade e que esse estado livre, que se nos afigura que possuímos, é o efeito de um longo período de opressão, que leva sempre os indivíduos para o estado ominoso da obediência passiva." Eça ensaiava temas que viria a retomar: o sistema representativo era uma fraude, os deputados um bando de escravos, os ministros um conjunto de incompetentes.

O *Distrito de Évora* também falava de política internacional. Quando se tratava de mencionar a "Irlanda chorosa" ou a "Polônia sacrificada", os riscos eram mínimos, mas o mesmo não acontecia quando tinha de assumir uma posição em relação a acontecimentos recentes. Veja-se o que sucedeu com a sua posição quanto à revolta mexicana. Em 7 de julho de 1867, Eça tomou o partido de Juarez. Uma semana depois, horrorizado com as notícias sobre as atrocidade cometidas pela soldadesca, recuou. Nesta coluna, Eça abordou ainda um tema muito debatido, a questão ibérica. À época, corriam rumores de que o ministro dos Negócios Estrangeiros, Casal Ribeiro, estaria patrocinando um tratado com a Espanha. O fato logo assustou Eça. Em 21 de fevereiro, bradava: "Detesto os encontros e abraços da panela de ferro com a panela de barro (...) detesto também o sistema militar da Espanha e aquela sinistra colaboração de generais e de fidalgos. De resto, amo tudo na Espanha. Somente gostava mais dela, se ela estivesse na Rússia."[55] Sobre isto, nunca mudou.

Num jornal regional, deveria ter falado de temas locais. Mas estes eram demasiado maçantes para o interessarem. Mencionou a falta de policiamento da cidade; sugeriu aos eborenses que retirassem os mandatos de seus deputados; em 14 de julho, a propósito de um jardim da câmara, publicava uma nota em que se detecta já o tom que o celebrizaria: "Nós sabemos como é deliciosa para a perspectiva uma torrinha com ameias, mas realmente, com verdade, sem hostilidade, pode alguém com senso conceber que vantagem vem dali para o povo, para o trabalho, para a prosperidade, para a propriedade, para a família, para o bem-estar?" O artigo mais interessante desta coluna foi publicado em 12 de maio: "Nada há aqui [em Évora] que justifique o tributo. Nada. O tributo é pago para que o contribuinte receba todas as vantagens policiais possíveis. Que vantagens recebe o contribuinte em Évora? Nenhumas. Polícia noturna? Não; a cidade está abandonada aos malfeitores. A iluminação? Não; a cidade é uma habitação de todas as trevas. A higiene? Não; as águas têm condições péssimas, nos mercados vendem-se gêneros estragados. A boa viação? Não; ou há péssimas calçadas

---

[55] Depois de um período de instabilidade, a Espanha era governada pela mão forte do velho Narvaez. Morto este em abril de 1868, a rainha Isabel II seria forçada a exilar-se, tendo-se colocado a questão de quem se sentaria no trono espanhol. Foi então que, em sucessão, foram contatados D. Fernando e D. Luís. Diante da rejeição de ambos, foi convidado Amadeu de Sabóia, que, em 1870, aceitou.

ou lamaçais ou becos intransitáveis e sinistros. A proteção? Não; o cidadão está sujeito, a toda a hora, ao vexame, ao roubo, à violência."[56] Ora, se o Estado nada fazia pelos eborenses, Eça não via por que deveriam eles entregar-lhe uma parcela do que ganhavam.

A esta coluna local, Eça preferia claramente a dedicada a temas literários, que assinava como A.Z. Sabendo que ele vivia em Évora, mais extraordinárias são estas linhas sobre Lisboa: "Agora vou por estas ruas apinhadas de gente, indolentemente, estudando os tipos como um verdadeiro ocioso, rindo-me dos penteados femininos, vendo os livros novos, ouvindo as dissertações políticas, a graça dolorosa e insípida dos novos folhetinistas, mas olhando sobretudo para o sol, para o belo ar puro, para o pequeno calor que desce, como um verdadeiro meridional." Como tantas vezes lhe viria a acontecer, Eça escrevia, à distância, sobre a capital do seu país. É ainda nesta seção que Eça se pronuncia sobre os livros discutidos nos círculos literários de Lisboa. Em duas ocasiões, refere-se à produção de Bulhão Pato, o mais famoso poeta da época. É severo no que diz respeito a *Paquita*: "É um poema frouxo, líquido, limitado, vulgar, escrito por um espírito meigo e simpático, por um moço de bela alma e de honesta consciência." Algumas semanas depois analisava, num tom mais positivo, as *Canções da tarde*: "Este poeta, um dos nossos mais suaves líricos, é, pela doçura, pela melancolia, pelo idealismo, pela paixão profunda, por uma certa sombra de materialismo escarnecedor, pela filosofia alegre, pela imaginação toda desprendida das coisas do mundo, pela nobre simplicidade, pela forma delicada, o irmão daquelas belas almas que se chamaram Musset, Murger, Gérard de Nerval, Garvani, etc." Sua ira recaía sobre Júlio de Castilho, cujas *Memórias dos vinte anos* chamava de grotescas.

Pela primeira, mas não pela última vez, Eça lamentava a ausência de uma crítica de livros: "Fizeram-se poemas, e cantatas, e livros humorísticos, romances, filosofias e algumas religiões; eu não ouvi, não senti, não percebi nada. Isto é o resultado do modo tímido com que se escreve em Portugal. Parece que os poetas fazem os livros como os rapazes fazem travessuras: vindo cautelosos, no

---

[56]Para indignação de Eça, ao contrário de outras, a Câmara de Évora não se manifestaria contra o governo. Ver o seu artigo, de 19 de maio de 1867, in *Obras de Eça de Queiroz, op. cit.*, 1986, vol. 4, pp. 491-4.

bico do sapato, e fugindo com grandes tremuras e arrepios de carne." Eça lembrou-se então de brincar com o poema de Tomás Ribeiro, *A delfina do mal*: "Eu conto a novidade como ma disseram, sem um aplauso, sem uma alusão à suavidade, à meiguice, ao encanto vago dos versos mesmo do Sr. Tomás Ribeiro."[57] Depois, abordava *A ondina do lago,* um livro de seu antigo companheiro de Coimbra, Teófilo Braga. Aqui a ironia era substituída pelo desprezo: "Tenho disto uma vaga memória, como se fosse nos Elísios que o houvesse lido, ou naquela região onde as almas esperam a vida. Entravam grandes personagens: Fausto, D. Juan, o papa Alexandre VI, o Judeu Errante, Merlin, que sei eu? (...) Quando li aquilo, perguntei quem era o autor, que *havia nome* Teófilo Braga. Disseram-me que era um bom moço que lia livros velhos. O sujeito que me deu esta resposta era um grande tratante que lia livros novos." Felizmente, Teófilo jamais leria estas linhas, razão pela qual as relações entre eles não viriam a ser afetadas.[58]

Como a literatura não fornecesse matéria suficiente para preencher a coluna, Eça decidiu incluir, nela, comentários sobre a sociedade. De novo, assumia uma postura artificial. Agora fingia ser um indivíduo viajado, olhando Lisboa do alto de seu cosmopolitismo: "Não há idéia que leve esta gente, tendência que os dirija; nem uma tendência má; são todos indolente e burguesmente bondosos." Mais genuína era a sua opinião sobre a juventude do seu tempo: "... dizem-se estróinas aventureiros, audazes, valentes, mas ninguém os acredita; somente alguns homens sensatos (que ainda os há) quando os vêem no Chiado, a planearem com ares tenebrosos uma partida de bilhar no Central ou um café na Áurea, dizem por condescendência, para contentar os pobres rapazes: —*sempre vocês são muito estróinas!*" Sua geração era frívola. Pior, era dependente: "Hoje pouca gente há que tenha a felicidade de andar afastada das coisas políticas, sem interesse, sem ambições, sem influências, sem oposições; todos mais ou menos têm uma ponta do casaco presa à máquina governativa; eu não; vivo sossegadamente, num repouso todo oriental, sem saber o que os ministérios fazem, preguiço-

---

[57]*A delfina do mal*, um poema em dez cantos, escrito em estilo ultra-romântico, apenas seria publicado em 1868, mas o livro era lido, nos salões, antes da sua publicação.
[58]Teófilo Braga formara-se em Coimbra à custa de grandes sacrifícios e ficou sempre com um espírito autodidata. Antes de entrar para a universidade, publicara um pequeno volume de poemas, *Folhas verdes*. Apesar de não ter nenhum talento, insistiu.

samente estirado à sombra das minhas árvores." Só valia a pena uma pessoa sair de casa, argumentava, por grandes causas. Ora, grandes causas eram o que não existia em Portugal.

Não contente com a multiplicidade de personagens que já povoavam o jornal, Eça decidiu criar um indivíduo com uma certa idade, que recordava, com saudade, os salões europeus: "Falo daquele espírito que era a graça das conversações, o encanto das comédias, a finura dos diplomatas, o triunfo dos homens de letras, o refúgio das velhas, o disfarce dos cínicos — o belo espírito, leve, conciso, cheio de idéias, que cortava uma questão, que salvava uma crise, que destruía uma calúnia, e que era o bom senso e a razão vestidos ligeiramente; esse espírito perdeu-se e é uma das perdas mais lamentáveis." De seu mísero escritório da praça de S. Pedro, Eça sentia-se transportado às luxuosas habitações das grandes capitais.

Um dos temas que Eça ainda abordou foi o da classe dos jornalistas. Na sua opinião, a ambição do jornalista português não era escrever, mas ser político. Daí a sua principal característica, o respeitinho pelos superiores. Eça atacava aqueles que redigiam folhetins, um gênero que ele dizia abominar: "Podem eles ser horrivelmente insípidos, como quando é o Sr. Santos Nazaré que os escreve; ridiculamente pretensiosos, como quando é o Sr. Chagas; bocejadoramente alambicados, como quando é o Sr. Júlio Machado que os suspira." O drama consistia em que, como ele próprio reconhecia, as massas adoravam o folhetim.

De todas, a personagem mais excêntrica deste jornal é Manuel Eduardo. Sua vida, descrita em forma de obituário, é relatada por outro heterônimo. Manuel Eduardo teria acabado de morrer na Dinamarca, país para onde fora a pé. O autor relembrava os tempos passados em sua companhia, sobretudo um jantar em que aquele recitara, quase chorando, as linhas de Nerval: *"Je suis le ténébreux, le veuf, l'inconsolé, etc."* Em grande estilo, o narrador comparava-o ao poeta francês: "De feito, eram dois espíritos semelhantes: o mesmo desleixo prático, a mesma bondade infatigável, o mesmo sentimento de dedicação, a mesma poesia na alma, a mesma alegria no espírito, o mesmo iluminismo suave, a mesma tristeza, o mesmo coração apaixonado, o mesmo amor das viagens, a mesma inquietação constante e indefinida." Durante o jantar, Manuel Eduardo teria sido acometido "duma alegria doida: quis dançar, cantar, beber, fumar, recitar, fazer tragédias; ao fim da noite, começou explicando-nos o Mar do Norte; ele conhecia-o pelas baladas de Henri Heine. Recitou-as, quase chorando." Era em sua companhia que Eça gostaria de ter passado as noites de Évora.

Como o nome indica, a seção intitulada "Ciências Histórico-sociais" era solene. Eça a considerava insípida. Mas sentia-se na obrigação de escrever qualquer coisa sobre as virtudes do comércio na evolução social, as causas da decadência da agricultura, a história das colônias na Antigüidade, o papel das alfândegas, a função da antigas companhias, o crédito público. Chegou mesmo a abordar um tema tão polêmico quanto o das causas do abandono dos campos. Eça tinha uma solução — a ampliação do sufrágio —, a qual, segundo ele, seria uma via para restituir aos camponeses sua dignidade ferida, uma das razões que, segundo ele, os levavam a querer ir para as cidades. Eça certamente não usava o termo camponês, de forma a nele incluir o proletariado rural, mas os rendeiros, gente que, por estar em contato com os grandes agricultores, sentia, de forma particular, sua marginalidade. A concessão do sufrágio como forma de ligar o camponês à terra era uma idéia curiosa.

As seções menos importantes do jornal eram a "Revista da Imprensa", as "Leituras Modernas" e "Traduções". A primeira analisava os jornais publicados no Alentejo, a começar pelo *Bejense*, evidentemente de Beja, e a terminar na *Folha do Sul*, de Évora. O tom da seção era cordato, embora as discussões entre os dois jornais de Évora tenham, com o tempo, azedado. Em abril, a *Folha do Sul* o acusava de ateu e bêbado. Em "Leituras Modernas" Eça retomava a posição dos jovens de Coimbra, denunciando a existência de uma patronagem nas letras nacionais. Otimisticamente, considerava que os protegidos jamais seriam populares, pois o povo saberia discernir entre os que valiam alguma coisa e os que apenas possuíam fama por terem tido um "padrinho". A certa altura, Eça decidiu reproduzir o *Pepa*, de Antero de Quental, explicando tratar-se de um poema da primeira fase do autor, dos "seus tempos de maior convivência e profunda comunhão com Heine, Shakespeare, Hugo, Zorrila, Musset, etc.", fase que seria substituída pela das *Odes modernas*. Em vez de se pronunciar sobre o valor desta poesia, Eça preferia dar uma informação insólita: "Hoje o Sr. Antero de Quental está em Paris, na redação do *Siècle*, o jornal de Louis de Jourdan."

O *Distrito de Évora* publicou ainda a tradução de extratos de *A viagem a Itália*, de H. Taine, e de *Os cheiros de Paris,* de Louis Veuillot.[59] Se a inclusão de Taine, um dos mais destacados porta-vozes do materialismo francês, não surpreende, já a escolha de Veuillot, um católico ultramontano, é inesperada. A única explicação é o ódio que este destilava, em seus escritos, a Napoleão III. Finalmente, nos números de 18 a 21 de julho surgia um conto mirabolante, intitulado "O Réu Tadeu". Assinava-o A.L.M. O enredo, complicado, girava em torno de um homem, Tadeu Esteves, que encontrara morto o seu irmão, Simão. Tadeu confessara-se culpado, mas Eça deixa no ar a suspeita de isso não ser verdade, podendo o assassino ser a mulher do outro, a quem Stanislau havia prenunciado um fim trágico. A primeira parte do conto descreve a vida do prisioneiro, o dia do julgamento, a sua morte na forca. Na segunda, explica-se que Stanislau era o Mal; Tadeu, a Arte; Simão, a Família. Sobre o que se seguiria, nada sabemos. Em 1º de agosto de 1867, Eça terminava suas funções no jornal. Este ainda agüentou algumas semanas, publicando as traduções deixadas, por Eça, na gaveta. Em 26 de agosto, desaparecia.

Houve quem tivesse atribuído a decisão de Eça deixar a cidade à nomeação, para Évora, de um tio, o juiz Joaquim Augusto Teixeira de Queirós, com quem ele se dava mal.[60] Isto pode ter apressado a partida, mas a decisão estava tomada. Ao saber de suas intenções, o pai ainda se deu ao trabalho de se deslocar a Évora. Mas não conseguiu demover o filho. Eça percebera que, por melhor que escrevesse, não seria a partir da província que se tornaria conhecido. Tudo aquilo era tempo perdido. Em Évora, pouco havia que pudesse fazer. Abrira um escritório de advocacia, mas os resultados não tinham sido brilhantes. Apenas lhe aparecera o proprietário eborense, André Vilas-Boas, acusado do crime de difamação. O cliente publicara, em *A Gazeta do Meio-Dia,* um artigo, denunciando, em termos violentos, o contrato de aforamento de uma herdade, feito pela Casa Pia. Isto levara a instituição a mover-lhe um processo. Embora Eça não tivesse conseguido a absolvição — o que, tendo em conta os termos usados, seria difícil —, a sentença foi favorável. Mesmo assim, não apareceram mais clientes.

---

[59] Ambos os livros datam de 1866, o que prova que Eça estava a par do que de mais recente era lançado na França.
[60] Ver a 3ª edição de A. Cabral, *Eça de Queiroz, op. cit.* e J. Calvet de Magalhães, *José Maria, a vida privada de um grande escritor, op. cit.*

Ou melhor, Eça teve outro caso, mas este passou-se em Lisboa. No final de março fora chamado à capital para servir de advogado de defesa a um ex-foguista da Marinha, que tinha assassinado a amante. Cansado de suas infidelidades, o homem optara por matá-la a facadas, enterrando-a no porão do prédio onde vivia. Eça elaborou um plano de defesa, em que o marinheiro confessava ter assassinado Henriqueta da Assunção, conhecida como "o bode", após o que ele faria um belo discurso, reforçando as circunstâncias atenuantes. O réu concordou. Mas, uma vez no tribunal, declarou-se inocente, o que fez com que Eça, sem linha de argumentação, se sentisse perdido. Ouvidas as testemunhas, o júri deu o crime como provado, e com circunstâncias agravantes. José Pereira, assim se chamava o marinheiro, foi condenado. Eis uma história digna dos mistérios de Lisboa. Mas os folhetins miserabilistas de Júlio César Machado tinham afastado Eça para sempre dos pobres.[61]

Foi no Alentejo que Eça começou uma carreira, a de colaborador de jornais, que o acompanharia até à morte. Ao deixar a cidade, em agosto de 1867, sequer olhou para trás. Tudo estava, aliás, pior do que quando chegara. Os receios de um ano agrícola ruim haviam-se confirmado. No trigo e no centeio, era a catástrofe. As vinhas tinham sido atingidas pelo "oídio", as batatas não se desenvolviam e até os frutos apodreciam pelos campos. Os agricultores diziam que dois terços das colheitas de trigo estavam estragadas. Mas agora nem Eça, nem nenhum dos seus heterônimos, estava lá para falar disso.

---

[61]Ver V. Pulido Valente, *Às avessas,* Lisboa, Assírio e Alvim, 1990, pp. 72-5.

5

O regresso à capital

Após sete meses de isolamento na planície alentejana, Eça estava sedento de vida urbana. Mas quando, em agosto, chegou a Lisboa, teve um choque. Seu único amigo, Batalha Reis, encontrava-se de férias, na praia de Santa Cruz. Aliás, todos pareciam ter desaparecido. As classes médias tinham trocado Lisboa pelas termas, os poderosos retemperavam-se no estrangeiro, o rei jantava, em Paris, com Luís Napoleão. Gente na rua, só pobres. Enxames de insetos infestavam as praças. Meteu-se na casa dos pais. Mas, desabituado dos ruídos domésticos, a inspiração fugia-lhe. Aliás, o ambiente familiar não devia ser bom, dado que o pai desaprovara a sua deserção de Évora. Não tinha amigos, nos cafés não se conversava. Não lhe apetecia sair, nem escrever. A situação do país era deprimente. Nem sequer a insólita aparição de imigrantes espanhóis em Lisboa, berrando "Abajo los Borbones", conseguiu fazê-lo sair do torpor em que caíra. Sem ninguém com quem comentar os acontecimentos, estes não lhe suscitavam qualquer interesse.

O outono trouxe-lhe a felicidade. Com Batalha Reis na cidade, podia voltar a imaginar, pelos restaurantes de S. Roque, corvos, milhafres e gaviões. O Chiado reanimava-se. À porta da Havanesa, comentavam-se as derrotas de Garibaldi. A vida política nacional agitava-se. Os centros do Pátio do Salema e da travessa da Queimada agrediam-se. Sem outros projetos profissionais, Eça decidiu retomar os folhetins. Estranhamente, o estilo, mais seco, que apurara no Alentejo, desapareceu. Eça voltou aos delírios, nebulosidades e abismos.

Em 6 de outubro, recomeçava a colaboração na *Gazeta de Portugal*, jornal no qual, até 22 de novembro, publicou mais nove folhetins. Há, aqui e ali, um tom diferente, mas só raramente vem à tona. Em "O Milhafre", as árvores ainda sonham, mas o vento, que passa pelos campos, vem agora cheio de sementes. Há, depois, frases inesperadas, como "Os deuses olímpicos, se não se deixassem ajuizadamente finar nas florestas antigas, teriam de se empregar nas secretarias".[62] Fundamentalmente, todavia, a prosa continua rebuscada: "Lisboa tem ainda meiguices primitivas de luz e de frescura; apesar dos asfaltos, das fábricas, dos gasômetros, dos cais, ainda aqui as Primaveras escutam os versos que o vento faz; sobre os seus telhados ainda se beijam as pombas..." Eça lamentava o prosaísmo de Lisboa: "Sente-se abundante, gorda, coberta de luz. (...) As casas, sem luz, têm o aspecto calmo e sinistro dos rostos idiotas." Insolitamente, o artigo terminava em tom miserabilista: "Que fazem entretanto os errantes da noite (...)? Compram, na penumbra doméstica, o amor fuliginoso das cozinheiras, comem, melancolicamente, mexilhões nas tabernas; os mais pobres encostam-se às esquinas, esfarrapados e doentes, cariátides sonolentas do tédio." Lisboa também o enervava: "Tem as raras palpitações dum peito desmaiado. Não há ambições explosivas; não há ruas resplandecentes cheias de tropéis de cavalgadas, de tempestades de ouro, de veludos lascivos; não há amores melodramáticos; não há as luminosas eflorescências das almas namoradas da arte: não há as festas feéricas e as convulsões dos cérebros industriais." Eis um romântico enclausurado numa cidade que via como mesquinha.

Em 20 de outubro, publicava o "Senhor Diabo", um conto inspirado em Michelet.[63] Maria, clara e loura, fiava na varanda. Um moço espreitava-a, em busca do seu coração: "Maria, na varanda, fiava a sua estriga. Jusel, encostado ao pilar, fiava os seus desejos." Um dia, ao longe, ouviu a guitarra dos pastores de Helyberg, entoando uma canção de amor: "E, ao cimo da rua, apareceu um homem forte, duma palidez de mármore. Tinha os olhos negros como os dois sóis legendários do país do Mal." Belo e sedutor, era a tentação máxima. Jusel vai ficar sem a sua amada: "As cintas delgadas querem os braços fortes. Os lá-

---
[62]*Obras de Eça de Queiroz, op. cit.*, vol. I, p. 623. Para João Gaspar Simões, Eça ter-se-ia provavelmente inspirado, ao redigir este conto, em "O Corvo", de Poe.
[63]*Ibid*, p. 169.

bios, vermelhos de desejo, gostam das armas vermelhas de sangue." Era uma prosa que buscava o efeito.

Apesar de tudo, Eça ia evoluindo. De certa maneira, a carta aberta a Carlos Mayer, que publicara a 3 de novembro, já representava uma tentativa de se afastar do romantismo. Mas Eça não sabia ainda qual o caminho a seguir. Numa carta, de 1867 ou 1868, a João Penha, recomendava-lhe petulantemente os novos poetas, Mallarmé, Baudelaire e Catulo Mendes: "Notei que eras o único em Portugal capaz de introduzir a nova escola francesa. Não a conheces decerto. No entanto, é necessário que a conheças. Para isso, manda comprar, aqui [Lisboa] ou no Porto, o seguinte livro, *Parnasse Contemporain, Recueil de Vers Nouveaux*. É uma coleção de todos os poetas da França, de 1865 para cá. É a geração mais moderna. A sua escola é a da forma. São admiráveis. Vais ter uma revelação. Os assuntos deles são a filosofia, a história e coisas tenebrosas." Com ar paternalista, dizia-lhe: "Estuda-os. Estuda-os muito. Trata de trabalhar neste gênero. É uma revolução em Portugal."[64]

No conto "O Lume", publicado em 17 de novembro, voltava ao velho estilo. O texto consiste num monólogo das chamas de uma lareira, as quais se declaravam cansadas de ser "devastação". Quinze dias depois, em 1º de dezembro, publicava "Mefistófeles", sobre uma récita do "Fausto", de Gounod. Eça argumentava que, nesta ópera, só Mefistófeles, "a antiga criatura terrível e grotesca, vaidosa, infame e trágica", era real. Em 22 de novembro de 1867, Eça escrevia o último conto.[65] Era sobre uma forca, que supostamente teria deixado umas *Memórias*: "No Verão, enquanto sentia a fermentação violenta das seivas, cantava, movendo-se ao sol, acolhia os grandes concertos de pássaros boêmios, cuspia a chuva sobre o povo curvado e humilde das heras e das plantas e, de noite, enlaçada pelas heras lascivas, ressonava sob o silêncio sideral." Até que um dia, um mau dia, alguns homens o separaram do tronco: "Deitaram-me sobre um carro e, ao cair da noite, os bois começaram a caminhar, enquanto ao lado um homem cantava no silêncio da noite. Eu ia ferido e desfalecido. Via as estrelas com os seus olhares lancinantes e frios. Sentia-me separar da grande floresta." Assim terminou a fase fantástica de Eça.[66]

---
[64]G. Castilho (org.), *Eça de Queirós: correspondência, op. cit.*, vol. 1, pp. 46-7.
[65]O jornal deixou de ser publicado pouco depois, em 5 de janeiro de 1868.
[66]J. Gaspar Simões, *op. cit.*, pp. 165-6.

Durante estes meses, viveu sem regras nem deveres. Sua vida limitava-se a escrever um folhetim semanal, após o que ia passear com Batalha Reis.[67] Em algum momento em 1868, depois de terem jantado bem, Batalha Reis, Saragga e Eça tinham ido a pé até Belém. A noite estava quente. Sem darem por isso, continuaram a andar até as duas horas da manhã, altura em que, tendo descoberto um barco num areal, se sentaram para, mais confortavelmente, continuar a dissertar. Adormeceram. Quando, de manhã, tentaram erguer-se, verificaram que estavam mortos de fome. Concordaram que precisavam comer qualquer coisa, mas nenhum deles tinha um vintém. Seriam cinco da manhã, quando Eça bateu à porta de um seu amigo, Lourenço Malheiro, que vivia por ali. Apesar da fúria por ter sido despertado àquela hora, este acabou por lhes emprestar o dinheiro. Os três correram para a taberna mais próxima, onde, entre marinheiros e uma guitarra, comeram uma caldeirada, finda a qual, compuseram — exceto Saragga que, como judeu, declarou não o poder fazer — o seguinte verso: "Cristo deu-nos o amor/ Robespierre a liberdade/ Malheiro deu-nos três pintos/ Qual deles deu a verdade?" Enquanto Saragga prometia um salmo penitenciário, sobre a vaidade da pescada cozida, Eça e Batalha Reis compuseram quatro décimas.

A vida de Eça decorria irresponsavelmente suave. Uma noite, após uma tourada, foi jantar em uma taberna do Arco do Cego com os dois amigos de costume. Quando quiseram partir, já o dia despontava. Repararam então que, entre o bacalhau, as iscas, as azeitonas e o Colares, haviam gasto mais do que possuíam. Como a taberna estava situada ao pé de um casa vazia, Eça e Batalha Reis optaram por dormir ali, enquanto o terceiro, presumivelmente Saragga, ia em busca de dinheiro. Mas a peregrinação durou mais do que o esperado. Ao meio-dia, Eça e Batalha Reis ainda esperavam pelo dinheiro, tendo começado a cobrir as paredes com um longo poema, evocando Byron, Musset e Heine. A casa ficou, até a altura de um homem, cinzenta de versos. É ainda Batalha Reis quem nos conta a história de outra refeição, no Cais do Sodré. Eça e ele tinham sido acordados pelos dois irmãos, Luís e Manuel Resende, que vinham acompanhados

---
[67]Os relatos destas deambulações chegam-nos pela pena de Batalha Reis, um bom memorialista. Ver J. Batalha Reis, *Anos de Lisboa, algumas lembranças*, in *Anthero de Quental/ In Memoriam, op. cit.*, pp. 441-472.

de João Canavarro, todos do Porto. Passaram a noite falando mal do Romantismo, findo o que fizeram a apologia da "toilette".

Eça, o mais pobre, sabia que isto não podia durar. Mas não conseguia ver-se de toga, julgando o próximo, ou, num escritório de advogado, afogado em processos. Enquanto tivesse algum dinheiro — por esta altura já teria recebido a herança da avó — não tinha a intenção de trabalhar. Continuava a deleitar-se com as conversas com os amigos. Aliás, o ambiente da casa de Batalha Reis estava em vias de sofrer uma transformação. Além de Eça, Batalha e Saragga, passou então a fazer parte da tertúlia, que agora se auto-apelidava de "Cenáculo", Antero de Quental, recém-chegado de Paris, onde tentara, sem êxito, transformar-se em proletário. Era ainda o jovem, com a forte cabeleira ruiva e a barba frisada, que vemos na fotografia de Coimbra. À sua fama como líder estudantil, juntava agora a glória de ter publicado o opúsculo *Portugal perante a Revolução de Espanha*. Com ele, tinham vindo outros convivas, como os irmãos Faria e Maia, de uma antiga família dos Açores, e o futuro presidente da República, Manuel Arriaga, igualmente açoriano. Eça trouxe Luís de Resende, um boêmio incorrigível, e Jaime Batalha Reis convidou Augusto Machado, um compositor que viria a ter algum sucesso na França. O grupo era uma mistura de aristocratas sem nada para fazer e de artistas com ambições.[68]

Durante esta fase, Antero, que vivia num 5º andar da rua dos Franqueiros, passava os dias na casa de Batalha Reis.[69] No final de 1869, este teve mesmo de se mudar para uma casa maior, em S. Pedro de Alcântara, por Antero e ele se terem "habituado a estar juntos dia e noite, pensando em voz alta, conversando, discutindo, esquecidos muitas vezes, quase, de tudo que não fossem as idéias em conflito dos mil Sistemas". Foi ainda nesta época que o grupo se ampliou, incluindo Oliveira Martins, Guerra Junqueiro e Carlos Mayer. Era a "geração de 1870".

A literatura só ocasionalmente os ocupava. Em um dia lindíssimo, de céu azul, Antero e Machado arrancaram Batalha Reis da cama dizendo-lhe ser urgente darem um grande passeio, a fim de discutirem a revolução ibérica. Batalha Reis acedeu, de pronto, à primeira solicitação, declarando que, quanto à

---

[68]Calvet de Magalhães, J., *José Maria, a vida privada de um grande escritor*, op. cit., p. 73.
[69]Antero de Quental regressara, em novembro de 1868, de S. Miguel.

segunda, talvez fosse melhor pensarem. Entre sorrisos, Antero respondeu ser sempre bom pensar. Após o que partiram, descontraídos e felizes, para o jardim da Estrela, onde se puseram a "conspirar". Antero e Machado envolveram-se numa polêmica sobre a metafísica e o positivismo, o que os afastou das preocupações ibéricas. Dentro em pouco, ninguém mais se lembrava do que os levara ali.

No meio destes debates, Eça não esquecia as suas leituras. Seu novo herói era Flaubert. As divagações artísticas dos folhetins de *A Gazeta de Portugal* pareciam-lhe agora ridículas, pelo que desistiu de as publicar. Mergulhou então na redação de um livro, com o pouco flaubertiano título de *História de um lindo corpo*. Mas este não passaria de um esboço. A lição ainda não estava suficientemente assimilada. Entusiasmados com a elevação dos debates e as extravagâncias das noites, aparecia cada vez mais gente no *Cenáculo*. Uns ainda estudavam, outros tinham rendimentos. Todos queriam adiar o fim da adolescência. Batalha Reis conta que, uma vez, Eça, Antero e ele próprio tinham sido acometidos pela paixão da esgrima. O desporto, se assim se lhe pode chamar, era praticado às quatro horas da manhã, com dois sabres de madeira. Como não podia deixar de ser, os exercícios eram interrompidos por conversas. Sem fim e sem nexo. Batalha Reis fornece alguns exemplos: "As religiões estalam em volta das almas que já não cabem dentro delas..."; "As necessidades religiosas dos espíritos completos perturbam as filosofias racionais..."; "O resto do mundo não vale mais do que este país..."; "... Sendo ao mesmo tempo certo que este país vale menos que o resto do mundo"; "Entremos na realidade burguesa..."; "Corramos ao Chiado"; "Ensimesmemo-nos na contemplação do Ser..."; "Vejamos idiotamente passar deputados..."; "...Sejamos, nós mesmos, deputados idiotas que passam..."

Com sua fama e sua idade, Antero — mais velho do que os outros — assumiu naturalmente o comando. Eça recorda esses tempos: "Enfim, Antero volta a Lisboa, encontra o Cenáculo. Encontra o nosso querido e absurdo Cenáculo, instalado na Travessa do Guarda-Mor, rente a um quarto onde habitavam dois cônegos, e sobre uma loja em que se agasalhavam, como no curral de Belém, uma vaca e um burrico. Entre essas testemunhas do Evangelho e esses dignitários da Igreja, rugia e flamejava a nossa escandalosa fornalha de revolução, de metafísica, de satanismo, de anarquia, de boêmia feroz." Sem o dizer, Eça tinha saudades das noites passadas antes de

Antero ter aparecido: "Nós fôramos até aí no *Cenáculo* uns quatro ou cinco demônios, cheios de incoerência e de turbulência, fazendo um tal alarido lírico-filosófico que, por vezes, de noite, os dois cônegos estremunhados rompiam a berrar, o burro por baixo zurrava desconsoladamente e, no céu, sobre os telhados fronteiros, a Lua parava, enfiada." Tudo mudara depois do advento de Antero: "Sob a influência de Antero logo dois de nós, que andávamos a compor uma ópera-bufa, contendo um novo sistema do Universo, abandonamos essa obra de escandaloso delírio — e começamos à noite a estudar Proudhon, nos três tomos da *Justiça e a Revolução na Igreja*, quietos à banca, com os pés em capachos, como bons estudantes."[70] A boêmia ficava para trás. Importava, agora, salvar a pátria.

Esta precisava certamente de salvação. A economia continuava estagnada. A guerra do Paraguai estava longe de ter terminado. A vida política andava mais agitada do que nunca. O encerramento do comércio do Porto, em 1º de janeiro de 1868, dia em que supostamente entrariam em vigor as tarifas fiscais, levou à queda o governo da "Fusão". Em 4 de janeiro de 1868, o rei convidava o marquês de Ávila para formar novo governo. Prudentemente, este levou consigo, para a pasta da Fazenda, um dos chefes do movimento antiimpostos, José Dias Ferreira. Se, antes, faltara dinheiro nos cofres públicos, a situação não se alterara. No fim de janeiro, os impostos subiam. Esta mudança de rumo não agradou evidentemente às bases da "Janeirinha", que voltaram ao glorioso hábito de protestar na rua. Pelos campos, corriam boatos de que o governo se preparava para requisitar cereais, o que, em Famalicão, levou a uma batalha campal com o exército, de que resultaram oito mortos e trinta feridos. Pouco depois, em Torres Vedras, o povo invadia a repartição da Fazenda, queimando zelosamente a papelada. Na capital, as coisas não iam melhor. O conde de Peniche — um dos mais antigos aristocratas do reino — dera para desconfiar da bondade de Ávila. Durante o Carnaval de 1868, reinou a mais total desordem nas ruas de Lisboa. Nem a Quaresma aquietou os espíritos. Em abril, no palácio do conde, reuniram-se três mil pessoas, exigindo pão e trabalho. Com o ritmo das obras públicas em declínio, o desemprego atingiu níveis intoleráveis. O presidente do Conselho pediu ao rei o adiamento das Cortes. Este recusou. Em julho de 1868, desapare-

---

[70]"Antero de Quental", *Notas contemporâneas*, Obras de Eça de Queiroz, op. cit., vol. 2, pp. 1.551-2.

cia mais um Executivo. Iniciava-se um período de excepcional instabilidade política. A cotação dos fundos públicos descia, os empréstimos externos falhavam, a dívida flutuante aumentava, a guerra do Paraguai eternizava-se. A deposição, em 30 de setembro de 1868, da rainha Isabel II, da Espanha, não contribuiu para serenar os espíritos. Em janeiro de 1869, as massas lisboetas foram ao Paço, munidas de archotes, para exigir do rei a diminuição dos impostos.

Eça não parece ter sido afetado por toda esta confusão política. Em vez de se preocupar com a pátria, decidiu, com Batalha Reis e Antero de Quental, inventar um "poeta satânico", Fradique Mendes.[71] No texto *Anos de Lisboa — Algumas Lembranças*, Batalha Reis conta-nos que, "um dia, pensando na riqueza imensa do moderno movimento de idéias, cuja existência parecia tão absolutamente desconhecida em Portugal, pensando na apatia chinesa dos lisboetas, imobilizados durante tantos anos na contemplação e no cinzelar de meia idéia, velha, indecisa, em segunda mão, e em mau uso — pensamos em suprir uma das muitas lacunas criando, ao menos, um poeta satânico. Foi assim que apareceu Carlos Fradique Mendes."[72] O projeto consistia na criação de uma filosofia, cujos princípios "fossem diametralmente opostos aos ideais geralmente aceites, deduzindo, com implacável e impassível lógica, todas as conseqüências sistemáticas do ponto de partida, por monstruosas que elas parecessem". Eça também recordará o período: "Era o tempo em que eu e os meus camaradas do Cenáculo, deslumbrados pelo lirismo épico da *Lègende des Siècles*, 'o livro que um grande vento nos trouxera de Guernsey', decidíramos abandonar e combater a rijos brados o lirismo íntimo, que, enclausurado nas duas polegadas do coração, não compreendendo de entre todos os rumores do universo senão o rumor das saias de Elvira, tornava a poesia, sobretudo em Portugal, uma monótona e interminável confidência de glórias e martírios de amor." O "satanismo" foi o meio encontrado para chocar os contemporâneos: os jovens declararam desprezar, com idêntico vigor, o catolicismo, a linguagem romântica e a mediania política.[73]

---

[71] Embora Batalha Reis tenha afirmado que a idéia partira dos três, os autores modernos têm levantado dúvidas quanto à autoria da idéia. J. Gaspar Simões considera caber a Eça a paternidade do pseudônimo, J. Serrão defende que a mesma pertenceria a Batalha Reis e a Antero. Ver J. Gaspar Simões, *Vida e obra de Eça de Queirós, op. cit.*, p. 187 e J. Serrão, *O primeiro Fradique Mendes, op. cit.*, 1985, p. 207.
[72] Vem incluído no *Anthero de Quental/ In Memoriam, op. cit.*, p. 460-1.
[73] J. Serrão, *O primeiro Fradique Mendes, op. cit.*, p. 237. Esta obra publica os vários poemas inéditos, escritos sob o pseudônimo de Fradique Mendes: apenas um é, por Joel Serrão, atribuído a Eça.

Os primeiros poemas de Fradique Mendes saíram em *A Revolução de Setembro*, em 29 de agosto de 1869, antecedidos de uma introdução não assinada.[74] Ali se dizia, a certa altura: "Esta tendência do exuberante *subjetivismo* artístico que, pela quebra das derradeiras peias do formalismo e da tradição *clássica*, se espraia libérrimo até a licença, espontâneo e pessoal até o individualismo exagerado, para o que concorre especialmente o caótico da concepção filosófica, social e estética dos tempos modernos — tempos de laboração e de anarquia, de emancipação e de transição — esta tendência profundamente pessoal e originalmente *romântica* — dizemos — que chamam poesia *satânica*, quase não tem tido em Portugal representantes ou prosélitos ou apóstolos, quase não teve eco na alma das sociedades peninsulares, onde tanto se arreigou a fé romana, e que por tanto tempo andou atrofiada sob o duplo despotismo civil e religioso, dirigido, alimentado e explorado pelo monarquismo. Por mais de um motivo são pois curiosas as poesias que hoje publicamos."[75] Seguia-se o "Soneto", de Antero de Quental, a "Serenata de Satã às Estrelas", de Eça de Queirós, e a "Velhinha", de Batalha Reis.[76] Embora Eça não tivesse alma de poeta, a "Serenata de Satã às Estrelas" é um poema inovador.[77] Gomes Leal e Guerra Junqueiro perceberam imediatamente que os versos — "Nas noites triviais e desoladas,/ Como vos quero, místicas estrelas!.../ Lúcidas, antigas camaradas..." — eram diferentes dos até então escritos em Portugal. O verão de 1869 terminava e, com ele, a experiência poética de Eça. Seria no romance que iria demonstrar o seu talento. Mas antes foi viajar pelo mundo.

---

[74] J. Serrão, *O primeiro Fradique Mendes, op. cit.*, pp. 257-8. Gaspar Simões atribui-a a Eça, Joel Serrão a Batalha Reis (a Antero não podia ser atribuída, dado este estar, na época, a atravessar o Atlântico).
[75] *Ibidem*, pp. 257-8.
[76] J. Gaspar Simões atribui-o antes a Eça. Em novembro, após a sua chegada a Lisboa, Antero publicaria ainda, no *Primeiro de Janeiro*, uma coletânea de versos, intitulada *Poemas do Macadame*, ainda sob o pseudônimo de Fradique Mendes. A poesia vinha antecedida de uma introdução, na qual Antero se pretendia afastar da admiração demonstrada pelos outros dois diante da chamada "poesia satânica". O ar leve com que aqueles tinham atacado as instituições, nomeadamente a Igreja católica, deve tê-lo exasperado.
[77] A atribuição das poesias não tem sido consensual. Se todos admitem ser de Antero o "Soneto" e de Eça a "Serenata de Satã às Estrelas", já "A Velhinha" tem sido atribuído por uns a Batalha Reis (Joel Serrão) e por outros (Gaspar Simões) a Eça.

6

No Egito

Como muitos dos escritores seus contemporâneos, Eça fora conquistado pela idéia do Oriente Médio. Mas nada teria acontecido se, naquele jantar no Cais do Sodré, Luís de Resende não o tivesse desafiado a ir à inauguração do canal de Suez. Era verdade que estava farto das "noites triviais e desoladas" de Lisboa e que sentia vontade de dizer: "*Emporte-moi, wagon! Enlève-moi, frégate*".[78] Mas precisava de um estímulo. Este chegou-lhe pelas mãos do amigo.

Na segunda metade do século XIX, as viagens tinham-se tornado mais acessíveis, tendo o "Grand Tour" dado origem a excursões organizadas por agências especializadas.[79] Pelo visto, a viagem ao Egito estava ao alcance dos bolsos de Luís de Resende e de Eça. O primeiro, já tendo recebido uma herança, era conhecido como um grande gastador. Já quanto a Eça, é mais difícil saber-se como terá arranjado dinheiro. O pai pode tê-lo ajudado, mas não é impossível pensar que Eça tivesse poupado, em Évora, uma quantia suficiente para subsidiar a viagem, ou até que, nela, tenha aplicado a herança que a avó lhe deixara. De qualquer maneira,

---

[78] Do poema de Baudelaire, intitulado "Moesta et Errabunda".
[79] Muitos dos escritores que Eça admirava, Flaubert, Renan, Gautier, também tinham feito esta viagem. Como se sabe, o fascínio pelo Oriente vinha do século XVIII, tendo dado origem a livros como *Lettres Persanes* (1721), de Montesquieu, e a óperas, como *O Rapto do Serralho* (1782), de Mozart. Em Portugal, era comum encontrarem-se artigos sobre países orientais: um tema tão picante quanto "Os haréns do Egito" aparecia tratado no *Panorama*, de 11 de agosto de 1838. Sobre a relação entre os viajantes europeus e o sexo, ver o fascinante livro de L. Osborne, *The Poisoned Embrace, op. cit.* No que foi uma das primeiras excursões turísticas, Mark Twain partira, em 1867, da costa americana, a bordo do *Quaker City*. Desta viagem, ficou um livro célebre, *The Innocents Abroad* (1869).

em 23 de outubro de 1869 os dois partiam, em grande estilo, rumo a Alexandria. Resende levava um cartão de visita, identificando-o como "*le comte de Resende, grand amiral du Portugal*"; Eça, um passaporte diplomático, que dizia ser ele "um encarregado de negócios" (isto é, portador de correspondência diplomática).[80]

Dois dias levaram até Cádis. Em Gibraltar, tomaram o paquete inglês *Delly*, da rota da Índia. Em 5 de novembro, estavam em Alexandria e, um par de dias depois, chegavam ao Cairo. Regiamente instalados no Hotel Shepheard's, visitaram os monumentos de praxe. Em 17 de novembro, entre a elite internacional, encontravam-se no Suez. Nas festas, sentaram-se entre os grandes do mundo. Em 26 de novembro, partiam para Beirute. Em 11 de dezembro, estavam de regresso a Alexandria. Em 26 de dezembro, embarcavam para Lisboa, onde chegaram a 3 de janeiro de 1870.[81]

Ao contrário do que sucedeu com Flaubert, não dispomos das cartas que Eça terá mandado aos amigos. Apenas nos chegaram uns caderninhos, encontrados, muitos anos depois, em Tormes, e tornados públicos em 1925 e 1966. Na mala que veio com a família de Paris, os filhos Maria e José Maria encontraram dois conjuntos de textos, um, mais longo, sobre o Egito, e outro, que se subdividia: o primeiro era sobre a Palestina, o segundo, sobre a Alta Síria. Estes últimos eram de muito difícil transcrição — a letra era quase incompreensível —, motivo pelo qual o filho mais velho desistiu de publicá-los. Foi Maria quem, nos anos 1960, se encarregou da transcrição: um continha 180 páginas de próprio punho e o outro, 66. Julgando-se menos culta do que o irmão, Maria preferiu deixar em branco o que não entendia. Para felicidade do leitor, tocou o mínimo possível nos manuscritos, o que faz com que a sua transcrição seja mais fidedigna do que *O Egito*.[82]

Nos textos organizados pela filha, Eça fala-nos de Jerusalém: "Vê-se uma

---

[80]Calvet de Magalhães, *J. José Maria, a vida privada de um grande escritor*, op. cit., p. 80.
[81]Agradeço a Rui Pedro Tremoceiro as informações bibliográficas relacionadas com o deslocamento de Eça de Queirós ao Egito.
[82]A "Palestina" e a "Alta Síria" encontram-se em "Folhas Soltas", *Obras de Eça de Queiroz*, op. cit., vol. 4, pp. 1.043-1.089. O texto, editado pelo filho José Maria, *O Egito*, é de muito difícil interpretação. Por um lado, foi produto de uma seleção; por outro, o organizador declarou, numa observação final, que faltavam, no manuscrito, algumas passagens, como os apontamentos sobre a Alta Síria e as festas de Ismaília, os quais, sem que disso ele tivesse consciência, tinham sido publicados, em 1870, pelo pai, no *Diário de Notícias*. Agora que os caderninhos de notas foram depositados na BN, aguarda-se a sua edição crítica.

cidade escura, baixa, humilde, murada de negras muralhas, tudo dum tom sombrio, melancólico, morto." Eça nota a pluralidade de raças, de fisionomias e de religiões, antes de imaginar Cristo passeando por ruas cheias de mercadores. É ali, e não no Santo Sepulcro — uma construção pesada, feia, sem espiritualidade —, que Eça medita na figura sobre quem viria a escrever "A Morte de Jesus". Antes de partir para o Líbano, vai à mesquita de Omã, onde, outrora, se erguera o templo de Salomão. De novo, é aqui, e não no Calvário, que a imagem de Jesus lhe surge: "Havia o que quer que fosse de virginal no céu. Devia ser por aquele dia que Jesus, cercado de discípulos, passara para os lados de Betânia por entre os altos trigos e enchia o céu de parábolas e os homens de idéias, enquanto os Seus discípulos apanhavam as espigas caminhando e escutando o Mestre." Passeia pelos vales de Cédron, de Josafat e Silpé. Caminha ao mar Morto, entre colinas que lhe lembram "ancas hostis". Depois de atravessar o deserto da Judéia, a planície pareceu-lhe deliciosa. Passa por Beirute, mas não passeia pela cidade. Dirige-se logo ao interior. A beleza do sopé das montanhas que o levarão até o cume nevado de Deir-el-Kal surpreende-o. A descrição adquire um tom particularmente sensual: "E para além dos cactos, vê-se a terra escura, úmida e fresca, tendo um cheiro a plantação." Eça transmite o prazer que sente por tudo o que vai observando: "Vi o Monte Atlas, no fundo largo do Mediterrâneo, aparecendo enorme, escuro e tão forte como quando sustentava o Mundo. Vi os Montes do Cairo, a Cadeia Líbica, resplandecente em todas as cores, cheia de tons amarelos e rosados, bela como um mármore, e sobre ela destacavam-se os minaretes do Cairo. Vi os montes que cercam Jerusalém eriçados de pedras lívidas, ascéticos e desolados. Vi os montes de El-Atâka, junto do Mar Vermelho, que tinham a cor da pervinca, vi ao longe o Sinai que parecia uma tira de céu azul, vi a lívida colina de Judá, sepulcro de luz, vi os Montes do Moab, imensos, dominando o Mar Morto, tão envoltos de névoa luminosa e de esplendor do ocaso como se sobre os seus cimos estivesse morrendo o Messias — mas nada, nunca, me fez a impressão daquela colina do Líbano." A originalidade da paisagem deixa-o deslumbrado. Os elogios não terminam, chegando a afirmar que a montanha era "naturalmente feita para dar uma pátria" e que só a imbecilidade da Turquia, aliada ao egoísmo da Inglaterra, matara a fraternidade entre os habitantes. O texto, que não se destinava à publicação, termina aqui. Abruptamente.

Até chegar a Alexandria, o relato de *O Egito* não se eleva acima do vulgar.[83] O céu de Cádiz é "profundo", o pôr-do-sol em Gibraltar tem "uma bruma amarelada" e a noite de Malta é "tenebrosa". Mas Alexandria deixa Eça maravilhado: "Equilibrados numa carruagem forrada de chita, com um cocheiro albanês, entre o monte das nossas bagagens (...), começamos a atravessar o bairro árabe. É uma rede de ruas estreitas, infectas, obstruídas de lama, de construções irregulares, desmoronadas, caducas, feitas de todos os materiais, desde o mármore até ao barro, com todos os aspectos, um imprevisto extremo de linhas e de arquiteturas, e cheias de uma multidão ruidosa de turbantes, de tarbuxes, de gorros gregos, de barretes albaneses, de albornozes, de mulheres envoltas nas suas túnicas brancas, de burros carregados, trotando miudamente. E aquilo é confuso, pitoresco, estranho e miserável." No dia seguinte, devido a um calor tórrido, ele e Resende foram ao bar árabe, sobre a baía, onde experimentaram as delícias de um café turco e de um narguilé persa: "Lentamente, o fumo vai adormecendo o espírito no calor tépido e dissolvente. As qualidade fortes, a energia, a vontade, dissipam-se, esvaem-se numa sonolência doce. Cai-se naquele estado que os Árabes chamam o 'kief'. É uma espécie de desmaio vivo: a vida torna-se passiva, quase vegetal." Eça acabava de ter a sua primeira experiência com o haxixe.

No meio de um baile em Ismaília, vem-lhe à mente a situação miserável do camponês egípcio: "Todo o trabalho das culturas é feito pelo felá. O felá não possui. Está na miserável condição do antigo servo feudal. (...) O felá trabalha, reza e paga. Não tem propriedade, nem liberdade, nem família. É inferior ao escravo." A violência da sociedade oriental indigna-o. Conta que, quando o felá se revolta, o senhor o encosta a uma parede, "erguido sobre três tijolos, pregam-lhe as orelhas à parede — e tiram os tijolos!" Espanta-o, em particular, o fato de os jovens de boas famílias, que haviam estudado na Europa, retomarem, uma vez regressados à pátria, estes hábitos.

Era época de Eça se apaixonar pelo Cairo. Ele, que, das capitais européias, só conhecia Lisboa, adota um tom cosmopolita: "Aqueles que nunca saíram das ruas direitas das cidades da Europa, não podem conceber a colorida e luminosa originalidade das cidades do Oriente. Aí, as ruas são direitas, ladeadas de largas facha-

---

[83]Ver "O Egito", *in Obras de Eça de Queiroz, op. cit.*, vol. 3, pp. 675-819.

das, caiadas, inexpressivas como rostos idiotas. (...) Tudo é correto, alinhado, perfilado, medido e policiado." No Cairo, pelo contrário, a diversidade era a nota dominante: "O Egito é um país de passagem. Tudo ali passa, tudo ali descansa, tudo ali repousa. É o caminho da Índia. É o caminho da Pérsia. É o centro onde acodem todos os povos da África Oriental. É o escoamento das populações ambulantes do Mediterrâneo e do Levante. Tudo para ali emigra, até os pássaros, porque tudo o que tem asas, quando nos nossos climas começa o Inverno, foge para o velho Egito." Nascido numa sociedade etnicamente homogênea, Eça fica maravilhado com a mistura de pessoas: "Todas as raças, todos os vestuários, todos os costumes, todos os idiomas, todas as religiões, todas as crenças, todas as superstições, ali se encontram, naquelas ruas estreitas." Eça deixa-se perder na multidão: o Cairo tinha já, à época, uma população de trezentos mil habitantes.

Eça está em vias de se transformar num grande jornalista. E nem sequer estamos lendo um texto acabado. A certa altura, vê Teófilo Gautier, no Hotel Shepheard's, o que satisfaz a sua veia esnobe. Junto das margens do Nilo, relembra as lições de Taine sobre a ligação entre a paisagem e os costumes. Romanticamente, confessa: "Por vezes, sinto o desejo de ficar aqui, ter um búfalo, uma mulher egípcia, descendentes dos velhos donos do solo e lavrar o meu campo de *durah* no meio da serena paisagem do Nilo, entre coisas abundantes e saudáveis e a imensa claridade do horizonte..." Outros e reais prazeres o esperavam.

Um dos capítulos mais fascinantes destes apontamentos intitula-se "Um Banho Turco". Depois de descrever o local, com o chão de tijolo polido e o teto a céu aberto, relata a forma como dois núbios tinham "tomado" conta dele, e de Luís de Resende, despindo-os, ou antes, tentando despi-lo, coisa a que pudicamente Eça resiste: "Estávamos de pé no estrado, na atitude e na *toilette* de velhos deuses olímpicos. Os núbios, então, envolveram-nos a cabeça em turbantes descomunais e a cinta em tangas que tinham as pregas e o encanto dum estudo clássico; depois, calçaram-nos, abaixando-se com um servilismo doce, as babuchas de pau — e tomando-nos pelo braço, rindo, com os dentes a luzir como presas de feras, com aquelas maneiras envolventes e emolientes do Oriente, com precauções infinitas para que não caíssemos das altas sandálias de pau de sicômoro, fizeram-nos entrar na primeira sala." O calor úmido envolve-o, sufoca-o, amolece-o. Eça vai passando, deliciado, por várias salas, por vários divãs, por vários estrados, por várias mãos. "A languidez é extrema", confessa, "a nossa civilização, as suas dificuldades, as suas lutas, as suas angústias, como tudo isso está longe!" Dá pormenores: "Então, os núbios deitam-nos de costas para cima sobre os bancos e ali, com uma longa luva de camurça, começam uma fricção vagarosa, monótona e sistemática. O corpo fica fatigado, inerte, sem vontade, e aquele constante passar da luva sobre a espinha dorsal dá uma vibração suave, quente e doce, semelhante à que arqueia o dorso dos gatos quando uma mão inteligente e sensual lhes corre a espinha com uma pressão segura e lenta."

A volúpia ainda não tinha terminado. Findo o banho, Eça foi reconduzido ao peristilo, onde, sobre um colchão escarlate, recebe nova massagem: "Agora, o operador é um pequeno árabe, de olhos largos, negros, profundos, com uma fisionomia extremamente astuta e levemente impudente. Envolve-nos numa toalha felpuda e começa a carregar-nos ligeiramente sobre o peito; a pressão cresce, a fadiga vem; ele aperta mais; arqueja-se docemente, está-se mole, começa-se a ter uma sensação suave, irritante e trêmula; o árabe aumenta a compressão, com gestos doces, lentos, frouxos e meigos; vem-nos então um repouso extremo, uma pacificação infinita do corpo, uma plenitude de animalidade, uma lassidão meiga, oleosa, um abandono tão perdido, tão esquecido, que nos sentimos completamente desmoralizados."

Que se passou, nos banhos turcos, para que Eça repentinamente começasse a escrever com tal sensualidade?[84] O banho acaba, com Eça sonhando com uma outra existência, não a de um camponês das margens do Nilo, mas a de um califa. Queria agora "dormir em divãs de cetim, envolvido no aroma dos aloés e no perfume das rosas!... Comeria coisas delicadas e picantes, mandaria abrir o ventre aos meus escravos para ver atitudes de entranhas, degolaria escravas abissínias para sentir o calor do sangue das mulheres ardentes do Nilo, ornaria de pérolas os meus cães, esqueceria o meu povo e mandaria precipitar no Nilo todos os corpos que não fossem divinamente belos!" Em vez disso, o dia acabou com ele e Resende comendo *macaroni farci aux truffes*. A Europa reconquistara-os.

O Egito não termina — talvez devesse terminar — com esta cena. Eça ainda

---

[84] Flaubert é muito mais explícito do que Eça sobre o que lhe aconteceu quando foi a um banho turco. Numa carta a um amigo, forneceu pormenores sobre a masturbação e a sodomia, que, se aconteceram, Eça não quis registar. Ver a carta de Flaubert a Louis Bouillet, escrita do Cairo, a 15 de janeiro de 1850, *in* F. Steegmuller (org.), *Flaubert in Egypt, op. cit.*, pp. 82-87.

nos fala de uma visita a Heliópolis, da ida às pirâmides de Gizé, da excursão a Mênfis. Uma das passagens mais pitorescas é a que relata as danças das *ghawazis*, um grupo feminino dedicado à dança. Eça deixara de lado as mulheres que dançavam para os turistas para ir observar as que se exibiam nas festas populares. Sentado em cima de um burro, de fraque e capacete inglês, estava ridículo, mas a posição permitia-lhe ver o espetáculo: "Aí, as *ghawazis*, cercadas pelo povo, aplaudidas, animadas pelo olhar excitado dos homens, sentindo-se compreendidas, achando-se no seu meio natural, adquirem a *fé*, o instinto genial da raça no movimento, da beleza na atitude." Eça ficou admirado com o poder erótico daquela dança, em que a dançarina permanecia quase imóvel: "A dança árabe é uma vibração dos músculos; os pés movem-se imperceptivelmente no mesmo sítio, enquanto o corpo vibra ao som do *rebab*."[85] Era hora de voltar para casa. Antes, ainda deu uma última volta pelo pátio do paxá Ismael: "Toda aquela *féerie* apagava-se lentamente — e nós reentrávamos na fria realidade, monótona, imbecil, banal e cor de poeira." Não se sabe que destino pensava Eça dar a estes apontamentos. De qualquer forma, nunca mais tocou neles.

Apenas uma parte, as passagens que versam sobre as festas de inauguração do canal de Suez, foi publicada no *Diário de Notícias*, sob o título "De Porto Said a Suez", entre 18 e 21 de janeiro de 1869.[86] Eça colocava-se na posição de um jornalista, fornecendo o que ele designava como "uma narração trivial". Mas o estilo é incomparável: "Tínhamos voltado, eu e o meu companheiro, o conde de Resende, duma excursão às pirâmides de Gizé, aos templos de Sakkarah e às ruínas de Mênfis, quando no Cairo soubemos que estavam na baía de Alexandria os navios do quediva que deviam levar-nos a Porto Said e a Suez. (...) A previdente penetração da polícia egípcia tinha esquecido que trezentos convidados, ainda que não tenham a corpulência tradicional dos paxás e dos vizires, não podem caber em vinte lugares de vagões, estreitos como bancos de réus."[87] Ape-

---

[85] Mais uma vez, Flaubert menciona, de forma muito explícita, a relação sexual que teve com uma destas bailarinas, in F. Steegmuller (org.), *Flaubert in Egypt, op. cit.*, pp. 129-30.
[86] Eça deve ter separado estas páginas das encontradas pelo filho, uma vez que este não as menciona.
[87] Uma forma de podermos avaliar o talento de Eça consiste em comparar o que ele escreveu com o que os seus conterrâneos iam produzindo. Neste caso, temos sorte, pois existe uma obra, de Ricardo Guimarães, intitulada *De Lisboa ao Cairo* (1869), o relato de uma viagem feita poucos meses antes. Para cúmulo da ironia, o livro era prefaciado por Pinheiro Chagas, o qual louvava a medíocre prosa do autor.

sar de tudo, o guia, um núbio habilidoso, conseguira arranjar-lhes lugar numa desconjuntada cabine de segunda classe. Em tom irônico, Eça relata os vagares do trajeto até Alexandria, e o embarque, igualmente atabalhoado: "Porto Said, cheio de gente, coberto de bandeiras, todo ruidoso dos tiros de canhão e dos hurras da marinhagem, tendo no seu porto as esquadras da Europa, cheio de flâmulas, de arcos, de flores, de músicas, de cafés improvisados, de barracas de acampamento, de uniformes, tinha um belo e poderoso aspecto de vida." Entre os navios de todo o mundo, destacava-se o *Aigle*, no qual seguia a imperatriz Eugênia: "O azul da baía era riscado em todos os sentidos pelos escaleres, a remos, a vapor, à vela; almirantes com os seus pavilhões, oficialidades todas resplandecentes de uniformes, gordos funcionários turcos afadigados e apopléticos, viajantes com os chapéus cobertos de véus e de *couffiés*, cruzavam-se ruidosamente por entre os grandes navios ancorados; as barcas decrépitas dos Árabes, apinhadas de turbantes, abriam as suas largas velas riscadas de azul."

O segundo artigo relata os boatos que tinham circulado durante o dia: que um pequeno navio tinha encalhado, que as autoridades andavam desorientadas, que tudo seria um fiasco. Mas o *Fayoum*, o maior navio do cortejo, ousava avançar. No caminho, encalhou, mas afinal conseguiu libertar-se. Não por muito tempo. Como, adiante, encontrasse o caminho obstruído por outro navio encalhado, lançou âncora. No outro dia conseguiram partir todos em direção a Ismaília.

No terceiro artigo, Eça conta-nos como tinham decorrido as festas. Os regimentos egípcios tinham acampado junto ao lago. As tendas abertas deixavam ver os lustres pendentes e os tapetes de Meca. O imperador da Áustria tinha passeado por Ismaília montado num dromedário. À noite, estalaram fogos de artifício: "A luz escorria por entre toda aquela multidão, tomada de alegria. Havia sobre a cidade e o lago aquele forte rumor das festas, que é composto dos cantos, das músicas, das vozes, dos aplausos, tudo harmoniosamente confundido e que pela força da sua originalidade arranca o homem para fora da vida vulgar, com irritantes atrações. Tudo isto víamos nós, ao atravessar a cidade, nas enormes carruagens que nos levavam ao grande baile de Ismaília, no palácio novo de Ismail Paxá." Para se sentir inteiramente feliz, só lhe faltou estar sentado entre os convidados oficiais da ceia que o quediva ofereceu e que, entre outras delícias, oferecia *aspics de Nérac, poisson à la réunion des deux mers, grand pain de gibier em bastion sur socle, crevettes de Suez au cresson, truffes au vin de Champagne, dindonneaux truffés* e *biscuits de Savoie décorés*.[88] No meio da noite, quando se preparava para deixar o recinto, Eça cruzou Lesseps, "uma figura delgada e nervosa, bigode curto e branco, e dois olhos que faíscam em negro, cheios de inteligência e sinceridade".

No quarto artigo, a grande procissão de navios saía em direção ao Suez. Só ao anoitecer chegaram aos lagos, onde ancoraram durante a noite. A viagem continuou. Em vez de nos falar do que o canal representava, Eça preferiu evocar passagens históricas: "Foi neste lugar que passaram os Hebreus, guiados por Moisés; foi aqui que ficaram sepultadas as legiões dos faraós, quinze mil homens e mil e duzentos carros. Para o lado do Egito, a Lua branqueava uma vasta planície: era Gessen, a terra dos patriarcas. Os faraós tinham dado aquele lugar aos Hebreus, lugar então cheio de culturas e de searas, hoje coberto de areias. Foi dali que eles partiram em demanda de Canaã."[89] O Suez pareceu-lhe horrível. A série de artigos termina com um curto louvor a Lesseps. Eça, porém, não fora ao Egito numa viagem de estudo, mas numa peregrinação romântica. Daí a sua indiferença diante de uma das maiores proezas tecnológicas do século XIX.

Em 26 de dezembro Eça e Resende embarcavam, em Alexandria, com destino a Lisboa. Eça experimentara, no seu corpo, as mãos de um núbio, fumara haxixe, olhara os estremecimentos do corpo das dançarinas. Como se isto não fosse suficiente, ainda tivera aventuras no Líbano. Uma noite, correndo a galope, no meio de uma trovoada, entre a água do mar e os riachos — "corríamos na espuma que dá um som úmido, como de roupa das lavadeiras que se bate na água" —, o cavalo de Luís de Resende assustou-se, tendo ele sido repelido do selim e desaparecido o seu cavalo. Eça fez subir Resende e o pequeno Ibraim para o seu cavalo, mas o animal não resistiu, ficando Eça a rebolar-se na água salgada. Resende acabou por desaparecer. Os dois encontraram-se, sãos e salvos, em Beirute. Eram jovens. Eram saudáveis. Nada os assustava.

Chegaram a Lisboa em 3 de janeiro de 1870. Os amigos invejaram-nos, os conhecidos aplaudiram-nos. Durante a sua ausência, o Cenáculo alargara-se, por

---
[88]Carré, Jean-Marie, *Voyagers et Écrivains Français en Égypte, op. cit.*
[89]"De Porto Said a Suez", *Notas contemporâneas, in Obras de Eça de Queiroz, op. cit.*, vol. 3, pp. 1.367-1.379.

lá aparecendo agora José Fontana, um revolucionário de origem suíça, e Ramalho Ortigão, que há já algum tempo deixara o Porto para ocupar, em Lisboa, o lugar de secretário da Academia das Ciências. Estavam Batalha Reis e Antero de Quental sossegados em casa, quando, uma tarde, Eça lhe bateu à porta: "Trajava uma longa sobrecasaca aberta, de cuja botoeira saía, com coloridos, um enorme ramo de flores; cobria-lhe o peito, em relevo, um *plastron* que nos pareceu imenso, sobre o qual se erguia um colarinho altíssimo, onde a cabeça a custo se movia. Os punhos, que os botões uniam pelo centro com uma corrente de ouro, encobriam grande parte das mãos, metidas em luvas cor de palha. Vestia calças claras, arregaçadas alto, mostrando meias de seda preta com largas pintas amarelas e sapatos muito compridos, ingleses, de polimento. Tinha na cabeça um chapéu alto, de pêlo de seda brilhantíssimo. E olhava-nos com um monóculo, que lhe estava sempre a cair e que ele, por isso, abrindo a boca em esgares sarcásticos, amiúde reentalava junto ao lacrimal do olho direito." Esta metamorfose pareceu aos amigos — nem quero imaginar no que Antero pensou — tão extraordinária que, trinta e três anos depois, Jaime Batalha Reis ainda era capaz de evocá-la com esta minúcia.[90] Os três abraçaram-se, antes de Eça passar a contar como decorrera a viagem. Logo anunciou ter trazido uma quantidade razoável de haxixe, para que todos pudessem experimentar. Eça não era homem de exibir sua felicidade durante muito tempo. Informou-os, logo a seguir, que voltara doentíssimo, "de uma mórbida impressionabilidade nervosa", após o que tirou da algibeira um frasco de sais, "que aspirava sofregamente". Doente ou não — há a hipótese de que a amebíase de que viria a morrer tivesse sido contraída no Egito[91] —, Eça foi jantar fora com eles. Durante a refeição, não parou de falar. Não do Suez, mas de *Salambo*.

O exotismo real matou, em Eça, o rebuscado literário. O rigor do pormenor, a exatidão do traço, a fidelidade da sensação serão, a partir de agora, notas dominantes em seus textos. Mas não únicas. Eça ainda escreveu outros artigos, muito diferentes das crónicas de viagem. Em 13 de abril de 1870, a *Revolução de Setembro* iniciava a publicação de um conto, em vários folhetins, "A Morte de Jesus". Se a fonte de inspiração óbvia era a *Vie de Jésus*, de E. Renan, a influência

---
[90]"Introdução" a *Prosas bárbaras*, in *Obras de Eça de Queiroz, op. cit.*, vol. 1, p. 567.
[91]Ver entrada "Doenças-II", in A. Campos Matos (org.), *Dicionário de Eça de Queiroz, op. cit.*

mais importante era a *Salambo*, de Flaubert.[92] Os folhetins adotavam, de novo, o disfarce de um velho manuscrito, encontrado por acaso. Na advertência, datada de "Jerusalém, Mediterranean Hotel, no Acra, 1 de Dezembro de 1869", o autor informava que optara por não traduzir o texto *ipsis litteris*, a fim de tornar a sua leitura mais acessível. Só por pudor, Eça não terá começado: "Era em Jerusalém, a capital da Judéia, nos pórticos exteriores do Templo." Em vez disso, recorreu ao tom bíblico: "O meu nome é Eliziel e fui capitão da polícia do Templo: estou velho e inclinado para a sepultura; e antes de me deitarem para a eternidade, sob uma pedra lisa em Josafat, ou nas mortuárias de Silo, quero contar o que sei e o que vi dum homem excelente, que na minha mocidade esteve, pelos acasos providenciais da simpatia, intimamente ligado à minha vida." O pretérito imperfeito não tarda a aparecer: "Era na festa da Páscoa, (...) quando vi em redor uma confusa gente dominada pelo forte ruído duma voz: defronte dos mercadores, havia um homem de pé, que lhes falava. Era alto, magro e fraco: tinha os cabelos louros, pendentes, separados ao meio, cabelos de homem da Galiléia..." O primeiro folhetim terminava com a apresentação de Jesus. Os artigos seguintes acompanham o fascínio de Eliziel pelo Nazareno. O capitão da polícia vai falando dos sofrimentos do povo, abandonado pelos fariseus, e desse Jesus, originário da Galiléia, a região onde "há as pequenas aldeias sírias que eu amo, onde as mulheres têm o seio pacífico, os homens a força serena e até os burros têm um olhar doce, em que parece habitar uma resignação humana". Os folhetins vão-se sucedendo, mas pressente-se, pela sua irregularidade, não terem boa aceitação. Em 8 de julho de 1870, o jornal publicava o último: seguido dos seus, Jesus subia para a Galiléia. Nunca se assistiria à morte de Cristo.[93] Os leitores preferiam que Eça lhe falasse das festas do Suez do que da morte de Cristo.

---

[92] O livro *Vie de Jesus* foi um espectacular êxito editorial. Em quatro anos, foram publicadas 13 edições. Renan fizera duas longas viagens ao Oriente, uma em 1860-1 e outra em 1864-5. Tendo sido nomeado professor no Collège de France em 1862, o curso que lecionava foi suspenso, por imposição dos católicos extremistas, acabando ele por ser destituído, em 1864. Passado o entusiasmo inicial, Eça pronunciou-se sobre Renan no texto "O francesismo" (1887), *Ultimas páginas*, in *Obras de Eça de Queiroz, op. cit.*, vol. 2, p. 824, e em "Os grandes homens de França" (1892), *Notas contemporâneas*, in *Obras de Eça de Queiroz, op. cit.*, vol. 2, p. 1.482. Na *Correspondência de Fradique Mendes*, carta XVI (a Clara), Renan é alvo de uma sutil nota irônica. Ver *Correspondência de Fradique Mendes*, in *Obras de Eça de Queiroz, op. cit.*, vol. 2, p. 1.099.

[93] Mais tarde, em 15 de junho de 1885, numa carta ao conde de Ficalho, Eça criticará a mania dos romances histórico-bíblicos. Curiosamente, na época, ele se encontrava em Londres, recolhendo material para o sonho de Teodorico, de *A Relíquia*. Ver G. Castilho (org.), *Eça de Queirós: Correspondência, op. cit.*, vol. 1, p. 266.

O fracasso do conto não levou Eça a abandonar os temas bíblicos. Muitos anos depois, sob o disfarce de um sonho, a morte de Jesus seria de novo abordada. A fim de se assegurar de que o livro seria vendido, a cena apareceria, em *A Relíquia,* incluída num enredo apimentado.[94] A viagem ao Oriente foi importante para Eça não só do ponto de vista literário mas também existencial. Foi então que percebeu não estar disposto a deixar-se encarcerar num país periférico. Queria partir, ver exposições, países, Madri, Paris, Berlim, São Petersburgo, o mundo!

---

[94]Não se sabe quando adquirira Eça a sua familiaridade com a Bíblia, mas conhecia-a bem. Sua família não se teria preocupado demasiado com a sua educação religiosa, o que não impediu Eça de, ao longo da sua vida, ter se interessado pela gênese do cristianismo. Dado que a sua biblioteca desapareceu, é difícil sabermos que cultura bíblica que Eça possuiria.

7

Os mistérios de Leiria

Regressado do Oriente, Eça voltou à rotina lisboeta. Oficialmente, continuava a viver com a família. Na realidade, passava a maior parte do tempo na casa de Batalha Reis. A única diferença consistia em que, agora, tinha em Lisboa alguém, Ramalho, que conhecera bem durante a sua adolescência. Pouco se tinham visto durante os anos de Coimbra. A vida voltava a reuni-los. Nove anos mais velho do que Eça, Ramalho notou, com surpresa, o amadurecimento do seu antigo discípulo. Passaram a freqüentar-se. Trocaram-se favores, apresentaram-se amigos, combinaram planos.

Eça levou Ramalho ao "Cenáculo". Numa carta aberta ao *Diário Ilustrado* (depois republicada numa de suas *Farpas*), este descrevia, em outubro de 1874, o ar que ali se respirava: "O que é porém inconcebível é a quantidade de verve, de argúcia, de ironia, de bom humor que inundava esta academia obscura e terrível! (...) As sessões celebravam-se, pondo cada um os pés em cima da mesa, à altura dos olhos, como na América. Tinha-se ao lado uma chávena de chá, o cigarro nos beiços e era permitido a cada um desabotoar igualmente os seus paradoxos e o seu colete."[95] Apesar do ar quase aprovador, Ramalho não gostou do

---

[95] O artigo fora-lhe encomendado pelo diretor de o *Diário Ilustrado*, para acompanhar a fotografia de Eça que o periódico ia editar. Ramalho aproveitou a ocasião para contar algumas historietas, como, por exemplo, a da constituição de um governo fictício na ilha das Galinhas, em que Antero seria o tirano e Eça o ministro da Polícia. O artigo terminava com a explicação do motivo pelo qual, na sua opinião, Eça não era um escritor popular: tudo derivava de os críticos não lhe perdoarem o fato de ele se vestir tão bem. Ver Ramalho Ortigão, *As Farpas, op. cit.*, vol. II, pp. 187-213.

ambiente. E dele tentou desviar Eça, oferecendo-lhe divertimentos alternativos. Em sua casa, passou a receber amigos, tecnocratas estrangeirados e capitalistas ilustrados, que pressurosamente apresentou a Eça. Um destes era João Burnay, um grande industrial que dizia ter como único inimigo pessoal Hegel. Eça acabou por se deliciar com estas *soirées*, em particular com as idéias pragmáticas do dono da mais moderna metalurgia do país. Além deste, faziam parte do pequeno círculo Diogo de Macedo, um engenheiro florestal formado em Nancy, e Carneiro de Andrade, que estudara na Escola de Minas de Paris. Eça gostava de alternar os seus serões entre o boêmio "Cenáculo" e a elegante casa de Ramalho.

Sem saber o que fazer, Eça decidiu colaborar, ao lado de Antero e de Oliveira Martins, no jornal *A República*. Limitou-se a oferecer um artigo. O periódico não tardou, aliás, a falir. Enquanto Antero se inquietava com a redação do "Programa para os Trabalhos da Geração Nova", Eça e Ramalho imaginavam um empreendimento jornalístico que lhes pudesse dar dinheiro. Surgiu-lhes a idéia de escreverem, a quatro mãos, uns folhetins policiais, que deveriam sair num jornal de grande tiragem. Não havia evidentemente diretor que entregasse a Eça, um desconhecido, a redação de uma série tão arriscada quanto *O Mistério da Estrada de Sintra*. Ramalho ficou, por conseguinte, encarregado de descobrir o jornal que estivesse disposto a abrigar os artigos.

Foi por esta altura que Eça começou a pensar na carreira consular como um destino possível. Em 22 de junho de 1870, aparecera, no *Diário do Governo,* um anúncio relativo à abertura de um concurso para cônsul de primeira classe. A idéia agradou-lhe. O lugar permitir-lhe-ia viver fora de Portugal e escrever em paz. Havia apenas um senão: a fim de poder se candidatar, Eça tinha de provar ter tido, pelos menos, seis meses de experiência na função pública.[96] Era necessário fazer o sacrifício.

Em 21 de julho de 1870, Eça conseguia ser nomeado administrador de concelho em Leiria. Após vinte anos de governo civil, um militar, o duque de Saldanha, forçara, em maio de 1870, a mão do rei, obrigando-o a fazê-lo presidente do Conselho. Logo se percebeu que a situação não duraria, dado que muitos dos amigos do marechal se recusaram a participar de uma ditadura que, acerta-

---

[96] Gentil Marques, *Eça de Queiroz, op. cit.*, 1946, p. 137.

damente, previam efêmera. Saldanha acabou por ser obrigado a ocupar várias pastas, o que também aconteceu com seus ministros. Um dos que arriscou, e entrou, foi José Dias Ferreira, um ex-professor de Eça em Coimbra. A partir de 3 de junho, este lente passou a ocupar também o Ministério do Reino (já tinha as pastas da Justiça e da Fazenda). O pai de Eça conhecia-o suficientemente bem para usá-lo como "pistolão" para o filho. Foi assim que Eça foi parar na administração local.

Quando saiu da diligência em Leiria, o humor era sombrio. Nem a idéia de sua futura carreira conseguia minorar a angústia que sentiu, ao pisar, de novo, o solo da província. Achou as ruas de Leiria estreitas, as construções pouco limpas, a população sorumbática. À época, a cidade tinha cerca de três mil habitantes, ou seja, ainda era menor que Évora.[97] Durante os primeiros dias, a única pessoa com quem trocou algumas palavras foi Júlio Teles, seu amanuense. O rapaz foi-lhe útil na resolução das questões domésticas. Foi ele que lhe aconselhou a pensão de Dona Isabel Jordão, uma senhora gorda e baixinha, que o meteu num quarto forrado com um papel desmaiado, na rua da Tipografia, 13.[98] Nas palavras de Eça, era uma "rua estreita como uma fenda e triste como o destino de um monge: de um lado, tinha as velhas paredes da Misericórdia, onde as corujas piavam, do outro as torres da Sé, onde os sinos faziam a cada momento rolar pelos ares os seus prantos sonoros".[99] De sua janela, ornamentada com raminhos de alecrim, falava com o sacristão da Sé, o Anastácio, que lhe contava as intrigas locais. Eça ainda tentou sair do buraco: num gesto heróico, fez-se membro da Assembléia Leiriense. A experiência não o satisfez.[100]

Voltou à pensão, onde estavam hospedados, além dele, um padre, um médico, o deão da Sé, um funcionário público e o proprietário da farmácia. Pela noite afora, entretinham-se a jogar cartas e a ouvir a guitarra de Júlio Teles, tido localmente como o maior gênio musical do século. Eça cedo desistiu da companhia. Fechou-se, de novo, no quarto. Por volta das seis horas da tarde, costuma-

---

[97]*Censo de 1864,* Lisboa, 1866 e J. M. Corrêa de Lacerda, *Diccionário Encyclopédico ou Novo Diccionário da Língua Portuguesa,* 4ª ed, 1874. Évora tinha, à época, 11.500 habitantes.
[98]O nome da rua deveria vir do fato de ter sido ali que se instalara em 1466 uma das primeiras tipografias da península.
[99]Ver *As Farpas,* novembro de 1871.
[100]Júlio de Sousa e Costa, *Eça de Queiroz, memórias da sua estada em Leiria,1870-1, op. cit.*

va esperar, no largo do Chafariz, pela diligência que lhe levava e trazia a correspondência de Lisboa. Enquanto esta não chegava, observava o que, à sua volta, ia acontecendo. Na alameda macadamizada junto ao rio, entre dois renques de velhos choupos, entrevia senhoras de vestidos claros, passeando. Do lado do Arco, na correnteza das casas pobres, velhas fiavam à porta; crianças sujas brincavam pelo chão, mostrando ventres nus; e galinhas ao redor iam picando vorazmente as imundícies esquecidas. Em torno do chafariz, onde os cântaros arrastavam sobre a pedra, criadas ralhavam, soldados namoravam; com o seu cântaro bojudo de barro equilibrado à cabeça sobre a rodilha, as raparigas iam-se aos pares, meneando os quadris.[101] A província era isto. Nem o enredo de *O Mistério da Estrada de Sintra* conseguia dissipar o horror. Quanto à administração local, deixou correr.[102]

Em agosto, Eça invejava Batalha Reis e Antero de Quental, que passavam férias em Santa Cruz: "Que fazem vocês aí no areal *batido da fria onda*, como diz a balada? Como se suportam? Como se não despedaçaram ainda? Têm-se banhado? Têm escrito? Têm dormido? Têm sequer vivido?" Imaginava-os saudáveis, alegres e despreocupados: "Sabem vocês ao menos o que vai por essa escura Europa? Sabem que já não há império e quase que não há França? Sabem que a sombra do mais baixo dos soldados prussianos já roça os muros de Paris?" Depois de falar mal de Napoleão III, adotava um tom confessional: "Meus amigos, tudo isto são tolices: mas eu estou, desde que começou o meu exílio, tão triste, tão profundamente enfastiado, tão sucumbido, tão cheio de desdém, tão perdido da vida, que só o *esprit bête* me prende a atenção e me move a viver. Imaginem-me aqui nesta terra melancólica, só, sem um livro, sem um dito, sem uma conversa, sem um paradoxo, sem uma teoria, sem um satanismo — estiolado, magro, cercado de regedores e devorado de candidatos! A pena com que vos escrevo pesa-me como uma lança gótica: escorre toda em tédio."[103] O quotidiano era retratado em tons sombrios: "A minha vida aqui é devorar jornais e telegra-

---
[101]*O crime do padre Amaro*, in *Obras de Eça de Queiroz, op. cit.*, vol. 1, p. 39.
[102]No Arquivo Nacional da Torre do Tombo, não há uma única carta escrita por Eça para o governador civil ou para o ministro do Reino.
[103]Alguns dias depois, em 4 de setembro de 1870, realizar-se-iam eleições legislativas. A contrário do que era esperado de um administrador do conselho, Eça não deve ter feito nada pelos candidatos do governo.

mas, seguir num mapa a marcha dos prussianos; o melhor do tempo ocupo-o a ver em volta de mim morrer a minha vida. Há 30 dias que não falo, imaginem vocês. Respondo a esta gente com monossílabos ferozes. Escrevam-me pois daí, se tanto é que ainda sabem escrever."[104]

A política local — dominada pelos caciques de José Luciano de Castro — não o interessava.[105] Em vez de prestar atenção às eleições legislativas, que tiveram lugar a 4 de setembro de 1870, Eça optou por acompanhar atentamente a guerra franco-prussiana. Seu interesse pelo conflito era tal que até se deu ao trabalho de escrever ao diretor do *Diário de Notícias*, pedindo-lhe para que este lhe enviasse um mapa da França, que o jornal publicara, para ele poder marcar as movimentações das tropas. Era esta, dizia, a sua única ocupação: "Escrevo-lhe do meu exílio administrativo. Aborreço-me como Ovídio desterrado e como Francisco I prisioneiro. Penso na guerra: eis a minha ocupação. Todas as manhãs aplaudo as derrotas do segundo império; todas as tardes lamento as humilhações da França."[106]

Antes de partir, Eça já sabia que Eduardo Coelho, o diretor do *Diário de Notícias*, aceitara o plano que ele e Ramalho lhe tinham proposto, no sentido de publicarem um relato, supostamente verídico, de um crime. Em vez dos seus nomes, apareceriam as iniciais, revelando o jornal, no fim, quem eram os autores.[107] No prefácio da reedição de 1884, Eça conta como nascera a obra: "Há ca-

---

[104]G. de Castilho (org.), *Eça de Queirós: correspondência, op. cit.*, vol. 1, pp. 50-6.
[105]Segundo Júlio de Sousa Costa, *Eça de Queiroz, memórias da sua estada em Leiria*, Eça teria dito que nas aldeias, depois do Diabo, a entidade mais temida era o regedor. O administrador de conselho, cargo que ele desempenhava, estaria, na sua opinião — uma opinião obviamente interessada — demasiado alto para ser temido.
[106]G. de Castilho, *Eça de Queirós: correspondência, op. cit.*, vol. 1, p. 57.
[107]Vários autores têm tentado identificar quais os folhetins escritos por Eça e por Ramalho. Numa coisa são todos unânimes: a grande maioria das páginas foi escrita por Eça. Em 1885, Sampaio Bruno, o primeiro a tratar do assunto, defendia que foram escritos por Eça os seguintes capítulos, "Exposição do Doutor***", "A Intervenção de Z", a "Nota que se Segue à Carta de F", a "Segunda Carta a Z", a "Narrativa do Mascarado Alto" e a "Confissão Dela"; Ramalho apenas teria redigido as "Cartas de F... ao Médico"; "As Revelações de A.M.C." e a parte em que "Concluem as Revelações de A.M.C.". Ver "Nota dos Editores", no final de *O mistério da estrada de Sintra, Obras de Eça de Queiroz, op. cit.*, vol. 3, pp. 1.438-1.440. As conclusões de Ofélia Paiva Monteiro, em A. Campos Matos (org.), *Dicionário de Eça de Queirós, op. cit.*, p. 602, não diferem muito das de Sampaio Bruno. João Gaspar Simões vai mais longe e considera que praticamente todo *O mistério da estrada de Sintra* — o enredo, os pormenores, a maioria dos capítulos — se deve a Eça. Ver J. Gaspar Simões, *Vida e obra de Eça de Queirós, op. cit.*, p. 247.

torze anos, numa noite de Verão, no Passeio Público, em frente de duas chávenas de café, penetrados pela tristeza da grande cidade que em torno de nós cabeceava de sono ao som de um soluçante *pot-pourri* dos *Dois Foscari,* deliberamos reagir sobre nós mesmos e acordar tudo aquilo a berros, num romance tremendo, buzinado à Baixa das alturas do *Diário de Notícias.* Para esse fim, sem plano, sem método, sem escola, sem documentação, sem estilo, recolhidos à simples 'torre de cristal da Imaginação', desfechamos a improvisar este livro, um em Leiria, outro em Lisboa, cada um de nós com uma resma de papel, a sua alegria e a sua audácia." Ramalho também o recordaria: "Foi na volta do Oriente que Queirós se encontrou comigo em Lisboa. Não tínhamos nada que fazer, nem um nem outro, e íamos uma noite passeando ao acaso, quando nos ocorreu darmos à cidade alguma coisa que ler no dia seguinte. A nossa questão não era que nos mandassem as comendas de Santiago, nem que nos metessem na Academia. As nossas ambições eram mais modestas, posto que, debaixo de alguns pontos de vista, mais difíceis de realizar. A nossa questão era simplesmente — que nos lessem."[108] E lidos seriam, com intensidade.

O Mistério da Estrada de Sintra é uma paródia aos folhetins que Octávio Feuillet e Ponson du Terrail tinham popularizado na França. Ramalho e Eça imaginaram uma história louca, envolvendo médicos misteriosos e capitães ingleses, mascarados altos e condessas fatais, copos de ópio e cadáveres elegantes, tigres ferozes e cavaleiros de capas. Em 23 de julho de 1870, o *Diário de Notícias* publicava uma pequena nota, anunciando: "A hora já adiantada recebemos ontem um escrito singular. É uma carta, não assinada, enviada pelo correio à redação, com o princípio de uma narração estupenda, que dá ares de um crime horrível, envolto nas sombras do mistério, e cercado de circunstâncias verdadeiramente extraordinárias e que parece terem sido feitas para aguçar a curiosidade e confundir o espírito em milhares de vagas e contraditórias conjecturas."[109] O folhetim, dizia-se subliminarmente, não era um folhetim.

No dia seguinte, *o Diário de Notícias* iniciava a publicação do primeiro ro-

---
[108]Ramalho Ortigão, *As Farpas,* Lisboa, *op. cit.,* vol. II. p. 198.
[109]Reproduzido em J. Gaspar Simões, *Vida e obra de Eça de Queirós, op. cit.,* p. 244.

mance policial português.[110] Assim começava a nota que Eça redigira para o diretor do jornal: "Venho pôr nas suas mãos a narração de um caso verdadeiramente extraordinário, em que intervim como facultativo..." Seguindo a cavalo para Sintra, acompanhado de um amigo, este vira um cupê verde e preto parado na estrada. Dele tinham saído uns mascarados, que o tinham empurrado, a ele e ao amigo, para dentro da carruagem. Eça brincava: "Puro Ponson du Terrail!, dirá o Sr. Redator. Evidentemente. Parece que a vida, mesmo no caminho de Sintra, pode às vezes ter o capricho de ser mais romanesca do que pede a verossimilhança artística. Mas eu não faço arte, narro fatos unicamente." O folhetim terminava: "Continuarei. Direi então, se o não suspeitou já, o motivo por que lhe oculto o meu nome e o nome do meu amigo." Inicialmente, os seqüestrados pensaram tratar-se de uma mulher prestes a dar à luz. Mas, uma vez chegados à casa isolada, surgiu-lhes um cadáver. Afinal, o médico e o amigo tinham sido raptados para confirmar se o homem estava, ou não, morto. A certa altura, aparece um novo interveniente, A.M.C., que, ao ver o cadáver, desmaia. Pelo meio, surge uma nota de suicídio. O médico e o seu amigo são postos em liberdade.

O folhetim continua a agregar personagens, desta vez Z, cuja carta é publicada em 4 de agosto. Nesta, Eça dá-se ao luxo de tecer comentários sobre as deficiências do gênero, declarando que A.M.C. é um "amigo querido", pelo que se mostra indignado por vê-lo misturado naquela história sórdida. Este Z dirá que o *Mistério* era uma invenção: não uma invenção literária, como supusera, mas uma invenção criminosa, "com um fim determinado". A confusão vai aumentando, agora com uma carta do Mascarado Alto. O drama centra-se numa mulher, a condessa de W: "Era uma mulher singularmente atraente: não era linda, era pior; tinha a *graça*." Partira para umas férias em Malta, o que permite a Eça recriar cenários de locais que visitara durante a sua viagem ao Oriente. Aparece o herói, o capitão inglês, Rytmel. Louro e belo, estivera na Índia, caçara tigres e fora

---
[110]A primeira edição em livro, feita logo a seguir à publicação, corresponde exatamente ao publicado em jornal. Na 2ª edição, de 1884, o texto foi exclusivamente revisto por Eça, que também redigiu um prólogo. A versão usual, a que a Lello recolheu em *Obras de Eça de Queiroz*, é a 4ª, de 1902, revista por Ramalho, o que torna a obra, do ponto de vista de Eça, um "póstumo". Além da Advertência, assinada por Ramalho, incluiu-se ainda nesta edição o prólogo que Eça escrevera em 1884, assinado pelos dois.

amante de uma cubana, Carmen Puebla, que, posteriormente, casara com D. Nicásio. Todas estas personagens se encontram a bordo do mesmo navio, no Mediterrâneo. Para fúria de Carmen, Rytmel e a condessa apaixonam-se. Há ameaças de duelos, fugas frustradas e confissões melodramáticas. A cubana agoniza no convés do iate. Prestes a ser lançado ao mar, eis como Eça fala de seu cadáver: "A curva adorável do seu seio aparece em relevo na bandeira que a cobria." A lamentação romântica e os traços realistas misturam-se: "Sobre o teu túmulo não virão sentar-se os burgueses, benzer-se os sacristãos, cacarejar as galinhas; sobre a tua azul sepultura errará o vento, melancólico velho que visita os seus mortos." Preso ao enredo, o leitor não queria saber da realidade.

A carta que se segue, "As Revelações de A.M.C.", é da autoria de Ramalho. A.M.C. é um estudante oriundo de meio pobre que, um dia, por acaso, encontra, em Lisboa, a condessa de W. O encontro deixara-o, simultaneamente, deslumbrado e raivoso: "A distinção aristocrática, a elegância da raça daquela gentil criatura aviltava-me, enfurecia-me, revolvia no meu interior esse fermento de rebelião demagógica que todo o plebeu traz sempre escondido, como uma arma proibida, no fundo da alma." O ressentimento é tão bem descrito que ficamos a pensar na forma como Ramalho veria os seus superiores: "Aquela mulher tinha, certamente, um espírito menos culto do que o meu, uma razão menos firme, uma vontade menos forte, um destino menos amplo. Para compensar estas depressões assistia-lhe uma superioridade repugnante, inadmissível: a que procede da casta." O estudante ficara, no meio da rua, paralisado pela beleza daquela mulher. Alguns parágrafos abaixo, toma conhecimento de que ela é uma criminosa, o que só serve para agitar os seus sentimentos. A condessa transformara-se numa deusa.

Em 1870, uma adúltera não podia ter um bom fim. Se a intenção de Eça era zombar dos melodramas, a de Ramalho consistia em condenar a influência das leituras românticas no espírito das mulheres. Por conseguinte, os últimos folhetins são dedicados à denúncia do adultério feminino. No último escrito, Ramalho criticava o tipo de educação dada, em Portugal, à mulher: "Fora dos interesses da elegância, da moda, talvez da arte, que conhecia ela de sério e de grave na vida senão a religião e o amor? Tinha um missal e um marido." A lição de Eça é mais complexa. Correndo o risco de soar falso — mas num folhetim, que importância tinha? —, Eça escreveu "A Confissão Dela", um texto no qual Rytmel fala da fragilidade das paixões. Eça relata-nos o último encontro entre a condessa e Rytmel, em que a primeira propõe a fuga romântica e o segundo resiste. Ambos tinham concordado em abandonar tudo, deixando atrás de si as convenções. Ela vai para casa fazer as malas. É então que recebe uma carta, na qual Rytmel lhe diz: "Fias-te demais no amor! Aquele amparo superior, aquele apoio sólido e protetor, que todo o espírito procura no mundo, e que uns acham na família, outros na ciência, outros na arte, tu pareces querer encontrá-lo somente na paixão, e não sei se isso é justo, se isso é realizável!" O amor não era, alertava Rytmel, o que ela pensava. Recordando as lições de Proudhon, Eça punha na mão do inglês as seguintes palavras sobre a paixão: "É um desequilíbrio das faculdades; é o predomínio momentâneo e efêmero da sensação; isto basta para que não possa repousar sobre ele nenhum destino humano. É uma limitação da liberdade, é uma diminuição do caráter; especializa, circunscreve o indivíduo; é uma tirania natural, é o inimigo astuto do critério e do arbítrio. E queres que tenha esta base a tua situação na vida?" Rytmel sente ser seu dever demonstrar-lhe quão curta seria a duração de uma relação deste tipo. A tragédia da mulher adúltera ramente fora assim pintada pelo sedutor: "A nossa vida arrastar-se-á tristemente, de país em país, sem um centro amado, sem uma família, sem um fim."[111] Há quem tenha defendido, a propósito deste romance, não ser Eça capaz de falar de amor.[112] Pelo contrário, os sentimentos femininos são aqui muito bem retratados.

O folhetim estava longe de ter terminado. Ao receber a carta, a condessa fica paralisada. Abraçada à criada, chora. A suspeita de que existiria outra mulher na vida de Rytmel transformara-se numa certeza. O ciúme invade-a. No dia seguinte, vai ao quarto de Rytmel, que ela sabia ausente, em busca de cartas da suposta rival. Rytmel entra e bebe um copo, no qual ela deitara uma dose de ópio. A intenção não era matá-lo, mas adormecê-lo, de forma a poder investigar seus bolsos. Perante a sua imobilidade, percebeu que o assassinara. Foge, como

---

[111] Ver P. J. Proudhon, *De la Justice dans la Révolution et dans l' Église, op. cit.*, vol. 4, estudo X, em especial, p. 25. A carta de Rodolphe a Emma Bovary contém idéias semelhantes às expressas por Rytmel, podendo a influência de P. J. Proudhon ser comum a ambos os autores.
[112] J. Gaspar Simões, *Vida e obra de Eça de Queirós, op. cit.*, pp. 257-8.

uma louca. No folhetim "Concluem as Revelações de A.M.C.", ficamos sabendo ter ela entrado num convento. O cadáver de Rytmel é enterrado pelos participantes na história. Agora, sim, tudo terminara.

Nesse verão de 1870, durante 31 números, os leitores do *Diário de Notícias* deliciaram-se com esta aventura. O folhetim foi um sucesso estrondoso. Em 27 de setembro de 1870, Eça de Queirós e Ramalho Ortigão informavam o público, em "A Última Carta", que a narrativa não tinha um único nome verdadeiro, nem um só lugar que não fosse hipotético. O derradeiro mistério, o da autoria, estava desvendado. Os autores eram Eça de Queirós e Ramalho Ortigão.

Hoje desprezado, *O Mistério da Estrada de Sintra* é mais interessante do que se pensa. Para começar, Eça controla muito bem o "suspense". Apesar das peripécias alucinantes, o leitor nunca se perde ou, quando isso acontece, não se importa. Além do interesse do folhetim, outro motivo havia para o fato de ter sido um êxito. Em 9 de maio do mesmo ano, um dos oradores mais conhecidos da época, José Vieira de Castro, assassinara a mulher, argumentando que ela o tinha enganado com José Maria de Almeida Garrett. Vieira de Castro era íntimo de Ramalho Ortigão e Almeida Garrett, de Eça, pelo que ambos, sobretudo o primeiro, se viram envolvidos no caso.[113] Por seu lado, o país seguiu, com interesse mórbido, os pormenores do julgamento, que viria a terminar na condenação de Vieira de Castro. O adultério alvoroçava os corações.

Usando o pretexto de ter de se preparar para o concurso do Ministério dos Negócios Estrangeiros, Eça decidiu abandonar, durante algum tempo, Leiria. Passou oito dias em Lisboa, na casa de Batalha Reis, igualmente candidato. Nas *Farpas*, Eça relembraria o esforço comum: "O mundo vai talvez ficar pálido de surpresa diante desta fraternidade, que parece um verso de um drama de Corneille. Sim, mundo, nós concorríamos ambos! Era em casa de Batalha Reis, em S. Pedro de Alcântara, defronte da alameda: e quando a larga janela do quarto estava aberta e nós sentados à mesa diante de Ortolan, Leclerq, Silvestre Ribeiro, Vrunsk, via-se apenas um quadro de folhagem, que se amarelava suavemente nas primeiras fraquezas outonais de seiva e, no fundo, através do entrelaçamento da folhagem, o

---

[113] Terá sido então que Eça se interrogou sobre se aquele drama, que se passara na vizinha rua das Flores, não daria material para um romance. Já em Bristol viria a escrever dois textos — um que publicaria, outro que deixaria inédito — versando amores culpados, *O primo Basílio* e a *A tragédia da rua das Flores*.

doce azul aparecia, meigo, com toques de índigo e delicadezas de cetim." Antero regressara há pouco dos EUA e, para fúria daqueles, insistia em ler-lhes a tradução, que andava a preparar, do *Fausto*, de Goethe.[114]

Em setembro de 1870, Eça prestava provas para cônsul, na sala do Corpo Diplomático, no Terreiro do Paço. Em 1º de outubro, o júri, presidido pelo ministro interino dos Negócios Estrangeiros, Carlos Bento da Silva, e composto pelo procurador da Coroa, Martens Ferrão, pelo juiz da Relação, Ferreira Novais, pelo secretário-geral do Ministério, Antônio Nogueira, pelo diretor-geral das Contribuições, Gonçalves de Freitas, e pelo diretor-geral dos Consulados, Nogueira Soares, declarava ter ficado Eça em primeiro lugar.[115] Mas uma coisa eram as regras, outra a realidade. A vaga de cônsul da Baía que, em princípio, se destinava a Eça, acabou por ser atribuída a Manuel Saldanha da Gama, o qual, segundo constava, dispunha de um "pistolão" fortíssimo. Eça preferiu acreditar que os motivos para a sua preterição haviam sido políticos.[116] Como nada podia fazer, ficou à espera de nova colocação.

Quando viu que, no Ministério dos Negócios Estrangeiros, se sentava um homem culto, Andrade Corvo, e, na Presidência do Conselho, um político respeitável, Fontes Pereira de Melo, tornou público, em *As Farpas,* o que lhe acontecera.[117] Eis a sua versão dos acontecimentos. Uma alma caridosa ter-lhe-ia sussurrado ao ouvido que não havia sido apenas o "pistolão" que impedira a sua colocação, mas suas convicções políticas. O então ministro dos Negócios Estrangeiros, Antônio José de Ávila, teria declarado não querer ver Eça de Queirós na carreira consular, por ser o chefe do Partido Republicano. Eça declarava-se habituado a surpresas, mas, confessava, nada de parecido lhe tinha jamais sucedido. Tudo incompreensível, declarava, até que alguém lhe dissera: "A sua conferência..." No espírito de Eça, ter-se-ia então feito luz: afinal, não fora colocado na Baía devido à palestra proferida no Cassino Lisbonense. Fazendo-se de ingênuo, prosseguia: "Mas eu não acreditava. Porque enfim eu na minha conferên-

---

[114]*As Farpas*, novembro de 1871 (não incluída em *Uma campanha alegre*).
[115]J. Calvet de Magalhães, *José Maria, a vida privada de um grande escritor, op. cit.*, p. 98.
[116]Numa carta aberta, publicada nas *Farpas* de novembro de 1871 — e que, mais tarde, não integraria em *Uma campanha alegre* —, Eça declarava-se vítima de perseguição política.
[117]*As Farpas*, novembro de 1871. Este artigo seria depois cortado por Eça da edição de *Uma campanha alegre*.

cia condenara a arte pela arte, o romantismo, a arte sensual e idealista e apresentara a idéia de uma restauração literária, pela arte moral, pelo realismo, pela arte experimental e racional." Ora, interrogava-se, era isto que o tornava um inimigo da Ordem? Eça aproveitava a ocasião para explicar que sua posição política era muito diferente da que lhe era atribuída: "Não, eu não sou esse homem misterioso e terrível que todas as noites, das sete às onze, como o governo supõe, fere ao golpe duma retórica afiada, o tronco (...) do pessegueiro constitucional. (...) Não, eu não sou esse homem. Não o sou, porque não tenho paciência para ser agitador; porque não tenho tempo; porque nos *clubs* há falta de ar; porque detesto os *clubs*, essa bastardia grotesca da decadência parlamentar (...) porque não sou jacobino..." Se, confessava, Batalha Reis ou Antero de Quental tivessem formado um clube, com prazer o teria freqüentado, mas o fato é que eles não o tinham feito. Um, Antero, estava tranqüilamente no Porto, a filosofar; o outro, Batalha Reis, fabricava vinhos para os lados de Torres Vedras.

Como vimos, a situação havia sido um pouco diversa, mas Eça preferia esquecer os episódios envolvendo seus amigos e os representantes da I Internacional. De qualquer forma, depois de ter visto fugir-lhe a nomeação para a Baía, não tinha outro remédio senão retirar-se para o concelho que ainda administrava. Durante esta segunda estada, em vez de se arrastar pela casa de hóspedes, passou a relacionar-se, através de um parente seu, com as boas famílias locais. Tornou-se amigo do barão de Salgueiro. Foi a caças aos coelhos. Freqüentou bailes. Tanto quanto se sabe, foi então que teve a sua primeira relação com uma senhora casada. Sofrendo daquele vazio mental, que tantas vezes Eça mencionará nos seus romances, a baronesa de Salgueiros apaixonou-se por ele. Não tardou que a alta sociedade de Leiria se apercebesse do fato. Um dia, alguém teve a bondade de informar o marido. Era véspera de Carnaval. O barão tinha organizado um baile de máscaras. Despudoradamente, Eça decidiu ir de Cupido, com asas de cambraia. Depois de ter dançado uma quadrilha com a baronesa, puxou-a para uma saleta. O par foi encontrado, abraçado, pelo cocheiro da casa. Eça acabou por ser lançado, para fora de casa, a pontapés, tendo chegado ao seu quarto mancando e com a roupa todo esfarrapada.[118]

---
[118]J. Gaspar Simões, *Vida e obra de Eça de Queirós, op. cit.*, p. 272.

Sem o amor adúltero, era preciso inventar qualquer coisa para não enlouquecer. Numa visita a Lisboa, Eça e Ramalho — diplomaticamente ambos se atribuem a autoria do projeto — decidiram escrever, em colaboração, uns opúsculos, do tipo dos que A. Karr, sob o título de *Les Guêpes*, editava em Paris. Assim nasceram *As Farpas*. A primeira tarefa era arranjar assinantes. Eça escreveu ao amigo João Penha, de Coimbra, pedindo-lhe que o ajudasse. Em junho de 1871, explicava-lhe o objetivo da nova publicação: "Jornal de luta, jornal mordente, cruel, incisivo, cortante e sobretudo jornal revolucionário." Não escondia o modelo: "São as *Guêpes*, de Karr, tratadas ao modo peninsular: mais fogo, mais vigor, mais violência e mais intenção. No estado em que se encontra o país, os homens inteligentes que têm em si a consciência da revolução — não devem instruí-lo, nem doutriná-lo, nem discutir com ele — devem *farpeá-lo*. As *Farpas* são pois o *trait*, a pilhéria, a ironia, o epigrama, o ferro em brasa, o chicote — postos ao serviço da revolução."[119] Escreveu, depois, a Manuel Emídio Garcia. Sendo para quem era, Eça forçou ao máximo a tendência de esquerda da publicação: "*As Farpas* são um panfleto revolucionário, é a ironia e o espírito ao serviço da justiça. São o folhetim da Revolução. Compreendes logo o alcance desta publicação; o seu aparecimento é além disso importante: coincide com o aparecimento do espírito revolucionário em Lisboa. Aqui, meu caro Garcia, conspira-se, há clubes, projetam-se jornais, há muita excitação e bastante vontade. Não penses que é um movimento isolado de alguns espíritos mais esclarecidos: é uma intenção quase unânime e que se apóia no pequeno comércio e na classe operária."[120] É nesta carta que Eça se declara membro da Internacional, uma mentira destinada a dispor favoravelmente Garcia em relação ao empreendimento.

Em 6 de junho de 1871, por motivos que desconhecemos, Eça foi exonerado de seu posto em Leiria.[121] No dia 17, estando já em Lisboa, começaram a aparecer, nas bancas, uns opúsculos de capa alaranjada, decorados com o diabo Asmodeus — o gênio impuro de que falam as Escrituras — ostentando, por cima do seu corpo, o título, *As Farpas*. Na vertical, figurava o nome de Eça de Queirós

---

[119] G. de Castilho (org.), *Eça de Queirós: correspondência, op. cit.*, vol. 1, p. 63.
[120] *Ibidem*, p. 61.
[121] Desde 29 de outubro de 1870, era ministro do Reino, D. Antônio Alves Martins, o bispo de Viseu, sendo presidente do Conselho o então marquês de Ávila.

e, na horizontal, o de Ramalho Ortigão. Os caderninhos, cujo subtítulo era *Crônica Mensal da Política, das Letras e dos Costumes*, tinham cerca de 100 páginas. O primeiro número, datado de maio (sairia atrasado), esgotou-se rapidamente. A tiragem foi crescendo, embora nunca ultrapassasse os 1.500 exemplares. Mesmo que o número não fosse espetacular, sua influência foi grande. Os opúsculos pretendiam-se coletivos: excetuando as duas cartas, assinadas, uma no princípio, outra no fim, o resto era preenchido por artigos, entrecortados por três pontos, escritos, quase sempre, na primeira pessoa do plural.[122] A grande maioria foi escrita por Eça, cuja colaboração viria a terminar no número de setembro-outubro de 1872, data de sua partida para as Antilhas espanholas.[123] A de Ramalho estendeu-se ao longo de 11 anos.

Aos 26 anos, é normal ter ilusões. Em 1871, Eça acreditava ser possível, através da denúncia dos seus pecados, mudar o país. *As Farpas* revelam a visão de quem, tendo sonhado viver numa pátria culta, se depara com um país ignorante e atrasado. Tudo o que rodeava o enchia de uma justa ira. O retrato que Eça nos dá de Portugal é desapiedado. A primeira, e a mais importante crônica de *As Farpas*, foi publicada em maio de 1871.[124] Nela, Eça explicava o motivo pelo qual ele, e Ramalho, tinham se decidido a publicar aqueles opúsculos: "Nós não quisemos ser cúmplices na indiferença universal. E aqui começamos, serenamente, sem injustiça e sem cólera, a apontar dia por dia o que poderíamos chamar o progresso da decadência." Anunciava que o fariam com "a jovialidade fina de humoristas", pois nada mais seria capaz de acordar as consciências dos portugueses: "Vamos rir, pois. O riso é uma filosofia. Muitas vezes o riso é uma salvação. E em política constitucional, pelo menos, o riso é uma opinião." Por trás do riso, estava evidentemente a cólera: "Não sabemos se a mão que vamos abrir está ou não cheia de verdades. Sabemos que está cheia de negativas." Eça denunciava a hipocrisia subjacente ao edifício político: "Aqui está esta pobre Carta Constitucional que declara com ingenuidade que o País é católico e monárquico. É por isso talvez que ninguém crê na religião e que ninguém crê na realeza."

---
[122]*As Farpas*, 1871-83.
[123]Embora tenha sempre mantido o nome do amigo na capa, Ramalho Ortigão continuará sozinho a publicar *As Farpas*, de que sairão mais três séries.
[124]*As Farpas*, maio 1871.

O inimigo principal de *As Farpas* eram os políticos. Como se constata, Eça repetia idéias já expressas em o *Distrito de Évora*: "O corpo legislativo há muitos anos que não legisla. Criado pela intriga, pela pressão administrativa, pela presença de quatro soldados e um senhor alferes, e pelo eleitor a 500 réis, vem apenas a ser uma assembléia muda, sonolenta, ignorante, abanando com a cabeça que sim." Também o Executivo, neste caso o de Ávila, estaria paralisado: "Não governa, não tem idéias, não tem sistema; nada reforma, nada estabelece; está ali, é o que basta." A conclusão era óbvia: "E assim se passa, defronte de um público enojado e indiferente, esta grande farsa que se chama a *intriga constitucional*. Os lustres estão acesos; o país distraído; nada tem de comum com o que se representa no palco; não se interessa pelos personagens e acha-os impuros e nulos." Eça confessava a sua perplexidade perante a calma reinante: "As árvores do Rossio enchem-se de folhas. Os fundos descem, e descem há tanto tempo, que devem estar no centro da terra. O povo, coitado, lá vai morrendo de fome como pode. Nós fazemos os nossos livrinhos. Deus faz a sua Primavera. Viva a Carta!"

Em seguida, Eça analisava o estado da literatura, tema sobre o qual iria, em breve, proferir a sua conferência: "A literatura — poesia e romance — espreguiça-se devagar, sem idéia, sem originalidade, bocejando, cheia de esterilidade, conservando o antigo hábito de ser vaidosa e costumando-se sem grande repugnância à sua nova missão de ser inútil." Eça retratava-a como um exercício dispensável, e aos seus praticantes, como uns ambiciosos que apenas queriam um lugar nas secretarias. Sua opinião sobre a poesia não era melhor: "A poesia fala-nos de mulheres que são ainda Julieta, Virgínia, Elvira, novas, belas, interessantes criaturas no tempo em que Shakespeare se ajoelhava aos pés delas, em que Bernardim de Saint-Pierre lhes oferecia rapé da sua caixa de esmalte circundada de pérolas, em que Lamartine, embuçado na capa romântica de 1830, se passeava em gôndola nos lagos da Itália. Hoje são um ideal arqueológico, são um objeto de museu." Vinha depois uma frase que impressionou: "A poesia contemporânea é uma pequena coleção de pequeninas sensibilidades individuais." O que se passava com o romance era, segundo ele, um escândalo maior: "O romance, esse, é a apoteose do adultério. Nada estuda, nada explica; não pinta caracteres, não desenha temperamentos, não analisa paixões. Não tem psicologia, nem drama, nem personagens. Júlia pálida, casada com Antônio gordo, atira as algemas conjugais à cabeça do esposo e desmaia liricamente nos braços de Artur, desgrenhado e macilento. Para maior comoção do leitor sensível e para desculpa da esposa infiel, Antônio trabalha, o que é uma vergonha burguesa, e Artur é vadio, o que é uma glória romântica." Sua visão do teatro era igualmente pessimista: "O teatro perdeu a sua idéia, a sua significação; perdeu até o seu fim. Vai-se ao teatro passar um pouco a noite, ver uma mulher que nos interessa, combinar um juro com o agiota, acompanhar uma senhora ou — quando há um drama bem dramático, bem pungente — para rir, como se lê um necrológio, para se ficar de bom humor. Não se vai assistir ao desenvolvimento de uma idéia; não se vai sequer assistir à ação dum sentimento."[125]

Neste primeiro artigo de *As Farpas*, Eça chamava a atenção dos leitores para o fato, triste, de os portugueses não poderem se dar ao luxo de ter princípios: "Fomos outrora o povo do caldo da portaria, das procissões, da navalha e da taberna. Compreendeu-se que esta situação era um aviltamento da dignidade humana: fizemos muitas revoluções para sair dela. Ficamos exatamente em condições idênticas. O *caldo da portaria* não acabou. Não é já como outrora uma multidão pitoresca de mendigos, beatos, ciganos, ladrões, caceteiros, carrascos, que o vai buscar alegremente, ao meio-dia, cantando o *Bendito*; é uma classe inteira que vive dele, de chapéu alto e paletó. Este caldo é o Estado." Ainda se este fosse rico, talvez as coisas se compusessem, mas como o não era, logo surgia o abatimento geral: "Ora, como o Estado, pobre, paga tão pobremente que ninguém se pode libertar da sua tutela para ir para a indústria ou para o comércio, esta situação perpetua-se de pais a filhos como uma fatalidade." O resultado não podia ser mais confrangedor: "A pobreza geral produz um aviltamento na dignidade. Todos vivem na dependência: nunca temos por isso a atitude da nossa consciência, temos a atitude do nosso interesse." Esta situação afetava a natureza do ser humano: "Lentamente, o homem perde também a individualidade de pensamento. (...) Não tendo de formar o caráter, porque ele lhe é inútil e teria a

---

[125]Eça voltará ao tema do teatro numa extensa e interessante crônica. Ver *As Farpas*, dezembro de 1871. Esta crônica aparecerá reformulada na crônica L, de *Uma campanha alegre*, in *Obras de Eça de Queiroz*, op. cit., 1.124-1.133. Nesta edição não vem datada. Aliás, quando aparecem datas na edição da Lello, estão freqüentemente erradas.

todo o momento de o vergar; não tendo de formar uma opinião, porque lhe seria incômoda e teria a todo o momento de a calar — costuma-se a viver sem caráter e sem opinião." Não sendo rico, Eça estava particularmente atento aos riscos da subserviência.

Tudo, na sua análise, era deprimente. O espírito dos portugueses estava vazio, o Passeio Público era um local lúgubre, os cafés eram soturnos, ninguém possuía idéias originais. Nem esperanças se podiam ter para Portugal, pois, como dizia: "É uma nação talhada para a conquista, para a tirania, para a ditadura e para os domínios clericais." Os contemporâneos estavam habituados a lamúrias, mas jamais tinham lido linhas como estas.

Como já afirmamos, um dos temas mais abordados em *As Farpas* foi a vida política. Vejamos, por exemplo, como Eça trata as eleições de julho de 1871. Eça já não assistira, em Leiria, a este ato eleitoral, mas ainda estava na cidade (ou oficialmente deveria estar), durante as eleições anteriores, as de setembro de 1870. Sabia, portanto, do que falava. Vejamos o que, no verão de 1871, sobre elas escrevia: "A Câmara estava muito quieta, comodamente sentada nas suas cadeiras, barbeada, sem desconfiança, esperando com grande gravidade cívica que o Governo manifestasse a sua idéia por um projeto, um relatório, um dito, um grito, uma carranca, um olhar! O Governo entrou e, com um gesto palaciano e galhardo, fez evacuar a sala!" Explicava, depois, como decorria um ato eleitoral: "Quando uma Câmara se fecha, o Governo *nomeia* outra. *Nomeia*, porque uma câmara não é *eleita* pelo povo, é *nomeada* pelo Governo. O deputado é um empregado de confiança. Somente a sua *nomeação* não é feita por um decreto nitidamente impresso no *Diário do Governo*. O processo da sua nomeação é mais complicado. É por meio de *votos*, os quais são tiras de papel, onde está escrito um nome, e que se deitam num Domingo, numa igreja, dentro de umas caixas de pau, que se chamam romanticamente *urnas,* entre as genuflexões de beatas que entram para a missa e a campainha do sacrista que tange ao levantar da hóstia! Alguns homens graves, de camisas lavadas, estão em roda da *urna*. Aqueles homens chamam-se a *mesa*. São eles que, com gesto cívico e todo cheio de espírito das instituições, metem gravemente o papelinho branco — *o voto!* — na caixinha — *a urna!*" Até chegar a esta fase, tinha-se de percorrer um labirinto, povoado por caciques, afilhados do governo, eleitores. Enfim, o governo lá conseguia apresentar um candidato, o que comunicava aos governadores civis. Estes chamavam então os administradores do concelho, com quem travavam o seguinte diálogo: "Pelo seu círculo o Governo propõe fulano. Compromete-se a fazê-lo vencer?/ Farei as diligências.../ Nada de palavras equívocas. Ou a eleição certa para o governo ou a demissão para si." Terá Eça sido sujeito a estas pressões? Como terá, nesse caso, reagido? Não o sabemos. Sabemos apenas que para sempre ficou com repugnância pelo processo.[126]

O dia das eleições é realisticamente descrito: "Vem enfim o dia, o domingo desejado. Os regedores começam a chegar à frente das suas freguesias. Os homens vêm de cara lavada e os grandes colarinhos brancos destacam sobre as rugas queimadas da pele, sobre o engelhado do pescoço. Para deter os eleitores até as 10 horas, impedir que eles se desemantilhem, que, dispersos, fora das vistas zelosas do regedor, estejam expostos às tentações da oposição, há um casarão, ou um grande pátio, ou um enorme armazém, destinado a acolher as freguesias até que chegue a hora da votação. Estão ali uns poucos de centos de homens, amontoados, sentados no chão, com o varapau na mão, a *lista* no bolso do colete. Há o vinho e bacalhau. Passam os copos em redor, os queixos mastigam e um grande rumor bestial acentua-se e *viva lá o seu compadre!* e à *saúde do nosso regedor!* e grandes risadas aqui e além uns empurrões, as conversas de negócio que continuam neste canto e umas poucas de pragas que estalam no outro e toda aquela multidão, um pouco avinhada, impaciente, aborrecida, com um cheiro enjoativo e um rumor de tamancos, espera que chegue a hora de dar o seu voto ao Governo, segundo os jornais de Lisboa, *livre, espontâneo e consciente!*" Eça não entendia que, num país povoado por camponeses, o sistema teria de funcionar desta forma.

Não podemos evidentemente dar aqui uma lista dos temas tratados em *As Farpas*. Nelas, Eça aborda, quer os assuntos do dia, como os missionários que andavam a vender relíquias, quer aspectos estruturais da sociedade portuguesa, como o estado do Exército.[127] As crônicas que hoje mais nos surpreendem —

---

[126]*As Farpas*, junho de 1871. As eleições tiveram lugar a 9 de julho de 1871.
[127]A crônica de janeiro de 1872 é uma carta aberta a Fontes Pereira de Melo, então presidente do Conselho, na qual Eça lhe agradece a extinção do imposto sobre o pescado. Segundo A. J. Saraiva, *As idéias de Eça de Queirós*, Lisboa, Bertrand, 1982, p. 120, Eça ter-se-ia interessado pelos pescadores apenas por estar influenciado por Victor Hugo.

embora, à época, sua posição fosse menos original do que se pensa — são aquelas em que ele advoga a venda das colônias.[128] Para Eça, não tendo o país uma Marinha decente, nem dinheiro para as desenvolver, nem uma administração digna desse nome, não fazia o menor sentido ter colônias: "Que prestígio, que razão tem a nossa tutela? Por conseqüência, sejamos vilmente agiotas, como compete a uma nação do século XIX (...) Vendamo-las. Sim, sim! Bem sabemos toda a sorte de frases ocas, a honra nacional, Afonso Henriques, Vasco da Gama, etc.! Mas somos pobres: e que se diria dum fidalgo — quando os havia — que deixasse em redor dele seus filhos na miséria, na fome e na imundície, para não vender as salvas de prata que foram dos seus avós?" Embora pouco crente na viabilidade da sugestão, Eça não deixava de colocá-la. Até porque queria provocar.

Alguns meses depois, a propósito de um motim, falava na Índia.[129] Segundo ele, aquele tipo de revoltas militares não constituía qualquer perigo, dado que, sob o sistema de castas, não havia possibilidade de se formar um grupo suficientemente coeso para ser ameaçador. Eça reconhecia que se podia temer que a Inglaterra viesse a cobiçar aqueles territórios, mas, dado o ódio que os nativos alimentavam pelos ingleses, considerava os receios exagerados: "No dia, meus senhores, em que a Inglaterra mandasse um soldado à fronteira da Índia portuguesa, todo o território índio, *mestiço, canarins, descendentes*, todas as castas, todas as fraquezas se levantavam num ímpeto. Povo e tropa na Índia tudo querem, menos o inglês." Explicava o motivo: "O povo não quer o inglês, porque no nosso regime ele vive na ociosidade, no desleixo, na sua imundície querida, na sua traficância; e, se fosse inglês, o sipaio viria obrigá-lo, a golpes de *courbach*, a ser policiado e a ser trabalhador." A não ser como material para a oratória nacionalista, Eça não via qualquer vantagem em manter Goa, Damão e Diu: "Se nós podemos vender a Índia aos ingleses, vendamo-la: o melhor melhoramento que podemos dar à Índia é o bom senso inglês."

As Farpas podem ter passado despercebidas a muita gente. Mas um homem, Pinheiro Chagas, leu-as, de ponta a ponta, com atenção. E considerou que os textos de Eça não podiam passar sem resposta. No *Diário de Notícias,* de 15 de

---

[128]*As Farpas*, julho de 1871.
[129]*Idem*, setembro de 1871.

janeiro de 1872, Pinheiro Chagas atacava Eça, a propósito do que ele escrevera sobre o teatro.[130] O assunto era pretextual. O que o ferira fora o olhar negativo de Eça sobre as coisas portuguesas. Pinheiro Chagas interrogava: "Como se pode estar triste em Portugal?" Tal fato, era, para ele, não só incompreensível, como falso. Daí que fosse imperativo refutar a imagem do país que Eça estava tentando divulgar: "Esta mania prende-se com a outra, da decadência das raças latinas. Que somos inferiores às raças germânicas é um fato adquirido para a ciência, que nós, os portugueses, somos os mais reles de todos os latinos, está-o a crítica pátria demonstrando." Tentando a ironia, Pinheiro Chagas declarava ter-se sentido tão deprimido que, depois de ler o artigo de Eça, chegara a pensar em suicídio. Em vez disso, optara por ir buscar alguns livros, "escritos no tempo em que ainda não era moda termo-nos na conta da gente mais estúpida que Deus deitou ao mundo", como as obras de Bulhão Pato, A. F. de Castilho e Júlio Dinis.

Eça respondeu-lhe no ato: "Querem conhecer um cidadão absolutamente feliz? É o nosso humorístico amigo Pinheiro Chagas. Insinua-o ele, finamente, no seu folhetim de 15, no *Diário de Notícias*; aí acusa, com um gentil espírito, os que 'fustigam a Pátria'; aí desenha o País como tão superiormente impecável que na sua superfície não há uma fenda e no seu perfil não há uma verruga; aí declara que todo aquele que acha na Lusitânia defeitos e no cisne farruscas, é *burlesco*." Brincava: "*As Farpas* acusam a desorganização dos estudos? Mentira, os estudos são perfeitos, veja-se a energia com que domamos o Industão. *As Farpas* censuram a ineficácia da diplomacia? Como esqueceis o Industão domado! *As Farpas* acusam o beatério imbecil? E o Industão, um rico Industão domado, desgraçadas? *As Farpas* condenam o procedimento da Câmara dos Deputados? Que ousais dizer, pois não domamos nós o Industão? *As Farpas* revelam a desorganização literária? Que novo agravo — pois nem a recordação do Industão que domamos!"[131] Pinheiro Chagas ainda não o sabia, mas tinha encontrado, pela frente, um adversário terrível. Com Eça, surgira um escritor capaz de, enquanto lhe dizia verdades cruas, pôr o país a rir. Não seria fácil vencê-lo.

---

[130] Pinheiro Chagas assinará, no *Diário de Notícias*, quatro artigos, todos relacionados com as crônicas que Eça publicara: a 15.1.1872 (e não a 5.1.1872, como, por lapso, em *As Farpas* e subseqüentemente em todas as edições de *Uma campanha alegre*), a 22.1.1872, a 29.1.1872 e a 5.2.1872.
[131] *As Farpas*, janeiro de 1872.

O fato de *As Farpas* atacarem as instituições mais do que os homens levou a que fossem bem recebidas, mesmo por aqueles que eram o seu principal alvo. Aos 27 anos, Eça tornara-se num jornalista temido. Durante algum tempo, divertiu-se com estes opúsculos, escritos em colaboração com Ramalho. Mas, no íntimo, sabia que não ia durar. Por um lado, queria ir para o estrangeiro; por outro, nem sempre estava de acordo com o amigo. Dificilmente, poderíamos encontrar uma relação mais complicada do que aquela que, ao longo da vida, se estabeleceu entre estes dois homens. Quando chegou a Lisboa, Ramalho encontrou o ex-aluno instalado entre um grupo com veleidades revolucionárias. Apresentado no Cenáculo, Ramalho fugiu dele rapidamente. Tampouco quis falar nas conferências do Cassino. Mais velho do que Eça, Ramalho imaginava-se superior ao pupilo. Até que, ao colaborarem em *O mistério da estrada de Sintra* e em *As Farpas,* Ramalho se terá apercebido do extraordinário talento de Eça.

Apesar de, em várias ocasiões, ter pedido conselho a Ramalho sobre as suas obras, Eça não o tinha em grande consideração. Coisa que, dado que precisava dele, guardou cuidadosamente para si. Uma vez fora de Portugal, era a Ramalho que Eça pedia para ir às editoras tratar de seus livros, era a Ramalho que pedia dinheiro emprestado, era a Ramalho que apelava como "pistolão". Sem ele, seu projeto de escrever, no estrangeiro, livros destinados a Portugal ainda teria sofrido mais atritos do que aqueles que efetivamente sofreu. Mesmo tendo em conta que seu pai também o ajudava, e mais do que tem sido dito, Eça necessitava dos conhecimentos de Ramalho no mundo literário. Durante anos, Ramalho não percebeu nada. Eça louvava-lhe *As Farpas* (em alguns casos com sinceridade) e lisonjeava-o. Ramalho era suficientemente vaidoso para acreditar em tudo. Mas, gradualmente, chegou à conclusão de que o que Eça escrevia era indiscutivelmente melhor do que a sua prosa. Sem que alguém tivesse dado por isso — Ramalho não era Fialho — começou a invejar Eça. Na aparência, as relações continuaram amistosas. Mas Ramalho jamais perdoaria a Eça o seu talento. Apesar disso, permaneceram próximos até o fim. Ramalho foi o único amigo de Eça a estar presente no seu casamento, como foi o último a vê-lo vivo.

Por sua vez, quando o queria, Eça sabia ser incrivelmente cruel. Veja-se a "biografia" de Ramalho, que, em 1878, escreveu para a revista *A Renascença*.[132] O texto é tão demolidor que é difícil acreditar que Eça tivesse tido a ousadia, como aconteceu, de enviá-lo, antes da publicação, a Ramalho. Eça começava por declarar que a vida deste se contava facilmente: "Tem vivido com honra e trabalhado com valor. Pode-se acrescentar que nasceu no Porto (intelectualmente em Lisboa) e que possui duas qualidades eminentes, de grande resultado moral, raras nos seus contemporâneos: não é bacharel e tem saúde." Eça apresentava a tese de que tinham sido *As Farpas* que "fizeram" Ramalho, uma vez que fora nelas que aprendera a ironia: "...é a ironia que o tem libertado da rotina, da adoração de falsos deuses e dos falsos diabos, das mistificações da política, das pequenas ambições, dos pequenos luxos, da enfatuação, da melancólica escravidão dos partidos, das superstições sociais e dos mandamentos transcendentes. É a ironia que, fazendo-o livre, o tem feito justo." Se substituirmos a palavra ironia por "Eça", chegaremos perto do que pensava. Embora, como é óbvio, jamais o explicitasse, Eça considerava que o melhor de Ramalho era obra sua: "Ramalho Ortigão *depois das Farpas* é um homem inteiramente diferente de Ramalho Ortigão *antes das Farpas*."

Eça relembrava o tempo em que ele era criança e Ramalho seu professor. Eis como o descreve: "Era forte, era são, era bom, era alegre; mas dos cabelos aos bicos dos sapatos era, em cada polegada, um literato; mais, era um janota." Acusava-o de provincianismo: "Paris, ou antes um dos lados de Paris, o Paris do chique, das cocotes, das operetas, dos *boursiers*, dos jóqueis, das dançarinas e dos pequenos tiranos, deixara-lhe nos olhos e no espírito um grande deslumbramento." Se Ramalho ali se tivesse estabelecido teria escrito, "com fervor, no *Figaro*; teria ido todas as tardes ao *Bois* curvar o espinhaço diante da libré de verde e ouro do personagem taciturno e caquético que então dominava o mundo; iria, por estilo, jantar *chez Vachette*, com o ramo de violetas de uniforme e gabar as grandes idéias do reinado, bebendo *Romannée-Imperial*; publicaria, em casa de Michel Levy, um volume intitulado *Os contos do asfalto*, e, declarada a guerra, como era bravo, ter-se-ia alistado nos Zuavos e morrido heroicamente em Gravelotte ou Saint-Privat. Em Portugal, era a contrafação

---

[132]*A Renascença*, Porto, fevereiro e março de 1878.

lisboeta deste tipo amado; dizia-se conservador; admirava, Deus me perdoe, os tenores de S. Bento (de que mais tarde deveria fazer a mais prodigiosa caricatura); detestava a democracia, porque lhe supunha caspa; era, entre nós, barbado, o S. Paulo do crevetismo;[133] escreveu um livro, *Em Paris,* que foi a sua carta aos Coríntios; se não era inteiramente devoto, achava a religião um acessório indispensável ao homem bem-educado; e, preferiria decerto ter escrito a *Família Benoiton* a ter composto *Os Lusíadas.* Ao mesmo tempo, conservava-se na forma um literato português; era um purista — tinha o estilo vernáculo, quinhentista, arcaico, obsoleto: exprimia as suas preferências de *boulevard* na linguagem de Bernardes; as suas idéias eram de dândi, a sua prosa de frade."

Segundo Eça, nos artigos que Ramalho escrevera para o *Jornal do Porto*, revelara um espírito original, mas o fato ficara inutilizado pela prosa, vernácula, e pelo sarcasmo, pesado. Pertencia a esta época o livro *Histórias cor-de-rosa*: "Li-as há dez anos e tenho a impressão dum livro arranjadinho com jeito, deste romantismo modernizado em que os gritos de paixão plebéia são substituídos pelos suspiros de uma sensibilidade elegante." Na realidade, apenas nas *Farpas* encontraria Ramalho uma nova voz: "Desembaraçou-se da velha armadura quinhentista e saltou de dentro, rápido, vivo, brilhante, vergando e sacudindo a sua frase como uma lâmina de florete." A seguir, Eça contava que, um dia, ficara aterrado, quando Ramalho lhe dissera que queria aproveitar o público, que ambos tinham conquistado, para lhe ensinar coisas. Aquilo deixara-o boquiaberto: "Eu era, sou ainda, em filosofia, um turista facilmente cansado, em ciência um diletante de coxia. Converter a alegre catapultazinha numa austera cadeira de professor!... Fui prudentemente para Havana." Mas Eça não podia acabar um artigo, encomendado para ser encomiástico, desta forma. Antes de terminar, Eça elogiava Ramalho, declarando que as suas *Farpas* eram "grandes". Não resistiu, contudo, a uma última maldade: "A ciência deu ao panfletário o deslumbramento que Paris tinha dado ao dândi: tornou-se a sua preocupação, o seu fim, o seu vício, a sua força."

Que motivo terá levado Eça a escrever tais coisas sobre o seu maior amigo,

---
[133]Termo usado à época para designar elegância exagerada.

o seu mais íntimo colaborador, o seu antigo mestre?[134] Além de ter corado, ou dito ter corado, ao ler certa cena de *O primo Basílio*, Ramalho não o atacara, nem sequer lhe dera lições de moral. Teria Eça, por sua vez, inveja de Ramalho? É possível que o seu sucesso junto das mulheres o aborrecesse, mas isso não é bastante para explicar um ensaio tão perverso. A explicação mais provável é a de que Ramalho, e tudo o que ele representava, irritassem Eça profundamente.[135] De qualquer forma, os anos em que colaboraram em *O mistério da estrada de Sintra* e em *As Farpas* foram aqueles em que a amizade entre eles foi mais estimulante.

---

[134]Na carta que, em 4 de março de 1878, Eça escrevia a Ramalho, dizia-lhe que, caso não gostasse do "retrato", o corrigisse ou o jogasse fora.
[135]Ramalho só responderia, e indiretamente, a este artigo depois de Eça ter morrido, na carta que, a 7.9.1900, escreveu ao conde de Sabugosa.

8

As Conferências do Casino

Quem, em 6 de junho de 1871, se dirigisse ao edifício do Casino Lisbonense, no Chiado, teria uma surpresa. Uma porta encerrada ostentava um edital proibindo as conferências que ali se costumavam realizar às segundas-feiras. A portaria especificava que as mesmas haviam sido interditadas, por ter chegado ao conhecimento de El-rei que naquele local se expunham doutrinas atacando a religião católica e as instituições políticas do Estado. Tudo, o gesto como a linguagem, eram invulgares.

No programa das conferências, Antero e os seus amigos, entre os quais Eça, tinham decidido: "Abrir uma tribuna onde tenham voz as idéias e os trabalhos que caracterizam este movimento do século, preocupando-se sobretudo com a transformação social, moral e política dos povos." Em resumo, desejavam "ligar Portugal com o movimento moderno, fazendo-o assim nutrir-se dos elementos vitais de que vive a humanidade civilizada", para o que pediam "o concurso de todos os partidos, de todas as escolas, de todas aquelas pessoas que, ainda que não partilhem as nossas opiniões, não recusam a sua atenção aos que pretendem ter uma ação — embora mínima — nos destinos do seu país, expondo pública mas serenamente as suas convicções e o resultado dos seus estudos e trabalhos."[136] Nada, dava-se a entender, que pudesse assustar os governantes.

---

[136] Na França do II Império este tipo de conferência era freqüente. Ver P. Nord, *The Republican Movement*, op. cit., pp. 192-5.

Em *As Farpas*, Eça de Queirós divulgava, de forma um pouco diferente, o acontecimento. Em maio de 1871, explicava: "É a primeira vez que a revolução, sob a sua forma científica, tem em Portugal a palavra." Seja qual for o sentido destes termos, a novidade consistia na associação entre "revolução" e "forma científica". Alguns setores desconfiaram da ousadia, não tardando Eça a adotar, em relação a estes, um tom de zombaria: "O *Jornal do Comércio*, representante da burguesia liberal, foi algum tempo republicano e dizia aos tiranos coisas desagradáveis que deviam magoar Napoleão III, o defunto Calígula e outros ex-opressores." Agora, afirmava, andava assustadiço. Meia dúzia de palestrantes eram, pelo visto, o suficiente para apavorá-lo. Ora, proclamava Eça, no Casino Lisbonense iriam ouvir-se as vozes dos proletários, algo não só legítimo como necessário: "É muito mais cômodo encontrarmo-nos com quem represente o proletário, sossegadamente, na sala do Casino, do que encontrarmos o próprio proletário mudo, taciturno, pálido de ambição ou de fome, armado de um chuço à embocadura de uma rua." E declarava: "Fazer conferências — se bem atentamos neste ato — reconhece-se que é uma coisa diferente de fazer barricadas." Além disso, argumentava, num país em que, de norte a sul, a opinião pública declarava que o sistema político estava corrupto, era imperativo proceder-se à "propaganda nova".

Por seu lado, em carta à noiva, Batalha Reis resumia o fim das Conferências: "Quem pensa, quem estuda, quem pretende saber, vive em Portugal isolado de toda a gente que não pensa, que não estuda e que não sabe nem quer saber coisa nenhuma. Ora, isto é desagradável, além de prejudicial para o país e para nós, entre mil motivos, até porque vivemos assim numa terra em que umas tantas coisas nem se lêem nem se entendem. Ora, é natural, é agradável, é bonito e é um dever dizer o que entendemos, o que pensamos, o que temos estudado."[137] Batalha Reis sentia-se obrigado a partilhar o que sabia com quem estivesse disposto a ouvi-lo. Mesmo que as lições fossem subversivas.[138]

Na primeira conferência, proferida em 22 de maio, Antero de Quental advertia que Portugal se encontrava "seqüestrado" dos grandes movimentos europeus,

---
[137]Carta XVI, 1871, Espólio de J. Batalha Reis, Reservados da BN. Agradeço à Dra. Maria José Marinho a transcrição das cartas citadas.
[138]Como notou Rui Ramos, o objetivo das Conferências era deliberadamente ambíguo. Ver R. Ramos, "A formação da *intelligentsia* portuguesa, 1860-1880", *op. cit.*

tratando-se de o libertar do jugo sob o qual jazia. Habituado a estas diatribes, o público presente — composto por deputados, escritores, funcionários — apreciou. Mas houve quem reagisse. Em 24 de maio, *A Nação*, um periódico católico e miguelista, escrevia: "Ontem no salão do Casino começaram as célebres conferências democráticas. Qual é o seu fim? Espalhar as doutrinas que têm produzido em França as desgraças que têm horrorizado o mundo. Uma dúzia de indivíduos desvairados pelas teorias do filosofismo liberal ou possuídos desta ambição insofrida que só nas perturbações sociais vê ensejo para sair da obscuridade são os pregadores desta missão desorganizadora que, há muito, outros iguais, por diversos modos, têm empreendido com um tal ou qual sucesso, desmoralizando e insubordinando uma pequena parte da população das nossas cidades."[139] Para encher a platéia, uma boa polêmica era o ideal. *A Nação* desempenhava o papel às maravilhas.

Seguiu-se a palestra mais famosa, a "Causas da Decadência dos Povos Peninsulares", da autoria de Antero.[140] Segundo este, os motivos pelos quais a Península Ibérica entrara em decadência, no século XVII, haviam sido três: o Concílio de Trento, o absolutismo e as conquistas. O atraso do país, quando comparado com outras nações, era vergonhoso: "Assim, enquanto outras nações subiam, nós baixávamos. Subiam elas pelas virtudes modernas; nós descíamos pelos vícios antigos, concentrados, levados ao último grau de desenvolvimento e aplicação." A assistência ouviu, embargada, o profeta ruivo. Em nova carta à noiva, Batalha Reis comentava: "Minha Celeste, venho de ouvir o Antero. Foi magnífico. É um discurso que é um verdadeiro acontecimento: marca uma época em Portugal. Pode-se dizer que é a primeira vez que, em Portugal, entra o espírito moderno e a primeira vez que aqui se expõe, se fundamenta, se prova à evidência que o catolicismo foi uma das causas, a mais terrível causa, da decadência de Portugal e da Espanha. Foi um discurso esplêndido de erudição, de originalidade, de profundidade, de crítica admirável." E, radiante, acrescentava: "Olha, minha Celeste, têm as conferências feito muita impressão. Sabes que o rei, e no Paço, estão muito inquietos com elas, por aí fala-se imenso nisso."[141] A imprensa católica continuou a ajudá-los. Tanto *A Nação* como *O Bem Público* declararam, preto no branco, que, por trás de Antero, estavam os co-

[139]Antônio Salgado Júnior, *História das Conferências do Cassino*, op. cit., p. 71.
[140]Ver J. Serrão, *Prosas socio-políticas*, op. cit., pp. 255-296.
[141]Carta XV, 1871, Espólio de J. Batalha Reis, Reservados da BN.

munistas. Para *A Nação*, seria a Internacional que estaria controlando tudo. Em tom não menos incendiário, *O Bem Público* intitulava os artigos que publicava sobre o acontecimento "Ecos da Comuna". A ambos respondeu Antero, no *Jornal do Comércio* de 22 de junho. Não lhe foi difícil vencer o debate.

Depois da terceira conferência, em 12 de junho de 1871, chegou a vez de Eça falar. O título era "A Literatura Nova".[142] O romancista era pouco conhecido e o que dele se conhecia não levava a prever que fosse advogar o realismo na literatura.[143] Mas foi isso que fez. Durante a viagem pelo Oriente, Eça ficara entusiasmado por Flaubert. Era daquele tipo de literatura que ele queria falar. Ao subir ao estrado, houve um murmúrio de surpresa. Em vez do indivíduo mal vestido, reclamando os direitos do povo, eis que surgia um rapaz de sobrecasaca abotoada, colete branco e sapatos de verniz. Habituada às roupas amarrotadas de Antero — até nisto o aristocrata — e às gravatas vermelhas dos democratas, a audiência seguiu a palestra com redobrada atenção. Ao contrário dos outros conferencistas, Eça não se deu ao trabalho de editar a sua conferência, motivo pelo qual temos de nos guiar pelos relatos que dela fizeram os jornais. Eça começou por declarar que a Revolução devia ser acatada como fato permanente e como teoria jurídica, de onde derivava que tinha de penetrar em todas as esferas da vida social, incluindo a literatura. Ora, segundo ele, era aqui que as resistências eram maiores. Depois da Revolução Francesa, teria surgido uma tentativa de imitação da arte antiga, que amesquinhara não só o teatro mas também o romance. Viera, depois, o romantismo. Durante esta fase, os escritores continuaram incapazes de ver a realidade: estabelecera-se mesmo um alheamento nefasto entre o artista e a sociedade. O realismo era a reação ao convencionalismo. No fim da palestra, Eça tentou responder às acusações usualmente feitas, quanto à suposta ligação do realismo à "sarjeta". Foi então que mencionou os três quadros do pintor Courbet, "Le retour de la conférence", "Un enterrement à Ornans" e "Les casseurs de pierres", que evidentemente nunca vira, mas que, através de Proudhon, admirava.[144]

---

[142] Os jornais anunciaram vários títulos, desde "A Moderna Literatura" a "Nova Literatura". Nas *Farpas*, lançadas poucos dias antes, Eça chamava-lhe "A Afirmação do Realismo como Nova Expressão da Arte".
[143] J. Gaspar Simões, *Vida e obra de Eça de Queirós, op. cit.*, p. 295.
[144] Suas opiniões foram retiradas da obra de P. J. Proudhon *Du Principe de l'Arte de sa Destination Sociale*, Paris, Garner Frères, 1865. Para um resumo de sua conferência, ver Antônio Salgado Júnior, *História das Conferências do Casino, op. cit.*

A conferência causou menos polêmica do que a de Antero, mas a imprensa notou a elegância da linguagem. Sobre ela se pronunciaram, em *A Revolução de Setembro,* o seu irmão, Alberto de Queirós (uma testemunha, é verdade, pouco imparcial) e, em 16 e 24 do mesmo mês, Luciano Cordeiro, o qual, além de reclamar para si a paternidade do naturalismo, notava, com razão, o recurso que Eça fizera, sem o citar, a *Du Principe de l'Art,* de Proudhon. Apesar de a ela não ter assistido, Pinheiro Chagas não resistiu a escrever sobre a conferência. No dia 19 publicava no *Diário de Notícias* um artigo no qual negava qualquer originalidade à escola realista, para, a seguir, afirmar que seus praticantes lhe eram sistematicamente infiéis. Segundo ele, não teria valido a pena introduzir o termo na língua, quando se tratava de uma coisa tão singela quanto a afirmação de que um dos fins da arte "é o estudo conscencioso da natureza humana, a investigação inquieta das grandes verdades psicológicas". Aliás, exclamava, dada a sua incapacidade para analisar as paixões, o realismo era inútil: "O amor é para ele simplesmente a expressão dos sentidos, todos esses afetos violentos que devastam a alma humana não os aceita senão como umas enfermidades que entram completamente no domínio da medicina." Seguidamente, atacava Flaubert: *Madame Bovary* seria o símbolo do que pior se publicara nos últimos anos. Na sua opinião, a descrição do adultério desta mulher nem sequer tivera uma intenção moral, dado que Flaubert apenas vira nele uma "doença repugnante". Emma, dizia, era quase um animal. Perto do fim, declarava que optara por criticar a escola e não o conferencista, por considerar que Eça era "um poeta e um pensador", possuindo qualidades incompatíveis com o realismo. Concluía: "Sim, eu também creio que a arte pela arte é um princípio funesto; a arte deve ter por fim a investigação constante da verdade; ah!, mas estejam certos que as verdades morais não são o socialismo que as ensina nem o realismo que as descobre."[145]

A seguir a Eça, subiu à tribuna Adolfo Coelho. Vinha falar de "O Ensino". O jovem decidira abordar uma matéria delicada, a questão da separação da Igreja católica e do Estado. Lamentava viver, disse, "num país em que o catolicismo é a religião do Estado imposta materialmente à consciência de todos os portugueses", antes de acrescentar que "o espírito científico é pois aqui repelido de

---

[145]*Diário de Notícias,* 19.6.1871.

tudo o que estiver sob a ação imediata do Estado". Não contente com isto, decidiu atacar, em termos violentos, a Universidade de Coimbra, afirmando que "nestes últimos vinte anos, nenhum lente da Universidade produziu um só trabalho que fizesse dar à Ciência um passo". Terminou em glória: "Uma reforma radical não é talvez possível. Toda a reforma não radical é inútil."[146] O conteúdo da palestra era inflamatório. E foi um incêndio que Adolfo Coelho provocou. Mesmo os jornais que tinham apoiado as conferências se distanciaram. O *Diário Popular* escreveu, tentando conciliar o inconciliável: "A exasperação produzida no seu espírito esclarecido e investigador pelo atraso deplorável em que jaz em Portugal a instrução pública fez talvez com que só achasse joio no ensino ministrado nas nossas escolas." O ataque era de tal ordem que A. Coelho conseguiu pôr contra ele tanto o jornal católico *A Nação* como o liberal *Jornal do Comércio*. O conferencista cometera o pecado capital: depreciara os lentes de Coimbra.

Muitos pensaram que fora o conteúdo da conferência seguinte, "Os Historiadores Críticos de Jesus", que teria levado à proibição das palestras. Quer o título escolhido por Salomão Saragga, quer as anunciadas lições de Batalha Reis sobre "O Socialismo", a de Antero sobre "A República" e a de Augusto Fuschini sobre "A Dedução Positiva da Idéia Democrática", poderiam justificar sustos. Mas não é certo que tenham sido estas conferências que levaram o presidente do Conselho, o marquês de Ávila, a tomar a decisão que tomou. As erudições *à la* Renan ou os lirismos sobre a virtude republicana feriam menos do que as palavras de Adolfo Coelho. A interdição das conferências, que teve lugar em 26 de junho de 1871, foi causada por uma variedade de elementos: os ataques à Igreja católica, a ênfase na Revolução, o louvor da Reforma protestante, a discussão sobre a divindade de Cristo e a denúncia da ignorância dos lentes. Antes de Adolfo Coelho, já se tinham ouvido críticas aos lentes, mas estas eram feitas *intramuros*. Agora, era um jovem, e de fora da instituição, que tentava destruir um dos pilares do regime.

Mesmo admitindo que tudo tivesse sido uma birra de Ávila — é verdade que ele pretendeu mostrar-se forte —, o fato é que seguiu as regras a que a Constituição obrigava. Ouviu primeiro o procurador-geral da Coroa. Só depois, perante o relatório recebido, mandou fechar as portas do Casino. As coisas são um

---

[146] Adolfo Coelho, *A questão do ensino, op. cit.*

pouco mais complicadas do que parecem. O parecer do procurador, Martens Ferrão, é uma resposta à carta do ministro do Reino (Ávila detinha igualmente esta pasta), que lhe chegara às mãos, acompanhada de um ofício do governador civil de Lisboa, o historiador Gama Barros, no qual se pediam informações sobre se haveria fundamentação legal para encerrar as preleções. Eis o que, em 23 de junho de 1871, Martens Ferrão — um lente de Coimbra — escreveu: "Da exposição feita no relatório mandado pelo governador civil, e dos extratos das lições publicadas nos jornais, vê-se que, além de outras doutrinas expendidas, que reputo erradas e filhas de grande superficialidade nos assuntos sobre que a lição versou, foi combatido o ensino católico, que é o da religião do Estado, insistindo o homem, que repetiu a lição, na necessidade de se apartar a religião do ensino para que este pudesse conseguir o seu fim." Notava que o conferencista, que não se dignava nomear (Adolfo Coelho), declarara todos os professores públicos ineptos. Seguidamente, informava que, da leitura dos resumos das conferências anteriores, ficara com a impressão de que todas elas haviam sido contrárias às leis e à religião do Estado. Concluía: "As preleções no Casino Lisbonense constituem um curso de lições professado por diferentes indivíduos para esse fim reunidos e combinados, sujeitas assim, para todos os efeitos, ao decreto de 15 de junho de 1870 (...) E como não pode haver reuniões convocadas para serem atacadas as instituições do país, a religião, as leis, os corpos do Estado, em suma, o Governo da nação, pois que semelhantes fatos são punidos pelo Código Penal, e pela Lei de Imprensa, é evidente o direito que o governo tem de mandar cessar as reuniões, em que, por qualquer forma, forem ofendidos os princípios indicados." O procurador acrescentava ser o governo o juiz de quando conviria que o encerramento fosse adotado: "Tendo, pois, nas lições que já foram feitas no Casino sido propaladas doutrinas contrárias e ofensivas da religião do Estado e da Carta Constitucional, e que induzem ao seu desprezo, ao de todo o corpo docente do país e à destruição do Estado existente, para ser substituído por uma ordem de coisas que não se define, a continuação daquelas lições seria sempre um perigo para a sociedade, mas muito principalmente na época difícil que se está atravessando."[147]

---

[147]Parecer incluído na antologia organizada por J. A. França, *As Conferências do Casino no Parlamento, op. cit.*

Diante da imensa divulgação que os textos dos conferencistas têm recebido, a longa citação do parecer de Martens Ferrão justifica-se.

Talvez os organizadores das conferências já esperassem a proibição. Duvido. Vinte anos de tolerância tinham-nos levado a pensar que não seriam incomodados. Mas, quando o foram, não devem ter se importado. De um dia para o outro, o país político passou a conhecer o minúsculo grupo que se reunira no Largo da Abegoaria. No próprio dia da interdição, sentados a uma mesa do Café Central, numa esquina do Chiado, Antero redigiu uma nota, assinada por ele, e por vários dos conferencistas, entre os quais Eça, a ser levada aos jornais, para ser publicada no dia seguinte. Posteriormente, várias outras personalidades quiseram deixar registado o seu repúdio pelo gesto de Ávila. Destes, o mais importante terá sido Alexandre Herculano, a quem José Fontana, que o historiador conhecia da Bertrand, pedira um depoimento.

Entretanto, os jornais transcreviam cartas de intelectuais sobre o assunto.[148] Em 30 de junho de 1871, no *Jornal da Noite,* Pinheiro Chagas chamava a atenção para a duplicidade subjacente à posição dos conferencistas. Segundo ele, enquanto aquele grupo reclamava para si a liberdade total de expressão, negava-a a quem pensasse de forma diferente: "Mas é necessário contudo que se perceba que, se os livres-pensadores querem propagar sem obstáculos as suas doutrinas, hão-de ser os primeiros a reclamar para os seus adversários a pleníssima liberdade de ensino: se querem violar em seu proveito o Art. 6 da Carta, hão-de consentir que a reação quebre igualmente as barreiras que esse mesmo artigo lhe impõe." Pinheiro Chagas argumentava que, tal como os ultramontanos, estes jovens eram perigosos.[149] Em 3 de julho, no *Diário de Notícias,* depois de mencionar as revoluções de 1848 e o movimento proletário, apelava aos trabalhadores para não se deixarem cegar "por vãs e funestas utopias", garantindo-lhes não haver "civilização com senso moral todas as vezes que nela se apagarem estas duas idéias santas, Deus e família".[150] Diante das críticas de Pinheiro Chagas, os signatários do termo de responsabilidade pela realização das palestras

---

[148]Antônio Salgado Júnior, em seu livro *História das Conferências do Casino,* diz (p. 121) que, em 4 de julho de 1871, Pinheiro Chagas mencionava, no *Diário de Notícias,* os perigos do "comunismo", insultando os que professavam tais idéias. Tendo consultado este periódico no dia indicado, não encontrei qualquer texto em que Chagas usasse aquela palavra. No dia 3 do mesmo mês, no local usualmente reservado aos "folhetins", aparece um artigo sobre os precursores do socialismo, mas sem quaisquer insinuações pessoais.
[149]*Jornal da Noite,* 30.6.1871 e 1.7.1871.
[150]*Diário de Notícias,* 3.7.1871.

entregue no governo civil, Antero e Batalha Reis, decidiram sentir-se ofendidos e, conforme os costumes da época, desafiaram-no para um duelo. Às testemunhas enviadas, Salomão Saragga e Eça de Queirós, Pinheiro Chagas declarou, contudo, que publicaria uma nota nos jornais, especificando não ter tido "intenção de ofender, nem sequer de aludir por forma alguma aos Srs. Antero de Quental e Jaime Batalha Reis".[151] O duelo ficou anulado; a honra, salva.[152]

Em duas *Farpas* sucessivas, em julho de 1871, Eça atacava a interdição e respondia às acusações feitas às conferências. A culpa de as conferências terem degenerado num acontecimento político era do governo, pois os organizadores apenas tinham tido em mente "um intuito científico". Tentava, depois, analisar a legalidade da interdição, citando o Art. 145 da Carta (sobre liberdade de expressão). Não sendo a matéria jurídica o seu forte, decidiu mudar de rumo: "O comissário assistente das conferências, o Sr. Rangel, não intimidou e não advertiu o Sr. Antero de Quental, nem em voz alta, nem com gestos. Talvez o fizesse por suspiros — mas esse caso não está na lei." E, com ar ingênuo, interrogava: "Em que atacavam estas (as conferências) a religião ou as instituições políticas?" Não resistiu a regressar à lógica jurídica: "Ora, segundo o citado artigo da Carta, só se pode coibir a liberdade de pensamento *quando houver abuso*: e como esse abuso não existia, pelo simples motivo que a conferência ainda não fora feita [Eça partia do princípio de que a proibição fora provocada por uma futura conferência] segue-se que o Sr. ministro do Reino violou a Carta, se esta palavra *violar* ainda se pode empregar a respeito da Carta, sem atrair sorrisos maliciosos sobre tão insensata metáfora." Segundo ele, a única coisa que o ministro do Reino poderia ter feito legitimamente era processar Antero de Quental. Todo o resto, "a rude supressão da palavra a preletores de literatura, de arte e de pedagogia", era anticonstitucional. Esgrimida a arma da "legalidade", restava a Eça a da "eqüidade". Uma vez que o governo deixava vender obras supostamente revolucionárias, como as de Proudhon, e de pensadores críticos da Igreja, como as de Renan, qual o motivo que o levava a impedir os intelectuais de falarem entre si de tais temas? "Sejamos lógicos", declarava, "feche-

---
[151]J. Calvet de Magalhães, *José Maria, a vida privada de um grande escritor, op. cit.*, pp. 103-4.
[152]Pinheiro Chagas estava então no auge da fama. O drama que escrevera, *A morgadinha de Valflor*, representado no D. Maria II, em 3 de abril de 1869, fora aplaudido deliriantemente, tendo-se tornado uma das peças mais famosas do século XIX.

mos as conferências do Casino onde se *ouvem* doutrinas livres, mas expulsemos os livros onde se lêem doutrinas livres. *Ouvir* e *ler* dá os mesmos resultados para a inteligência, para a memória e para a ação: é a mesma entrada para a consciência por duas portas paralelas. Façamos calar o Sr. Antero de Quental, mas proibamos na alfândega a entrada dos livros de Victor Hugo, Proudhon, Langlois, Feuerbach, Quinet, Littré, toda a crítica francesa, todo o pensamento alemão, toda a idéia, toda a história." Eça sabia que a classe governante, que se pretendia ilustrada, não gostava de ouvir tais coisas.

Em Portugal, os casos de proibição de livros eram raríssimos. Mas, às vezes, aconteciam. Em maio de 1871, o governo mandara apreender um opúsculo anônimo, intitulado *A Comuna de Paris e o Governo de Versailles* (publicado pela digna Imprensa da Universidade de Coimbra!), mas a ordem não conseguiu ser executada, pois a publicação se esgotara. Nesse opúsculo, José Falcão, agora professor de Matemática da Universidade, defendia certos atos cometidos pelos *communards*. Eça decidiu escrever sobre o assunto, a fim de reforçar sua visão de que, estando o povo adormecido, as classes médias sossegadas e o resto da humanidade em paz, nada justificava aquela prepotência. Argumentava: "O Governo de Sua Majestade sabe muito bem que em Portugal não há partidos republicanos nem socialistas, nem conspiradores; sabe perfeitamente que nem há clubes, nem agentes da Internacional, nem associações secretas, nem escritores que ensinem o socialismo, nem jornais que o discutam nem armas que o realizem. (...) O Governo cria o fantasma *vermelho* para ter o prazer de o combater."[153] Podia não haver uma classe proletária em Portugal, mas gente conspirando — republicanos, miguelistas, socialistas, anarquistas — estava em toda parte.

Para defender que o encerramento das conferências fora um gesto de tirania incrível, Eça tentava apresentar os seus amigos como um grupo que apenas pretendia a importação, para o país, do reformismo à inglesa: "Nós não queremos também que num país como este, ignorante, desorganizado, se lance através das ambições e das cóleras o grito da revolta! Queremos a revolução preparada na região das idéias e da ciência; espalhada pela influência pacífica de uma opinião

---

[153] *A Farpas*, julho de 1871. Grande parte deste artigo foi suprimido da edição de *Uma campanha alegre*. Para a consulta da totalidade do texto ver, ou o fascículo original, ou J. Medina (org.), *As Conferências do Casino e o socialismo em Portugal*, op. cit., pp. 272-3.

esclarecida; realizada pelas concessões sucessivas dos poderes conservadores; enfim *uma revolução pelo Governo*, tal como ela se faz lentamente e fecundamente na sociedade inglesa." Sabendo Eça o que sabia sobre as atividades de Antero e Batalha Reis, é evidente que estava sendo desonesto. O que não o impedia de ter uma opinião forte: "Pois é permitido à *Nação* publicar, em prosa impressa e permanente, ataques rancorosos à liberdade constitucional e à realeza constitucional — e não pode ser permitido ao Sr. Antero condenar as monarquias absolutas e ao Sr. Soromenho condenar os romances eróticos?"[154]

Entretanto, os protestos contra o encerramento das conferências continuavam. Em 1º de agosto, Antero e Batalha Reis enviavam, para a Câmara dos Deputados, um requerimento, denunciando a ilegalidade da portaria. No dia 2, o deputado Luís de Campos, tido como um grande poeta, leu o requerimento dos conferencistas, mas Ávila conseguiu o número suficiente de votos para impedir a sua discussão. Nesse meio tempo, houve eleições. A nova maioria pronunciou-se em sentido contrário à anterior, pelo que a questão das conferências acabou por ser mesmo discutida.[155] Antes de começar a falar, Pinheiro Chagas, que nessa data fazia a sua estréia parlamentar, tinha mandado para a mesa a seguinte moção: "A câmara entende que as circunstâncias especiais, em que se acha a Europa, justificam o procedimento do governo em relação às Conferências Democráticas." Habilidosamente, Pinheiro Chagas comparava a proibição das conferências com interdições pretéritas, como a relativa ao estabelecimento das "irmãs de caridade", um assunto que envenenara a vida política entre 1858 e 1862.[156] À época, acusou, os radicais nem sequer se colocaram o problema de saber se, ao impedir as irmãzinhas de exercer o seu mister, não estariam violando o princípio da liberdade de ensinar. Na sua opinião, haveria em Portugal dois pesos e duas medidas, um para a esquerda, outro para a direita. A esquerda podia, em princípio, dizer, alto e em bom som, tudo o que queria; a direita, tinha de manter mil cautelas. Sobre as conferências, proclamava: "Entendia-se (...) que os preletores eram homens de

---

[154]Eça de Queirós, *Uma campanha alegre*, op. cit., p. 95.
[155]O Parlamento manter-se-ia aberto durante o verão. Ver J. A. França, *As Conferências do Casino no Parlamento*, op. cit., pp. 159-171.
[156]Ver M. Fátima Bonifácio, "A republicanização da Monarquia (1858-1862)", *in Apologia da história política*, op. cit.

idéias avançadas, liberais avançados, homens de futuro, a guarda avançada do exército que vai, pelo caminho do progresso, à conquista da Jerusalém do porvir." Este pressuposto fazia com que aqueles que, como ele, deles divergiam fossem apelidados de reacionários. Ora, ele não gostava de assim ser adjetivado: "Aqueles que combatiam as Conferências democráticas eram considerados (um pouco desdenhosamente) como os defensores da lei e os mantenedores da ordem, mas também como homens que vêem no estacionamento, ou talvez na reação, o ideal supremo das sociedades humanas." Preocupado, continuava: "Eu, que fui envolto na onda destas acusações, eu que falo hoje pela primeira vez num assunto de certa magnitude (...) preciso fixar bem quais são os meus princípios políticos e procurar demonstrar que me conservei, que me tenho conservado, que espero sempre conservar-me no terreno em que tenho pugnado em prol da liberdade e do progresso, na sua acepção mais ampla e mais rasgada." As conferências, argumentava, obedeciam ao seguinte plano: "Um dos conferentes aplaudia e exaltava o realismo, especialmente porque o considerava a arte posta ao serviço do socialismo; outro, falando acerca do ensino, como que via no ateísmo a conclusão lógica de todas as ciências humanas, defendendo assim essas idéias ateístas ou niilistas, que, tanto na escravizada Rússia como na França apaixonada da liberdade, parecem ser o apanágio de todas as escolas socialistas; outro, enfim, falando na decadência da Península nos últimos três séculos, decadência infelizmente bem evidente, apresentava como o único remédio, que podia curar os nossos males, como o único obstáculo à nossa decadência, a república socialista." Após reflexão, concluía que "a propaganda do Cassino era uma verdadeira conspiração contra a idéia de pátria". A longa conversa sobre patriotismo que Pinheiro Chagas iria manter, ao longo da vida, com Eça de Queirós, prosseguia.[157]

Por dele se conhecer sobretudo as polêmicas com Eça, Pinheiro Chagas tem sido, em geral, maltratado pela historiografia. Mas ele não era um pateta. Conseguira deslocar a polêmica para o que importava, ou seja, a demonstração de que as conferências não eram conversas sobre temas etéreos, mas propaganda política. Tinha, além disso, razão ao salientar que a atmosfera carregada do verão de 1871 tornavam

---

[157]Numa das *Farpas*, de setembro de 1871, Ramalho criticará o discurso de Pinheiro Chagas. Apesar de não ter querido participar no acontecimento, Ramalho defendia que a supressão das Conferências fora uma ilegalidade. Ramalho Ortigão, *As Farpas, op. cit.*, 1944, vol. IX, pp. 7-16.

as conferências mais perigosas do que em momentos em que a vida política estivesse mais calma. Ninguém imaginava que, após terminar a sua palestra, Eça fosse correndo para um porão oculto, onde, ao lado de plebeus, tecesse planos para derrubar o Trono e o Altar. Mas, perto dele, havia quem o fizesse. Poderia a revolução com que sonhavam ser utópica; não era, todavia, o reformismo de Eça. Para alguns, a Comuna fora mesmo um episódio glorioso. Como Batalha Reis explicara à noiva, que lhe dissera considerar todas as guerras horríveis, havia ocasiões em que era imperioso usar a violência: "Mas, no estado atual da Humanidade, as guerras são inevitáveis. Resta, pois, saber quando dois grupos de homens fazem a guerra, qual a faz em nome de melhores idéias. Aqui tens por que atualmente, em França, eu sou pela Comuna. A Comuna, minha Celeste, representa a miséria dos operários sem trabalho, dos operários que não chegavam a ganhar para as suas famílias, para o pão das suas famílias, enquanto os donos das fábricas juntam em poucos anos milhões, dos pobres, dos desgraçados, que eram já filhos de filhos de filhos de operários miseráveis. Ora, é razoável, é digno defender das calúnias com que os atacam estes desgraçados, que nunca tiveram uma recompensa para o seu trabalho. Aqui tens por que sou pela Comuna."[158] As idéias dos conferencistas eram mesmo subversivas.

Simultaneamente à redação das palestras, Antero e Batalha Reis dedicavam-se a atividades menos lícitas. O intermediário entre eles e os revolucionários era José Fontana, o suíço que havia emigrado para Portugal. Aos domingos de manhã, e, às vezes, durante a semana, depois de fechada a livraria Bertrand, onde ele trabalhava, Fontana aparecia pelo Cenáculo. Sempre vestido de preto, muito alto, muito magro, o cabelo longo e o olhar triste, apertava as mãos dos presentes e, se havia mais alguém presente, sentava-se a um canto, em silêncio. Mal saíam os convivas que não conhecia, aproximava-se dos íntimos e dizia-lhes: "Para a semana... sabem? Para a semana, sem a menor dúvida, rebenta *ela*." Ela, tome-se nota, era a revolução. E mostrava cartas, em que se falava dos movimentos revolucionários que estavam para eclodir por toda a Europa. Antero apresentava dúvidas, Batalha Reis objeções, mas nada era capaz de destruir a fé de Fontana. A revolução chegaria, porque "*ela* não pode deixar de rebentar, o mais tardar, para a semana". Não eram tardes inocentes.

Durante a primavera e o verão de 1871, o país saiu da sua pacatez habitual.

---
[158]Carta XIV, 1871, Espólio J. Batalha Reis, Reservados BN.

Acolheu espanhóis em missões de propaganda, revolucionários franceses em fuga e até espiões especializados em contra-revolução. Em junho, tinham chegado três dirigentes da Associação Internacional dos Trabalhadores, Lorenzo, Morago e Mora, cuja intenção era ajudar a fundar, em Portugal, uma célula da organização. Estes três espanhóis fugidos da polícia obedeciam à linha não de K. Marx, mas de Bakunin. Batalha Reis, que obviamente não estava a par das dissidências ideológicas que atravessavam o movimento operário europeu, conta-nos que Fontana lhe aparecera um dia em casa, por eles acompanhado: "Estes três homens, sem dúvida muito notáveis e depois muito conhecidos em todo o mundo, disseram-nos o plano da vasta organização, expuseram as doutrinas de Karl Marx e as teorias que, já então, dividiam o socialismo nascente sob esta nova forma de combate." Por causa da polícia, Fontana sugeriu que se encontrassem a bordo de uma barcaça no Tejo: "Nessa mesma noite fomos ao Aterro, o Antero e eu, pagamos o bote a um barqueiro para nos deixar remar sozinhos no seu bote e fizemo-nos ao largo. A uma hora combinada, aproximamo-nos dum outro cais, onde o Fontana nos esperava com os internacionalistas." Os dois portugueses ouviram falar longamente do associativismo proletário: "Durante horas, nessa noite e nas seguintes, sobre o Tejo, enquanto eu remava, o Antero discutia com os emissários socialistas a revolução operária que já lavrava na Europa." Mora terá conseguido organizar um núcleo de anarquistas em Lisboa, mas a semente não deu grandes frutos. O policial francês Latour — mandado vir pelo governo português para espiar estas movimentações — admirava-se com o que via: "Neste país, onde desde há muitos anos, os costumes e as leis estabeleceram um regime de grande liberdade, acrescida de grande tolerância, as associações podem formar-se sem dificuldade." Como informava as autoridades, o perigo de uma insurreição proletária, tal como ele a vira em Paris, era inexistente. Mas o Governo continuou apreensivo com a proliferação de clubes[159].

Havia, por um lado, os grupos socialistas, freqüentados por operários respeitáveis. Por outro, os clubes republicanos, dominados por lojistas e funcionários públicos, onde nenhum membro do Cenáculo gostava de ir. Havia, por fim, os arrivistas, os rapazes novos que, como nos conta Batalha Reis, "generosamente aspiravam a

---

[159]Sobre este episódio, ver Maria Filomena Mónica, O *movimento socialista em Portugal, 1875-1934*, Lisboa, I.N., 1984.

ter um partido político e a ser, em sucessivas fase de dedicação patriótica, administradores de concelho, deputados influentes, oradores imaginosos e ministros argutos" e, por fim, uns pretensiosos para quem "os estadistas portugueses eram sobretudo odiosos pela sua extensa mediocridade literária, pela sua enfática nulidade retórica e pela sua absoluta chateza artística". Continuava: "Estes visionários, descontentes de uma política, com efeito sem finanças, mas escandalosamente sem estética, reuniam-se em diferentes cafés, em tipografias de jornais pouco lidos, em lojas maçônicas emprestadas e discutiam, vagamente, toda a sorte de ideais políticos e administrativos".[160] Pouco faltou para que fizesse o retrato do seu grupo.

Seja qual for o ponto de vista que se adote, o início da década de 1870 foi terrível para Portugal. Houve governos de semanas, coligações, ditaduras militares. As classes trabalhadores, que tinham visto os seus salários descerem, agitaram-se. As greves em fábricas importantes multiplicaram-se. Em 1871, vendo o que se passava na Espanha e na França, era natural que um governante estivesse nervoso. Hoje sabemos que a Comuna foi vencida, que a monarquia espanhola foi restaurada e que, em Portugal, tudo desembocou nas plácidas águas do Fontismo. Os contemporâneos não tinham esse conhecimento.

Um político mais seguro do que Ávila, ou melhor, um político navegando em águas menos convulsas, teria provavelmente fechado os olhos ao que se passava no Largo da Abegoaria. Tendo em conta o contexto nacional e internacional, Ávila preferiu não correr riscos. Não nos compete julgar a sua atitude, mas apenas tentar interpretá-la à luz dos acontecimentos do período. A prova de que a monarquia constitucional não interferia, de ânimo leve, na liberdade de expressão está em que, durante as décadas seguintes, nada de semelhante voltou a ocorrer. Os intelectuais continuaram a pensar, a escrever e a dizer o que queriam. Os conferencistas de 1871 puderam prosseguir as suas carreiras. Em breve, Eça seria nomeado cônsul, Batalha Reis, lente do Instituto Geral de Agronomia, Adolfo Coelho, professor do Curso Superior de Letras. Só Antero, que vivia das rendas de suas terras açorianas, se manteve à margem do Estado, enquanto Salomão Saragga emigrava para Paris. Todos esqueceram a "maldade" de Ávila.

---

[160] J. Batalha Reis, "Anos de Lisboa: algumas lembranças", in *Anthero de Quental, In Memoriam, op. cit.*, pp. 451-2.

Em 1890, sob o pseudônimo de "um espectador", Eça dava-nos, na *Revista de Portugal*, suas memórias das conferências: "Muito bem nos lembramos de ir lá ouvir o nosso saudoso amigo Soromenho, o erudito auxiliador de Alexandre Herculano, discorrer sobre Chateaubriand; e dias depois o Sr. Eça de Queirós [estava escrevendo sob pseudônimo] apresentar, muito antes de Zola (*sic*), as bases de uma nova estética, o *Realismo*. Apesar de não ameaçarem muito seriamente a ordem, ainda assim foram estas palestras julgadas subversivas pelo duque (então marquês) de Ávila, que as proibiu no dia em que um dos conferentes (o Sr. Batalha Reis, se não nos enganamos) ia falar sobre a 'Divindade de Jesus'."[161] Comentava Eça: "A imprensa de oposição exibiu a costumada indignação liberal; o Sr. Dias Ferreira fez uma interpelação ao ministério; e não se falou mais nas conferências do Cassino, de que apenas resta como vestígio uma verdadeira jóia de crítica histórica, um folheto do Sr. Antero de Quental, hoje muito raro, sobre a *Decadência dos povos peninsulares*."

Vale a pena voltar a 1871. Por mais engraçadas que sejam as suas crônicas, Eça não tinha razão. Uma coisa era ler Proudhon, sossegadinho em casa, outra depreciar, em público, a Igreja católica, propagandear a revolução e atacar os catedráticos. Estes jovens — que, exceto Soromenho, tinham menos de trinta anos — queriam mesmo abalar o regime. Escudado pelo douto Martens Ferrão, ergueu-se-lhes, pela frente, a figura pesada do marquês de Ávila. A liberdade de reunião teria sido atingida: mas os costumes liberais depressa voltaram. Eça nunca mais pôde se queixar de um atentado à liberdade de expressão. Publicou sempre o que quis, como quis.

A conferência que Eça proferiu no Casino Lisbonense teve mais importância pela fama de revolucionário que após ao autor do que pelo tema abordado. Quando hoje alguém afirma que ele "traiu" os ideais da juventude está geralmente pensando não no que ele efetivamente disse no Largo da Abegoaria, mas no que os seus amigos ali defenderam. No mês seguinte, ninguém mais se recordava de sua apologia dos quadros de Courbet. Com a passagem do tempo, os ideais, que ele viria supostamente a "trair", passaram a ser vistos como políticos. No entanto, aquilo sobre o que Eça falou foi de arte. E de arte apenas. Ao contrário de Antero, Eça não estava lendo Karl Marx, mas Flaubert.

---

[161] Eça engana-se, o que, dada a sua amizade com Batalha Reis, é estranho.

PARTE II

9

Cuba

Era um sábado escuro. Junto ao Tejo, Eça esperava o navio que o levaria até Cádis. Dali seguiria para as Antilhas espanholas. Apesar de prevista há oito meses — sua nomeação para cônsul fora decretada em 16 de março de 1872 —, a partida acabou por ser atabalhoada.[162] Nem sequer arranjou tempo para se despedir dos amigos. Nesse dia, 9 de novembro, o *Diário de Notícias* noticiava, numa pequenina coluna, inserida na segunda página, que o Sr. José Maria Eça de Queirós partia para Havana, acrescentando ter o mesmo deixado, para publicação, um conto, destinado ao opúsculo natalício, "Brinde aos Srs. Assinantes".[163]

Eça, que tanto se irritara com a política portuguesa, partia no preciso momento em que a vida nacional estava em vias de se transformar. A situação européia — com revoluções na Espanha, instabilidade na França, conspirações na Itália — não era a melhor. Mas, em Portugal, pela primeira vez em quatro anos, o ministério que vira principiar o ano o veria findar. Respirava-se uma atmosfera de afluência. O que não quer dizer, como é evidente, que os males que Eça denunciara em *As Farpas* tivessem desaparecido. A influência clerical continuava a ser decisiva e a agitação política ainda era visível. Os jornais noticiavam que, exceto nos bispados de Coimbra e Aveiro, bem como no priorado do Crato, os católicos haviam jejuado. Nos clubes conspirava-se para derrubar o governo. No próprio dia da sua partida, chegara a Lisboa, vindo do norte, Camilo Castelo

---

[162]A fim de corrigir a injustiça de que Eça tinha sido alvo, o despacho de nomeação era altamente elogiativo.
[163]*Diário de Notícias*, 9.11.1872.

Branco, com o objetivo de visitar um amigo de infância, o visconde de Ougella, preso na seqüência de uma revolta fracasssada, a Pavorosa. Quatro dias antes, haviam sido julgados, e condenados em conselho de guerra, 14 soldados envolvidos na intentona, mas o instigador da revolta, o conde de Peniche, fugira. Era a cauda das agitações do triênio de 1869-71. Ainda levaria algum tempo antes que Fontes Pereira de Melo conseguisse impor ordem no país. Mas, quando o fez, Eça já não estava mais em Portugal.

Em meados de dezembro de 1872, Eça desembarcou em Havana. Não deixara Portugal como um indivíduo rico, que tivesse planejado uma viagem exótica. Saíra para ganhar a vida. Encontrou-se numa ilha brutal e tórrida. Tudo era tão horrível que chegou a ter medo de que as saudades o levassem a ser complacente para com Portugal. Eis o que dizia a Ramalho: "O exílio importa a glorificação da pátria. Estar longe é um grande telescópio para as virtudes da terra onde se vestiu a primeira camisa. Assim, eu, de Portugal, esqueci o mau — e constantemente penso nas belas estradas do Minho, nas aldeolas brancas e frias — e *frias!* —, no bom vinho verde que eleva a alma, nos castanheiros cheios de pássaros, que se curvam e roçam por cima do alpendre do ferrador..."[164] Eça nunca se adaptaria à chamada "pérola do Império Espanhol".

Por mais próspera que fosse, Havana era muito diferente das cidades européias onde ele sonhara viver. Com 150 mil habitantes, Havana era maior do que muitas outras cidades, mas era um local onde só o dinheiro contava. Era animada, colorida e povoada, mas não tinha aquilo — a "civilização" — de que ele precisava. Além disso, a colônia vivia um momento especial. A falta de autoridade em Madri — Amadeu de Sabóia estava prestes a abdicar — fazia-se sentir na periferia. As clivagens sociais, que já tinham um caráter azedo, acentuaramse. Os funcionários vindos de Espanha desprezavam as elites locais e estas pagavam-lhes na mesma moeda. Na base da pirâmide, o ódio entre negros e chineses crescia. A leste de Cuba, existia uma guerrilha que, nem as tropas regulares, nem os "voluntários" conseguiam erradicar.[165]

A idéia de conviver com a elite crioula, cuja ostentação o chocava, ou com

---

[164] G. de Castilho (org.), *Eça de Queirós: correspondência, op. cit.*, vol. I, p. 74. Carta datada do verão de 1873.
[165] Eça estava assistindo ao começo da insurreição nacionalista, conhecida como a Guerra dos dez anos. Para os seus relatórios consulares, ver A. Freeland (org.), *Eça de Queiroz: correspondência consular, op. cit.*

os funcionários espanhóis, cuja arrogância o enfurecia, não o atraía. Durante os primeiros meses, Eça passou os dias, e as noites, sozinho. Numa carta a Ramalho, dizia-lhe, pretensiosamente (mas é preciso lembrar a personalidade do correspondente): "Saí da minha atmosfera e vivo inquieto, num ar que não é o meu. Além disso, estou longe da Europa e você sabe quão profundamente somos europeus, você e eu. Isto aqui — ou pelo seu mau lado espanhol ou pelo seu curioso feitio americano (dos Estados Unidos), é muito diferente daquilo que eu preciso. Eu preciso de política, crítica, corrupção literária, humorismo, estilo, colorido, palheta; aqui, estou metido num hotel e, quando discuto, é sobre câmbios e quando penso é sobre *coolies* [chineses]." Eça invejava Ramalho, imaginando-o a redigir *As Farpas*, enquanto ele era forçado a optar entre convencer o capitão general de que os chineses não eram seres inferiores aos cães ou conversar sobre futilidades, no salão do hotel, com os nova-iorquinos que ali estavam de férias.[166]

Desde meados de 1850 haviam começado a afluir a Cuba grupos de chineses, recrutados para trabalhar nas usinas de açúcar. Os primeiros 315, vindos a bordo do *Duke of Argyle*, logo se transformaram em milhares.[167] Esta mão-de-obra não só trabalhava mais horas e em piores condições do que os escravos negros, como, ao contrário destes, era mantida à margem da sociedade. Finalmente, o estipulado nos contratos, quanto à possibilidade de regresso à China, era sofismado pelos fazendeiros, o que fazia com que, na prática, os chineses estivessem sujeitos a trabalhos forçados.[168] Na década de 1870, existiam na ilha entre 100 mil e 140 mil chineses. Depois de a Inglaterra ter proibido o seu recrutamento, via Hong Kong, aqueles passaram a ser embarcados em Macau. A maioria dos chineses era portadora de documentos portugueses, o que obrigou Eça a interessar-se pela sua situação. O romance que trazia na cabeça, ou já em manuscrito, teve de ser abandonado.

As cartas particulares que Eça escreveu de Havana — ou, para sermos mais

---

[166] G. de Castilho (org.), *Eça de Queirós, correspondência, op. cit.*, vol. I. pp. 71-2.
[167] A. Freeland indica, no seu prefácio, terem os primeiros trabalhadores chineses chegado a Cuba em 1847. Ver A. Freeland, *Eça de Queiroz: correspondência consular, op. cit.*
[168] D. R. Murray, *Odious Commerce*, Cambridge University Press; J. Suchlicki, *Historical Dictionary of Cuba*, Londres, The Scarecrow Press, 1988; Manuel Moreno Fragrinlas, *The Sugar Mills: The Socioeconomic Complex of Sugar in Cuba, 1760-1860*, N. Y. Monthly Review Press, 1976; Verena Martinez-Alier, *Marriage, Class and Colour in XIX Century Cuba*, Cambridge University Press, 1974 e R. Carr, *Spain, 1808-1975*, Oxford University Press, 1993.

exatos, as que chegaram até nós — são raras. Muitas terão se perdido em espólios que se dispersaram. Mesmo a Ramalho, pouco escreveu. No verão de 1873, depois de interrogá-lo sobre o destino de *As Farpas*, falava-lhe de sua situação: "De mim, que quer que diga? Estou aborrecido, doente e estúpido. As famílias com quem convivi aqui, no Inverno, e que eram de Nova Iorque, voltaram para Nova Iorque; os livros, não os abri, desde que deixei Portugal; a saúde, o Verão abrasador e implacável está-me perturbando. Estou tão só que a minha conversação ordinária é com o meu criado; estou tão imbecil que leio Paulo de Kock!" Depreciava Havana, "esta terra estúpida para onde vim, embrulhado num decreto, impelido por um tratado". Desprezava a gente grosseira, a infecta prosa dos jornais, o suor que tudo cobria.

Eça ainda imaginou redigir, em Cuba, um romance intitulado *Uma conspiração em Havana*, mas os insurrectos interessavam-no infinitamente menos do que um clérigo de Leiria, em que andava pensando. Era sobre a província portuguesa, os seus padres e as suas beatas, que queria escrever. Mas o calor não era propício à redação. Os meses passados em Cuba foram dos menos produtivos da sua vida. Admitindo ter Eça começado a redação de *O crime do padre Amaro* em Leiria ou, depois, em Lisboa, não voltara a tocar no manuscrito. Durante a sua estada em Cuba, apenas terminou um conto, o qual, tudo indica, já levava, em rascunho, de Lisboa.

No final de 1873 enviava ao diretor do *Diário de Notícias* um texto intitulado "Singularidades de uma rapariga loira", o qual viria a ser publicado em 22 de janeiro de 1874. Era o seu primeiro escrito realista. A desenvoltura da prosa surpreendeu, mesmo os que, como Herculano, a odiaram. De Vale de Lobos, este declarava solenemente que aquilo era "uma tradução pior do francês péssimo".[169] Sem retórica, o estilo de Eça deixara-o perturbado. O conto centra-se na figura de um antigo guarda-livros da Baixa, de nome Macário. Numa estalagem do Minho, este relata, a um desconhecido, a sua vida. Fala do tio Francisco, seu patrão, com "a sua possante estatura, os seus óculos de ouro, a sua barba grisalha, em colar, por baixo do queixo, um tique nervoso que tinha numa asa do nariz, a dureza da sua voz, a sua austera e majestosa tranquilidade, os seus prin-

---
[169] J. Gaspar Simões, *Vida e obra de Eça de Queirós, op. cit.*, p. 349.

cípios antigos, autoritários e tirânicos, e a brevidade telegráfica das suas palavras". Quando Macário lhe comunicara o desejo de se casar com a menina loura que, todos os dias, o espreitava da janela, o tio, depois de ter remexido o café e de ter sorvido os restos pelo pires, de ter tirado do pescoço o guardanapo, de tê-lo dobrado, de ter afiado com a faca o seu palito, de o ter metido na boca, respondera-lhe: "Não." E, quando Macário lhe anunciou que se casaria, o tio retorquiu: "Despedido da casa." Seria, contudo, este quem, depois das desgraças que, lá pelas tantas, se abatem sobre Macário, o acolhe. Quando o rapaz regressou, o tio foi a um "pequeno armário, trouxe geléia, um covilhete de doce, uma garrafa antiga de Porto e biscoitos", e ofereceu-lhe o antigo lugar. Afinal, o tio gostava dele! E até estava pronto a anuir ao casamento. Mas o conto não tem um fim feliz. Um dia, Macário levou a noiva a uma ourivesaria. Foi então que a apanhou, em flagrante, tentando roubar um anel. Eça trocara as neblinas, os abutres e as florestas pela dura realidade.

À parte o conto, nada mais escreveu. Assumiu, no entanto, sua função consular. Durante estes meses enviou longas cartas ao Ministério, dando conta não só dos problemas que tinha de enfrentar, como da situação da colônia espanhola.[170] A primeira carta, de dezembro de 1872, ainda assentava nas informações que o seu antecessor, Fernando de Gaver, lhe dera sobre a legislação relativamente aos *coolies*. A possibilidade de Eça interferir nas condições de vida dos chineses era, dizia, diminuta: "Os cules eram súditos portugueses, por uma concessão generosa da Capitania Geral. Os Chinos vinham do interior do império; o simples trânsito por Macau não podia constituir um ato de naturalização: a interferência portuguesa nos contratos, nos embarques, era um simples ato de polícia do porto. Foi sempre a teoria da administração de Cuba."[171] Assim sendo, sua presença em Cuba era inútil. Tanto mais que a questão da emigração chinesa estava em vias de terminar. A fim de dar satisfação à Grã-Bretanha, a

---

[170] As posições de Eça têm sido objeto de interpretações diversas, a maior parte das quais louvando o seu interesse pela situação dos chineses. Mas também existe quem, anacronicamente, tenha-o criticado por não ter estado ao lado da guerrilha independentista. Gaspar Simões, Vianna Moog, Antônio Cabral e Archer de Lima salientam o seu humanismo — alguns até o seu socialismo —, enquanto um autor recente, Joaquim Palminha da Silva, o critica. Para se verificar até que ponto a ideologia pode cegar alguém, ver J. Palminha da Silva, *O nosso cônsul em Havana: Eça de Queiroz*, Lisboa, *op. cit.*
[171] R. Rego (org.), *A emigração como força civilizadora*, *op. cit.*, p. 129.

"exportação" de chineses, via Macau, ficaria interditada a partir de 27 de março de 1874. A própria China já anunciara que iria enviar uma comissão de inquérito a Cuba, o que esvaziaria totalmente o seu papel: "Toda a minha autoridade está implicitamente perdida, desde o momento em que chega uma embaixada chinesa, reclamando como seus súditos os colonos saídos por Macau e desde que o governo da Ilha reconhece a autoridade dessa comissão." E adiantava: "Acresce, Exmo. Sr., que este Consulado se acha há dois meses sem rendimentos e que uma tal situação, com o peso das despesas obrigadas, é insustentável."[172] Sem os honorários que os chineses pagavam ao Consulado, pelos documentos de que careciam, Eça teria tido de enfrentar uma situação desesperada.

Em outra carta para o ministro dos Negócios Estrangeiros, Eça mencionava a insurreição cubana.[173] Embora a dimensão da revolta fosse diminuta, não se deveria, pensava, excluir que as relações entre Cuba e a metrópole se agravassem: "A insurreição na Ilha de Cuba é um fato sem importância local; os insurrectos impelidos e confinados nos extremos do Distrito Oriental estão neste momento sem organização, sem força e sem meios de resistência; não ocupam uma povoação, um ponto estratégico, um acampamento definido; guerrilhas compostas de negros fugidos, de chinos revoltados e de soldados desertores sustentam, discriminadamente, uma perturbação constante com ataques débeis e assustados às fazendas isoladas e aos postos avançados." No entanto, nem o Corpo de Voluntários, formado pelos fazendeiros de Cuba, nem o Exército regular ousavam entrar no distrito insurrecto. Segundo Eça, a força dos revoltosos advinha-lhes do exterior: primeiro, da posição dos Estados Unidos, há muito favorável à independência de Cuba; depois, da opinião dos cubanos residentes, quer em Madri quer em Nova York, que igualmente a desejavam.

Eça seria sempre um bom analista político. Já aqui, nos primórdios de sua carreira consular, era capaz de informar competentemente o seu governo do que se estava se passando no posto onde fora colocado. Após a proclamação da República na Espanha, Eça percebeu imediatamente que os anseios de Cuba pela autonomia tinham se desenvolvido: "Quem governa a ilha é o *Cassino Espanhol*.

---
[172]Carta X, de 28.2.1874, *in* A. Freeland, *op. cit.*
[173]Ver carta IV, de 18.3.1873, *in* A. Freeland, *op.cit.*

O Cassino é meramente um *Clube* que, contando entre os seus diretores os principais banqueiros e fazendeiros de Havana, tomou gradualmente um ascendente político em todos os negócios; e como pela organização dos corpos de voluntários a maior parte destes ricos e dominantes indivíduos é coronel de um regimento e, além disso, todos os oficiais de voluntários pertencem ao Cassino, sucede que este clube, tendo em si grande parte da riqueza da ilha e um exército de 100.000 voluntários, tornou-se um corpo do Estado e é o árbitro de todas as questões nas Antilhas. De sorte que todas as autoridades superiores têm a sua vontade limitada pelas resoluções e opiniões do Cassino." Andrade Corvo não recebia relatórios destes todos os dias.

Além destas cartas, Eça viria a redigir, já em Lisboa, e a pedido do ministro dos Negócios Estrangeiros, um longo relatório sobre emigração, que constitui um espetacular exercício de realismo político e de observação sociológica.[174] O texto começa eruditamente, com Eça fazendo uma distinção entre a emigração moderna e os movimentos de população ocorridos em séculos anteriores, considerando, no entanto, que "a causa absoluta, e que atua dum modo idêntico e universal, é a miséria". Mas, para Eça, um discípulo de Taine, a miséria, por si só, não bastava como fator explicativo: "O operário espanhol pode ser tão perfeitamente desgraçado como o triste jornaleiro dos campos da Pomerânia: o espanhol, porém, ou sofre ou mendiga ou se revolta; o prussiano emigra; primeira conseqüência: a miséria atua diferentemente, segundo as disposições da raça."[175] Neste escrito, Eça aproveitava para refutar alguns clichês, habituais entre os governantes nacionais, concluindo que a emigração não causava uma perda de braços ou uma perda de capital. Pelo contrário, era "um aproveitamento de forças e uma origem de capitalização". Acrescentava: "A minha opinião é que a emigração é, na maior parte dos casos, vantajosa aos países que a suportam." Depois de ter comparado a situação dos emigrantes nos EUA (boa) com a dos emigrantes da América Central e do Sul (ruim), Eça debruçava-se sobre a política que os governos deveriam adotar: "O governo não deve provocá-la nem proibi-la." Respondendo àqueles — a maioria dos

---

[174] O relatório tinha-lhe sido encomendado pelo ministro Andrade Corvo. O assunto estava na ordem do dia: acabara de sair o *Inquérito Parlamentar sobre Emigração*.
[175] A "raça" não tinha, na época, uma conotação tão negativa quanto a que viria a adquirir no século XX.

proprietários portugueses — que argumentavam que os governos deveriam impedi-la, declarava que um governo que não tivesse outro meio de prender o cidadão à pátria senão através do sabre de um policial daria de si uma triste imagem. Segundo ele, ao Estado apenas competiam três funções: o contrato, o transporte e a proteção consular. Todo o resto deveria ser deixado à liberdade individual.

Eça referia-se ainda à questão da emigração asiática, com a qual tivera contato direto. Começava por colocar a supressão do tráfico de chineses, em Cuba, no contexto da rivalidade entre os interesses, ingleses e espanhóis, ligados ao açúcar. Portugal, argumentava, vira-se envolvido numa luta que lhe passava à margem. E, a propósito, defendia: "O exemplo das relações entre a raça chinesa e a raça européia, em concorrência de trabalho livre, na Austrália e na Califórnia, autorizam a crer que a presença de uma população china livre nas colônias de raça latina terminaria deploravelmente." Quase exclusivamente masculina, esta imigração trazia consigo hábitos que Eça considerava deploráveis: "Não só a raça trabalhadora se debilita pelos excessos antinaturais, mas ganha na privação das mulheres aquele caráter covarde, traiçoeiro, descontente, irritado que é tão próprio dos índios e dos chinos nas colônias. Além disso, a emigração assalariada, tendo, pela sua própria natureza, de ser regulada e organizada pelo Estado, em todos os seus detalhes — contrato, horas de trabalho, salário, etc. — nada deixa à iniciativa particular e torna a organização do trabalho dependente da burocracia." O que se passava em Cuba era, segundo ele, esclarecedor: "Cuba resume com o seu exemplo toda a argumentação contra a emigração assalariada. Que tem ela lucrado com os seus 80 ou 100 mil chinos? Elevou, é verdade, a sua produção, mas à custa de quantas desvantagens: criou uma sociedade asiática numerosa, hostil, despeitada, que só trabalha forçada e só se contém pela força dos regimentos." Apesar de tudo, o relatório terminava com uma observação otimista: "Estudadas as feições da emigração livre, a história dos seus movimentos, as suas causas, as suas conseqüências econômicas, as suas relações com o Estado e a possibilidade da sua organização universal — discutida a emigração assalariada, nas suas correntes, e nos seus resultados sociais — eu julgo terminado este trabalho, que é a afirmação — e direi mesmo — a apologia da emigração como força civilizadora." Andrade Corvo ficou tão contente com este relatório que o levou para casa, onde permaneceria, até ser vendido num leilão, mais de cem anos depois.[176]

Mas voltemos a Cuba, onde Eça teria de permanecer mais alguns meses. Não tantos, contudo, quanto se imagina. No meio da estada, invocando razões de saúde, conseguiu que o Ministério o autorizasse a gozar umas férias de cinco meses nos EUA. A não ser que se considere o amor uma patologia, o motivo invocado não era exato. O que levava Eça aos EUA era o envolvimento não com uma, mas com duas americanas. Ambas tinham estado em Cuba de férias, com as respectivas famílias, tendo depois regressado ao seu país. A mais nova era Mollie Bidwell, uma menina cujo pai, um riquíssimo industrial de Pittsburg, exportava maquinaria agrícola para Cuba; a outra, Anna Conover, uma mulher casada, que residia com o marido em Nova York. Eça teria namorado ambas durante a primavera de 1873. Num dos casos, o de Anna, o *affaire* era clandestino; no outro, os pais da menina aplaudiam a relação.[177]

Antes de Eça ter partido para os EUA, recebera cartas de ambas. Em 5 de maio de 1873, Mollie escrevia-lhe uma carta sem grande imaginação: "Depois de me despedir de si, na manhã que em que partimos, fui para o meu quarto com uma dor de cabeça e a mamã perguntou-me várias vezes por que estava tão pálida. Tinha motivos, querido, para estar pálida; sentia-me como se estivesse a despedir-me da vida, de fato tudo parou a partir daí." Teriam trocado beijos: pelo menos, ela lhe diz que sonhara com eles. A carta prosseguia, em estilo convencional: "Prendi o meu medalhão na primeira noite em que cheguei a casa e posso assegurar-lhe que está encantador. Enquanto lhe colocava dentro o retrato, as lágrimas corriam-me pela face por pensar que apenas o podia ver num retrato. Imagino que se prepara para vir aos Estados Unidos da América, onde o verei mais uma vez e receio que pela última vez, pois, como a mamã diz, ela não voltará mais a Cuba, por isso, querido, essa oportunidade acabou." A carta era assinada por uma "Rapariguinha".

Após ter chegado aos EUA, Eça escreveu a Mollie, perguntando-lhe se po-

---

[176]Comprado por Raúl Rego, veio a ser editado sob o título, que não é de Eça, de *A emigração como força civilizadora*, op. cit.
[177]Ver A. Campos Matos (org.), *Cartas de amor de Anna Conover e Mollie Bidwell para José Maria Eça de Queiroz, cônsul de Portugal em Havana (1873-1874)*, op. cit. Trata-se de 33 cartas endereçadas a Eça: 21 são de Anna, 7 de Mollie e 5 do pai desta.

dia visitá-la, ao que ela respondera afirmativamente. Em tom infantil, esta dizia-lhe que mostrara a carta aos pais, que a tinham achado estupenda. O tom meigo de Mollie mudava, na carta de 8 de junho. Interrogava-o, com ar zangado, sobre a data da sua visita. De fato, Eça estava em Nova York há mais de uma semana e ainda não aparecera. Acontece que se encontrava nos braços de outra mulher. Em 15 de junho, Mollie pedia-lhe para ele vir na terça-feira seguinte, "pois irei dar uma pequena recepção a jovens amigos e muito me agradaria que tivesse uma *ceia americana* conosco". Eça chegaria a Pittsburg no dia 17. Sem nada que o fizesse prever, pediu Mollie em casamento. Tão estranho como o pedido é o fato de ter partido, sem esperar pela resposta. As semanas passaram e a menina foi refletindo. Até que em 23 de setembro lhe escrevia, com uma negativa: "Passei o tempo que decorreu desde a sua visita a Pittsburgh a pensar cuidadosamente sobre a questão que diz respeito à nossa felicidade futura. Depois de muito pensar percebi que o nosso casamento não é possível."[178] O pai de Mollie, que antes havia escrito a Eça, resolveu comunicar-lhe, em 30 de setembro, seu desgosto por este desenlace: "É meu dever informá-lo que a carta que ela lhe enviou há alguns dias é da sua própria iniciativa, nem a senhora Bidwell nem eu sabíamos que ela estava a escrevê-la até que a entregou a sua Mãe, pedindo que a lêssemos e lha enviássemos. Posso, além disso, acrescentar que nem a senhora Bidwell nem eu lhe falamos de si, desde que esteve aqui, nem ela nos falou a seu respeito, com exceção da referência à carta que lhe foi enviada, e eu sei que os pontos de vista dela, expressos nessa carta, foram resultado de uma reflexão calma, madura e deliberada, e tendo concluído, assim, que nem o tempo nem influências poderiam alterar a sua resolução, pelo que não deseja escrever-lhe mais." Eça não se casaria com Mollie. É difícil imaginar o que, caso o tivesse feito, teria sido a sua vida.

Por trás destes acidentes, havia evidentemente Anna, uma mulher madura, culta e neurótica. A fotografia que ela lhe enviou mostra-nos alguém de traços perfeitos, que se apresentara, no estúdio do fotógrafo, com um chapeuzinho, ostentando uma pena de ave. Ao chegar aos EUA, Eça foi ter com Anna. Dado que era amigo do casal, ficou hospedado na sua casa. Aqui, Anna e Eça passaram

---

[178] A carta está em mau estado, daí os cortes na transcrição.

juntos quinze dias. Como não estavam separados, não existem cartas, o que faz com que nada saibamos do que se terá passado. Mas Eça deve ter começado a recear o temperamento de Anna. Eça podia ter desistido de visitar Mollie, mas algo se terá acontecido em Nova York, provavelmente a intensidade do amor de Anna, que o convenceu a partir. No dia seguinte, Anna escrevia-lhe uma carta, tipicamente encabeçada por um "À pressa", seguido de lamentos: "São nove horas e não aparece. Escuto todos os passos, mas não! o meu coração diz-me que já partiu. (...) Durante toda a tarde pensei em si e tenho estado sentada à janela onde se sentou comigo. Passei pelo seu quarto, tão desolado! Partiremos Sábado [para uma quinta do casal] e nessa altura informá-lo-ei se me pode responder." Anna pressentia que algo de anormal se passava. No dia 23, dizia-lhe: "*Penso em si e com o pensamento em si* consigo suportar mais facilmente as minhas atribulações, não passa um dia em que não pense em si." Anna desconfiava de que Eça tinha outra mulher nos EUA: "Talvez me tenha já esquecido, talvez outra senhora tenha o seu coração e naturalmente com mais direito do que eu! Oh, como a invejaria." Os ciúmes agravavam-se a cada minuto. Três dias depois, dizia-lhe: "Pensa em mim algumas vezes? Suponho que tem tanto que fazer, ou está rodeado de tão boa companhia, que se esqueceu completamente de mim." Apesar das declarações, Eça, cujos sentimentos estavam em convulsão, não lhe respondeu.

Depois de ter deixado Pittsburg, com uma noiva em potencial, Eça foi viajar, sozinho, numa digressão que o levou ao Canadá.[179] Em meados de julho, escrevia a Anna. Esta entrou logo em ebulição: "Agrada-me que tenha pensado em mim, isso faz-me feliz, diz que tenho um 'temperamento irrequieto', isso tem as suas razões de ser. Dantes, não tinha. Tenho de fato uma 'mente turbulenta', isso é verdade. (...) Bem, a minha vida e tristes experiências aqui na América deram-me razão para ser infeliz e daí o meu temperamento irrequieto. Pois ainda não consegui aquilo que anseio, mas em relação ao coração já muito avançado estou, pois tenho um amigo que posso apreciar e esse amigo *é você* e não duvido que me aprecia também. (...) Afinal, *sou apenas uma mulher, não um anjo, não, mas humana.*" No meio de citações eruditas, Anna comunica-lhe que está

---
[179] G. de Castilho (org.), *Eça de Queirós: correspondência*, op. cit., vol. I, pp. 77-84.

(continua a estar?) fisicamente disponível para ele. Dois dias depois, em nova carta, dizia-lhe, adaptando Shakespeare, "*I must love you 'wisely, not too well*".[180] Três dias depois, invocava Keats: "*Pleasure is oft a visitant; but pain clings cruelly to us, like the gnawing sloth on a deer's tender haunches, late and loth it is scared away.*"[181] A esta altura, Anna já teria percebido que não podia exigir de Eça um amor com a intensidade do seu. No final de julho, confessava-lhe que tudo daria na vida para que ele a amasse, mas que, caso isso não fosse possível, aceitaria a sua amizade.

Anna era incorrigível. Ainda em julho, escrevia-lhe outra carta, retratando a sua vida como um Calvário, o que significava um pedido de que o seu amor fosse correspondido na mesma escala. Também ela tivera uma infância solitária e longe da mãe. Ao contrário de Eça, não tinha qualquer problema em falar do assunto: "Gostaria tanto que soubesse falar e compreender a minha língua [Anna era de origem alemã], poderia então abrir-lhe toda a profundeza do meu coração. (...) Não tive nunca mãe que me acalentasse, que me amasse, assim fiquei a sós com os sentimentos do meu coração e carecida de educação materna... tenho o coração cheio de sentimento e de afeição, sem ter uma mãe com quem o compartilhar, como um pássaro fora da gaiola." As cartas de Anna, a sua freqüência e o seu conteúdo, tinham a virtude de comover e aterrorizar Eça. Queria romper com ela, mas não conseguia. Após ter recebido, em 30 de julho, uma carta dele, Anna procurava evitar o rompimento: "Conhece as minhas circunstâncias, permita-me amá-lo com um *amor puro*. Que hei-de fazer? Que posso fazer? A não ser dizer-lhe que o meu pobre coração aprendeu a *amá-lo* e que dadas as minhas circunstâncias, serei feliz amando-o com um amor *puro*, e se fosse possível de outra forma, viveria somente para si, isto basta-lhe? Ficará satisfeito sabendo que o amo? (...) Sei que havemos de *nos encontrar* novamente um dia, estou certa disso." Como convinha, Anna era contraditória. Em 31 de julho, após juras de que teria juízo, eis o que lhe comunicava: "Oh, já lhe disse, sabe-o muito bem agora, que o amo, e sei que não me ama, não pode amar-me." Anna alertava-o

---

[180] A citação correta, de *Otelo*, de Shakespeare, é: "*of one that lov'd not wisely, but too well.*"
[181] "O prazer é visita freqüente, mas o sofrimento agarra-se a nós com crueldade, como a besta que morde os tenros flancos da gazela, que tarde e com relutância se afasta amedrontada", J. Keats, *Endymion*, tradução incluída em Campos Matos, *Cartas de amor de Anna Conover e Mollie Bidwell para José Maria Eça de Queiroz, cônsul de Portugal em Havana (1873-1874)*, op. cit., p. 47.

para o fato de o marido ser "ciumento e por vezes cruel". Para introduzir mais *pathos*, comunicava-lhe: "Não devia dizer ciumento, pois ele é indiferente *demais*, mas deveria dizer 'caprichoso' e sem que nada sinta por mim." Depois de um parêntesis, enveredava por novo caminho: "... teria sido melhor se eu não lhe tivesse confessado o meu amor? Mas perguntou-me, diz-me que isso 'o enche de alegria e felicidade'. Seja então feliz, não estrague a minha felicidade..." Prosseguia, explicando o que nele a tinha atraído: "Tentei o melhor que pude, mas sou apenas uma mulher e havia algo na sua *amabilidade* e em si que me atraiu, pois parecia *carinhoso*, de coração generoso e atento. Portanto, seja assim *agora para comigo* e do modo como estão as coisas, como elas são, não pode ser de outra maneira, estamos separados. Algum dia, havemos de nos encontrar novamente. O meu amor por si é *puro* e divino." Enquanto Eça se assustava, Anna deleitava-se na paixão.

O que tornava Eça ainda mais inquieto era o fato de saber que Anna estava, na realidade, pronta para desafiar todas as convenções. A certa altura, em agosto, Anna perguntava-lhe, após citar um poema retirado do *Child Harold's Pilgrimage*:[182] "Conhece alguns dos poemas de Byron? Eles são, todos os poemas são, alimento para o meu espírito e para a minha alma." Pouco depois, mandava-lhe a transcrição do poema, a *Resignação*, de Schiller. Evidentemente, a resignação era o último sentimento a que tencionava entregar-se.

Durante o mês de agosto, Eça desapareceu no Canadá. Anna esperava cartas que nunca chegavam. Depois de Montreal, onde se fez fotografar, Eça desceu, devagarinho, muito devagarinho, até Nova York, onde permaneceria mais três meses, sem outra ocupação visível que não a de amar e a de temer Anna.[183] No início de novembro, a licença do Ministério dos Negócios Estrangeiros terminava. Eça preferiu partir para Cuba, sem nada comunicar a Anna. Em 3 de dezembro de 1873, desconhecendo que Eça já estava em Cuba (ela escrevia-lhe para o consulado português em Nova York), Anna contava-lhe que se encontrava sozinha em Washington e que sabia ter ele estado num hotel em Nova York, sem que tivesse querido vê-la. O tom das cartas era estranhamente sereno: "Te-

---

[182]*The Ocean*, Canto IV, st. 178.
[183]Em seu livro, *José Maria, a vida privada de um grande escritor, op. cit.*, Calvet de Magalhães informa que os últimos três meses da estada de Eça nos EUA foram passados em Nova York.

nho pena de não o ter visto, espero, e estou certa, que havemos de nos encontrar em vida, talvez brevemente. Desde a última vez que o vi, tenho sofrido horrivelmente e estou aqui em Washington já há uma semana a tratar de 'assuntos' meus, pois devo provavelmente deixar o meu marido, se ele não me mantiver e tratar melhor. Claro que ficarei com os filhinhos e se for possível *emprego-me* numa das repartições do governo..." Dezessete dias depois, revelava-lhe ter, de fato, deixado o marido, tendo decidido fixar residência em Washington. Dizia-lhe sentir-se feliz, "ainda que me veja obrigada a prover ao meu sustento e ao dos meus filhos". Encontrara trabalho no Departamento do Tesouro, o que a traquilizava, mas sua nova vida não a levara a esquecer Eça. Suas esperanças aumentaram. A certa altura, suplicava-lhe: "Oh! como *estou tão ansiosa* por vê-lo. Por favor, *escreva-me*, escreva, *já*, *depressa*, escreva-me." Seu pedido seria ouvido, o que mostra a dificuldade que Eça sentia em se separar dela. Em 29 de abril de 1874, Anna acusava o recebimento de uma carta de Eça: "Recebi a sua última carta de Havana, que me fez *muito feliz*. Não me esqueci de si, mas tenho tido muitas e tristes experiências desde a sua última carta." Provavelmente na expectativa de que ele voltasse para ela, comunicava-lhe: "Continuo a viver *sem* o meu marido. Ele está em Nova York e eu tenho as crianças comigo."

Mas Anna e Eça nunca mais se veriam. Sem lhe dizer nada, em 22 de maio de 1874 Eça regressava a Portugal. Na ausência de cartas suas, não poderemos conhecer quais os sentimentos de Eça. Apenas os entrevemos, aqui e além, nos reflexos deixados nas cartas. Há, contudo, uma vaga referência a Anna, numa carta que Eça escreveu, de Montreal, a Ramalho. Eça dizia-lhe já lhe ter escrito uma carta, mas que, quando ia colocá-la no correio, se dera conta de que a deixara, atrás de si, em Nova York: "Que quer? Se eu saí de Nova Iorque tão triste, tão fantasticamente nervoso!... E ainda assim tão feliz. Meu amigo, passemos. Eu estou aqui para conversar de cidades e de paisagens e não para escorregar nas tendências perigosas da autobiografia." Feliz, Eça? Ao deixar Nova York? Reticente como era, logo acrescentou um "passemos". Mas dissera o suficiente.

Sentimentalmente frágil, Eça precisava de um ninho. Foi por isso que pediu em casamento uma menina que não amava. Mais depressa se via metido num casamento com Mollie do que numa relação turbulenta com Anna. Mesmo frustrados, os amores deram-lhe oportunidade de visitar os EUA e o Canadá. Sobre isto, Eça não se importava de falar. Foi o que fez na carta que, no verão de 1873, escreveu a Ramalho. Para impressionar o amigo, posava de socialista, ou antes, de ex-socialista: "Saí, pois, de Nova Iorque e fui aos centros operários da Pensilvânia. Não imagine preocupações sociais, não: os nervos misteriosos que vibravam constantemente em mim com um rebate tão revolucionário adormeceram. Os pesados dias de Cuba, os americanos, três mil léguas de mar, Nova Iorque, tudo isto se tem combinado para acalmar, sossegar o meu temperamento de conspirador! Vejo capitalistas sem empalidecer e cheguei mesmo a poder examinar uma serra ou um martelo sem sentir a necessidade de exalar um hino! Vem isto a dizer-lhe que fui ao centro fabril da Pensilvânia, não para examinar o operário, mas justamente para visitar um capitalista. Oculte este ponto ao sanguinário Batalha." A estada era relatada sem qualquer referência a Mollie: "Estive em Pitsburgo, cidade das grandes fábricas de ferro (*iron-works*) uns dez dias, dos mais singulares da minha existência. Mas tudo isto pertence às narrações do futuro, se Deus me permitir que eu volte tranqüilamente a tomar o meu lugar aí, ao pé do seu fogão, e continue a fumar aquele maço de cigarros que V. aí guarda para mim." No final, comunicava, em estilo rebuscado, a sua opinião sobre Nova York: "De Nova Iorque, dir-lhe-ei que é realmente a Nova Iorque da tradição européia, a grande, a extraordinária, a estrondosa Nova Iorque. Na América, não se tem contudo esse amor de Nova Iorque, porque há na União cidades rivais. Filadélfia é Nova Iorque sem o deboche. (...) Chicago é, a todos os respeitos, melhor do que Nova Iorque (...). Nova Iorque tem, mais do que as outras, o elemento europeu, manifestado por estes fatos — *lorettes*, restaurantes, *crêves*, escândalos, agiotagem: é o que a faz superior. De resto, é uma cidade que em parte amo e em parte detesto." Eça buscava o efeito: "Amo-a, porque... porque sim, e detesto-a, porque deve ser detestada. O que isto é, V. não imagina: a violenta confusão desta cidade, o extraordinário deboche, o horror dos crimes, a desordem moral, a confusão das religiões, o luxo desordenado, a agiotagem febril, a demência dos negócios, os refinamentos do conforto material, os roubos, as ruínas, as paixões, os egoísmos, tudo isto está aqui *chauffé au rouge*." Seguiam-se as comparações: "Como a mais pequena aldeia de França é superior, imensamente superior pela sua civilização, a esta orgulhosa Nova Iorque, que se chama a si mesma, como Roma, a *Cidade*. Estúpida Nova Iorque, que fez ela jamais para se chamar *A Cidade*? Paris fez a Revolução, Londres deu Shakespeare, Viena deu Mozart, Berlim deu Kant, Lisboa... deu-nos a nós, que diabo! Mas esta estúpida Nova Iorque, o que tem dado?" No final da carta, de novo, dava uma reviravolta: "E, no entanto, meu amigo, que diabo!, é necessário amá-la. Com as suas grande avenidas, tão cobertas de árvores e de sombras como um bosque, com a beleza extrema das suas mulheres, com as suas grandes praças onde a relva é só por si um espetáculo, com a suas igrejas góticas, todas cobertas de trepadeiras e mal aparecendo por detrás das folhagens (jóias de arquitetura contemporânea), Nova Iorque, com o seu suntuoso ruído, com o romantismo dos seus crimes por amor, com os seus parques extraordinários que encerram florestas e lagos — como outros encerram arbustos e tanques — com a sua originalidade, com a sua caridade aparatosa, com as suas escolas simplesmente inimitáveis, os seus costumes, os seus teatros (aos quatro em cada rua) é uma tão vasta nota no ruído que a Humanidade faz sobre o globo, que fica para sempre no ouvido! Eu estou aqui a escrever-lhe e está-me a lembrar com saudade o rolar dos *tramways* nas ruas. Querida Nova Iorque! Não, odiada Nova Iorque!" No fim, dizia-lhe não andar com o espírito tranqüilo: "Enfim, um dia, se Deus o consentir, conversaremos."[184] Deus não consentiu. Ramalho nunca ouviria falar de Anna.

De volta a Cuba, Eça começou a planejar a partida, prevista para daí a quatro meses. No início de junho de 1874, chegava a Lisboa, onde, durante nove meses, iria aguardar a abertura de uma vaga consular. Foi uma estada agradável. Reviu os amigos do Cenáculo. Arranjou amantes. Foi até o Porto visitar os Resende. Almoçou com Ramalho numa das mais luxuosas casas de Lisboa, o palacete do conde de Daupias.[185] Finalmente, retomou a redação de *O crime do padre Amaro*. Antero e Batalha Reis, que estavam em vias de criar a *Revista Ocidental*, pediram-lhe insistentemente para ele ali publicar o livro, em folhetins.[186]

---

[184]G. de Castilho, *Eça de Queirós: correspondência, op. cit.*, vol. I, pp. 77-84.
[185]*Memórias do Prof. Thomaz de Mello Breyner, op. cit.*, vol. I, pp. 139-41. Tanto Eça como Ramalho tinham sido apresentados ao dono da casa por João Burnay, genro de Daupias.
[186]Além de Batalha Reis, Antero de Quental e Oliveira Martins, faziam ainda parte da direção da *Revista Ocidental* alguns nomes sonantes da intelectualidade espanhola, como Pi y Margall, Canòvas del Castillo e Fernando de los Rios. Ver texto de M. José Marinho, *in* M. Filomena Mónica e M. José Marinho, "Cartas de Jaime Batalha Reis a Celeste Cinatti", *Revista da Biblioteca Nacional*, 1, 1993.

Temendo estragar *O crime do padre Amaro*, Eça prometera-lhe redigir um conto, passado em Cuba, cujo título seria *Uma conspiração em Havana*. Em 1º de dezembro de 1874, quando Batalha Reis tomou conhecimento da partida iminente de Eça, escreveu-lhe uma carta muito dura: "Há muito e muito tempo que te comprometeste a escrever o romance. Sinto em primeiro lugar que a tua seriedade não estivesse à altura de compreender que o devias ter feito, tirando durante esse tempo todo um bocado aos teus passeios, às tuas ceias ou às tuas amantes." A ira era tanto mais profunda quanto lhe faltava material para o primeiro número: "Hoje apenas tenho a dizer-te o seguinte, em meu nome e no do Antero — que como ainda te não viu e está bastante doente te não pôde ainda dizer pessoalmente. É-nos absolutamente necessário que escrevas 30 páginas, como as da *Revista dos Dois Mundos*, dum conto passado na Havana, de costumes urbanos, que comece e acabe nessas 30 páginas — isto até ao próximo Sábado." Desesperado, Batalha Reis recorria à chantagem emocional: "Lê (...) esta carta com atenção e faz a diligência, talvez um violento esforço! — para te lembrares do que deves aos antigos companheiros da tua vida de estudo, das tuas leituras de Proudhon, das tuas empresas e idéias socialistas." Como era óbvio, Eça não era capaz de, em menos de uma semana, improvisar um conto.[187] Na resposta, falava a Batalha Reis de seu embaraço: "Até Sábado (dia da partida) não posso de modo algum fazer o romance projetado, como compreendes. Poderia *a la rigueur* improvisar uma fantasia, mais ou menos colorida, mas de modo nenhum trabalhar um trabalho bom e sério." Ainda imaginara condensar *O crime*, transformando-o num conto, mas seria um disparate. Por outro lado, mesmo admitindo que lhe fosse possível redigir o tal conto, não teria tempo para copiá-lo, o que era uma necessidade. Eça terminava a carta pedindo ao amigo para lhe enviar uma sugestão a fim de saírem ambos daquele *imbroglio*.[188] A solução que Batalha Reis encontrou foi a de Eça lhe deixar o que já tinha escrito para *O crime do padre Amaro*. Começava um enredo que iria terminar mal.

Antes de embarcar, Eça entregou-lhe o que considerava um rascunho, para que Batalha Reis o fosse colocando em provas, corrigindo-as ele em Newcastle.

---

[187] B. Berrini (org.), *Cartas inéditas de Eça de Queiroz, op. cit.*, pp. 50-1. A fim de tornar a leitura mais fácil, optei por atualizar a ortografia e desenvolver os termos que surgem em abreviatura.
[188] Carta a Batalha Reis, G. de Castilho (org.), *Eça de Queirós: correspondência, op. cit.*, vol. I, pp. 85-7.

Provavelmente, Eça não explicou bem o que queria; ou, sujeito à pressão de arranjar material, Batalha Reis prometeu tudo, sem pensar nas conseqüências. Em 29 de novembro de 1874, Eça era nomeado para Newcastle. A cidade não era uma capital européia, mas tinha uma vantagem: não ficava nas Antilhas. No último dia do ano de 1874, Eça chegou ao norte de Inglaterra. Tomara uma decisão: nada o afastaria do seu romance. As paixões eram boas para os livros, não para a vida. Anna seria esquecida.

10

O Padre Amaro em Newcastle

Eça chegou a Newcastle no último dia do ano de 1874. As primeiras impressões não foram extraordinárias. Nem os operários, nem os burgueses o atraíram. A Batalha Reis, dizia: "Saberás que Newcastle, onde há perto de 100 mil operários, é o centro socialista de Inglaterra. Estou no foco. É desagradável, o foco."[189] Um mês depois, a avaliar pelo que escrevia a Ramalho, o humor não melhorara: "Depois de um jantar e de uma *soirée* que tive ontem, mediocremente divertidos, num *château* das vizinhanças, passei uma noitezinha de insônia e de tosse, que me faz estar hoje de um belo humor de cão de fila. Isto prova-me, melhor do que tudo, querido Ramalho, como eu tenho necessidade de uma pouca de alegria peninsular, bem clara e bem franca, bem luminosa e bem viva." Olhando a escura cidade, sentia-se triste: "Imagine V. uma cidade de tijolo negro, meio afogada em lama, com uma espessa atmosfera de fumo, penetrada de um frio úmido, habitada por 150.000 operários descontentes, mal pagos e azedados e por 50.000 patrões lúgubres e horrivelmente ricos, eis Newcastle-on-Tyne. *On Tyne*, este rabinho que tem o nome da cidade dá-lhe um ar ridículo que me consola!"[190]

Newcastle era, na época, um dos mais importantes centros de exportação

---
[189]G. Castilho (org.), *Eça de Queirós: correspondência, op. cit.*, vol. I, p. 89.
[190]*Idem*, pp. 91-2. A proporção patrão-operários parece inverossímil, mas é a que surge na carta de Eça, tal como transcrita por Guilherme de Castilho.

do carvão inglês, sendo, aliás, esta a razão pela qual Portugal tinha ali, já há algum tempo, um representante consular. A cidade atravessava uma fase de rápida expansão: em quarenta anos, a sua população triplicara.[191] Numa geração, milhares de trabalhadores rurais haviam sido transformado em mineiros. Dificilmente poderia agradar a Eça. Mas, como ele reconhecia numa carta, inédita, dirigida a um alto funcionário do Ministério, em 17 de fevereiro de 1875, havia nela aspectos positivos: "Há mais tempo que lhe devia ter dado notícias minhas, porque sei que V. Excia. me faz a honra de se interessar por mim, mas receei que, sob as primeiras impressões, a minha carta fosse uma longa elegia. Com efeito, nos primeiros dias em que aqui cheguei, a sensação foi desoladora (...) Esta boa cidade de Newcastle pareceu-me com efeito inabitável: ruas sujas e negras como esgotos, um casario triste como uma prisão e uma sociedade casmurra e brutal, nevoeiro permanente, um ar geral de mau humor e de tédio, tal me pareceu Newcastle. Se lhe escrevesse naquele momento era a pedir-lhe a altos gritos que me tirasse daqui." Passados os primeiros momentos, diz, percebera que algo de útil poderia retirar da sua estada: "Newcastle, com efeito, é um excelente gabinete de estudo: não há nada que distraia, nem a natureza, nem a sociedade, nem os teatros, nem as mulheres são capazes de atrair ninguém. O frio, a chuva constante, as lamas extraordinárias concentram a gente naturalmente em casa, ao canto do fogão, ao pé do lume; que se há-de fazer senão fumar, tomar chá e ler?" E concluía: "E aqui está como Newcastle conduz logicamente à ciência." Era, após Havana, o que lhe convinha: "Eu andava, além disso, excessivamente precisado dum período de concentração e de estudo: a vida nas cidades alegres e com climas bonitos tinham-me atrasado, muito, estes últimos dois anos. Preciso de uma forte provisão de idéias e Newcastle pareceu-me um lugar extremamente apropriado para a amontoar tranqüilamente." Todavia, para que seu superior hierárquico não imaginasse que ele desejava ficar ali até a eternidade, prevenia: "Isto não quer dizer, porém, meu prezado amigo, que eu não deseje ardentemente sair daqui. Um gabinete de estudo isolado e triste pode convir por um certo tempo à higiene espiritual, mas a sua ação prolongada pode con-

---

[191]Ver entrada "Newcastle" no *Grand Dictionnaire Universel du XIXème Siècle, op. cit.*, vol. XI. Em 1870, Newcastle tinha 176.752 habitantes.

duzir também ao embrutecimento." Vinham, depois, as reivindicações: "Além disso, as condições deste consulado não são atrativas: em primeiro lugar, a estreiteza do seu movimento reduz o cônsul à situação subalterna dum despachante de navios: transcrever manifestos de carga e encher as dezenas de cartas de saúde não é positivamente aquilo que mais deva invejar uma criatura viva e pensante. Santo Deus, eu não tenho pretensões a tomar parte na alta intriga histórica da política européia, mas enfim V. Excia. compreende que eu aspire a alguma coisa mais do que a transcrever duas vezes por dia os róis de equipagem dos navios de carvão."[192] Fossem quais fossem as críticas que Eça tivesse a fazer a Newcastle, seria ali que iria escrever um dos seus mais importantes livros, *O crime do padre Amaro*.

Em março, pedia desculpas a Ramalho por não ter respondido a sua última carta, atribuindo o fato a "arranjos de casa, revisões de provas, episódios de sentimentos, preguiças de Primavera".[193] Naquele momento tinha junto de si um amigo comum, o engenheiro Carneiro de Andrade. Após sua partida, que ocorreria dentro de dias, lamentava-se, "tornar-me-ei a achar só, secado, diante das folhas odiosas do *Crime do padre Amaro* a rever e tendo de novo de jantar só, em *tête-à-tête*, com um pequeno *square* de relva verde, que se vê da janela, onde crianças se exercitam no boxe e jogam críquete." O interessante vem a seguir: "Umas certas mangas de seda preta, juntas com uma rendinha da Irlanda sobre uma mão *mignonne* — mangas tão esquivas como amadas — ai de mim! — também elas, por circunstâncias em parte cômicas, em parte melodramáticas, estão longe, longe da minha mesa, e não mais, por algum tempo, as verei agitarem-se como um frufru lascivo, a passar-me a mostarda e a paixão!" Pelo visto, Newcastle não era apenas silêncio, fuligem e operários. Afinal, Eça arranjara tempo para começar e terminar um *affaire*, provavelmente com a jovem loura que aparece na fotografia

---

[192]Transcreveu-se esta carta longamente, visto ser ela desconhecida. Trata-se de um inédito, pertencente a Paulo Achmann, a quem agradeço a consulta. Enquanto esteve colocado em Newcastle, Eça passou dois períodos, de três meses cada, em Portugal, tendo o Ministério sido sensível aos argumentos de sua débil saúde. Eça esteve de licença, em Lisboa, no inverno de 1875 e no de 1876. O primeiro inverno que passou totalmente em Newcastle foi o de 1877, período que coincide com uma das piores crises de suas finanças pessoais. Ver A. Freeland (org.), *op. cit.*, p. 45.
[193]Eça teria alugado uma casa em Akenside Terrace, Eldon Square. In Calvet de Magalhães, *José Maria, a vida privada de um grande escritor, op. cit.*

que Eça tirara no ateliê de H. S. Mendelssohn. Há alguma coisa, na pose do grupo, que nos leva a crer que não eram meninas da alta sociedade.

Durante estes anos, Eça deve ter convivido sobretudo com mulheres de reputação duvidosa. A certa altura, Ramalho enviou-lhe uma carta, na qual lhe falava das etéreas inglesas. Eça corrigia-o, com severidade: "A inglesa é uma, vista através das litografias de anjos louros ou de amazonas radiosas de Hyde Park, e outra, vista na Inglaterra. O continente, sobretudo o sul, conhece, pelos romances, pela gravura, pelos versos, pela legenda, uma certa inglesa risonha, pura, loura, casta como a neve, boa amiga, sábia, boa caminhadora, cheia de duchas de água fria e de princípios morais: esta é a inglesa de lá. Agora, a inglesa de Inglaterra é outra coisa: não faz muita diferença da mulher, tal qual a tem feito, no século XIX, a literatura, o romantismo, a música, as modas, a ociosidade, a riqueza, o abuso da domesticidade, a centralização, etc. etc." Eça desiludia Ramalho: "Você vem aqui e encontra a inglesa com mais temperamento, mais preguiça, mais saltos à Luís XV, mais horror ao banho frio, mais pieguice sentimental, mais delírio amoroso e mais frieza especuladora do que em nenhum país perseguido pelo sol." Convidava-o a conhecê-las: "Venha cá ver as meninas da burguesia, à noite, numa sala, ao chá severo da família: que decotes! que olhares equívocos! que atrevimentos! que maneira de estar sempre a mostrar o pé, quando é bonito, e quando o pé não é bonito, o braço!" Revelando sua formação proudhoniana, continuava: "Lembre-se de que estas mulheres lêem uma quantidade infinita de romances amorosos; que, ricas, tendo o conforto perfeitamente organizado em redor de si, não têm cuidados de *ménage*; que pertencem a uma religião fria que não lhes satisfaz as aspirações de sentimentalidade; que precisam casar sem dote, pela organização das leis, e caçar o marido; que se alimentam de carnes sangüíneas e cheias de sucos excitantes; que comem toda a sorte de pimentas, especiarias e mostardas irritantes; que herdaram a fatalidade sensual da raça saxônica; que têm uma saúde vigorosa e um sangue abundante e você compreenderá que nada haja igual à 'besta' que estes anjos têm dentro em si." O gelo das inglesas era uma capa sob a qual se escondiam ardores pecaminosos: "É por isso que se contêm, que são reservadas. É porque se conhecem: se não coibissem, limitassem, enfaixassem, cairiam no delírio amoroso. As mulheres de vida alegre são de uma explosão de deboche e de sensualidade que desvaira. Note ainda que todas, honestas ou impuras, gostam de beber e que bebem: bebem cerveja, Porto, Xerez..." Eça informara-se sobre o tema: não em Jane Austen, mas nos bordéis.

De seu país, Eça apenas sabia o que lia no jornais e o que os amigos lhe revelavam.[194] Tanto quanto se pode avaliar — tendo em mente que o fato dependia de múltiplos acasos — um dos correspondentes mais assíduos teria sido Ramalho, que não só lhe escrevia longas cartas, como lhe enviava *As Farpas*. Antes de criticar os seus defeitos, Eça divertia-se com os opúsculos. Em fevereiro de 1875, Eça morria de rir com os comentários de Ramalho ao discurso de estréia do deputado Assunção, um bacharel eleito por Moncorvo, o qual, aliás, fora seu colega em Coimbra: "Mas sobretudo o discurso do Assunção! Como é extraordinário! Como é imenso! Peço que mo mande todo! Que me mande dois! Que me mande o retrato do homem! Não é uma invenção sua? Sua! Você tem lá gênio para isso! Não é uma invenção do Dickens? Não será uma obra inédita de Molière? Passou-se tal sessão, fez-se tal fala? Mas então somos extraordinários? Mas então somos um grande povo? Possuímos, real, vivo, um tipo igual, senão superior, aos grandes tipos funambulescos que os outros países só possuem na idealidade estética da arte!"[195]

Ramalho pegara o discurso do deputado e o transcrevera, entremeando-o de comentários seus.[196] Ramalho observava que "S. Exª principiara por declarar que *é homem novo, que não tem conhecimentos dos negócios públicos, que ignora as necessidades da nação*, pelo que solicitava *dos veteranos nas lides políticas* que o guiassem, a fim de poder com os seus companheiros *chegar a salvo através das tempestades e dos escolhos deste oceano revolto ao formosíssimo porto, em demanda do qual há tanto tempo navegamos.*" Sempre enfático, Assunção ia por aí fora. Ramalho analisava a passagem em que ele versara sobre a felicidade dos portugueses: "Com tal pátria e com tal povo é realmente impossível que não haja uma satisfação geral e muito bem diz o Sr. Assunção quando, entre os unânimes aplausos do parlamento, S.

---

[194]Em maio de 1875, morrera o seu amigo Luís de Resende. Não existem cartas de Eça sobre a morte do amigo nem eventual correspondência de Resende para Eça.
[195]G. de Castilho (org.), *Eça de Queirós: correspondência, op. cit.*, vol. I, pp. 103-4.
[196]Não se pense que Ramalho deturpou as citações. Quem duvidar, pode consultar o *Diário da Câmara dos Deputados*, de 23 de fevereiro de 1875, onde vêm transcritas as palavras de Assunção.

Ex.ª exclama: '*Descontentamento, se o há, está em plano tão inferior que não alcanço vê-lo com os meus olhos*'."[197] Eça e Ramalho podiam rir. Mas seria Manuel de Assunção, e não eles, quem chegaria a ministro.

O propósito de Eça se concentrar no romance que estava escrevendo não o impediu de desempenhar bem os seus deveres de cônsul. Newcastle forneceu-lhe um tema — as greves — sobre o qual escreveu longamente para o Ministério dos Negócios Estrangeiros. Devido à súbita quebra na procura do carvão, a cidade atravessava então uma séria crise econômica. Não sendo aquela a sua terra, nem aquela a sua gente, Eça não se sentiu tentado a redigir um *Germinal*. Mas, com a ajuda preciosa do *Newcastle Daily Chronicle* — cujos artigos foram essenciais à elaboração das cartas —, enviou ao Ministério vários comentários sobre as greves.

Eça já havia mandado um relatório, intitulado *Comércio e Indústria do Norte de Inglaterra, 1874-75,* sobre os recursos da região, mas foi sobre as lutas operárias que mais escreveu.[198] As duas primeiras cartas, datadas de 2 de junho e de 10 de julho de 1877, diziam respeito à greve de maio, provocada pela tentativa patronal de, simultaneamente, baixar os salários e retirar dos trabalhadores as regalias tradicionais, como casa e carvão gratuitos. Os patrões tinham proposto uma intervenção arbitral, tendo os operários aceitado as conclusões do grupo no que dizia respeito aos salários. Sobre a casa e o carvão, mantiveram-se inflexíveis. Por recear a violência dos grevistas, cujo número ascendia a 18 mil, Eça começou por se colocar do lado dos patrões. Na carta de 10 de junho de 1877, dizia para Lisboa: "Desde os primeiros dias da greve, os operários mostraram um espírito de animosidade, de resistência e de indisciplina que surpreendeu e desgostou: não só desatenderam teimosamente aos conselhos inteligentes dos seus chefes naturais — os chefes da *União Operária* —, mas eles mesmos estavam, entre si, num desacordo tumultuoso. Havia na multidão operária uma tendência desgraçada a não escutar nem argumentos nem raciocínios e um desejo de se vingar da redução do salário que lhes era imposta (e que eles julgavam uma espoliação), por meio de uma greve que arruinasse a indústria do distrito, esque-

---
[197]Ramalho Ortigão, *As Farpas, op. cit.*, vol. IV, pp. 65-82.
[198]Ver A. Freeland (org.), *Eça de Queiroz, Correspondência consular,* Lisboa, Cosmos, 1994.

cendo assim o seu interesse para não pensar senão na sua cólera." Para quem, como Eça, imaginava que, na Inglaterra, a história era feita com base em consensos, os discursos dos comícios pareciam aberrantes. Eça acreditava nas virtudes do liberalismo econômico, mas, discípulo de Proudhon, reconhecia que as forças do mercado tinham de ser contrabalançadas por princípios de justiça social. No fundo, hesitava entre os dois campos.

Sua opinião iria sofrer uma profunda modificação. Em 18 de janeiro de 1878, Eça informava o Ministério: "Era usual escrever-se e dizer-se que, nestes condados do Norte, as relações entre patrões e operários davam um grande exemplo de harmonia e provavam a lenta democratização dos sentimentos e dos costumes; mas vê-se agora que esta fraternidade era apenas um resultado da prosperidade; (...) Desde que começou a 'crise do carvão', todo o esforço dos patrões tem sido diminuir os salários que, sobrecarregando o custo da produção, cerceiam o juro do capital, e isto sem nenhuma consideração pelo bem-estar dos trabalhadores; e, por outro lado, o sentimento dos operários tem sido resistir ao que eles consideram uma indigna exploração do trabalho humano e isto sem de modo nenhum querer reconhecer *o jogo natural das leis econômicas*: daqui, estas sucessivas greves que trazem uma perturbação (tão) profunda a este distrito, onde o Carvão é a grande força elementar da Indústria." Era severo para com os patrões: "O procedimento dos proprietários é inquestionavelmente injusto. Contra um precedente estabelecido, esquecendo todos os benefícios que trouxe às relações do capital e do trabalho o pacífico e jurídico sistema de arbitragem, com uma precipitação e uma severidade que são incompatíveis com a harmonia de classes, os patrões apresentam uma exigência, cuja justiça ou injustiça eles não admitem que se investigue e em cujos termos insistem, dum modo despótico e arbitrário."[199] Afinal, entre operários e patrões, nem tudo era negociável.

Durante estes meses, Eça tinha vindo a trabalhar, quase exclusivamente, na redação de *O crime do padre Amaro*. A data do começo da redação deste manuscrito permanece envolta em mistério, mas sabe-se que, nas vésperas da partida para Inglaterra, já existiam cerca de duzentas páginas. Foi este material que ele entregara a Batalha Reis para, após revisão, ser publicado na *Revista Ocidental*. Mal

---
[199]*Idem*, pp. 63-7.

chegou a Newcastle, Eça escreveu a Batalha Reis, inquirindo do destino de O *crime*: "Tenho esperado vê-lo chegar, espalmado num envelope, vestido de imprensa, com o seu crime às costas, mas tenho esperado debalde." Interrogava-o sobre eventuais vicissitudes: "Tem sido impossível passar a letra de imprensa os gatafunhos românticos em que está escrita aquela história realista?" Ansioso, insistia: "Se nada disto, então remete-me as provas." A carta prosseguia, colocando outras hipóteses: "Se, ou por alteração do plano literário da Revista ou por dificuldades de composição, o Padre Amaro não pode ir matar o filho para a rua, à luz pública, então peço-te que me avises e que mo remetas empacotado. Se ele não puder cometer a sua patifaria em letra de imprensa, então quero que ele esteja aqui ao meu lado, na gaveta, matando sossegadamente seu filho e portanto meu neto."[200] Eça esperava que Batalha Reis lhe enviasse provas, nas quais ele iria introduzindo as emendas. Algumas foram chegando, mas estranhamente, e sem que disso Eça tivesse conhecimento, as alterações não estavam sendo introduzidas. Em 8 de fevereiro de 1875, ao remeter a Batalha Reis uma coleção de provas, emendadas, era peremptório: "*É indispensável, é absolutamente necessário que eu reveja umas segundas provas ou as provas de página.*" E explicava a razão: "As emendas que fiz são consideráveis e complicadas: e, se a um trabalho, onde o estilo já de si é afetado e amaneirado, todo cheio de pequenas intenções e todo dependente da pontuação, ajuntamos os erros tipográficos, temos um fiasco deplorável. É portanto absolutamente indispensável que me remetas imediatamente as provas de página ou segundas provas. E vai mandando provas, sem descanso." Sua preocupação aumentava à medida que os dias passavam: "Se os compositores tiverem achado uma dificuldade insuperável em compor os capítulos que estão em borrão — os capítulos suplementares que eu introduzi posteriormente —, põe corajosamente de parte todos esses capítulos: e faz compor só o que era primitivamente o romance; os capítulos suplementares são fáceis de conhecer, porque estão numa letra confusa, não têm numeração e estão, pelo seu aspecto, evidentemente intercalados no original, que está todo escrito numa letra mais regular e com tiras numeradas." Os nervos de Eça estavam ficando à flor da pele.

---

[200]*Idem*, pp. 88-9.

Em 15 de fevereiro de 1875, sem que tivessem sido introduzidas as emendas feitas por Eça, a *Revista Ocidental* começava a publicar, em folhetins, *O crime do padre Amaro*. Ao ver, na revista, o seu texto, a reação de Eça foi previsivelmente violenta. Num telegrama enviado a Batalha Reis, ordenava-lhe a suspensão imediata da publicação. Seguia uma carta, datada de 26 de fevereiro: "Acabo de receber a tua carta e estou verdadeiramente indignado. Pois quê! Eu dou-vos um *borrão* de romance e vocês, em lugar de publicar o romance, publicam o borrão! Nós ficamos em que eu corrigiria as provas, sem o que o que eu vos dei não era mais do que um trabalho informe e absurdo. E vocês não esperam pelas provas e publicam o informe e absurdo. É verdadeiramente insensato!"[201] Eça acusava Batalha Reis e Antero de Quental de terem sacrificado o seu trabalho pelo desejo de encher a revista, pelo que lhes exigia a publicação de uma declaração, explicando que, devido ao fato de o autor se encontrar no estrangeiro, não revira as provas. Como ambos hesitassem, ameaçou-os: "Vocês sabem que um artista é pior do que uma mulher e que um artista escandalizado na sua vaidade de colorista e de estilista é capaz das maiores infâmias."[201] A distância estimulava o seu narcisismo: "Ora V.V. pilharam-me numa ocasião em que eu não penso nem cismo senão em arte, em estilo e em cor: estou portanto com a vaidade literária em brasa e para mim, neste momento, cometer infâmias é como beber um copo de água." Desconfiado, anunciava-lhes: "Faço uma pulhice tão facilmente como faço o nó da gravata (...) Eu não sou uma moralista; sou um artista; o artista é um ser nefasto, que não é responsável pelas suas fantasias, nem pelas suas vinganças. Sou ofendido na minha estética: vingo-me." O que lhes dizia estava longe de ser uma brincadeira: "Se introduzo uma certa porção de pilhéria na minha indignação, ela não é por isso menos sincera. Estou doente de indignação. Se aqui tivesse o Antero, estrangulava-o." Após o que exprimia a sua opinião sobre este: "O Antero é o maior crítico da península, mas entende tanto de arte como eu de mecânica. O Antero dirigindo a publicação do *Padre Amaro* é simplesmente hórrido. A estas horas, decerto, já a segunda parte está na rua e o desastre está completo." A fim de humilhá-los, Eça pedia-lhes para não se incomodarem a

---

[201] No último folhetim de *O crime*, sairia de fato uma nota explicando que, achando-se fora do país o autor, não pudera este dirigir pessoalmente a publicação do romance, pelo que se vira impossibilitado de introduzir as modificações que tencionava fazer.

enviar-lhe "essa detestada revista". Depois, lamentava o sucedido: "E eu que tinha revisto aquelas provas com um carinho sublime e que tinha feito daquele barro informe que V.V. me mandaram a mais fina, a mais nítida das estatuetas. Os Diabos vos levem, carrascos!" Terminava: "Mas V.V não viram que o 1º capítulo era simplesmente ininteligível? E a razão é simples! Faltavam tiras! Faltavam tiras, monstros. Satanás vos devore, assassinos."[202]

No meio da inconveniência, Eça escreveu a Ramalho, solicitando a sua intervenção. Este contatou Batalha Reis, informando-o que Eça lhe pedira para ele tentar persuadi-los a suspender a publicação de O crime até que viessem provas revistas: "Queirós acha *escandalosa* a publicação com os erros que encerra a primeira parte. Veja se pode atender a este justo desejo. Se, de todo em todo, não for isso possível, eu ofereço-me para fazer uma revisão." Imprudentemente, adiantava: "Estou familiarizado com o estilo do autor e poderei talvez fazer algumas indicações importantes no corte dos períodos e na disposição dos parágrafos." O mais importante vinha a seguir: "O Queirós não me autoriza a isto, mas eu tomo sobre mim a responsabilidade de o fazer por amor à arte, se você quiser e não for possível de nenhum modo esperar a revisão feita pelo autor, segundo os desejos dele." As coisas não foram tão fáceis quanto Ramalho supusera. Numa carta, escrita pouco depois, Ramalho remetia a Batalha Reis algumas provas, dizendo-lhe: "Eu vejo-me (?) extremamente perplexo em emendar. Os longos cortes profundos desnaturam completamente a obra. (...) Se escondermos todas as nódoas da roupa suja do clérigo, todas as máscaras torpes que são o vestígio criminal do celibato católico, comprometemos inteiramente o resultado do processo. Por outro lado, V. tem razão: a *Revista* não pode inserir estes autos com todas as peças que os instruem e são exatamente as mais importantes as que devem ficar de parte. Tudo quanto a *Revista* publique de um livro com o assunto deste é a meu ver uma transigência do interesse com o realismo." Os amigos estavam estupefatos com a ousadia de Eça. Ramalho interrogava-se mesmo sobre a vantagem da publicação: "Até onde se pode transigir? Eis o que só o editor ou quem o represente pode decidir. Não atribua V. à minha má vontade

---

[202] G. de Castilho (org.), *Eça de Queirós, correspondência, op. cit.*, vol. I, pp. 98-100. Tanto quanto se sabe, os cortes seriam de autoria de Antero que, desde o início, desaprovou o tom cru em que o enredo era apresentado.

ou ao meu desleixo *o que eu tenho deixado passar.*" E acrescentava: "A causa está simplesmente na minha incompetência para esse trabalho. Em jornal meu, da natureza da *Revista*, sabe V. o que eu suprimia no *Crime do padre Amaro?* Tudo, a começar no título e a acabar no fim. Qual seja o limite da longanimidade artística da *Revista* não posso eu decidir. Deve decidir V."[203] Sem a admiração que Batalha Reis tinha por Eça, *O crime do padre Amaro* não teria visto a luz do dia.

Em março, já tinham saído quatro folhetins.[204] Era impossível parar. Eça optou por não desperdiçar mais tempo com uma causa perdida, canalizando a sua energia para o livro que pensava em publicar. Sem ter conhecimento do que Ramalho dissera a Batalha Reis, escrevia-lhe: "A propósito deste indivíduo (o padre Amaro), dir-lhe-ei que a sua carta convenceu-me, um pouco *à contrecoeur*, de que a melhor maneira de aceitar o desastre literário preparado por Batalha Reis era calar-me, emendar, refazer tranqüilamente o romance e publicá-lo num volume — *que se pertença e responda por si*. Meu pai por certo falou-lhe em todas estas minhas intenções. Eu encarreguei-o de dirigir a publicação do livro e de se entender com V. para toda a parte material e técnica." Admirador da prosa do filho, o juiz Queirós oferecera-se para pagar todas as despesas da edição, dizendo ao editor que, caso as vendas não fossem elevadas, tivesse o cuidado de o não desanimar, dado ele ter "jeito" para as letras.[205]

Em abril, a raiva de Eça atenuara-se. No fundo, não queria se zangar com Batalha Reis. No dia 21, escrevia-lhe uma carta, apaziguadora, explicando-lhe que, tendo sabido por Antero que ele julgava definitivo o seu mau homor, queria comunicar-lhe que tal não era verdade. Ameaçara, sim, mas, acrescentava, "espero que a nossa amizade não perca nada da sua velha fidelidade da Travessa do Guarda-Mor". A questão da revista não deveria interferir nos sentimentos. Eça pedia mesmo desculpas por, em algum momento, ter usado a palavra "abusar". Mas não resistiu a afirmar que Batalha Reis, cedendo aos impulsos de seu "temperamento governativo e tirânico", sacrificara-o às necessidades da publicação: "É certo que eu tive todas as intenções de ir a Lisboa arrancar-te quatro ou cinco vísceras importantes — e atirá-las em pasto aos abutres — aos *velhos*

---

[203]B. Berrini (org.), *Cartas inéditas de Eça de Queiroz, op. cit.,* p. 55.
[204]Estes viriam a ser publicados entre 15 de fevereiro e 15 de maio de 1875.
[205]G. de Castilho (org.), *Eça de Queirós, correspondência, op. cit.,* pp. 112-5 e Calvet de Magalhães. *op.cit.,* p. 129.

abutres da minha mocidade, mas nesse momento ficaria em grande cuidado se soubesse que tinhas uma dor de cabeça."[206] Apesar de tudo, não conseguia esquecer o que acontecera: "O que não impede, meu amigo, que cada fascículo que me chega da revista é uma nova facada! Cambaleio, sucumbo, envio-te nos ventos que vão para o sul as pragas mais escolhidas e penso em suplícios a dar-te, o empalamento e o esfolamento, o esquartejamento, lambendo os beiços de gula. O último fascículo sobretudo! Sou eu burro? És tu burro? Mas, se me entrego à injúria, esta carta de conciliação vai-se converter num panfleto de ódio."[207] Pouco depois, anunciava-lhe a intenção de publicar *O crime do padre Amaro* em livro, motivo por que, além de querer saber se os folhetins eram pagos, lhe solicitava os capítulos que haviam sido suprimidos.[208]

Em 17 de maio de 1875, Eça pedia a Ramalho para perguntar a Chardron se estaria interessado na publicação de *O crime*. Caso a resposta fosse negativa, Eça dava-lhe carta branca para tratar com outros editores. Mas Chardron concordou com tudo. O livro foi lançado em julho de 1876. No prefácio, Eça explicava cuidadosamente a sua gênese: "*O crime do padre Amaro* foi escrito há quatro ou cinco anos e, desde essa época, esteve esquecido entre os meus papéis, como um esboço informe e pouco aproveitável. Por circunstâncias que não são bastante interessantes para serem impressas, este esboço de romance, em que a ação, os caracteres e o estilo eram uma improvisação desleixada, foi publicado em 1875 nos primeiros fascículos da *Revista Ocidental*, sem alterações, sem correções, conservando toda a sua feição de esboço e de um improviso. Hoje, *O crime do padre Amaro* aparece em volume, refundido e transformado. Deitou-se parte da velha casa abaixo para erguer a casa nova. Muitos capítulos foram reconstruídos linha por linha; capítulos novos acrescentados; a ação modificada e desenvolvida; os caracteres mais estudados e completados; toda a obra enfim mais trabalhada. Assim, *O crime do padre Amaro* da *Revista Ocidental* era um rascunho, *a edição provisória;* o que hoje se publica é a obra acabada, *a edição definitiva.*" A obra — cuja tiragem foi de oitocentos exemplares — não teve êxito.

---
[206]Refere-se aos "abutres" que supostamente o acompanhavam quando ele escrevia contos para a *Gazeta de Portugal*.
[207]G. de Castilho (org.), *Eça de Queirós, correspondência, op. cit.*, vol. I, pp. 106-109.
[208]*Idem*, pp. 110-1.

A história das várias edições foi tão acidentada que há quem argumente, como Maria Luísa Nunes, que *O crime do padre Amaro* não constitui uma obra, mas três: *O crime* de 1875, o de 1876 e o de 1880. Não apenas pela diferença na dimensão — a primeira edição tinha 136 páginas, a segunda, 362, e a terceira, 674 — como, o que é mais significativo, pela evolução na abordagem do tema.[209] Recentemente, os organizadores da edição crítica da obra, Carlos Reis e Maria do Rosário Cunha, vieram igualmente defender que não se tratava de reedições, mas de versões diferentes. Contudo, estes dois pesquisadores não admitiram como digna de publicação, neste volume, a primeira versão, a de 1875. Optaram por apenas publicar as de 1876 e de 1880, divergindo, por conseguinte, quer do critério utilizado na edição organizada por Helena Cidade Moura, quer da tese de Maria Luísa Nunes.[210]

A quem ler as três versões de *O crime* será fácil constatar a evolução do autor, no sentido de uma maior adesão ao realismo.[211] Depois de sua palestra nas "Conferências do Cassino", tinham aparecido os quatro primeiros volumes dos *Rougon-Macquart*, de Zola (1871-4), o que fez com que a crença de Eça na finalidade social da literatura se tivesse reforçado. No prefácio que escreveu para a edição de 1880 (e que deixaria inédito), Eça declarava: "Fora da observação dos fatos e da experiência dos fenômenos, o espírito não pode obter nenhuma soma de verdade."[212] Mas Eça jamais se limitaria a copiar a realidade. Mesmo que se esforçasse, não era capaz. Como, muitos anos depois, revelaria numa carta a Oliveira Martins, o padre Amaro fora mais adivinhado do que propriamente observado.[213]

O enredo do livro é simples. Numa cidade de província, um pároco, Amaro, seduz uma jovem, Amélia, que vive na casa onde ele se hospeda. Deste amor, nasce um filho, que é assassinado. Após o parto, Amélia morre e Amaro deixa

---
[209]Ver Maria Luísa Nunes, *As técnicas e a função do desenho de personagem nas três versões de O crime do padre Amaro, op. cit.*, p. 28.
[210]Carlos Reis e Maria do Carmo Cunha (orgs.), *O crime do padre Amaro*, Lisboa, Imprensa Nacional, 2000. A edição de 1875 pode ser um rascunho, mas a sua não inclusão nesta edição retira do leitor a possibilidade de ler a primeira tentativa de uma das mais importantes obras de Eça.
[211]As três versões são reproduzidas em Helena Cidade Moura (org.), *O crime do padre Amaro, op. cit.*
[212]*Cartas inéditas de Fradique Mendes e mais páginas esquecidas*, in *Obras de Eça de Queiroz, op. cit.*, vol. 3, p. 914.
[213]G. de Castilho (org.), *Eça de Queirós: correspondência, op. cit.*, vol. I, pp. 225-7. A carta tem a data de 10.5.1884.

Leiria. Se a história é, na essência, idêntica nas três versões, há algumas variações. Em 1876, o amor de Amaro por Amélia não se apresenta sob os tons poéticos de 1875. Na primeira versão, Amaro quase inspira compaixão; depois, é desprezível. Amaro e Amélia, que, nas duas primeiras versões, eram apresentados como seres fatalmente arrastados para um final dramático, são, depois, vistos como indivíduos conscientes do que fazem. O papel da educação na formação do caráter assume mais relevo nas versões posteriores. Embora, na primeira versão, Eça já tivesse descrito o ambiente em que Amaro fora criado, não lhe atribuíra grande importância. Na terceira versão, a influência do meio na formação de seu caráter é determinante. Amaro ficara devasso, por, em resumo, ter vivido rodeado de mulheres.

No fundo, é impossível justificar, com argumentos racionais, a preferência por qualquer das versões. Mesmo tosca, a primeira versão é a mais comovente. De qualquer forma, em todas, o ambiente, pegajoso, irrespirável, doentio, é descrito com uma meticulosidade que o torna inesquecível. Leia-se, por exemplo, o que Eça, na versão de 1875, escreve sobre a reação de Amaro, após a sua chegada a Leiria: "Amaro abriu a vidraça da sala e, com as mãos no ferro da varanda, olhou. Ao fim da rua, um candeeiro esmorecia: a noite negra parecia alargar-se num silêncio côncavo; só a espaços, um piar de coruja vinha das paredes da misericórdia; o som das cornetas cessara e o rufar dos tambores afastava-se; mas o som agudo da cornetas recomeçou e por baixo da janela um soldado passou, correndo. É triste isto, disse Amaro."[214]

As descrições da cidade, e dos arredores, são feitas como se Eça tivesse na mão uma filmadora: os pormenores sucedem-se, como num *travelling*, em que a passagem das coisas surge, devagarinho, diante dos nossos olhos. Mas Eça não é um documentarista. Eça criou a "sua" Leiria, não a registou. As personagens, por sua vez, são desenhadas com um cuidado extremo. Ao longo das três versões, Eça vai apurando as que considerou terem ficado menos bem delineadas. De um ser quase vegetativo, na versão de 1875, Amélia transforma-se, em 1880, numa personagem com vida própria. Os diálogos são magistrais. Logo nas primeiras páginas do romance, temos vários exemplos. Veja-se o brutal conselho,

---

[214] H. Cidade Moura (org.), *O crime do padre Amaro, op. cit.*, vol. I, p. 41 (versão de 1875).

"Mais miolo na bola", que o padre José Miguéis dava às fiéis quando estas lhe vinham falar de visões místicas. E repare-se na forma como, quando comparada com a de seu sucessor, aquele pároco miguelista encarava a religião. Era sobre este padre, que culturalmente pertencia ainda ao Antigo Regime, que Carlos, da botica, costumava dizer, quando o via sair de seus fartos almoços: "Lá vai a jibóia esmoer. Um dia estoura."[215] E, de fato, estourou, desta forma abrindo, na paróquia, a vaga que Amaro viria a ocupar. As pessoas anônimas são genialmente retratadas. Eis Eça a descrever as mulheres do povo que, no interior da Sé, se preparam para participar na festa da Senhora da Piedade: "Os rostos tinham uma fadiga pasmada e uma paciência amortecida."[216]

A marca da ideologia radical — com a sua concentração no anticlericalismo — é muito forte neste seu romance. A raiva de Eça pelos clérigos parece concentrar-se no padre Natário, sobre o qual dirá que a sua "natureza dura e grosseira nunca perdia, como o papelão, as dobras que tomava".[217] Mas Natário tem caráter. Ei-lo, a exibi-lo: "Eu, quando odeio, odeio bem."[218] Poder-se-ia pensar — alguns tem-no defendido — que a versão de 1880, tida como a mais perfeita do ponto de vista literário, foi influenciada pelo medo do escândalo. Mas, dado que, nela, existem cenas mais suscetíveis ainda de ferir a sensibilidade dos poderes estabelecidos do que nas anteriores, a tese não é verossímil. Nas duas primeiras edições, a criança é assassinada, porque, num gesto de pavor, Amaro a atira a um riacho. Na terceira versão, o infanticídio é premeditado. A versão de 1875 não é mais crua, bem pelo contrário, do que a de 1880. Em 1875, quando Amaro faz amor com Amélia, há uma elipse. Em 1880, eis como Eça descreve a cena da sedução: "e [Amaro] foi para ela, calado, com os dentes cerrados, soprando como um touro."[219] Finalmente, em todas as versões, o sentimentalismo das beatas coabita com sentimentos tão baixos e com uma linguagem tão grosseira que quase nos parece inverossímil na boca de mulheres.

Quando tudo faria supor que o livro iria causar um tumulto, sobreveio o

---

[215]H. Cidade Moura (org.), *O crime do padre Amaro, op. cit.*, vol. I, p. 6 (versão de 1880).
[216]*Ibidem*, vol. II, p. 115 (versão de 1875).
[217]Tantos são os padres que aparecem neste romance que, por vezes, o leitor tem dificuldade em distingui-los; Eça corrigirá este defeito na versão de 1880.
[218]H. Cidade Moura (org.), *O crime do padre Amaro, op. cit.*, vol. I, p. 408 (versão de 1880).
[219]*Ibidem*, vol. II, p. 132 (versão de 1880).

silêncio. Os bispos calaram-se, os párocos esconderam-se. Os oitocentos exemplares de *O crime* não foram suficientes para assustar uma hierarquia, ocupada, à época, na luta contra os enterros civis. O jornal *A Nação,* o mais importante periódico católico, não publicou uma linha sobre a obra.[220] O livro nem sequer vendeu bem. Os lisboetas gostavam do tema anticlerical, mas preferiam vê-lo abordado em dramas lacrimejantes, como *Os lazaristas,* a medíocre peça que Antônio Ennes estreara, no teatro Ginásio, em 17 de abril de 1875. Sob o comando de Fontes, Portugal dormia em paz. Num país em que 80% da população era analfabeta, dificilmente seria um livro que a acordaria.

Escrever livros ousados para uma minúscula burguesia parecia inócuo. Já brincar com padres lúbricos, utilizando meios que atingissem um público mais vasto, era diferente. Pelo menos é esta a única forma de interpretar a dificuldade com que Eça se defrontou quando quis publicar uma edição ilustrada. Numa carta de 2 de maio de 1878 a Manuel de Macedo (o ilustrador de *As Farpas*), Eça voltava a pedir-lhe colaboração na ilustração de uma edição de *O crime,* idéia anteriormente abandonada, dado o artista, um homem prudente, temer vir a ser prejudicado na sua carreira. Agora que tivera a aprovação definitiva de Chardron para uma edição ilustrada de três mil exemplares, Eça insistia: "O romance foi publicado, a primeira edição esgotada e, ou lido na *Revista Ocidental* ou lido depois em livro, não provocou nem na imprensa católica apostólica, nem nas sacristias, nem em Braga, nem nos cidadãos que usam opa, nem nos *boudoirs* das beatas *chics,* um murmúrio de indignação. Compraram, leram, gostaram. Recebi parabéns de gente que freqüenta o *mês de Maria. O crime do padre Amaro,* sem ter atravessado a polêmica partidária, entra na tranqüilidade clássica. Não corres, portanto, ilustrando-o agora, o perigo da excomunhão."[221] Mas Macedo continuava a temer a associação com alguém que tinha dado uma sova na "padraria". Tudo ficou por aqui.[222]

O fato de *O crime do padre Amaro* constituir uma obra literariamente revolu-

---

[220]Consultei *A Nação*, de 1.7.1876 a 12.12.1876.
[221]G. de Castilho (org.), *Eça de Queirós: correspondência, op. cit.*, vol. I, pp. 150-2.
[222]Depois da morte de Eça, sua mulher conseguiu impedir o lançamento de uma edição ilustrada do livro. Foram necessários mais de cem anos para que o *Padre Amaro* aparecesse figurativamente nas telas a óleo de Paula Rego.

cionária deixou os críticos sem resposta. Teixeira de Vasconcelos, o ex-diretor do periódico onde Eça publicara os seus primeiros textos, sentiu-se no dever de salientar os seus méritos: "Lemos o princípio do romance de Eça de Queiroz, 'O Crime do Padre Amaro', que se publica na 'Revista Ocidental'. Tem descuidos de estilo e estranhezas de locução, mas é o menos que tem. O mais são descrições admiravelmente copiadas da natureza, frases felicíssimas e cenas muito bem estudadas."[223] Isto não satisfez Eça. Em 7 de novembro de 1876, pedia a Ramalho para escrever algo. Tendo em conta as posições anteriores de Ramalho, o que Eça lhe solicitava era patético: "Pegue no 'padre Amaro' e escreva sobre ele, com justiça, sem piedade, com uma severidade férrea — o seu juízo — e remeta-mo. Tenho absoluta necessidade disto: mas nada de improvisos espirituosos ou de fantasias." Eça implorava-lhe uma crítica "austera, carrancuda e salutar". Inseguro, confidenciava-lhe: "Eu, que já agora pertenço todo à arte, vou por um caminho que não sei qual é: é o bom, o sublime, o medíocre? Isolado no meu quarto, produzindo sem cessar, sem crítica externa, sem o critério alheio, abismado na contemplação de mim mesmo, pasmado às vezes do meu gênio, sucumbindo outras sob a certeza da minha imbecilidade, arrisco-me a *faire fausse route*." O que Eça escreve chega a ser comovente: "É necessário que uma voz de fora me diga: Olhe que o estilo que você imagina admirável é simplesmente tolo; olhe que essa concepção do bem, do mal, das responsabilidades, são falsas; olhe que esses processos levam à vulgaridade, etc., etc. Preciso de conselhos, direções, *preciso conhecer-me a mim mesmo,* para perseverar e desenvolver o bom, evitar o mau, ou modificá-lo e disfarçá-lo: mas há lá coisa mais difícil? Que se conheça a si mesmo o homem que não tira os olhos de si mesmo, é quase impossível: *anquilosa-se* a gente num certo feitio moral, de que não sai. Diga-me portanto você o que acha bom e mau no 'Padre Amaro'."[224] Vivendo num país, a Inglaterra, onde todos os meses se publicavam centenas de resenhas, Eça não tinha, devido ao problema da língua, quem se pronunciasse sobre os seus livros. O português, uma língua que ninguém falava, foi sempre um obstáculo à inserção de Eça na tradição novelística européia.

---

[223] *Jornal da Noite,* fevereiro de 1875, citado por João Gaspar Simões, *Vida e obra de Eça de Queirós, op. cit.*, p. 381.
[224] G. de Castilho (org.), *Eça de Queirós: correspondência, op. cit.*, vol. I, pp. 116-8.

Surpreendentemente, Ramalho conseguiu superar a sua antipatia pela obra e fazer uma resenha simpática. Em *As Farpas*, de janeiro de 1877, escrevia: "A razão da condenação silenciosa, do escândalo branco, que envolveu a aparição do *Crime do padre Amaro* está no simples fato de que ele é um *romance de caracteres*. (...) O gênero é novo e sem precedentes. Os livros do Sr. Camilo Castelo Branco são romances de sentimentos. A obra de Júlio Diniz pertence à literatura de *tricot* cultivada com ardor na Inglaterra pelas velhas *misses*. Apesar das suas qualidades de paisagista, do seu mimo descritivo, da sua feminilidade ingênua e pitoresca, as novelas de Júlio Diniz não têm alcance social, são meras narrativas de salão. O livro do Sr. Eça de Queirós oferece-nos o primeiro exemplo de uma obra de arte sugerida pela consideração de um problema social. E todavia *O crime do padre Amaro* não é de nenhum modo um livro de crítica, é um livro de pura arte na mais alta acepção da palavra." Ramalho esforçava-se por ser positivo: "Nunca artista português desenvolveu na sua obra maior poder de execução. O diálogo, transbordante de verdade, é de um rigor psicológico, de um colorido flagrante e de uma energia de naturalidade que os primeiros estilistas franceses não conseguiram igualar." O nacionalismo de Ramalho, sempre à flor da pele, não deixava de vir à superfície: "A língua portuguesa (...) presta-se admiravelmente a estes prodígios de execução, sempre que a não deturpa esse maneirismo requintado, esse culto da farragem e do eufemismo, que tem sido em Portugal a sarna acadêmica do estilo erudito. O diálogo do Sr. Eça de Queirós, não porque o trabalhasse a preocupação do purismo, mas em resultado do escrúpulo com que foi arrancado da índole e da natureza dos personagens, é de tal modo genuíno e tão acentuadamente português, que o temos por intraduzível."[225] Ramalho concluía declarando que o livro estava "adiante do seu tempo". Seria este fato que explicaria o silêncio com que fora recebido.

Duplamente isolado, a situação de Eça não era agradável. Na Inglaterra, ninguém o podia ler; em Portugal, ninguém compreendia o que estava tentando fazer. Alberto de Oliveira conta uma história elucidativa, passada entre Eça e Luís Resende. Depois de ter acabado a leitura de *O crime do padre Amaro*, este teria dito a Eça: "Como pudeste tu consagrar quinhentas páginas a descrever a vida de Leiria, onde nada do que se passa durante um ano me pode interessar meia

---

[225]Ramalho Ortigão, *As Farpas, op. cit.*, vol. IX, pp. 211-227.

hora?"[226] Mas não era apenas Resende que não percebia *O crime.* Em carta a Oliveira Martins, de março de 1875, Antero dizia-lhe: "Eu receio muito mais do 'Padre Amaro' (que é Pigault-Lebrun forrado de Flaubert, como V. irá vendo e pasmando) do que do Socialismo; mas o Batalha tem idéias fixas e algumas bem singulares: diz que o 'Padre Amaro' é uma *revolução* e não sai daqui."[227] Todavia, quando saiu a terceira edição, Antero viria a exprimir a Eça a sua aprovação: "Teve V. uma excelente idéia, refazendo o seu *Padre Amaro.* Conseguiu assim uma obra, que eu considero perfeita, e comigo quem entender um pouco destas coisas. Há muito tempo que não leio coisa que me dê tanto gosto e, o que é melhor, que me fizesse pensar." Antero usava termos encomiásticos: "Dir-lhe-ei somente que V. adquiriu finalmente a segurança, a facilidade e aquela espécie de bonomia superior, que é própria dos mestres. Está já acima das escolas; aquilo não é realismo, nem naturalismo, nem Balzac nem Zola: aquilo é a verdade, a natureza humana, que é o que faz as obras sólidas, não os sistemas, as escolas." Referindo-se às primeiras versões, dizia: "O outro *Amaro* está muito longe disto: além das tendências literárias visíveis, havia as tendências voltairianas, uma espécie de hostilidade do autor contra os personagens, que ele descrevia com intenções extra-artísticas: para concluir, para provar tese. Havia não sei que azedume misantropo. Agora, é outra coisa." No fim, exclamava: "A longanimidade, a indiferença inteligente com que V. descreve aquela pobre gente e os seus casos, encantou-me. Com efeito, aquela gente não merece ódio nem desprezo. Aquilo, no fundo, é uma pobre gente, uma boa gente, vítimas da confusão moral no meio em que nasceram, fazendo o mal inocentemente, em parte, porque não entendem mais nem melhor, em parte porque os arrasta a paixão, o instinto, como pobres seres espontâneos, sem a menor transcendência." Mesmo sabendo que Eça não dava grande valor às opiniões de Antero, o final da carta tinha o objetivo de afagar o seu ego: "Quanto ao artístico, V. não precisa que eu lho indique. É um artista consciente, sabe muito bem o que faz. O seu estilo, à parte alguma incorreção e uma certa pobreza de vocabulário (V. nunca quis ler os clássicos!), é admirável." E elogio máximo: "Já há muito que eu tinha notado que é V. entre nós o único que nunca é banal. Nos seus períodos,

---

[226]Alberto de Oliveira, *Eça de Queiroz: páginas de memória,* op. cit., p. 87.
[227]Pigault-Lebrun era um escritor célebre pelo caráter pornográfico de seus romances. Para a carta de Antero, ver Ana Maria Almeida Martins (org.), *Obras completas/Antero de Quental/Cartas,* vol. I, p. 270.

não há nunca uma palavra para encher, para arredondar, mandada pôr ali pelo ouvido e não pela imaginação. Ali, cada palavra está porque deve estar: pinta, descreve, explica. É isso o ideal do estilo."[228]

Em 1877, Silva Pinto dedicava algumas linhas ao livro, ligando-o aos romances do realismo psicológico. Eça concordava, afirmando que, com efeito, Balzac era o seu mestre: "Ele é, com Dickens, certamente o maior criador na arte moderna: mas é necessário não ser ingrato com a influência, que tem no realismo, Gustavo Flaubert. (...) Eu procuro filiar-me nestes dois grandes artistas: Balzac e Flaubert..."[229]

Na realidade, os romances de Dickens eram demasiado sentimentais para que Eça pudesse ser influenciado por eles. Embora comungassem ambos de um gosto pelo lado cómico da vida, do ponto de vista do temperamento eram homens muito diferentes. O modelo de Eça foi sempre Flaubert.

No caso de Camilo Castelo Branco, não foi preciso esperar pela versão de 1880 para que ele se pronunciasse. Em carta ao visconde de Ouguela, de 1876, perguntava-lhe: "Já lestes *O crime do padre Amaro*, do E. de Q? Li alguns capítulos na *Revista Ocidental* e achei excelente. Vi anunciado agora o romance em livro. Esse rapaz vem tomar a vanguarda de todos os romancistas. É um admirável observador e, conquanto faça pouco caso das imunidades da língua, tem arte de fazer admiráveis defeitos." Ao ler a terceira versão, Camilo rascunhará, à margem do exemplar do seu livro: "Admirável. Obra-prima que há-de resistir como um bronze a todas as evoluções destruidoras das escolas e da moda."[230] Vendo em Eça um rival, preferiu nada dizer em público.

Em 1881, Fialho de Almeida, que mais tarde tão crítico seria, elogiava Eça em *O Contemporâneo*. Contava que ainda guardava os fascículos da revista, onde fora publicado *O crime do padre Amaro*, que lera aos 16 anos: "A forma literária desse esboço era de um desleixo como nunca vi, mas tão pitoresca e tão musical que, palavra de honra, embriagava quem lia. Guardo preciosamente esse texto, a quem devo um reviramento mental tão intenso que bem poderia ser comparado a um desabamento." Para quem fora educado à base de Herculano, não

---

[228]Ana Maria Almeida Martins, *op. cit.*, pp. 499-500.
[229]G. de Castilho (org.), *Eça de Queirós: correspondência, op. cit.*, vol. I, p. 119.
[230]Julio Dias da Costa, *Escritos de Camilo*, citado em J. Gaspar Simões, *Vida e obra de Eça de Queirós*, *op. cit.*, p. 381.

admira que a obra constituísse um terremoto. Fialho louvava a edição de 1880, mas dizia preferir-lhe a de 1876, "mais sóbria e mais lúcida". Em sua opinião, na mais recente haveria "a intenção de deslumbrar por detalhes escusados e a multiplicidade de tipos". Fialho louvava Eça incondicionalmente: "*O crime do padre Amaro* é uma obra-prima, igual às melhores que a admiração universal tem consagrado, porque ninguém como Eça de Queirós compreendeu melhor, com a sua prodigiosa sagacidade de artista, como o romance moderno aspira a ser a fotografia da sociedade, surpreendida no seu labutar incessante ou na sua atonia de decadência, manifestação de arte das mais complicadas e esplêndidas."[231]

Modernamente, a crítica tem valorizado sobretudo a versão de 1880. Mas nem todos os autores estão de acordo. Para J. Gaspar Simões, a primeira versão de *O crime* era a melhor, por ser "a mais sincera, a mais visceral, a mais dramáticas das três".[232] Uma catarse pessoal, o primeiro *O crime* seria irrepetível: "Eça, que ensaiara já várias máscaras, a de satânico, a de moralista, a de reformador social, tem aqui um minuto de franqueza: arranca todas as máscaras e mostra-se em carne viva."[233] Gaspar Simões dava prioridade a esta versão não por motivos literários, mas por julgar que ela provava a sua tese de que a ilegitimidade havia sido central na formação do caráter de Eça. Mas *O crime do padre Amaro* é um ajuste de contas de Eça com o seu país, não com os seus pais.

Ao contrário do que ocorria com Balzac, que gostava sempre mais do livro que acabara de escrever, Eça era capaz de apreciar os seus escritos com frieza.[234] Ora, entre os preferidos, figurou sempre *O crime do padre Amaro*. Muitos anos depois, em 1890, numa carta a Oliveira Martins, diria: "A propósito de romances: *O primo Basílio*, esse *fait-Lisbonne*, foi traduzido em inglês, alemão, sueco e holandês, nestes últimos seis meses! Que atroz injustiça para o pobre *Padre Amaro*!"[235] Tinha razão: *O crime do padre Amaro* é incomparavelmente superior a *O primo Basílio*.

Eça iniciara a sua carreira literária como um romântico, ou seja, como alguém que, desprezando a realidade, emigra para o sonho. Mas, em algum momento no

---

[231] Artigo intitulado "Eça de Queiroz", publicado em *O Contemporâneo*, 1881, e reproduzido em Fialho de Almeida, *Figuras de destaque*, op. cit.
[232] J. Gaspar Simões, *Vida e obra de Eça de Queirós*, op. cit., pp. 357 e 361.
[233] *Ibidem*, p. 379.
[234] Prefácio de Nicole Mozet a *Eugénie Grandet*, *La Comédie Humaine*, Paris, Gallimard, 1976, p. 991.
[235] G. de Castilho (org.), *Eça de Queirós: correspondência*, op. cit., vol. II, p. 37.

início da década de 1870, a realidade começou a fasciná-lo. A estupidez humana passou a ter um charme mórbido. A mesquinhez da pequena burguesia assumiu contornos lascivos. A grosseria dos clérigos transformou-se em matéria atraente. Em vez de olhar para as nuvens, Eça decidiu enfrentar o mundo. A parte realista de sua alma deliciava-se agora na descrição dos males terrestres. Muitos aspectos chocavam Eça, mas talvez nenhum tanto quanto a hipocrisia da sociedade portuguesa. A denúncia deste defeito é tão crucial em O *crime* que, a certa altura, temos a sensação de que o romance não é tanto a história da paixão de Amaro por Amélia, mas uma rajada contra as mentiras que serviam de sustentáculo àquela sociedade. Se Flaubert odiava a burguesia francesa, Eça não odiava menos a pequeno-burguesia portuguesa

No entanto, mesmo que rotulado de realista, O *crime* ultrapassa em muito os seus cânones. Ao lê-lo, não nos interrogamos se a representação da burguesia de província que Eça nos dá é, ou não é, exata. O que nos atrai é a beleza da prosa, a força dos personagens, o desenrolar do drama. Apesar das intenções, O *crime* pouco tem a ver com a objetividade científica, que Eça preconizara na conferência do Cassino Lisbonense. Na realidade, o livro é tudo menos "científico". Sua enorme vitalidade advém da força do ódio que Eça sentia pelo país. Leiria, um símbolo de Portugal, surge como um buraco claustrofóbico, medíocre e grosseiro. A pequeno-burguesia, que tudo domina, é ignorante e beata. Os padres apenas pensam em sexo. Os "heréticos" que vão à taberna são igualmente odiosos. A oposição política é tão desprezível quanto os representantes do governo. Os militares são debochados. O povo é feio. Os fidalgos do liberalismo, como o morgado de Poiares, vivem fechados nas suas propriedades rurais. Nem o aparecimento, na terceira versão, da figura do abade Ferrão, misericordioso e culto, e do Dr. Gouveia, ateu e bondoso, atenuam o vendaval de desprezo que perpassa por todo o livro.

Eça conseguiu escrever um primeiro livro que, do ponto de vista da técnica romanesca, é impecável. As transições no tempo são perfeitas, como perfeita é a sua divisão em capítulos. Eça conta, por exemplo, a infância de Amélia sem que o leitor perceba que houve um salto cronológico na linha narrativa. E retoma o fio da meada, como se o interlúdio tivesse sido a coisa mais simples de fazer. O *crime do padre Amaro* é uma obra em que, como dizia Antero, não há uma palavra a mais. Pode mesmo ser considerado uma das mais bem-sucedidas estréias da ficção européia oitocentista.

11

O romance realista

Eça tinha 32 anos. Sentia-se livre. Tinha o tempo todo à sua frente. Sabia que tinha talento. Andava com a cabeça cheia de planos. Lia, pensava, escrevia. Além da revisão de *O crime do padre Amaro*, foi em Newcastle que escreveu *O primo Basílio*, que retomou a sua colaboração nos jornais, neste caso em *A Actualidade*, e que planejou as *Cenas da vida real*, um esquema que daria origem a vários romances.[236]

À semelhança do que tinham feito Balzac, com a *Comédia Humana*, e Zola, com a série sobre *Os Rougon-Macquart*, Eça planeou a edição de um conjunto de novelas, em série. Em 5 de outubro de 1877, dizia a Chardron: "Eu tenho uma idéia, que penso daria excelente resultado. É uma coleção de pequenos romances, não excedendo de 180 a 200 páginas, que fosse a pintura da vida contemporânea em Portugal: Lisboa, Porto, províncias; políticos, negociantes, fidalgos, jogadores, advogados, médicos, todas as classes, todos os costumes, entrariam nesta galeria. A coisa poderia chamar-se 'Cenas da Vida Real', ou qualquer outro título genérico mais pitoresco. Cada novela teria depois o seu título próprio." A ambição do plano é surpreendente: "Como compreende, estas novelas devem ser curtas, condensadas, todas de efeito, e não devem exceder doze volumes. Os personagens duma apareceriam nas outras, de sorte que a coleção formaria um todo... Seriam trabalhadas de modo, e com tanta pimenta, que fariam sensação, mesmo em Portugal." Entusiasmado, fornecia pormenores, a maior parte dos

---

[236] Sua colaboração em *A Actualidade*, do Porto, sairia em volume com o título *Crônicas de Londres*.

quais delirantes: "Eu já tenho o assunto de três novelas e uma quase completa; numa pintam-se o jogo e os jogadores, noutra a prostituição e a outra é um drama de incesto doméstico. Já vê que não vou com meias medidas e que ataco o touro pelos cornos, como dizem os franceses." Tentava aliciá-lo para o atractivo comercial da série: "O encanto destas novelas — que são mais difíceis de fazer que um romance — é que não há digressões, nem declamações, nem filosofia; tudo é interesse e drama e rapidamente contado: lê-se numa noite e fica-se com a impressão para uma semana. A mim, esta idéia das novelas encanta-me. Há uma quantidade de assuntos escabrosos que se não podem tratar num longo romance e que se dão perfeitamente na novela... Em todo o caso, uma das novelas está quase pronta, é só copiá-la: intitula-se 'O Desastre da Travessa do Caldas', ou talvez, não sei ainda, 'O Caso Atroz de Genoveva'. Trata-se dum incesto. Deve dar 200 páginas ou mais. Alguns amigos a quem comuniquei a idéia dela e parte da execução ficaram impressionados, ainda que um pouco escandalizados. Não quer dizer que seja imoral ou indecente. É cruel. Que lhe parece o livrinho como d'*étrennes* para o 1º de janeiro?"[237]

As novelas eram obviamente planejadas para chocar a burguesia. Além do prazer do exercício, a série, com os tais "temas escabrosos", tinha a vantagem, pensava Eça, de render mais do que *O crime do padre Amaro*. Mas, apesar de encantado com o esquema, só em parte o viria a realizar. O jogo e a prostituição jamais seriam abordados. Por seu lado, o incesto o foi, e por duas vezes, em *A tragédia da rua das Flores*, uma obra escrita entre 1877 e 1878, e em *Os Maias*, publicado muito depois. Durante mais de cem anos, o manuscrito de *A tragédia da rua das Flores* ficou nas mãos da família, a qual, por considerar o enredo escandaloso, se recusou a publicá-lo. Só em 1980, quando o espólio foi para a Biblioteca Nacional, saíram, organizadas às pressas, duas edições do embrionário romance.[238]

O livro começa de forma flaubertiana: "Era no Teatro Trindade; representava-se o *Barba Azul*. Tinha começado o segundo ato..." O enredo do livro remon-

---

[237]Lopes de Oliveira, *Eça de Queiroz*, Lisboa, Vida Mundial, 1944, pp. 115-6. Esta carta não está incluída em G. de Castilho (org.), *Eça de Queirós: correspondência, op. cit.*
[238]Quando o espólio de Eça, que estava em Tormes, foi transferido para a BN, vários autores dedicaram-se a transcrever o manuscrito. Existem hoje quatro edições do romance: a de João Medina (1980), a de Mascarenhas Barreto (1980), a da Lello (1986) e a de B. Berrini (1997). Existe ainda uma edição diplomática, a dos "Livros do Brasil". Não está disponível uma edição crítica da obra.

tava a meio século antes. Joaquina da Ega, uma jovem natural da Guarda, casara-se com Pedro da Ega, tendo-se o casal instalado em Lisboa. Dois meses após o nascimento de uma criança, Joaquina fugira para a Espanha, na companhia de um emigrado espanhol, tendo abandonado o filho. Passou a levar uma vida de aventura no estrangeiro. Pedro da Ega morre em Angola. Ela, que enviuvara de um senador do Segundo Império, decide, após a derrota dos franceses em Sedan, regressar a Portugal. Vinha como Mme de Moulineux. Uma vez em Lisboa, não tarda a seduzir o ridículo Dâmaso Gavião, filho de um agiota, que lhe paga as despesas. Genoveva, um falso nome, apaixona-se por Vítor, um rapaz de 23 anos, o qual, em vez de trabalhar como advogado, passa o tempo lendo Musset, Byron e Tennyson. De temperamento efeminado, vive com um tio, antigo juiz da Índia. Quando faz 40 anos, Genoveva expulsa Dâmaso de casa. Planeja se casar com Vítor e regressar a Paris. Para evitar este desfecho, o tio encontra-se com ela. Vítor não está presente. É então que se descobre a verdadeira identidade de Genoveva: é Joaquina, a mãe de Vítor. Ao ver o filho-amante a caminho de sua casa, Genoveva lança-se da varanda. Vítor jamais saberá a causa do gesto. Vítor amanceba-se com a ex-amante de um seu amigo, o pintor Camilo Serrão. O tio morre.

A tragédia não é uma versão precoce de *Os Maias*. Em ambos os romances, o incesto é central, mas, ao contrário do que viria a acontecer em relação a Carlos da Maia, Eça não revela qualquer empatia por Vítor. Se descontarmos a beleza física, o herói nada tem de atraente. Nem de trágico. O interessante, quando lemos este livro, é observar a distância a que ele se encontra da obra-prima que Eça virá a escrever depois, sobre um tema afim.

Por alguma razão, Eça decidiu abandonar a conclusão do livro. Definitivamente. Entre os dramas da pobre Genoveva, tinha-lhe vindo ao espírito um esquema que, caso ele o conseguisse pôr em prática, lhe permitiria vencer seus problemas financeiros. Para concretizá-lo, contudo, precisava de um cúmplice. Para mal dos seus pecados, escolheu Ramalho. Em 10 de novembro de 1878, enviava-lhe uma carta, com uma nota para Andrade Corvo, pedindo-lhe que a entregasse em mãos. Nela, Eça informava o ministro dos Negócios Estrangeiros do fato de estar redigindo um romance, no qual descrevia o estado do país após uma invasão espanhola. O tema, como ele próprio reconhecia, era delicado, pois punha em causa a competência do Executivo e o patriotismo do rei. Mas acordara com a história na cabeça, trabalhara-a, afeiçoara-se a ela, nada o poderia deter. A não ser...

A não ser que o Estado preferisse que ele abdicasse da publicação. Nesse caso, o ministro não tinha mais a fazer, advertia, do que o recompensar. A certa altura, Eça dizia: "Este trabalho representa para mim *capital*; e, se ao ministério 'regenerado' não convém que se diga de antemão o que há-de acontecer em breve e, se me força a inutilizar um capital, deve indenizar-me." Antevendo as objeções do amigo, acrescentava: "Talvez você não ache isto estritamente moral. Responderei como Darwin: 'Na luta pela vida, ser fraco é quase ser culpado'." Postulava três hipóteses para o comportamento do ministro: ou este declarava o plano "inofensivo", devendo, nesse caso, Ramalho responder-lhe: "Essa palavra, Excelentíssimo Senhor, é de um grande Estadista." Ou hesitava, perante o que Ramalho deveria retorquir: "O Queirós está absurdo: publicar um tal livro é fazer um escândalo internacional, é revelar a nossa fraqueza, a nossa desorganização, é despertar o ódio vago do país contra 'alguém' que lhe criou uma situação de onde pode sair tal catástrofe. Esse alguém que ele procura para odiar aparecer-lhe-á sob a forma visível de quem tem neste momento o poder, rei e regeneradores, etc. Portanto, o melhor é dizer ao homem que queime o livro, mas, como o livro representa um capital, é necessário que o moço não perca tudo. Mande-lhe Vossa Senhoria abonar uma certa quantia." Restava a terceira alternativa: o ministro dava ordens de proibir a obra. Nesse caso, Ramalho proferiria o seguinte discurso, em tom seco: "Perfeitamente, é como obrariam os Cabrais; eu vou daqui fazer um escândalo nacional. É o fim da liberdade de imprensa, de opinião e de consciência. É o descalabro, etc. (Você conhece a tirada). Ao menos, acrescente você, é da mais estrita justiça que, já que lhe proíbem que publique os seus livros, se considere que esses livros representam trabalho e que se lhe pague portanto o trabalho! Etc. (*Vous savez qu'il y a une tirade sur cela*)." No final, confidenciava-lhe: "A idéia, publicada ou inédita, é um capital: esse capital, tenho direito a ele. Que me venha do Chardron (...) pela publicação, ou que me venha do governo, pela proibição, é-me indiferente. E você está encarregado de fazer produzir capital à idéia." Eça contava a Ramalho que lera alto o que tinha redigido ao *attaché* português em Londres e que este, lançando as mãos à cabeça, murmurara — "Que escândalo! Que escândalo!" — antes de lhe pedir, com lágrimas na voz, para ele queimar tudo. Em suma, chegara à conclusão de que o melhor era alguém prevenir o ministro de que existia, ao seu serviço, um funcionário com uma bomba em cima da mesa. Se ele não se assustasse, publicaria a novela; caso contrário, queria uma indenização.

Ainda há quem pense que o manuscrito da *Batalha do Caia* existe em algum lugar, escondido pela família do escritor. O mais certo, todavia, é ter Eça escrito apenas a sinopse.[239] Nele, Eça desenvolve uma cena política passada num futuro próximo (em algum momento da década de 1880), vista, por um narrador, situado num futuro longínquo. A França, a Alemanha e a Rússia teriam assinado tratados, com o objetivo de redesenharem o mapa europeu. Eclodira uma guerra entre as potências, tendo o governo espanhol decidido apoderar-se de Portugal. Seguira-se a invasão. A campanha de resistência dos portugueses redundara numa catástrofe. Mas Eça não iria ter oportunidade para conhecer a reação de Andrade Corvo. Ramalho não quis ser cúmplice do que considerava uma asneira.

O esquema de Eça de tal forma enfureceu Ramalho que este lhe respondeu na volta do correio, acusando-o de fazer depender a expressão das suas idéias da aprovação dos ministros, de não ter princípios e, pior do que tudo, de ser um menino mimado. Percebendo, todavia, que os problemas financeiros de Eça eram reais, sugeriu-lhe que escrevesse a um irmão seu, que vivia no Rio de Janeiro, o qual andava à procura de redatores para um jornal. Eça não deixou as admoestações de Ramalho sem resposta. Em 28 de novembro de 1878, negava que tivesse querido fazer chantagem: tudo fora "um excesso de cautela". Aliás, o pagamento a artistas pelo poder político, na seqüência de problemas com certas obras, não era, advertia, caso inédito. E citava o caso de Victor Hugo, que recebera uma pensão do rei Carlos X, após a proibição da peça "Marion Delorme". Segundo Eça, a história estaria cheia de casos idênticos, ou seja, "uma peça proibida por razões de Estado e o autor reclamando indenizações do ministro". O seu caso, reconhecia, era um pouco diferente: "Eu, porém, mais do meu tempo e conhecendo melhor os meus homens, faço uma pequena modificação — e peço a indenização antes." A carta assumia um tom sério, relativamente à acusação de que ele faria depender a expressão das suas idéias da aprovação dos ministros. Em primeiro lugar, Eça

---

[239] Este hoje pode ser consultado na BN. Trata-se de uma folha grande, escrita de ambos os lados, não assinada (cx. 4, doc. 232).

negava que a *Batalha do Caia* fosse uma idéia — era a "narração de um fato em hipótese" — antes de lembrar o seu *curriculum* de rebelde: "Eu que fui quatro anos colaborador das *Farpas*, que escrevi o *Padre Amaro*, o *Conselheiro Acácio*, a segunda edição do *Padre Amaro* e *A capital*, violenta condenação de toda a sociedade constitucional..." Desafiava Ramalho, que também ocupava um posto para o qual fora nomeado pelo governo, a dizer-lhe qual dos dois era mais dependente.

Teria sido sobretudo o tom paternalista que Ramalho usara na carta (que não chegou até nós) que o abespinhara: "Tomei devida nota da recomendação que você me faz de não lhe roubar o seu tempo com queixumes: já recebi de você uma recomendação idêntica, quando há meses lhe pedi algumas palavras amigas num momento de abatimento moral. Perdoe-me, querido Ramalho, tê-lo *dérangé*, mas fi-lo na inocência da minha alma; julguei que, em qualquer dificuldade moral ou material, um homem tinha o direito de interessar nela o seu melhor e mais simpático amigo; vejo que é um erro (...) daqui por diante, alegre ou triste, dirigir-me-ei ao travesseiro." Ramalho censurara-o ainda "o ser cônsul, quando Balzac e Dickens o não eram". Isto deu a Eça oportunidade de fornecer esclarecimentos sobre as suas finanças: "Eu, na Havana, era pago pelos Chins, pelos serviços que lhes fazia; pagavam-me bem, honra seja feita aos Chins, e deram-me uma bengala de castão de ouro! É verdade que eu, pelo menos por alguns anos futuros, garanti-lhes mais pão e menos chicote. Pago pelo Estado, porém, sou-o apenas há quatro anos; como recebo anualmente um conto e quinhentos (os outros quinhentos são despesas de *bureau*), segue-se que tenha recebido, desde que sirvo o Estado, *seis contos*; e deduzindo o tempo da licença, *cinco contos*: obsequie-me você remetendo-me os *quarenta e cinco contos* que me faltam [pelo visto, Ramalho acusara-o de ter recebido do Estado cinqüenta contos]."[240] A carta tornava-se rude, com Eça respondendo à acusação de fraqueza:

---

[240] O salário anual de Eça — 1.500$000 — não era, ao contrário do que sempre daria a entender, uma ninharia. Na década de 1860, a data mais próxima para a qual possuímos dados, um diretor geral recebia de ordenado anual 800$000 (e 294$000 de gratificação), um juiz do Supremo 1.600$000 (mais 533$333 de gratificação) e um catedrático 800$000 (sem gratificação). Ver Pedro Tavares de Almeida, *A construção do Estado, op. cit.*, p. 402. João Gaspar Simões, *Vida e obra de Eça de Queirós, op. cit.*, p. 435, não se sabe a partir de que fonte, diz que ela ganhava, em Newcastle, "37 libras mensais, ordenado de cônsul, e mais 10 ou 15 libras de representação" (cerca de 2.600$000 anuais, com ajudas de custo). Talvez sem fazer contas, Gaspar Simões acha "duras as condições do seu orçamento". Não seria tanto assim.

"Você é um forte, *j'y consens;* mas pense em Danton, em Livingstone, Bismarck, em Lord Beaconsfield *et calmez-vous.*" No final, a carta mudava de tom, passando Eça a comentar, em tom amigável, as vantagens e desvantagens de uma viagem que Ramalho estava planejando fazer ao Brasil. Pensando na velha amizade, e talvez no pagamento, oferecia-se para escrever *As farpas* durante a sua ausência. Finalmente, agradecia-lhe a sugestão de colaborar na *Gazeta de Notícias*. Seria, de fato, neste jornal que Eça acabaria por publicar os seus melhores artigos.[241]

Enquanto *A tragédia da rua das Flores* jazia na gaveta e a *Batalha do Caia* não ultrapassava a forma de esquema, Eça preparava um novo romance, *O primo Basílio*. Não era, como previsto no plano, sobre o jogo nem sobre a prostituição, mas sobre um tema, o adultério feminino, caro à escola realista. Tudo indica que o primeiro rascunho estivesse terminado no princípio de novembro de 1876, tendo Eça dedicado parte do tempo que passou em Lisboa, durante o inverno desse ano, a rever a obra. *O primo Basílio* não parecia estar lhe dando prazer, mas, como de costume, é preciso ter cuidado com o que ele diz a Ramalho. Em 3 de novembro de 1877, de Newcastle, queixava-se: "Eu por aqui — não fazendo, não pensando, não vivendo senão Arte. Acabei *O primo Basílio* — uma obra falsa, ridícula, afetada, disforme, piegas e papoilosa, isto é, tendo a propriedade da papoula, sonolificente. De resto, você lerá, isto é, dormirá. Seria longo explicar como eu, que sou tudo menos insípido, pude fazer uma obra insípida, mas essa explicação era, ela mesmo, outro romance, *et bien autrement poignant et singulier.*"

Quando, em 13 de outubro de 1877, o *Diário da Manhã*, dirigido por Pinheiro Chagas, publicou um extrato do novo romance — em condições que serão explicadas depois —, Eça quis logo saber a opinião de Ramalho. Nem esperou pela resposta, enviando-lhe logo outra carta, em que exprimia um veredicto negativo: "*Ce n'est pas ça. Ce n'est pas ça du tout.* O estilo tem limpidez, fibra, transparência, precisão, *netteté*. Mas a vida não vive. Falta a *poigne*. Os personagens, e você verá, não têm a vida que nós temos: não são inteiramente *des images découpées*, mas têm uma musculatura gelatinosa." Depois, queixava-se: "Nunca hei-de fazer nada como o *Pai Goriot:* e você conhece a melancolia em tal caso da palavra

---

[241]Suas crônicas para este jornal seriam reunidas, já depois da sua morte, em *Cartas de Inglaterra, Ecos de Paris, Cartas familiares e Bilhetes de Paris*.

nunca!" Mas a melancolia não o tornara menos ativo. Na mesma carta, anunciava estar planejando outro livro: "Desse você há-de gostar e não há-de dormir. Ah, não, dormir é que você não há-de: insultar-me, desesperar-se, revoltar-se, arrepelar-se, chamar-me *crápula*, isso sim. Mas dormir!" Depois do *suspense*, confessava-lhe: "Estou-lhes a preparar uma! Esfrego daqui as mãos com um jubilozinho perverso."[242] Eça considerava que processo não lhe faltava — que até o tinha superior a Balzac ou a Zola —, mas que havia qualquer coisa, talvez uma vibração cerebral, de que carecia, para escrever uma obra-prima. Para agravar a real ou fingida crise, havia a eterna questão financeira. Eça contava a Ramalho o medo de que a sua colaboração no jornal *Actualidade* não lhe fosse paga, pedindo-lhe para ele averiguar.[243]

Em maio de 1877, Eça mandava a Chardron os primeiros capítulos de *O primo Basílio* e, em setembro, os últimos.[244] Como o provava a nova carta a Ramalho, estava apreensivo: "Já você deve ter recebido *O primo Basílio*. Como verá, é medíocre. A não ser duas ou três cenas, feitas ultimamente, o resto, escrito há dois anos, é o que os ingleses chamam *rubbish*, isto é, inutilidades desbotadas, dignas de cisco. Em todo o caso, diga-me você o que pensa — e o que pensam os meus amigos do volume — se o lerem. Eu, por mim, penso mal; foi um trabalho útil, porque me formou a mão; mas não era publicável; devia ter ficado em cartões, como ficam em *ateliers* os quadros amalgamadamente borrados onde os pintores se familiarizam com a paleta." Dado o fato de Eça precisar de dinheiro, tal não era viável. Nem ele realmente o desejava. O que pretendia era a ajuda do amigo na divulgação do livro: "Enfim, o mal está feito e devo tirar dele todo o partido. Peço por isso que provoque, tanto quanto puder, uma certa *réclame*; essa *réclame* é sobretudo útil para *manter o meu nome na memória dos homens* até à aparição das *Cenas*. Espero que você não desgostará delas: as primeiras são *cenas da vida literária*." Terminava pedindo a Ramalho para lhe apontar os defeitos, especialmente os menores, aqueles que se poderiam transformar "*numa maneira da minha maneira*".[245]

---

[242]G. de Castilho, em nota, levanta a hipótese de se tratar de *A tragédia da rua das Flores*. Não seria antes *A capital*? Ver G. de Castilho (org.), *Eça de Queirós: correspondência, op. cit.*, vol. I, pág. 123, nota 3.
[243]*Ibidem*, pp. 122-4.
[244]No final, Eça datava o livro da seguinte forma: "Setembro de 1876 — Setembro de 1877".
[245]G. de Castilho (org.), *Eça de Queirós: correspondência, op. cit.*, vol. I, pp. 128-9.

Lançado em 28 de fevereiro de 1878, *O primo Basílio* foi um êxito espetacular. A primeira edição esgotou-se rapidamente. Em agosto, saía outra.[246] Ao longo do século XIX, o livro seria traduzido em várias línguas, o que não aconteceu com nenhuma de suas obras maiores.[247] Em 26 de fevereiro de 1877, numa carta inédita, o pai escrevia-lhe sobre o livro: "A minha opinião franca é a seguinte. O romance é magnífico, e como obra de arte, acho-o superior ao *Padre Amaro*; porque trabalhaste num campo mais limitado, ocupando-te unicamente de uma questão doméstica, enquanto no *Padre Amaro* tratavas no fundo a grave questão social do celibato do clero. Os tipos estão bem tratados. O do conselheiro, por si só, vale um romance. O da criada Juliana, protagonista do romance, é talvez um pouco exagerado no ódio contra os amos: esses ódios quadram-se mais propriamente nos países onde a classe servil está sempre em rebelião contra as raças dominadoras; em Portugal, onde a brandura dos costumes faz dos criados uma espécie de membros da família, o ódio de Juliana contra a ama que nunca a ofendera sai fora das paixões comuns e portanto da vida real. No ponto de vista, porém, em que compreendeste o tipo está admiravelmente desenvolvido. O tipo do Basílio é magnífico (....). O tipo da Luísa está superiormente descrito e a culpa que cometera resgatada afinal dum modo sublimemente trágico. Ainda não li nada que tanto me comovesse." O mais interessante vem a seguir: "Faço apenas um reparo. Como é que uma mulher duma educação recolhida, casada com um homem que a ama, vivendo naturalmente feliz se entrega sem dificuldade? (...) Do ponto de vista da escola realista, que te domina o romance, é uma obra-prima. Entretanto eu creio que, mesmo nessa escola, há um ponto além do qual não é permitido, ou, pelo menos, não é conveniente passar. Pode mostrar-se a chaga e o realismo está nisso; mostrar porém toda a podridão não dá mais caráter à escola realista e leva ao exagero: que é um defeito em todo o gênero de

---

[246] Eça corrigiu cuidadosamente o texto, tendo acrescentado, além disso, o subtítulo: "Episódio Doméstico". Ainda em vida, sairia uma terceira edição.
[247] *O primo Basílio* foi traduzido para o alemão em 1880, para o francês (pela princesa Ratazzi) em 1883 e para o espanhol, em 1884. Nos EUA, apareceu, em 1889, uma versão muito deturpada, cujo título era *Dragon's Teeth*. Estas traduções eram todas muito imperfeitas. Em 1988, Ernesto Guerra da Cal fez uma lista com o número de traduções das obras de Eça até 1984. *O primo Basílio* vinha em 4º lugar, com 32 versões, após *O mandarim*, *A relíquia* e *O crime do padre Amaro*. Ver E. Guerra da Cal, "Mensagem", in *Eça de Queirós et la Culture de son Temps*, op. cit.

composição. Nesta parte, lembro-te como espécimen o que se lê na pág. 320 do romance. Hás-de concordar em que é um realismo cru!" A carta terminava com a recomendação de que, no futuro, em tudo o que escrevesse, tentasse "evitar descrições que senhoras não possam ler sem corar".[248] Eça deve ter ficado contente com esta carta do pai. Mas nem a recomendação o impressionou, nem a apreciação da obra o convenceu. Ao *Primo Basílio*, Eça continuou a preferir *O crime do padre Amaro*.

A ação de *O primo Basílio* situa-se em Lisboa, durante um verão tórrido. Um casal pequeno-burguês, Jorge e Luísa, despede-se. Ele, engenheiro de minas, parte, a trabalho, para o Alentejo. Ela lê, num jornal, que um primo seu, que enriquecera no Brasil, está prestes a chegar a Lisboa. Os dois recebem, todos os domingos, um grupo de amigos, entre os quais se destaca o conselheiro Acácio. Os outros convivas são um médico frustrado (Julião), uma quarentona com uma paixão tardia (Dona Felicidade), um empregado da Alfândega com pretensões literárias (Ernestinho), e uma boa alma (Sebastião).

Sozinha, Luísa aborrece-se. Sem filhos, nada tem que a ocupe. Lisboa está alquebrada pelo calor. Um dia, aparece em sua casa o primo Basílio, um boêmio, que, em outra época, a namorara. Este a visita freqüentemente, até que se tornam amantes. A única amiga de Luísa, Leopoldina, encoraja-a. Luísa gosta do primo, mas nota, com surpresa, que isso em nada diminui o seu amor por Jorge. Basílio aluga um andar sórdido, numa zona pobre, a que os amantes chamam o "Paraíso". É aqui que Basílio lhe ensinará alguns gestos sexuais: "Basílio achava-a irresistível. (...) Ajoelhou-se, tomou-lhe os pezinhos entre as mãos; beijou-lhos; depois, dizendo muito mal das ligas 'tão feias, com fechos de metal', beijou-lhe respeitosamente os joelhos; e então fez-lhe baixinho um pedido. Ela corou, sorriu, dizia: não! não! E quando saiu do delírio tapou o rosto com as mãos, toda escarlate, murmurou repreensivamente: 'Oh Basílio!' Ele torcia o bigode, muito satisfeito. Ensinara-lhe uma sensação nova: tinha-a nas mãos."[249] Sempre que Luísa refletia sobre aquele amor não se considerava res-

---

[248]É esta uma das poucas cartas do pai ao filho. Tem apenas, como data, 26-2, mas o mais certo é tratar-se do ano de 1878. Encontra-se no Arquivo de Tormes (cota 3-62). A p. 320 da 1ª edição corresponde obviamente à cena do "cunnilingus".
[249]*Obras de Eça de Queiroz, op. cit.*, vol. I, p. 1.019.

ponsável por ele: "Não fora culpa sua. Não abrira os braços a Basílio voluntariamente!... Tinha sido uma *fatalidade*: fora o calor da hora, o crepúsculo, uma pontinha de vinho talvez."[250] Apesar de tudo, tentava entender: "O que a levara então para ele? Nem ela sabia; não ter nada que fazer, a curiosidade romanesca e mórbida de ter um amante, mil vaidadezinhas inflamadas, um certo desejo físico..."[251]

Os amores de Luísa são descobertos pela criada Juliana, que rouba da patroa cartas de Basílio. Em troca do silêncio, exige de Luísa uma soma avultada de dinheiro. Assustada, esta procura Basílio, a quem propõe a fuga, mas este, um covarde, parte, sob pretexto de negócios, para Paris. Jorge regressa do Alentejo. De nada suspeita, embora estranhe o fato de Luísa tratar agora bem a criada que odiava. Reina, entre os esposos, a maior harmonia. Esgotadas todas as vias para arranjar dinheiro, Luísa pede ajuda a Sebastião. Sob ameaça de prisão, Juliana entrega-lhe as cartas, após o que tem uma apoplexia. Luísa julga-se livre do pesadelo. Mas, na noite em que aquela morre, também ela adoece com febre. Está de cama, quando chega, de Paris, uma carta de Basílio. Jorge não quer abrir o sobrescrito, mas acaba por não resistir. Quando Luísa melhora, interroga-a sobre o que se passara entre eles. Luísa desmaia e, pouco depois, morre. O romance termina com o regresso de Basílio a Lisboa. Não tendo tido conhecimento da sua morte, tenta visitar Luísa, mas depara-se com uma casa fechada. Os vizinhos informam-no que Luísa morrera e que o marido fora viver longe. Basílio conta a um amigo, Reinaldo, o que aconteceu, mas este, que sempre considerara Luísa pouco sofisticada, não se impressiona. A obra acaba com Basílio declarando que deveria ter trazido consigo Alphonsine. A relação com esta não teria as delícias de um adultério, mais parecida com um "incestozinho", mas sempre era uma companhia. O livro termina: "E foram tomar xerez à Taverna Inglesa." Luísa não merecia que se chorasse por ela.

Desta vez, os louvores ao livro apareceram depressa. Um dos que mais exaltou a obra foi Teófilo Braga: "Como processo artístico, *O primo Basílio* é inexcedível; não haverá nas literaturas européias romance que se lhe avantaje.

---
[250]*Obras de Eça de Queiroz, op. cit.*, p. 986.
[251]*Ibidem*, p. 1.015.

Há ali a construção segura de Balzac, o acabamento artístico de Flaubert, a crueza real de Zola, os quadros completos como em Daudet."[252] Eça poderia não gostar da *Ondina do Lago*, mas sabia que Teófilo tinha influência. Daí que, em 12 de março de 1878, lhe escrevesse uma carta indecorosa: "Eu estava-lhe com receio: como todos os artistas, creia, eu trabalho para três ou quatro pessoas, tendo sempre presente a sua crítica pessoal." Com desfaçatez, dizia-lhe: "E muitas vezes, depois de ver O *primo Basílio*, impresso, pensei, o Teófilo não vai gostar! Com o seu nobre e belo fanatismo da Revolução, não admitindo que se desvie do seu serviço nem uma parcela do movimento intelectual, era bem possível que você, vendo O *primo Basílio* separar-se, pelo assunto e pelo processo, da Arte de combate a que pertencia O *padre Amaro*, o desaprovasse. Por isso, a sua aprovação foi para mim uma agradável surpresa." Sobre o fato de Teófilo ter criticado, na resenha, a escolha da família como alvo, dizia-lhe: "Mas eu não ataco a família — ataco a família lisboeta — a família lisboeta, produto do namoro, reunião desagradável de egoísmos que se contradizem, e, mais tarde ou mais cedo, centro de bambochata." Depois, falava das personagens, de Luísa, a burguesinha da Baixa, de Basílio, o maroto que pretendia amor *grátis,* de Juliana, a criada em revolta secreta contra a sua condição, e dos tipos que povoavam este mundo, Acácio, com o seu formalismo oficial, D. Felicidade, representando a beatice parva, Ernestinho, com a sua literaturazinha acéfala e, às vezes, quando calhava, um pobre bom rapaz, como Sebastião. Eça não se coibia de fornecer a Teófilo a moral da história: "Uma sociedade sobre estas bases falsas não está na verdade, atacá-las é um dever. E, neste ponto, O *primo Basílio* não está inteiramente fora da arte revolucionária, creio." Apesar de tudo, apontava o que pensava serem os pontos fracos do livro: "Eu acho no *Primo Basílio* uma superabundância de detalhes, que obstruem e abafam um pouco a ação: o meu processo precisa simplificar-se, condensar-se e estudo isso." Eça considerava, agora, que o fato de estar fora da pátria lhe dava, dela, uma visão mais justa: "É sobretudo vista de longe, no seu conjunto, e contemplada de um meio forte como este aqui (...) que contrista achá-la tão mesquinha, tão estúpida, tão convencionalmente pateta, tão grotesca e tão pulha!" Como se as lisonjas não bastassem, dizia ainda a Teófilo que

---
[252] G. de Castilho (org.), *Eça de Queirós: correspondência, op. cit.*, p. 136.

gostaria muito de ter, em Newcastle, os volumes da *História da literatura portuguesa*, por ele escritos, os quais, juntamente com algumas obras de Shakespeare e de Victor Hugo, teriam se perdido na viagem para Inglaterra. Pequenas baixezas.

Mas *O primo Basílio* já não lhe ocupava o espírito: "A minha ambição seria pintar a Sociedade portuguesa tal qual a fez o Constitucionalismo desde 1830 — e mostrar-lhe, como num espelho, que triste país eles formam — eles e elas. É o meu fim nas *Cenas da vida portuguesa*. É necessário acutilar o mundo oficial, o mundo sentimental, o mundo literário, o mundo agrícola, o mundo supersticioso e, com todo o respeito pelas instituições que são de origem eterna, destruir as *falsas interpretações* e *falsas realizações* que lhes dá uma sociedade podre."[253] Eça considerava ser sua missão moralizar, através de uma série de romances satíricos, a sociedade portuguesa. As idéias, por trás das personagens, eram as que ele próprio divulgara em *As Farpas*.

Em 1º de março de 1878, também Rodrigues de Freitas, um republicano do Porto, publicava em *A Correspondência de Portugal* uma resenha sobre o livro. Após ter declarado ser este "um dos mais notáveis trabalhos da nossa literatura", escrevia: "Pertence à escola realista; e tanto basta para que desagrade a todas as pessoas que só querem no romance uma certa moral exposta dentro de certos limites e de certo modo; entendem que os livros deste gênero devem ser tais que possam ser lidos por todas as pessoas e de todas as idades." Consultadas só "as páginas que descrevem cenas frescas, *O primo Basílio* não seria uma produção de vulto: podia até desaparecer, que a Literatura Portuguesa não perderia um monumento; mas essa parte não é o romance inteiro; considerada no conjunto, a obra de Eça de Queirós encerra uma grande exemplo de moral". Depois de ter resumido o enredo, Rodrigues de Freitas advertia: "O livro do Sr. Eça de Queirós talvez seja classificado de imoral por pessoas que terão grande gosto em aventuras infames como as de Basílio." Em seguida, abordava a questão das semelhanças com Zola, defendendo que, embora pudesse haver cenas paralelas — o que, argumentava, sucedia com a maior parte dos romances —, o livro de Eça tinha um cunho português: "As minuciosidades a que desce não podem ser assim trabalhadas pela pena dum plagiário; só um grande talento é capaz de as apresentar de tal sorte."

---
[253] G. de Castilho (org.), *Eça de Queirós: correspondência, op. cit.*, pp. 133-137.

Desvanecido, Eça agradecia-lhe, em 30 de março de 1878. Gostara, em particular, da defesa que Rodrigues de Freitas fizera da originalidade lisboeta de *O primo Basílio*: "Não me parece, com efeito (e creio que todos os espíritos lúcidos estão de acordo) que o romance seja uma imitação de Zola; é possível que, aqui e acolá, haja dessas vagas similitudes de ação, naturais quando se estuda um meio quase análogo, por um processo quase paralelo; mas a verdade é que eu procurei que os meus personagens pensassem, decidissem, falassem e atuassem como *puros lisboetas*, educados entre o Cais do Sodré e o Alto da Estrela; não lhes daria nem a mesma mentalidade nem a mesma ação se eles fossem do Porto e de Viseu." Afirmava estar de acordo com a sua opinião de que o romance se debruçava sobre o "encontro de uma mulher educada sentimentalmente com um manganão educado libertinamente". Agradecia-lhe, por fim, por sua defesa do realismo: "O que queremos nós com o Realismo? Fazer o quadro do mundo moderno, nas feições em que ele é mau, por persistir em se educar *segundo o passado*; queremos fazer a fotografia, ia quase a dizer a caricatura do velho mundo burguês, sentimental, devoto, católico, explorador, aristocrático, etc. E, apontando-o ao escárnio, à gargalhada, ao desprezo do mundo moderno e democrático, preparar a sua ruína. Uma arte que tem este fim (...) é um auxiliar poderoso da ciência revolucionária."[254] Eça sabia adequar o tom de suas cartas à ideologia dos correspondentes.

Ao contrário de Teófilo e de Rodrigues de Freitas, Ramalho não gostou do romance. A idéia de que uma mulher — que não era, como Amélia, uma rústica — pudesse gostar de sexo era, para ele, inaceitável. Através de Alberto de Queirós, sua opinião acabou por chegar aos ouvidos de Eça. Em 4 de março de 1878, este zombava do pudor de Ramalho: "Alberto diz-me que você corou. Corou, inocente? E não cora então regalando-se do *Assomoir* e da *Curée* e não corou outrora quando leu o *Rafael* de Lamartine, essa infame obscenidade (dois namorados que se não podiam engalfinhar, porque, no momento da luxúria, pode rebentar o aneurisma da senhora) e não cora quando lê Shakespeare? E não cora quando lê a *D. Branca* de Garrett, esse livro de colégio? Ah!, você cora! Ora bem, já sei que, quando lê um livro de medicina, tem de ter a seu

---

[254] G. de Castilho (org.), *Eça de Queirós: correspondência, op. cit.*, pp. 141-2

lado *cold-cream* para refrescar o fulgor da face."[255] Mas Eça não ficou zangado. Contudo, ao saber que ele iria escrever sobre o livro, temeu o pior. Em 8 de abril, dizia-lhe: "Enquanto ao que é *arte*, espero com sofreguidão a sua crítica, porque, pela sua primeira carta, vejo que discordamos sobre o princípio, meios e fins da Arte e, ou você, crítico, tem de reformar a minha estética, ou eu, artista, tenho de desarmar a sua crítica." Para comovê-lo, Eça falou-lhe do que tinha em mãos: "Eu trabalho nas *Cenas portuguesas*, mas sob a influência do desalento. Convenci-me de que um artista não pode trabalhar longe do meio em que está a sua matéria artística: Balzac (*si licitus est...*etc.) não poderia escrever a *Comédia humana* em Manchester e Zola não lograria fazer uma linha dos *Rougons* em Cardife." Esquecendo o que afirmara a Teófilo pouco antes, declarava: "Eu não posso pintar Portugal em Newcastle. Para escrever qualquer página, qualquer linha, tenho de fazer dois violentos esforços: desprender-me inteiramente da impressão que me dá a sociedade que me cerca e evocar, por um retesamento da reminiscência, a sociedade que está longe." Segundo ele, isto faria com que as suas personagens corressem o risco de ser cada vez menos portuguesas, sem por isso se tornarem mais inglesas. Infelizmente, não via solução para o impasse: "Longe do grande solo de observação, em lugar de passar para os livros, pelos meios experimentais, um perfeito resumo social, vou descrevendo, por processos puramente literários e *a priori*, uma sociedade de convenção, talhada de memória." Não sabia o que fazer da vida: "De modo que estou nesta crise intelectual: ou tenho de me recolher ao meio onde posso produzir (...) ou tenho de me entregar à literatura puramente fantástica e humorística." É verdade que Eça escrevia sobre uma sociedade de que estava longe. É verdade que levava uma vida solitária. É verdade que tinha saudades de Lisboa. Sendo tudo isto verdade, sabia perfeitamente que as vantagens de viver na Inglaterra eram maiores do que as desvantagens.

O temido artigo de Ramalho em *As Farpas* saiu em maio de 1878. Nele, Ramalho adotava um tom pseudocientífico: "*O primo Basílio*, novo romance de Eça de Queirós, é um fenómeno artístico revestindo um caso patológico. Para bem se compreender esta obra é preciso discriminar o que nela pertence à jurisdição da

---
[255] G. de Castilho (org.), *Eça de Queirós: correspondência, op. cit.*, pp. 131-2.

arte e o que pertence aos domínios da patologia social."[256] Na sua opinião, o fato de alguns leitores terem considerado a obra de mau gosto devia-se a terem-na interpretado mal: ao contrário do que se poderia pensar, o romance era moral, pois denunciava "a dissolução dos costumes burgueses". Na época, a opinião de Ramalho sobre a mulher era semelhante à de Eça: "Sem nenhumas noções de higiene, nem da química alimentar, nem da história das ciências e das indústrias que fornecem os instrumentos da atividade ou do conforto doméstico, os graves arranjos da casa, tão moralizadores e tão atrativos, têm para ela [a mulher portuguesa] o caráter de um mister ignóbil, desprezível, adjudicado, com toda a porcaria que constitui a essência da cozinha nacional, à discrição de uma criadagem vilã, que retribui o desprezo de que é objeto, traindo, maldizendo e roubando." Na sua opinião, as adolescentes eram atraídas pelos dândis devido às leituras românticas que preenchiam os seus dias. O veredicto sobre o livro de Eça era muito diferente das opiniões que ele exprimira em particular: "*O primo Basílio* é um romance realista, porque é a representação de um fato social visto através de uma convicção científica." Luísa seria "a personificação tremenda da tendência mórbida de uma época". O problema residia, para Ramalho, em que *O primo Basílio* supunha um estado civilizacional superior ao que existia em Portugal: o país ainda não compreendera ser indispensável proceder à reconstituição da educação burguesa. À apresentação romanceada, Ramalho teria preferido uma alocução às meninas: "O amor clandestino, que a arte romântica personificava aos teus olhos em figuras apaixonadas, de um alto vigor dramático, de um relevo fascinante, ofereço-te eu tal como ele hoje te há-de aparecer na vida real, na pessoa dum biltre asqueroso, bem vestido, correto, pelintra no fundo, meio príncipe e meio forçado das galés, friamente calculador, sovina, absolutamente podre." Exaltado, continuava: "E é esse homem que tu, pobre rapariga, de preconceito em preconceito, de erro em erro, és trazida, através de todos os elementos que constituem a falsa educação que te deram, a admirar e a preferir sobre todos." De acrobacia em acrobacia, Ramalho fora capaz de evitar dizer o que pensava.[257]

---

[256]Este artigo aparece transcrito, em Ramalho Ortigão, *As Farpas, op. cit.*, vol. IX, pp. 243-263.
[257]Mais uma vez, a hieraquia católica manteve-se silenciosa. Mas houve padres que não resistiram a denunciar a obra do púlpito. Em 30 de maio de 1878, o padre Sena Freitas afirmava, na igreja de S. Luís, em Lisboa, que "ninguém deveria ler tão imoral narrativa dos costumes modernos". Ver *Diário Ilustrado*, 1.6.1878.

Sem que nada o fizesse esperar, Eça iria ser severamente criticado por um grande escritor brasileiro.[258] Em 1878, Machado de Assis publicava dois artigos, em que se referia a *O crime do padre Amaro* e a *O primo Basílio*. Na época, Machado de Assis ainda não tinha escrito as suas obras-primas, *Dom Casmurro* e *Memórias póstumas de Brás Cubas*, mas os seus contos, a sua poesia e o seu jornalismo já o haviam tornado conhecido. Em 16 de abril de 1878, o jornal *O Cruzeiro* publicava o primeiro artigo. Começava por um elogio: "Foi a estréia no romance, e tão ruidosa estréia, que a crítica e o público, de mãos dadas, puseram desde logo o nome do autor na primeira galeria dos contemporâneos. Estava obrigado a prosseguir na carreira encetada; digamos melhor, a colher a palma do triunfo. Que é, e completo e incontestável." Mas o objetivo de Machado de Assis não era elogiar Eça, mas denunciar a escola realista. De dedo em riste, afirmava: "*O crime do padre Amaro* revelou desde logo as tendências literárias do Sr. Eça de Queirós e a escola a que abertamente se filiava." Para ele, Eça era "um fiel e aspérrimo discípulo do realismo propagado pelo autor do *Assomoir*." Vinha, depois, a acusação: "O próprio *O crime do padre Amaro* é imitação do romance de Zola, *La Faute de l'Abbée Mouret*. Situação análoga, iguais tendências; diferença do meio; diferença do desenlace; idêntico estilo; algumas reminiscências, como no capítulo da missa e outras; enfim, o mesmo título." Esquecendo que *O crime* não tinha sido um êxito comercial, afirmava que o livro apenas vendera por ter sua origem na escola realista: "Víamos aparecer na nossa língua um realista sem rebuço, sem atenuações, sem melindres, resoluto a vibrar o camartelo no mármore da outra escola, que, aos olhos do Sr. Eça de Queirós, parecia uma simples ruína, uma tradição acabada." A irritação com o realismo subia de tom: "Não se conhecia no nosso idioma aquela reprodução fotográfica e servil das coisas mínimas e ignóbeis." Machado de Assis desprezava a nova escola: "A gente de gosto leu com prazer alguns quadros, excelentemente acabados, em que o Sr. Eça de Queirós esquecia por minutos as preocupações da escola; e, ainda nos quadros que lhe destoavam, achou mais de um rasgo feliz, mais de uma expressão verdadeira; a maioria, porém, atirou-se ao inventário. Pois que havia de fazer a maioria senão admirar a fidelidade de um autor, que não esquece nada e não

---

[258]Machado de Assis, *Obra completa, op. cit.*, vol. III, p. 903-913.

oculta nada? Porque a nova poética é isto e só chegará à perfeição no dia em que nos disser o número exato dos fios de que se compõe um lenço de cambraia ou um esfregão de cozinha. Quanto à ação em si, e os episódios que os esmaltam, foram um dos atrativos de *O crime do padre Amaro*, e o maior deles; tinham o mérito do pomo defeso. E tudo isso, saindo das mãos de um homem de talento, produziu o sucesso da obra." Em resumo, o livro só tivera sucesso por ser escandaloso e Eça plagiara Zola.[259]

Quando comparado com a obra que o antecedera, *O primo Basílio* era um livro menor. Machado de Assis comparava Eugénie Grandet e Luísa: "A Eugênia deste [Balzac], a provinciana singela e boa, cujo corpo, aliás robusto, encerra uma alma apaixonada e sublime, nada tem com a Luísa do Sr. Eça de Queirós. Na Eugênia, há uma personalidade acentuada, uma figura moral que por isso mesmo nos interessa e prende; a Luísa — força é dizê-lo — a Luísa é um caráter negativo e no meio da ação ideada pelo autor é antes um títere do que uma pessoa moral." Notem-se os pólos: "títere" *versus* "pessoa moral". Utilizaria Machado de Assis o termo "moral" para significar acordo com as normas vigentes? Ou antes, para designar um sujeito autônomo, responsável pelas suas decisões? Embora o primeiro pareça ser o sentido fundamental, Machado de Assis joga com os dois. Atente-se, por exemplo, no seguinte trecho: "Repito, é um títere; não quero dizer que [Luísa] não tenha nervos e músculos; não tem mesmo outra coisa; não lhe peçam paixões nem remorsos; menos ainda consciência." Para Machado de Assis, Eça criara uma heroína que se deleitava com o sexo, o que, na sua opinião, era uma falha estética. O puritanismo de Machado de Assis é patente nos dois artigos: "Parece que o Sr. Eça de Queirós quis dar-nos na heroína um produto da educação frívola e da vida ociosa; não obstante, há aí traços que fazem supor, à primeira vista, uma vocação sensual." Sua reação é claramente de repulsa: "Os exemplos [de sensualidade] acumulam-se de página a página; apontá-los seria reuni-los e agravar o que há neles de desvendado e cru." Cortar algumas cenas, diz, de nada serviria, pois o livro estava impregnado de sexo: "Não poderíamos eliminar o tom do livro. Ora, o tom é o espetáculo dos ardores,

---
[259] Por altura da "Questão Coimbrã", Machado de Assis, então com 27 anos, colocara-se ao lado de Castilho contra os estudantes. Ver o artigo de A. Coleman, "Uma reflexão a respeito de Eça de Queiroz e Machado de Assis", *in Eça e os Maias, op. cit.*

exigências e perversões físicas." Para Machado de Assis, a raiz do mal estava numa escola que nem o reposteiro conjugal respeitava.

Machado de Assis não era o tipo de escritor que se interessasse pela vida de uma mulher pequeno-burguesa que um dia, por desfastio, "resvala no lodo, sem vontade, sem repulsa, sem consciência". O fato de Eça ter sido capaz de reconstituir a psicologia desta mulher não de forma romântica, mas realista, perturbava-o. Machado de Assis percebera que Juliana era "o caráter mais completo e verdadeiro do livro", mas, mesmo neste caso, apresentava reservas. Desagradava-lhe nomeadamente o fato de, a partir do momento em que ela se apoderara das cartas, passar a ser a figura dominante do livro. Aliás, não aprovava o esquema das cartas roubadas: "Como é que um espírito tão esclarecido, como o do autor, não viu que semelhante concepção era a coisa menos congruente e interessante do mundo?" Acontece que a descoberta de cartas inculpatórias, por parte de criadas, era freqüente. Podia não ser interessante, mas era comum.

Uma das grandes diferenças entre Eça e Machado de Assis residia na forma como ambos viam os heróis. Para Machado de Assis, para figurar num romance, uma mulher tinha de ser excepcional. Para Eça, pelo contrário, a mulher podia ser, e era até conveniente que fosse, banal.[260] É justo, no entanto, notar que alguns comentários de Machado de Assis superam a mera condenação moralista. A dupla morte, da criada e da patroa, provocadas por doenças de natureza psicossomática, constituem, de fato, um expediente. Pertinentes são ainda algumas de suas críticas sobre a organização do livro, especialmente os desvios do drama central. Machado de Assis cita o momento em que, na casa de Luísa, Sebastião está tentando obter as cartas roubadas, cena que é cortada por um interlúdio no qual Eça relata, com enorme profusão de pormenores, o ambiente que se vivia em S. Carlos.

Em 29 de junho de 1878, Eça respondia a Machado de Assis. Dizia-se ansioso por ler os outros dois artigos (imaginava que ele teria escrito três), a fim de

---

[260] A atitude de Eça em relação às mulheres era, em grande parte, influenciada por Proudhon. Para este, sendo a família a base da sociedade, o amor romântico constituía um fator que a podia destruir, pelo que tinha de ser combatido. Ainda segundo Proudhon, uma vez consumado o ato sexual, a paixão só acarretaria infelicidade aos que a ela se submetiam. Ver o vol. IV de P. J. Proudhon, *De la Justice dans la Révolution et dans l'Eglise, op. cit.*

comentá-los na totalidade. Dada a sua admiração pelo escritor, não queria, afirmava, deixar de lhe enviar, desde logo, uma carta de agradecimento: "Apesar de me ser em geral adverso, quase severo, e de ser inspirado por uma hostilidade quase partidária à Escola Realista, esse artigo todavia, pela sua elevação e pelo talento com que está feito, honra o meu livro, quase lhe aumenta a autoridade." Eça prometia que, mal tivesse acesso aos artigos restantes — na época apenas lera o primeiro — teria o maior prazer em discutir os pontos abordados, "não em minha defesa pessoal (eu nada valho), não na defesa dos graves defeitos dos meus romances, mas em defesa da escola que eles representam e que eu considero como um elevado fator do progresso moral na sociedade moderna". Terminava, com ar solene: "Esperando ter em breve a oportunidade de conversar com V. S.ª — através do oceano — sobre estas elevadas questões de Arte, rogo-lhe queira aceitar a expressão do meu grande respeito pelo seu belo talento."[261]

Em 30 de abril, Machado de Assis publicara, de fato, a continuação da sua análise de *O primo Basílio*. Seu artigo reacendera, no Brasil, o debate sobre os méritos do realismo: "Parece que a certa porção de leitores desagradou a severidade da crítica. Não admira; nem a severidade está muito nos hábitos da terra, nem a doutrina realista é tão nova que não conte já, entre nós, mais de um férvido religionário." Desejava retificar algo que, pelo visto, não ficara claro: "Um dos meus contendores acusa-me de nada achar bom n'*O primo Basílio*. Não advertiu que, além de proclamar o talento do autor (seria pueril negar-lho) e de lhe reconhecer o dom da observação, notei o esmero de algumas páginas e a perfeição de um dos seus caráteres." A propósito das objeções que lhe tinham sido apresentadas, dizia algo de importante: "Que o Sr. Eça de Queirós podia lançar mão do extravio das cartas, não serei eu que o conteste; era seu direito. No modo de o exercer é que a crítica lhe toma contas. O lenço de Desdêmona tem larga parte na sua morte; mas a alma ciosa e ardente de Otelo, a perfídia de Iago e a inocência de Desdêmona, eis os elementos principais da ação." Ou seja, "o drama existe, porque está nos caracteres, nas paixões, na situação moral dos personagens", sendo aqui, segundo Machado de Assis, que Eça falhara. Segundo a sua concepção, toda a obra literária deveria

---
[261] G. de Castilho (org.), *Eça de Queirós: correspondência, op. cit.*, pp. 158-9.

ser a idealização de uma dor moral, o que, em última análise, exigiria que, em vez de romances de costumes, Eça escrevesse tragédias.[262] Respondendo a futuras críticas, dizia: "Não peço, decerto, os estafados retratos do Romantismo decadente; pelo contrário, alguma coisa há no Realismo que pode ser colhido em proveito da imaginação e da arte. Mas sair de um excesso para cair em outro, não é regenerar nada; é trocar o agente da corrupção." Negava, por fim, o argumento, apresentado por alguns brasileiros, de que *O primo* teria um efeito moral: "Se eu tivesse de julgar o livro pelo lado da influência moral, diria que, qualquer que seja o ensinamento, se algum tem, qualquer que seja a extensão da catástrofe, uma e outra coisa são inteiramente destruídas pela viva pintura dos fatos viciosos: essa pintura, esse aroma de alcova, essa descrição minuciosa, quase técnica, das relações adúlteras, eis o mal. A castidade inadvertida que ler o livro chegará à última página, sem fechá-lo, e tornará atrás para reler outras." Machado de Assis não estava pronto a fazer as concessões de Ramalho. Sabia que a moral não se transmitia apenas, nem sobretudo, por via intelectual. Apesar de facciosa, foi a crítica mais inteligente que Eça recebeu.

É possível que Eça não tenha lido o segundo artigo. Mas, antes de deixarmos a polêmica, vale a pena registrar a forma como Eça respondeu à acusação de plágio. No "Prefácio à Terceira Edição" de *O crime do padre Amaro*, Eça afirmava ter seu livro sido escrito muito antes da publicação da obra de Zola.[263] Mas esta razão, argumentava, era subordinada. O que importava, dizia, com razão, era a diferença de natureza entre os dois romances. Chegara a altura de Eça ser severo com Machado de Assis: "Os críticos inteligentes, que acusaram *O crime do padre Amaro* de ser apenas uma imitação da *Faute de l'Abée Mouret,* não tinham infelizmente lido o romance maravilhoso do Sr. Zola." Era duro com o seu crítico: "Com conhecimento dos dois livros, só uma obtusidade córnea ou má-fé cínica poderia assemelhar esta bela alegoria idílica, a que está misturado o patético drama duma alma mística, ao *Crime do padre Amaro* que, como podem ver neste novo trabalho, é apenas, no fundo, uma intriga de clérigos e de beatas tramada e mur-

---

[262]Ver Alberto Machado da Rosa, *Eça, discípulo de Machado?, op. cit.*
[263]*Obras de Eça de Queiroz, op. cit.*, vol. I, pp. 31-2. Não é na Nota à 2ª edição, como se diz na edição da Lello, que Eça faz estes comentários, mas no prefácio à 3ª edição. Ver os textos organizados por H. Cidade Moura, *O crime do padre Amaro, op. cit.*, pp. XXIX-XXXII.

murada à sombra duma velha Sé de província portuguesa." Eça podia ser mimético, mas *O crime* estava longe de ser uma cópia.

Contudo, a acusação de que Eça era um plagiador ficou no ar. Vários foram os críticos que, ao longo dos anos, se entretiveram pacientemente a comparar trechos de prosa. Em 1936, Pierre Hourcade disse o que havia a dizer sobre a matéria: "As analogias existentes entre certo tema tratado por Eça de Queirós e determinado tema de *Madame Bovary* ou de um romance de Zola não são fatos que por si próprios se expliquem. Um escritor como Eça de Queirós, dotado com uma tão rica imaginação criadora e com um temperamento tão pessoal, nunca imita por imitar, para preencher as faltas de uma inspiração enfraquecida. Os livros queridos fornecem-lhe um alimento, um estimulante, ajudam-no a precisar o seu ideal de arte e de gosto, mas não substituem, em caso algum, a criação original."[264] Eça gostava legitimamente de dialogar com os seus autores preferidos. Ora, isto não era plagiar. Machado de Assis não tinha razão.

É difícil, a esta distância, averiguar o que terá levado Machado de Assis a ser tão injusto com Eça. Há quem tenha defendido que a sua animosidade nada tinha a ver com a obra que criticara, sendo, pelo contrário, determinada por algo ocorrido muitos anos antes. Em fevereiro de 1872, Eça tinha publicado, em *As Farpas*, um artigo sobre os brasileiros. Neste artigo, o brasileiro — ou antes o seu estereótipo — era visto como um ser grosso, ordinário e com tons de chocolate. Apesar das cautelas tomadas — Eça dizia transmitir apenas a opinião pública —, o artigo foi mal recebido no Brasil, tendo mesmo levado, na província de Pernambuco, a um motim contra os residentes portugueses.[265] A frase sobre os brasileiros terem "tons de chocolate" poderá ter ferido Machado de Assis, que era filho de um mulato do Rio de Janeiro.[266]

O efeito imediato do ataque de Machado de Assis foi o de levar Eça a reafir-

---

[264] P. Hourcade, "Eça de Queirós e a França", *Temas de literatura portuguesa, op. cit.*, p. 59.
[265] Ver P. Cavalcanti, *Eça de Queiroz, agitador no Brasil, op. cit.* Recentemente, dois autores pronunciaram-se sobre a questão das relações entre Machado de Assis e Eça. Ver A. Coleman, "Uma reflexão a propósito de Eça de Queiroz e Machado de Assis", *in Eça e os Maias, op. cit.* e Helder Macedo, "Machado de Assis: entre o lusco e o fusco", *Colóquio-Letras,* 121-1, 1991.
[266] Eça foi mal interpretado no Brasil. Em certos pontos, a crônica era mesmo favorável aos brasileiros. Para evitar problemas, em *Uma campanha alegre*, Eça reformulou-a totalmente, adaptando a linha do prefácio ao livro *O brasileiro Soares*, de Luís de Magalhães, ou seja, a de que os "brasileiros", agora no sentido dos portugueses que tinham ganhado dinheiro no Brasil, eram dignos de louvor.

mar sua fé no realismo. Em 1879, redigia um texto, no qual tentava convencer-se a si próprio dos méritos desta corrente literária.[267] O texto adotava um tom peremptório, fato que derivava de Eça começar a estar farto dos limites que o realismo lhe impunha: "É-me desagradável afetar um tom pedagógico e vir dar um desmentido autoritário a estas afirmações de pessoas estimáveis... Mas na realidade o naturalismo não foi inventado pelo Sr. Zola nem consiste em descrever meticulosamente obscenidades, nem tem retórica própria, nem sobretudo é uma escola." Eça distanciava-se da idéia de que o realismo teria regras e declarava que tal concepção só podia ter nascido num país habituado a "uma literatura de gramáticos e retóricos". Negava mesmo existir uma escola realista: "Escola é a imitação sistemática dos processos dum mestre. Pressupõe uma origem individual, uma retórica ou uma maneira consagrada. Ora, o naturalismo não nasceu da estética peculiar de um artista; é um movimento geral da arte, num certo momento da sua evolução." E acrescentava: "Outrora, uma novela romântica, em vez de estudar o homem, inventava-o. Hoje, o romance estuda-o na sua realidade social. Outrora, no drama, no romance, concebia-se o jogo das paixões *a priori*; hoje, analisa-se *a posteriori*, por processos tão exatos como os da própria fisiologia. Desde que se descobriu que (...) a lei que rege os movimentos dos mundos não difere da lei que rege as paixões humanas, o romance, em lugar de imaginar, tinha simplesmente de observar." Mas Eça não quis prolongar a polêmica com Machado de Assis, abandonando até a idéia de tornar pública esta apologia do realismo.[268]

Fez mal. Os artigos de Machado de Assis foram tão influentes que muitos críticos literários passaram a olhar *O primo Basílio* com desprezo.[269] Mas o livro não é tão desprezível quanto se julga. Comecemos pela principal acusação, a de

---

[267]Apesar de ter aproveitado algumas linhas para o prefácio à 3ª edição de *O crime do padre Amaro*, Eça preferiu não publicar o texto. O artigo, intitulado "Idealismo e Realismo", viria a ser incluído pelo filho mais velho, em *Cartas inéditas de Fradique Mendes e mais páginas esquecidas*, in *Obras de Eça de Queiroz, op. cit.*, vol. 3, pp. 907-916.

[268]Apesar dos esforços de amigos comuns para que a situação se alterasse, a frieza entre os dois romancistas manteve-se até ao fim. Em 1892, Machado de Assis enviava a Eça um exemplar do *Quincas Borba*, com a seguinte dedicatória: "A Eça de Queiroz, Machado de Assis." Era difícil ser mais seco. Ver Heytor Lira, *O Brasil na vida de Eça de Queiroz, op. cit.*, p. 198.

[269]Para uma opinião negativa sobre a obra, ver, por exemplo, J. Gaspar Simões, *op. cit.*, p. 391. No entanto, desde cedo, houve quem tivesse opinião contrária. Em 25 de julho de 1888, Moniz Barreto escrevia, em *O Repórter*, um artigo no qual considerava *O primo Basílio* uma obra-prima. Este artigo vem transcrito em Moniz Barreto, "Eça de Queiroz e os Maias", *Ensaios de crítica, op. cit.*, p. 242.

que Luísa era um títere. É obvio que Luísa não é a Catherine de *O morro dos ventos uivantes*, a Anna Karenina do romance homólogo, nem a Emma de *Madame Bovary*. É verdade que, em geral, Eça nega às mulheres, e, neste caso, a Luísa, a hipótese de agirem como sujeitos. Mas o livro tem uma criação genial, Juliana, a única personagem a não aceitar o destino. Além disso, o enredo é original. A ausência de castigo em *O primo* torna-o diverso da maioria dos romances que têm o adultério como tema.[270] Se Luísa tivesse sobrevivido, tudo leva a crer que Jorge lhe perdoaria, o que, evidentemente, tornaria o livro, do ponto de vista da moralidade, ainda mais criticável. Os diálogos são, mais uma vez, magistrais. Eça sabe dar o tom adocicado das conversas do conselheiro Acácio tão bem quanto o tom plebeu dos comentários do vendedor de móveis.

Como noutras obras desta fase, Eça pretende denunciar a hipocrisia da sociedade portuguesa. O conselheiro Acácio, um pilar da comunidade, vive amancebado com uma criada. Luísa tem um amante. Basílio é um ser desprezível. Julião é um pobre-diabo ressabiado. O único indivíduo bondoso, Sebastião, carece de inteligência. Além disso, a plebe é invejosa e os pequenos-burgueses são dados a choros histéricos. O tema da pátria dá origem a algumas das cenas mais engraçadas do romance. A certa altura, Acácio assegura a Luísa que os estrangeiros morriam de inveja, por não viverem numa cidade como Lisboa, até que, sem querer, declara ser "pena que a canalização fosse tão má e a edilidade tão negligente". Não contente com o pecado, acrescentava: "Isto devia estar nas mãos dos ingleses, minha senhora!" Ainda não tinha terminado a frase e já estava arrependido. Mas pouco havia, agora, a fazer. Outra cena memorável, importante por indiretamente responder à acusação, apresentada por, entre outros, Fernando Pessoa, de que Eça era um provinciano, passa-se no "Grêmio Literário". Basílio conversa com Reinaldo, o amigo que, tal como ele, vivia em Paris. A certa altura, pedem a um criado uma soda inglesa. Este responde-lhes não ter. Basílio comenta: "Que abjeção de país!", uma frase que Eça apresenta criticamente.

Foi *O primo Basílio* que tornou Eça famoso. Mesmo que não o tivesse lido, o

---

[270]Sobre os romances tendo o adultério feminino como tópico, ver B. Overton, *The Novel of Female Adultery*, op. cit.

público sabia que havia um escritor que descrevia cenas indecorosas passadas entre uma adúltera e um sedutor. Por mais que desagradasse a Eça — e desagradou —, acabou sendo um livro menor que levou o seu nome a todo o lado. As mulheres passaram a olhá-lo com outros olhos, os homens a cumprimentarem-no com um sorriso cúmplice. Eça quase passou para a história como o autor que ousara mencionar, num livro, as "minuetes", como se referiam às mulheres de vida fácil, que, após a sua morte, assistiram à inauguração da estátua na rua do Alecrim.

Durante os anos em que estava escrevendo *O primo Basílio*, Eça dedicou parte de seu tempo livre ao jornalismo. Como veremos, esta sua carreira — menorizada pela crítica — foi brilhante, não tanto pelo que ele escreveu em 1869, em Évora, ou em 1877, em Newcastle, mas por alguns anos depois. Apesar de tudo, vale a pena mencionar os artigos que enviou, para o Porto, do norte de Inglaterra. De abril de 1877 a maio de 1878, Eça publicou 15 artigos no jornal *Actualidades*. Seu diretor, Anselmo Morais Sarmento, considerou que, tendo à mão o *Times*, o *Economist*, *The Vanity Fair*, o *Spectator*, o *Daily News*, o *Daily Telegraph*, Eça estava bem colocado para desempenhar o papel de correspondente estrangeiro. Não se enganou.[271]

O primeiro artigo, de 14 de abril de 1877, começa muito bem: "Estamos, parece, nas vésperas da guerra. A Turquia deu ao *ultimatum* da Rússia uma verdadeira resposta turca: verbosa, altiva, teimosa, cheia de espírito de fatalismo muçulmano: recusa tudo; fazer concessões ao Montenegro, desarmar, mandar embaixadores a São Petersburgo, aceitar as intervenções alheias, renovar quaisquer garantias, quase discutir: desprende-se assim violentamente das combinações diplomáticas, carrega a espingarda e espera. Era fácil prever esta reação do orgulho turco. Há um ano que a Sublime Porta vive num estado de humilhação

---

[271]Eça seria pago por sua colaboração. Em carta a Ramalho, de 17.1.1878, informava-o de estar recebendo 7 libras (31$000 reis) por mês. A periodicidade do jornal era irregular: supostamente quinzenal, várias foram as ocasiões em que só saiu uma vez por mês. Os artigos são assinados apenas como E. Q. Alguns nem assinados são, pelo que, durante muitos anos, ficaram esquecidos. Na edição original, os artigos não têm título. Sob o nome de *Cartas de Londres*, foram postumamente publicados, em 1940, sob direção de Lopes de Oliveira e de Câmara Reis, na *Seara Nova*. Em 1944, após longo período de hesitação por parte da família, que os considerava de qualidade inferior, a editora Aviz publicou o conjunto em livro, sob direção de um dos netos de Eça, José Maria Henrique de Eça de Queirós. Em 1970, sairia nova edição, nos Livros do Brasil, sob orientação de Helena Cidade Moura.

permanente."[272] Sobre a célebre campanha, fomentada por Gladstone, contra as chamadas atrocidades búlgaras, eis o que escrevia: "Que a Inglaterra concorreu de certo modo para a guerra, é evidente; concorreu com os seus *meetings* sentimentais e humanitários no verão passado, dando ânimo aos russos para seguirem a sua idéia agressiva; concorreu com a presença da esquadra em Constantinopla pouco depois, dando ânimo aos turcos para resistirem à pressão pacífica da Europa; concorreu depois com a idéia do protocolo, que, sendo um reconhecimento tácito da justiça e da força da Rússia, lhe deu um aumento de exigência e de hostilidade e, sendo uma nova humilhação imposta à Turquia, a tornou mais despeitada e mais difícil de condescendências." Nas crônicas subseqüentes, Eça fala um pouco de tudo, incluindo uma espécie de associação de criadas, cujo objetivo era roubar cartas comprometedoras das patroas, vendendo-as depois.[273] No último artigo, datado de 21 de maio de 1878, voltava a um tema que já abordara nas cartas que mandara para o Ministério dos Negócios Estrangeiros: as greves, neste caso, a dos tecelões do Lancashire. Agora, sua atitude era claramente a favor dos operários. No último parágrafo, Eça assumia uma atitude quase revolucionária: "É muito bonito realmente falar na ordem, no respeito à propriedade, no sentimento de obediência à lei, etc., mas, quando milhares de homens vêem as famílias sem lume na lareira, sem um pedaço de pão, os filhos a morrer de miséria e ao mesmo tempo os patrões, prósperos e fartos, comprando propriedades, quadros, apostando nas corridas e dando bailes que custam centenas de libras, bom Deus, é difícil ir falar aos desgraçados de regras de economia política, e convencê-los que, em virtude de os melhores autores da ciência econômica, eles devem continuar, por alguns meses mais, a comer o vento e aquecer-se à cal das paredes." Eça continuava a abrigar muitas das idéias — o desprezo pelo ultramontanismo católico, o ódio à Rússia autocrática, o ataque aos esquemas imperialistas — que lhe vinham desde os tempos de Coimbra. A estas idéias, juntara-se, desde que estava em Inglaterra, a compreensão diante das reivindicações dos grevistas.

Sua atividade jornalística e romanesca não prejudicou a função de cônsul.

---

[272] Utilizei a edição de *Cartas de Londres*, incluída nas *Obras de Eça de Queiroz, op. cit.*, vol. 4, pp. 885-997.
[273] Este artigo é de 26.1.1878. Parece um pouco tardio para ter servido de inspiração à figura de Juliana, mas o acontecimento a que se referia poderia ter ocorrido muitos meses antes dessa data.

Eça deve ter sido dos funcionários mais exemplares do MNE. Em 10 de novembro de 1879, redigia um excelente relatório sobre o protecionismo. A maior parte dos políticos portugueses, como, aliás, a população portuguesa, era a favor desta política, única forma, considerava-se, de a economia nacional não sucumbir diante da concorrência estrangeira. Não era essa, contudo, a opinião de Eça. E disso falava na carta enviada ao seu ministro, Anselmo José Braamcamp: "Julgo útil submeter à apreciação de V. Excia. algumas considerações que sugere a recente publicação do Mapa de rendimento das Alfândegas inglesas. O que fere o espírito, ao primeiro exame, é que a Grã-Bretanha, pátria do livre-câmbio, é de todos os Estados da Europa aquele que recebe das suas alfândegas um rendimento mais considerável." Depois de fornecer estatísticas de diversos países, dizia: "O que surpreende é a superioridade deste rendimento [o inglês] sobre o da França, cujo movimento comercial não é muito inferior ao da Inglaterra, sobretudo desde o prodigioso renascimento de trabalho e de atividade que sucedeu aos desastres de 1870." Eça comunicava ter chegado a duas conclusões. A primeira, a de que fossem quais fossem as razões que se invocassem a favor do sistema protecionista não se podia apresentar a do interesse do Orçamento, dado que a Inglaterra era o país onde os direitos da pauta eram absolutamente menores, sendo, simultaneamente, o país em que o rendimento aduaneiro era relativamente maior; a segunda, a de que se não devia ter demasiadas esperanças em que o governo inglês diminuísse os direitos da escala alcoólica nos vinhos portugueses, devido às despesas excepcionais em curso e à depressão generalizada da indústria na Inglaterra: "Não é neste momento, creio, que um governo, conservador ou liberal, consentiria em prescindir mesmo parcialmente dum rendimento que, como o dos vinhos estrangeiros, representa na sua totalidade uma das mais importantes receitas do Orçamento do Reino." Eça preferia claramente a política de livre-câmbio à alternativa protecionista.

Ao fim de quatro anos, Eça começava a estar farto de Newcastle. Na carta que, em 8 de abril de 1878, escrevera a Ramalho, queixava-se: "... neste degredo, faltam-me todas as condições da excitação intelectual. *Há um ano que não converso.* Isto, aí, lido na Calçada dos Caetanos, pode-lhe parecer pueril, mas digo-lhe que é apenas dilacerante." O único ser com quem conseguia falar, contava, era um médico, mas este estava de tal forma dominado "por uma paixão indigna" que só era capaz de pensar na criatura. Em resumo, "o mundo inteligente aparece-me apenas como uma coisa confusa e enevoada, através da prosa dos jornais de Londres". Sua vida amorosa — de que raramente fornecia pormenores — havia-lhe provocado dissabores: "Eu não tenho aqui família nem paixão. Não gosto de falar da minha carreira sentimental, mas creia você que ela tem sido triste, há um ano para cá: tenho sido, através do sentimento, como uma pela — ora botilhando pela lama, ora tentando pular para as nuvens — e de cada vez tédio ou desilusão." Certa vez, abriu-se: "As duas últimas experiências foram tristes: uma ligação com uma *desavergonhada* (apesar da sinceridade animal do seu instinto amoroso, o rigor da crítica obriga-me a chamar-lhe uma *desavergonhada*) ia-me complicando a vida." Na ressaca, ligara-se a uma menina pura, mas os resultados não tinham sido brilhantes: "Achei-me com uma devota, que, quando eu imaginava que me ia levando para a Felicidade, me ia arrastando simplesmente para a missa! Para evitar a indignidade da hipocrisia, ou a tentativa grotesca de converter uma Santa Teresa ao racionalismo, *plantei-la lá*, com grande alívio dela, creio. E depois destas duas experiências, intimei o meu coração a que fizesse as suas funções animais o melhor que pudesse, sem se *mêlêr* de sentir transcendentemente e fora da pura ação mecânica. De modo que a minha vida é comer e fazer prosa. Mas uma prosa forçada, arrancada das névoas da reminiscência, construída como um mosaico, em que a observação é hipotética e a lógica conjectural." Considerava urgente dar à sua vida "uma disciplina intelectual, econômica, moral e doméstica". A solução, como era óbvio, consistia no casamento. Eça advertia que mudara: "Eu não tenho hoje pelo casamento aquele horror de outrora, comparável ao horror do cavalo selvagem pela manjedoura. Bem pelo contrário: tenho corrido tanto pelo descampado da sentimentalidade que uma manjedoura confortável, em que mãos benévolas me serrotem uma palha honesta, sorri-me como uma entreaberta paradisíaca." Sem pudor, fornecia pormenores sobre o que lhe conviria: "Eu precisava de uma mulher serena, inteligente, com uma certa fortuna (não muita), de caráter firme, disfarçado sob um caráter meigo... que me adotasse como se adota uma criança, me obrigasse a levantar a certas horas, me forçasse a ir para cama a horas cristãs — e não quando os outros almoçam —, que me alimentasse com simplicidade e higiene, que me impusesse um trabalho diurno e salutar e que, quando eu começasse a chorar pela Lua, ma prometesse — até eu a esquecer..." O problema residia na descoberta desse ser: "Mas, ai!, onde está esta criatura ideal? Onde está esta luz do mar, esta torre de segurança, esta fonte de caridade?" Declarava não saber como continuar a agüentar aquela vida: "Até aqui, um bom humor que todos os dias agradeço ao Deus Universal tem-me mantido o sorriso dos fortes e dos simples. Mas começo a mudar. Surpreendo-me a passear na sala, horas seguidas, de cabeça baixa, a ruminar coisas tristes. Tenho sofrivelmente cabelos brancos e — por que não direi tudo? — dá-me às vezes vontade de recorrer ao conhaque para me criar um paraíso artificial." Possivelmente, era isso que fazia.

Quanto ao casamento, ainda se passariam muitos anos antes que ele se concretizasse. Apesar do que dizia, Eça não tinha pressa. Até porque — coisa que ele não mencionava a Ramalho — desde o ano anterior ele passava longas férias de verão em Angers, no norte de França, com uma mulher belíssima, provavelmente inglesa ou francesa, cuja única recordação são as fotografias que dela existem, tiradas no estúdio de E. Maurouny.[274] De qualquer forma, estava farto de Newcastle. O Ministério ouviu as suas súplicas. Em 30 de junho de 1878, era nomeado para Bristol. Por ter assuntos a despachar ali, ainda ficou mais alguns meses em Newcastle. Em abril de 1879, instalava-se em Bristol.[275] Seria aqui que passaria alguns dos anos mais felizes da sua vida.

---

[274] B. Berrini, *Eça de Queiroz, palavra e imagem*, op. cit., pp. 204-5.
[275] A. Freeland, *Eça de Queiroz: Correspondência consular*, op. cit., p. XLVI.

12

Obras abandonadas

O primo Basílio ainda não havia sido terminado e já Eça escrevia as primeiras páginas de *A capital*. Apetecia-lhe ser mordaz, cruel, acutilante. Era nesta obra que ele pensava quando, em 3 de novembro de 1877, dizia a Ramalho, com um júbilo perverso, estar preparando "uma" que deixaria os poderes estupefactos.[276] Como tantas vezes sucedia, na esperança de que o outro o contrariasse, optava por falar mal do livro. Em 28 de novembro de 1878, perguntava-lhe, "Você leu o primeiro capítulo da *Capital*? Que lhe parece? A mim, pareceu-me mau; e o resto do livro, você verá, pior; é frio, é triste, é artificial; é um mosaico laborioso; pode-se gabar a correção, mas lamenta-se a ausência de vida; os personagens são todos *empalhados* e tenho-lhes tanto ódio, que se eles tivessem algum sangue nas veias, bebia-lho. Sou uma besta: *sinto* o que devo fazer, mas não o *sei* fazer."[277] Era tudo teatro. Durante meses, continuou a trabalhar, com volúpia, no romance. Planejado para 200 páginas, chegara nas 600 em 1879. Chardron tinha já 80 impressas, esperando que Eça se não demorasse a revisá-las. Ia esperar muito. E em vão.

Em janeiro de 1880, Eça decidiu tirar umas férias em Portugal. A visita, de seis meses, proporcionou-lhe alguns prazeres. A recepção, de que foi alvo, quando se deslocou, na companhia de Ramalho, a um sarau de caridade no teatro Trindade, demonstrou-lhe quão conhecido era em Lisboa. Sua entrada despertou a

---

[276] G. Castilho (org.), *Eça de Queirós: correspondência, op. cit.*, vol. I, pp. 122-4.
[277] *Ibidem*, pp. 168-175.

atenção geral. As mulheres, numerosas, examinavam-no com curiosidade. *As Farpas* já lhe tinham dado fama. Mas foi *O primo Basílio* que lhe conferira a auréola de que agora gozava.

Durante esta estada, encontrou velhos amigos, foi ao S. Carlos ouvir Borghi, jantou no Augustus e até arranjou tempo para ir ao Porto, visitar a família Resende. Emília, a irmã dos seus amigos, tinha então 22 anos, mas Eça mal reparou nela. Apesar de suas declarações, não tinha a menor intenção de sossegar. Apreciava passear, escrever, ter amantes. Afinal, o casamento podia ser adiado por mais alguns anos. Na companhia de Coelho de Carvalho, um diplomata seu amigo, parou em Verdemilho, a fim de ver a casa dos avós. Depois de terem pernoitado numa horrenda hospedaria em Ovar, decidiram ir até Coimbra, onde Eça conheceu Luís de Magalhães. De volta à capital, um grupo ofereceu-lhe um almoço de homenagem, no Montijo, a bordo do vapor *Aurora*, onde estiveram presentes, entre outros, os irmãos Bordallo Pinheiro, Alexandre Malheiro, Teixeira de Queirós, Mariano de Carvalho e Jaime de Séguier (o poeta de quem, dias antes, ele zombara em Ovar). Mas não foi isto que mais prazer lhe deu. A altas horas da noite, alguém o viu descendo a rua do Alecrim, de braço dado com Luiza, uma sevilhana que outrora trouxera da Espanha.[278]

Ao pô-lo em contato direto com os seus compatriotas, a viagem acabou por ter efeitos imprevisíveis. Eça percebeu ser mais fácil zombar dos portugueses da Inglaterra do que quando tinha de, com eles, se encontrar na rua. Igualmente agressivas, *As Farpas* não lhe tinham causado problemas, mas, ali, Eça batia nos políticos, coisa a que, tanto eles como o público, estavam habituados. Em *A capital*, pelo contrário, Eça fazia troça de uma classe, os intelectuais, que se julgava intocável.

Eça ainda tentou disfarçar os locais, mas o paralelismo entre o real e a ficção era tal que qualquer indivíduo minimamente familiarizado com a vida nacional era capaz de identificar os grupos, e até as pessoas, que surgiam no livro.[279] Perceber que Damião era decalcado de Antero não exigia grande esforço. Numa carta a Chardron, possivelmente escrita em 1878, dizia-lhe: "Estou bastante

---
[278] J. Calvet de Magalhães, *José Maria, a vida privada de um grande escritor*, op. cit., pp. 148-152.
[279] Eça transferiu para Coimbra algumas das cenas que relembram os serões de *O Cenáculo*, de Lisboa.

contente com *A capital*, ainda que receio que se repitam as acusações de escândalo, desta vez mais sérias, porque não se trata de mulheres, nem de amores, mas são pinturas um pouco cruéis da vida literária em Lisboa (jornalistas, artistas, etc)."[280] Caso levasse adiante sua idéia de publicar *A capital,* metade das pessoas com quem se dava em Lisboa deixariam de falar com ele.

Eça começou a atrasar a obra. E a pensar em outra, em seu grande romance. Em carta ao editor, de 16 de janeiro de 1881, tentava desculpar-se: "Tem V. Excia. razão a respeito da *Capital,* mas que quer? Meti-me nesta empresa dos *Maias,* que deviam ser apenas uma novela e que se tornaram um verdadeiro romance. E tenho gasto todo este tempo a trabalhar neles. Felizmente vejo para breve o fim desta obra e então, em pouco tempo, querendo Deus, *A capital* estará pronta. Porque não creia que não tenha também trabalhado nela; mas trabalho casual, que pouco adianta, os *Maias* absorveram-me. Findos eles, porém, umas poucas semanas bem aproveitadas bastarão para pôr *A capital* em termos de impressão."[281] Ou Eça não sabia o que dizia ou, o que é mais provável, estava tentando enganar Chardron.

Até que, um dia, decidiu que o romance jamais veria a luz do dia. Em carta a Ramalho, com data de 20 de fevereiro de 1881, explicava-lhe: "Interrompi *A capital*, estragando-a para sempre, creio eu, porque vejo agora que não poderei recuperar o fio de veia e de sentimento em que ela ia tratada." Em outubro de 1883, aparecera, no *Diário da Manhã,* uma cena do livro. O texto coincidia com as 80 páginas impressas, o que leva a pensar que teria sido Chardron a enviar, para o periódico, os originais, como forma de pressionar o escritor. Evidentemente, o gesto não teve o efeito esperado. Eça ainda trabalhou, durante umas semanas, em *A capital,* mas o entusiasmo inicial esmorecera. "Eles", os que, com tanto júbilo, ele havia querido destruir, tinham-no vencido. O romance podia ser muito engraçado — era —, mas Eça não tencionava transformar-se num proscrito. Muitos anos depois, Batalha Reis interrogou-o sobre os motivos da não publicação. Eça respondeu-lhe que tivera de tomar aquela decisão, pois, caso contrário, nunca mais poderia voltar a Portugal.[282] De fato, no livro, nada, nem

---
[280]J. Gaspar Simões, *Vida e obra de Eça de Queirós, op. cit.*, p. 460. Esta carta não vem incluída na correspondência organizada por Guilherme de Castilho.
[281]Ernesto Guerra de Cal, *Lengua y Estilo de Eça de Queiroz, op. cit.*, vol. I, pp. 371-2.
[282]Citado *in* J. Gaspar Simões, *op. cit.*, p. 458.

ninguém, escapava ao seu sarcasmo. *A capital* não era só uma crítica à educação romântica, mas uma caricatura impiedosa dos republicanos. E estes não se destacavam por seu senso de humor.

Em *A capital*, Eça retoma o tema de uma aprendizagem: é a história do rapaz da província que vem para a capital. Filho de um escrivão de Direito, Artur é um menino precoce, o qual, aos oito anos, já recita poemas ultra-românticos. Quando chega a época, vai estudar Direito em Coimbra, onde sofre influências que vão do *D. Jaime*, de Tomás Ribeiro, à *Vida de Jesus*, de Renan. Conhece Damião, um filósofo oriundo de uma família de proprietários, que um dia, "numa atitude de Satã rebelde", dera cinco minutos a Deus para que o fulminasse. Artur passa a admirá-lo sem reservas. Sonha ser escritor. Depois de ter dormido com uma senhora casada, arranja a meretriz mais cara de Coimbra, a Aninhas Serrana, que o trocará por um caixeiro. Não é só no amor que a vida vai mal. No primeiro ano, adoece. Depois, morre-lhe a mãe e, em seguida, o pai. Artur tem de vender tudo o que tem para poder continuar os estudos. Mas nunca conseguirá chegar a bacharel. Sem meios, tem de ir viver com umas tias, em Oliveira de Azeméis.

Um dia, estava ele na estação de Ovar, à espera de um trem para Lisboa, quando vê uma senhora com um vestido xadrez. Apaixona-se imediatamente por ela. O seu plano é, agora, ir morar em Lisboa. Mas, sem dinheiro. Tem de continuar a exercer o odiado ofício de ajudante de farmácia. Desde o dia em que a família o recolhera que se sentia infeliz: "Começou então para Artur uma vida desgraçada, em que os dias se seguiam como as páginas brancas de um livro que se vai tristemente folheando. Toda a manhã, as duas senhoras faziam a sua meia na sala, com as janelas cerradas, o soalho regado, num silêncio em que errava a sussurração das moscas." Para se vingar, imagina publicar um livro de poemas, com o sonoro título de *Esmaltes e jóias*. Torna-se amigo de um empregado da administração local, o Rabecaz, um ser boçal, cujo único mérito consistia em jogar bilhar com perícia. Artur sente alívio nesta convivência masculina, que contrasta com o ambiente doméstico, povoado pela dura tia Ricardina, pela terna tia Sabina e por um hóspede meio louco, Albuquerquesinho, que se crê almirante. Mas as conversas com Rabecaz deixam-no frustrado. Um dia, Artur decide falar-lhe de Proudhon, que ele crê ser uma referência comum. Aquele responde-lhe de forma imprevista: "Eu não sou da escola de ninguém, meu caro senhor. Eu sou uma fera, quando penso no estado a que chegou este país, sou uma fera." Sob a influência de Balzac, Artur planeja então afirmar-se através da literatura, para o que escreve um drama, *Amores de poeta,* cujo rascunho envia ao seu ex-colega Damião. Este considera a obra demasiado lírica, o que leva Artur a descrer da amizade: "Nessa noite, na Corcovada [a taberna], com o Rabecaz, foi excessivo: declamou contra os ricos, o Governo, os poetas publicados e, como todo o plebeu obscuro e literário, tornando a Monarquia, a sociedade oficial, culpadas da sua obscuridade e da sua literatura inédita, desejou uma Revolução sanguinária..." A série de infelicidades não tem fim. Tenta fundar um jornal, mas não arranja assinantes. Procura conquistar Oliveira de Azeméis, indo à missa, mas não impressiona ninguém. Candidata-se ao clube chique, mas não é admitido. Quando escreve um soneto contra um notável, toda a gente se incompatibiliza com ele.

Subitamente, Artur recebe uma herança. Pode, por fim, partir à conquista da capital. Inicialmente, tudo o deslumbra. Por recomendação de Rabecaz, vai procurar um jornalista de *O Século,* Melchior, um indivíduo que vem a se revelar um biltre. Através deste, conhecerá o deputado Carvalhosa, um tonto, e Sarrotini, um cantor menor. Hospeda-se num hotel modesto, mas, instigado pelos novos amigos, muda-se para outro, no centro do Chiado. Aqui reencontra Meirinho, seu companheiro de viagem, o qual lhe abre as portas dos salões lisboetas. Artur começa a suspeitar de que a vida que leva não o conduzirá ao ambicionado triunfo social. Descobre que a senhora do vestido xadrez vivia na rua de S. Bento, mas não ousa abordá-la. Num jantar pago por ele, lê uma parte do seu livro. A assistência só lhe presta atenção ao ouvir um trocadilho imbecil. Artur percebe que as rivalidades entre os literatos de Lisboa são terríveis.

Também a ambicionada *soirée* no salão de Joana Coutinho termina na sua humilhação. Artur sente-se rejeitado: "Como desejaria entrar naquela sala à frente de uma multidão furiosa, numa noite de revolução!" Um amigo de Damião, chamado Nazareno, leva-o a um clube republicano. Mas Nazareno, um jacobino fanático, para quem Musset era um libertino e Garrett um janota, não tarda a desiludi-lo. Artur refugia-se, de novo, no sonho. Imagina-se um revolucionário, interrogando o rei prisioneiro. O pé de Concha, uma meretriz espanhola com quem ele andava metido, desvia-o das conspirações. Notava, no clube, coisas que anteriormente lhe tinham passado despercebidas: "Não havia um único operário e todos pareciam sentir uma infinita vaidade daquele aparato de sessão, gozando a ficção parlamentar." O discurso de Matias, que andava escrevendo uma obra intitulada *Programa de organização democrática*, aborrece-o. Estava farto daqueles companheiros.

Graças à intervenção de Melchior, *O Século* noticia que o seu drama *Amores de poeta* seria dedicado ao rei. O fato, para o qual ele em nada contribuíra, teve como conseqüência sua expulsão do clube jacobino. O dinheiro estava, entretanto, acabando. Um dia, descobre que a sua Concha o engana com um exilado espanhol. Sem capacidade de reação, Artur sente-se cada vez mais deprimido: "A Sociedade desdenhara-o, a Democracia expulsava-o, o Público desprezava o seu livro, a Literatura repelia-o, o Amor ideal fugia-lhe." Para cúmulo, descobrira que a senhora do vestido xadrez era feíssima. Pensa em suicidar-se, mas, enquanto isso, recebe a notícia de que a tia Sabina, o único ser que o tratara bem, está morrendo, o que o desvia do plano. Decide regressar a Oliveira de Azeméis. Antes, não resiste a ir a um bacanal de Entrudo, no Cassino Lisbonense. Quando chega à província, descobre que a tia fora enterrada na véspera. Para seu espanto, é agora considerado um "grande homem". Junto à sepultura da tia Sabina, quer rezar, mas esquecera todas as orações. Resignado, passará o resto dos seus dias em Oliveira de Azeméis. O manuscrito, ou antes a versão que o filho organizou com base nos diversos manuscritos que o pai deixara, termina aqui. Mas provavelmente não era este o fim que Eça planejara.

Foi pena que Eça não tivesse publicado *A capital*. A obra tem personagens bem caracterizadas — Artur, Rabecaz, Melchior, Nazareno — e retrata os ambientes com a sua habitual mestria. É difícil esquecer a severidade com que é descrita a cena da instalação do clube republicano. De entre os militantes, o mais honesto ainda é o homem do *cache-nez*, o qual, a meio de uma reunião, diz a Artur: "Tudo isto é uma história. É palrar, é palrar! Não se faz nada enquanto se não deitar o Governo abaixo! Eu já disse ao Matias — eu quero ir recebedor para Belém. Eu cá sou franco..." Igualmente sombria é a apresentação da *soirée* da senhora com pretensões aristocráticas e a descrição do deboche no Cassino Lisbonense (uma vingança de Eça?). Tudo o que rodeia Artur — as anedotas porcas, os trocadilhos parvos, as frases ornamentadas — é miserável. Apesar de nos fazer rir, *A capital* é um livro triste. Artur não é o jovem ambicioso, que chega à capital destinado a vencer, mas um ser pouco dotado, a quem só acontecem desgraças. Numa palavra, Artur Corvelo não é Lucien de Rubempré.[283]

O manuscrito de *A capital* estava muito perto de estar acabado, quando Eça o abandonou. Pode-se argumentar que o deveria ter publicado, mas isso seria esquecer o seu temperamento. Eça sabia que tinha uma veia mordaz que poderia levá-lo rapidamente à marginalização. Por isso, andava sempre cuidadoso. Acontece que não conseguia resistir aos seus impulsos, o que o levava a escrever obras que, por receio, acabava por não publicar. Como se nada tivesse aprendido, ainda tinha *A capital* em cima da mesa, quando começou a escrever outra obra dificilmente publicável, *O conde de Abranhos*. O novo projeto era tão arriscado que o próprio Eça mencionara, ao editor, a hipótese de o livro sair sem a sua assinatura. Eça tinha vindo a redigi-lo, entre interrupções, nos últimos dois anos, terminando-o, de um jato, no verão de 1879, durante umas férias passadas em Dinan. Em carta dirigida a Chardron, com data de 23 de junho de 1878, dizia-lhe tratar-se "da biografia dum indivíduo imaginário, escrita por um sujeito imaginário".[284] Eça fornecia-lhe uma sinopse do enredo: "O Conde de Abranhos — um estadista, orador, ministro, presidente do Conselho, etc., etc. — que, sob esta aparência grandiosa, é um patife, um pedante e um burro. O fim do livro, pois, é, além duma crítica dos nossos costumes políticos, a exposição de pequenas estupidezes, maroteirinhas e pequices que se ocultam sob um homem que um país inteiro proclama *grande*. O Zagalo, o secretário, é tão tolo como o Ministro: e o picante do livro é que, querendo fazer a apologia do seu amo e protetor, o idiota do Zagalo apresenta-nos, na sua crua realidade, a nulidade do personagem."

Eça estava consciente da originalidade do empreendimento: "Sendo uma

---

[283] O primeiro a comparar os livros de Eça (*A capital*) e Balzac (*Illusions perdues*) foi Antônio José Saraiva, num artigo publicado no *Primeiro de Janeiro*, em novembro de 1949. Muitos anos depois, A Coimbra Martins viria a retomar o tema, num longo ensaio incluído em *Ensaios queirozianos, op. cit. A capital* tem também sido comparada com *L'Éducation sentimentale*, de Flaubert. Alguns críticos defenderam ter Eça, neste romance, tentado dar um retrato de si próprio enquanto jovem. É verdade que Eça revela alguma piedade em relação a Artur, mas isso nada prova.
[284] G. Castilho (org.), *Eça de Queirós: correspondência, op. cit.*, vol. I, p. 155-7.

biografia, o livro é implicitamente um romance: porque o Conde de Abranhos, como homem, tem paixões, casa, é enganado, bate-se em duelo, atravessa episódios grotescos ou dramáticos, etc., etc. De tal sorte que o livro é verdadeiramente um pequeno romance, apresentado sob uma forma nova, que, creio, não ter precedentes em literatura." Eça sabia que, como técnica narrativa, o livro representava uma inovação. Era, aliás, um esquema que, mais tarde, viria a retomar em *A correspondência de Fradique Mendes*.

A obra começa com uma introdução, assinada por Z. Z., dedicada à Exma. Sra. Condessa de Abranhos. Zagalo adota o estilo clássico da biografia: "Alípio Severo Abranhos nasceu no ano de 1826, em Penafiel, no dia de Natal. A Providência, por um símbolo subtil e engenhoso, fez nascer no dia sagrado em que nasceu Jesus de Nazaré, aquele que em Portugal deveria ser o mais forte pilar e o procurador mais eloqüente da Igreja, dos seus interesses e do seu reino." Segue-se a descrição da ascensão social do herói, conseguida através de ardis. Abranhos é o contrário de Artur Corvelo: onde este falha, aquele vence, mas o faz utilizando truques repugnantes. Eça permite-se brincadeiras, como a introdução de extratos de umas "Memórias Íntimas" do conde, passagens de relatórios por ele redigidos e até fragmentos de um poema escrito na adolescência, "Deus existe! Tudo o prova/ Tanto tu, altivo sol/ Como tu, raminho humilde/ Onde canta o rouxinol."

As passagens sobre a Universidade de Coimbra, já referidas, são das mais famosas do livro. Eça observara suficientemente o comportamento de colegas e de mestres para saber como funcionava a instituição. Mas não se prendeu às aparências. O que, para outros, surgia como uma coleção de traços anacrônicos era, por ele, vista como algo de funcional. Veja-se o que Abranhos dizia sobre a relação entre lentes e estudantes: "Não menos maravilhoso parecia ao Conde o sistema das relações entre o *estudante* e o *lente*. O hábito de depender absolutamente do lente, de se curvar servilmente diante da sua austera figura, de obter por meio de empenhos que a sua severidade se abrande, forma os espíritos no salutar respeito da autoridade." Ao colocar a defesa da Ordem, e dos mecanismos que a mantinham, na boca de um palerma, Eça subvertia tudo.[285]

---

[285]*O conde de Abranhos*, in *Obras de Eça de Queiroz, op. cit.*, vol. 3, pp. 319-321.

Não menos incendiária é a passagem sobre o pauperismo.[286] Zagalo conta que o conde, tendo vivido desde os onze anos com uma tia rica, não gostava de voltar à casa paterna, cheirando desagradavelmente a refogado. Pouco a pouco, à medida que subia na vida, a pobreza fora-se-lhe tornando odiosa. Por várias vezes, diz, vira ele o conde afastando com dureza os pobres que, sob o pretexto de terem filhos com fome ou de aleijados a seu cargo, lhe pediam esmola. Segundo Abranhos, existia, existiria sempre, uma hierarquia social, o que "fazia necessariamente que parte da população 'tiritasse de frio e rabiasse de fome'." Em outra época, pensara que a caridade deveria manter-se no foro privado, mas, com os anos, mudara de opinião.

Agora tinha idéias diferentes: "A caridade devia ser disciplinada, e, por amor dos desprotegidos, regulamentada: por isso, queria o asilo, o recolhimento dos desvalidos, onde os pobres, tendo provado com bons documentos a sua miséria, tendo apresentado bons atestados de moralidade, recebessem do Estado, sob a superintendência de homens práticos e despidos de vãs piedades, um teto contra a chuva e um caldo contra a fome." O conde queria adaptar, em modalidade mais dura, o esquema das *workhouses* inglesas: "O pobre devia viver ali, isolado da sociedade e não ser admitido a vir perturbar, com a expressão da sua face magra e com a narração exagerada das suas necessidades, as ruas da cidade."[287]

Mas a biografia de Abranhos continha um problema que Eça não foi capaz de resolver: a insensibilidade do conde e a estupidez de Zagalo conjugam-se para tornar a personagem central uma caricatura demasiado grosseira. Veja-se o episódio da gravidez da criada. Estava Zagalo elogiando a discrição do conde nos bordéis, quando conta que Abranhos vivera, quando estudante, numa casa de duas velhas, as Barroso, onde existia uma criadinha muito bonita, Júlia: "Tanta beleza, tão nobre, numa condição tão rasteira — a natureza compraz-se por vezes nestas irônicas antíteses — comoveram o coração de Alípio, e, uma noite

---

[286] As idéias expressas sobre o pauperismo devem ter sido inspiradas na legislação que, em 1866 e 1867, Martens Ferrão fez promulgar. Ver as portarias do Ministério do Reino com datas de 21.8.1866, 17.4.1867 e 20.7.1867. A fonte mais direta pode ter sido o texto emanado da Direção Geral da Administração Civil, 3ª Repartição, 2ª Secção (reproduzido na portaria de 17.4.1867), no qual se diz ser importante "reprimir os hábitos de mendicidade e vadiagem, extremando os verdadeiros dos falsos mendigos, obrigando estes a procurarem no trabalho próprio os meios de sustentação".
[287] *O conde de Abranhos*, in *Obras de Eça de Queiroz, op. cit.*, vol. 3, pp. 314-6.

em que a servente dormia na sua água-furtada, o jovem quintanista atreveu-se a subir, em pontas dos pés, a admirar a forma delicada, mais bela na sua camisola de estopa do que as Vênus que os artistas florentinos recostavam em coxins de seda, com rouparias de damasco..." Quando Abranhos deixara Coimbra, estava Júlia grávida de três meses. Aquele conservou-lhe uma certa estima, até ao dia em que um colega lhe escreveu, comunicando que Júlia perdera o emprego e se lançara na prostituição. Zagalo anotou: "Desde então, o nosso grande Alípio só concebeu por ela desprezo e repulsão, porque naquele nobre espírito sempre houvera o horror das miseráveis, que, esquecendo o que devem ao respeito próprio, à sociedade, à família, ao filho, vão pedir ao indolente abandono do lupanar o pão que deveriam obter das severas fadigas do trabalho." Abranhos é de tal forma destituído de qualidades que deixa de ser humano.

Previsivelmente, algumas das passagens mais negativas dizem respeito às idéias políticas do conde. Uma das suas certezas era a de que os portugueses só pela manha podiam ser governados. Para se sustentar, o regime inventara, por conseguinte, as eleições. Um cínico sem grandeza, as idéias de Abranhos são um apanhado de lugares-comuns. Segundo ele, quem mandava no país era o rei e, no Parlamento, vencia quem proferia as melhores pilhérias. Esta última conclusão derivava da sua própria experiência. Um dia, na Câmara dos Deputados, depois de um discurso no qual um deputado acusara o governo de ter ascendido ao poder através de "uma gazua", o conde dissera, num aparte: "E vós sois o ministério que se sumiu daqui por um alçapão." Uma enorme hilaridade sacudiu o hemiciclo; no dia seguinte, todos os jornais citavam a frase. Abranhos, que desejara tornar-se célebre pela cultura — tinha mesmo preparado a seguinte frase, 'Nós chamamo-nos o *Progresso* e vamos para a *Liberdade*' — ficara famoso devido a um gracejo.[288] Ao lado de Abranhos, surge uma galeria de horrores. O conselheiro Gama Torres, o patrono do jornal, era um ignorante pretensioso. Do desembargador Amado, que ascendera até o Tribunal da Relação sem se saber

---

[288] O mesmo sucedera a Artur Corvelo, quando, estando a ler em público a peça de teatro que escrevera, apenas obtém a atenção dos presentes quando um personagem profere uma frase imbecil. Um conde havia perguntado a uma marquesa, ambos figuras da peça de Artur, se ela lera um livro intitulado "Os Céus Estrelados". Gaguejando, o visconde de Freixial responderá: "A ma-arquesa e-em ques-estões de es-es-estrelados, só ovos." *A capital*, in *Obras de Eça de Queiroz, op. cit.*, vol. 3, p. 137.

como, dizia Zagalo: "Aquele deixou-se ir e chegou." Sua mulher, Dona Laura, é a beata clássica. A seu lado, aparece o padre Augusto, de quem ela "recebia a direção espiritual, as ordens, os conselhos, as admoestações e as bafuradas do hálito impregnado de alho".

Houve quem tentasse descobrir a figura que, na vida real, teria servido de base para a construção de Abranhos. Aventou-se mesmo a hipótese de ela ser Fontes Pereira de Melo. A idéia é absurda. A não ser os discursos sobre os caminhos de ferro, um tópico obrigatório entre as elites, nada os unia. O conde de Abranhos é obviamente uma figura composta. No livro, surgem, contudo, episódios claramente inspirados em acontecimentos reais. O golpe de Estado, ali mencionado, mais não é do que a importação, para a ficção, da insurreição militar de 19 de maio de 1870. Por pressentir a precariedade do Executivo, Abranhos, que fora sondado para ministro, tinha recusado o convite. Mas, enquanto o ministério durou, sofreu: "A sua ambição, como uma cobra entorpecida, fora vivamente sacudida, despertada por aquela rápida visão duma pasta e desde então não sossegava, inquieta, retorcendo-se com fúria, com as goelas escancaradas, ávidas da presa."[289] Finalmente, formou-se outro governo, no qual Abranhos obteve a pasta da Marinha. Não era o que desejava, mas sempre era alguma coisa. O principal problema residia em que Abranhos detestava o mar. Tal era a sua repugnância pela água que nunca visitara a Inglaterra, "porque sendo esse grande país dos Pitts e dos Chaucers infelizmente uma ilha, não lhe seria possível visitá-la sem embarcar". Outro obstáculo era a sua ignorância da geografia. Nunca, nem quando criança, conseguira reter aquela lista de nomes bárbaros, de rios, cordilheiras, vulcões, cabos e istmos. Das colônias, nada conhecia: considerava mesmo que Moçambique ficava na costa ocidental da África. Um dia, na Câmara, alguém lhe fizera notar o erro, ao que Abranhos respondera: "Que fique na costa ocidental ou na costa oriental, nada tira a que seja verdadeira a doutrina que estabeleço. Os regulamentos não mudam com as latitudes." Os pormenores, entendia, eram para os subalternos.

O conde de Abranhos é uma crítica feroz à classe política oitocentista. A aparente seriedade com que Zagalo exibe, tomando-as por virtudes, claras torpezas

---

[289]*O conde de Abranhos*, in *Obras de Eça de Queiroz, op. cit.*, vol. 3, p. 394.

torna o livro imensamente cómico. Sendo o livre-exame, para o conde, o grande inimigo da sociedade, a Zagalo não lhe ocorre questionar a menor linha do pensamento do mestre, o que faz com que mesmo os gestos mais condenáveis sejam, na obra, apontados como demonstração de princípios sãos. O talento de Eça consiste em fazer-nos participar de sua raiva contra a classe política através do pseudo-elogio de uma personagem desprezível. É singular que, tendo escrito o que escrevera em *As Farpas,* Eça começasse a tremer diante das repercussões da publicação do livro. Há duas explicações possíveis. Por um lado, quando redigira os opúsculos, Eça era muito novo, pelo que sentia que pouco tinha a perder. Mais importante é o fato de *O conde de Abranhos* ser infinitamente mais corrosivo que *As Farpas.* Por trás dos opúsculos, o leitor ainda sentia a pulsão reformista; por trás de *O conde de Abranhos,* só há ódio.

Além destes dois romances, existe ainda uma novela, *Alves e Cia.,* a qual, por motivos desconhecidos, Eça decidiu não publicar. Durante muito tempo, pensou-se que a mesma seria contemporânea das obras aqui mencionadas — destinar-se-ia a *Cenas da vida portuguesa* —, mas Guerra da Cal veio provar, através da análise da marca de água do papel, que aquela não poderia datar de antes de 1883.[290] De qualquer forma, o estilo está próximo do Eça de finais dos anos 1870. De todos, é este o mais imoral dos livros de Eça. Ela, Ludovina, peca, mas acaba feliz. O galã comete adultério, mas continua na firma. O marido traído acomoda-se. Portugal, um país pequeno, sem alternativas, levava ao compromisso. Daí a dificuldade em imaginar uma tragédia em solo português.

A história começa com um comerciante, Godofredo da Conceição Alves, a bramar contra a burocracia do Ministério da Marinha. Não constituía, nele, uma atitude usual, uma vez que era, de seu feitio, um bonacheirão, algo que herdara do pai que, por gosto, se fazia transportar de uma sala para outra de cadeira de rodas. Da mãe, vinha a sua faceta romântica, o que o levara, quando rapaz, a gostar alternadamente de Garrett e do Coração de Jesus. O escritório era partilhado com um sócio, Machado, um bonito jovem. Um dia, Alves chegara a casa e encontrara a mulher, Ludovina, abraçada a Machado. Decidira bater-se em

---

[290] Existe uma edição crítica desta obra. Ver L. Fagundes Duarte e Irene Fialho (orgs.), *Alves e Cia.,* Lisboa, Imprensa Nacional, 1994.

duelo e devolver a esposa ao lar paterno. Mas, antes, leu as cartas que a mulher escrevera ao amante: "Meu anjo adorado, por que não fez Deus que nos encontrássemos há mais tempo?..." "Meu amor, pensas tu naquela que daria a vida por ti?" Apesar de notar a patetice, passaram-lhe planos loucos pela cabeça.

Acabou por decidir mandar a mulher para casa do pai. O sogro, o Neto, respondeu-lhe que, visto a filha lhe ser devolvida, lhe exigia uma pensão. Por esta altura, já Ludovina estava arrependida do que fizera. Tão pouco Alves estava satisfeito. Depois da separação, levava uma vida triste. Afinal, nem duelo houvera. Os amigos, a quem ele pedira para servirem de testemunhas, tinham-no convencido a desistir do gesto, a fim de evitar o escândalo. O sócio Machado desaparecera durante uns meses. Após o seu regresso, reparou que Alves amolecera no seu ódio. De fato, este "já o podia ver sem pensar no sofá amarelo..." Na casa de Alves, era uma desolação. As criadas não lhe obedeciam e os quartos estavam um nojo. Este começou a montar um plano para fazer as pazes com a mulher, mas não conseguia descobrir um pretexto. Até que, um dia, a encontrou, por acaso, na rua. Perguntou-lhe como é que se acendia o candeeiro do escritório. Ela riu e prometeu-lhe passar por lá. Vai, beijam-se e fica. Partem, em seguida, para uma lua-de-mel em Sintra. Tudo volta ao habitual. Machado esquecera o caso. Alves estava calvo. Ludovina engordara. A firma prosperava. Tinham carruagem e, no verão, iam para Sintra. Machado casara-se: "Agora as duas famílias vivem junto uma da outra e ao lado uma da outra vão envelhecendo." Para Alves, a filosofia da vida resumia-se numa frase que gostava de repetir a Machado: "Que coisa prudente é a prudência." No final, Alves bate no ombro do sócio e ainda lhe diz: "E nós que estivemos para nos bater! A gente em novo sempre é muito imprudente... E por causa duma tolice, amigo Machado!" Este respondeu-lhe, sorrindo: "Por causa duma grande tolice, Alves amigo."

À data da morte de Eça, os três livros, *A capital*, *O conde de Abranhos* e *Alves e Cia.*, estavam para ser publicados. Durante mais de vinte anos, *A capital* e *Alves e Cia.* permaneceram no fundo de um baú, em Tormes. Por sua vez, *O conde de Abranhos* atravessara o Atlântico e por lá ficara. Na década de 1920, por ocasião das comemorações do nascimento de Camilo, o filho mais velho de Eça de Queirós, José Maria, resolveu espreitar o fundo da maleta. Apeteceu-lhe então reescrever os manuscritos que o pai deixara. Tanto *O conde de Abranhos,* quanto

A capital e *Alves e Cia.* têm, assim, uma autoria complexa, coisa que, até recentemente, os leitores não podiam perceber.[291]

Pode-se argumentar, e alguns especialistas fizeram-no, que *A capital* jamais deveria ter sido publicado, ou, se o fosse, apenas o deveria ter sido em edição diplomática.

Hoje, é impossível desfazer o que foi feito. Em 1925, a partir dos rascunhos deixados pelo pai, José Maria Eça de Queirós reviu, cortou e alterou o que bem entendeu. A obra tornou-se imensamente popular, pelo que deixou de ser possível retirá-la de circulação. A edição do romance é, como escreveu L. Fagundes Duarte, "uma obra-prima de simulação, feita em estado de quase mimetismo da parte do filho para com o pai". Pegando os fragmentos que encontrara no baú, e sem prevenir o leitor do que fizera, o filho retirou parágrafos e acrescentou outros, apresentando, no final, um texto corrido. Mais: não só não preveniu, como deliberadamente induziu os leitores em erro. Na introdução, dizia: "Todos estes manuscritos me passaram pela mão: decifrei-os, li-os, copiei-os, apresento-vos hoje ao público, textualmente com pouco mais do que uma leve revisão de pontos e vírgulas, alguma repetição eliminada, um ou outro corte, aqui e além…" Na realidade, as transformações haviam sido tão profundas que até eliminara uma das personagens.[292]

Até 1992, data do trabalho de L. Fagundes Duarte, existiam no mercado duas versões do romance, ambas não autorais, enquanto, no espólio do escritor, se encontravam fragmentos, que nem sequer representavam a totalidade do que Eça escrevera, uma vez que pelo caminho tinham desaparecido várias páginas. O projeto de uma edição crítica ficava, assim, inviabilizado. Aliás, mesmo antes

---

[291] O manuscrito, bem como a parte impressa de *A capital*, encontram-se hoje na BN, nas cxs. 5, 6 e 7, do Espólio de Eça de Queirós. Só em 1980, quando o espólio foi entregue à BN, foi possível a um investigador, L. Fagundes Duarte, ter contato com o original. O texto é constituído por vários fragmentos, redigidos entre 1877 e 1884. Infelizmente, não formam um todo, sendo um amontoado das diversas versões que Eça foi escrevendo. Escritos a lápis, alguns estão em má condição, existindo passagens completamente ilegíveis. Para uma descrição destes fragmentos, ver a entrada *(A) Capital*, in Campos Matos (org.), *Dicionário de Eça de Queiroz*, assinada por L. Fagundes Duarte. Ver também, deste mesmo autor, a edição crítica, *A capital! (começos duma carreira)*. Lisboa, Imprensa Nacional, 1992.

[292] Ver "Introdução" a *A capital*, in *Obras Completas de Eça de Queiroz*, op. cit., vol. III, p. 11. Em 1970, o texto viria de novo a ser modificado, na edição publicada, sob orientação de H. Cidade Moura, para os Livros do Brasil. Esta versão também tem suscitado objeções.

da incorporação do espólio do escritor na Biblioteca Nacional, já Guerra da Cal percebera a dificuldade: "Todo este processo de anos de trabalho num romance abortado, começado pelo menos três vezes, com crescimento crescente nas três, recopiada totalmente outras duas, emendada e refundida em mais de metade de seus capítulos, parcialmente impressa, e finalmente abandonada, deixou como documentos uma confusa pluralidade de manuscritos, provas e fragmentos que tornam manifestamente impossível organizar uma edição póstuma que honesta e satisfatoriamente se possa pôr em mãos do leitor comum, sem pecar contra o respeito devido à vontade e à memória do seu autor." Sua conclusão era peremptória: as edições existentes não podiam ser aceitas como parte legítima do cânon Queirósiano. Quanto ao trabalho que o filho fizera sobre os manuscritos, eis o que dizia: "Infelizmente, o filho do escritor atreveu-se a executar uma tarefa de refundição e, o que é mais para lamentar, sem advertir os leitores, ou os estudiosos, da localização e da extensão das fusões, cortes, supressões e aditamentos que o seu zelo o obrigou a realizar." Guerra da Cal suspeitava, com razão, que, na refundição, as partes que poderiam causar mais "escândalo moral" ou "escândalo político" haviam sido as que mais expeditamente teriam sido cortadas. E concluiu: "Carecemos até agora do conhecimento pormenorizado da exata medida a que chegaram os extremos desta ilícita intromissão da personalidade literária do filho no texto da obra do pai. Todavia, sabemos que essa intromissão foi muito para além do permissível, na entusiasta, mas equivocada, empresa de dar coerência unitária a um conjunto de originais discrepantes de uma narração que Eça deixou inacabada e com várias redações preparatórias contraditórias."[293]

Fagundes Duarte foi o primeiro especialista a ter acesso aos originais hoje existentes na Biblioteca Nacional. Como explicou, era impossível extrair, dos manuscritos, uma obra acabada, quer em termos estilísticos, quer em termos de seqüência narrativa. Se, para cinco páginas de texto autógrafo, tivera de fazer 101 variantes, para as 759 páginas do romance teria de introduzir 15 mil! Optou, assim, por apresentar um texto misto, colocando, nos lugares em que o autógrafo era lacunar, as passagens da edição *vulgata*, indicando que estava a fazê-lo. Pelo menos, os leitores sabem hoje que, ao abrirem *A capital*, não têm diante de si um livro redigido por Eça.

---

[293] Guerra da Cal, *Lengua y Estilo de Eça de Queiroz*, op. cit., Tomo I, p. 376.

Também *O conde de Abranhos* faz parte dos manuscritos que o filho decidiu editar, em 1925. Neste caso, o inédito não se encontrava dentro do baú, mas viera, no ano anterior, do Brasil, onde José Vasco Ramalho Ortigão, filho de Ramalho, o encontrara entre os papéis de seu pai. Eça, ou, mais provavelmente, a família, entregara o manuscrito a Ramalho, para este o revisar, e, quando Ramalho morreu, o manuscrito ficara misturado entre os seus papéis. Ao contrário de *A capital,* este texto (originalmente sem título) é legível e está completo. Mas existem problemas de autoria, uma vez que, de novo, o filho decidiu introduzir modificações, sem disso prevenir o leitor. Suprimiu, por exemplo, o episódio, relativo à pesca, que aparecia no final do manuscrito, tendo ele próprio redigido um final apócrifo, de cinco parágrafos, usando frases que pertencem à introdução e outras da sua autoria. Todas as correcções feitas por José Maria Eça de Queirós estão contaminadas por sua ideologia, como o demonstra o prefácio: "Este (...) não é propriamente um livro: é antes o esboço dum livro, esboço quanto à forma, mas sobretudo quanto à composição. Pressente-se logo, ao lê-lo, tudo quanto nele seria mais tarde modificado, refundido, quando não eliminado, e que os caracteres, passando pelo crivo apertadíssimo da revisão do autor, tomariam um aspecto mais equilibrado, mais moderado, perdendo o que possam ter de excessivo no ridículo ou exagerado na perversidade." Para o que nos interessa, o interessante vem a seguir, quando ele especula sobre os motivos que teriam levado Ramalho à não publicação do manuscrito: "Ramalho viveu aqueles tempos felizes, em que a vida era fácil, simples, sem choques violentos, em que a honorabilidade era uma virtude corrente e os homens, nem muito bons, nem muito maus, viviam em paz, sem ambições desmedidas, dentro dos limites duma estimável mediania moral. *O conde de Abranhos,* então com o seu excesso crítico, o seu exagero caricatural teria destoado: o personagem constituiria uma excepção, uma anomalia, ia a dizer, uma anormalidade. (...) Hoje, porém, os tempos mudaram e a leitura de *O conde de Abranhos* sugere-nos esta observação paradoxal: com o passar dos anos, o livro ganhou actualidade. (...) Com a decadência dos nossos costumes políticos, com o abaixamento do nível moral e intelectual dos nossos homens públicos, *O conde de Abranhos,* de ano para ano, vai tomando foros de exatidão psicológica: a caricatura toma o valor de uma fotografia, a 'charge' transforma-se num retrato fiel." José Maria Eça de Queirós, um monárquico ferrenho, recusava-se a admitir que o conde, que seu pai inventara, pudesse ser uma figura saída da classe política do regime derrubado. Na sua opinião, o pai delineara, *avant la lettre,* um republicano! Era esta, aliás, a razão que finalmente convencera o filho da necessidade da publicação: "Assim, tendo desaparecido a desproporção entre o personagem e a realidade — ou antes, tendo a realidade descido ao nível do personagem —, cessam as razões de ordem artística ou moral [note-se este último termo] que se possam ter oposto, noutros tempos, à sua publicação." Ou seja, durante anos, Ramalho e José Maria Eça de Queirós decidiram-se pela não publicação do livro, por não suportarem a idéia de que uma tal personagem pudesse ficar associada à monarquia.

Alves e Cia. foi igualmente publicado em 1924. Como *A capital* e o *Conde de Abranhos*, foi revisto pelo filho. Numa nota prévia, este dá conta da ausência de elementos sobre a novela: "Hoje, porém, no momento de lançar aos braços dos leitores e da Crítica este quarto volume, reconheço desconsoladamente que não tenho nada a dizer: *Alves e Cia.* não tem história. *Alves e Cia.* não se explica. Não se sabe de onde veio, nem de quando data. Não se sabe sequer o título que o autor lhe destinava." Contava que o manuscrito lhe aparecera, numa tarde de 1924, na mala de ferro, "onde dormiam, há mais de um quarto de século, os originais inéditos de meu Pai". Eram 150 folhas soltas, sem título nem data, cobertas com uma letra vertiginosa, sem uma correção. Por conseguinte, devia tratar-se de um rascunho que Eça teria abandonado, sem que saibamos os motivos.

As obras póstumas de Eça não poderiam ter ficado em piores mãos. Se não houvesse outras razões, bastaria esta para desejarmos que ele os tivesse publicado em vida. Em vez de temer a fúria dos contemporâneos, Eça deveria ter receado a incúria dos amigos e o zelo dos descendentes. Não tendo ousado a publicação, sujeitou-se a que a sua prosa fosse estropiada por outros. Por mais que gostemos de *A capital*, *O conde de Abranhos* ou de *Alves e Cia.*, estes livros não são de Eça. Ou antes, tiveram a colaboração, indesejada, do seu filho mais velho.

13

Um conto fantástico

No verão de 1880, acompanhado da sua amante, Eça passou mais umas férias em Angers. Durante estes anos, Eça pouco veio a Portugal. Os amigos não o chamavam, a família continuava distante, a vida política parecia-lhe desinteressante.

O novo governo, liderado por Anselmo José Braamcamp — o rei concordara finalmente em viver sem Fontes Pereira de Melo —, tinha-se deixado envolver numa polêmica com a Inglaterra à volta do porto de Lourenço Marques, o que causou alguma agitação popular. Eça preferiu as doçuras do norte da França. Instalado no Hotel du Cheval Blanc, vinham-lhe desejos de fantasia. Aos 35 anos, estava farto da "realidade". O que desejava era colocar, no coração de uma porteira, o idealismo de Ofélia e pôr, na boca dos camponeses, a linguagem de Bossuet. Um dia, talvez voltasse a aceitar as exigências da verossimilhança. Por ora, queria outra coisa. Sem pensar duas vezes, pegou a famosa história do chinês morto por uma campainha e, num dia doce e calmo, começou a escrever *O mandarim*.[294]

Eis o resumo do enredo. Estando o lisboeta Teodoro a ler uma obra que comprara na Feira da Ladra, toma conhecimento de que, nos confins da China,

---

[294] Antes de sair em livro, em 1881, Eça publicou parte da história em folhetins. Em 7 de julho de 1880, aparece, em *O Diário de Portugal,* o primeiro folhetim de *O mandarim,* que terminaria no dia 18 desse mês. Envergonhado com as promessas, frustradas, que fizera ao seu amigo Lourenço Malheiro, dono do periódico — de quem, aliás, recebera dinheiro adiantado por *Os Maias* — Eça decidiu enviar-lhe este escrito.

existia um mandarim "mais rico do que todos os reis de que a fábula ou a História contam", cuja fortuna poderia ser sua, caso ele tocasse uma campainha, gesto que provocaria a morte do estrangeiro. Ainda ele não acabara de ler e já a campainha aparecia, enquanto uma "voz insinuante e metálica", a do Diabo, o convidava a usá-la. Teodoro gostava de ser rico, mas, dado que também apreciava a rotina da vida pequeno-burguesa, a escolha não era simples: "A vida humilde tem doçuras: é grato, numa manhã de sol alegre, com o guardanapo ao pescoço, diante do bife de grelha, desdobrar o *Diário de Notícias*; pelas tardes de Verão, nos bancos gratuitos do passeio, gozam-se suavidades de idílio; é saboroso, à noite no Martinho, sorvendo aos golos um café, ouvir os verbosos injuriar a pátria..." Mas a expectativa do pecúlio acabou por vencê-lo. Todos os hóspedes ouviram o tinido da campainha. Nas estepes chinesas, Ti-Chin-Fu morria.

Milionário, Teodoro ficou com Lisboa a seus pés. Desfrutou todos os prazeres possíveis. Sem que o esperasse, sua consciência começou a perturbá-lo. Rezou, mandou dizer missas, viajou, mas o sentimento de culpa não desaparecia. Até que, numa manhã, "à hora em que nas trevas da alma do debochado se ergue uma vaga aurora espiritual", decidiu expiar o crime. De túnica de brocado azul-escuro, partiu: "E, pelas misteriosas correlações com que o vestuário influencia o caráter, eu sentia já em mim idéias, instintos chineses: o amor dos cerimoniais meticulosos, o respeito burocrático das fórmulas, uma ponta de ceticismo letrado; e também um abjeto terror do imperador, o ódio ao estrangeiro, o culto dos antepassados, o fanatismo da tradição, o gosto das coisas açucaradas..."

Uma vez instalado em Pequim, o desejo de expiação amoleceu. Teodoro apreciava a vida da cidade imperial. Gostava de conversar, sobre a magreza de Sarah Bernhardt, com uma senhora loura. Tornou-se amigo do embaixador russo. Até que um dia, recorrendo a todas as suas energias, partiu para o interior da China. Assaltado por um bando de selvagens, é dado como morto. Não fora a missão religiosa, que o abrigou, e por ali teria ficado. Finalmente, regressou a Pequim, penetrado de um ódio vesgo pela raça chinesa. A idéia de devolver a fortuna ficou logo esquecida. Seu único desejo era voltar a Portugal. Mas, em Lisboa, o fantasma de Ti-Chin-Fu reapareceu. Ele bem tentou afastá-lo, mas tudo se revelou inútil. No testamento feito ao Demônio, Teodoro deixava a seguinte mensagem: "Só sabe bem o pão que dia-a-dia ganham as nossas mãos: nunca mates o mandarim." Quando pensávamos ser esta a moral da história, surge outra, e oposta: "E todavia, ao expirar, consola-me prodigiosamente esta idéia: que do norte ao sul e do oeste a leste, desde a Grande Muralha da Tartária até as ondas do mar Amarelo, em todo o vasto Império da China, nenhum mandarim ficaria vivo, se tu, tão facilmente como eu, o pudesses suprimir e herdar-lhe os milhões, ó leitor, criatura improvisada por Deus, obra má de má argila, meu semelhante e meu irmão." É em nota baudelairiana que termina *O mandarim*.[295]

O conto, na sua versão reduzida, foi publicado, durante o mês de julho de 1880, em folhetins no *Diário de Portugal*. Com um acréscimo de seis capítulos, seria lançado, em livro, no ano seguinte. Inevitavelmente, os discípulos realistas de Eça sentiram-se traídos. A crítica mais feroz apareceu no jornal republicano, *A Vanguarda*, onde Reis Dâmaso demolia Eça: "Este livro veio a público recomendado pela fama do seu festejado autor, fama justamente adquirida pelos admiráveis trabalhos, 'Crime do Padre Amaro' e 'Primo Basílio'. Mas é exatamente nisto que está o grande abuso literário de Eça de Queirós, porque os seus trabalhos anteriores e o seu bom nome não o autorizam a renegar dessa literatura a que ele deve toda a sua glória, arremessando às faces do público, que ainda há pouco o aplaudia com entusiasmo, um livro que está muito abaixo do seu formosíssimo talento."[296] O sequaz de Teófilo Braga acusava ainda Eça de plágio: *O mandarim* teria sido copiado do *Le Nabab*, de Daudet.[297] Muitos anos se passariam, sem que alguém se voltasse a interessar pela autenticidade de *O mandarim*. Em 1963, num ensaio erudito, Coimbra Martins defendia Eça da acusação.[298]

Em 1884, sem que disso tivesse dado conhecimento a Eça, Oliveira Martins

---

[295]Ver o poema com que abre *Les Fleurs du Mal*, de Baudelaire, que termina da seguinte forma: "Hypocrite lecteur, — mon semblable, — mon frère!"
[296]Citado em J. Gaspar Simões, *Vida e obra de Eça de Queirós, op. cit.*, p. 485.
[297]A polêmica ficou contudo submersa diante do espanto que o novo livro de Camilo, *A corja*, provocou.
[298]A. Coimbra Martins, "O Mandarim Assassinado", in *Ensaios queirozianos*, Lisboa, Europa-América, 1967, pp. 9-267. Este estudioso apresentava a genealogia do dilema contido na história do mandariam, a qual remontaria, pelo menos, ao século XVIII: o Tin-Chin-Fu seria afinal um primo afastado de *Le Mandarin Kinchifuu*. Provavelmente, nem teria sido nele que Eça se teria inspirado, mas em *O gênio do cristianismo*, de Chateaubriand (parte I, do livro VI, cap. II). Aliás, a sombra do chinês erguia-se onde menos se esperava, como, em *Le Père Goriot*, por trás da proposta que Vautrin faz a Rastignac. À época, tanto Silva Pinto como Sampaio Bruno também abordaram a questão.

enviara uma cópia de *O mandarim* para uma revista francesa, onde ele costumava colaborar, a *Revue Universelle Internationale*, de Paris.[299] A direção, da qual fazia parte Ladislas Mickiewicz, o filho do famoso poeta polaco, aceitou a publicação da novela, em folhetins, tendo solicitado a Eça que escrevesse um prefácio. Nele, Eça aproveitou para se explicar: "Publicareis, senhor, uma obra bem modesta da nossa literatura e que se afasta consideravelmente da corrente moderna da nossa literatura, que se tornou, nestes últimos anos, analista e experimental; e, no entanto, pelo próprio fato de esta obra pertencer ao sonho e não à realidade, pelo próprio fato de ela ser inventada e não observada, caracteriza fielmente, segundo penso, a tendência natural, a mais espontânea do espírito português." Eça explicava ao público francês que, não obstante muitos jovens andarem afanosamente estudando a natureza, fazendo esforços para incluir em seus livros a maior soma de realidade possível, os portugueses se mantinham "muito líricos". Uma bela frase agradar-lhes-ia sempre mais do que uma palavra exata. Neste prefácio, Eça tão depressa usa a primeira como a terceira pessoa do plural: em algumas passagens, parece querer distanciar-se dos portugueses, utilizando a terceira pessoa, mas em outras, a maioria, escreve como se estivesse envolvido: "Ou temos os olhos lançados em direção às estrelas, deixando que até elas se erga lentamente o murmúrio do nossos corações; ou, se deixamos cair o nosso olhar em direção ao mundo que nos rodeia, é para dele nos rirmos com amargura." Em Portugal, dizia, os dramas tinham sido sempre irrealistas. Só após a importação das modas literárias francesas, os portugueses haviam deixado de olhar o "céu" para passar a olhar a "rua". O processo era recente: "Em honra das letras modernas portuguesas, tentávamos meter nessas obras muita observação, muita humanidade; mas acontecia que, ao estudar conscienciosamente o nosso vizinho, o pequeno rendeiro ou o pequeno empregado, começássemos a sentir saudades do tempo em que era permitido, sem ser apelidado de obsoleto, cantar os belos cavaleiros ostentando armaduras reluzentes." À menor oportunidade, o artista desertava da realidade: "Eis a razão pela qual, mesmo após o naturalismo, nós ainda escrevemos contos fantásticos, dos verdadeiros, daqueles em que apare-

---

[299] A edição francesa não foi famosa. Além da tradução ser deficiente, alguns capítulos saíram truncados, outros, fora da ordem.

cem fantasmas e em que podemos encontrar ao canto da página o Diabo, o amigo Diabo, esse terror delicioso da nossa infância católica." Eça vingava-se das horas passadas com o conselheiro Acácio.

A questão da influência da França na literatura nacional, assunto que sempre preocupou Eça, era mencionada na carta que, em 10 de maio, enviava a Oliveira Martins: "A tua carta de *Viriato*[300] é, além do que diz de mim, excelente em todos os pontos. A nossa arte e a nossa literatura vêem-nos feitas de França, pelo paquete, e custam-nos caríssimo com os direitos de alfândega. Eu mesmo não mereço ser excetuado da legião melancólica e servil dos imitadores. Os meus romances, no fundo, são franceses, como eu sou, em quase tudo, um francês, exceto num certo fundo sincero de tristeza lírica que é uma característica portuguesa, num gosto depravado pelo *fadinho* e no justo amor do bacalhau de cebolada." Nesta carta, Eça mencionava a forma como a sua condição social o limitava. Retoricamente, perguntava a Oliveira Martins: "Como é feito por dentro o português de Guimarães e de Chaves?", dando logo a sua resposta. "Não sei."[301] Como dizia, isto era um defeito para quem se via como um escritor realista. Afinal, um burguês apenas poderia falar sobre a burguesia? Assim se interrogava Eça em 1884.

De volta a Bristol, a realidade veio ter com ele na forma de *Os Maias*.

Pela primeira vez, Eça ia retratar um meio socialmente elevado, com velhos fidalgos, banqueiros milionários e políticos influentes. Em 3 de junho de 1882, durante outras férias em Angers, Eça mencionara, a Ramalho, a sua insatisfação com *Os Maias*: "Eu não estou contente com o romance: é vago, difuso, fora dos gonzos da realidade, seco e estando para a bela obra de arte como o gesso está para o mármore." Confessava: "Tem aqui e ali uma página viva e é uma espécie de exercício, de prática, para eu depois fazer melhor." No meio da carta, confessava-lhe andar deprimido: "O que não vai bem, todavia, é a saúde. A nevrose está comigo, creio eu. O tempo chegou em que a vida para mim, a não ser que eu a queira estragar de todo, deve ter um regime: e você sabe, ou pressente, quanto

---
[300] Viriato era o pseudônimo com que Oliveira Martins assinava os artigos que enviava para a *Revue Universelle*. Ver carta de Eça a Oliveira Martins, datada de 10.5.1884, *in* G. de Castilho (org.), *Eça de Queirós, correspondência, op. cit.*, vol. 1, p. 225.
[301] *Ibidem*, pp. 225-7.

é triste entrar-se dentro de um regime. Enfim, cada questão de saúde é longa e eu não tenho aqui tempo para queixumes." Mas a carta continuava cheia de queixumes: "O que me incomoda mais é uma falta de alegria, de espaço e de ar diante de mim e aquela atmosfera de esperança e desejo que azula o futuro; vejo tudo pardo, má condição para trabalhar. Enfim, a vontade é o grande instrumento e possa Deus conservar-mo forte e firme na mão." Numa época em que a expectativa de vida não era a de hoje, e tendo em conta que ele provinha de uma família onde vários membros tinham sido atingidos pela tuberculose, era natural que pensasse na morte. Em mais de uma ocasião, Eça terá conjeturado quanto tempo teria à sua frente.

14

O outro Eça

Afirmar que Eça foi um romancista excepcional é um lugar-comum. Já o é menos argumentar ter ele sido um grande jornalista. Mas foi. E em nenhum jornal tanto quanto na *Gazeta de Notícias,* do Rio de Janeiro.[302] Eça teria começado a escrever artigos por dinheiro, mas fê-lo com um tal brio que é evidente que retirava prazer do exercício. O jornalismo obrigava-o a estar atento ao que o rodeava, excitava-lhe a imaginação e, no meio de um romance, servia-lhe de descanso. Em Bristol, tinha suficiente tempo livre para se dedicar a ambas as atividades. Num artigo, de dezembro de 1880, Eça fala-nos dos passeios pelas margens do Severn, mágicos para quem escrevia: "Caminha-se numa luz ligeira, de um dourado triste, de um enternecimento quase magoado: o verde das relvas sem fim que se pisam, verde repousado e adormecido sob as grandes ramagens das árvores seculares e aristocráticas, solenes, isoladas, imóveis num recolhimento religioso, leva a alma insensivelmente para alguma coisa de muito alto e de muito puro; há um silêncio de uma extraordinária limpidez, como o que deve haver por sobre as nuvens, um silêncio que não existe na paisagem dos climas quentes, onde o labor incessante das seivas muito forte parece fazer um vagos rumorido (*sic*), um silêncio que pousa no espírito com a influência de uma

---

[302]Este importante periódico era muito lido entre a colônia portuguesa, o que explica que os seus artigos tivessem eco em Lisboa. Fora fundado, em 1875, por José Ferreira de Araújo, um português, e contava entre os seus colaboradores nomes como Machado de Assis, Olavo Bilac, Ramalho, Eça e Oliveira Martins.

carícia."[303] Na realidade, o trabalho render-lhe-ia mais aqui do que em qualquer outra cidade.

Eça começou a escrever para o periódico brasileiro no verão de 1880. Em junho, publicava o seu primeiro artigo, seguido, em agosto, de outro.[304] Num deles, citava Disraeli — "No mundo só há de verdadeiramente interessante Paris e Londres e todo o resto é paisagem" — frase que, mais tarde, adaptará em *Os Maias*. Escandalizava-se com o fato de, nove anos depois da Comuna, o governo francês ainda pretender reprimir as manifestações que os trabalhadores estavam planejando para o cemitério do Père Lachaise. Falava de Flaubert, morto pouco antes. Segundo ele, ninguém teria penetrado com tanta sagacidade "os motivos complexos e íntimos da ação humana, o sutil mecanismo das paixões, o jogo do temperamento no meio social". Embora reconhecesse virtudes em *A educação sentimental,* preferia *Madame Bovary*, livro no qual Flaubert teria conseguido "pintar, numa larga ação, a fraqueza dos caracteres contemporâneos amolecidos pelo romantismo, pelo vago dissolvente das concepções filosóficas, pela falta dum princípio seguro que, penetrando a totalidade das consciências, dirija as ações". No segundo artigo, escrito a 17 de agosto, falava de Gambetta. Na sua opinião, este político teria tomado a iniciativa de anistiar os *communards* não por compaixão, mas por reconhecer que a burguesia já não era um "terreno suficientemente sólido para edificar nele uma fortuna política". Longe de ser um ato de reconciliação, a anistia mais não era, na opinião de Eça, do que "uma astuta manha do ditador, para não ser perturbado na lenta jornada que o vai levando à presidência da República, se não a um cesarismo jacobino". Em seguida, criticava a expulsão dos jesuítas na França não por simpatia por eles, mas por considerar o gesto insensato: "Os republicanos que hoje governam, riam, quando o império imaginava extinguir o socialismo, dispersando a Internacional; e recaem no mesmo erro, pensando aniquilar o clerica-

---

[303] "O Inverno em Londres", artigo de 3 de dezembro de 1880, *Cartas de Inglaterra, in Obras de Eça de Queiroz, op. cit.*, vol. 2, pp. 514-5.
[304] O primeiro artigo vem datado, pelo próprio Eça, de 6.6.1880. Tem como título "Paris e Londres; o aniversário da Comuna; Flaubert". O segundo, intitulado "Os duelos; a anistia; Gambetta; Rochefort; os jesuítas", é de 17.8.1880. Incompreensivelmente, estes dois artigos foram publicados não em *Cartas de Inglaterra*, mas em *Ecos de Paris*. A coletânea, organizada por Luís de Magalhães, não oferece ao leitor indicações do local da publicação, nem das datas. O livro surgiu, sob a chancela da Lello, em 1905.

lismo com o encerramento de três conventos de jesuítas." Eça tinha amadurecido.

Entre 27 de setembro e 24 de outubro de 1882, Eça publicou uma série de artigos que constituem a sua obra-prima. A inteligência, a lucidez e a beleza de "Os ingleses no Egito" jamais foram excedidos.[305] A compreensão dos escritos exige, contudo, alguma informação histórica.[306] Durante as décadas de 1860 e 1870, a dívida externa egípcia tinha vindo a aumentar. Em abril de 1874, repetindo o que a Turquia tinha feito sete meses antes, o Egito declarava-se falido. Se a Turquia podia prosseguir sozinha o seu destino, o Egito, situado no caminho para a Índia, não podia. Como Palmerston tinha previsto, uma vez construído o canal, os assuntos egípcios passaram a ser de interesse vital para o Império Britânico. O controle anglo-francês tinha-se instalado e, com ele, o aumento dos impostos. Forçado ao exílio pelas potências, o soberano egípcio, Ismail, entregou o poder a seu filho, Tewfik. Os militares começaram imediatamente a conspirar. Embora composto por diversas correntes, o movimento acabou por se centrar na pessoa do coronel Arabi. A Europa olhou-o com desprezo.

Gladstone não queria intervir, preferindo que o sultão turco se encarregasse de restaurar a ordem, uma política a que os franceses se opunham. A partir de dezembro de 1881, Gladstone, um antiimperialista, passou a ter, como parceiro, um ultrapatriota, Gambetta. A situação complicou-se. Tudo acabou com o ultimato das duas nações ao Egito. Enquanto o nacionalismo se ia enraizando no Oriente Médio, as posições das potências endureciam. A Inglaterra e a França acabariam por enviar uma frota conjunta para a Alexandria. Poucos dias após os navios ali terem chegado, ocorreu um motim, durante o qual morreram vários europeus. Os ingleses, que suspeitavam de negociações secretas entre os fran-

---

[305] A coletânea *Cartas de Inglaterra*, onde estes artigos vêm incluídos, foi organizada por Luís de Magalhães. O critério de organização parece ter sido o cronológico, mas a seqüência está desordenada. Magalhães recebeu cópias dos artigos de Eça através de um co-proprietário do jornal. Nesta, como nas posteriores coletâneas organizadas por Magalhães, surgem disparidades entre os textos publicados e os do jornal. Há ainda o problema, que já se punha em vida de Eça, da fidedignidade com que foram impressos os manuscritos. Como se sabe, a letra de Eça era difícil e a sua pontuação pessoalíssima. Além disso, na época os jornais não se preocupavam em imprimir rigorosamente os textos. Só uma edição crítica poderá fixar devidamente os textos. As *Cartas de Inglaterra* foram lançadas em 20.6.1905. As datas dos artigos são as seguintes: 27.9, 28.9, 29.9, 13.10, 17.10 e 24.10.1182.
[306] Para este relato, utilizei sobretudo o livro de Peter Mansfield, *A History of the Middle East*, op. cit.

ceses e os egípcios, temeram o pior. Em 19 de julho de 1882, o almirante inglês na Alexandria disse a Arabi que bombardearia a cidade, se ele não mandasse parar a edificação das fortificações em curso.

Os egípcios não aceitaram o ultimato. Durante dez horas consecutivas, os ingleses bombardearam Alexandria. Os navios dirigiram-se, depois, para Porto Said. O canal foi fechado. Na batalha de Tel el-Kebir, em 13 de setembro de 1882, do lado britânico, morreram 57 soldados e 52 foram dados como desaparecidos; do lado egípcio, morreram ou desapareceram dez mil. Arabi teve de se render. A autoridade do quediva foi restaurada. Num decreto lacônico, o Exército egípcio era declarado extinto. O Cairo foi ocupado pelos ingleses.

Foi sobre este conflito que Eça escreveu. O primeiro artigo começa pelo bombardeamento de Alexandria. Eis a abertura: "Até há cinco ou seis semanas, Alexandria podia ser descrita no estilo convidativo dos *Guias* dos viajantes, como uma rica cidade de 250.000 habitantes, entre europeus e árabes, animada, especuladora, próspera, tornando-se rapidamente uma Marselha do Oriente. Nenhum *Guia*, porém, por mais servilmente lisonjeiro, poderia chamar-lhe interessante." O tom, sombrio, era propositado: "Todavia, tal qual era, Alexandria, com a sua baía atulhada de navios mercantes e de navios de guerra; com os seus cais, cheios de fardos e de gritaria, os seus grandes hotéis, as suas bandeiras flutuando sobre os consulados, os seus enormes armazéns, os seus centenares de tipóias descobertas, os seus mil café-concertos e os seus mil lupanares; com as suas ruas, onde os soldados egípcios, de fardeta de linho branco, davam o braço à marujada de Marselha e de Liverpool, onde as filas de camelos, conduzidas por um beduíno de lança ao ombro, embaraçavam a passagem dos tramueis americanos, onde os xeques, de turbante verde, trotando nos seus burros brancos, se cruzavam com as caleches francesas dos negociantes, governadas por cocheiros de libré, Alexandria realizava o mais completo tipo que o mundo possuía duma cidade levantina e não fazia má figura, sob o seu céu azul-ferrete, como a capital comercial do Egito e uma Liverpool do Mediterrâneo. Isto era assim, há cinco ou seis semanas. Hoje, à hora em que escrevo, Alexandria é apenas um imenso montão de ruínas." Eis Eça como repórter de guerra.

O tema tinha tudo para excitar a sua imaginação. Depois de mencionar o endividamento do país, o envio dos couraçados e o fato de o quediva ter se declarado vítima de um *pronunciamento*, falava de Arabi. Contava como este se apresentara no palácio "e depois do salamaleque que, na etiqueta turca, consiste em beijar devotadamente a aba da sobrecasaca do quediva (...) lembrou a Sua Alteza a necessidade de fazer reformas, algumas puramente militares e em proveito dos coronéis, outras políticas, para bem da grande populaça felá, e tão largas que constituíam uma mudança de regime". O quediva convidou-o a ele, e aos oficiais que o acompanhavam, para jantar, após o que os mandou prender. Assim terminava o primeiro artigo.

No segundo, Eça falava da desforra de Arabi, do programa dos felás, da chegada das esquadras. Como mais tarde Nasser, Arabi desejava mais autonomia para o seu povo. Devido ao fato de ser um felá, ninguém o levara a sério. Mas ele não era, como Eça reconhecia, um felá qualquer, mas um soldado que ganhara os seus galões nos campos de batalha. Em vez de tentar perceber o que ele queria, a Europa decidiu apresentá-lo como um soldado indisciplinado: "Toda a revolução dirigida por coronéis é justamente suspeita ao nosso moderno espírito europeu; mas Arabi é um egípcio; e no Egito, onde o povo felá, apesar de tão inteligente como qualquer das nossas plebes, é pouco mais que uma irresponsável horda de escravos, e onde o exército constitui a classe culta, a obra de progresso tem necessariamente de ser feita pelo soldado. Na Europa, porém, não se sabe isto, ou, antes, finge-se que não se sabe." Eça não negava que Arabi fosse diferente: "Decerto, Arabi não é um Mazzini nem um Luís Blanc. É um árabe do antigo tipo, que apenas leu um livro, o Alcorão. Mas, como homem, possui qualidades de inteligência, de coração, de caráter, que não ousam negar aqueles mesmo que o estão combatendo tão brutalmente. E, como patriota, está à altura dos grandes patriotas." Na Inglaterra, a opinião pública era profundamente hostil a Arabi. A posição de Eça era original: "Este é o primeiro [egípcio] que entendeu que Alá, apesar de grande e forte, não pode atender a tudo, e que, portanto, se resolveu a tirar a espada em nome do felá, contra a opressão coligada dos paxás turcos e dos agiotas cristãos."

O terceiro artigo debruçava-se sobre o bombardeio de Alexandria. A notícia fora apresentada à Europa como se se tratasse de uma retaliação, ocorrida na seqüência de um massacre de cristãos pelos árabes. Eis o que Eça tinha a dizer sobre o assunto: "Na manhã do dia 11, na Rua das Irmãs, uma das mais ricas do bairro europeu, um inglês, por um velho hábito, deu chicotadas num árabe; mas, contra todas as tradições, o árabe replicou com uma cacetada. O inglês fez fogo com um revólver. Daí a pouco, o conflito entre europeus e árabes, em pleno furor, tumultuava por todo o bairro... Isto durou cinco horas, até que, por ordens telegrafadas do Cairo, a tropa, até aí neutral, acalmou as ruas. E o resultado, bem inesperado, mas compreensível, desde que se sabe que os árabes só tinham cacetes e que os europeus tinham carabinas, foi este: perto de cem europeus mortos, mais de trezentos árabes dizimados. Os jornais têm chamado a isto o *massacre dos cristãos*: eu não quero ser por modo algum desagradável aos meus irmãos em Cristo, mas lembro respeitosamente que isto se chame a *matança dos muçulmanos*." Lembrando-se do que vira, quando por lá passara, chamava a atenção dos leitores para a antigüidade da civilização árabe: "O Árabe de modo nenhum se julga inferior a nós; as nossas indústrias, as nossas invenções, não o deslumbram; e estou mesmo que, do calmo repouso dos seus haréns, o grande ruído que nós fazemos sobre a Terra lhe parece uma vã agitação." No tempo de Maomé Ali, "quando o Egito era uma bárbara província turca e os europeus chamados eram homens de saber especial c de integridade", a presença dos estrangeiros trouxera benefícios à região. Com o correr dos anos, a situação alterara-se.

No quarto artigo, Eça argumentava que a Inglaterra precisara do motim como justificativa: "E assim ela [a Inglaterra] rejubilava com a chegada desse dia tão apetecido, tão pacientemente esperado desde o começo do século, tão ansiosamente espiado desde a abertura do canal do Suez, em que teria enfim um pretexto para assentar na terra do Egito o seu pé de ferro, essa enorme pata anglo-saxônica, que, uma vez pousada sobre território alheio, seja um rochedo como Gibraltar, uma ponta de areia como Adem, uma ilha como Malta, ou todo um mundo como a Índia, nenhuma força humana pode jamais arredar ou mover." Para a opinião pública, não se tratava de resgatar o quediva ou de vingar os cristãos mortos, mas pura e simplesmente de salvar a Europa: "E estas nobres palavras significavam, despidas dos seus atavios humanitários, que a Inglaterra, sob o pretexto de pacificar o Egito, desembarcaria em Alexandria, ocuparia por motivo de operações militares Porto Said e Suez, as duas portas do canal e depois, depois, nunca mais, nesses pontos estratégicos do caminho da Índia, se arriaria a bandeira inglesa!" O artigo terminava com a encenação da véspera do bombardeio: "Por fim, a noite desceu e estrelou-se; à beira da água calma luziam as luzes de Alexandria; tudo ficou em silêncio na baía. Estavam sós, frente a frente, sob a paz dos céus, uma grande esquadra inglesa e a cidade inofensiva que ela, na madrugada seguinte, para satisfazer a sofreguidão de um povo de lojistas, ia friamente arrasar."

No quinto artigo, tudo está consumado. Alexandria arde. Arabi abandonara a cidade, levando consigo o grosso do Exército. Sem chefe, a população árabe incendiou, saqueou, matou, destruiu. Eça não negava a ferocidade dos árabes, mas considerava que ela em nada diminuía a responsabilidade da Inglaterra: "E como era necessária uma autoridade, em nome de quem se reorganizasse a vida municipal, os ingleses, que estão ali (diziam eles) como um corpo de polícia, foram buscar o quediva a uma casa dos arredores, onde ele se refugiara, durante o bombardeamento, e instalaram-no solenemente no palácio de Ras-el-tin, palácio meio ardido, onde ele é uma autoridade meio morta." A situação era delicada: "Os ingleses possuíam, governavam Alexandria, tão naturalmente como se ela estivesse situada no condado de Yorkshire; e defronte de Alexandria, nessa espécie de istmo arenoso que a liga à terra do Delta, estava Arabi num acampamento entrincheirado, governando daí todo o vale do Nilo e o deserto até ao mar." Eça não era gentil com a reação que a Europa adotara em face do conflito: "Concentrada a questão entre uma poderosa nação invasora e um patriota que defende o seu solo, a Europa tomou logo a sua tradicional atitude: isto é, murmurou algumas palavras de branda admoestação e depois recuou para longe, a observar como um braço forte sabe usar da sua força, a estudar como se consuma a espoliação de um fraco." As potências eram um bando de ladrões.

No último artigo, Eça advertia que Gladstone pouco podia fazer diante de uma opinião pública crescentemente imperialista: "Há alguém aí assaz ingênuo para supor que John Bull, essa torre de senso prático, consentiria em que se lhe dizime o exército, em que se lhe gaste o dinheiro como ele gasta a água das fontes, em que se lhe aumente o *income-tax* — só para que o quediva, esse amável moço, continue a fumar o narguilé do poder sob as sombras dos jardins de Chubra? John Bull não ficará satisfeito senão com este resultado maciço e duradouro — um *Egito inglês*, tendo dentro do seu território, como um corredor de casa particular, o canal de Suez, caminho das Índias." Mas, interrogava Eça, o que aconteceria se Arabi conseguisse que o xerife de Meca proclamasse um levantamento em massa do mundo muçulmano? Apesar de existir quem temesse esse fato, a Eça parecia-lhe pouco provável, uma vez que o mundo muçulmano estava mais secularizado do que se pensava. Não obstante, reconhecia que podia se enganar: "De resto, é possível que eu esteja aqui atribuindo a fortes corações de Meca e do deserto os ceticismos literários de *Pall-Mall* e do *Boulevard de la Madeleine*." Contudo, mesmo que uma *jihad* fosse declarada, era evidente que a Inglaterra ganharia. O artigo terminava com uma visão crítica deste país e do mundo em geral: "O século XIX vai findando, e tudo em torno de nós parece monótono e sombrio, porque o mundo se vai tornando inglês. Por mais desconhecida e inédita nos mapas que seja uma aldeola onde se penetre, por mais perdido que se ache um obscuro recanto do universo, o regato ao longo do qual se caminhe, encontra-se sempre um inglês, um vestígio da vida inglesa!" O inglês colonial era um ser antipático: "Hirtos, escarpados, talhados a pique, como as suas costas do mar, aí vão querendo encontrar em toda a parte o que deixaram em Regent Street e esperando Pale-Ale e rosbife no deserto de Petrcia; vestindo no alto dos montes sobrecasaca preta ao domingo, em respeito à igreja protestante e escandalizados que os indígenas não façam mesmo; recebendo nos confins do mundo o seu *Times* ou o seu *Standard*, e formando a sua opinião, não pelo que vêem ou ouvem ao redor de si, mas pelo artigo escrito em Londres; impelindo sempre os passos para a frente, mas com a alma voltada sempre para trás, para o *home*; abominando tudo o que não é inglês, e pensando que as outras raças só podem ser felizes possuindo as instituições, os hábitos, as maneiras que os fazem a eles felizes na sua ilha do Norte! Estranha gente, para quem é fora de dúvida que ninguém pode ser moral sem ler a Bíblia, ser forte sem jogar críquete e ser gentleman sem ser inglês!" E, no entanto, reconhecia, era esta sobrancería que lhes dava a convicção necessária para dominar o mundo. No caso de a influência inglesa se exercer sobre "a Zululândia e sobre a Cafraria, nessas vastidões da Terra Negra", o mal, defendia, não seria por aí além; outro, e bem diferente, era o caso das velhas civilizações. Aliás, mesmo na Inglaterra, a explosão dos instintos imperialistas havia tornado o quotidiano desagradável: "Entre-se num clube, num restaurante, converse-se com um conhecido, entre duas chávenas de chá e vem logo a mesma jactância de roncador: 'Vamos dar cabo de tudo. Temos dinheiro a rodo. Cá, ao pulso inglês, nada resiste... E se o mundo respinga, quebram-se-lhe as ventas!'..." A série terminava com Eça a lamentar a perda da tranqüilidade inglesa: "É sobretudo neste momento, desde o começo da guerra do Egito, que os que, como eu, amam a Inglaterra, sofrem de lhe ver estes extravagantes modos de valentão de romance picaresco." Era o fim. Não é só a qualidade dos artigos que ainda hoje nos surpreende, mas o fato de Eça, um representante consular, assim escrever sobre o país onde estava colocado. Aparentemente, o governo inglês podia dar-se ao luxo de ignorar o que um cônsul, em Bristol, dizia sobre a sua política externa.

Se esta série é, de longe, a melhor destes anos, Eça escreveu outros artigos interessantes: concretamente, onze.[307] A questão central, abordada em quase todos, era a arrogância britânica. Em de 19 de setembro de 1880, a propósito das propostas, relativas à Irlanda, que Gladstone fizera votar no Parlamento, escrevia: "Quem não conhece as queixas seculares da Irlanda, da Verde Erin, terra de bardos e terra de santos, onde uma plebe conquistada, resto nobre da raça céltica, esmagada por um feudalismo agrário, vivendo em buracos como os servos góticos, vai desesperadamente disputando à urze, à rocha, ao pântano, magras tiras de terra, onde cultiva, em lágrimas, a batata?"[308] Eça tinha consciência de que, por trás das organizações legais, dos "Fenians", da "Mollie Maguire" e da "Liga da Terra", estavam grupos armados, mas isso não o levava a colocar-se ao lado da Inglaterra. Em 9 de fevereiro, Eça descria da possibilidade de se eliminar a miséria: "Neste momento, por exemplo, na Irlanda, os trabalhadores, ou antes os servos do ducado de Leicester, estão morrendo de fome e o duque de Leicester está retirando anualmente, do trabalho duro que eles fazem, *quatrocentos contos de réis de renda!* É verdade que a Irlanda está em revolta; é verdade que, se o duque de Leicester se arriscasse a visitar o seu ducado de Irlanda, receberia, sem tardar, quatro lindas balas no crânio. E o resultado? Daqui a vinte anos os trabalhadores de Leicester estarão de novo a sofrer a fome e o frio e o filho do duque de Leicester, duque ele mesmo então, voltará a arrecadar os seus quatrocentos contos

---
[307]Os artigos, depois incluídos em *Cartas de Inglaterra*, foram publicados entre setembro de 1880 e outubro de 1882, com a exceção de uma crônica, esporádica, de 1885.
[308]Eça aborda a questão irlandesa nos artigos publicados em 19.9.1880, 9.2.1881 e 5.4.1881.

por ano." Ao contrário do que pensavam os Whigs, a história não seguia uma linha triunfal: "Aqui estamos sobre este Globo há doze mil anos a girar fastidiosamente em torno do Sol, e sem adiantar um metro na famosa *estrada do progresso e da perfectibilidade:* porque só algum ingênuo de província é que ainda considera *progresso* a invenção ociosa desses bonecos pueris que se chamam máquinas, engenhos, locomotivas, etc., e essas prosas laboriosas e difusas que se denominam *sistemas sociais.*" A ideologia progressista não o satisfazia.

Em 5 de abril, Eça explicava que a situação, na Irlanda, era particularmente difícil, dado ali viverem, sobrepostas, três nações, com interesses contraditórios: "Os irlandeses dizem, porém, que se lhes fosse dada a autonomia, horas depois de declarada a república irlandesa, todas essas questões se resolveriam de *per si* e o país seria como um mar que amansa e fica em equilíbrio." Mas nada prova, segundo ele, que tal viesse a acontecer. Até certo ponto, os ingleses estavam de boa-fé, quando diziam temer a concessão de mais autonomia à Irlanda: "Os Ingleses pensam sinceramente que, no momento em que a Irlanda saísse de sob a tutela do bom senso e do saber inglês, no instante em que essa raça impressionável, excitada, fanática e pouco culta fosse abandonada a si mesma, começaria uma guerra civil, uma guerra religiosa, diferentes guerras agrárias, que bem depressa fariam da Verde Erin um montão de ruínas numa poça de sangue." Não obstante, Eça chamava a atenção para um fato: "Se os Irlandeses se não entendem bem sobre os *males da Irlanda,* os Ingleses compreendem-se menos acerca dos *remédios para a Irlanda.*" No fundo, ninguém sabia qual era a solução.

Persistia, todavia, o fato de, na Irlanda, morrer-se de fome. Eça contava como o duque de Leicester recusara aos seus rendeiros, num ano agrícola particularmente ruim, um abatimento de 10% na renda. Segundo ele, tal não teria ocorrido caso se tratasse de camponeses ingleses: "É porque a Irlanda é um país conquistado, e, quando o proletário se queixa, a polícia fila-o pela gola; mas, em Inglaterra, quando o operário inglês ergue a sua voz de leão, a polícia fica imóvel, os duques empalidecem e o edifício monárquico e feudal treme nas suas bases." Na Irlanda, "as expulsões são inevitáveis porque, com a altura absurda das rendas, é impossível que o rendeiro as possa pagar e viver". Interrogava-se como era possível que tudo isto acontecesse em pleno século XIX e, a propósito, citava a opinião do chefe da *Liga Agrária,* Parnell, para quem o fato derivava das classes aristocráticas inglesas terem conseguido convencer o povo inglês que os irlandeses eram uma nação de terroristas.[309]

Dos outros artigos, vale a pena destacar três: um sobre os judeus na Alemanha, outro sobre Disraeli e um outro sobre o Brasil. À sua maneira, são todos exemplares. Além disso, o último deu lugar a uma nova polêmica com Pinheiro Chagas, um acontecimento sempre interessante. Mas comecemos pelo primeiro. Em 7 de janeiro de 1881, eis o que Eça escrevia sobre a agitação contra os judeus na Alemanha: "Que, em 1880, na sábia e tolerante Alemanha, depois de Hegel, de Kant e de Schopenhauer, com os professores Strauss e Hartmann, vivos e trabalhando, se recomece uma campanha contra o Judeu (...) é fato para se ficar de boca aberta todo um longo dia de Verão." O mais extraordinário fora, segundo ele, a reação do governo alemão, o qual declarara *"que não tencionava por ora alterar a legislação relativamente aos Israelitas".* Furioso, Eça comentava: "Não faltaria com efeito mais que ver os ministros do império, filósofos e professores, decretando, à D. Manuel II, a expulsão dos Judeus, ou restringindo-lhes a liberdade civil até os isolar em vielas escusas, fechadas por correntes de ferro, como nas judiarias do Gueto." Na sua opinião, o ressurgimento do anti-semitismo derivava da prosperidade da comunidade judaica, a qual estava fazendo concorrência com a burguesia alemã. Embora Eça estivesse indignado com a atitude das autoridades alemãs, não deixava de apontar defeitos nos judeus: "Invadem a sociedade alemã, querem lá brilhar e dominar, mas não permitem que o Alemão meta sequer o bico do sapato dentro da sociedade judaica. Só casam entre si; entre si ajudam-se regiamente, dando-se uns aos outros milhões, mas não favoreceriam com um troco um alemão esfomeado; e põem um orgulho, um coquetismo insolente em se diferenciar do resto da nação em tudo, desde a maneira de pensar até à maneira de vestir. Naturalmente, um exclusivismo tão acentuado é interpretado como hostilidade e pago com ódio." Isto não constituía uma desculpa, mas um princípio de explicação. Por fim, Eça mencionava o papel maquiavélico de Bismarck, o qual, tendo percebido que a melhor forma

---

[309]Para uma boa descrição dos problemas irlandeses durante este período, ver R. Kee, *The Green Flag, op. cit.,* vol. II.

de evitar o ressentimento provocado pela crise econômica era o ódio ao judeu, fechava os olhos à perseguição.

Eça não estava na Inglaterra no dia em que Disraeli morreu. Mas isso não o impediu de, em 23 de agosto de 1881, sobre ele escrever.[310] Eça não gostava do homem, do político e muito menos do romancista: "Criar o título de imperatriz das Índias para a rainha de Inglaterra, roubar Chipre, restaurar certas prerrogativas da Coroa, tramar o *fiasco* do Afeganistão, não constituem decerto títulos para a sua glorificação como reformador social: por outro lado, escrever *Tancredo* ou *Endimion* não basta para marcar numa literatura, que teve contemporaneamente Dickens, Thackeray e George Eliot." Eça tinha dificuldade em perceber o fascínio que Disraeli exercia sobre o povo inglês. Provavelmente, argumentava, fora exatamente por o acharem tão fora do comum que os ingleses tinham-no amado. Disraeli tivera o mérito, reconhecia, de ter conseguido se impor a uma nação que, em geral, desprezava os estrangeiros: "E realmente em dons pessoais nada lhe faltou: prodigiosa finura de espírito, uma vontade de aço, uma coragem serena de herói, uma infinita veia sarcástica, um fogo ruidoso de eloqüência, o absoluto conhecimento dos homens, a luminosa penetração no fundo dos caracteres e dos temperamentos, um poder sutil de persuasão, um irresistível encanto pessoal e tudo isto envolvido (como numa atmosfera luminosa) por alguma coisa de brilhante, de rico, de largo, de imprevisto, que era, ou fazia o efeito de ser, o seu *gênio*." Mas o renascimento do imperialismo era obra sua. E isso Eça nunca poderia lhe perdoar.

No meio do artigo, Eça mencionava os escritores ingleses — Tennyson, Browning e Swinburne — que mais admirava, declarando que, a seu lado, Disraeli era um medíocre. O fato não impedira que o seu primeiro romance, *Vivien Gray*, lhe tivesse aberto as portas dos salões: "Apesar de poeta abominável e de perfeito dândi, ou talvez por isso mesmo, Benjamin Disraeli era conhecido nesse tempo como um dos chefes da *Jovem Inglaterra*." Este grupo era formado por aristocratas ardentes, que conheciam a Revolução através da literatura, que falavam muito da humanidade e que queriam sobretudo um *burgo podre* que os

---

[310]Disraeli morrera em 19 de maio, quando Eça estava em Lisboa.

nomeasse deputados.[311] Fundamentalmente, Disraeli ascendera ao poder por dois motivos: o seu conceito de Império e a sua máquina de autopropaganda: "Nunca um estadista teve um *reclame* igual, tão contínuo, em tão vastas proporções, tão hábil. Os maiores jornais de Inglaterra, da Alemanha, da Áustria, mesmo da França, estão (ninguém o ignora) nas mãos dos israelitas. Ora, o mundo judaico nunca cessou de considerar Lorde Beaconsfield como um judeu, apesar das gotas de água cristã que lhe tinham molhado a cabeça." No final, Eça regressava aos romances de Disraeli: "Alguns dos seus romances são panfletos, em que as personagens constituem argumentos vivos, triunfando ou sucumbindo não segundo a lógica dos temperamentos e as influências do meio, mas segundo as necessidades da controvérsia ou da tese." Disraeli era um mau romancista, que obtivera o aplauso de uma aristocracia sentimental, e que, através do seu instinto político, conseguira dar novos desígnios a um partido envelhecido.

Em outubro de 1980, Eça publicou um texto, aparentemente sem importância, *O Brasil e Portugal*.[312] A crônica consistia num comentário a dois artigos, publicados no *Times,* nos quais, por comparação com as ex-colônias espanholas, o Brasil era louvado. A condescendência do *Times* em relação à colonização portuguesa irritou Eça, o qual decidiu avisar o Brasil das intenções dos ingleses: caso o Brasil se não "portasse" bem, seria ocupado. Mas o que interessava Eça não era tanto discutir o problema do Brasil, mas o de Portugal. Segundo ele, tal como os brasileiros, os portugueses nada faziam para merecer o respeito da Europa. Reconhecia que, com Rodrigues Sampaio no poder, a vida nacional adquiria um aspecto razoável: "E a nação vista de fora e de longe tem aquele ar honesto de uma pacata casa de província, silenciosa e caiada, onde se pressente uma família comedida, temente a Deus, de bem com o regedor e com as economias dentro de uma meia... A Europa reconhece isto e todavia olha para nós com um desdém manifesto." Mas o fato de o país não assustar ninguém não era uma

---

[311]"Burgo podre" designava os círculos eleitorais, nos quais era fácil, através da corrupção, fazer eleger um deputado. Para uma análise de Disraeli como escritor, ver J. Vincent, *Disraeli, op. cit.*
[312]Três artigos intitulados "Brasil e Portugal". O primeiro, datado de 31.10.1880, in *Cartas de Inglaterra,* in *Obras de Eça de Queiroz, op. cit.*, vol. 2, pp. 592-599. O segundo e o terceiro vêm em *Notas contemporâneas,* in *Obras de Eça de Queiroz, op. cit.*, vol. 2, pp. 1.393-1.413. Só o primeiro artigo seria publicado na *Gazeta de Notícias*; os dois seguintes foram-no no *Atlântico*, onde também saíram os artigos de Pinheiro Chagas (a 28.11.80, 4.1.81 e 14.1.81); os dois de Eça foram publicados a 29.12.80 e 6.2.81.

qualidade. Eça informava os leitores que descobrira mesmo um editorial, no *Daily Telegraph*, em que se discutia o problema de se saber se era possível sondar a espessura da ignorância lusitana! Eça ressentia a forma certamente condescendente como era olhado a cada vez que mencionava ser português.

Eça aproveitou a ocasião para depreciar as Comemorações Camonianas, que tinham tido lugar em Lisboa, em 10 de junho de 1880. As festas tinham consistido num "cortejo cívico", em que carretas, representando a agricultura, o exército, as colônias e a imprensa tinham percorrido as ruas da capital, ornamentadas por colchas penduradas das varandas. A idéia germinara em meios próximos dos republicanos, mas, a meio caminho, o regime decidira adotá-la.[313] Apesar de vários amigos seus terem participado no acontecimento, Eça considerou-o ridículo. E resolveu afirmar não ser com colchas penduradas das varandas, mas com uma cultura viva, que uma nação se prestigiava: "Dir-me-ão que eu sou absurdo, ao ponto de querer que haja um Dante em cada paróquia e de exigir que os Voltaires nasçam com a profusão dos tortulhos. Bom Deus, não! Eu não reclamo que o país escreva livros, ou que faça arte: contentar-me-ia que lesse os livros que já estão escritos e que se interessasse pelas artes que já estão criadas." Era, evidentemente, pedir demais.

Sentindo-se visado, Pinheiro Chagas não deixou o artigo sem resposta. Em 28 de novembro de 1880, respondia-lhe. Como era habitual, começava por salientar o talento literário do adversário, comentando, em seguida, "a deplorável impressão" que o texto lhe causara. Por muito bom escritor que Eça fosse, acusava, no que respeitava a história de Portugal, era um ignorante: "Ninguém exige do Sr. Eça de Queirós que seja um Taine, quando é apenas um Flaubert." A crítica de Eça seria, na opinião de Pinheiro Chagas, feita dos "desdéns superficiais da Casa Havanesa, em cujas esquinas não estão inscritas, que me conste, os livros e os documentos em que estas coisas se aprendem".[314] Finalmente, lamentava a divulgação das idéias pessimistas propagadas pela geração de 1870.

Eça responderia em 29 de dezembro de 1880.[315] Negava que, de suas duas

---

[313] Eça terá notado certamente que o relator que, em nome da comissão executiva, redigira os agradecimentos era Pinheiro Chagas.
[314] *O Atlântico*, Lisboa, 28.11.1880.
[315] "Brasil e Portugal", *Notas contemporâneas*, in *Obras de Eça de Queiroz, op. cit.*, vol. 2, pp. 1.393-1.413.

frases — a afirmação de que, no início do século XIX, Portugal tinha se tornado uma colônia do Brasil e que o Império português do Oriente fora um monumento de ignomínia — se pudesse concluir, como o fazia o seu adversário, ter ele insultado a pátria: "Donde eu concluo, meu caro Chagas, que você, apesar de habitar a Lisboa contemporânea de 1880, é realmente um velho personagem do século XVIII, com mais de 145 anos de idade, pintado por fora duma cor natural de vida moderna, mas ressequido e pulverulento por dentro, que, tendo escapado milagrosamente aos anos e às revoluções, anda agora entre nós representando os modos de pensar e de falar que caracterizam a sociedade portuguesa do tempo da Senhora D. Maria I." Inventava, depois, uma cena histórica, em que Pinheiro Chagas surgia a velar pela felicidade do reino, com diálogos ridículos, como o mantido entre ele e o arcebispo de Tessalonica, em que o primeiro, relembrando um sarau na casa do marquês de Marialva, dizia ao segundo: "Portugal é pequenino, mas é um torrãozinho de açúcar." O prelado retorquia: "Tem você razão, brigadeiro Chagas."[316]

Esta posição de Pinheiro Chagas como patriota estava longe de ser inocente. Para Eça, aquele havia-a adotado por ter percebido ser ela um nicho ideológico que valia a pena explorar: "Desde esse momento você possuía a sua especialidade, a sua nota individual, o seu campo próprio a cultivar, o *patriotismo*. E com que sofreguidão, meu caro Chagas, você se apoderou dessa mina de ouro! Pudera! É que o *patriotismo* seria daí por diante para si não só uma doutrina, mas *um assunto!* Assunto para drama, para ode, para folhetim, para discurso, para grito, para soluço! Enfim, o *patriotismo* era a sua magnífica carreira."[317]

Eça declarava existirem duas espécies de patriotismo: o bom, o daqueles que, amando a pátria, a queriam mais livre, mais forte, mais culta, e que, pondo a pátria acima de suas ambições, davam-lhe a verdade; e o outro, o mau, que falava na outra pátria, "a que há trezentos anos embarcou para a Índia, ao repicar dos sinos, entre as bênçãos dos frades, a ir arrasar a aldeia de mouros e a traficar pimenta". No fundo, dizia, estes patriotas não amavam a pátria, pois as suas

---

[316] A frase "Portugal é pequenino, mas é um torrão de açúcar" aparece igualmente, desta vez atribuída ao corregedor de Viseu, em *Portugal contemporâneo*, de Oliveira Martins (livro saído depois desta polêmica).
[317] O fato de Eça chamar Pinheiro Chagas de "brigadeiro" devia-se ao fato de, antes de ter enveredado pela política, ter aquele tido uma carreira militar.

doutrinas faziam com que o país, em vez de trabalhar, se deleitasse num pasmo diante das glórias passadas. Aos que cultivavam o gênero, entre os quais estava Pinheiro Chagas, Eça chamava "patriotaças", "patriotinheiros", "patriotadores" e "patriotarrecas".

Eça recorria à autoridade de Alexandre Herculano e de Oliveira Martins para fundamentar as suas afirmações sobre o que se passara no Brasil e no Oriente durante os Descobrimentos. Respondendo à afirmação de Pinheiro Chagas de que Portugal era um dos poucos países colonizadores que eram respeitados — para o que tinha citado o caso de Ceilão —, escrevia: "Estou vencido. Eu (que, como você afirma, sou um ignorante) não sabia realmente desse respeito que nos tributa Ceilão. Mas agora vejo com evidência que Portugal não necessita nem forte cultura intelectual, nem educação científica, nem elevação do gosto; não precisa ter escolas, nem mesmo saber ler: esses esforços são para a França, a Inglaterra, a Alemanha, países não privilegiados; Portugal, esse, tem tudo garantido, a sua grandeza, a sua prosperidade, a sua independência, a sua riqueza, a sua força, desde que (como você afirma com a autoridade do seu saber) há nos mares do Oriente uma ilha, onde debaixo dum coqueiro, à beira dum arroio, estão quatro indígenas, de carapinha branca e tanga suja, ocupados de cócoras a respeitar Portugal!" Eça declarava amar a pátria, mas de um modo diferente, burguês. Era por isso que ele e Pinheiro Chagas jamais poderiam se compreender: "Numa alma discreta de burguês, não há lugar para esses grandes sopros patrióticos que atravessam as almas dos trovador, largas e profundas como o mar. Em nós outros, não é por gorjeios de rouxinol parlamentar, por apóstrofes balbuciadas aos pés das Molucas, por soluços dum peito sufocado de êxtase, por serenadas e endechas, que se traduz o amor ao país; é por emoções pequeninas, triviais e caseiras, que pouca relação têm com a estrondosa tomada de Ormuz; emoções de burguês que vive no estrangeiro, ao canto solitário do seu lume solteirão."

Em 4 de janeiro de 1881, Pinheiro Chagas respondia-lhe.[318] Começava, de novo, com elogios, desta vez ao espírito de humor de Eça. Confessava-lhe que se rira com a metamorfose que Eça dele tinha feito, mas negava-se a envergar o

---
[318] *O Atlântico*, 4.1.1881.

traje: "Não, Eça de Queirós, eu não sou esse brigadeiro." Acusava-o de ele ter errado o alvo, o que acontecia por nunca ter lido qualquer das suas obras históricas. Não o censurava, dizia, por tal fato, mas acrescentava que, quando se critica alguém, "não o ter lido (fazia) um certo transtorno". Pinheiro Chagas apresentava um outro argumento: o de que se não devia julgar uma época independentemente dos valores do seu tempo. Ora, Eça nada sabia, proclamava, do que se passara no século XVI, nem, muito menos, de como viam aqueles homens o mundo que os rodeava. Dez dias depois, afirmava ser Eça "uma criança espirituosa e travessa", sem qualquer respeito pela verdade histórica.[319] Mas o mais deplorável, segundo ele, era a acusação de que ele, Pinheiro Chagas, teria se refugiado num patriotismo balofo, enquanto Eça diria à pátria as verdades. Desta vez, Pinheiro Chagas estava ofendido: "Pois então digo-lhe, Eça de Queirós, que, entre o patriotismo inepto e estéril daqueles que têm pelo nome da sua pátria uma devoção supersticiosa e inútil e o patriotismo não menos inepto e não menos estéril dos que exclamam a cada passo, com a boca cheia e ares importantes — 'Lá fora! Isto só aqui se faz!', 'Que miséria! Que vergonha', 'Somos um povo perdido!' — entre esses dois patriotismos igualmente ineptos e igualmente inúteis, palavra de honra que ainda prefiro o primeiro." O debate subia de tom: "Esse patriotismo ridículo dos brigadeiros de D. Maria I sempre os levava ao menos a sustentarem a honra da bandeira nacional nas agruras do Roussillon, ou nas encostas do Buçaco, e o patriotismo desalentado e desdenhoso de que você fez o seu tristíssimo ideal leva algum oficialzinho positivista, quando se acha em presença de um inimigo, que se não chama nem Massena, nem Dugommier, mas simplesmente o soba Jefunco, da ilha das Galinhas ou de Bolama ou de não sei onde, a deixar cair as peças ao rio e a dar às de Vila Diogo sem botas, nem bandeira." Pinheiro Chagas acusava Eça de, com a suas idéias, levar à deserção das tropas. Só havia um patriotismo, o seu: "O patriotismo justo, o patriotismo elevado e nobre, é o patriotismo sério e digno, que diz a verdade à pátria, mas sobretudo que estuda e que trabalha, e não o patriotismo *blagueur*, inepto e vadio, que anda a passear pelas esquinas do Chiado o seu sorriso de desdém, que lamenta cinqüenta vezes por dia a falta de escolas e de cultura e

---

[319]*Idem*, 14.1.1881.

que é incapaz de trabalhar para dar escolas ao país e para elevar o nível intelectual da pátria." Ainda acrescentara: "Nós precisamos de gente que trabalhe muito mais do que de gente que nos descomponha."

Pinheiro Chagas estava irritado com a zombaria que Eça fizera das Comemorações Camonianas. Pensando que o envergonharia, lembrou-lhe o comportamento exemplar dos seus amigos, Ramalho Ortigão, Teófilo Braga e Batalha Reis, os quais, em vez de atirarem ao país, para o regenerarem, um sarcasmo por dia, tinham ajudado a organizar aquela procissão patriótica. Quanto à verdade, que Eça afirmara dever ser dita ao país, interrogava Pinheiro Chagas: "Mas que verdade?" E terminava: "Ninguém mais do que eu admira o seu talento, e o seu caráter, mas desejo que se convença de que o patriotismo verdadeiro e digno não é nem o patriotismo dos hinos, nem o patriotismo da *blague*, é o patriotismo que estuda e o patriotismo que trabalha." Em 6 de fevereiro de 1881, Eça escrevia o último artigo da polêmica. O tom era de brincadeira, o que, como ele muito bem sabia, só servia para enfurecer Pinheiro Chagas: "Pois, amigo Chagas, a coisa esteve linda! E os seus três artigos hão-de ficar, inquestionavelmente, como três ricas e consideráveis peças de prosa. O que os estraga, a meu ver, é o encarniçamento excessivo com que a cada passo você fulmina a minha ignorância e o deleite baboso com que constantemente alude à sua sabedoria! De resto, um espetáculo delicioso;...". Acusava-o, ainda, de ter mudado de opinião: Pinheiro Chagas teria passado a defender as suas teses. Eça denunciava, por fim, a vaidade de Pinheiro Chagas, o qual teria ficado furioso por Eça ter usado a *História de Portugal*, de Oliveira Martins, e não a dele: "Eu compreendo o furor dum historiador que tem *História* com tabuleta e porta para a rua, ao ver o freguês ir alegremente fornecer-se de ciência à História do vizinho e do rival: são momentos esses que bastam para depor numa alma de compilador ou de lojista insondáveis camadas de fel." Respondendo ao apelo de Pinheiro Chagas para que ele, Eça, não desdenhasse da pátria, dizia-lhe: "Deixe-me tranqüilizar o seu coração sobressaltado: há coisas na minha pátria que eu amo profundamente e há homens na minha pátria que eu profundamente admiro. Somente creio que as nossas admirações não são as mesmas. Você vive num mundo fictício, convencional, artificial, por que eu apenas me posso interessar como artista, seguindo-o com um olhar curioso e triste, nesse declive por onde ele vai rolando aos abismos:

por outro lado, o mundo mais vivo e real, a que eu pertenço, vê-o apenas você através dum vago nevoeiro mental que lhe falseia a proporção e a verdadeira significação das coisas. De modo que não nos podemos jamais entender..."[320] Um era, sempre o seria, um homem grave, lente, deputado e ministro; o outro era — ainda era — um *outsider* que se divertia a zombar do poder.[321]

A prosa jornalística destes anos reflete a inteligência, a liberdade e a irreverência de Eça. A luz dourada, o verde das relvas, o silêncio dos campos haviam, de fato, contribuído para que ele escrevesse melhor. À época, Eça não tinha de medir as palavras, nem precisava agradar a ninguém. Estava só, no centro do mundo. Foi em Bristol que seu jornalismo atingiu a perfeição.

---

[320] "Brasil e Portugal", *Notas contemporâneas, in Obras de Eça de Queiroz, op. cit.*, vol. II, pp. 1.392-1.413.

[321] A polêmica sobre o nacionalismo de Eça manter-se-ia até aos nossos dias. Ver, por exemplo, à direita, A. Sardinha, "O espólio de Fradique", *In Memoriam*, 1922; Feliciano Ramos, *Eça de Queiroz e os seus últimos valores, op. cit.*; Gomes dos Santos, "A penitência dos Vencidos da Vida", Brotéria, vol. XXXII, 1956 e L. Forjaz Trigueiros, *O nacionalismo de Eça*, 1935. À esquerda, ver Mário Sacramento, *Retrato de Eça de Queiroz, op. cit.;* ou A. J. Saraiva, *As idéias de Eça de Queiroz*, Lisboa, Bertrand, 1946. Uma posição interessante é a assumida por A. J. da Costa Pimpão, *Escritos diversos*, Coimbra, Imprensa da Universidade, 1972, o qual, embora de direita, considera Eça um indiscutível patriota. Para a posição católica de extrema-direita, ver, por exemplo, o livro do padre Allyrio de Melo, *Eça de Queiroz, o exilado da realidade*, Porto, Livraria Tavares Martins, 1945. A reação dos católicos chegou a um ponto tal que Antônio Ferro teve de justificar as festividades organizadas pelo SNI para comemorar o Centenário de Eça, no opúsculo *Eça de Queiroz e o centenário do seu nascimento, op. cit.*

15

Noivado e casamento

Durante muito tempo, pensou-se que Eça teria levado uma vida monástica, totalmente entregue aos seus livros. Após a recente publicação de algumas cartas que duas namoradas americanas lhe enviaram, começaram a surgir dúvidas. Aliás, a tese sobre o seu caráter abstêmio há muito que deveria ter sido questionada. Havia indícios — fotografias equívocas, referências a mangas de seda, "licenças" pedidas sem aparente justificativa — que deviam ter-nos posto no caminho certo. Se não conhecíamos a vida amorosa de Eça não era por ter sido inexistente, mas por ele a ter querido manter fora do nosso olhar. Sendo este o caso, só a sorte tem permitido encontrar o registo das mulheres que Eça foi conhecendo ao longo da vida.

Sabemos que, em geral, eram senhoras casadas, que ele encontrava em situações clandestinas, ou *cocottes*, a quem ele pagava os favores. Durante anos, a situação parece tê-lo satisfeito. Este tipo de mulheres dava-lhe sexo, sem complicações afetivas, uma situação que, sobretudo no século XIX, agradava a muitos homens.

Foi num alfarrabista de Lisboa, meu amigo há muitos anos, que alguém, numa manhã de sábado, me deu a conhecer uma dessas misteriosas senhoras, uma inglesa, casada, que fora passar uns dias, com ele, em Paris. O relato é feito por Ramalho a seu genro, Eduardo Burnay. No verão de 1883, Ramalho, vindo de Lisboa, e Eça, de Bristol, tinham combinado encontrar-se em Paris. Eis o que Ramalho revela numa carta até hoje inédita: "Em Paris, Queirós caiu-me nos braços com a proposta de pilotarmos juntos uma senhora inglesa conhecida dele, casada em Londres, rica e bonita e viajando só. Aceitei esta incumbência e destinamos cinco dias para nos darmos o prazer de percorrer os monumentos, as galerias, as exportações, as curiosidades de Paris, vendo nós mesmos, sob o pretexto de as mostrar, uma infinidade de coisas que nunca iríamos ver de outro modo." Ramalho conta que, naquele dia, tinham ido ao Museu Grévin e à exposição das *Obras-Primas das Coleções de Pintura de Paris*, que estava na galeria Pierre Petit. Dois dias antes, tinham assistido a um bom espetáculo no Eden Théatre e na véspera, a outro, na Ópera. Tinham-se divertido os dois com a inglesa: "A nossa *estrangeira*, que é muito bem educada e muito instruída, tem a especialidade culinária e forneceu-nos as mais interessantes receitas e as mais preciosas noções sobre a arte de bem comer, conquanto ela mesma não coma nunca a cada refeição mais do que ovo *en concotte*, um tomate cru com azeite e vinagre e um cacho de uvas." No final, a carta continha um PS curioso: "Peço-lhe que não mostre a ninguém esta carta, em primeiro lugar, porque não desejo que lhe ponham mais malícia do que ela tem e, em segundo lugar, porque não quero comentários, a que eu dê origem, acerca do procedimento de uma senhora relacionada com um meu amigo. (...) Tudo quanto lhe conto, além do que me diz direta e pessoalmente respeito, é, enfim, segredo."[322] Ramalho sabia como Eça reagiria se tivesse conhecimento que ele tinha andado a revelar coisas sobre a sua vida privada.

Depois destas curtas férias parisienses, Eça regressou a Bristol. Esperavam-no dois romances, *A relíquia* e *Os Maias,* ambos por acabar. O inverno de 1883 foi mais duro do que o usual. Eça tinha 38 anos. Sentia-se cansado. Agradava-lhe sol. Começou a imaginar castíssimas esposas. Mas continuou a trabalhar. Até que, no verão seguinte, veio passar uma temporada em Portugal. Inicialmente, ficou no norte, onde esteve com vários amigos. Ainda pensou em trabalhar, mas acabou por desistir. Se lhe era fácil recusar as solicitações de Ramalho para o acompanhar aos bailes no Clube da Foz, gostava de conversar,

---

[322]Carta inédita, de posse de Paulo Achmann, a quem agradeço a autorização concedida para reproduzi-la. A carta apenas tem, como data, 9 de agosto, mas por algumas referências, desde a estada nessa altura de Ramalho em Paris à referência a Jerônimo Colaço (que viria a morrer em 1884) e ao Museu Grévin (inaugurado em 1882) permitem-na datar, com alguma segurança, de 9.8.1883.

na quinta de Luís de Magalhães, com Oliveira Martins e com Antero de Quental.[323]

Quanto a jantares, não conseguia resistir-lhes. Mas a cozinha nacional continha delícias que revoltavam o seu frágil estômago. Durante a estada no Porto, o distúrbio gastrintestinal, que o acompanharia até à morte, a tal ponto se agravou que Eça foi forçado a pedir a Oliveira Martins que lhe indicasse urgentemente um médico, pois não conseguia sair do hotel: "Estou aborrecido com a persistência deste incômodo e indignado por ter descoberto que a sua causa está nestas comidas do Hotel *feitas à francesa*. Sempre a França e a reles tradução que dela fazemos!" Aproveitava para divagações irônicas: "Quando voltará este desventuroso país à sua tradição, que é o senhor D. João VI, o padre, o arrieiro, o belo caldo de galinha, o rico assado de espeto e o patriótico arroz de forno! Mas não! Querem ser liberais, filósofos, franceses, polidos, ligeiros... Conseqüência: o País, como tu sabes, e eu com soltura há oito dias. Irra!"[324] Provavelmente, Eça enganava-se: não seriam tanto os pratos, que ele chamava "à francesa", que lhe faziam mal, mas as pesadas refeições portuguesas.

Acalmada a crise intestinal, foi passear pelo Minho, na companhia de Ramalho e de dois irmãos, seus amigos de infância, Bernardo e Vicente Pindela.[325] De dia, andavam pela quinta que estes ali possuíam há séculos; à noite, discutiam serenamente Schopenhauer. Após as deambulações rurais, Eça voltou para o Porto. Passava os serões na casa de Oliveira Martins, em Águas Férreas, onde também aparecia o conde de Ficalho. Em carta aos Pindela, contava-lhes como passava o tempo: "No Porto, almoçamos, filosofamos, anedotizamos e historiamos com Oliveira Martins."[326] A Ficalho, abria-se sobre Ramalho: "Raras vezes aparece; ocasionalmente, telegrafa-me ou telefona-me da Foz, dizendo-se mer-

---

[323] G. de Castilho (org.), *Eça de Queirós: correspondência*, op. cit., p. 217 (a carta apenas tem a data de 1884).
[324] *Idem*, pp. 223-4. No mesmo sentido escreverá ao conde de Ficalho, em 4 de setembro de 1884, *idem*, pp. 238-9.
[325] Bernardo Pinheiro Correia de Melo, 1º conde de Arnoso (1855-1911). Fora em casa do seu tio, Afonso Tavares de Albuquerque, que Eça encontrara, na juventude, os Pinheiro de Melo, mais conhecidos por Pindela (e depois Arnoso). Ver Thomaz d'Eça Leal, *Eça de Queiroz, menino e moço*, op. cit. e A. Carvalho Homem, *O primeiro conde de Arnoso e o seu tempo*, Câmara Municipal de V. N. de Famalicão, 1988. Pelo seu primeiro casamento, com Maria José de Melo Murça (filha dos condes de Murça), Bernardo Pindela era cunhado do conde de Sabugosa.
[326] G. de Castilho (org.), *Eça de Queirós: correspondência*, op. cit., pp. 236-7 (carta de 30.8.1884).

gulhado nas lustrosas vagas da sua prosa; mas uma pessoa fidedigna, que por acaso assomou há dias à porta do clube da Foz, viu este severo crítico enlaçado a um vestido branco, redemoinhando numa valsa a três tempos!... Ele nega." Sobre Oliveira Martins: "Tem vindo aqui às noites, e como o presente nos causa algum nojo, conversamos da antigüidade romana." Sobre Guerra Junqueiro, contava dele ter recebido "uma carta feita à velha maneira egípcia, desenhada, em vez de ser escrita".[327] Foi durante esta estada, após um almoço no Palácio de Cristal, que Eça e alguns dos seus amigos foram a um *atelier*, a fim de posar, em conjunto, para a fotografia que ficou conhecida como a do "Grupo dos Cinco". Nela, vemos Eça, de costas arqueadas, Oliveira Martins, em pose grave, Antero de Quental, com ar severo, Ramalho, de *lorgnon*, e Guerra Junqueiro, ostentando grandes bigodes.[328] Pouco depois, Eça partia para Lisboa.

Ao contrário do costume, não se demorou pela capital. Em meados de setembro, voltava ao norte. Na Granja, visitou a condessa de Resende, que ali estava para os banhos, em companhia de suas duas filhas, Emília e Benedita, e do seu filho, Manuel. Uma tarde, convenceu-os a irem, com ele, até Costa Nova, visitar Luís de Magalhães. Eça parecia inseparável desta família, fato a que não era alheio o desígnio que o trouxera até àquela praia do norte. Eça decidira casar-se e, para tanto, escolhera Emília Resende. Mas não lhe foi fácil declarar os seus sentimentos. Durante os dias passados junto ao Atlântico, falou de livros, de cozinha, de religião, das senhoras da Granja, de arte, de cães, da cultura da beterraba, até de Fontes Pereira de Melo. Só lhe esqueceu mencionar o amor.[329] Em cima da partida, arranjou finalmente coragem para abordar o assunto, mas a resposta de Emília foi negativa. Eça ainda tentou convencer-se de que, com paciência, seria possível ultrapassar a sua frieza, mas, "com muita lealdade, muito tato, muita dignidade", esta não lhe deu quaisquer esperanças. As feridas de um romance anterior, com Luís de Soveral, ainda eram demasiado dolorosas para que ela estivesse disponível para um novo amor.

---

[327]*Ibidem*, pp. 240-1 (carta datada de 4.9.1884).
[328]Esta fotografia viria a ser reproduzida, como gravura, na revista *A Ilustração*, a ela se referindo Eça em carta a Emília de Resende de 18 de outubro de 1885.
[329]Ver carta que Eça escreveu a Ramalho, G. de Castilho (org.), *Eça de Queirós: correspondência*, *op. cit.*, vol. I, pp. 323-4.

Eça partiu para Inglaterra, convencido de que tudo tinha acabado. E, de fato, assim parecia. Muitos meses se passaram sem que tivesse havido qualquer tipo de contato entre os Resende e ele. Mas eis que, no verão de 1885, Manuel Resende lhe escrevia, no papel de "amigo indiscreto", dando-lhe a entender que os sentimentos da irmã, em relação a ele, tinham mudado. Em 28 de julho de 1885, Eça explicava a Manuel Resende que a sua afeição pela irmã não era recente, mas datava de uma ocasião mais antiga. Se nada dissera fora porque, não tendo, na altura, a certeza dos seus próprios sentimentos, e tendo percebido que ela apenas sentia por ele amizade, considerara preferível manter o silêncio. Com o tempo, contudo, constatara a profundidade de sua afeição: "O amor, querido Manuel, como tu sabes, é feito de muitos sentimentos diferentes. (...). Ora, quando uma dessas raízes é a estima absoluta pode ele ao fim de longos anos secar pelas outras raízes mas permanecer vivo por essa. E isto é ao fim de longos anos: e o caso sobre que estamos falando, passou-se apenas há curtos meses." Depois de declarar que Emília devia sentir-se livre de agir como o seu coração lho ditasse, acrescentava: "Se ela abandonasse ou repelisse planos que lhe aconselham os seus amigos — por sentir que o seu coração, desanuviado de outras ilusões, se volta enfim e definitivamente para o meu como mais congênere do que nenhum outro com o dela —, isso seria para mim a felicidade suprema." Eça queria recomeçar tudo.

Nos primeiros dias de agosto, Emília escrevia-lhe. Não dispondo desta carta, não sabemos qual o seu conteúdo, mas deve ter sido de confirmação, pois em 15 de agosto, Eça dizia a Manuel: "Se eu pudesse escutar só o desejo do meu coração, partia para aí amanhã." Surpreendentemente, não partiu. Apesar de ser verão, Eça preferiu tratar de tudo por carta. No mesmo dia em que escrevera a Manuel, dizia à sua futura noiva: "E se bem interpreto a sua natural e delicada reserva ela exprime um consentimento que me enche duma incomparável felicidade e da mais absoluta gratidão. E neste momento, no meio desta grande emoção que me causa a repentina possibilidade que se unam os nossos destinos, eu só posso responder sem mais palavras ofertando-lhe a afeição e a dedicação de uma vida inteira."[330] Um romance por correspondência não era algo que lhe

---

[330] Ver A. Campos Matos (org.), *Eça de Queiroz e Emília de Castro, correspondência epistolar, op. cit.*, p. 51. Até recentemente, só conhecíamos as cartas que Eça havia escrito a Emília de Castro, mas não as que ele dela recebera. Por resistência da família, estas só puderam vir à luz em 1995.

desagradasse. O namoro foi complicado. Ele tinha 40 anos, era um homem cosmopolita, célebre e vivido; ela, uma jovem de 28 anos, provinciana, pouco atraente e insegura. Tinha um rosto largo, uma boca sem lábios, um nariz arredondado. Mas não era assim que Eça a via ou dizia vê-la. De Londres, olhando uma fotografia sua, escrevia-lhe: "retrato de pé, *grand air, pose naturelle, très elégant, avec un léger voile de mélancholie...*"[331] Por sua vez, com a idade, Eça não se tornara mais atraente: de uma magreza extrema, tinha um nariz demasiado grande, os olhos caídos e um cabelo que começava a ficar ralo.

Muito se tem especulado sobre os motivos que terão levado Eça a escolher Emília para sua mulher. A maior parte dos autores aceita a opinião de João Gaspar Simões, o qual defendeu que a razão determinante teria sido o desejo de ascensão social.[332] Mas esta interpretação é, em grande medida, infundada. Não era tanto *status* que Eça buscava, quanto paz doméstica. É um fato que, vivendo no estrangeiro, poderia ter escolhido uma mulher com um nível intelectual superior. Acontece que Eça sempre temeu o sofrimento que poderia resultar de uma aliança em que não fosse ele o parceiro dominante. Quando decidiu que chegara o momento de casar, veio a Portugal buscar a noiva. Como um emigrante.

Emília reunia muitas das características — sensatez, competência doméstica, uma certa educação — que Eça considerava essenciais. Talvez não a "amasse", da forma romântica que suas cartas proclamavam, mas "estimava-a". Sabia, além disso, que ela seria capaz de lhe construir um lar confortável, povoado por criados bem dirigidos e por filhos impecavelmente educados. Dito isto, é verdade que Emília de Castro Pamplona nascera numa família com um *status* muito superior, quer aos Eça, quer aos Queirós.

Os Castro pertenciam à grande nobreza do Reino. O título de conde fora concedido, em 1754, pelo rei D. José a D. Antônio José de Castro (1719-1801), como reconhecimento pela renúncia, a favor da Coroa, dos domínios, no Brasil, que herdara de seu pai, D. Luís Inocêncio de Castro, 14º almirante de Portugal, 4º capitão da Guarda-Real dos Archeiros, capitão de Diu e senhor da casa de Resende e das vilas de Reriz, Penela, Albergaria. Os condes, que lhe sucede-

---
[331] G. de Castilho (org.), *Eça de Queirós: correspondência, op. cit.*, vol. 1, p. 361.
[332] J. Gaspar Simões, *Vida e obra de Eça de Queirós, op. cit.*, p. 532.

1

Eça nasceu na Póvoa do Varzim, a 25 de novembro de 1845.
Na gravura, o Largo das Dores, naquela localidade, c. 1900.
Litografia de Ramalho sobre uma fotografia de A. Novais.

2
O pai de Eça, José Maria Teixeira de Queirós (1820-1901). Nasceu no Brasil, onde seu pai era juiz. Foi um dos mais prestigiados magistrados do seu tempo. No final do século, ascendeu a par do Reino.

3
A enigmática mãe de Eça, Carolina Augusta Pereira d'Eça de Queirós (1826-1918?). Na certidão de batismo do filho, surge como "mãe incógnita", o que deu origem a uma prolongada discussão sobre os eventuais efeitos deste fato na personalidade de Eça.

4

A Sala dos Capelos, na Universidade de Coimbra.
Eça matriculou-se na Faculdade de Direito em 1861,
tendo terminado o curso em 1866.

5
P. J. Proudhon (1809-1865):
teve um papel importante
na formação intelectual de Eça.
Pintura de Gustave Courbet.

6
O Rossio, em Lisboa, c. 1860.
Terminado o curso, Eça foi para a casa dos pais,
que viviam nesta praça, no nº 26 - 4º andar.

7

O Passeio Público, em Lisboa, na década de 1870. Inaugurada em 1886,
a Avenida da Liberdade viria a destruir este jardim fechado.

8

Antero de Quental (1842-1891):
o líder estudantil de Coimbra, durante os anos 1860.

9
Jaime Batalha Reis (1847-1935).
Grande amigo de Eça. Conheceram-se
no escritório da *Gazeta de Portugal*.
Viveram juntos no Bairro Alto.
Desenho de Manuel de Macedo,
gravado por C. Alberto.

11
Ramalho Ortigão (1836-1915). Nove anos
mais velho do que Eça, foi seu professor
de francês no liceu. Mantiveram uma relação
de amizade duradoura, não isenta de tensões.

10
Gazeta de Portugal, Lisboa,
o periódico no qual Eça publicou
o seu primeiro texto.

12
As Farpas, Lisboa, 1871.
Junto com Ramalho Ortigão,
Eça colaborou,
nestes opúsculos satíricos,
entre maio de 1871
e outubro de 1872.

13

Ramalho Ortigão e Eça, em 1875, pouco
tempo depois das suas aventuras jornalísticas.

14

O grande industrial João Burnay, que Eça
conheceu por intermédio
de Ramalho Ortigão.

15

Oliveira Martins (1845-1894), de quem
Eça viria a tornar-se amigo íntimo.

16

Manuel Pinheiro Chagas (1842-1895),
o inimigo favorito de Eça.

17
Évora, c. 1900: foi nesta cidade
que Eça aprendeu a ser jornalista.

18
O canal de Suez. Fotografia de H. Arnoux,
década de 1870. Eça visitou o local em
novembro de 1869, por ocasião da sua inauguração.

19
Leiria, no princípio do século.
Eça administrou o concelho em 1871.

20
Antônio José de Ávila, primeiro conde,
primeiro marquês e primeiro duque de Ávila
(1806-1881), foi o homem que, em 1871, proibiu
a continuação das Conferências do Casino.

21
G. Flaubert (1821-1880):
o escritor que Eça
mais admirou.
Retrato de Eugène Giraud.

22
O homem que Eça nunca compreendeu:
Antônio Maria Fontes Pereira de
Melo (1819-1887), várias vezes presidente do
Conselho, entre 1871 e 1886.

23
João de Andrade Corvo (1824-1890),
ministro dos Negócios Estrangeiros,
quando Eça foi nomeado cônsul
em Havana, em 1872.

24

Eça, em Havana, 1873.

25

Cuba em meados do século XIX.
Litografia de F. Mialhe.

26
Uma mulher apaixonada:
Anna Conover,
Nova York, 1873.

27
Eça, durante a sua visita ao Canadá
(Montreal, Toronto e Halifax), em 1873.
Fotografia de William Notman.

28
Newcastle, zona do cais, 1879.
Eça residiu nesta cidade,
entre 1874 e 1879.

29

Revista Ocidental, 1875, onde
Eça publicou a primeira versão
de *O crime do padre Amaro*.

30

O crime do padre Amaro,
1876,
a 1ª edição em livro.

31

O primo Basílio,
1878,
1ª edição.

32

O grande rival de Eça:
Camilo Castelo Branco (1825-1890).
Particularmente, louvou
O crime do padre Amaro.
Em público, apenas se manifestou,
negativamente, sobre A *relíquia*.

33

O método de trabalho de Eça:
uma página do manuscrito *A Capital*.

34
Newcastle: Eça com amigos,
na época em que escrevia
O crime do padre Amaro.
Fotografia tirada no estúdio
de H. S. Mendelssohn, Newcastle.

35
Embora diferentes em temperamento,
Eça admirava Charles Dickens (1812-1870).
Pintura inacabada de R. W. Buss.

36
Um grande porto: Bristol, c. 1872. Como cônsul,
Eça residiu nesta cidade, entre 1879 e 1888.
Aqui redigiu *Os Maias* e o seu melhor jornalismo.

37
A caricatura que Rafael Bordalo Pinheiro fez de Eça
para o *Álbum das Glórias* (1880).

38

A misteriosa namorada que, entre 1877
e 1884, terá acompanhado Eça,
durante as férias de verão,
no norte de França.
Fotografia tirada
no estúdio de E. Maurony.

39

O mais importante jornal satírico
da época, *O António Maria*
(do nome do primeiro-ministro
Fontes Pereira de Melo),
anunciando a publicação
da caricatura de Eça, desenhada
por Rafael Bordalo Pinheiro.

40

O Palácio de Cristal, no Porto.
Foi aqui que, após um almoço, Eça se fez fotografar,
com quatro amigos, no que ficaria conhecido como o Grupo dos Cinco.

41
O Grupo dos Cinco (1884).
Da esquerda para a direita: Eça, Oliveira Martins,
Antero, Ramalho e Guerra Junqueiro.

42
Stoke Bishop, na periferia
de Bristol. Casa onde
Eça morou após se casar.
Aqui residiria entre 1886 e 1888.

43
Benjamin Disraeli (1804-1881).
Desde 1846, chefe dos *tories* e várias vezes
primeiro-ministro. Por ocasião de sua morte,
Eça escreveria sobre ele um artigo.
Pintura de Sir John Everett Millais.

44
Emília de Castro,
quando se tornou
noiva de Eça, 1885.

45
Uma fotografia solene: segundo
a tradição familiar, teria sido tirada
no dia do seu casamento.

46
O Solar de Santo Ovídio,
no Porto: a casa onde
residia a família Resende.

47
A Torre Eiffel, quando Eça foi nomeado
cônsul em Paris, em 1888.

48
Emília e Eça nos jardins
da sua primeira casa em Neuilly,
uma zona chique de Paris.

49
Eça, na praia de Val-André
(Bretanha), com os filhos
Maria e José Maria.

50
Eça e os filhos, Maria e José Maria,
na sua casa preferida,
na Avenue du Roule, em Neuilly.

51
A mãe de Eça,
austera, elegante
e enigmática.

52
O 1º volume de
Os Maias (1888).

53
O jornal, dirigido
por Oliveira Martins,
onde, em várias ocasiões,
Eça colaborou.

54
Fialho de Almeida (1857-1911),
admirador de Eça
na juventude, tornou-se seu
crítico mais violento.

55

Os novos amigos lisboetas. Uma das várias fotografias
que o grupo Vencidos da Vida tirou em 1889.
Da esquerda para a direita: conde de Sabugosa,
marquês de Soveral, Carlos Mayer,
conde de Ficalho, Guerra Junqueiro,
Ramalho Ortigão, Carlos Lobo d'Ávila,
conde de Arnoso, Eça e Oliveira Martins.
Falta Antônio Cândido.
Fotografia de Bobone feita nos jardins
da casa do conde de Arnoso, na Lapa.

56

Antônio Nobre (1867-1903) visitou Eça em Paris, 1890.
O escritor olhou-o como um dos
representantes da nova geração com a qual ele pouco
tinha em comum. A fotografia data de 1899.

57

O poeta Bulhão Pato (1829-1912),
que viria a dar origem a uma polêmica
absurda, quando da publicação
de *Os Maias*, em 1888.

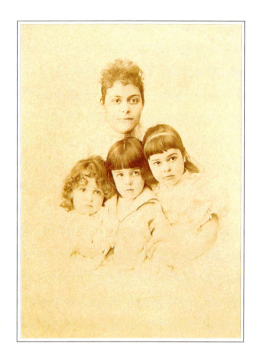

58
Emília e
os seus três filhos
mais velhos,
c. 1893.

59
A família de Eça de Queirós
e a de Batalha Reis, na praia, em 1896.

60
Eça, com a cabaia que lhe foi oferecida, em 1895, pelo conde de Arnoso, após a viagem deste à China.

61
Eça descansa, ao lado do embaixador, conde de Sousa Rosa, e do conde de Caparica.

63

Com Carlos Mayer, o seu amigo mais divertido.

62

Luís de Magalhães (1859-1935), um amigo tardio. Seria ele que, após a morte de Eça, coligiria muitos dos textos que o romancista deixara dispersos pela imprensa.

64

Nos jardins de Neuilly, durante a fase em que o seu amigo visconde de Alcaide decidiu fotografar toda a gente.

65

Emília e os quatro filhos.

66

Revista Moderna, Paris,
1897-1899, em que Eça publicou,
entre outros, os contos
"A Perfeição" e "José Matias".

67

Em Paris, 1897.

68

Nos jardins de Neuilly.

69

Eça, pouco antes da sua morte.

70

No seu escritório, em Neuilly, 1897.

71
Paris em 1900.
Fotografia de Aurélio da Paz dos Reis.

ram, notabilizaram-se nas armas e na administração, tendo o segundo conde (1744-1819) sido vice-rei do Brasil. O terceiro (1777-1824) viria a destacar-se durante as campanhas da Guerra Peninsular, tendo, em 1820, aderido à causa liberal. Muito antes de a família ter sido titulada, era já uma das mais importantes do país.

Os pais de Emília eram o 4º conde, D. Antônio Benedito de Castro (1821-1865) e D. Maria Balbina Pamplona Carneiro Rangel Veloso Barreto de Figueiroa (filha dos primeiros viscondes de Beire). Emília tinha quatro irmãs, das quais três eram freiras, e três irmãos. O mais velho, Luís Manuel Benedito da Natividade de Castro Pamplona de Sousa Holstein, o 5º conde, fora o amigo com quem Eça viajara pelo Oriente. Nascera em 1844, vindo a morrer, com apenas 32 anos, em 1876. Era um boêmio inveterado (fora expulso de Coimbra após um conflito com um lente) e um alcoólico crônico, o que teria contribuído para a sua morte prematura. Sem ter deixado descendência (apenas tinha um filho natural), o título passou para o seu irmão Manuel, o 6º conde. Nenhum deles se destacou na política, nas armas ou nas artes.

Os Resende faziam parte daquelas boas famílias, tão comuns em Portugal, com boas propriedades rurais, entregues a caseiros analfabetos e a rendeiros incapazes. Para a mentalidade moderna, pode parecer extraordinário que jamais tivessem posto os pés nas herdades que possuíam, mas era exatamente isto o que se passava. Quando a sogra de Eça morreu, em 1890, e este, como chefe de casal, foi ao Porto tratar da partilha dos bens, descobriu que nenhum dos herdeiros conhecia a Quinta Nova, no Douro, nem sequer a maior propriedade de todas, a herdade de Corte Condessa, no Alentejo. Dotado de uma mentalidade burguesa, Eça escandalizou-se. E não foram apenas os morgadios, "suspensos há vinte anos", que o enfureceram, mas o arquivo da família. Atônito, descobriu, deterioradas, cartas de vários reis, incluindo uma de D. Sebastião, e outra de D. João II. Quanto a propriedades urbanas, havia três, uma semi-rural, em Gaia, outra no centro do Porto, e um *chalet* na Granja. Não sendo desprezível, tampouco era uma grande fortuna.

Após a autorização da condessa de Resende, os noivos tinham passado a escrever-se com freqüência. Mas seria preciso muito tempo até que Emília, que persistia em pensar que nela havia uma mácula, se sentisse à vontade. Custava-lhe aceitar que o noivo, que ela sabia ser um homem célebre, pudesse gostar de alguém tão "imperfeito" quanto ela. A nenhum deles foi fácil encontrar o tom justo para se corresponderem. Havia, desde logo, a questão da forma de tratamento, acabando Eça por, entre "você" e "tu", a tratar por "si". Era-lhes ainda difícil usar palavras amorosas. Mais do que em qualquer outra correspondência, Eça utiliza, aqui, frases em inglês, prática que ela também acabou por adotar. É nesta língua que, por fim, ela ousará dizer-lhe: "*I love you very much.*"

A certa altura, Eça citava a Emília o ditado inglês, "*Love me little, love me long*", após o que lhe confessava que, infelizmente, isso não condizia com o seu estado de espírito. Nesta carta, Eça tentava desmitificar a paixão romântica, o sentimento que ele imaginava ter levado Emília aos braços de Soveral. Explicava-lhe que não havia amores até a morte: "Nunca houve numa *vida única* uma *afeição única*: e se nos parece que há casos em que houve é que essa vida não durou o bastante para que a desilusão e a mudança se produzisse ou quando se produziu ficou orgulhosamente guardada no segredo do coração que a sentiu." Em tom pedagógico, explicava-lhe o contexto em que se desenvolviam as afeições: "Começa a *nova* afeição. Somente esta não aparece com os mesmo sintomas da primeira: não vem com a mesma exaltação, o mesmo fogacho, o mesmo ardor de sacrifício: pelo contrário, *parece* serena e ordinariamente apresenta-se com as formas da amizade e da simples admiração." Preventivamente, dizia-lhe: "O coração mesmo às vezes diz para si, baixinho e desconsolado: '*oh ce n'est plus la même chose!*' Espera, um bocadinho, coração e tu verás! E com efeito essa calma, fria, afeição vai penetrando, vai-se enraizando, vai-se aquecendo e aquecendo tudo em redor, torna-se forte, torna-se dominante, mistura-se a cada pensamento, enlaça-se a cada emoção, abrasa a alma e essa é que dura e que acompanha a vida toda." Eça terminava a primeira parte desta carta — uma das mais longas que lhe escreveria — declarando-lhe que ela não tinha o menor motivo para se considerar "leviana", o pesadelo que continuava a persegui-la. Dois parágrafos abaixo, Eça declarava-lhe desejar que ela sentisse por ele um amor louco: "Meu Deus, eu não sou perfeito; e confesso que me daria a mais ardente felicidade que, com efeito, o seu coração tivesse por mim esse *apaixonado* amor. Mas também sou sensato: vejo que não pode ter; e vejo ainda que é melhor para estabilidade e firmeza das nossa afeição que *não tenha*." No último parágrafo, criticava a modéstia dela, desenhando de si próprio um retrato pouco lisonjeiro: "Ah, querida, adorada noiva, se nós vamos a falar dos nossos respectivos *merecimentos*, então que direi eu, eu que sinto merecê-la tão pouco e por tantos motivos! (...) Que lhe posso dar, eu, *half-worn man of letters,* em troca do seu coração que merece tanto cuidado e carinho? Tenho muitos defeitos: e ainda que felizmente o mundo não me *ressequiu,* nem me tornou *artificial,* como ele geralmente torna todos os que vivem nele, ainda que conserve em mim, graças a Deus, bastante *of human nature,* falta-me todavia, receio, esse brilhante e formoso e quase divino entusiasmo da mocidade que doura e aquece tudo e que é a mais deliciosa chama em que uma mulher pode deixar queimar à vontade o seu coração..."

Uma semana depois, Emília contestava as afirmações do noivo: "O que é que chama estar *worn out?* Creio eu que é ter perdido a mocidade de sentimentos, é ter-se tornado, à força de viver, seco e árido e indiferente, e a mim prova-me o contrário de tudo isso; a sua conduta comigo foi tão delicada, tão boa, tão amiga. Não se julgue egoísta por ter querido ligar-me a si, eu sei bem que não foi, ultimamente eu muita vez pensava em si — como já lhe disse — como num salvador, mas um salvador que nunca viria, porque que direito tinha eu de pensar que ainda se lembrava de mim? De maneira que o verdadeiro salvador foi o Manuel, porque eu nunca o teria chamado." Mesmo quando Emília tentava ser meiga, Eça não ficava satisfeito. A certa altura, lamentava-se de ter recebido *"such a nice letter, so very calm, so very quiet, almost sisterly".* E interrogava-se, em tom romântico: "Por que não posso ter eu, ai de mim, essa suave tranquilidade? Por que não serei eu também pacífico e inexcitável? Por que não sei eu escrever essas cartas serenas, sossegadas, onde nenhuma palavra treme de emoção e onde se revela uma natureza tão límpida de calma como a água de um poço?" Tentando encontrar uma causa para a disparidade de sentimentos, continuava: "Foi St. Ovídio, e a sua paz de convento, que a fez assim so *quiet and disposed?"* E confidenciava-lhe: "Quando ambos tivermos um pelo outro a mesma afeição, serena, plácida, sossegada, confiada, então há uma garantia de felicidade pacífica e de uma existência tepidamente contente. Mas por ora, isto vai mal, vai pessimamente! Eu adoro-a com uma *incômoda* paixão..." Sensatamente, Emília optou por levar isto na brincadeira, informando-o que, não sendo egoísta, procuraria escrever-lhe mais, para que o metal quente pudesse esfriar junto do mármore. Notem-se os termos: ele seria "o quente"; ela, "o frio".

Nunca é simples analisar cartas de amor. Mais difícil o é quando se trata da correspondência de um escritor, habituado a manipular palavras. As cartas de Emília podem, sem risco, ser tomadas tal como foram escritas. Já as de Eça, não. Este pode ter decidido adotar a pose do noivo apaixonado, para mais facilmente convencê-la das vantagens do matrimônio. Algumas passagens têm de ser avaliadas com reserva, como a declaração de uma incontrolável paixão. Já em outras ocasiões, o que diz soa genuíno, como sucede com os queixumes relativos à frieza de Emília. De Londres, numa carta em que Eça lhe falava já da data do casamento, de novo lhe diz que a quer adorar, "ardentemente, apaixonadamente, só por mim, *and you, my darling, you will give me in return whatever little you can*: seja amizade, seja estima, seja simpatia, seja o que for será bem-vindo e aceito com gratidão. *Mas deixe-se amar.*" Emília resistiria quase até o fim. Só nas vésperas do casamento se abrirá com ele: "*I want to say so many loving words, only I don't know how.*"

Formada dentro de critérios religiosos estritos, não sabemos o que pensaria Emília — imaginando que os tivesse lido — dos romances do noivo. Embora pouco falasse no assunto, o agnosticismo do noivo fazia-a sofrer. Em 24 de outubro de 1885, terminava uma carta da seguinte forma: "Rezei hoje tanto por si! Pedi a Deus sobretudo, antes de felicidade, de riqueza, que lhe desse fé, não fé num Deus vago, que eu não percebo, mas no bom Deus que me ensinaram a amar desde criança, que nos criou a si e a mim e que permite que sejamos felizes um pelo outro." De qualquer forma, a questão do anticlericalismo de Eça não foi considerada um obstáculo à união. Na Portugal do Sr. Fontes, até as famílias devotas tinham deixado de ser fanáticas.

Emília era, sempre o seria, mais convencional do que Eça, o que, dada a educação que recebera, não admira. Em 20 de outubro de 1885, interrogava Eça sobre se poderia escrever a um amigo comum, Guilherme Sandeman, ao que o noivo lhe respondeu: "Estranha pergunta! Implica ela por acaso a idéia que a minha querida tem de que *me deve pedir licença* para escrever aos seus amigos, antes ou depois de casada?" Acrescentava: "Se assim é, deixe-me dizer-lhe que, sendo o nosso casamento a associação de duas pessoas sérias, seria tão estranho e tão absurdo que a minha amiga tivesse de me pedir licença para escrever aos seus amigos, antes ou depois de casada, como seria absurdo e ridículo que eu tivesse de lhe pedir licença para escrever às minhas amigas! Nós não vivemos à sombra dos minaretes de Constantinopla, mas no livre ocidente da Europa!" Os costumes nacionais ainda conseguiam espantar Eça.

Eça manteve a sua relação com Emília envolta em segredo. Sua reserva foi levada a um ponto tal que acabou por ser pela imprensa que, tanto o seu pai, quanto Ramalho, souberam do noivado. O amigo ficou furioso, o que forçou Eça a pedir-lhe desculpas. Em 14 de outubro de 1885, Eça explicava-lhe o motivo de seu silêncio: "O coração tem os seus arranjos, mas a vida tem os seus cerimoniais; e o meu casamento com a Emília Resende, decidido entre ela e eu, naquele segredo que pedem estas decisões, não tinha existência exterior, nem era anunciável, sem que tivesse recebido a sanção da senhora condessa de Resende. (...) A senhora condessa de Resende, apenas deu a sua aprovação, passou logo, com um amável *empressement*, a participar o acontecimento aos seus parentes: foi daí que a notícia *tomou o vôo*, como dizem os ingleses; e um localista alerta, lépido e caçador, vendo-a passar no ar, varou-a com a sua melhor pena de aço, fê-la cair na frigideira, refogou-a *lestement* com adjetivos e serviu-a, toda quente, à Opinião. A esse tempo, a carta da senhora condessa para mim, contendo o seu consentimento, vinha tranqüilamente no comboio, seguindo Europa acima. Depois de recebida, a primeira carta que escrevi foi para meu Pai; a segunda ia escrever-lha a si, velho amigo, quando me chegou a sua repreensão. Resta, portanto, abraçarmo-nos."[333] Uma semana depois, Eça comunicava igualmente o noivado ao conde e à condessa de Ficalho. Num estilo que nos lembra o futuro Fradique, Eça falava, ao primeiro, da saudável influência do casamento na arte. À segunda, das hipóteses — viajar, fazer política, inventar uma religião — que se lhe tinham deparado, tendo ele, por fim, concluído que não lhe restava senão a arte, o que lhe exigia uma suave companhia: "Estava eu assim refletindo no meu rochedo e refletindo alto, num monólogo, como é costume dos que fazem romances, quando aconteceu que uma pessoa, de todo o ponto excelente e cheia de caridade, ouviu os meus queixumes..."[334]

Em novembro de 1885, Eça chegava a Portugal. Era a primeira vez que, como

---

[333]G. de Castilho (org.), *Eça de Queirós: correspondência, op. cit.*, vol. I, p. 323-4.
[334]*Ibidem*, pp. 344-349.

tal, os noivos se viam em carne e osso. O encontro não deu lugar a emoções, canalizadas antes para os preparativos do matrimônio. Como era previsível, Eça não tardou a ficar farto das conversas sobre organdis, das discussões sobre os celebrantes para a missa, das palestras sobre as flores para o altar. Em 14 de janeiro de 1886, dizia a Ramalho: "Eu, por aqui continuo, entre Santo Ovídio e o Hotel, onde trabalho, às gotas, às migalhas. A família é talvez fecunda em trabalho produtivo: a preparação para a família é o tempo mais completo de desperdício e ociosidades que há, fora de ser *político*."

Em 10 de fevereiro de 1886, na capela privada da Quinta de St. Ovídio, José Maria Eça de Queirós casava com Emília de Castro Pamplona. Ambos tinham decidido que a cerimônia seria íntima. Na realidade, foi quase secreta, o que talvez se possa atribuir, desta vez, aos acidentes que haviam rodeado o nascimento do noivo. Apesar de Eça estar legitimado desde o casamento dos pais, estes tiveram de assinar um documento no qual diziam: "Declaramos, nós, abaixo assinados, que José Maria, que foi batizado na Igreja Matriz de Vila do Conde, no dia 1º de dezembro de 1845, como filho natural do abaixo assinado, é filho da abaixo assinada e que, para o legitimar, contraímos matrimônio no dia 3 de setembro de 1849, na Igreja do extinto convento de Santo Antônio de Viana do Castelo, Lisboa, 25 de dezembro de 1885, D. Carolina Augusta Pereira de Eça de Queirós e José Maria de Almeida Teixeira de Queirós."[335] As certidões incluíam o termo *legítimo*, mas, para a Igreja, isso não bastava, o que fez com que também fosse utilizada a palavra *legitimado*: "Com o favor de Deus querem contrair o sacramento do matrimônio José Maria de Eça de Queirós, solteiro, natural da freguesia de S. João Baptista de Vila do Conde e morador na Praça do Rossio, n.º 26, freguesia de S. Domingos da cidade Patriarcal de Lisboa, filho legítimo de José Maria de Almeida Teixeira de Queirós e de D. Carolina Augusta Pereira de Eça de Queirós com Dª Emília de Castro Pamplona, solteira, natural da freguesia de S. Martinho de Cedofeita e nela moradora, filha legítima de D. Antônio Benedito de Castro e de D. Maria Balbina Pamplona de Sousa." Depois, o celebrante declarou: "ele de idade de quarenta anos, solteiro, cônsul, natural e batizado na freguesia de Vila do Conde, diocese de Braga, morador no Rossio, da cidade de Lisboa, filho legitimado".

---

[335] J. Gaspar Simões, *Vida e obra de Eça de Queirós, op. cit.*, p. 531, nota 35.

As fontes não são unânimes sobre quem teria estado presente, mas tudo indica ter sido um número ínfimo de pessoas. Por se encontrar doente, o pai de Eça não compareceu, não havendo certeza sobre a ida da mãe. Ramalho, o único convidado de Eça, foi o padrinho. Além da noiva, de sua mãe e de seu irmão, apenas compareceram uma amiga, a condessa do Covo, e dois padres. Após o casamento, o casal ainda ficou uns dias no Porto. Depois, seguiu, de trem, para a Inglaterra. A lua-de-mel, passada em Madri, Paris e Londres, foi longa. Só em meados de março de 1886 chegariam a Bristol.

Eis Eça instalado numa ampla moradia, com um soberbo jardim, muito diferente dos apartamentos que, até então, ocupara. Em 15 de abril, Eça convidava Ficalho a passar uma temporada com eles. Desta vez, a visita concretizar-se-ia, tendo os Ficalho ido acompanhados do casal Bernardo Pindela. Conversaram, fizeram desenhos, passearam. Eça receberia ainda a visita de seu irmão Alberto, que morreria pouco depois, e da irmã de Emília, Benedita. Um dia, para seu alívio, as visitas acabaram. Julgou que a paz tinha voltado. Mas, em breve, Eça teve de voltar a Portugal. Certamente por pressão da mulher — Emília estava no final da gravidez — o casal veio passar, a St. Ovídio, o Natal de 1886. Foi aqui que, em 16 de janeiro de 1887, nasceria a sua primeira filha, Maria. Algumas semanas depois, voltavam para Bristol. Eça reinstalou-se na sua rotina, enquanto Emília tentava adaptar-se à nova vida. Nem para um, nem para outro, foi fácil.

16

Um ensaio pícaro

Eça nunca esqueceu o fracasso de "A Morte de Jesus", a série de folhetins que, na primavera de 1870 publicara em *A Revolução de Setembro*. O tema bíblico manter-se-ia no seu espírito, até que ressurgiu, em *A relíquia,* uma obra escrita muitos anos depois. Eça começou a redigir este livro em 1880, pensando ainda nas *Cenas da vida real,* mas foi adiando sua conclusão. Como explicaria, mais tarde, a Antônio Nobre, com um ar de lamentação, a obra teve de ser "refundida" três vezes.[336] A primeira versão, de 1882, foi por ele considerada insatisfatória, tendo *A Gazeta de Notícias,* que já anunciara a publicação, de aguardar outra oportunidade. Eça ainda pensou em abandonar o livro, mas custava-lhe perder o investimento feito. Resolveu tentar de novo. No verão de 1884, na esperança de o acabar, levou consigo o manuscrito — tinha então 150 páginas — para Portugal. Leu então o livro de Ludwig Friedlander, *A sociedade romana,* emprestado por Oliveira Martins. Gostou e agradeceu-lhe: "Excelente, o Friedlander! Já tenho a minha estradinha romana, com a sua estalagem, a sua tabuleta, *À Grande Cegonha,* a sua inscrição convidativa, invocando Apolo; e já tenho o aspecto da estrada, com carroças de viagem, os arrieiros reunidos e os pagens favoritos, com o rosto coberto de uma máscara de miga seca de pão, para não sofrerem no acetinado da tez com a umidade ou com o pó."[337] Ramalho Ortigão lembra-se de ter viajado

---
[336] No primeiro encontro que Antônio Nobre teve com Eça em Paris, este ter-se-ia queixado do trabalho que *A relíquia* lhe dera. Ver carta de A. Nobre a Alberto de Oliveira, com data de 25.11.1890, incluída em *Antônio Nobre, correspondência* (org. G. de Castilho), Lisboa, IN, 1982, pág. 126-135.
[337] Ver G. de Castilho (org.), *Eça de Queirós: correspondência, op. cit.,* vol. I, p. 221 (carta datada de 15.6.1885).

com Eça pelo país, à procura de "um sítio limpo de massadores, de moscas e de cozinheiros, para acabar de escrever *A relíquia*". Mas Eça nunca conseguiu trabalhar bem em Portugal.

A recriação histórica continuava a tentá-lo. Em junho de 1885, deslocou-se, de propósito, a Londres, a fim de consultar na British Library documentos sobre a Jerusalém do século I. Adorou a experiência. Numa carta ao conde de Ficalho, em que lhe dizia que a história seria sempre uma grande fantasia, informava-o que o trabalho estava correndo bem, apesar de existir qualquer coisa de negativo na clausura em que vivia: "... o isolamento lança-me na leitura, que me lança na erudição: reaparece então o latente e culpado apetite do romance histórico. Acreditará você que, ao fim de um mês de Bristol, eu já andava planejando (...) um romance sobre... (...) Sim, amigo querido, sobre a Babilônia. Vê-me você aí, numa noite de canja no Augusto ou no escritório rubro-escuro do Bernardo, abrir um maço de provas e começar, pálido e exausto pelas vigílias da erudição: 'Era em Babilônia, no mês de Schêbatt, depois da colheita do bálsamo...', ou outra qualquer coisa neste gênero grandioso e pançudo? Felizmente, logo que cheguei a Londres, este desejo culpado dissipou-se ao contato da vida mundana." Como *A relíquia* o demonstra, tal não se verificou.

Em maio de 1886, Eça continuava às voltas com a obra. Tentando desculpar-se do atraso com que lhe enviava um prefácio para o seu livro, dizia a Luís de Magalhães estar "perfeitamente inundado de trabalho, já com *Os Maias,* já com *A relíquia*". O que o preocupava não eram tanto as relações do herói, Teodorico, com a tia, mas o "sonho" do protagonista. O livro estava, agora, quase pronto. O plano original consistia em fazê-lo sair em folhetins, no Brasil e, depois, em Portugal, em livro. Depois de complicadas negociações com *A Gazeta de Notícias*, a quem concedera exclusividade, Eça conseguiu vender os direitos autorais, em Portugal, aos editores Lugan & Genelioux.

Em 23 de abril de 1887, na véspera da publicação do primeiro dos 48 folhetins, *A Gazeta de Notícias*, presumivelmente para ajudar à publicidade, imprimiu uma nota em que anunciava ser provável que o romance fosse atacado por parte dos "setores ultracatólicos".[338] As edições dos dias 24 e 25 esgotaram-se num ápice,

---

[338] G. da Cal, *Lengua y Estilo de Eça de Queiroz, op. cit.*, tomo I, p. 69.

tendo a direção do periódico sido forçada a fazer várias reimpressões. Eça tinha agora de planejar a publicação do livro, o qual, nesse meio tempo, aumentara: em vez de 300 páginas, tinha 450. Eça combinara com o periódico brasileiro que a obra só sairia uma vez terminados os folhetins, mas os editores portugueses, possivelmente com a cumplicidade de Eça, lançaram-na enquanto aqueles ainda estavam sendo preparados.

Em 1887, *A relíquia* saía em livro. Como epígrafe, ostentava a frase que, depois da morte de Eça, viria a ser gravada em sua estátua, "Sobre a nudez forte da verdade, o manto diáfano da fantasia".[339] Eça tentava reconciliar o passado realista com as suas recentes aspirações. A obra conta-nos a história, na primeira pessoa, de um pequeno-burguês, Teodorico Raposo, e dos seus esforços para herdar a fortuna da Dona Patrocínio das Neves, sua tia. Neto de um padre, cuja contribuição para a posteridade se resumia a uma mísera "Vida de Santa Filomena", e órfão de pais, Teodorico deixara o Minho natal, em criança, para residir, em Lisboa, com a tia, uma velha ressequida e beata. Depois de ter estado internado num colégio, Teodorico vai para Coimbra. Aqui, integra-se na boêmia estudantil. Em Lisboa, durante as férias, tenta desempenhar o papel de menino bem comportado, enquanto a tia, rodeada de padres, berra: "Relaxações em minha casa, não admito!" Na casa dela, de fato, nada se passaria. Mas, enquanto Teodorico visitava as mil igrejas de Lisboa, seu espírito não estava concentrado na figura de Cristo, mas nos apetecíveis corpos das mulheres que com ele se cruzavam na rua.

Acabado o curso de Direito, Teodorico instalou-se numa existência "farta e regada". Jamais passou pela cabeça da tia, nem pela dos que a rodeavam, que ele fosse trabalhar. De dia, Teodorico rezava. À noite, dormia com Adélia, a quem fazia promessas loucas, baseado na fortuna que iria herdar. A prostituta, muito vivida, sabia como lhe responder: "Ora!, o cavalheiro, se apanhasse o bago, não se importava mais comigo." A tia continuava a vigiá-lo, mas, para sua surpresa, nada descobria de escabroso. Teodorico tomava cuidados: "Porque agora, eu estava decidido a não deixar ir para Jesus, filho de Maria, a aprazível fortuna do comendador G. Godinho [o familiar que fizera a fortuna]. Pois quê! Não basta-

---

[339] Durante a vida de Eça, viria ainda a ser publicada uma segunda edição desta obra (1891).

vam ao Senhor os seus tesouros incontáveis; as sombrias catedrais de mármore, que atulham a Terra e a entristecem; as inscrições, os papéis de crédito que a piedade humana constantemente averba em seu nome; as pás de ouro que os Estados, reverentes, lhe depositam aos pés trespassados de pregos; as alfaias, os cálices, os botões de punho de diamantes que ele usa na caminha, na sua Igreja da Graça? E ainda voltava, do alto do madeiro, os olhos vorazes para um bule de prata e uns insípidos prédios da Baixa!" Assim pensava, olhando o céu, Teodorico.

O livro contém várias passagens sacrílegas. Depois de Teodorico ter descoberto que Adélia o enganava com Adelino, passou a vaguear pela casa, tristonho: "À noite, depois do chá, refugiava-me no oratório, como numa fortaleza de santidade, embebia os meus olhos no corpo de ouro de Jesus, pregado na sua linda cruz de pau-preto. Mas então o brilho fulvo do metal precioso ia, pouco a pouco, embaciando, tomava uma alva cor de carne, quente e tenra; a magreza do Messias triste, mostrando os ossos, arredondava-se em formas divinamente cheias e belas; por entre a coroa de espinhos, desenrolavam-se lascivos anéis de cabelos crespos e negros; no peito, sobre as duas chagas, levantavam-se, rijos, direitos, dois esplêndidos seios de mulher, com um botãozinho de rosa na ponta; e era ela, a minha Adélia, que assim estava no alto da cruz, nua, soberba, risonha, vitoriosa, profanando o altar, com os braços abertos para mim!" A obsessão sexual de Teodorico não tinha limites.

No final de um verão, chegou, de Paris, um amigo de Teodorico, que lhe contou as maravilhas que ali vira. Isto provocou nele um desejo louco de partir. Um dia, estavam os usuais convivas da tia reunidos após o jantar, discutindo o que cada um ambicionava na vida — o tabelião Justino queria uma quinta no Minho, o padre Pinheiro ver o papa, o Dr. Margaride ser par do reino — quando, para sobressalto de todos, Teodorico anunciou que, para ele, a coisa que mais prazer lhe daria na vida era ir a Paris. Diante do semblante furioso da tia, Teodorico logo acrescentou: "Para ver as igrejas, titi." Foi então que o Dr. Margaride teve a idéia de o enviarem à Terra Santa, onde, sem problemas, poderia obter indulgências, trazer relíquias e até escrever impressões históricas. Inicialmente, Teodorico ficou horrorizado. Mas, recordando a luxúria das odaliscas, a sua atitude mudou. Partiria.

Segue-se a viagem até a Palestina. Em Malta, entrou no navio um sábio alemão, Topsius, que ali se deslocava não para recolher relíquias, mas para obter elementos para uma "História dos Herodes". A ciência, como explicaria a Teodorico, estava-lhe no sangue: o avô, um naturalista, escrevera um tratado, em oito volumes, sobre "A Expressão Fisionômica dos Lagartos". A ele, interessava-o antes a história antiga. Durante a viagem, Teodorico foi forçado a ouvir as intermináveis conversas de Topsius, um pedante, de que só conseguiu libertar-se quando, em terra, arranjou uma caixeirinha inglesa, Mary, com quem passou a dormir. Infelizmente, a felicidade foi de pouca duração: "Cedo, amargamente cedo, veio o grego de Lacedemônia avisar-me que já fumegava na baía, áspera e cheia de vento, *el paquete*, ferozmente chamado o *Caimão*, que me devia levar para as tristezas de Israel." Como recordação, Teodorico trouxe consigo a camisola de dormir da caixeirinha, onde ela pusera um papelzinho com os seguintes dizeres: "Ao meu Teodorico, meu portuguesinho possante, em lembrança do muito que gozamos."

Depois de uma modorrenta marcha entre as colinas de Judá, Teodorico chegou a Jericó. A doçura do ambiente, e o estilo em que Eça o descreve, contrasta com a boçalidade do herói: "Saboroso foi então descansar sobre macios tapetes, bebendo devagar limonada, na doçura da tarde (...); adiante verdejava um prado de ervas altas, avivado pela brancura de vaidosos, lânguidos lírios." Quatro páginas abaixo, eis de novo Teodorico no que havia de melhor: "Obedecendo à recomendação da titi, despi-me e banhei-me nas águas do Baptista. Ao princípio, enleado de emoção beata, pisei a areia reverentemente como se fosse o tapete de um altar-mor: e de braços cruzados, nu, com a corrente lenta a bater-me nos joelhos, pensei em S. Joãozinho, sussurrei um padre-nosso. Depois, ri, aproveitei aquela bucólica banheira entre as árvores; Pote atirou-me a esponja; e ensaboei-me nas águas sagradas, trauteando o *fado* da Adélia." No dia seguinte, recolheu, de uma árvore de espinhos, um galho, com que fez uma coroa. Era a relíquia. Missão cumprida.

É durante o capítulo seguinte que tem lugar o sonho que tanta discussão virá a provocar. O estilo muda radicalmente: "Era a hora calada em que os lobos dos montes vão beber. Cerrei os olhos; as estrelas desmaiavam. Breves faz o Senhor as noites macias do mês de Nizão, quando se come em Jerusalém o anho branco da Páscoa: e bem cedo o céu se vestiu de alvo do lado do país de Moab. Despertei."

Teodorico descobre, com espanto, que o tempo e o espaço tinham sido abolidos: ele "vê", como se lá estivesse, a Judéia, "vê" as ruelas de Jerusalém, "vê" as prostitutas da Babilônia. Até ouve Gad, falando de Jesus: "Em Galiléia, que é bem fértil, bem verde, quando ele falava era como se corresse uma fonte de leite em terra de fome e secura..." Teodorico "assiste" à Paixão de Cristo.

Terminada a descrição do sonho, Eça desinteressa-se do livro. Os capítulos seguintes são muito pequenos: um tem 13 páginas e o outro, 29. No cap. IV, Eça conta a partida de Teodorico, e, no cap. V, sua chegada a Lisboa. Por uns momentos, é Eça que fala do "deleite de rever, sob aquele céu de Janeiro, tão azul e tão fino, a minha Lisboa, com a suas quietas ruas cor de caliça suja e aqui e além as tabuinhas verdes descidas nas janelas, como pálpebras pesadas de langor e sono". Na casa da tia, Teodorico dava-se agora ares de sábio, sentindo que, sobre a viagem, podia "parolar com superioridade na Sociedade de Geografia ou em casa da Benta *Bexigosa*...". No momento em que ia entregar a relíquia à tia, Teodorico confunde os embrulhos e, em vez da coroa de espinhos, dá-lhe a camisola de Mary. É expulso sem contemplações. Para sobreviver, lembra-se de recorrer ao negócio de relíquias. Sua cobiça é tal, e tão reduzido o mercado português, que depressa fica sem fregueses. Quando a tia morre, apenas lhe deixa um óculo, para ver, de longe, o que tinha perdido; o resto vai para os beatos que a tinham rodeado em vida. Como vingança, Teodorico decide tornar-se ateu.

Um dia, encontra um antigo colega, que herdara uma fábrica têxtil. Farto de mentir, Teodoro revela-lhe a extensão da sua pobreza. Comovido, o amigo dá-lhe um emprego na fábrica e, mais tarde, em casamento, a irmã. Refletindo sobre as suas desventuras, Teodorico chega à conclusão de que, afinal, o que o levara à desgraça não haviam sido as mentiras, mas o fato de não ter ousado mentir mais e melhor. Em vez de ter ficado aparvalhado, quando a camisola da Mary se estendera em cima do oratório, deveria ter declarado que a mesma havia pertencido a Maria Madalena. A moral de *A relíquia* não podia ser mais cínica.

O livro viria a provocar uma tempestade não na sociedade, habituada a estas liberdades, mas nas instituições. Pelo pai, Eça soubera ter sido aberto um concurso, na Real Academia das Ciências, para a atribuição de um prêmio literário. Eça não era um escritor maldito, *à la* Baudelaire, mas um respeitável membro da ilustre agremiação a cujo prêmio se candidatava.[340] Ao ter conhecimento de que o presidente do júri era Pinheiro Chagas, não resistiu a enviar a sua mais recente obra. Em 14 de julho, pedia a Ramalho para ajudá-lo na entrega da papelada. Não tinha, dizia-lhe, ilusões: "Não porque haja sequer a sombra fugitiva de uma probabilidade mais magra do que eu de que me seja dado o conto [o prêmio era de um conto de réis], entre o clamor das turbas e a palma de Temístocles, mas porque desejo gozar a atitude da Academia diante de D. Raposo."[341] Ramalho, que gostava pouco de brincadeiras, deve ter ficado irritado. Mas, desta vez, fez o que Eça lhe pedia.

Além de Eça, candidataram-se Abel Botelho com *Germano*, Coelho de Carvalho com *Viagens*, Guilhermino de Barros com *Contos do fim do século,* Henrique Lopes de Mendonça com *O duque de Viseu*, Sousa Monteiro com *Amores de Júlia* e Teotônio Flávio de Oliveira com *Egas Moniz*.[342] No final, o prêmio viria a ser atribuído à peça de teatro, *O duque de Viseu,* de H. Lopes de Mendonça. Foi Pinheiro Chagas, que acabara de deixar as cadeiras ministeriais, quem redigiu o relatório. Neste, admitia desde logo a insensatez do regulamento, que punha em competição gêneros literários muito diversos, após o que analisava o mérito das obras. *Germano* fora afastado, não devido ao caráter escabroso do enredo, mas por a obra de Abel Botelho não possuir a necessária qualidade literária: "Seja qual for a escola a que pertence, seja qual for o critério a que obedece, desde o momento que possui as qualidades estéticas indispensáveis para constituir uma obra-prima, não hesita a Academia em conferir-lhe a palma. Debaixo deste ponto de vista, não distingimos entre a 'Mare au diable' e a 'Madame Bovary', entre o 'Assomoir' e o 'Roman d'un jeune homme pauvre'." Antes de escrever sobre *A relíquia*, Pinheiro Chagas optou por abordar a obra anterior de Eça, "um dos nomes mais ilustres, mais justamente ilustres, da literatura portuguesa". Para ele, "o grande romancista, o escritor potente e original, que se revelou de um modo deslumbrante no *Crime do padre Amaro,* que encontrou no *Primo Basílio* inspirações verdadeiramente shakesperianas, é hoje, sejam quais forem as reservas que os seus processos literários inspirem a uns, a repugnância que outros sintam pela escola em que ele pre-

---
[340]O problema não estava nele, mas no que ele tinha escrito. Sobre Baudelaire, ver C. Pichois e J. Ziegler, *Baudelaire, op. cit.*, p. 291.
[341]G. Castilho, *Eça de Queirós: correspondência, op. cit.*, pp. 416-7.
[342]*Idem*, p. 416, nota 1.

tendeu filiar-se, uma glória nacional". No entanto, segundo ele, *A relíquia* era uma obra menor. Eça tinha errado o alvo: "Imaginou, supomos, que seria original e estranho contemplar e descrever a Paixão de Cristo por um pateta moderno, um devasso reles, vicioso e beato, mantido por uma tia no culto piegas de Nossa Senhora da Conceição e no sagrado horror das saias, e fazendo às furtadelas as suas incursões pelo campo do amor barato e do cigarro e da genebra à mesa do botequim." E advertia: "Este homem, transportado fantasticamente para Jerusalém do tempo de Cristo, vendo e descrevendo o grande drama sagrado, devia dar ao mundo um Evangelho burlesco, ímpio decerto, muito mais escandaloso que as 'Memórias de Judas', mas que podia ser em todo o caso uma obra de arte notável. Acontece, porém, que o autor parece ter feito à parte o seu romance da 'Paixão de Cristo', colocando-o depois à pressa nas páginas do outro. Quem adormece é Teodorico e quem sonha é o autor e, com grande surpresa nossa, vemos aquele adorador de santinhos, freqüentador das ruas suspeitas de Lisboa, sonhando que vê a *Paixão de Cristo* em todo o seu grandioso aspecto histórico." Pinheiro Chagas interrogava-se sobre o objetivo de Eça: "Mas a que propósito vem este sonho fantástico? Serve para transfigurar Teodorico? Voltando à realidade com as impressões do sonho, aquele burguês devasso e tolo sente a sua alma inundada de uma nova luz? Sai daquela crisálida de chinelos e de barrete de algodão uma borboleta mística? Nada disso. Teodorico volta a ser o que fora, a sua transformação no final do romance em nada modifica a sua fisionomia burlesca." A beleza da Paixão não justificava, por conseguinte, que o prêmio fosse atribuído à obra. Após o que Pinheiro Chagas se extasiava perante a beleza de *Os amores de Júlia*, de Sousa Monteiro, livro que fora excluído do prêmio, apenas por a ação não corresponder às maravilhas do cenário. Em seguida, citava "a grandiosa coleção de contos verdadeiramente épicos", de Guilhermino de Barros, e abordava a obra premiada, *O duque de Viseu*, de H. Lopes de Mendonça. A brevidade das razões pelas quais o júri tinha decidido atribuir-lhe o prêmio só serviu para confirmar os rumores de que, por detrás do premiado, se escondia um "pistolão."[343]

Num primeiro momento, os críticos literários calaram-se. Em Paris, con-

---

[343] O relatório aparece parcialmente incluído no *Eça de Queiroz: In Memoriam*, Lisboa, Parceria Pereira, 1922. Vem publicado, na íntegra, no *Jornal do Comércio*, 11.12.1887.

tudo, Mariano Pina contestou a decisão. Embora estivesse de acordo com muito do que Pinheiro Chagas escrevera, considerava o procedimento do júri uma comédia, interrogando-se, retoricamente, sobre o que esperar de uma comissão, em que apenas três dos presentes, Pinheiro Chagas, Serpa Pimentel e o visconde de Benalcanfor, eram escritores: "A maioria do júri é, pois, formada de indiferentes, de pessoas respeitabilíssimas que podem ser autoridades em muita coisa, menos em coisas literárias... Exemplo: o Sr. Silveira da Mota é um *criminalista*. O Sr. Jaime Moniz é um *professor de filosofia*. O Sr. José Dias Ferreira é um *jurisconsulto*. O Sr. Teixeira de Aragão é um *numismata*. O Sr. José Silvestre é um *patriota do 1º de Dezembro*. E o Sr. João Bastos é um acadêmico que eu não tenho a honra de conhecer, nem mesmo de nome." No final, declarava que, antes da atribuição do prêmio, recebera várias cartas, informando-o de que tudo teria sido decidido *a priori*.[344]

Eça não ficou surpreendido com o resultado. O que não o impediu de reagir. Alguns dias depois de ter sido divulgada a decisão do júri, enviava, para o *Repórter*, um artigo, em forma de carta aberta a Mariano Pina.[345] Começava por fazer uma autocrítica: "*A relíquia* é certamente um livro malfeito. Às suas proporções, falta harmonia, elegância e solidez; (...) Mas estes defeitos, que só podem ser sentidos por um gosto muito afinado na perene convivência das coisas da Arte, nunca poderiam provocar a condenação numa Academia que não está povoada de artistas." Eça não queria aceitar as críticas, feitas por Pinheiro Chagas, sobre o "sonho". Refugiava-se na ironia: "O que indigna Pinheiro Chagas, o que ele designa à Academia como imperdoável, é ter Teodorico visto a Paixão na sua comovente possibilidade histórica, em lugar de a ter visto, como ele textualmente escreve, *sob as formas dum Evangelho burlesco*. Quer dizer, para que *A relíquia* agradasse a Pinheiro Chagas e merecesse a coroinha da Academia, eu deveria ter mostrado Jesus de chapéu de coco e lunetas defumadas, Pilatos deixando cair o pingo de rapé sobre o *Diário de Notícias* e, ao lado, Oseias, vogal do Sanedrim, numa fardeta de polícia civil, com um número na gola, escabichando um dente furado." O objetivo do livro — a demonstração da disparidade entre o

---
[344]*A Ilustração*, 5 de janeiro de 1888, cit. JGS, p. 595.
[345]O artigo tem a data de 27.4.1888. Ver *Obras de Eça de Queiroz, op. cit.*, vol. 2, pp. 1.454-1.462. A publicação teve de ser adiada, em virtude de Pinheiro Chagas ter sido alvo de um atentado.

doce Jesus da Nazaré e o feroz deus da tia — passou despercebido a todos, júri e críticos.

Em 8 de junho, Pinheiro Chagas respondia, em conjunto, a Eça e a Mariano Pina.[346] A este, apelidava-o de leviano, enquanto atribuía a fúria do primeiro ao fato de ter sido preterido. Eça respondeu-lhe, reiterando que o concurso fora uma farsa, após o que afirmava que nada daquilo tinha a menor importância: "Todas estas coisas locais, caseiras, lisboetas — o júri, o concurso, o prêmio — que, em Lisboa, no seu elemento próprio, me teriam interessado por lhes sentir bem a realidade, chegam-me aqui, através dos mares, já desbotadas, vagas, esfumadas, confusas, espectrais."[347] Eça fazia-se de expatriado para se mostrar superior. Mas era uma máscara. Por mais que proclamasse o contrário, Eça sempre se interessou pelo que dele se dizia em Lisboa. Além disso, seu argumento, de que o regulamento era absurdo, sofria de duas falhas: em primeiro lugar, Pinheiro Chagas já o reconhecera; em segundo, Eça conhecia, de antemão, as regras do jogo. Diante da mediocridade das outras obras, talvez que o júri devesse ter premiado *A relíquia*. Mas não era a Eça que competia dizê-lo.

Era aos críticos literários. E estes não sabiam como catalogar a obra. Seria *A relíquia* uma obra realista? Um exercício de fantasia? Uma sátira? Um romance pícaro? Uma farsa? Um dos primeiros a, sobre ela, se pronunciar, foi Luís de Magalhães. Em prosa rebuscada, chamava a atenção, em *A Província*, para o fato de Eça se ter libertado de todas as escolas. Depois, anunciava as virtudes da obra: "Por vezes, chega a produzir vertigem toda aquela energia, aquele ímpeto de imaginação, torcendo-se nas volutas mais extravagantes, nos arabescos mais complicados, subindo em esfuziadas de *verve*, explodindo como um petardo em grandes *bouquets* de estilo deslumbrante."[348] A mediocridade do artigo não impediu Eça de tê-lo apreciado. Algumas semanas depois, confidenciava a Magalhães ter reservas quanto à obra não só quanto à estrutura, mas quanto à composição histórica: "Eu, por mim, salvo o respeito que lhe é devido, não admiro pessoalmente *A relíquia*. A estrutura e composição do livreco são muito defeituosas. Aquele mundo antigo está ali como um trambolho, e só é antigo por fora, nas

---
[346] J. Gaspar Simões, *Vida e obra de Eça de Queirós, op. cit.*, p. 600.
[347] "Ainda sobre a Academia", in *Obras de Eça de Queiroz, op. cit.*, vol. 3, pp. 919-927.
[348] *A Província*, 31.5.1887.

exterioridades, nas vestes e nos edifícios. É no fundo uma paráfrase tímida do Evangelho de S. João, com cenários e fatos de teatro: e falta-lhe ser atravessado por um sopro naturalista de ironia forte, que daria unidade a todo o livro. D. Raposo, em lugar de se deixar assombrar pela solenidade histórica, devia rir-se dos Judeus e troçar dos Rabis. O único valor do livreco está no *realismo fantasista da Farsa*."[349] Note-se o substantivo, o adjetivo e o gênero.

Mas a grande surpresa do ano foi a reação de Camilo. Este, que jamais escrevera uma linha impressa sobre Eça, decidiu, em 7 de junho de 1887, pronunciar-se sobre a obra.[350] Camilo louvava, em primeiro lugar, o pai do escritor, mencionando o livro de poemas que este publicara quando jovem, "dos melhores que então se melodiavam no alaúde trovadoresco", para, em seguida, declarar que "a extremada emanação literária do insigne magistrado é seu filho, o Sr. Eça de Queirós, o implantador da novela realista na charneca lusitana".[351] Reconhecia que seus primeiros livros tinham sido bons — "de factura sólida, humana e perdurável" — mas adiantava que, infelizmente, os que se seguiram eram paradoxais. Sobre *A relíquia*, o veredicto era negativo: "A alma esplêndida do livro, metido em corpo assaz deformado de gibosidades, é o sonho da Paixão de Jesus da Nazareth, um 5º Evangelho, sonhado pelo pulha Dom Raposo, desbragado garoto." E, no seu estilo característico, declarava que o livro era "um histerismo da imaginação equipática duma neurose de talento." Entretanto, no exemplar do livro, anotava: "Este livro tem duas partes: 1º, porcaria; 2º, maçada. É uma *pochade* à P. de Kock; chalaças hiperbolicamente inverossímeis, uma vontade despótica de fazer rir à custa de tudo; mas não é isso que o torna um mau livro: é a falta absoluta de bom senso e bom gosto. Pode considerar-se uma decadência por ter sido escrito depois de *Os Maias*, que deve ser melhor."[352] Tipicamente, quando *Os Maias* foram publicados, Camilo manteve-se silencioso.

Ao escrever este artigo para as *Novidades*, outros intuitos, que não apenas *A*

---

[349]G. de Castilho (org.), *Eça de Queirós: correspondência, op. cit.*, vol. I, pp. 424-5 (a carta é datada de 2.7.1887).
[350]*Novidades*, 7.6.1887.
[351]O pai de Eça viria a escrever uma carta a Camilo sobre os comentários aos seus versos. Datada de 11.6.1887, vem transcrita no *Dicionário de Camilo Castelo Branco* (org. Alexandre Cabral), na entrada "Queiroz, José Maria de Almeida Teixeira de", *op. cit.*
[352]A. Campos Matos (org.), *Dicionário de Eça de Queiroz, op. cit.*, entrada "Castelo Branco, Camilo".

relíquia, moviam Camilo. Este se sentira atacado pelo que Eça, pouco tempo antes, escrevera num prefácio. Eis as linhas em causa: "Os discípulos do Idealismo, para não serem de todo esquecidos, agacham-se melancolicamente e, com lágrimas represas, besuntam-se também de lodo! Sim, amigo, esses homens puros, vestidos de linho puro, que tão indignadamente nos argüíram de chafurdarmos num lameiro, vêem agora pé ante pé enlambuzar-se com a nossa lama."[353] Camilo, que, em 1878 e 1889, publicara *Eusébio Macário* e *A corja*, considerara que estas linhas foram dirigidas a ele. E reagiu: "O Sr. Eça de Queirós desembestou aquela frecha espontânea ao meu peito inocente; mas alvejou com o seu olho mais míope, ou sacrificou a verdade, a umas pitorescas frases azedas e já bastante puídas que não valiam a pena do holocausto." Finalmente, informava que o que aparecera no frontispício de um dos seus livros, declarando-o realista, não fora idéia dele, mas do editor. Em tom lamuriento, acrescentava: "Eu nunca disse deste estimável escritor senão coisas bonitas e nunca lhas direi senão justas, segundo o meu sentimento de justiça. Não obstante, o Sr. Eça, e alguns dos seus amigos (...) sempre que lhes vem a talho de foice implicam comigo, assacando-me aleivosias." Eça chegou a redigir uma resposta, mas a polêmica entre "realistas" e "idealistas" deixara de interessá-lo. O texto, que então escreveu, não seria publicado em vida.[354] Nele, Eça negava "embirrar" com Camilo, declarando que, pelo contrário, admirava nele "o ardente satírico", o mesmo não se podendo dizer dos seus discípulos, que mais não faziam do que elogiar o homem que, em Portugal, conhecia mais termos do dicionário.

Um pouco depois, Mariano Pina voltava a falar de *A relíquia*.[355] Na sua opinião, o principal defeito derivava do fato de Eça ter escrito a obra na primeira pessoa. Aquele sonho, supostamente redigido por um "bacharel, vadio e hipócrita", era, reconhecia, inverossímil. Notava, todavia, um ponto importante: "Se *A relíquia* fosse intencionalmente e declaradamente um romance, esse livro estaria condenado pelos princípios mais elementares da crítica, que quer que na

---

[353] Prefácio ao livro do conde de Arnoso, *Azulejos, op. cit.* O texto tem uma data, colocada pelo próprio Eça: a de 12.06.1886.
[354] O texto viria a ser incluído em *Últimas páginas,* com o título de "Carta a Camilo Castelo Branco", *in Obras de Eça de Queiroz, op. cit.*, vol. 2, pp. 799-803.
[355] *A Ilustração,* 20.7.1887.

obra de arte todos os efeitos sejam convergentes. (...) Mas *A relíquia* não passa duma fantasia fora de todas as leis que a estética pode impor ao romance." Em suma, os critérios para apreciar a obra tinham de ser diferentes. Em 11 de abril de 1887, também Oliveira Martins se pronunciou. Seria, aliás, ele o primeiro a aproximar *A relíquia* da tradição picaresca ibérica: "Tem muito de espanhol, de Quevedo, principalmente; (...) Tem a ironia sarcástica: não a dos moralistas, mas a dos fantasistas." Oliveira Martins reconhecia que *A relíquia* era "o pandemônio mais incongruente, mais extravagante, mais inconcebível que se pode imaginar", mas isso não o impedia de ser uma obra-prima. Se o livro fora mal compreendido, isso se devia ao fato de os críticos terem dificuldade em aceitar que Eça deixara de ser realista.

Modernamente, os estudiosos têm exibido opiniões divergentes sobre o valor da obra. Para J. Gaspar Simões, *A relíquia* é uma experiência malograda; para Guerra da Cal, pelo contrário, é um grande livro.[356] Segundo este, *A relíquia* pertenceria à tradição picaresca espanhola, o que havia feito com que o livro tivesse sido desprezado nos países latinos, onde era lido como um romance realista.[357] Mesmo aceitando a tese de que a obra pertence à tradição picaresca, não deixa de ser, no conjunto da bibliografia de Eça, um livro menor. Há, de fato, nele qualquer coisa de desequilibrado, o que não quer dizer que seja o "sonho" que o salve. Longe disso. *A relíquia* tem algumas páginas memoráveis. Veja-se, por exemplo, o episódio, tão típico de Eça, em que aparece Alpedrinha. À chegada ao Egito, Teodorico ouve alguém dizer-lhe baixinho: "Em o cavalheiro necessitando alguma coisa, chama pelo Alpedrinha." Passada a surpresa, veio a cumplicidade: "Um patrício! ele contou-me a sua sombria história, desafivelando a minha maleta. Era de Trancoso e desgraçado. Tivera estudos, compusera um necrológio, sabia ainda mesmo de cor os versos mais doloridos do 'nosso Soares dos Passos'. Mas apenas sua mamãzinha morrera, tendo herdado terras, correra à fatal Lisboa, a gozar; conheceu logo na Travessa da Conceição uma espanhola deleitosíssima, do adocicado nome de Dulce; e largou com ela para Madri, num idílio." Abandonado, Alpedrinha acabara em Marselha. Depois, estivera como

---

[356] Mais tarde, também Valery Larbaud considerará que este livro de Eça tinha muito de Quevedo. A. Campos Matos (org.), *Dicionário de Eça de Queiroz, op. cit.*, entrada "A Relíquia".
[357] E. Guerra da Cal, *A relíquia, romance picaresco e cervantesco, op. cit.*, pp. 10-13.

sacristão em Roma, barbeiro em Atenas, pescador em Moreia, transportador de água em Esmirna. E, agora, ali estava, no Hotel das Pirâmides, como carregador de bagagem. Para surpresa de Teodorico, antes de desaparecer, Alpedrinha pede-lhe: "E se o cavalheiro trouxesse por aí algum jornal da nossa Lisboa, eu gostava de saber como vai a Política." Em dois lances, Eça construíra um personagem.

Este português, verdadeiramente das Arábias, permite a Eça tecer reflexões sobre o emigrante português: "Desventurado Alpedrinha! Só eu, em verdade, compreendi a tua grandeza! Tu eras o derradeiro lusíada, da raça dos Albuquerque, dos Castros, dos varões fortes que iam nas armadas da Índia. A mesma sede divina do desconhecido te levara, como eles, para essa terra do Oriente, donde sobem ao céu os astros que espalham a luz e os deuses que ensinam a Lei. Somente não tendo já, como os velhos lusíadas, crenças heróicas concebendo empresas heróicas, tu não vais como eles, com um grande rosário e com uma grande espada, impor às gentes estranhas o teu rei e o teu Deus." Alpedrinha foi mais um meio que Eça encontrou para denunciar a mentira patrioteira.

Que mais entreteve Eça durante os derradeiros anos ingleses? Com a fama, tinham vindo as obrigações. Entre elas, a de escrever introduções para obras de amigos. Em maio de 1886, Eça redigiu um prefácio para o romance *O brasileiro Soares*, de Luís de Magalhães. Nele, aproveitava a ocasião para denunciar, mais uma vez, o romantismo, o qual teria levado os portugueses a olhar o "brasileiro", ou seja, o emigrante que regressa, como um bronco. Não era por mal que os românticos assim o viam, explicava, mas por o estereótipo obedecer a "um idealismo nevoento, à teoria da alma separada do corpo e à conseqüente divisão dos 'tipos' literários em ideais e materiais, segundo eles personificavam o sentimento, coisa nobre e alta da vida, ou representavam a ação, que ao romantismo aparecera sempre como coisa subalterna e grosseira". Bastava, todavia, que o emigrante voltasse pobre para que os românticos logo se apaixonassem por ele. Eça louvava Luís de Magalhães pelo fato de ele ter retratado o herói, Joaquim Soares, de forma realista. Dirigindo-se-lhe diretamente, dizia-lhe: "Ora, Você, caro amigo, nascido já fora do romantismo (que a nós, mais velhos, nos enternece como uma pátria abandonada), tendo aprendido a ler em Flaubert, como nós aprendemos a ler em Lamartine, faz uma coisa bem simples, que revoluciona a velha novela (...). Querendo estudar um *brasileiro*, num romance, Você faz isto, que é tão fácil, tão útil e que nenhum dos antepassados da literatura quis jamais fazer: abre os olhos, bem largos, bem claros, e vai de perto olhar para o *brasileiro*, para um qualquer, que passe num caminho em Bouças, ou que esteja à porta da sua casa, na Guardeira, com o seu casaco de alpaca."[358]

Não foi este o único prefácio que Eça teve de escrever. Agora, até os membros das famílias nobres desejavam a sua bênção. Nesse mesmo ano, o conde de Arnoso solicitava-lhe uma introdução a um livro de contos, *Os azulejos*. Eça nada disse, neste texto, que não pensasse. Ocorre que, sobre o livro, nada disse. Começou por se refugiar numa análise da comparação dos públicos, antes e depois da Revolução Francesa. Com a democracia, explicava, o mundo tinha mudado: "Tudo se começou a fazer por meio de vapor e de rodas dentadas, e para as grandes massas. Essa coisa tão maravilhosa, dum mecanismo tão delicado, chamada *indivíduo*, desapareceu; e começaram a mover-se as multidões, governadas por um instinto, por um interesse ou por um entusiasmo. Foi então que se sumiu o Leitor, o antigo Leitor discípulo e confidente..." Numa palavra, o leitor, que o livro de Arnoso exigia, deixara de existir.

Mas o prefácio não termina aqui. Eça fingia estranhar que Arnoso o tivesse escolhido a ele, um realista notório, para o prefaciar. Não poderia acontecer, interrogava, que, pelo fato de o prefácio ostentar o seu nome, "um Infiel, um Renegado do Idealismo, um servente da Rude Verdade", os compradores se afastassem? Apesar das dúvidas que, em várias ocasiões, exprimira sobre o realismo, Eça não queria que a escola fosse denunciada da forma como o era em Lisboa: "O nome do épico genial de *Germinal* e da *Oeuvre* serve para simbolizar tudo o que, em atos e palavras, é grosseiro e imundo! Isto passa-se numa terra que, na geografia política é uma Capital e se chama Lisboa, mas que, na ordem do pensamento e do saber, é um lugarejo sem nome." Ironicamente, acabou por ser num prefácio a um livro, escrito por um aristocrata, que Eça elogiou Zola.

Mas o que mais interessava a Eça era falar do papel que a arte tinha assumido, num período em que Deus parecia ter desaparecido: "Agora que o Espírito, tendo uma consciência mais segura do Universo, se recusa a crer na capciosa

---

[358] "Prefácio do 'Brasileiro Soares', de Luís de Magalhães", in *Obras de Eça de Queiroz, op. cit.*, vol. 2, pp. 1.444-1.449.

promessa das Religiões de que ele não acabará inteiramente, e irá ainda, em regiões de azul ou de fogo, continuar a sua existência pelo êxtase ou pela dor, a única esperança que nos resta de não morrermos absolutamente como as couves é a Fama, essa Imortalidade relativa que só dá a Arte." A concepção da arte não podia ser mais elevada: "A Arte é tudo, porque só ela tem a duração e tudo o resto é nada." Eça comparava os empreendimentos dos políticos, que minimizava, ao dos artistas, os únicos suscetíveis de ficarem na história. Dirigindo-se diretamente a Arnoso, escrevia: "Concebes tu a possibilidade de, daqui a cinqüenta anos, quando se estiverem erguendo estátuas a Zola, alguém se lembre dos Ferry, dos Clemenceau, dos Canovas, dos Brigth? Podes-me dizer tu quem eram os ministros do império em 1856, há apenas trinta anos, quando Gustave Flaubert escrevia *Madame Bovary*?" Eça terminava o texto imaginando que, num futuro radioso, alguém encontraria, entre as poeirentas estantes de um livreiro, um dos seus livros (diplomaticamente dizia "nossos").[359] Já não era o desejo de reformar o país que o movia, mas a aspiração a que a posteridade dele se lembrasse. Um novo Eça, mais preocupado com a forma, estava em vias de nascer.

---

[359] Prefácio ao livro do conde de Arnoso, *Azulejos, op. cit.*

17

A obra-prima

Foi no dia 23, em Ladbroke Gardens, no bairro londrino de Nottinghill, que Eça acabou de rever *Os Maias*. Os últimos meses não tinham sido fáceis. Casado há dois anos, as mudanças de habitação sucederam-se, o que o obrigou a perder um tempo precioso. A sua casa de Bristol, conhecida na vizinhança por "Vashni Lodge" (nome que remetia para o caráter oriental dos seus traços exteriores), era uma moradia confortável. Para Emília, contudo, tinha a desvantagem de ser isolada. Stoke Hill — assim se chamava o local — ficava no campo. Nascida num palacete, em pleno bulício do Porto, ressentiu-se do silêncio. Apesar de Bristol não ser uma cidade pequena — era mesmo maior do que o Porto —, sentia-se sozinha. Nada teria dito ao marido. À época, as esposas agüentavam isto e muito mais. Mas ele percebeu.

Depois do nascimento da filha Maria, conversou com o marido sobre o futuro, tendo ambos decidido abandonar a residência. Em maio, Emília instalava-se num hotel local, enquanto Eça partia para o sul, em busca de outra casa. O plano era viverem em Londres, mas enquanto Eça não arranjasse uma casa, Emília ficaria em Torquay, a praia mais chique do sul de Inglaterra. Os bebês, dizia-se, precisavam do ar do mar. Emília ficou radiante por deixar as neblinas de Bristol.

A idéia de se instalarem em Londres não era tão bizarra quanto possa parecer. A capital e Bristol estavam ligadas pela "Great Western Railways", a mais bela e moderna ferrovia inglesa. Eça podia deslocar-se, com conforto, entre as duas cidades. Embora continuasse a ser cônsul em Bristol, era-lhe possível conciliar o trabalho com a residência fora do local, uma vez que podia delegar grande parte das suas tarefas ao subordinado que, com ele, trabalhava há anos.

Enquanto Emília gozava, sob um clima ameno, as delícias da primeira maternidade, Eça procurava casa em Londres. Não tardou a se cansar. Numa carta a Emília, dizia: "Desde que cheguei, mesmo já não me parece uma coisa tão agradável, como nos parecia aí, o vir para Londres." E explicava-lhe: "Este atroz clima, a escuridão das manhãs, a neblina, a frialdade, o anoitecer às três horas, tudo isto sentido de perto não é talvez o que convém a meridionais." Mas o motivo real não era esse: "Além disso, estou receando que todas as casas aceitáveis sejam de um preço superior aos nossos; e nas casas de *three guineas,* segundo os exemplares que vimos, há o risco (além de não cabermos) de morrermos de melancolia. São cubículos escuros em compridos *rows of bricks*." A mulher comunicara-lhe a sua preferência por uma casa situada perto do Oratório (a principal capela católica de Londres), mas ele explicou-lhe que, devido aos preços praticados no bairro, tal não seria possível. Esta carta, de 29 de novembro de 1887, terminava com uma informação que se viria a revelar importante: Eça contava-lhe que, através de G. Sandeman, o amigo com quem ele andava a percorrer as ruas de Londres, tinha sabido que, nos círculos diplomáticos, constava que o cônsul português em Paris, Augusto de Faria, poderia vir a ser transferido: "Tudo isto é vago; mas suponho que há um pequeno, muito pequeno, fundo de verdade e tenciono ir amanhã, se Deus quiser, informar-me com o Dantas." Prosseguia: "Creio que o caso Faria se reduz à extrema vontade que os Valbons têm de se desembaraçar dele; mas pelo que me disseram ontem na Legação (onde todavia não encontrei o Dantas) o excelente Faria ainda está sólido em Paris." O ódio do conde de Valbom, o embaixador em Paris, ao cônsul era feroz, mas, além de "*poses* de nobreza", o outro nada fizera de mal.[360]

Mesmo com a possibilidade no horizonte de poder vir a ser chamado a ocupar o consulado de Paris, Eça continuou a ver casas, em Chelsea (bairro que considerou insalubre) e em St. John's Wood (que lhe pareceu agradável). No

---

[360] À época, não se usava o título de embaixador, nem o de embaixada, mas o de ministro e o de legação. Para melhor compreensão, optei pela terminologia moderna. Deve ter-se em mente que os embaixadores eram quase todos políticos famosos. Eça era cônsul, ou seja, estava inserido numa carreira subalterna dentro da diplomacia.

fundo, não acreditava que um lugar tão cobiçado quanto Paris lhe coubesse. Em Torquay, Emília entretinha-se a ler Thackeray e a cuidar do bebê. O casamento dera-lhe segurança. Mas não sendo uma mulher forte, acabou por ter ciúmes do marido. Ao longo da vida, Eça e a mulher estiveram separados em diversas ocasiões e, em todas elas, ela temeu que algo de ilícito se pudesse estar a passar do lado dele. Emília repetia a si própria que o marido andava à procura de uma casa para ambos, mas isso em nada contribuía para dissolver os receios. E deles, decidiu falar-lhe. Eça respondeu-lhe com ironia: "Enquanto à idéia de infidelidade, achei divertidas as tuas reflexões: e se tu me visses, num *cab,* engelhado de frio, consultando listas de casas e números de portas, entrando, parlamentando com a criada, perguntando *how many bed-rooms?* e metendo o nariz em infinitos *larders,* já não te lembrarias sequer a idéia de que o meu coração pudesse ter um *oubli.*" Cansado da correria infrutífera, era natural que Eça estivesse sendo sincero.

Por fim, nos últimos dias de dezembro de 1887, a família mudava-se para Londres. Seria já em Ladbroke Gardens, que, em 26 de janeiro de 1888, nasceria o segundo filho do casal, José Maria. O prédio era bonito, o bairro agradável e a vida animada. A ama inglesa passeava com os meninos em Kensington Gardens, Emília revia os amigos que faziam o *tour* da Europa, Eça freqüentava os clubes. Tinham finalmente encontrado um local capaz de agradar a todos. Mas Eça não podia esquecer a obra em vésperas de publicar. Poucos dias antes da mudança, escrevera ao editor, exigindo voltar a rever as duas últimas páginas de *Os Maias.* Durante a primavera de 1888, não parou de revisá-las. Como sempre, a revisão final angustiava-o.

Em junho de 1888, as livrarias exibiam finalmente *Os Maias.* A obra, a sua glória, ocupara-o durante uma década. Nos princípios de 1880, num daqueles acessos de otimismo que o atacavam, durante as fases iniciais de redação, prometera ao seu amigo Lourenço Malheiro, diretor do *Diário de Portugal,* que lhe entregaria, nos meses seguintes, o manuscrito. Não menos imprudentemente, este anunciou, em sucessivos números do jornal, a publicação de folhetins. Estes nunca veriam a luz do dia. Seriam precisos mais oito anos para que o público tivesse acesso ao livro.

Eça preferiu naturalmente atribuir a culpa aos editores, mas é óbvio que isso era falso. Primeiro, desiludiu Lourenço Malheiro, depois zangou-se com a tipografia Lallemant. Em 1882, de Bristol, pedia a Ramalho para lhe resolver a confusão em que estava envolvido. Mas este nada conseguiu. Foi preciso ele próprio vir a Portugal, a fim de esclarecer a situação. Em julho de 1883, dizia a Chardron, com quem entretanto tinha chegado a um acordo, ter acabado o primeiro volume, exceto no que se referia a um capítulo. Esquecendo quanto, e quão profundamente, emendava nas provas, afirmava que o "segundo estava na forja" e que, em breve, tudo poderia ser publicado.

Muitos motivos explicam o tempo, longuíssimo, da gestação desta obra. Mas o que, de fato, atrasou a publicação de *Os Maias* foi a crise intelectual que Eça atravessou durante estes anos. Eça tomara contato com autores — Dickens, G. Eliot, Thackeray, Carlyle — muito diferentes daqueles que tinham feito as delícias da sua juventude. Se continuava a gostar de Flaubert, este tinha agora rivais. No meio de uma obra planejada como um romance de costumes, Eça decidiu, a certa altura, introduzir uma tragédia. A organização do livro tornava-se complexa. Eça escrevia e reescrevia, sem parar, as mesmas páginas.[361] Até que, um dia, sob a primeira claridade do luar que subia, pôs um ponto final. Ao contrário dos seus primeiros romances, em *Os Maias* não há teses. Há apenas um país, que não se regenera, e alguém que ama uma deusa.

A história centra-se, como o título o indica, numa família riquíssima, de sobrenome Maia, pertencente à fidalguia da Beira. Carlos da Maia, médico por Coimbra, chega a Lisboa, em 1875, depois de uma viagem pela Europa. Vem decidido a exercer a sua profissão. Depois de ter relatado ao avô, e aos amigos, o que vira naqueles 14 meses — os belos dias de Roma, o mau humor que o acometera na Prússia, as paisagens da Holanda (omitindo as apostas nas corridas de cavalo em Goodwood e um idílio errante pelos lagos da Escócia) —, teve de se defrontar com a pergunta que estava na mente de todos: "E agora?" Ao que Carlos respondeu, sorrindo: "Descansar primeiro e depois ser uma glória nacional."

---

[361] Alguns críticos modernos têm-se dedicado a tentar identificar a data em que teriam sido escritas as várias partes do romance. A. Freeland defende que os capítulos I a VI, bem como parte do VII, teriam sido redigidos durante o período entre 1880-83; já os restantes, desde o capítulo XI ao XVIII, não poderiam, no entanto, ser datados com precisão. Desde 1883 que Eça teria uma concepção clara da obra. Ver A. Freeland, *O leitor e a verdade oculta: ensaio sobre* Os Maias, *op. cit.*

A casa da família em Lisboa, o "Ramalhete", há muito encerrada, é reaberta. O pai de Carlos suicidara-se ali, após um desgosto de amor, o que causara o seu fechamento.[362] Pedro da Maia tinha casado com uma mulher muito bonita, Maria Monforte, mas que lhe era socialmente inferior. O avô de Carlos, Afonso da Maia, levantara objeções ao casamento, mas Pedro não as quisera ouvir. Maria acabará por fugir com um napolitano, abandonando o filho, Carlos Eduardo — romanticamente batizado com o nome do último dos Stuart — e levando consigo a filha, Maria Eduarda.

Na companhia do neto, Afonso da Maia fora viver para a sua quinta de Santa Olávia. Ao contrário dos romances anteriores, em que a vida de província é pintada com tons negros, Eça dá-nos um quadro idílico do campo. Educado por um preceptor inglês, Carlos crescia, alegremente, entre as árvores frondosas da rica propriedade. Os vizinhos admiravam-se do regime desportivo que lhe fora imposto — até a remar, a fazer ginástica e a montar a cavalo o tinham ensinado — enquanto o simpático abade Custódio criticava o fato de ele não saber o catecismo. O oposto de Carlos é Eusebiosinho, um menino representando a educação tradicional portuguesa, o qual, aos serões, declamava, com as mãos pendentes e os olhos mortiços, uma poesia eternamente repetida: "É noite, o astro saudoso/ Rompe a custo o plúmbeo céu,/ Tolda-lhe o rosto formoso/ Alvacento, úmido véu..." Afonso da Maia não aplaudia as façanhas deste pobre ser.

A ação concentra-se no espaço de um ano, 1875. Em Lisboa, Carlos descobre que, afinal, o exercício da medicina não o interessava. Os dias passam e a sua vontade vai amolecendo. A pesquisa científica parecia-lhe não ter qualquer urgência. Num país pobre, até poderia ser considerada um luxo. Subitamente, Carlos decide que afinal seria mais útil se tratasse dos pobres. Mas, sem vintém, estes não apareciam no consultório. Tudo o convidava à inação: "Do Rossio, o ruído das carroças, os gritos errantes de pregões, o rolar dos americanos, subiam, numa vibração mais clara, por aquele ar fino de Novembro: uma luz macia, escorregando docemente do azul-ferrete, vinha dourar as fachadas enxovalhadas, as copas mesquinhas das árvores do município, a gente vadiando pelos bancos:

---

[362]No seu livro *Eça de Queiroz and European Realism, op. cit.*, p. 200, Alexander Coleman considera que o papel de Pedro da Maia tem sido minimizado pela crítica. Segundo este autor, a natureza destrutiva de seu caráter, a sua vontade de sucumbir à paixão, seria o centro dinâmico de todo o romance.

e essa sussurração lenta de cidade preguiçosa, esse ar aveludado de clima rico, pareciam ir penetrando pouco a pouco naquele abafado gabinete e resvalando pelos veludos pesados, pelo verniz dos móveis, envolver Carlos numa indolência e numa dormência..." Passaram-se semanas.

Entretanto, um amigo seu, João da Ega, considerou que a vida de Carlos andava demasiado tristonha. Era imperioso apresentar-lhe Craft, o filho de um pastor anglicano do Porto, que ele considerava um *gentleman*. Além de riquíssimo, este dispunha de um temperamento byroniano, batera-se como voluntário na Abissínia e, desde que se radicara em Lisboa, colecionava obras de arte. Logo que ele chegasse, prometeu, organizariam umas reuniões, "um Decameron de arte e diletantismo", com rapazes e mulheres, três ou quatro, "para cortarem, com a graça dos decotes, a severidade das filosofias..." Carlos comunicou-lhe, rindo, a impossibilidade de se arranjarem, em Lisboa, três mulheres minimamente cultas. Isso não constituía, para Ega, um problema: seriam importadas. E, a propósito, filosofou sobre o tema: "Aqui, importa-se tudo. Leis, idéias, filosofias, teorias, assuntos, estéticas, ciências, estilo, indústrias, modas, maneiras, pilhérias, tudo nos vem em caixotes pelo paquete. A civilização custa-nos caríssima, com os direitos da Alfândega; e é em segunda mão, não foi feita para nós, fica-nos curta nas mangas." A conversa animava-se. Ega e Carlos discutiram então "o naturalismo, Gambetta, o niilismo; depois, com a ferocidade e à uma, malharam sobre o País". Antes de partir para um encontro amoroso, Ega ainda teve tempo para proclamar a Carlos: "Tinha-me esquecido dizer-te, vou publicar o meu livro!" Espantado, Carlos interrogou-o sobre se já estaria pronto. Impassível, Ega respondeu: "Está esboçado, à broxa larga..."

No escritório de Afonso da Maia, durante uma conversa sobre o S. Carlos, mencionam-se os Gouvarinho. Como Carlos não sabe quem são, alguém lhe explica tratar-se de um "par do Reino, um homem alto, de lunetas, *poseur*... E a condessa, uma senhora inglesada, de cabelo cor de cenoura, muito bem feita..." Falam depois de Cohen, judeu e banqueiro, cuja mulher era amante de Ega. Carlos continuava meio apático. Tinha já o laboratório montado, mas todos os dias resolvia adiar os estudos, deixando "a Deus mais algumas semanas o privilégio exclusivo de saber o segredo das coisas". Num esforço supremo, escreveu dois artigos para a *Gazeta Médica*: "De resto, ocupava-se sempre dos seus cavalos, do seu luxo, do seu bricabraque. E através de tudo isto, em virtude dessa fatal dispersão de curiosidade que, no meio do caso mais interessante de patologia, lhe fazia voltar a cabeça, se ouvia falar duma estátua ou dum poeta, atraía-o singularmente a antiga idéia do Ega, a criação de uma revista, que dirigisse o gosto, pesasse na política, regulasse a sociedade, fosse a força pensante de Lisboa..." Era afinal o sonho que Eça viria a concretizar, mais tarde, na *Revista de Portugal.*

Ega insiste com Carlos para que este arranje uma amante, insinuando que a condessa de Gouvarinho estaria disponível. Mas Carlos hesita. A curiosidade leva-o, todavia, à casa dela: "Havia dez pessoas, espalhadas pelas duas salas, num zunzum dormente, à meia-luz dos candeeiros. O conde maçara-o indiscretamente com política, admirações idiotas por um deputado de Mesão Frio e explicações sem fim sobre a reforma da instrução. A condessa horrorizou-o, dando sobre a Inglaterra, apesar de inglesa, as opiniões da Rua da Cedofeita. Imaginava que a Inglaterra era um país sem poetas, sem artistas, sem idéias, ocupando-se só de amontoar libras... Enfim, secara-se." Ega ficou desconsolado quando Carlos lhe comunicou suas impressões. Imaginara que Gouvarinho lhe agradaria. Carlos diz-lhe que lhe achara graça, mas que pressentia que em breve dela se fartaria. E fazendo-se eco de algo que o próprio Eça terá sentido, disse-lhe: "Sou um impotente de sentimento, como Satanás..." Explicou-lhe o problema: "Passava a vida a ver as paixões falharem-lhe nas mãos como fósforos. Por exemplo, com a coronela dos hussardos em Viena! Quando ela faltou ao primeiro *rendez-vous,* chorara lágrimas como punhos, com a cabeceira enterrada no travesseiro e aos couces à roupa. E daí a duas semanas, mandava postar o Baptista à janela do hotel, para ele se safar, mal a pobre coronela dobrasse a esquina!" Ega qualificou-o de dom-juan. Rindo, acrescentou: "Tu és simplesmente um devasso, e hás-de vir a acabar desgraçadamente como ele, numa tragédia infernal." No fim, afirmou que, no fundo, era inútil um homem andar em busca de uma mulher: "Ela virá. Cada um tem a *sua mulher,* e necessariamente tem de a encontrar. Tu estás aqui, na Cruz dos Quatro Caminhos, ela está talvez em Pequim; mas tu, aí a raspar o meu repes com o verniz dos sapatos, e ela a orar no templo de Confúcio, estais ambos insensivelmente, irresistivelmente, fatalmente, marchando um para o outro!" Sem que o leitor desse por isso, Ega anunciava o destino de Carlos.

A história se desenvolve. Lentamente. Antes de abordar a paixão entre Carlos e Maria Eduarda, Eça escreve mais de 100 páginas. Nelas, apresenta as figuras que se movimentam ao redor das personagens principais: Tomás de Alencar, o poeta romântico; o conde de Gouvarinho, o ministro medíocre; Sousa Neto, o inculto funcionário do Conselho Superior de Instrução; Steinbroken, o diplomata ridículo; Eusebiosinho, o fruto da educação beata; Palma Cavalão, o jornalista corrupto; Cruges, o compositor frustrado, e, por fim, João da Ega, o indivíduo mais inteligente do grupo. Eis o pano de fundo que Eça julgou necessário montar antes que Maria Eduarda surgisse.

Foi num dia de inverno, suave e luminoso. À saída do Hotel Central, Carlos viu "uma senhora alta, loura, com um meio-véu muito apertado e muito escuro que realçava o esplendor da sua carnação ebúrnea". O encontro iria marcar Carlos para a vida. Quando Craft, que o acompanhava, lhe disse terem acabado de cruzar uma mulher lindíssima, Dâmaso explicou-lhes que se tratava da esposa de Castro Gomes, "uma gente muito chique que vive em Paris". É ainda nesse dia que Carlos conhece Alencar, um poeta famoso, o "ilustre cantor das *Vozes de Aurora*, o estilista de *Elvira*, o dramaturgo do *Segredo do Comendador*". Voltando-se para Carlos, este diz-lhe que mal sabia ele a quem acabava de apertar a mão: "Ao camarada, ao inseparável, ao íntimo de Pedro da Maia, do meu pobre, do meu valente Pedro!" Alencar abraçou violentamente Carlos, após o que, sem uma pausa, se lançou numa diatribe contra "o satanismo, o naturalismo e o bandalhismo", os quais estariam a destruir a literatura portuguesa.

No dia seguinte, durante um passeio com Steinbroken no Aterro, Carlos voltou a encontrar Maria Eduarda, "e toda ela, adiantando-se assim no luminoso da tarde, tinha, naquele cais triste de cidade antiquada, um destaque estrangeiro, como o requinte caro de civilizações superiores". Carlos voltaria. Em vão. Imaginando que Maria Eduarda se encontraria em Sintra, vai a casa de Cruges e desafia-o a ir até lá. No caminho, falam do livro do Ega. Carlos diz ao maestro que o preocupava o fato de que, com "aquele talento, aquela *verve* fumegante, [Ega] não fizesse nada..." Espreguiçando-se, acrescentou: "Ninguém faz nada (...) Tu, por exemplo, que fazes?" Cruges rosnou: "Se eu fizesse uma boa ópera, quem é que ma representava?" Carlos responde-lhe: "E se o Ega fizesse um belo livro, quem é que lho lia?" A conclusão tirou-a Cruges: "Isto é um país impossível..." A conversa terminou, com ambos a optarem por tomar um café. Aliás, a ida revelara-se um fracasso. Maria Eduarda não estivera em Sintra.

    De regresso, Carlos recebe uma carta do conde de Gouvarinho, convidando-o para jantar. Antes, Afonso da Maia conversara com o neto sobre literatura. O avô lamentava a paixão pela forma, que, segundo ele, caracterizaria os portugueses: "O português nunca pode ser homem de idéias, por causa da paixão da forma." Carlos, um romântico, responde-lhe: "Questão de temperamento (...) Há seres inferiores, para quem a sonoridade de um adjetivo é mais importante que a exatidão de um sistema..." E, sorrindo, confessava: "Eu sou desses monstros." Pouco depois, aparecia Dâmaso, esbaforido, pedindo a Carlos para ir ver a filha de Maria Eduarda, que tinha adoecido, estando os pais ausentes. Num quarto, meio desalinhado, Carlos vê, sobre um sofá, o casaco branco de Maria Eduarda, "com as duas mangas abertas, à maneira de dois braços que se oferecem". Carlos repara nos livros — uma brochura intitulada "Manual de Interpretação dos Sonhos" entre obras inglesas — que povoam a alcova. O objeto mais estranho era uma enorme caixa de pó-de-arroz, "pondo ali uma dissonância audaz de esplendor brutal". Dâmaso confidencia-lhe que o marido de Maria partiria brevemente para o Brasil, ficando ela sozinha em Lisboa.

    Carlos torna-se amante da condessa de Gouvarinho. Fazem amor, num cupê de praça, na estrada de Queluz. Depois, passam a encontrar-se em casa de uma tia da condessa, uma senhora anglicana, que queria catequizar a província. Ao fim de três semanas, Carlos já se sentia "enfastiado de tantas sedas amarrotadas e dos beijos intermináveis que ela lhe dava na barba". Tudo se agravou quando a condessa lhe declarou querer fugir com ele. A idéia apavorou Carlos. Este é entretanto chamado para tratar da governanta inglesa de Maria Eduarda. Desta vez, esta está presente. Carlos olha-a longamente: "Os cabelos não eram louros, como julgara de longe à claridade do sol, mas de dois tons, castanho-claro e castanho-escuro, espessos e ondeando ligeiramente sobre a testa. Na grande luz escura dos seus olhos havia ao mesmo tempo alguma coisa de muito grave e de muito doce." Nada de extraordinário se passa. Carlos apenas fica sabendo que M. Eduarda era portuguesa e não, como imaginara, brasileira. É ela que, antes de se despedirem, lhe diz: "Até amanhã, está claro." Mesmo com o pretexto da doença de *miss* Sara, era uma frase audaz.

Carlos sai, feliz. Ao chegar ao "Ramalhete", recebe uma carta da condessa de Gouvarinho, com quem tinha combinado ir ao Porto. Fica furioso consigo. Vai até St. Apolônia, a fim de romper o compromisso, mas, quando lá chega, encontra-a com o marido, o que o alivia. Durante duas semanas, Carlos poderá visitar M. Eduarda em paz. O que faz, com crescente assiduidade. Falam de Londres e de Paris, às vezes de Dickens, de Michelet, de Renan. No meio do seu enlevo, Carlos nota que, na relação entre eles, havia qualquer coisa de assimétrico. Ele lhe tinha contado toda a sua vida. Ela nada lhe dissera sobre a sua: "Parecia não ter em França, onde vivia, nem interesses, nem lar, e era realmente como a deusa que ele ideara, sem contatos anteriores com a Terra, descida da sua nuvem de ouro, para vir ter ali, naquele andar alugado da rua de São Francisco, o seu primeiro estremecimento humano." Tinham falado de afeições: "Ela acreditava candidamente que pudesse haver, entre uma mulher e um homem, uma amizade pura, imaterial, feita da concordância amável de dois espíritos delicados." Carlos tentou convencer-se que era possível manter com ela um amor platônico. Passava os dias lendo poetas.

Um dia, Maria Eduarda comunicou-lhe o seu desejo de alugar uma casa, nos arredores, para passar o verão. Carlos comprou então, de Craft, uma quinta nos Olivais a que pôs o nome de "Toca". Com a mudança, desaparecera subitamente o plano de uma relação platônica. Carlos chegava aos Olivais pelo meiodia. Maria Eduarda já o esperava. Depois do almoço, Carlos e Maria refugiavam-se num quiosque japonês, onde faziam amor: "Mas pouco a pouco, o desejo duma felicidade mais íntima, mais completa, foi crescendo neles. Não lhes bastava já essa curta manhã no divã com os pássaros cantando por cima, a quinta cheia de sol, tudo acordado em redor; apeteciam o longo contentamento duma longa noite, quando os seus braços se pudessem enlaçar sem encontrar o estofo dos vestidos, e tudo dormisse em torno, os campos, a gente e a luz..." Carlos passou a vir à noite, entrando por uma porta secreta. Ela queria deixar Portugal, mas ele explicou-lhe que, antes, teria de falar com o avô.

O passado aventureiro de Maria Eduarda só será revelado a Carlos quando Castro Gomes regressa do Brasil. Carlos fica admirado com o que este lhe relata, a começar pelo fato de nem sequer ser casado com ela. Num impulso, tenta romper com Maria Eduarda. Chegara o momento de ela lhe contar a sua confusa vida: "Então respeitos humanos, orgulho, dignidade doméstica, tudo nele foi levado como por um grande vento de piedade." Apenas viu, ofuscando todas as fragilidades, a sua beleza, a sua dor, a sua alma sublimemente amante. Um delírio generoso, de grandiosa bondade, misturou-se à sua paixão. E, debruçando-se, disse-lhe baixo, com os braços abertos: "Maria, queres casar comigo?" Ela ergueu-se, sem compreender. E caiu sobre os seus braços abertos, cobrindo-o de beijos.

O capítulo XVI é o mais importante do livro. É nele que Eça descreve, em paralelo, um episódio cômico, o sarau literário no Teatro Trindade, e um trágico, a revelação da identidade de Maria Eduarda. No primeiro, Eça ataca, em tom magistral, a intelectualidade nacional, o seu sentimentalismo, a sua ignorância, a sua pomposidade. No final da festa, ao passar perto do Hotel Aliança, Ega encontra Guimarães, um jornalista que vivia em Paris. Este diz-lhe que tem um cofre da Maria Monforte, contendo documentos importantes, e comunica-lhe o seu desejo de entregá-lo à família. Ega combina enviar-lhe, no dia seguinte, um criado ao hotel. Guimarães agradece-lhe: "Eu junto-lhe então um bilhete e V. Excia. entrega-o da minha parte ao Carlos da Maia ou à irmã." Ega, espantado, diz-lhe que Carlos não tem irmãs. Guimarães insiste. Diz-lhe que a senhora que, nessa tarde, ele vira, com eles, na carruagem era irmã de Carlos. De repente, Ega entrevê a catástrofe. Ainda tenta fingir que sabia. Guimarães conta-lhe então que Maria Eduarda desconhecia a sua ascendência (a mãe dissera-lhe ser ela filha de um fidalgo austríaco, com quem ela teria casado na Madeira). Ega estava agora desejoso de detalhes, acabando por ir ele próprio buscar os papéis: "E de tudo ressaltava esta certeza monstruosa: Carlos era amante da irmã."

A tragédia estava revelada. Mas Ega não queria aceitá-la: "Era acaso verossímil que tal se passasse, com um amigo seu, numa rua de Lisboa, numa casa alugada à mãe Cruges? Não podia ser. Esses horrores só se produziam na confusão social, no tumulto da Meia Idade." Depois, mudou de opinião: "Sim, tudo isso era provável no fundo! (...) Pela sua figura, o seu luxo, ele [o filho] destaca nesta sociedade provinciana e pelintra. Ela, por seu lado, loura, alta, esplêndida, vestida pela Laferrière, flor duma civilização superior, faz relevo nessa multidão de mulheres miudinhas e morenas. Na pequenez da Baixa e do Aterro, onde todos se acotovelam, os dois fatalmente se cruzam: e com o seu brilho pessoal, muito fatalmente se atraem!" Ega tenta desesperadamente desdramatizar o que lhe parecia o enredo de uma novela barata, mas não o consegue. Não sabia, aliás, o que fazer. Poderia nada dizer. Mas a idéia do incesto era suficientemente horrenda para que tal não fosse possível. Não sendo capaz de mostrar a Carlos os papéis, apelou ao procurador da família, Vilaça, para que o fizesse.

No dia seguinte, Ega se encontra com Carlos no Ramalhete. Este diz-lhe que nada percebe do que Vilaça, presente, estava lhe contando. Finalmente, é Ega quem é obrigado a dizer-lhe tudo. Mas Carlos recusa-se a acreditar em tal história: "E tu acreditas que isso seja possível? Acreditas que suceda a um homem como eu, como tu, numa rua de Lisboa?" De repente, aparece Afonso da Maia. No meio de sua aflição, Carlos comunica-lhe o que Ega acabara de lhe revelar. Afonso, "com um olhar esgazeado e mudo", diz-lhe que, embora a família sempre tivesse pensado que a pequena tivesse morrido, podia ser verdade. Encostado a Ega, Afonso diz-lhe que sabia ter Carlos montado casa a uma amante nos Olivais.

Ega tenta consolar Carlos, dizendo-lhe que seria pior se Maria Eduarda tivesse morrido. Carlos nega-o: "Se ela morresse, ou eu, acabava o motivo desta paixão, restava a dor e a saudade, era outra coisa... Assim estamos vivos, mas mortos um para o outro, e viva a paixão que nos unia...! Pois tu imaginas que por me virem provar que ela é minha irmã, eu gosto menos dela do que gostava ontem, ou gosto dum modo diferente? Está claro que não! O meu amor não se vai duma hora para a outra acomodar a novas circunstâncias e transformar-se em amizade... Nunca! Nem eu quero!" O romance de costumes transformava-se em tragédia.

Carlos sabe que tem de terminar aquela relação. Vai a casa de Maria Eduarda, decidido a revelar-lhe tudo, mas a encontra deitada. E não resiste a fazer amor uma última vez. É uma das cenas mais bem elaboradas do livro: "Então Carlos deu um passo no tapete, sem rumor. Ainda sentia o ranger mole do leito. E já todo aquele aroma dela, que tão bem conhecia, esparso na sombra tépida, o envolvia, lhe entrava na alma como uma sedução inesperada de carícia nua, que o perturbava estranhamente.(...) O grande e belo corpo de Maria, embrulhado num roupão branco de seda, movia-se, espreguiçava-se languidamente sobre o leito brando. (...) Ele tenteava (à procura da mão que ela lhe oferecia), procurando na brancura da roupa; encontrou um joelho a que percebia a forma e o calor suave, através da seda leve: e ali esqueceu a mão, aberta e frouxa, como morta, num entorpecimento onde toda a vontade e toda a consciência se lhe fundiam, deixando-lhe apenas a sensação daquela pele quente e macia, onde a sua alma pousava. Um suspiro, um pequenino suspiro de criança, fugiu dos lábios de Maria, morreu na sombra. Carlos sentiu a quentura de desejo que vinha dela, que o entontecia, terrível como o bafo ardente dum abismo, escancarado na terra a seus pés. Ainda balbuciou: 'Não, não...' Mas ela estendeu os braços, envolveu-lhe o pescoço, puxando-o para si, num murmúrio que era como uma continuação do suspiro e em que o nome de *querido* sussurrava e tremia. Sem resistência, como um corpo morto que um sopro impele, ele caiu-lhe sobre o seio. Os seus lábios secos acharam-se colados, num beijo aberto que os umedecia. E de repente, Carlos enlaçou-a furiosamente, esmagando-a e sugando-a, numa paixão e num desespero que fez tremer todo o leito." É ela, que ainda desconhece a ligação entre eles, que o seduz. Carlos tenta resistir, sabendo que, se o não fizesse, cometeria a transgressão máxima. Mas não consegue. Da parte dele, o incesto é conscientemente praticado.

Contudo, sem que o deseje ou o espere, o cheiro de Maria Eduarda começa a enjoá-lo. Um terror apodera-se de Carlos: "Era, surgindo do fundo do seu ser, ainda tênue mas já perceptível, uma saciedade, uma repugnância por ela, desde que a sabia do seu sangue! Uma repugnância material, carnal, à flor da pele, que passava como um arrepio. Fora primeiramente aquele aroma que a envolvia, flutuava entre os cortinados, lhe ficava a ele na pele e no fato, o excitava tanto outrora, o impacientava tanto agora, que ainda na véspera se encharcara em água-de-colônia para o dissipar. Fora depois aquele corpo dela, adorado sempre como um mármore ideal, que de repente lhe aparecera, como era na sua realidade, forte demais, musculoso, de grossos membros de amazona bárbara com todas as belezas copiosas do animal de prazer. Nos seus cabelos dum lustre tão macio, sentia agora inesperadamente uma rudeza de juba. Os seus movimentos na cama, ainda nessa noite, o tinham assustado como se fossem os de uma fera, lenta e ciosa, que se estirava para o devorar..." A deusa transformara-se num ser capaz de destruí-lo.

Finalmente, não é Carlos quem, num gesto voluntário, abdica de M. Eduarda, mas o cheiro daquela amante-irmã que dela o afasta: "Quando os seus braços o enlaçavam, o esmagavam contra os seus rijos peitos túmidos de seiva, ainda decerto lhe punham nas veias uma chama que era toda bestial. Mas, apenas o último suspiro lhe morria nos lábios, aí começava insensivelmente a recuar para a borda do colchão, com um susto estranho: e, imóvel, encolhido na roupa, perdido no fundo duma infinita tristeza, esquecia-se, pensando numa outra vida que podia ter, longe dali, numa casa simples, toda aberta ao sol, com sua mulher, legitimamente sua, flor de graça doméstica, pequenina, tímida, pudica, que não soltasse aqueles gritos lascivos e não usasse aquele aroma tão quente!" Diante da tragédia, Carlos sente a nostalgia do casamento burguês. Pensa em se matar, mas, ao contrário do pai, não tem forças para o fazer. Tendo-se apercebido de que Carlos não dormira em casa, Afonso da Maia morre, fulminado pelo desgosto. Carlos considera esta morte como o seu castigo. Só então Maria Eduarda sabe o que se passa. Partirá para a França, sem voltar a ver Carlos. Numa tentativa de esquecê-la, Carlos viaja com Ega. Em seguida, ficará, durante dez anos, em Paris.

No final de 1886, Carlos regressa a Lisboa. A primeira pessoa de quem vai à procura é Ega: "E numa luminosa e macia manhã de Janeiro de 1887, os dois amigos, enfim juntos (não se viam há três anos), almoçavam num salão do Hotel Braganza, com as duas janelas abertas para o rio." Ega diz a Carlos que este não envelhecera nem um dia, enquanto ele...: "Lisboa arrasa." De fato, estava ficando careca. Carlos atribui o fato à ociosidade. E inquire dos seus planos. Ega diz-lhe que ainda pensara em entrar na diplomacia: "Mas depois refletira. Por fim, em que consistia a diplomacia portuguesa? Numa ou noutra forma da ociosidade, passada no estrangeiro, com o sentimento constante da própria insignificância! Antes o Chiado!" Carlos levanta a hipótese de uma carreira política, mas Ega considera-a indigna: "Isso tornara-se moralmente e fisicamente nojento, desde que o negócio atacara o constitucionalismo como uma filoxera!" Nesse meio tempo, aparece Alencar. Carlos pergunta-lhe pelos seus versos. Alencar declama alguns. Ega e Carlos conversam de Paris. Depois da descrição que Carlos lhe faz, Ega comenta: "Pois tudo somado, menino (...) esta nossa vidinha de Lisboa, simples, pacata, corredia, é infinitamente preferível." Carlos não estava de acordo, mas nada diz.

Segue-se a peregrinação de Carlos por Lisboa: "Estavam no Loreto; e Carlos parara, olhando em redor, reentrando na intimidade daquele velho coração da capital. Nada mudara. A mesma sentinela sonolenta rondava em torno à estátua triste de Camões. Os mesmos reposteiros vermelhos, com brasões eclesiásticos, pendiam nas portas das duas igrejas. O Hotel Alliance conservava o mesmo ar mudo e deserto. Um lindo sol dourava o lajedo, batedores, de chapéu à faia, fustigavam as pilecas, três varinas, de canastra à cabeça, meneavam os quadris, fortes e ágeis na plena luz. A uma esquina, vadios em farrapos fumavam, e na esquina defronte, na Havanesa, fumavam também outros vadios, de sobrecasaca, politicando." Carlos comenta: "Isto é horrível, quando a gente vem de fora! (...) Não é a cidade, é a gente. Uma gente feíssima, encardida, molenga, reles, amarelada, acabrunhada!..." Irritado, Ega declara que Lisboa se modernizara durante a sua ausência: "Hás-de ver a Avenida..." Descem o Chiado. Carlos olha indivíduos que acha estarem ali há dez anos. Vê o Dâmaso, "pasmaceando, com o ar regaladamente embrutecido dum ruminante farto e feliz". Ega conta histórias sórdidas de uma Adozinda, mas Carlos não acha graça. Constatando os primeiros sintomas da distância cultural que se estava a instalar entre eles, Ega fica irritado.

Passam no antigo consultório do Carlos. Relembram os planos para reformar a pátria. "Em que tudo ficou!", diz Carlos tristemente. Depois, falam dos amigos que tinham morrido. Ei-los na Avenida. Ega estava orgulhoso do novo Passeio Público, mas Carlos não apreciou o ar novo-rico.[363] Os dois sentam-se num banco. Por eles, passava a nova geração. Carlos pasmava: "Que faziam ali, às horas de trabalho, aqueles moços tristes, de calça esguia?" Sem ver mulheres, não entendia o que atraía ao local aquela mocidade pálida. Mais do que tudo, espantava-o as botas, com pontas reviradas, rompendo para fora das calças. Interrogou Ega sobre esta nova moda. Radiante, este aproveitou para tirar conclusões definitivas sobre a pátria: "Porque essa simples forma de botas explicava todo o Portugal contemporâneo. Via-se por ali como a coisa era. Tendo abandonado o seu feitio antigo, à D. João VI, que tão bem lhe ficava, este desgraçado Portugal decidira arranjar-se à moderna: mas sem originalidade, sem força, sem caráter para criar um feitio seu, um feitio próprio, manda vir modelos do estrangeiro, modelos de idéias, de calças, de costumes, de leis, de arte, de cozinha... Somente como lhe falta o sentimento da proporção e ao mesmo tempo o

---

[363] Carlos Reis salienta, em seu livro *Introdução à leitura de* Os Maias, Coimbra, *op. cit.*, pp. 162-4, o olhar sombrio de Carlos sobre Lisboa, quando do seu regresso. Ao contrário de João da Ega, que admira o Passeio Público, Carlos sente, nesse símbolo fútil, a incapacidade de o país se reformar.

domina o da impaciência de parecer muito moderno e muito civilizado — exagera o modelo, deforma-o, estraga-o até à caricatura." Ega ia dissertando sobre o falso, até que Carlos lhe apontou, com a bengala, a cidade velha, uma das poucas coisas genuínas de Lisboa: "E mostrava os altos da cidade, os velhos outeiros da Graça e da Penha, com o seu casario escorregando pelas encostas ressequidas e tisnadas do sol. No cimo, assentavam pesadamente os conventos, as igrejas, as atarracadas vivendas eclesiásticas, lembrando o frade pingue e pachorrento, beatas de mantilha, tardes de procissão, irmandades de opa atulhando os adros, erva-doce juncando as ruas, tremoço e fava rica apregoada às esquinas e foguetes no ar em louvor de Jesus. (...) E abrigados por ele, no escuro bairro de S. Vicente e da Sé, os palacetes decrépitos, com vistas saudosas para a barra, enormes brasões nas paredes rachadas, onde, entre a maledicência, a devoção e a bisca, arrasta os seus derradeiros dias, caquética e caturra, a velha Lisboa fidalga!" Era hora de Ega apresentar as suas reservas: "Sim, com efeito, é talvez mais genuíno. Mas é tão estúpido, tão sebento. Não sabe a gente para onde se há-de voltar... E se nos voltarmos para nós mesmos, ainda pior!"

Eram quatro horas, o sol curto de inverno tinha um ar pálido. Tomaram um táxi para o Ramalhete. Voltaram a encontrar Alencar, com quem Ega parecia dar-se agora muito bem. Interrogado por Carlos, aquele explica-lhe ter descoberto ser Alencar o único português genuíno. No Ramalhete, é Vilaça quem lhes aparece à porta. A casa, de onde tinha sido retirada grande parte do mobiliário, tem um aspecto esquálido. Carlos quis ir até a sala do bilhar, onde tinham sido colocados os móveis da "Toca". Ega viu alguns objetos de Maria e, no meio daquilo, um chinelo de Afonso. Insiste para que abandonem o palacete. Mas Carlos ainda quer ver o gabinete do avô. Aqui, a emoção, que lhe crescia na alma, cedeu perante os espirros causados pelo pó. Abrem uma janela e, de cima, olham o jardim. Foi então que Ega perguntou a Carlos como reagira à notícia do casamento de Maria Eduarda. Tudo aquilo tivera, diz-lhe, "um efeito de conclusão, de absoluto remate". Tinham chegado ao quarto de Carlos: "E aqui tens tu a vida, meu Ega! Neste quarto, durante noites, sofri a certeza de que tudo no mundo acabara para mim... Pensei em me matar. Pensei em ir para a Trapa. E tudo isto friamente, com uma conclusão lógica. Por fim, dez anos passaram, e aqui estou outra vez..." Olhando o espelho, concluiu: "E mais gordo!"

Ega quis saber se, ao longo de todos aqueles anos, não tivera o desejo de voltar ao país: "Carlos considerou Ega com espanto. Para quê? Para arrastar os passos tristes desde o Grêmio até à Casa Havanesa? Não! Paris era o único lugar da terra congênere com o tipo definitivo em que ele se fixara: 'o homem rico que vive bem'. Passeio a cavalo no *Bois,* almoço no Bignon; uma volta pelo *boulevard;* uma hora no clube com os jornais; um bocado de florete na sala de armas, à noite a *Comédie-Française* ou uma *soirée;* Trouville no Verão, alguns tiros às lebres no Inverno, e através do ano, as mulheres, as corridas, certo interesse pela ciência, o bricabraque e uma pouca de blague. Nada mais inofensivo, mais nulo e mais agradável." Melodramaticamente, Ega ainda lhe diz: "Falhamos a vida, menino." Ao que Carlos lhe responde, em tom frio: "Creio que sim..." Iam a deixar o Ramalhete, quando Carlos lhe declara: "É curioso! Só vivi dois anos nesta casa e é nela que me parece estar metida a minha vida inteira." Para Ega, isso derivava de ali ter vivido uma paixão. Mas Carlos não está de acordo: "Muitas outras coisas dão valor à vida... Isso é uma velha idéia de romântico, meu Ega." E é de Ega que chega a tirada final: "E que somos nós? (...) Que temos nós sido desde o colégio, desde o exame de latim? Românticos: isto é, indivíduos inferiores que se governam na vida pelo sentimento e não pela razão..." Carlos confessou-lhe ter, agora, uma nova filosofia: "Nada desejar e nada recear..." Ega fingiu aprovar. Tinham já batido as seis da tarde. Estavam atrasados para o jantar que tinham organizado. E não aparecia um carro de aluguel. Então começaram a correr, enquanto Carlos lamentava o fato de se terem esquecido de encomendar ervilhas com paio. Ao longe, surgiu uma daquelas carroças sobre trilhos, a que o povo chamava os "americanos". A correria redobrou. É assim que o livro termina.

De todas as obras de Eça, *Os Maias* é aquela que mais elementos autobiográficos contém. Em Carlos e em Ega podemos, até certo ponto, adivinhar o Eça dos anos 1880. Ele, que tanto odiava a exposição dos seus sentimentos, entrega-se-nos indiretamente. O risco está em imaginar demais. Mas não erraremos se dissermos que o ódio aos políticos, o pânico diante da paralisia da vida lisboeta, o desejo de ter uma revista, a denúncia das modas importadas, a consciência da dificuldade de se criar o que quer que seja, o desprezo por um Portugal que imitava a França eram características que Eça transpôs, de si próprio, para a ficção.

Caso Eça tivesse ficado em Portugal, possivelmente não teria levado uma vida muito diferente da adotada por Ega. No fundo, Ega é um Eça que ficou no país. Ao fazê-lo, pagou um preço: o de ser o bobo da corte. Mas Ega não é o único *alter ego* de Eça. Carlos da Maia tem também muitos traços seus. No domínio amoroso, Carlos está mais perto de Eça do que Ega. Quando Carlos fala da sua incapacidade de se relacionar com uma mulher, por logo se sentir invadido pelo tédio — ou pelo medo? — é Eça que fala. A relação de Carlos com a condessa de Gouvarinho — com as suas hesitações permanentes — não deve ter diferido muito das peripécias amorosas com Anna Conover. A declaração de ser "um impotente do sentimento" é algo que, em vários momentos da sua vida, Eça poderia ter proferido. Maria Eduarda, a longínqua deusa, não é senão o objeto em que se cristaliza a sua incapacidade de amar. Muitas das reações de Carlos relativamente ao país são também idênticas às que Eça em diversas ocasiões exprimiu. Veja-se a tristeza com que Carlos comenta o aspecto da população de Lisboa ou a alegria diante das luminosas manhãs de janeiro. É ainda Carlos que espelha as hesitações de Eça quanto a um eventual regresso à pátria. Eça imagina, para Carlos, um destino que se virá a assemelhar ao seu. Note-se que, quando o livro foi lançado, Eça ainda vivia na Inglaterra, mas Paris era já visto, tanto por Carlos quanto por Eça, como o lugar adequado a um homem requintado.

Os Maias é fundamentalmente um livro sobre o destino. O núcleo central do livro é uma tragédia. Ou, se o olharmos de perto, duas: tão trágica é a impossibilidade do amor entre Carlos e Maria Eduarda, quanto o malogro das ambições de Carlos da Maia e João da Ega relativamente às reformas do país. Embora a obra possa parecer mal estruturada, *Os Maias* têm uma organização sofisticada. Nada é deixado ao acaso. A técnica romanesca é perfeita. Só à medida que a história se desenvolve, Eça fornece ao leitor os dados para a compreensão do enredo. Em A *tragédia da rua das Flores,* um rascunho incipiente, diz-nos o autor, quase desde o início, que Mme de Moulineux é a mãe de Vítor. Em *Os Maias,* tudo é adiado, o que nos permite olhar Maria Eduarda, como Carlos a olhou, nessa primeira e fatal tarde.[364] O texto está cheio de presságios, mas pouco nos é revelado até ao final.

Um dos grandes méritos do livro, e dos menos mencionados, é a forma subli-

---

[364] A. Freeland, *O leitor e a verdade oculta: ensaio sobre* Os Maias, *op. cit.*

me como Eça escreve sobre sexo.[365] Não é nas cenas onde entram o lúbrico Amaro ou o decadente Basílio que Eça cria os ambientes mais eróticos, mas aqui, neste livro, onde o sexo aparece em surdina. Por outro lado, pela primeira vez, se sente a influência da literatura inglesa, em particular na importância concedida ao fator tempo se sente a influência da literatura inglesa.[366] A ação central decorre entre 1875 e 1878, mas Eça consegue recuar, sem que o leitor o sinta, até a Revolução Liberal, e depois avançar, como se fosse a coisa mais fácil deste mundo, até 1887. Note-se, depois, a admissão de coincidências extraordinárias, como o encontro entre os irmãos, o que o romance francês da época jamais admitiria.[367] Mesmo nos pormenores, é patente a admiração que o escritor dedica à Inglaterra. O herói positivo do romance, Afonso da Maia, estivera exilado na Inglaterra, onde estudara "a nobre e rica literatura inglesa". Seu neto, Carlos, é educado por um preceptor inglês. A tia Fanny, uma irlandesa, contribui para atenuar os excessos beatos da educação portuguesa.

Após *Os Maias* ter sido lançado, Eça aguardou ansiosamente as reações.[368] Prevendo uma barragem de silêncio, pediu a Oliveira Martins para fazer publicidade ao livro no seu jornal, dado que o editor, que ele acusava de preguiçoso, pouco se preocupara em "imprimir anúncios". Em de 12 de junho de 1888, Eça escrevia o seguinte a Oliveira Martins: "*Os Maias* saíram uma coisa extensa e sobrecarregada em dois grossos volumes! Mas há episódios bastante toleráveis. Folheia-os, porque os dois tomos são volumosos de mais para ler. Recomendo-te as cem primeiras páginas, certa ida a Sintra; as corridas, o desafio, a cena no jornal *A Tarde,* e, sobretudo, o sarau literário. Basta ler isso e já não é pouco. Indico-te, para não andares a procurar, através daquele imenso maço de prosa." Eça estava tão-somente indicando os trechos que o amigo deveria escolher para uma pré-publicação. Pensando que a descrição humorística atrairia um maior número de leitores, Eça não incluía nenhuma das cenas trágicas.

---

[365]Num livro recente, Eduardo Lourenço chamava exatamente a atenção para o fundo trágico de Eça e para a força erótica dos seus romances. Ver E. Lourenço, *Portugal como destino, op. cit.*, p. 49.
[366]Além da biografia de J. Gaspar Simões, veja J. Prado Coelho, *Ao contrário de Penélope, op. cit.* e Vergílio Ferreira, "Os Maias, Que tema?", *in Eça e Os Maias, op. cit.*
[367]J. Gaspar Simões, *op. cit.*, p. 556.
[368]P. Teyssier, "Os Maias cent ans après", *in Eça de Queirós et la Culture de son Temps, op. cit.*, notava a severidade com que, ao tempo, o livro foi apreciado.

Mas Oliveira Martins não seguiu os seus conselhos. Pouco depois, escrevia um longo artigo, intitulado "O Pessimismo, a propósito de *Os Maias* de Eça de Queirós", o qual versava não o valor literário da obra, mas a sua ideologia.[369] Oliveira Martins não resistia a comparar o Portugal de 1887 com o fim do Império Romano, declarando que, em ambos os casos, as sociedades se caracterizavam pela sua "desagregação". Uma vez que a literatura retratava "o estado mental coletivo", era inevitável que o romance de Eça espelhasse algo próximo da decadência de Roma. Daí o seu "pessimismo". Previsivelmente, a resenha terminava com Oliveira Martins falando do negro futuro da pátria.

Eça era agora um autor célebre, o que fez com que houvesse gente que procurasse afirmar-se à sua custa. A crítica mais severa surgiu pela pena de Fialho de Almeida, um alentejano de 31 anos, que dissipava a vida e dispersava o talento pelos cafés de Lisboa. Em 20 de julho, no *Repórter*, tentava demolir *Os Maias*.[370] Segundo ele, esta obra era "o trabalho torturante, desconexo e difícil dum homem de gênio que se perdeu num assunto e leva 900 páginas a encontrar-lhe saída, correndo e percorrendo muitas vezes o mesmo carreiro, na persuasão de que vai triunfante, por uma grande e bela estrada real". Comparando-o às obras anteriores do escritor, Fialho lamentava a perda de espontaneidade: o livro era "uma obra remodelada, imbricada de remendos, sobreposições trabalhosas, entrelinhas, que por isso mesmo perdeu a sua bela serenidade de composição, a sua nitidez de factura e cujos episódios, divergindo da ação principal, em longas e inúteis explanações, fazem empalidecer o brilho de muitas cenas e substituem por vezes a fadiga ao interesse, mau grado o profuso, o luminoso, o admirável talento espalhado por todas aquelas páginas". Uma vez que não podia negar o valor de Eça, Fialho decidiu conduzir a crítica para o terreno da análise social. "Para o romancista", escrevia, "a Lisboa dos *Maias* é ainda aquela Lisboa bisonha e suja dos primeiros fascículos das *Farpas*, em que todos os homens são grotescos, idiotas, insignificantes e velhacos, em que não há senão mulheres adúlteras — e toda esta gentalha, vivendo em antros que cheiram a catinga, passa a vida a

---
[369] Incluído posteriormente em J. P. Oliveira Martins, *Literatura e filosofia, op. cit.*
[370] Este artigo vem transcrito em Fialho de Almeida, *Pasquinadas, op. cit.*, pp. 265-282. O *Repórter* viria depois a publicar, a 25.7.1888, um artigo de Moniz Barreto em que este autor louvava entusiasticamente a obra. O artigo vem em Moniz Barreto, *Ensaios de Crítica, op. cit.*, pp. 237-48.

macaquesar do (*sic*) estrangeiro, com uma desorientação estética e uma falta de senso análogas às daqueles sobas que andam pelo sertão de tanga rota, chapéu de contra-almirante e fardeta de lanceiros." Fialho acusava Eça de estar desatualizado — o modelo de Lisboa que tinha na cabeça era o que levara quando partira para Cuba — e de reutilizar os mesmos tipos sociais em todos os romances.

O alentejano, que usava calças de surrubeque, não via com bons olhos o janota que tinha acesso aos clubes londrinos. À falta de coisa melhor, a certa altura, Fialho enveredava pelo moralismo: "Naquelas 900 páginas, coisa singular! Não há lugar para uma só mulher honesta e o amor, mesmo nas que se dão sem pagamento de tarifa, o amor é uma coisa exclusivamente física e bestial, sem idealidade, sem ternura, sem preparo (*sic*), como entre animais de espécie imunda." Tão obcecado estava ele com este retrato da poluição moral da sociedade portuguesa que nem deu atenção à tragédia contida em *Os Maias*: "... até Carlos da Maia, tipo de forte, com quem o romancista gasta 500 páginas a fundamentar-lhe as virtudes de gentil-homem, a lisura do caráter e a intemerata altivez hereditária do sangue, até esse descamba afinal no último dos miseráveis, pois, conhecendo o incesto, em vez de se horrorizar com ele, continua-o, o que raro faria por certo o mais ignóbil degenerado das nossas prisões." A desconfiança de Fialho em relação ao estrangeiro, típica de alguém que se sente preso numa cultura inferior, irrompe em toda a sua força. Fialho lembrava a Eça, como se isso fosse um pecado, que, já antes de ter ido para Newcastle, ele idealizara, em *O mistério da estrada de Sintra*, o capitão Rytmel, o que provava que Eça considerava os ingleses como "uma casta escolhida e superior", revelando "uma espécie de fascinação física de preto pelos prestígios glaciais da raça loira". Finalmente, acusava *Os Maias* de não ser um livro patriótico. Reconhecia que certas cenas — a das corridas, o jantar no Hotel Central, a redação da *Tarde* — eram notáveis, mas declarava que o romance falhara, por não possuir o número suficiente de ingredientes nacionais: "Sob este ponto de vista, *Os Maias* revestem a fisionomia dum livro estrangeiro, que, não conhecendo da vida portuguesa senão exterioridades, cenas de hotel, artigos de jornais e *compte-rendus* de repórteres palavrosos, desandasse a apreciar-nos através de três ou quatro observações mal respigadas e a inferir por intermédio da fantasia satírica tudo o mais." Para Fialho, só o português que nunca tivesse saído do torrão poderia escrever romances: "De feito, as personagens deste romance não falam senão de Paris e Londres, alguns em francês até, repetindo umas opiniões feitas nos guias: e ninguém trabalhando, ninguém a tratar da vida, e todos parecendo ansiosos por desertar do país, como dum foco de peste e de vícios lúgubres." À medida que o artigo avança, o ódio a Eça sobe de tom: "Porque é de saber que Eça de Queiroz divide as figuras dos *Maias* em dois grupos: um que tem viajado, outro que não tem viajado. O primeiro como que paira ainda numa certa região superior de idéias e elegâncias. Quanto ao outro, enchafurda todo num atascal de parvoíce e de ignorância." As únicas cenas que Fialho louva são a conversa entre Castro Gomes e Carlos da Maia e o diálogo entre este e Maria Eduarda, quando ele a pede em casamento. Surpreendentemente, Fialho considerava que aquilo para que Eça tinha jeito era para escrever cenas dramáticas, sendo, por conseguinte, criminoso perder tempo com relatos satíricos.

Antes do artigo de Fialho, Carlos Lobo d'Ávila já declarara, em *O Repórter*, que a dimensão do livro fazia com que a narrativa fosse arrastada. Embora realçasse a qualidade da obra, dizia preferir-lhe *O crime do padre Amaro*: "*Os Maias* não são propriamente um romance, com um problema ou um caso social que sirva de fundamento à ação, com um tipo característico, que domine e resuma o estudo feito pelo escritor. Esse gênero, de que *O crime do padre Amaro* é um modelo admirável, não é aquele a que pertencem *Os Maias*, que são formados por uma série de quadros e por uma série de tipos, que passam sucessivamente diante de nós, ora impressionando-nos pela verdade profunda e sentida com que estão desenhados, ora fazendo-nos rir pela *verve* com que os seus ridículos são acentuados, mas que não têm o alto relevo artístico da figura de Amaro, nem possuem o caráter sintético do conselheiro Acácio." Carlos Lobo d'Ávila considerava que faltava frescura ao livro, o que atribuía ao fato de Eça ter levado muito tempo a redigi-lo. No fim, referia a construção afrancesada da frase, lastimando que Eça conhecesse "tão pouco a sua língua".[371]

Em vez de responder publicamente a Fialho, Eça escreveu-lhe uma carta pessoal. Nela, lamentava que este o visse como o pai de toda a maldade: "Eu sou aquele mafarrico que escolhe, para personagens do seu livro, não sei que janotas petulantes e estrangeirados, em vez de dar, nessas páginas, o lugar proeminente

---
[371] *O Repórter*, 7.7.1888.

ao Marquês da Foz, aos empreiteiros das obras do porto de Lisboa, aos rapazes beneméritos que foram premiados na escola, aos construtores do bairro Estefânia, ao Conselho de Estado, etc., etc. Eu sou aquele porco-sujo que pretende que as mulheres de Lisboa têm amantes e que, nos jantares de sociedade, em vez de discutirem Hegel, o positivismo e a psicologia das religiões, falam de criadas e de cabeleireiros! Eu sou aquele gênio de maledicência que afirma que os esplendores da Avenida são talvez inferiores aos da Via Ápia e que a sociedade que a freqüenta não seja talvez nem a mais culta nem a mais original do universo, etc., etc., por aí além."[372] Eça fingia-se surpreendido: "Porque enfim, eu tudo podia esperar do seu espírito, tão impressionável e ardente, menos essa atitude de pudicícia ofendida e de magoado patriotismo."[373] Eça acusava Fialho de, em vez de ter criticado *Os Maias*, pelo que o livro era, ter posado de guardião das instituições. E interrogava-o: "Por que tão singular mudança? Ó Fialho, foi V. eleito diretor-geral dum banco? É V. o inspirador dum sindicato? Recebeu V. das mãos do monarca a Grã-Cruz de Sant' Iago? Está V. diretor-geral duma grande repartição do Estado? Que interesse supremo o fez aliar-se ao conselheiro Acácio?" Eça dizia reconhecer-lhe legitimidade para criticá-lo, pois "o grosso cartapácio (...) fervilha de defeitos". O que o chocava era a forma como o fizera: "Mas que V. fizesse vista grossa sobre esses defeitos, para se lançar sobre mim com indizível fúria e acusar-me de falta de respeito pelas nossas *virtudes*, pela nossa *elevação moral*, pela grandeza da nossa civilização e pelo esplendor de Lisboa como *capital*, é forte!" Em seguida, abordava a questão da caracterização das personagens: "Assim, diz V. que os meus personagens são copiados uns dos outros. Mas, querido amigo, uma obra que pretende ser a reprodução duma sociedade uniforme, nivelada, chata, sem relevo e sem saliências (como a nossa incontestavelmente é), como queria V., a menos que eu falseasse a pintura, que os meus tipos tivessem o destaque, a dessemelhança, a forte e crespa individualidade, a possante e destacante *pessoalidade*, que podem ter, e têm, os tipos duma vigorosa civilização como a de Paris ou de Londres?" Provocava-o: "V. distingue os homens de Lisboa uns dos outros? (...) Em Portugal, há *só um homem*, que é sempre o mesmo,

---
[372]Carta não datada, mas certamente de julho ou agosto de 1888, *in* G. de Castilho (org.), *Eça de Queirós: correspondência, op. cit.*, vol. I, pp. 493-6.
[373]À época, Fialho de Almeida apenas publicara um volume de *Contos* (1881) e *A cidade do vício* (1882).

ou sob a forma de dândi, ou de padre, ou de amanuense, ou de capitão: é um homem indeciso, débil, sentimental, bondoso, palrador, *deixa-te ir:* sem mola de caráter ou de inteligência, que resista contra as circunstâncias."[374] Eça aproveitava para responder à acusação de escrever à francesa, que lhe fora feita, tanto por Fialho quanto por Carlos Lobo d' Ávila, declarando que o ataque que este último redigira metia "em cada dez palavras cinco galicismos!" Quanto a Fialho, declarava ser a sua posição caricata: "V., por outro lado, nunca tomou a pena que não fosse para cair sobre os homens e as coisas do seu tempo, com um vigor, uma veia, um espírito, um *éclat* que fazem sempre a minha delícia, e quando eu faço o mesmo, com mais moderação, infinitas cautelas *et une touche trés juste*, você aparece-me e grita 'Aqui d'el rei patriotas'. É escandaloso. Para vocês, tudo é permitido: galicismos à farta, pilhérias à pátria, à *bouche que veux-tu!* A mim, nada me é permitido!" A carta terminava com um: "Ora sebo!"

Poucos, e pouco importantes, foram os intelectuais que saíram em campo para louvar o romance. Luís de Magalhães o faria, em *A Província,* num artigo, no qual, respondendo às acusações de Fialho, afirma: "A representação da sociedade lisboeta como uma sociedade desnacionalizada não é mais do que uma fidelíssima fotografia." Por outro lado, segundo ele, a repetição de tipos não era um crime: "Que importa que o personagem se repita quando ele nos mostra uma face nova, quando nos aparece sob um novo aspecto?" Para melhor louvar Eça, cedia em alguns pontos: "Pode notar-se na contextura dos *Maias* uma armação excessivamente carregada, pode notar-se-lhe um assunto gasto, e uma ação movida por molas de que o romantismo usou e abusou. Mas o que é incontestável é que dentro desse quadro se move uma prodigiosa galeria humana, um mundo vivo de soberbas figuras, duma verdade social flagrante, duma psicologia caracteristicamente notada." Magalhães louvava, por fim, "um estilo que tira partido dos seus próprios defeitos, português impuro, mestiço e corrupto, se quiserem, mas duma maleabilidade de expressão, duma harmonia de contorno, dum pitoresco de frase, duma tal riqueza de colorido, de *nuances* quase inatingíveis, de esbatidos suaves, de meias tintas crepusculares, que a gente deixa ir nele o espírito como um barco abandonado numa

---

[374] Não haveria muitos excêntricos em Portugal. Mas Raul Brandão descobriu alguns, como, por exemplo, o marquês de Angeja. Ver *Memórias,* Lisboa, *op. cit.*, vol. II, p. 168.

corrente tranqüila, de águas transparentes como uma safira desbotada, entre uma estranha, bizarra, fecunda e lânguida paisagem dos trópicos."[375] Eça agradecer-lhe-ia, dizendo-lhe que, de todos os artigos sobre a obra, o seu fora aquele que vira com mais finura um aspecto importante do romance, a desnacionalização dos caráteres. Mas Eça sabia o que valia Luís de Magalhães.

Em 20 de agosto de 1888, Mariano Pina publicava, na sua revista, um artigo sobre *Os Maias*. Atacava os críticos que tinham falado mal do livro, os quais, segundo ele, obedeceriam às ordens do grupinho conservador que detestava Eça. Contra os que tinham lamentado a dimensão da obra, argumentava: "A crítica arregimentada fez-se uma idéia tão pequena, tão curta, do que seja um romance, que considera como não sendo um romance todo o volume que exceda as 300 páginas sacramentais das livrarias francesas." Mariano Pina afirmava estar a recente obra de Eça à altura das modernas exigências estéticas. Quanto ao seu valor, dizia, só a posteridade o poderia julgar.[376] Foi tudo.

O livro que Eça sabia ser a sua obra-prima foi visto com fria indiferença pelo público. É triste pensar que, na ocasião, o grande debate, aliás inspirado por Pinheiro Chagas, se centrou em saber quem seria a figura real por trás de Alencar. Em vez de comentarem o livro, os críticos indignaram-se, ou fingiram se indignar, com o fato de Eça ter supostamente maltratado Bulhão Pato. Alguns destes intelectuais ter-se-ão sentido atingidos com a cena, passada no Teatro Trindade, que Eça incluíra em *Os Maias*. E, sob o pretexto da solidariedade, vingaram-se. Afinal, que importavam *Os Maias*, ao lado da arrogância com que Eça tratava os literatos?[377]

Entre a apatia das massas e a irritação dos críticos, havia quem começasse a idolatrar Eça. Alberto de Oliveira, um aspirante a poeta com 16 anos, era um de-

---

[375] *A Província*, 21.8.1888.
[376] *A Ilustração*, 20.8.1888.
[377] Além de "O Grande Maia", publicado em *Hoje*, Bulhão Pato editaria ainda o opúsculo *Lázaro Cônsul, op. cit.*, que teve três edições. Nessas 15 páginas em verso, o poeta atacava Eça diretamente: "Flaubert, Daudet, Zola, resplandecem no francês/ Tu, raso imitador, babas o português." O arrazoado terminava da seguinte forma: "Pois bem. Volto sereno à parca habitação,/ Onde há o que não tens, mendigo, o coração!/ E, vendo-me chegado ao declinar da tarde,/ Tu, na força da vida, insulta-me, covarde!" Antero de Quental viria a dar razão a Bulhão Pato. Ver A. Quental, *Cartas, op. cit.*, vol. II, carta nº 562, datada de 14 de agosto de 1888. Ver ainda a resposta de Eça, publicada no *Tempo*, de 8.2.1889. Neste artigo, Eça referia-se a Pinheiro Chagas como "sempre este homem fatal", após o que negava que Alencar pudesse ter sido inspirado em Bulhão Pato. Descaradamente, inventava um poeta de província, afirmando ter sido nele que pensara, quando delineara a figura do poeta.

les.[378] Veja-se a forma como o descreve, quando, em 1889, seguiu Eça pelas ruas do Porto: "Escuso, pois, de acentuar o que foi o meu alvoroço louco, quando uma tarde, subindo a rua das Carmelitas, no Porto, eu vi surgir diante de mim, como uma aparição, a figura viva desse semideus que Eça de Queirós era para mim. Supunha-o em Inglaterra, no seu *cottage* florido de Bristol, de onde só comunicava pontificalmente conosco através das suas obras-primas. Nenhum jornal me dera rebate da sua vinda a Portugal, da sua chegada ao Porto. E, contudo, era Ele em carne e osso, imediatamente reconhecido pela semelhança com os seus retratos, que eu estava vendo descer a rua como que ao meu encontro, entre a indiferença absurda dos transeuntes, sem que ninguém e nada, além de mim, parecesse tomado de assombro."[379] Também por isso foi melhor ele ter ficado no estrangeiro, onde ninguém o conhecia, ninguém o queria imitar, ninguém se ria com as suas *blagues*.

Passaram-se anos, décadas. *Os Maias* nunca atingiram a popularidade de outros livros de Eça. A obra era enorme e o enredo complicado. Nem as cenas satíricas foram suficientes para tornar a obra popular. O público sempre lhe preferiu *O primo Basílio*.[380] A primeira edição não se esgotou. Só em 1904, já morto Eça, a Chardron editaria uma segunda edição. Após uma reles tradução espanhola, publicada em Barcelona e Buenos Aires (1904), o mundo esqueceu *Os Maias*. Em 1956, para uso exclusivo dos sócios de um clube privado, apareceria uma tradução francesa. Nove anos depois, seria publicada uma tradução inglesa.[381] Se o critério para avaliação de uma obra fosse o número de traduções, *Os Maias* ficaria em último lugar.[382]

Muito se tem escrito sobre o livro, nomeadamente sobre a inclusão do tema do incesto numa obra que, à primeira vista, parecia um romance de costumes. Previsivelmente, Gaspar Simões insistiu que tudo derivava da ilegitimidade de

---

[378] Alberto Oliveira estreara literariamente em 1891, com a obra "Poesias", filiada na corrente neogarretista. Lutou pela restauração da "cultura nacional" no grupo dos nefelibatas. Apesar de crítico da escola realista, admirava a elegância da prosa de Eça. Até se zangarem, foi amigo dileto de Antônio Nobre.
[379] Alberto de Oliveira, *Eça de Queiroz, páginas de memórias, op. cit.*, p. 63.
[380] Em 1888, quando *Os Maias* saíram, *O primo Basílio* já estava na 3ª edição.
[381] Hoje, *Os Maias* são o único livro de Eça a fazer parte da série prestigiada "Penguin Classics". A editora usou a tradução de Patricia Pinheiro e Ann Stevens, de 1965. A introdução foi escrita por Nigel Griffin. Há ainda uma boa tradução francesa, de 1996, feita por P. Teyssier, *Les Maias,* Ed. Chandeigne, UNESCO.
[382] *O mandarim* surge à frente, com 41 traduções; e *Os Maias,* no fim, com apenas 17. Guerra Da Cal, *in Eça de Queirós et la Culture de son Temps, op. cit.*

Eça: "Filho criado sem mãe, quando ganha consciência da sua invulgar condição, logo ouve ecoar em si uma pergunta a que o instinto só muito confusamente responde."[383] Segundo ele, o amor sexual teria sempre andado ligado, em Eça, à idéia de pecado, o que faria com que o interdito, e, neste caso, o interdito por excelência, se revestisse de um atrativo excepcional: "Dir-se-á mesmo que, depois dessa trágica revelação [a de que são irmãos] a alma de Maria se lhe torna mais querida e o seu corpo se lhe torna mais desejado." Como vimos, isto não é assim. Mas a tese freudiana tinha uma tal força que levou Gaspar Simões a esquecer o final da última noite de amor entre Carlos e Maria Eduarda.

Em vez da via psicanalítica, A. Coimbra Martins escolheu uma interpretação sociológica. Para ele, o incesto de *Os Maias* seria uma parábola sobre uma aristocracia, a portuguesa, que, ao longo dos séculos, teimara sempre em casar-se entre si.[384] Carlos seria um Narciso que levara o destino de classe longe demais. Segundo esta interpretação, Carlos da Maia constituía o símbolo da promiscuidade da elite portuguesa. A primeira explicação está errada; a segunda é redutora. Se Carlos prende o leitor, não é por ser vítima de uma mãe promíscua, nem por pertencer a uma categoria sociológica, mas por ser quem é. Finalmente, o motivo pelo qual Eça introduziu o incesto não provém de seu inconsciente, nem da estrutura social portuguesa, mas do seu desejo de escrever uma tragédia.

Os Maias foram, desde logo, pretexto para um debate sobre a "desnacionalização" do autor, polêmica que se viria a prolongar no tempo. Ainda hoje, tanto a esquerda como a direita continuam a discutir o assunto. Apropriando-se de *A cidade e as serras* e de *A ilustre casa de Ramires*, a direita considera-o um nacionalista, enquanto a esquerda mantém a sua tese de que Eça teria sido, na juventude, um radical, que, depois, se desviara de sua trajetória. Como tal, a polêmica

---

[383] J. Gaspar Simões, *op. cit.*, p. 560.
[384] A. Coimbra Martins, "O incesto d'Os Maias", in *Ensaios Queirozianos, op. cit.*, pp. 267- 289. Sobre os comportamentos matrimoniais da aristocracia portuguesa, ver Nuno G. Monteiro, *O crepúsculo dos grandes, 1750-1832, op. cit.* Na própria família de Eça, verificar-se-ia a prática de casamento entre primos de primeiro grau, um hábito comum entre os Resende. Sua filha Maria viria a casar com o seu primo-irmão, José de Castro, filho de Manuel de Castro, enquanto José Maria casava com outra prima-irmã, Matilde de Castro, igualmente filha de Manuel de Castro. À época dos casamentos dos filhos, Eça já tinha morrido, mas provavelmente sabia que os avós de Emília (o 3º conde de Resende, Luís Inocêncio Benedito de Castro, casado com uma Castro por parte da mãe) também eram primos diretos.

está envenenada. Ninguém ganha em prossegui-la nestes termos. O que importa é analisar a evolução do pensamento de Eça. Mais do que outro tema, o que, desde sempre, preocupou Eça foi a questão do atraso português, posição que partilhava com os amigos que, com ele, tinham freqüentado a Universidade de Coimbra. Ao levantarem os olhos dos livros que tinham andado a ler, ficaram horrorizados com o país que os rodeava. Segundo eles, entre a indiferença do povo, a corrupção dos políticos e a opressão da Igreja, Portugal agonizava. Foi com base nas conversas tidas nos esquálidos quartos de Coimbra, e, depois, no lisboeta "Cenáculo", que lhe veio a idéia de escrever as *Cenas da vida real*, onde, em princípio, se incluiria *Os Maias*. Vinte anos passados, Eça continuava a ver o país da mesma forma.

Contudo, ao contrário do que ele imaginava, entre 1851 e 1888, Portugal mudara, e muito. Não atingira, é certo, o nível dos outros países europeus, mas nada havia de comum entre o Portugal de 1840, quando Eça nascera, e o Portugal de 1880, quando Eça escrevia *Os Maias*. Eça não pode ter deixado de reparar que, à sua volta, se tinham construído ferrovias, erguido telégrafos e até montado fábricas. Simplesmente, uma vez que não tocavam no âmago da sociedade, estes sinais eram enganadores.

Sua posição quando à importação de modelos estrangeiros é curiosa. Melhor do que ninguém, Eça sabia quão importantes tinham sido, na sua formação, os autores estrangeiros. Facilmente admitiria que as suas obras seriam piores se ele nunca tivesse lido Hugo, Flaubert, Balzac. Mas o que, no seu próprio caso, reconhecia como bom, considerava, na sociedade, um elemento negativo. Para tal, só há uma explicação possível. Eça pensava ter assimilado bem os modelos que escolhera, enquanto as imitações ocorridas na sociedade eram toscas. Sua reação às inovações era semelhante à de Carlos da Maia, ao olhar, no final do romance, as botas afiladas dos jovens sentados no Passeio Público. Tudo aquilo lhe parecia falso.

No fundo, Eça nunca compreendeu o fontismo. O seu fundo romântico fazia-o deplorar os burgueses, nascidos e criados ao sol da Regeneração. Daí que se tivesse mantido sempre mais perto da retórica radical do que do pragmatismo tecnocrático.

Em seus livros, e em particular em *Os Maias*, Portugal surge parado no tempo. Mas foi exatamente durante a década em que Eça redigiu este romance que o país mais se desenvolveu. As estatísticas demonstram-no sem margem para dúvidas: o índice do produto industrial que, em 1851, era de 29,5 (1900 = 100) ultrapassava, em 1875, a barreira dos 50. Durante as décadas de 1870 e 1880, esse indicador elevou-se sempre, alcançando, em 1888, data da publicação de *Os Maias*, o valor de 71,6, o mais alto até então.[385] Enquanto isto se passava na realidade, na ficção, Carlos da Maia, em conversa com uma baronesa que lhe pedia novidades, respondia-lhe: "Creio que não há nada de novo em Lisboa, minha senhora, desde a morte de D. João VI." Era o gênero de frase que Eça poderia ter dito.[386]

No ano em que a ação de *Os Maias* tem lugar, 1875, começava o arco de estabilidade política, inaugurado por Fontes Pereira de Melo. Sufocadas as desordens políticas de 1871-73, este político ficou com o terreno livre para pôr as suas idéias em prática. Por outro lado, terminada a guerra do Paraguai, as finanças públicas melhoraram. Durante alguns anos, viveu-se bem em Portugal. Mas Eça continuou a pensar que o país estava perdido. É verdade que, em 1888, ano em que Eça terminou *Os Maias*, havia algumas nuvens no horizonte. O país era agora governado por José Luciano de Castro, um homem sem a experiência ou a autoridade de Fontes Pereira de Melo. Devido à "questão dos tabacos", o Parlamento estava incontrolável. As finanças tinham-se deteriorado. Temiam-se conflitos do outro lado do Atlântico. Os boatos de corrupção eram tremendos. Os intelectuais só falavam em crise. Mas o período anterior fora indiscutivelmente próspero.

Para muita gente, o século XIX é o de Eça, em especial o de *Os Maias*. Tal é a força do mundo que ele criou que vai ser muito difícil, se é que alguma vez se conseguirá, mudar esta imagem. Acontece que ela não é verdadeira. O que, do ponto de vista de Eça, não tem qualquer importância. Este não era, nem se pretendia, um sociólogo. E a um romancista não se deve exigir a fotografia de um período. Eça podia não se interessar pelos bairros que se tinham construído, pelas

---

[385] Ver P. Lains, *A economia portuguesa no século XIX*, op. cit., p. 29, quadro 1.1, p. 29 e p. 208, quadro A.21, com os índices do produto industrial, onde estão publicadas as taxas de crescimento anual.
[386] Em "O Francesismo", Eça lamenta que Portugal se tenha limitado a importar as idéias de um único país, a França, em vez de ter lançado as redes ao largo, absorvendo o que se ia produzindo no resto da Europa. Trata-se de um texto que Eça nunca publicou. Ver "O Francesismo", *Últimas páginas*, in *Obras de Eça de Queiroz*, op. cit., vol. 2, pp. 813-27.

vias de comunicação que se tinham aberto, pelos capitalistas que tinham erguido fábricas e até pelos governantes que estavam tentando fazer com que o país se desenvolvesse. Nada disso o diminuía. *Os Maias* é um grande, um extraordinário, romance.

PARTE III

18

Os dias de Paris

Em outubro de 1888, Eça instalava-se definitivamente em Paris. Em agosto, Mariano Pina tinha-lhe comunicado que a briga entre Faria e Valbom se agravara, pelo que lhe recomendava que, caso quisesse o lugar, pressionasse o governo. Por sorte, a pasta dos Negócios Estrangeiros estava nas mãos de Henrique Barros Gomes, um amigo íntimo de Oliveira Martins. A 15 de agosto, de sua casa de Ladbroke Gardens, Eça escrevia-lhe uma longa carta: "Acabo de saber, da maneira mais segura e autêntica, que a situação social do Faria, nosso cônsul em Paris, está sendo, desde a estada da Rainha em Paris, objeto de discussão e descontentamento. Eu não conheço o Faria, nunca o vi, ignoro o seu modo de ser: a informação que me mandam não contém detalhes; não estou por isso ao fato do que se passou, mas creio que se trata da terrível questão de *tennue* e de maneiras." Contava a Oliveira Martins que lhe tinha chegado aos ouvidos que a rainha D. Maria Pia se exprimira violentamente contra o cônsul, devido ao comportamento da sua mulher, relativamente ao embaixador de Itália. Ter-se-ia seguido um cena entre Faria e Valbom. Finalmente, entrava na questão: "Tu conheces-me e sabes que, nem por todos os tesouros e bens do Universo, eu consentiria a dar um passo, a soltar uma sílaba ou rabiscar uma vírgula, para deslocar um homem que está tranqüilamente colocado. Mas se o lugar que esse homem ocupa fica, por circunstâncias que me sejam alheias, vago, nada honestamente me impede que eu peça para o ocupar." Seguia-se a confissão: "Ora, Paris tem sido o meu sonho. Os motivos que me fazem desejar Paris são tão compreensíveis que nem a eles aludo. Os motivos que o Governo teria em me mandar para Paris são também óbvios. O pouco que eu valho poderia ser de alguma utilidade para o país, estando eu em Paris; em Bristol é que lhe não sou de utilidade nenhuma, porque carimbar manifestos de carvão tanto o pode fazer um *garçon de bureau* como eu. Em Paris, as minhas imediatas relações de literatura e de imprensa não seriam talvez de pequena valia." Paris era, de entre todos os consulados, o mais cobiçado.

Além dos óbvios motivos que faziam Eça desejar Paris, existia o seu plano de fundar uma espécie de *Revue des Deux Mondes*. Na carta a Oliveira Martins, Eça explicava-lhe o que pretendia: "Eu desejo fazer dessa publicação, querendo Deus, uma verdadeira obra nacional, colaborada por tudo o que há de melhor, em todas as especialidades, e mostrando enfim que Portugal não é tão estúpido como por aqui se pensa." Centrando-se no mais urgente, dizia-lhe: "Posto isto, que pretendo eu de ti, meu querido Joaquim Pedro? Simplesmente que tu saibas, *de certeza certa,* o que há a respeito do Faria. Para isso, o mais direto e seguro é perguntar francamente ao Barros Gomes. Isto não é segredo de Estado e estou convencido que ele to dirá sinceramente e sem dificuldades. Depois, comunica-me o que surgir." O resultado, fruto da intervenção de Oliveira Martins ou da influência da família Resende, foi fulminante: em 28 de agosto de 1888, Eça era nomeado para a capital francesa.

O diplomata que Eça ia substituir, Augusto de Faria, era um homem decente, cuja infelicidade consistia em estar casado com uma senhora de caráter indesejável, Maria do Ó Barreiros Arrobas Portugal da Silveira de Barros e Vasconcelos, afilhada do influente conselheiro Arrobas.[387] O casal mantinha, há anos, um salão freqüentado pela alta sociedade francesa, o que tendia a irritar os embaixadores.[388] As relações dos Faria com Valbom, um político excepcionalmente afirmativo, tinham sido, desde o início, ruins. Em 22 de agosto de 1888, Valbom pedira oficialmente a Barros Gomes a transferência de Augusto de Faria, coisa a que o ministro, por despacho de 28 do mesmo mês, acedeu. Ao ter conheci-

---

[387] Calvet de Magalhães, *José Maria, a vida privada de um grande escritor, op. cit.* p. 192.
[388] O pai do visconde de Faria fora encarregado de negócios em Copenhague, o que explica as relações do filho: uma das suas irmãs chegara a estar noiva de um dos arquiduques da Áustria, tendo outra casado com um milionário argentino.

mento do fato, Faria deslocou-se a Lisboa, na esperança de anular o decreto. Foi então que Valbom escreveu a Eça, que estava passando férias em Aix-les-Bains, pedindo-lhe para vir a Paris. Ambos tinham um objetivo comum: impedir que o cônsul retomasse o posto.

Em 16 de setembro de 1888, Eça chegava à capital francesa. O embaixador conhecia suficientemente os costumes nacionais para saber que não havia melhor política do que a do fato consumado. Assim, convenceu Eça de que era imperioso expulsar, quanto antes, a viscondessa que, entretanto, se instalara no consulado. De fato, antes de partir, o visconde entregara-lhe as chaves e documentos, o que, como é obvio, era irregular. Em 17 de setembro, Valbom telegrafava ao ministro, pedindo autorização para dar posse a Eça. Mantendo sua velha tática, Valbom não esperou pela resposta. Instruiu Eça para ir, acompanhado de um adido da Embaixada, tomar posse das instalações.

Começava uma série de episódios rocambolescos, que Eça descreveria, com humor, em várias cartas. A Oliveira Martins, contava-lhe o que acontecera quando fora ao consulado, onde, entretanto, a viscondessa se instalara: "Fez-me uma pavorosa cena de berros, de protestos, de imprecações, de ganidos, de murros na mesa, que eu escutei varado, atônito, de chapéu na mão, ora recuando, quando ela erguia o punho ameaçador, ora dando um passo para a porta, em movimento de fuga, quando, por instante, ela voltava as costas. Em resumo, a medonha criatura declarou que só ela era o cônsul, aquele consulado era o dela, e não havia ministros, nem legações, nem autoridades que lhe fizessem entregar as chaves." Eça optou por se retirar: "Num intervalo em que ela se interrompeu, esfalfada, dei um salto para o reposteiro, varei a porta, galguei as escadas, precipitei-me num fiacre e só parei em casa do Valbom, como num asilo seguro." Alguém, que não ele, deveria expulsar a senhora.

Ainda sem instruções de Lisboa, Valbom entregava o assunto nas mãos do vice-cônsul honorário, Oliveira e Silva. Quando, na manhã seguinte, este foi ao consulado, encontrou uma situação insólita. Durante a noite, o escudo de armas de Portugal fora retirado do edifício e, quando, ao fim de muitos toques, a porteira abriu a porta, foi para lhe declarar que a Sra. viscondessa não autorizava a entrada a ninguém. Entretanto, Barros Gomes advertia Valbom, por telegrama do dia 18, que o melhor era esperar que o visconde de Faria regressasse a Paris.

O aviso chegava tarde. Na véspera, Valbom tinha apelado à polícia francesa para ajudá-lo na libertação do consulado. Se, para o seu objetivo, era preciso a ajuda de uma potência estrangeira, era isso que se devia fazer. Um secretário da Embaixada de Portugal deslocou-se ao Quai d'Orsay, levando consigo uma nota oficial do embaixador, em que este solicitava o apoio das autoridades para que o consulado português fosse entregue ao vice-cônsul. Os franceses designaram o polícia Lozé para a tarefa. Polícia e vice-cônsul deslocaram-se, de seguida, ao n.º 54 da rue Monceau, a fim de proceder ao "despejo" da viscondessa. Como por milagre, o escudo de Portugal ressuscitara, vendo-se, agora, pendurado por um fio de uma janela. Diante do agente, a viscondessa compreendeu que tinha de ceder, comprometendo-se a entregar, no dia seguinte, as chaves, os selos e os livros. Deliciado, Eça relatava a Oliveira Martins o ocorrido: "Não sabemos o que entre eles se passou. Apenas é certo que o prefeito da Polícia voltou de lá de dentro, do covil, pálido, declarando que se todas as mulheres eram assim em Portugal, Portugal era um país bem extraordinário! Mas creio que no fundo o homem vinha admirado *avec cette heroisme de femelle*!" Em 19 de setembro de 1888, Oliveira e Silva tomava posse do edifício. No dia seguinte, Eça entrava, por fim, no consulado.[389]

Eça trocava a Inglaterra, um país governado, desde julho de 1886, por um dos grandes aristocratas do reino, Salisbury, por uma França febril. Uma cidade menor do que Londres — tinha metade dos seus habitantes —, Paris era, para os intelectuais, o centro do mundo.[390] A cidade era-lhe tão familiar quanto Lisboa. Eça conhecia, dos romances que lera, os nomes dos bairros, a cor das fachadas, a escuridão dos becos parisienses. Durante as primeiras semanas, limitou-se a tratar de sua instalação e a passear. A vida política não o interessava. Mas o que se passava era grave. A Terceira República, governada por moderados, estava ameaçada por uma aliança *contra-natura* entre conservadores e radicais. O tema da expansão colonial e da recuperação da Alsácia-Lorena envenenava as discus-

---

[389]Como era de prever, Barros Gomes não gostou do recurso às autoridades francesas, tendo exigido de Valbom que o informasse dos motivos que o tinham levado a não seguir os seus conselhos. A resposta de Valbom foi pouco convincente, mas era um político demasiado importante para que Barros Gomes se pudesse incompatibilizar com ele.
[390]Em 1880, Paris tinha 2.200 milhões de habitantes; Londres, 4.700.

sões. Os governos caíam uns após os outros. Empurrado pelos radicais (furiosos com a política colonial de Ferry), o general Boulanger originara um movimento político, onde se davam as mãos os radicais, nostálgicos da Revolução, e os monárquicos, frustrados por não terem quem os conduzisse. Fascinado com a sua popularidade, o general ambicionava o poder. Em 1888, com base em que Boulanger assumira posições políticas, o ministro da Guerra demitia-o do Exército. O general não só adquiriu o *status* de mártir, como passou a ser elegível para o Parlamento. De fato, em 27 de janeiro de 1889, era o que acontecia. A sua presença no hemiciclo nada prenunciava de bom, tanto mais que, durante os últimos meses, Paris conhecera uma vaga de agitação social sem precedentes. Na primavera de 1889, o astuto ministro do Interior, Constans, forçava Boulanger ao exílio. O que não significou que a vida política se acalmasse. Felizmente, vinham aí as Comemorações do Centenário da Revolução. A época era de festa.

Mas não para Eça. Pela primeira vez na sua vida, Eça ia ter de mobilar uma casa. Chegara o momento de abandonar os seus hábitos de solteirão, o que o levou a ter de andar pelos armazéns Vaillant e Nast, em busca de camas, armários e cadeiras. As compras, se deliciaram Emília, aborreceram-no. A casa situava-se na rue de Crevaux, 5, no bairro de Passy. Era um prédio de vários andares, abrindo-se interiormente para um pátio.[391] No primeiro andar, vivia uma senhora de gostos luxuosos, e, no superior, uma família russa, que o incomodava com os seus infindáveis exercícios ao piano.

Um matrimônio do século XIX era uma instituição diferente daquela a que estamos habituados: na lei e nos fatos, a mulher estava claramente subordinada ao homem. Tanto Eça quanto Emília o sabiam e comportavam-se de acordo com o modelo. Em geral, Eça cumpriu o seu papel de marido e de pai de acordo com as regras.[392] A família tinha ao seu dispor pessoal em número suficiente para que Emília não tivesse de se ocupar de tarefas domésticas. Em Bristol, o casal empregava apenas duas criadas, mas, quando, em dezembro de 1889, nasceu o ter-

---

[391] *Eça de Queiroz entre os seus apresentado por sua filha*, op. cit.
[392] O temperamento, as idéias e o passado de Eça não o levavam a adotar facilmente o comportamento do macho latino. Deixava a mulher ler obras impensáveis, como os contos de Maupassant. A forma como Eça se comportou, a este respeito, contrasta, por exemplo, com a de Jaime Batalha Reis, que não deixava Celeste Cinatti, quando sua noiva, ler George Sand.

ceiro filho, o número aumentou para três. Durante as férias, passou a existir ainda uma *nanny* inglesa.

Vivendo juntos a maior parte do tempo, pouco se sabe do seu quotidiano. Sem a existência de diários, só podemos conhecê-lo através da correspondência. Ora, esta só surgia quando o casal se separava, durante as férias de verão ou quando Eça vinha a Lisboa. Em geral, os assuntos das cartas de Emília, quando parte de férias, são triviais: fala das instalações do hotel, das gracinhas dos filhos, das pessoas que conhece. Quando Eça se encontra em Portugal, o assunto é freqüentemente o dinheiro. Emília está, sob este aspecto, totalmente dependente do marido.

Em 6 de abril de 1890, Emília, que ficava quase sempre em Paris tomando conta dos filhos, manda-lhe uma lista com as despesas: quanto gastara com as criadas, quanto com os alimentos, quanto com os fiacres. E acrescentava: "Eu estou com muitas tenções de economia, principiando por eliminar uma criada, a minha, vou dizer à Rosalie que, ou há-de fazer o meu quarto, ou então que me vejo obrigada a tomar outra cozinheira, nestas condições, há-as aos centos. Eu tomo conta da roupa e estou certa que até fico mais bem servida, a ninfa que agora tenho é-me bastante inútil, entretanto são mais duas libras por mês, fora a comida, que, em Paris, é sério. Bem sei que desconfias de todas as minhas economias, mas eu tenho fé, que me vou corrigir, acho indispensável uma pequena mudança no nosso trem de casa." Em 17 de abril, voltava ao tema: "Oh! Josezinho! Vivo apoquentada com a falta de dinheiro, não tenho feito extravagâncias, mas não tenho nada, dei hoje os meus penúltimos francos à ama para sapatos e tremo sempre de me ver numa atrapalhação." Os apelos sucedem-se, com Eça sistematicamente desatento. Em 19 de abril de 1890, Emília diz-lhe: "Falemos de vida, estou sem vintém, literalmente sem vintém, já não comemos peixe, porque esse se compra no *marché*, onde não fiam (...) digo-te que esta situação é horrível, estou sempre a tremer de passar por alguma vergonha..." Esta carta, que ela enviara para Lisboa, trocara-se com uma dele, na qual Eça lhe mandava 200 francos. De qualquer forma, Emília estava sempre em risco de ficar sem recursos. Eça dir-lhe-á, em carta posterior, que ela fora insensata, pois, no aperto, deveria ter recorrido a Dâmaso, um funcionário consular de confiança. Em 2 de junho de 1890, Emília de novo tinha de lhe pedir dinheiro, voltando a enviar, ao marido, contas de tudo quanto gastara. Humildemente, comentava: "...é muito, é imenso! Mas a culpa é das exigências da vida civilizada." O que não a impedia de, mais uma vez, propor reduções, tais como mudarem de bairro, terem menos vida social ou até despedirem uma criada. Resoluções que, devido a ela, ou mais provavelmente a ele, nunca chegariam a ser postas em prática.

Durante a sua ausência, em vez de deixar à mulher uma quantia avultada, Eça tratava Emília como se ela fosse uma criança, enviando-lhe de vez em quando pequenas somas. Durante a vinda a Portugal, no início de 1890, o casal tinha combinado que Emília receberia 1.000 francos por mês.[393] Ora, como Eça lhe entregara, à data da partida, 1.600 francos, não imaginara que tão cedo lhe faltasse liquidez. Mas Emília não era gastadora. Dos dois, não era ela que fazia extravagâncias. Fosse qual fosse o orçamento de que dispunha, Eça viveu sempre em apuros, pela razão evidente que insistia em levar um nível de vida para o qual não dispunha de recursos.[394]

Isto o conduziu, por mais de uma vez, a imaginar esquemas extravagantes para obter fundos. Depois da tentativa de extorquir dinheiro ao Ministério dos Negócios Estrangeiros, teve outra idéia. No verão de 1891, escreveu a Oliveira Martins, expondo-lhe um novo plano. Tratava-se da publicação, organizada pelos dois, de compêndios para uso nas escolas primárias: "Tu conheces, creio eu, o que são em Portugal os 'Compêndios de Instrução Primária'. Compilaçõezinhas

---

[393] O que corresponderia aproximadamente a 180$000 réis.
[394] Não é fácil avaliar a evolução dos rendimentos de Eça. Uma coisa, porém, é certa: Eça ganhava mais dinheiro do que dava a entender. Evidentemente auferia um salário inferior ao de um embaixador (cerca de um terço), mas o vencimento de cônsul — cerca de 3000$000 réis anuais, o dobro de um diretor-geral — dava para viver, mesmo no estrangeiro, confortavelmente. Tinha, além disso, os proventos de sua atividade jornalística e literária, e que não eram pequenos. Em 1878, em *A Actualidade*, recebia 31$000 mensais. Mas foi na *Gazeta de Notícias*, do Rio, onde colaborou durante anos, que mais ganhou: este periódico pagava-lhe £4 por coluna (18$000 réis). Uma série de seis artigos — como a que escreveu sobre os ingleses no Egito — proporcionava-lhe um ótimo complemento salarial. Em 1888, Eça dizia a Oliveira Martins não aceitar colaborar em *O Repórter*, a menos que lhe pagassem 9$000 réis por artigo, o que provavelmente conseguiu. Havia, finalmente, os adiantamentos. Por *Os Maias* recebeu um conto de réis, quantia idêntica a que lhe deram por *A Relíquia* (valor equivalente que ganha anualmente um chefe de repartição). Depois de casado, sua mulher recebia, dos rendimentos que possuía em Portugal, uma mensalidade em torno de 59$000 réis. Como se vê, Eça não era pobre. A sensação de que era maltratado vem do fato de se comparar com os seus congêneres estrangeiros. Ver G. de Castilho (org.), *Eça de Queirós: correspondência, op. cit.*, e Maria Almira Martinho, "Rendimentos", *in* A. Campos Matos (org.), *Dicionário de Eça de Queiroz, op. cit.*

papalvas, quando não são agressivamente estúpidas, impressas em papel pardo e vendidas ao pobre *Pater Familias* pelo preço de Tratados de Biblioteca." Contava-lhe que, em outra época, tentara interessar um editor, Genelioux, pelo projeto, mas que ambos tinham descoberto que a edição destes compêndios pertencia a um grupinho, apadrinhado pelo Conselho Superior de Instrução Pública, que jamais permitiria o acesso de terceiros. Não fora este o único obstáculo que Eça encontrara: Genelioux tão pouco dispunha do capital necessário para investir em projeto tão grande. Ora, revelava Eça, ele conhecera, em Paris, o maior editor de livros escolares franceses, Charles Delagrave, que gostaria de tentar montar uma coleção destas. Para tal, apenas era preciso garantir que os manuais fossem adotados: "Digo-te só: Joaquim Pedro, queres um milhão? Joaquim Pedro, queres ser abençoado por todos os pais e mães do teu país? Queres estas duas delícias, a bênção e o *bago*? Tens simplesmente a recolher-te (*sic*), durante todo um dia, ao fundo de ti mesmo, e aí, torturando o gênio, achar a *fórmula*, o *meio genial*, o *truc* supremo, para conseguir que o Governo imponha às escolas e aos mestres a nova Biblioteca! Isto é, trata-se de resolver este árduo problema: havendo dois livros, um abominável e que custe trezentos réis, e outro admirável e que custe cem réis, levar o Governo Português a escolher, para uso das suas escolas, aquele que é bom e barato." Eça sabia que estava pedindo o estabelecimento de um monopólio, mas, com a sua usual desfaçatez, minimizava a importância do fato. Além do que, como dizia, estava pronto a fazer concessões: a certa altura, informava Oliveira Martins que talvez fosse melhor utilizarem os antigos redatores, orientados por ambos. No final, punha como hipótese "meter o nosso velho Ramalho na obra", ainda que, acrescentava, "ele nem precisa de dinheiro, nem apetece trabalho".[395]

Como seria de esperar, Oliveira Martins considerou o plano irrealizável.

Mesmo que as divergências entre os dois pudessem ser amenizadas — e estas iam desde os malefícios do monopólio ao local onde os livros deveriam ser impressos —, os obstáculos eram inultrapassáveis. Na sua resposta, Oliveira Martins dizia-lhe: "Falta, meu bom amigo, que haja um ministro com pulso bastante para cortar por todos os interesses parasitas que hoje vivem à sombra

---

[395] G. de Castilho (org.), *Eça de Queirós: correspondência, op. cit.*, vol. II, pp. 160-5.

dos compêndios (...) Não me parece, portanto, meu querido José Maria, que este seja o momento de *pousser* este negócio. Todos andam a 40° de temperatura diante da questão suprema do dinheiro."[396] Eça teria de moderar os seus instintos consumistas.

Poder-se-á pensar que, dada a época em que viveu, Emília se não ressentia da dependência econômica. Mas não era bem assim. Veja-se o que sucedeu, quando Eça lhe propôs a tradução de uns textos para o *Dicionário dos milagres*, uma obra que ele tinha em mente organizar, com base num livro estrangeiro semelhante. Em 21 de maio de 1892, vemos Emília radiante, com a idéia de poder "ganhar uns vintenzinhos". Por vezes, Emília sentia-se frustrada com a vida que levava, sentimento que vinha sobretudo quando ficava sozinha. Em 27 de maio de 1892, dizia ao marido: "Apesar de ter escrito ontem, sinto a necessidade de conversar para descansar da tarefa de dirigir criadas e meninos. Não é que tenham havido revoltas domésticas, mas o desmamento do Ber [o filho Alberto], as opiniões da Teresa [criada] e da ama, reprovando o que decido e a recusa dos pequenos de falarem português estafam-me bastante." Mesmo a alguém educada tão convencionalmente quanto Emília não era fácil aceitar o destino de mulher.

Havia, depois, os ciúmes. Estes ressuscitavam de cada vez que Eça permanecia em Lisboa durante um tempo prolongado. Emília preferia que ele ficasse em St. Ovídio, onde, como dizia, estava entre pessoas de confiança. Em Lisboa, tudo era diferente: "... não é o mesmo caso, as companhias não são de santos e justos como o Nel [o irmão dela], e Antero, os bacalhaus de cebolada podem ser apimentados de Mendonças, etc., etc., eu tenho o juízo ou a ingenuidade de estar certíssima de ti como *esposo*, mas quem sabe? Em Lisboa, as companhias são péssimas e reles, eu sei cá em que tu e os teus companheiros *vencidos* se empregavam a última vez que estivemos em Lisboa?" A este propósito, Emília põe-se a fantasiar, declarando-lhe que aquilo que mais desejaria era viver numa aldeia francesa, longe de tudo e de todos. Pouco depois, de novo lhe comunicava os seus ciúmes: "Deves achar ridículo este medo que te percas nas dissipações de Lisboa. Não tenho medo que te percas, peço-te 'pela saudade (*sic*) dos pequenos' que me não

---

[396] F. A. Oliveira Martins (org.), *Correspondência de J. P. Oliveira Martins, op. cit.*, pp. 151-52. Esta carta está mal datada, pois tem data anterior à que fora escrita por Eça.

faças infidelidades e estou convencida que este pedido será atendido, fazia-me ódio a idéia de que te aproveitasses da minha ausência para andar a beijocar outras mulheres, enquanto eu estou metidinha em casa à tua espera." Eça responde a estas angústias com uma paciência que pode não estar isenta de hipocrisia. Em 27 de abril de 1890, dizia-lhe para ela deixar de se preocupar com disparates, pois ele não tinha tempo para nada, nem, presume-se, para o adultério. O que o ocupava não eram as "distrações", mas o "Fradique, esse dândi". Rindo-se, acrescentava: "Por isso mesmo que quase não saí ainda de casa, ainda não tive ocasião de me dissipar com os amigos." Comunicava-lhe que "Lisboa [estava] tristonha, já quente, já poeirenta, cada vez mais reles e engolfada em *politiquice*". Como lhe era habitual, vinha-lhe à mente o perigo espanhol, desta vez apresentado como salvação: "Não há já a contar com coisa alguma nesta nossa terra, a não ser que ela deixe de ser nossa e que a passemos aos espanhóis, para lhe infiltrar sangue novo." Após o que, de novo, abordava o tema da infidelidade: "Enquanto às tuas solenes súplicas de fidelidade, só tenho a dizer que me fizeram sorrir. (...) Seria necessário ter quinze anos e as fortes ilusões dessa idade para achar nisto a menor sedução." Para a traqüilizar, em 14 de junho dir-lhe-á: "As senhoras, em Lisboa, estão encantadas com Fradique. De fato, Fradique é um sucesso e ocupa grande parte de todas as conversações em Lisboa, a ponto de se ouvir esse grande nome por cafés, lojas de modas, peristilos de teatros, esquinas de ruas, etc. O pior é que se crê geralmente que Fradique existiu e é ele, não eu, que recebe estas simpatias gerais." Em sucessivas cartas, Eça continuará a bater a tecla de que Lisboa estava "uma seca". Para o provar, conta-lhe que tinha ido a uma *matinée* na casa dos Burnay, onde estava imensa "gente conhecida", mas que, mesmo assim, ia morrendo de tédio. Com o intuito de não lhe causar inveja, acrescentava: "Todo o mundo me pareceu mais velho e mais insípido. (...) Esta sociedade, como se não renova, e os anos passam, e ela não tem em si vigor e vitalidade, cada vez mais está mais decaída, mais sensabor e mais avelhada". Emília, que não era parva, deve ter tomado estes lamentos pelo que eles valiam. Aos 45 anos, Eça poderia ter perdido o gosto por aventuras. Mas é igualmente possível que mantivesse *affaires* discretos. Ou que continuasse a freqüentar bordéis.

Por sua vez, durante as ausências do marido, Emília tinha tendência de se fechar em casa. Eça sempre insistiu para que ela saísse, um pedido a que Emília não prestava grande atenção, visto ele o ter feito repetidas vezes. Mesmo quando tinha junto dela, em Paris, a irmã Benedita, com quem se dava bem, Emília demonstra uma invulgar falta de curiosidade por conhecer a cidade que habitava. No final de abril, contava, orgulhosa, ao marido que fora ver a Vênus de Milo. Deve ter sido a sua única saída.

Além das separações causadas pelas vindas de Eça a Lisboa, o casal também seguia destinos diferentes durante o verão. Como qualquer família burguesa, chegado o calor, a mulher e as crianças iam para a praia, enquanto o marido ficava na cidade. No verão de 1889, Eça mandou-os a todos para umas termas, nas montanhas de Auvergne, enquanto ele ficava em Paris, onde, em breve, se iria celebrar o Grande Centenário. Chegaram então, a Paris, Ramalho, Carlos Mayer e Batalha Reis. Como tantas vezes acontecia quando se afastava de Lisboa, Ramalho logo se envolveu em aventuras amorosas, tendo pouco tempo para estar com Eça. Este deliciou-se com os passeios que fez com Batalha Reis, que incluíram uma visita à casa-museu de Victor Hugo.[397] Foi durante este verão que Eça encontrou um brasileiro, Eduardo Prado, que viria a desempenhar um papel importante durante os seus últimos anos.

Todos os verões, a rotina repetia-se. No ano seguinte, Emília foi, com os filhos, para a praia de St. Aubin. Como de costume, queixava-se do hotel, tentando Eça acalmá-la: "É necessário aceitar esta pobre França como ela é e não esperar que tudo seja o conforto e o arranjo dum Torquay ou dum Brighton." No verão de 1893, Emília iria, durante dois meses, para Val André. Desta vez, Eça foi lá passar quinze dias. Numa fotografia, podemos vê-lo, com um ar incomodado, em cima de um areal, com um panamá na cabeça. As brincadeiras com os filhos não justificavam o sacrifício. Não repetirá a experiência.

As cartas que Emília lhe envia, durante as férias, são descrições pormenorizadas da vida destes hotéis de verão. É enquanto os filhos brincam diante da porta, que ela lê "uns contos, mais ou menos desenvergonhados", de Guy de Maupassant. Por esta altura, Eça andava à procura de casa, pois tinha sido convidado,

---

[397] A. Campos Matos (org.), *Eça de Queiroz/Emília de Castro, correspondência epistolar*, op. cit., p. 177. Em 7 de agosto, Eça contava à mulher que "Ramalho esse anda lançado *dans des folles aventures*. Mas, felizmente ou infelizmente, a Srª D. Emília chega aí no Domingo *pour mettre le hola!*", p. 196. Sobre um possível envolvimento amoroso de Ramalho com Sarah Bernhardt — o único fato apurado é ter almoçado sozinho na casa dela — ver Maria João Ortigão de Oliveira, *O paraíso invisível*, op. cit., pp. 102-105.

pelo senhorio, a sair da rue Charles Laffitte. Ficara furioso, mas, segundo a lei vigente, não tinha outro remédio senão mudar-se. Começou à procura de uma casa melhor, o que deixou Emília inquieta. Em 27 de julho de 1893, esta pedia-lhe para não exagerar nas ambições: "Fazes bem em ver casas, mas pela descrição da que te serve, estou convencida que é muito para além dos nossos preços — com aprovação minha não tomas nenhuma acima de 2.500 francos por ano — não quero *de modo nenhum* ter criado e com uma casa grande é indispensável; eu sei a vida apoquentada e irritada que passei e absolutamente entendo que devemos em tudo modificar as nossas despesas para viver com o que temos e sem a corda na garganta." Em 16 de agosto, Emília implorava-lhe, mais uma vez, que ele se contivesse: "... nada de grandes casas velhas, que é uma ruína." Eça não lhe prestou atenção, embora a casa que finalmente arranjou, na Av. du Roule, o deixasse insatisfeito.

Ocasionalmente, Eça era incumbido, pelo governo, de missões especiais. Isto sucedeu em novembro de 1891, quando foi encarregado, por Mariano de Carvalho, então ministro da Fazenda, de ir a Londres, a fim de tratar de questões ligadas ao financiamento das ferrovias. Na companhia de Eduardo Prado e de Carlos Mayer, instalou-se luxuosamente no Savoy Hotel. Para tranqüilizar Emília, pintava-lhe um quadro desolador do local: "Continuo a achar Londres horrendo. As mulheres também já não são bonitas como no meu tempo, os homens já não se vestem tão bem e os *cabs* já não são tão confortáveis." Depois, acrescentava: "Creio todavia que as instituições permanecem admiráveis e todo o mundo é muitíssimo bem educado." Na véspera, Eça recebera uma carta de Emília, na qual esta comentava a visita de D. Carlos ao Porto, com base na descrição que a irmã lhe enviara: "O rei está muito gordo, muito bem tratado, era muito mais político estar um pouco mais abatido, tornava-o mais interessante, aquela prosperidade, no meio da *dégringolade* geral, ofende." Ler isto no Savoy, tinha outro sabor.

Foi durante a década de 1890 que Eça mais vezes se deslocou a Portugal, devido ao fato de, como chefe de família, ter de tomar parte nas discussões relativas às partilhas da família Resende. Em janeiro 1890, a mãe de Emília morrera. Teriam de dividir os bens. Mas as partilhas arrastaram-se. Ao fim de vários meses, estava tudo por decidir. Com três irmãs, freiras, vivendo na Itália, e dois irmãos malquistos, não era fácil chegar a um acordo. Farto daquelas discussões, Eça passava grande parte do tempo na casa do Antero, maldizendo a civilização. De vez em quando, vinha até Lisboa, onde, entre conversas com os amigos, tentava traduzir as "Minas de Salomão", escrever as cartas de Fradique e redigir, para a *Revista de Portugal,* as "Notas do Mês". Mas era-lhe difícil concentrar-se.

Uma vez que os Resende continuavam a hesitar sobre o que fazer, Eça decidiu voltar a Paris. Sabia que teria de regressar, pois nada ficara decidido, mas estava com vontade de ter um pouco de paz. Na primavera de 1892, ei-lo, de novo, em Portugal. Em vez de três meses, ficaria um mês e meio. Como se não bastassem as conversações com as freiras, as quais, ao cabo de dois anos, tinham decidido que, afinal, queriam herdar, ainda se verificou um conflito entre, de um lado, Eça, Manuel e Benedita e, do outro, o irmão mais novo, Alexandre, o qual era, na opinião de Eça, "um esturrado e um exaltado". Tudo se arrastou, entre as loucuras do Alexandre, as horas tardias (nunca antes das 4 da tarde) que Manuel escolhia para se levantar e as freiras "que nada compreenderam ou quiseram compreender". Só Benedita lhe parecia sensata.

Não contando as sensibilidades individuais, as partilhas eram dificultadas pela ausência de uma contabilidade organizada. Ninguém sabia, ao certo, quanto rendiam as propriedades rurais. A certa altura — provavelmente por nenhum dos irmãos poder ficar, sozinho, com uma coleção de salvas de prata e outra de colchas antigas — decidiu-se vender o patrimônio móvel mais valioso. O fato amargurou Emília. Em 27 de junho de 1890, após o marido lhe ter comunicado que as peças iriam ser remetidas para Paris para ali serem vendidas em leilão (pedindo que contatasse o embaixador, a fim de poderem entrar sem pagar tributo), Emília dizia-lhe: "Pela primeira vez, tenho pena que se acabassem os vínculos, era uma grande instituição, a estas horas o Nel [o irmão Manuel] tinha uma grande fortuna, entre a da Maria [a mulher] e a dele, e podia dar-nos umas boas mesadas, enfim, *n'en parlons pas,* mas chora-me o coração vendo sair de casa essas coisas nas quais a mamã fazia tanto gosto." Uma aristocrata sempre era uma aristocrata.

No final, Emília acabou por ficar com a Quinta de Vila Nova, com alguns foros nos Açores, com uma parte da herdade alentejana (que permaneceu indivisa) e com o seu quinhão na venda da Quinta de St. Ovídio, o bem mais valioso.[398] Não temos dados que nos permitam dizer qual o montante da parte que lhe coube, mas, dado que o estilo de vida da família em nada se não alterou, não deve ter sido elevado.[399] Por um momento, Eça ainda pensou em introduzir inovações na herdade de Corte Condessa, no Alentejo, tendo chegado a pedir conselhos a Oliveira Martins sobre os produtos a plantar. Previsivelmente, acabou por nada fazer.[400]

Em meados de maio de 1892, Eça foi visitar a Quinta de Santa Cruz, na companhia de Benedita. Emília tinha expectativas de a família ali poder passar os verões, mas Eça desiludiu-a rápida e radicalmente. Depois de mencionar os vales lindíssimos, acrescentava que a quinta era inabitável: "É toda em socalcos. Logo adiante da casa, o monte desce até ao Douro; logo por trás da casa, o monte sobe até aos cimos, onde há uma ermida. O que sobe e o que desce é tudo admirável de vegetação, de verdura, de águas, de sombras, de belas vistas, mas para passear por lá é quase necessário andar de gatas. (....) Seria necessário gastar dinheiro, e bastante, em fazer através de todo aquele belo monte caminhos transitáveis e fáceis. Enquanto à casa, é feia, muito feia; e à fachada mesmo se pode aplicar, sem injustiça, a designação de hedionda." Emília ainda lhe dirá que a casa talvez tivesse "algum *cachet*". Eça manter-se-á implacável: não se via enfiado ali. À serra, preferia Paris.

---

[398]Em 1895, os Resende vendiam, em lotes, a Quinta de St. Ovídio, situada no centro do Porto, no que é hoje a rua Álvares Cabral. Emília teve mais um desgosto. Mas deve ter sido daqui que lhe veio mais dinheiro.

[399]Em 1893, Eça escrevia ao conde de Arnoso, pedindo-lhe para este servir de influência ao sogro, o comerciante Policarpo Ferreira dos Anjos, membro do conselho de administração do Crédito Predial. Eça queria hipotecar a Quinta de Vila Nova, uma propriedade hoje com 18 ha, mas que, à época, era um pouco maior. Invocando complicações com as partilhas, pedia-lhe que intercedesse junto do sogro, no sentido de aquela ser avaliada por alto, pois queria pedir um empréstimo de oito contos, especificando que, no passado, estivera a mesma hipotecada por esse montante, o que não era insignificante (equivaleria hoje a cerca de 200 mil contos). Declarava-lhe ser uma boa propriedade, que rendia 1.200 contos: 650 mil réis para os donos, outro tanto para os rendeiros. Ver Espólio do Conde de Arnoso, carta de Eça de Queiroz, datada de 12.1.1893, *in* Arquivo da Cultura Portuguesa Contemporânea, BN. No Arquivo Pessoal de Eça de Queirós", em Tormes, existe documentação que indica ter havido dificuldades em obter a hipoteca, uma vez que os foreiros, cuja autorização era necessária, se tinham inicialmente oposto. A situação acabaria por se resolver, tendo a quinta sido, de fato, hipotecada. Ver A. Campos Matos, *A casa de Tormes*, op. cit., p. 14.

[400]Oliveira Martins, então ministro, aconselhou-o a plantar esparto, uma planta, dizia, com futuro assegurado na indústria do papel, setor que acabava de ser beneficiado nas pautas que ele promulgara. A carta não está datada, sabendo-se apenas que era de 1892. Ver F. A. Oliveira Martins (org.), *Correspondência de J. P. Oliveira Martins*, op. cit., p. 201.

De todas as casas que Eça habitou durante estes anos, a de que mais gostou foi a da rue Charles Lafitte, para onde tinha ido viver em abril de 1890. A casa era um edifício nobre, com salas que abriam sobre um jardim frondoso.[401] Entrava-se por um portão alto e, ao fundo do jardim, erguia-se o pavilhão, onde Eça se refugiava para escrever. Foi nesta casa que, em abril do mesmo ano, nasceu o quarto filho. Com o aumento da família e da casa, o pessoal também crescera: havia agora a *nounou* Barbotte, o Jean, a Aline, franceses, além da cozinheira Rosalie, suíça, e da antiga criada portuguesa, Teresa. Durante esta fase, Eça só regressava à família para jantar. A residência era um pouco mais ampla do que a anterior, pelo que a sua vida social se tornou mais ativa.

Não que Eça tivesse passado a conviver com franceses. Ao longo de doze anos, coisa extraordinária, jamais fez um amigo desta nacionalidade. O seu grande, quase único, companheiro era um milionário brasileiro. Eça passava os serões entre brasileiros, que ali se haviam radicado, e portugueses que viviam ou passavam por Paris. A filha Maria recorda essas noites, em que se tocava piano, se jogava gamão, se discutia política, se atirava ao alvo, se falava de arte e se faziam sessões de espiritismo, um exercício então muito em moda. Do lado dos brasileiros, os convivas eram Eduardo Prado, o barão de Rio Branco, Domício da Gama, Olavo Bilac e Joaquim Nabuco; dos portugueses, os condes da Caparica, Anselmo Vila Real e os Navarro, que entretanto tinham substituído, como embaixadores, os Valbom. Havia ainda os amigos de Lisboa, que o visitavam de vez em quando, Ramalho Ortigão, Oliveira Martins, Carlos Lobo d'Ávila, Carlos Mayer e Batalha Reis.

Por natureza, Eça era um solitário. Sua vida mundana era mínima. Raramente saía de casa. Um dos poucos passeios, de que temos notícia, foi a visita que fez a Rouen, em novembro de 1890, quando ali se deslocou, de trem, para assistir à inauguração da estátua de Flaubert. Quem tivesse entrado na carruagem, teria visto, de um lado, Eça, Olavo Bilac, Domício da Gama e Eduardo Prado e, do outro, Maupassant, Zola, Edmond Goncourt e Daudet.[402] Não era apenas a timidez que afastava Eça da vida artística parisiense. Eça tinha um cargo oficial, o que lhe exigia uma compostura nem sempre adequada à vida boêmia que muitos escritores levavam.

---

[401] *Eça de Queiroz entre os seus*, apresentado por sua filha, op. cit., pp. 225-299.
[402] B. Berrini, *Eça de Queiroz: palavra e imagem*, op. cit.

Do lado português, as pessoas que freqüentavam a sua casa eram os membros da família Resende, como Benedita, e aristocratas expatriados, como o conde da Caparica, que ele considerava o maior chato do mundo. Os brasileiros ricos, como Eduardo Prado, que fixara residência numa casa imponente, na rue de Rivoli, 119, davam-lhe um sentimento de segurança.[403] Mesmo depois de casado, Prado continuou a dar-se muito com Eça. Para delícia das crianças, enchera o jardim de Neuilly de bichos. Armou uma capoeira para albergar as rolas que lhes ia oferecendo. No lago, lançou uma enorme variedade de peixes. Pelos canteiros, foi colocando cágados. Trouxe gatos. Arranjou um esquilo, deu-lhes um papagaio e até soltou cobras entre os maciços de verdura mais longínquos. Toda a família o adorava.

Um brasileiro que Eça conheceu através de Prado foi Olavo Bilac. Uma noite, em que Eça recebia em sua casa o recém-chegado poeta, decidiu propor aos presentes que, em conjunto, redigissem um drama burlesco sobre Inês de Castro. Eça ilustrou a peça com uns desenhos muito engraçados e escreveu umas quadras imprevisíveis. Embora Emília e Benedita também tivessem participado, o texto foi quase todo escrito por Eça, vagamente acolitado por Bilac. Os versos são de um grande frescor: "Agora, juntos, por detrás do velho muro,/ Dom Pedro e Dona Inês estão jantando./ Não se vê, mas há um aio venerando/ Que os serve em baixela de oiro puro./ (...) Segue a rica vitela de Lafões./ No covilhete vêm as azeitonas,/ Com a batatinha bem assada e loura./ A salada é de alface e de cenoura;/ E sobre o arroz negrejam salpicões. (...) Depois a açorda de alho. Que delícia/ Quando comida à beira do Mondego!/ O leitãozinho assado com perícia/ E o presunto sublime de Lamego.(...) Depois o Infante, todo recostado,/ Saboreou com um sorriso farto e aberto,/ Café que ainda não fora descoberto/ E charuto que depois foi inventado..."[404] Assim, por uma noite de inverno de 1890, se divertia Eça.

Menos animada foi a visita de Antônio Nobre, minuciosamente relatada,

---

[403] Muitos defenderam ter Eduardo Prado servido de inspiração a Eça não só para a figura de Jacinto, mas também da de Fradique. Ao que consta, alguns episódios, como o do peixe, foram copiados de acontecimentos reais. Fascinado com o que vira na Exposição de 1889, Prado comprava todo o tipo de equipamentos que via nas lojas. Dispunha, por exemplo, de uma lavatório que graduava a temperatura da água, bem como de um elevador que trazia a comida do porão para a sala de jantar.
[404] Até 1965, o texto era desconhecido. Foi então que a filha mais velha do escritor o emprestou a Heitor Lyra, que o transcreveu em *O Brasil na vida de Eça de Queiroz, op. cit.*, cap. 26.

por este, em carta a Alberto de Oliveira. Nobre tinha então 23 anos. Antes de deixar Portugal, prometera ao amigo escrever-lhe longas cartas, o que cumpriu. Vale a pena citar, com alguma extensão, aquelas em que ele descreve as suas visitas a Neuilly, em novembro de 1890: "Alguns anos atrás, Eça seria o meu Deus, Junqueiro conhece-o bem, porque já te havia dito que Eça era muito concentrado e não me serviria para camarada aqui. Assim, não tenciono procurá-lo, pois que é que nós havíamos de dizer, se ele é tão triste como eu e eu mais esquisito do que ele. E mesmo não tenho pretexto: receio maçá-lo. Tu sabes os meus escrúpulos."[405] Nobre relatava tudo com grande pormenor. Fora primeiro à casa de Eça, na rue de Crevaux, com uma carta de apresentação de Junqueiro, mas ele não estava. Deslocara-se então ao Consulado, na rue de Berri. Perguntou por Eça, que já entrevira, ou antes, vira a sua mão branca e longa, onde reluzia um rubi. O secretário nem teve tempo de responder, pois Eça apareceu logo, "com as pernas esganiçadas a dar e de monóculo, com a careta arrepiada de engelhas, muito pálido, de olhos pisados, e pareceu-me que assustado..." Nobre apresenta-lhe a carta de Junqueiro, que Eça leu enquanto guiava Nobre para o seu gabinete, onde lhe indicou uma poltrona, em frente de um sofá, onde se sentou: "Leu a carta, sorriu de leve, ia a soltar um 'Estimo...', mas eu, para evitar banalidades, de parte a parte, desculpei-me de o não ter vindo cumprimentar mais cedo..." Nobre queria contar mais coisas: "Tirei os meus documentos da carteira (é amarela, de couro; comprei-a há dias no Boulevard St. Michel): disse que desejava que o Consulado os traduzisse e legalizasse, para me matricular na Sorbonne. Presto, muito delicado, sem preocupações, ou minúcias administrativas, correu a entregá-las ao chanceler [uma espécie de secretário] a quem transmitiu, exatamente como um fonógrafo, o meu desejo, as minhas recomendações. Ou ele não fosse pai do Conselheiro Acácio. Não calculas (ou decerto tens a certeza) o seu imenso desprezo pela Pública Administração: quando o chanceler, ao longo da nossa palestra, lhe entregou qualquer papel para assinar — o cônsul nem via o que assinava, nem se assentava à mesa, como faria qualquer outro servente do Estado: punha o seu rabinho num braço de sofá, o papel sobre um bordo qualquer e gatafunhava o J.M. Eça de Queiroz, desordenado e todo tor-

---

[405] G. de Castilho, *Antônio Nobre/Correspondência*, Lisboa, op. cit., pp. 126-135.

to." Nobre falou-lhe de Coimbra, mas Eça não parecia particularmente interessado: "... notei-lhe que nos seus livros havia uma contínua sugestão de Coimbra, plena de saudade: murmurou um 'sim, da vida de rapaz'. Isto, de fugida. A verdade é que não se importa nada. Não admira: é a criatura mais cética que tenho encontrado. Falou-me do Penha como vais ver: 'Nos meus tempos havia lá um rapaz Penha. E que é feito dele? Conheceu-o? Eu nunca mais o vi deste então. Creio que está em Braga, burguês e rico...'." Nobre falou-lhe, em seguida, da nova geração, que ele considerava muito esperançosa, opinião que Eça não partilhava. Depois, Eça perorou sobre o decadentismo: "Que era uma literatura horrível, fazia-o doente. Citei Verlaine, como o único de talento. Concordou. 'Esse, sim', até a sua vida é dum verdadeiro poeta: umas vezes vivia num nevoeiro místico, outras arrastando uma existência 'infamemente sensual'. 'Havia processos. Vivia amancebado com a irmã'." Nobre continuava, dizendo que afinal Eça tinha razão, quando declarava que os decadentistas eram uns vis: "Mas Eça, sempre palestrando, cofiando o bigode e de perna traçada, lançava-me o olho e observava-me a linha do 'Diplomatic' e dos sapatos. Não me fez a menor pergunta sobre versos; apenas se informou das minhas impressões de Paris, se 'já estava instalado', e sempre frio, sério, triste, dando-me bem a impressão de não ser o homem da 'blague', o João da Ega airado, do 'Átomo' e da peliça..."A carta ainda não tinha terminado: "À despedida, curvou-se numa reverência de aço, convidando-me a aparecer no consulado, ou, às 8, na Rua Crevaux, 'onde', disse, 'nos reunimos para conversar'. Murmurei cumprimentos. Saí." Antônio Nobre contaria, em outra carta, que fora buscar os documentos no Consulado, onde tivera de esperar horas. Quando Eça apareceu, obrigou Nobre a sentar-se, enquanto ele ficava de pé. Leu a correspondência e depois pôs-se a andar de um lado para o outro. Nobre achou que Eça estava, nesse dia, encantador: "Conversamos muito. Zola: que era um grande. Mas que não tinha lido todo o Zola: nesta época há muito que ler, que 'saber', não se pode ler uma obra inteira. E confessou-me que de Zola só lera completo o 'Germinal' e duas vezes. Que era uma obra de gênio. Disse-lhe que o *Janeiro* noticiara a aparição da *Vida de S. Cristovão*, em que ele trabalhava; que não, agora, andava com o *Fradique*. E depois ia fazer uma série de livros como O *mandarim*: o público já não suporta os grossos volumes, como outrora, como nos tempos do amigo 'Vítor', em que se passava uma existência dentro da biblioteca, a ler, a ler... Mas hoje... Eu lamentei que *Os Maias* fossem tão curtos. Afirmou-me que esses se haviam vendido muito, a edição, imensa, estava quase ida certamente. Notei-lhe que ele era o mais trabalhador dos contemporâneos. 'Sim', que era; o Oliveira Martins, também. (...) Mas que nunca mais se preocuparia com a forma: se não fosse isso, estava hoje com o dobro da obra. 'A Relíquia', por exemplo: 'A Relíquia' representava três 'Relíquias'; três vezes a refundiu, três vezes a emendou para, afinal, vir a dar uma só; não, não estava mais para isso. Foi o que aconteceu ao 'pobre Flaubert'. Efetivamente, em Portugal, só ele e o Martins trabalhavam. Que sim. Enfim, Junqueiro era um poeta e os poetas nem sempre podiam dispor da lira, a não ser o Hugo, mas isso era o Hugo, fazia obra por empreitada, 'mas nós não somos homens de gênio'. Falamos ainda um pouco de Junqueiro e Eça contou-me a apresentação de *D. João,* no Cenáculo de Lisboa, 'quando nós morávamos, na Travessa do Guarda-Mor' (coisa singular, fala sempre no plural), onde, ao verem o Junqueiro, um pequenitates todo janota (que o Junqueiro, então, era um janota), 'com uma gravata azul-celeste', o mandaram deitar à água e afogar-se com o poema, como o Camões... Fialho, que tinha muito talento: por vezes, chegava a ser poeta. Mas que tinha descaídas espantosas. E, depois, um ignorante: não sabia nada de nada. E passa uma vida criminosa: não trabalha, só cafés, dizendo mal de tudo, cheio de azedume, é pena, 'dizem-me que é uma existência perdida'. Confirmei o que ele disse do Fialho. E notei-lhe que uma das causas do seu azedume era a pobreza: vivia duns dinheiritos dos *Pontos nos Iis* e de *Os Gatos.* Mas que trabalhasse, anotava o Eça (...)." Falaram ainda do Mariano Pina, que Eça achava agora um videirinho, por ter ido para Lisboa ganhar um dinheirão no jornal fundado pelo conde de Moser. Nobre confessou-lhe não gostar dos versos de Luís de Magalhães e Eça concordou, dizendo-lhe ter aquele o defeito de não saber qual a sua vocação: "O Luís não é um poeta nem é um artista." Talvez um crítico ou um historiador, nunca um poeta. Nobre achava que Magalhães era feliz demais para ser um bom poeta. Eça respondeu-lhe: "Sim, gosta de comer 'muito', de dormir 'muito', vive cheio de regalos e um artista não pode ser assim." Eça concordava, ou fingia concordar, na necessidade de austeridade para criar.

Chegara, entretanto, o chanceler, com o documento. Nobre preparava-se para pagar os devidos 32 francos, quando Eça exclamou que o Estado português era um ladrão. Aconselhou-o a mandar traduzir o documento fora e que, depois, fosse ao consulado, para o legalizar. O que Nobre fez, poupando 10 francos. Em outra visita, Eça lia cartas e jornais. Nobre voltou a notar, com surpresa, não ter Eça saudades de Coimbra. E conta que ainda apreciava menos o Porto. Que exclamara: "Jesus! Que terra! Verdadeiramente inabitável!" Agora, Nobre já não achava Eça tão simpático: "Junqueiro, é-o bem mais, certamente. Eça está na lógica da sua filosofia. Não é 'outro' porque não pode ser. Não exigia dele que fosse, como nós, pertencente à Confraria de Nossa Senhora da Paz: entretanto estimaria vê-lo menos cético, menos preocupado de aristocracia, que o não deixa ser, por vezes, justo e humano como deveria."

Eça também se referiu a este encontro, e a outros que se seguiram, a seus amigos. Numa carta a Oliveira Martins, de 1892, dizia-lhe o que pensava do poeta: "Também agora nos freqüenta o Nobre do *Só*, que é simpático e ultralangoroso, e um outro decadentista, o Alberto de Oliveira, que já tem muitos livros, conhece muitas filosofias, está desiludido de tudo e ainda não fez vinte anos! Tal é este deslizar do século."[406] Mesmo antes de ter ido para Paris, já Eça considerava que o estado da literatura francesa não podia ser pior. Para atrair o público, que se desinteressara de poesia, os novos poetas ter-se-iam lançado em extravagâncias: "e uma estrofe, um soneto, foram trabalhados com os lavores, os polidos, os retorcidos, os engastes, as cintilações dum broche de filigrana, tendo apenas, como a filigrana, um valor de feitio, como ela agradável à vista, mas deixando o espírito indiferente." Depois de ter se instalado ali, sua opinião só se agravou.

Eça via agora a influência dos parnasianos em Portugal como deletéria. A eles, teriam ficado a dever "os estilos delirantes, que tornaram nestes últimos anos a poesia, em Portugal, uma coisa grotesca e pícara".[407] Lamentava, com particular ênfase, o monopólio da influência francesa: "Fomos sucessivamente, em

---

[406] A carta tem a data de 14.9.1892. Ver G. de Castilho (org.), *Eça de Queirós: correspondência, op. cit.*, vol. II, p. 248. Em nota, G. de Castilho diz que Nobre andava então muito deprimido, pelo que era pouco provável que visitasse a casa de Eça.
[407] "O Francesismo", *Últimas páginas, in Obras de Eça de Queiroz, op. cit.*, vol. 2, pp. 813-829. Guerra da Cal data-o de 1887.

imitação do ganso francês, românticos, góticos, satânicos, parnasianos, realistas." Esse fato levara a que Portugal desconhecesse as outras literaturas: "Para além da França, nada se conhece e é como se, literariamente, o resto da Europa fosse uma vasta charneca muda, sob a bruma. *Da nossa vizinha Espanha, nada sabemos*. Quem conhece os nomes de Pereda[408] e de Galdós?[409] A literatura inglesa, incomparavelmente mais rica, mais viva, mais forte e mais original do que a da França, é tão ignorada, apesar de geralmente se saber inglês, como nos tempos remotos em que vinte longos e laboriosos dias eram necessários para ir de Lisboa a Londres." Segundo Eça, a influência francesa era, de todas, a que menos convinha a Portugal: "A literatura francesa, neste último quarto de século, sofre dum obscurecimento, um desaparecimento de Sol entre nuvens, de que o seu gênio decerto sairá mais radiante e iluminado; mas, por ora, só nela há uma grande sombra, que passa."[410] Os tempos em que os romancistas franceses lhe enchiam o espírito tinham ficado para trás.

---

[408]José Maria de Pereda (1833-1906), chamado o "moderno Cervantes". Os seus romances dão um retrato realista do povo e do cenário da sua região.
[409]Benito Pérez Galdós (1843-1920). Tido como o maior romancista espanhol moderno, estava profundamente empenhado na história do seu país. Os seus *Episodios Nacionales* dão um retrato vivo da Espanha oitocentista. Escreveu 31 romances, entre eles as *Novelas Españolas Contemporaneas*: nelas, as idéias e conflitos da Europa do seu tempo são descritos com força e humor.
[410]Num prefácio escrito em 1888, a um livro de poemas, *Aquarellas*, de um autor menor, João Dinis, Eça voltaria a tecer duras críticas ao parnasianismo, enquanto louvava o regresso ao lirismo nativo que o livro representaria.

19

Entre Paris e Lisboa: os "Vencidos da Vida"

Eis Eça definitivamente instalado em Paris. Sentia-se bem, começava a escrever, as coisas reentravam na ordem. Ocasionalmente, tinha saudades de Portugal, mas havia sempre pretextos para se deslocar ao país. Foi o que aconteceu na primavera de 1889, quando veio ao país, de férias, com a família. Uma vez em Lisboa, divertiu-se a jantar com os amigos. Não eram uns jantares quaisquer: eram os repastos dos *Vencidos da Vida*. Em 26 de março de 1889, Eça participava na quarta refeição do grupo. Esta idéia, de um grupo jantar em dias combinados, tomara corpo no verão anterior, quando o conde de Ficalho, um par do Reino, fizera, na câmara alta, um discurso violento contra o governo de José Luciano. Nos Passos Perdidos, esperavam por ele os deputados Oliveira Martins, Antônio Cândido e Carlos Lobo d'Ávila. De S. Bento, seguiram os quatro para o restaurante Tavares, onde continuaram a criticar o sistema político. Oliveira Martins representava a intelectualidade; o conde de Ficalho, a aristocracia rural; Antônio Cândido e Lobo d'Ávila, os jovens políticos. Era a semente do *vencidismo*.

O grupo apresentava-se como uma elite alternativa. Os seus membros viam-se como mais inteligentes, mais cultos, mais capazes do que os profissionais que, há décadas, dominavam as máquinas partidárias. Em maior ou menor grau, todos ambicionavam substituir os homens que há anos presidiam aos destinos do país. E tinham idéias. Antônio Cândido defendia que, na câmara alta, em vez de individual, a representação fosse orgânica. Em 1882, explicara a Oliveira Martins que o Partido Progressista devia se preparar para apresentar uma reforma neste sentido: "É um ensaio a fazer, e, com certeza, um grande progresso sobre o que está; por outro lado, é inquestionável que, nas sociedades modernas, a aristocracia é constituída pela capacidade intelectual, pelas magistraturas sociais e pela riqueza; e eu, cada vez menos radical, prefiro mil vezes que a lei fixe os representantes dessa aristocracia a que os escolha e exalte o que aí se chama a vontade popular."[411] Durante a segunda metade da década de 1880, estes intelectuais, chefiados por Oliveira Martins, começaram a apregoar a necessidade da "Vida Nova", um movimento que, apesar da sua relativa celebridade, apenas durou dois anos.

Em 1884, pela mão de Anselmo José Braamcamp, Oliveira Martins aderira ao Partido Progressista. Embora, alguns anos mais tarde, a direita tivesse defendido ser a "Vida Nova" uma corrente precursora do salazarismo, o fato é que Oliveira Martins nunca abandonou o território liberal. O que ele queria não era que o rei instalasse uma "ditadura", mas que chamasse os progressistas, por ele inspirados, ao poder. Suas críticas não vinham de fora, mas do interior do regime.[412] Mas Oliveira Martins teve azar. Em primeiro lugar, em 13 de novembro de 1885, morria Anselmo José Braamcamp, o qual seria substituído, na chefia do partido, por José Luciano de Castro, um homem muito mais dependente das facções existentes dentro do partido do que o anterior chefe.

Em 20 de fevereiro de 1886, José Luciano tinha sido convidado a formar governo. Os inimigos de Oliveira Martins, Mariano de Carvalho e Emídio Navarro, dois importantes marechais partidários, foram convidados para entrar no Executivo, tudo tendo feito para que Oliveira Martins ficasse de fora. Neste preciso momento, a "Vida Nova" desapareceu. Em junho de 1888, Oliveira Martins abandonava o partido. Foi então que apareceram os *Vencidos da Vida*.

Inicialmente, o grupo era reduzido. Embora com graus variados de envolvimento, os antepassados eram os cinco indivíduos que, no verão de 1884, tinham-se feito fotografar, no Palácio de Cristal: Eça, Oliveira Martins, Antero, Ramalho e Guerra Junqueiro. Com os anos, o grupo aumentou, passando a dele

---

[411]F. A. Oliveira Martins, *D. Carlos e os Vencidos da Vida,* Lisboa, Parceria Antônio Maria Pereira, 1942, p. 150.
[412]R. Ramos, *Liberal Reformism in Portugal: The Movement for a New Life 1885-1908, op. cit.*

fazer parte Ficalho, Pindela e Sabugosa. Para Oliveira Martins, esta participação de filhos de famílias ilustres era importante. Numa carta que escreveu a Sabugosa, explicava-lhe: "Os herdeiros das velhas famílias heróicas são ainda o que Portugal tem de melhor, pelo brio, pelo caráter, e sobretudo pelo sentimento herdado da vida histórica portuguesa. Entre as muitas fantasias do meu pensamento, querido amigo, está esta: de que, no momento atual, as nações, e particularmente nós, devíamos apelar para os representantes da aristocracia de raça, que têm uma nobreza ingênita, uma distinção e uma superioridade moral inacessíveis à burguesia, de onde rebentam, de um modo ridículo, os tortulhos da pseudofidalguia plutocrática e burocrática. Sempre me pareceu que, tendo falhado como falhou, o pensamento liberal da primeira metade do nosso século, (…) a única solução fecunda seria darem os rapazes de velha rocha a mão ao povo, como noutras eras, e dirigi-lo e comandá-lo. É o que faz a aristocracia inglesa e o que, de um modo mais moderno, caracteriza o socialismo de Estado alemão."[413] Sem grande função no regime, os aristocratas ficaram encantados.

Em seu auge, o grupo era formado pelas seguintes personalidades: conde de Ficalho, Oliveira Martins, Ramalho Ortigão, Antônio Cândido, Eça de Queirós, conde de Sabugosa, Bernardo Arnoso, Guerra Junqueiro, Carlos Mayer, Luís de Soveral e Carlos Lobo d'Ávila, os onze da fotografia tirada na casa de Ficalho. A composição social era variada: havia representantes da velha nobreza, como Ficalho e Sabugosa; da aristocracia constitucional, como Lobo d'Ávila e Soveral; intelectuais, como Oliveira Martins, Ramalho Ortigão, Eça de Queirós e Guerra Junqueiro; um político, Antônio Cândido; e um filho de uma família estrangeirada, Carlos Mayer. Na periferia do grupo, gravitavam algumas figuras conhecidas, os chamados "vencidos honorários", Antero de Quental, Maria Amália Vaz de Carvalho e o conde de Casal Ribeiro.

A dimensão da capital facilitava a formação destes grupos. De entre os *Vencidos*, três viviam na mesma rua: dois no mesmo prédio, no n.º 6, da rua dos Caetanos (no andar inferior, Ramalho Ortigão; no superior, Oliveira Martins) e, um pouco acima, Ficalho. As refeições tinham lugar em locais públicos ou

---

[413] F. A. Oliveira Martins, *Correspondência de J. P. Oliveira Martins, op. cit.* Nem todas as cartas estão datadas. Esta, que aparece transcrita nas pp. 247-9, tem apenas a indicação 26.1. Parece ser de 1893.

em casa dos mais abastados, como o conde de Arnoso, Carlos Mayer ou Lobo d'Ávila. A idéia dos jantares parece ter partido de Ramalho, que, evidentemente, a importara de Paris. Um dia, lia ele, alto, a alguns amigos, um texto do livro *La vie a Paris,* de Jules Claretie, onde se relatava a existência de tertúlias artísticas, quando, ao mencionar *"les uns glorieux, les autres battus de la vie"*, Oliveira Martins o obrigou a parar, tendo declarado, radiante, *"Battus de la vie! (...) Eis afinal o que todos nós somos, vencidos da vida"*.[414] Tinham arranjado um cognome.

Mas quem era esta gente? O mentor intelectual do grupo era, sem dúvida, Oliveira Martins. Tinha, na época, 43 anos. Sua vida não fora fácil. Filho de um oficial da Junta de Crédito Público, ficara órfão aos 13 anos. Com sete filhos menores para educar, a mãe precisara do seu auxílio para alimentar a família, pelo que ele fora obrigado a interromper os estudos, indo trabalhar como empregado de comércio. O fato traumatizou-o. Sabia-se intelectualmente dotado e socialmente superior aos colegas: afinal, pelo lado materno, descendia de um ministro de D. João VI. Aos 25 anos, era convidado para dirigir uma exploração mineira em St. Eufémia, no sul de Espanha. Alguns anos depois, administrava a Companhia de Caminhos de Ferro do Porto à Póvoa. O país dera por ele após a publicação, em 1879 e 1881, da *História de Portugal* e do *Portugal e contemporâneo*. De todos os "Vencidos", era o mais político. Em outros tempos, tinha-se candidatado ao Parlamento, pelo Partido Socialista, mas o descrédito dos resultados fê-lo considerar que, para chegar onde quer que fosse, teria de se integrar num dos partidos "rotativos". O que fez.

Mas, tudo o que conseguiu, como progressista, foi ser eleito deputado, por Viana do Castelo. Em 1887, apresentava o seu longo "Projeto de Lei sobre Fomento Rural", um documento que nem seria discutido no Parlamento. Como Eça notou, faltava-lhe qualquer coisa — falta de coragem ou orgulho desmesurado — que o inabilitava para a carreira política. Em 1888, para escândalo de muitos, aceitou um emprego bem remunerado na *régie* dos Tabacos. Casado desde os 19 anos com uma beata, não tendo filhos, precisava, mais do que outros, de quem o ouvisse. Mas, se pensou que o grupo jantante estava disposto a ser por

---

[414] Gomes Monteiro, *Vencidos da Vida*, op. cit., p. 11-13.

ele educado, enganava-se. Embora o respeitassem, os *Vencidos* não queriam transformar os jantares num mecanismo para o elevar a ministro.

Eça conhecia-o desde os tempos do "Cenáculo", mas as relações tinham sido sempre superficiais. Quando Oliveira Martins regressou a Portugal, depois da sua estada na Espanha, Eça já havia partido para Havana. Só voltaram a se encontrar durante esta estada de Eça em Lisboa. Apesar de ter temperamentos muito diferentes, tornaram-se grandes amigos. Eram ambos trabalhadores incansáveis, gostavam ambos de escrever e eram ambos cultos. Eça falava com Oliveira Martins de coisas que não podia falar com mais ninguém. E, mesmo que, por vezes, o considerasse sério demais, reconhecia nele um grande historiador. Por seu lado, Oliveira Martins tinha dificuldade em entender a genialidade do amigo. A aparente frivolidade de Eça era, para ele, incompreensível. Mas, apesar de algumas divergências, continuarão próximos até ao fim. Basta ler a maneira como, nas cartas, se dirigiam um ao outro. Para a maioria dos amigos, incluindo Ramalho, Eça assinava "Queirós"ou "Eça de Queirós". Para Oliveira Martins, muitas das suas cartas começavam por "Meu querido Joaquim Pedro"e terminavam com um "Teu do coração, José Maria". No que era retribuído.

Com apenas 28 anos, Carlos Lobo d'Ávila era o muito amado, e mimado, filho dos condes de Valbom. Formara-se brilhantemente em Direito. Em 1884, fora eleito deputado, mesmo antes de ter terminado o curso, o que não nos deve surpreender, se nos lembrarmos da historieta contada por Fialho. Um dia, o conde da Figueira teria perguntado ao menino que curso freqüentava, tendo ele respondido sem hesitar, "Pa minito".[415] Precoce em tudo, Carlos Lobo d'Ávila já escrevia, aos 16 anos, elaborados artigos para os jornais. Aos 18, redigira um livro de viagens, *Carteira de um viajante,* muito apreciado na época. Nesse mesmo ano, criticara *Os Maias.* Mas o que o interessava não era a literatura, mas a política. Em 30 de outubro, onze dias depois da ascensão de D. Carlos, escrevia, no *Repórter,* uma carta aberta ao novo rei, exortando-o a pôr termo ao parlamentarismo. Fundou um jornal, *O Tempo,* para defender estas idéias. Mas D. Carlos não o ouviu.[416] Pouco tempo depois, morreu.

---

[415]Gomes Monteiro, *Vencidos da Vida, op. cit.*, p. 151.
[416]Gomes Monteiro, *op. cit.*, pp. 181-2.

Carlos Mayer era originário de uma família francesa, que se instalara em Portugal na seqüência das Invasões Napoleônicas.[417] O pai casara com uma senhora pertencente à nobreza minhota, os Abreu Lima, o que o tornou aceito no país que os antepassados haviam saqueado. O mais novo de sete filhos, teve uma infância apaparicada. Freqüentou Coimbra, onde conheceu Eça de Queirós. A vida boêmia interessava-o infinitamente mais do que a filosofia, curso que nunca terminaria. Tentou medicina, em Lisboa, mas, mais uma vez, os estudos ficaram incompletos. A família, muito rica, optou por enviá-lo para a Universidade de Gand, na Bélgica, onde quase se formou. Preferiu voltar para Lisboa. Deslocava-se freqüentemente ao estrangeiro, de início, em viagens de lazer, e, depois, a fim de tratar de negócios da família. Era tão rico que o país acreditou que ele se correspondia com Bismarck e Sarah Bernhardt. Em Lisboa, vivia na Quinta da Cruz do Taboado, situada entre o largo do Andaluz e a antiga rua do Vale do Pereiro. Foi ali que se realizaram vários jantares dos *Vencidos*. Mayer tinha, na época, 45 anos. Os amigos criticavam-lhe o fato de ele nada fazer, mas ele preferia continuar a levar uma vida lânguida, impressionando quem o queria ouvir com a revelação dos requintes da culinária francesa, a indumentária adquirida em Londres e a última interpretação das teorias de Spencer. Sempre que Carlos Mayer ia a Paris, o que fazia com regularidade, visitava Eça. Na fotografia que existe dos dois amigos, nos jardins de Neuilly, Eça aparece, por uma vez, quase risonho.

Quer do ponto de vista social, quer ideológico, Abílio Guerra Junqueiro era diferente dos outros. Filho de um lavrador de Freixo de Espada à Cinta, terminara, em 1873, o curso de Direito em Coimbra. Durante algum tempo seguiu a carreira administrativa — foi secretário dos governos civis de Angra do Heroísmo e de Viana do Castelo — após o que, em 1878, fora eleito deputado pelo Partido Progressista. Passou a dividir a sua vida entre a cidade e o campo, dedicando-se, sempre que podia, à lavoura, nas suas terras de Trás-os-Montes. Começara como poeta ultra-romântico, inclinando-se, com o tempo, para uma poesia inspirada pelos acontecimentos políticos. Influenciado pelos *Châtiments* de Hugo, planeou

---
[417]Não tendo deixado obra, nem assumido cargos políticos, o seu nome não figura nas enciclopédias. Para a sua biografia, ver a obra escrita pela filha, Veva de Lima, *O único Vencido da Vida que também o foi da morte, op. cit.*

uma trilogia, cujo tema era a vitória da Justiça na Terra. *A morte de D. João*, publicada em 1874, teve êxito, como, mais tarde, o teria *A velhice do padre Eterno*, de 1885. Quando os *Vencidos* começaram a se reunir, tinha 38 anos. Durante um jantar, na seqüência de uma "chalaça lamentável", vários elementos dos *Vencidos* zangaram-se com ele. Totalmente desiludido com o regime monárquico, viria a escrever o *Finis Patria* (1890) e *Pátria* (1896), dois virulentos ataques ao rei.

Com 36 anos, Antônio Cândido (Ribeiro da Costa), pertencia à ala mais jovem do grupo. Doutorado em Direito e Teologia, ficara conhecido, em Coimbra, como um grande orador sagrado, dotes que aproveitaria no Parlamento, onde adquiriu a alcunha de "Águia do Marão". Era, desde 1886, deputado progressista, mas partilhara as idéias dos proponentes da "Vida Nova".

Pela natureza de seu trabalho — era diplomata — Luís Maria Pinto de Soveral era um dos convivas menos presentes. Ocupava, à data, o lugar de primeiro secretário da Embaixada em Roma. Tinha 35 anos. Diplomara-se na Bélgica, após uns vagos estudos no Porto. Em Londres, viria a tornar-se amigo íntimo do príncipe de Gales. Era o mais sociável de todos os *Vencidos*.

Do grupo, faziam ainda parte três aristocratas. O 3º conde de Ficalho pertencia à mais antiga nobreza do Reino, o que o levara a ser escolhido para mordomo-mor de D. Carlos. Quando começaram os jantares dos *Vencidos*, de que se tornou uma espécie de presidente honorário, tinha 51 anos. Ao contrário dos outros, recebera uma educação científica: freqüentara a Escola Politécnica de Lisboa, por onde se formara, em 1860, e por onde, em 1864, fora nomeado lente. Casara, em 1862, com D. Maria Pia Josefa de Meneses de Brito do Rio, dama de honra da rainha D. Maria Pia. Em 1881, fora feito par do Reino. Além de botânica, interessava-se pela história dos Descobrimentos e pelo Alentejo. Após ter escrito algumas obras apreciadas, como *A flora dos Lusíadas* ou *Garcia da Orta e o seu tempo*, publicara *Uma eleição perdida,* sobre as desventuras de um candidato às eleições no Alentejo. O conde de Sabugosa era filho dos terceiros marqueses de Sabugosa. Tinha, à época, 34 anos. Formara-se em Direito, mas nunca exercera. Casara com uma grande aristocrata (da família dos condes de Murça) e viria a ser mordomo-mor da Casa Real. Era um dos membros menos ativos do grupo. Bernardo Pindela era filho do segundo casamento do 12º senhor do morgado de Pindela. Tinha, na época, 33 anos. Foi na sua casa na Lapa que se realizou o jantar dos *Vencidos*, onde, em estudadas poses, os convivas se fizeram fotografar pelo fotógrafo Bobone. Em 1887, fora a Pequim, numa missão diplomática, como secretário do conselheiro Tomás Rosa. Foi desta viagem que teve origem a cabaia chinesa, com que Eça se passeava nos jardins de Neuilly.

Mas por que motivo passaram estas refeições à história? É verdade que o jornal *Tempo*, dirigido por Carlos Lobo d'Ávila, lhes deu, na sua seção "Vida Elegante", alguma publicidade, mas os jantares suscitaram curiosidade por envolverem gente importante que todos sabiam estar amuada com o sistema político.[418] O povo nem terá notado que eles existiam. Mas os círculos políticos seguiram-nos com atenção. Descontando o jantar fundador, que teve lugar no verão de 1888, no Tavares, eis o que temos. Em 16 de fevereiro de 1889, Bernardo Arnoso ofereceu um jantar, na sua casa da rua de S. Domingos à Lapa, onde estiveram presentes os condes de Ficalho e Sabugosa, Ramalho Ortigão, Oliveira Martins, Antônio Cândido, Carlos Mayer e Carlos Lobo d'Ávila. Em 10 de março, os mesmos reuniam-se para jantar no Hotel Bragança. Decorridos nove dias, decidiram celebrar, no mesmo hotel, a chegada, a Lisboa, de Luís de Soveral, a caminho de Londres. A 26 de março, tinha lugar o quarto jantar, com os mesmos e Eça de Queirós. Foi neste jantar que se leu um poema de Guerra Junqueiro, que estava convidado, mas não pudera ir: "E enquanto vocês (...) /Discutem (...) /O Infinito, o Governo, a Via Láctea, os Zés /Lucianos e Dias, o turbilhão de grandeza / Que vai por essa Europa fora e por essa Havaneza/ De Bismarck a Burnay, de Moser a Renan / Eu, numa santa paz ideal da Lourinhã/ Vou-me deitar cedo, e sonhar decerto, ó sonho lindo! / Que já no meu quintal tenho o ervilhar florindo."

O ritmo dos jantares acelerou-se durante a semanas seguintes. Em 29 de março, Carlos Mayer oferecia uma refeição, em sua casa, na qual compareceram todos os *Vencidos*, com a exceção de Guerra Junqueiro. Eça esteve igualmente presente. O programa foi animado. Ramalho Ortigão e Antônio Cândido tocaram rabeca, houve danças e, no final, foram ao S. Carlos, onde se cantava o *Otelo*.

---

[418] Apesar de tudo, o jornal dá menos pormenores sobre os jantares dos *Vencidos* do que sobre as festas organizadas, na mesma época, na casa de algumas figuras eminentes, como o duque de Palmela. No *Diário de Notícias*, no *Diário Popular* e em *O Século* não encontrei, tanto quanto é possível julgar, referência aos jantares.

Na semana seguinte, o jantar teve lugar no Hotel Bragança, tendo sido convidado Antônio de Serpa, chefe do Partido Regenerador, o que, como era de prever, irritou os meios progressistas. No dia seguinte, houve novo jantar, em casa de Jorge O'Neill. Faltaram Guerra Junqueiro, Arnoso e Antônio Cândido. Em 14 de maio, realizou-se outro, na casa do conde de Valbom e, no dia 17, na casa do mesmo, uma festa para festejar os 29 anos do seu filho. Foi então que se cantou um hino em honra dos *Vencidos*, com versos do conde de Sabugosa e música retirada de uma cantiga popular, a "Rosa Tirana". A letra, "Aqui estão os dez vencidos,/ Oh! Carlos!/ Tirano!/ Com presuntos escolhidos!/ Tró-la-ró, laró, laró", era infantil. À estrofe inicial, seguiam-se outras, referindo-se cada uma ao presente que os comensais ofereciam ao aniversariante. A relativa a Eça, dizia: "E o Queirós, a meiga fada,/ Oh! Carlos!/ Tirano!/ Bacalhau de cebolada,/ Tró-la-ró, laró, laró". Em 21 de maio, tinha lugar o 12º, em casa de Bernardo Arnoso. Faltaram Ficalho e Sabugosa.[419] E assim terminou a saga dos jantares dos *Vencidos*.

Durante esta estada, Eça alojara-se em casa dos pais, tentando, sem êxito, arranjar uma casa mobilada, para que Emília e os filhos, que estavam em St. Ovídio, pudessem se reunir a ele. Por falta deste tipo de habitação no mercado, acabariam por ficar todos hospedados num hotel. Mas, enquanto isto não acontecia, Eça permaneceu sozinho na capital, fato que não lhe terá desagradado. Não querendo que Emília suspeitasse do seu bom humor, enviava-lhe cartas desoladas. Em 27 de março de 1889, contava ter ido a uns jantares dos *Vencidos*, após o que ficara tão enfadado que nem desejo tinha de "ir a parte alguma e sentindo vivamente a tua falta e dos meninos". Com o óbvio intuito de afastar recriminações, dizia-lhe: "A primeira novidade de ver os amigos já passou e principio a sentir-me só. Não há sobretudo nada que fazer à noite. Ninguém recebe; S. Carlos não me distrai; em minha casa [na dos pais] têm sono muito cedo; de clubes, não sou sócio, de sorte que *je m'énnuie*."[420] No dia seguinte, falava-lhe na

---

[419] Gomes Monteiro, *Vencidos da Vida, op. cit.*, pp. 176-181. Nada se sabe quanto aos 10º e 11º jantares. Nos anos subseqüentes, estes amigos jantavam juntos uma vez por outra, mantendo, por graça, a designação de "Vencidos". Em 27 de agosto de 1889, Eça contava, de Paris, a Oliveira Martins que fizera, com Luís de Soveral, um jantar de "Vencidos", com bacalhau, na Maison d'Or, após o que tinham ido, com o príncipe D. Carlos, visitar a Torre Eiffel. G. Castilho (org.), *Eça de Queirós: correspondência, op. cit.*, I, p. 624.
[420] G. de Castilho (org.), *Eça de Queirós, correspondência, op. cit.*, vol. I, pp. 581-3.

fama dos *Vencidos*: "Desde o jantar dos *Vencidos*, pela minha chegada, este grupo literário está muito na moda e na celebridade. Os jornais ocupam-se imenso dele. Hoje, o *Tempo* dedica-lhe o seu artigo de fundo. Manda comprar que tem graça." Informava-a de que, nesse próprio dia, iria a outro jantar, em casa de Carlos Mayer. "Mas andamos todos sensabores", acrescentava, "e estes jantares ressentem-se disso."[421] Eça não queria visivelmente inquietar Emília.

Tinha razão. Em 24 de março, ou seja, mesmo antes de ter lugar o primeiro jantar a que Eça compareceu, já ela lhe dizia: "Já te lançaste nos braços dos teus amigos, os *Vencidos*? Por quem és, não lhes tomes os ares..." No dia 31, voltava ao assunto: "Li o telegrama do Junqueiro, que achei muito engraçado, de resto o barulho das vitórias dos *Vencidos* morrem às portas de St. Ovídio, é campestre demais e primitivo demais para se interessar pelo que vai pelo mundo, não se recebe o *Tempo* e como ele se não vende avulso, nada tenho sabido das vossas glórias, o Luís Cipriano [Luís de Magalhães] prometeu mandar-me hoje o número de que falas."[422] Emília reagia como uma aristocrata alheia às intrigas da corte.

O grupo irritou os portugueses para além do que seria previsível. Inevitavelmente, o primeiro a atacá-lo foi Pinheiro Chagas, no *Correio da Manhã*, jornal de que era diretor. Em 28 de março de 1889, escrevia: "O que nos custa a compreender é que um excesso de modéstia leve alguns destes vencedores a chamarem-se *vencidos*. (...) Assim vejamos como estes *vencidos* o são e porque é que o são." Em meia dúzia de linhas, Pinheiro Chagas analisava a biografia de cada um dos membros. Excetuando o que escrevia sobre Carlos Mayer, Oliveira Martins e Eça, o artigo era pouco interessante. Sobre o primeiro, dizia: "O único em que o adjetivo assenta que nem uma carapuça. Não acredita na clínica, nem na vida, nem no talento do Sr. ministro da Guerra, nem na finura do Sr. José Luciano e cremos que nem mesmo no espírito que desbarata em cem ditos por dia. Um verdadeiro *vencido* que também é sinônimo de descrente." Sobre Oliveira Martins era mais duro: "É verdade: *vencido* e bem *vencido*. Vencido depois de ser vencedor, o que é a pior

---
[421]*Ibidem*, pp. 585-6.
[422]Campos Matos (org.), *Eça de Queiroz e Emília de Castro, correspondência epistolar, op. cit.*, pp. 164 e 174.

das derrotas. Pelos seus livros, foi empurrado para a celebridade. Depois disso, foi empurrado pelo Mariano para a *régie*. Vencido pelo vencimento! Este deve ser o diretor da *troupe*." Sobre Eça, era contido: "No consulado de Paris *venceu*, como vencera nos romances. Fazemos votos para que lhe aconteça o mesmo com a Revista. Em todo o caso, chamarem-lhe *vencido* antes de ela aparecer, mau gosto e... mau sinal."[423]

Como já sucedera quando das Conferências do Cassino, Eça foi escolhido para responder ao ataque. Num artigo, publicado anonimamente no *Tempo*, em 29 de março de 1889, Eça começava por estranhar que o *Correio da Manhã*, ao fazer o retrato individual de cada um dos *Vencidos*, se dispusesse a divulgar os jantares: "Pode parecer talvez estranho que esta ressoante publicidade assim magoe os derrotados. Não permitem eles que hebdomariamente as gazetas anunciem a sua reunião em torno da mesa festiva? É verdade. Mas se o fazem é para que a opinião se não possa, de modo algum, equivocar sobre o motivo íntimo que todas as semanas os arranca dos seus buracos, para os juntar num gabinete de restaurante, no isolamento sumptuoso de quatro cortinas de repes." Continuava: "Homens que assim se reúnem poderiam logo, neste nosso bem amado país, ser suspeitados de constituir um sindicato, uma filarmônica ou um partido. Tais suposições seriam desagradáveis a quem se honra de costumes comedidos; o respeito próprio obriga-os a especificar bem claramente, em locais, que, se em certo dia se congregam, é apenas para destapar a terrina da sopa e trocar algumas considerações amargas sobre o *colares*. De resto, o sussurro atônito que de cada vez levantam estas refeições não é obra sua, mas da sociedade que, com tanto interesse, os espreita. Eles comem, a sociedade, estupefata, murmura." Continuava: "O que é, portanto, estranho, não é o grupo dos *Vencidos*, o que é estranho é uma sociedade de tal forma constituída que, no seu seio, assume as proporções dum escândalo histórico, o delírio de 11 sujeitos que uma vez por semana se alimentam. O que, de resto, parece irritar o nosso caro *Correio da Manhã* é que se chamam *Vencidos* àqueles que, para todos os efeitos públicos, parecem realmente *vencedores*." Eça argumentava, em seguida, que o ser vencido ou derrotado na vida dependia não da realidade

---
[423]*Correio da Manhã*, 28.3.1889.

aparente, mas do ideal a que se tinha aspirado. Dava exemplos: "Se um sujeito largou pela existência fora com o ideal supremo de ser oficial de cabeleireiro, este benemérito é um *vencedor*, um grande *vencedor,* desde que consegue ter nas mãos uma gaforina e a tesoura para a tosquiar, embora atravesse pelo Chiado cabisbaixo e de botas cambadas. Por outro lado, se um sujeito, aí pelos vinte anos, quando se escolhe uma carreira, decidiu ser um milionário, um poeta sublime, um general invencível, um dominador de homens (ou de mulheres, segundo as circunstâncias), e se, apesar de todos os esforços e empurrões para diante, fica a meio caminho do milhão, do poema ou do penacho, ele é para todos os efeitos um vencido, um morto da vida, embora se pavoneie por essa Baixa, amortalhado numa sobrecasaca do Poole e conservando no chapéu o lustre da resignação."[424] Apesar desta ladainha, Eça sabia perfeitamente que, entre eles, havia quem quisesse governar o país.

Em abril, Eça estava de volta a Paris. Em 19 de outubro de 1889, morria o rei D. Luís. O novo monarca, D. Carlos, queria continuar a governar como o pai, isto é, respeitando, tanto quanto possível, o que a Carta de 1826 consagrava. Desfeitas as ilusões, acabaram-se os *Vencidos*. Mas não sem que, pelo meio, tivessem dado origem a ridículas polêmicas. Em *Os Gatos,* eis o que, em longa nota de pé de página, dizia Fialho de Almeida: "Dúzia e meia de ratões que se ajuntaram para envelhecer, suportando uma vez por semana a sensaboria dos vinhos do *Bragança* e a chateza deprimente dos *menus*. À sobremesa, habitualmente, os vencidos da vida dizem mal, com mais ou menos verve, o que é uma vingança lícita, na boca de indivíduos de quem se tem dito mal, sem verve nenhuma. Um terço é célebre, o outro dá-se ares de o ser e enfim o último terço faz um fundo de comparsaria pagante, destinado a fazer valer o talento, *maquillé,* dos outros dois. (...) Que os vencidos da vida jantem em paz. E se a obscuridade os consola das amarguras sofridas na via pública, fiquemos nisto, a história nem sempre fixa os nomes dos que bebem champanhe."[425] Nos meios jornalísticos, a irritação foi tal que surgiram três peças de teatro — de Abel Botelho, Barros Lobo e J. Marques da Costa — tão violentas que uma delas acabou por ser reti-

---

[424]*O Tempo,* 29.3.1889, *in Obras de Eça de Queirós, op. cit.,* vol. 3, pp. 917-8.
[425]Fialho de Almeida, *Os Gatos, op. cit.,* pp. 71-3.

rada de cena.[426] Os *Vencidos* tinham conseguido ser odiados. Mas não por muito tempo. Em breve, ninguém mais falava do grupinho. Até que, já neste século, voltaram à ribalta pela mão dos salazaristas, que evidentemente apreciaram o ódio revelado por eles em relação aos partidos.[427] Os *Vencidos* foram então vistos como inocentes castrados pelos políticos. Nada poderia estar mais longe da verdade.

---

[426]A peça de Abel Botelho "Os Vencidos da Vida" apareceu sob o pseudônimo de Abel Acácio. Estreada em 22 de maio de 1892, foi proibida pela Comissão de Censura Teatral a 5 de abril do mesmo ano. Não encontrei na BN qualquer destas peças.
[427]Nos meios de esquerda, a interpretação a dar ao "vencidismo" ainda suscitava discussões nos anos 1930. Em 1937, nas páginas de *O Diabo*, um jornal de tendência comunista, dois intelectuais conhecidos, M. Rodrigues Lapa e Sílvio Lima, debateram longamente se os Vencidos eram traidores ou vítimas. Ver *O Diabo*, 7.2.1937 e 21.2.1937.

20

O Ultimato na *Revista de Portugal*

Quando, na primavera de 1889, Eça voltou de Portugal, começou imediatamente a trabalhar na revista que pensara fundar. Os seus afazeres como cônsul eram menores, o que lhe deixava bastante tempo livre. Para os assuntos importantes, existia o embaixador; para os outros, os funcionários estacionados junto dos portos. Aliás, o seu zelo de diplomata estava em declínio. Durante a sua estada em Paris, Eça apenas enviou 14 cartas para o Ministério, quase todas redigidas pelo amanuense. Com a sua assinatura, apenas temos um relatório, sobre o comércio luso-francês, datado de 12 de novembro de 1899.[428]

Eça queria formar, à sua volta, um escol capaz de impressionar o país, objetivo que, inicialmente, se traduziu num texto de apresentação megalômano. Aí dizia ser sua intenção fundar um "órgão dos nossos interesses perante a Europa, porque uma parte destinada a essa função seria em francês e, por engenhoso sistema, a revista penetraria em todas as chancelarias da Europa e nos gabinetes de todos os homens importantes, desde Bismarck ao Papa".[429] Informava, em seguida, que a revista se dividiria em 12 seções: romances, trabalhos de investigação histórica, poemas, ensaios de Filosofia, crítica literária, traduções de obras estrangeiras, crônicas sobre política, análise da situação financeira etc.[430]

---
[428]A. Freeland, *O leitor e a verdade oculta: ensaio sobre Os Maias, op. cit.*, pp. 115-148.
[429]Carta a Oliveira Martins, de 15.8.1888, *in* G. de Castilho (org.), *Eça de Queirós: correspondência, op. cit.*, vol. I, p. 509.
[430]*Obras de Eça de Queiroz, op. cit.*, vol. 4, pp. 1.013-19.

A realidade obrigou evidentemente Eça a mudar de rumo. Teve logo de desistir da idéia de imprimir a revista em Paris. Optou então por o fazer no Porto, tendo, para o efeito, assinado um contrato com Lugan & Genelioux, os herdeiros da Casa Chardron. Eça dedicou semanas a estudar orçamentos, a selecionar papéis, a analisar formatos. Mas sabia que o mais difícil seria arranjar colaboração. Durante o outono de 1888, escreveu dezenas de cartas a amigos e inimigos. Até a Camilo, pediu que escrevesse um artigo. Em 18 de novembro, Eça explicava-lhe que "... a *Revista de Portugal* aspira a reunir na sua colaboração todos aqueles que, entre nós, superiormente valem pela vastidão da cultura geral, pela especialidade do saber ou pelas altas faculdades criadoras. Ora, se a um tal rol de colaboradores, numa *Revista* portuguesa, faltasse o nome glorioso de V. Excia., esse rol ficaria inteiramente incompleto com uma lacuna que muito lhe faria perder da sua importância e do seu brilho". Sofrendo já da depressão que o conduziria ao suicídio, Camilo não lhe respondeu.

Se a reação de Camilo não espanta, o mesmo se não pode dizer do que aconteceu com alguns dos seus amigos. Amuado por Eça não tê-lo convidado em primeiro lugar, Ramalho anunciou-lhe estar, também ele, pensando em lançar uma revista, mas destinada ao público da América Latina. Nesta fase, Eça estava plenamente convencido de que arranjaria os três mil assinantes, número que Genelioux lhe explicara ser o mínimo para que a publicação fosse viável. Decidiu, assim, adotar um ar superior, explicando a Ramalho que se metera neste empreendimento não por dinheiro, mas para que, em Portugal, existisse "um jornal decente onde decentemente digam o que pensam" os melhores escritores do país. Ramalho percebeu que Eça tinha ficado magoado e, numa carta posterior, tentou desfazer o "equívoco". Eça dir-lhe-á, em 19 de dezembro de 1888, que admitia ser possível que a revista tivesse dificuldade em encontrar um público, mas era assim que a sonhara e era assim que a faria. Segundo ele, o principal problema nem residia no público, mas na angariação de colaboradores: "Não somente os colaboradores são poucos e são indolentes, mas quase todos, quando fecundos, têm apenas um artigo no crânio."

O primeiro número da *Revista de Portugal*, que saiu em julho de 1889, vendeu os esperados três mil exemplares. Abria com um artigo de um jovem de 26 anos, Guilherme Moniz Barreto, sobre "A Literatura Portuguesa Contemporânea". Vinham, depois, "Os Filhos de D. João I", de Oliveira Martins, seguido de um poema de Junqueiro, "Ideal Moderno", de um conto de Fialho de Almeida, "O Caixão", e de "Touradas em Portugal", do conde de Sabugosa, terminando com uma Crônica Política Internacional e um Boletim Bibliográfico. Eça abria a porta a pessoas ideológica e artisticamente muito diferentes. Comparem-se as páginas de Fialho de Almeida, "Fomos achá-lo uma manhã morto na cama, sobre um vômito de sangue e de aguardente", e as de Sabugosa, "Corria o ano de 1575. Meava-se o mês de Abril e ainda el-rei D. Sebastião se demorava em Évora, triste pela morte de seu mentor Luís Gonçalves da Câmara".[431] Como a revista era uma novidade, bastante gente comprou este número.

As vendas seguintes, contudo, não chegaram aos mil exemplares. Pior: as colaborações começaram logo a falhar. Em julho de 1889, Antônio Enes, que aceitara redigir uma "crônica política", escrevia a Eça, invocando que a política estava "uma tal sórdida vergonha" que não lhe agradava falar sobre ela. Durante a Exposição Internacional, quando estiveram em Paris alguns dos seus amigos, Eça insistiu para que lhe enviassem textos. Todos prometeram; quase todos falharam.[432] Seu mais importante colaborador acabou por ser Oliveira Martins, o qual ali publicou "Os Filhos de D. João I", uma obra em prosa rebuscada, na qual ele pretendia ressuscitar os tempos áureos da dinastia de Avis. Sem artigos, Eça teve de se multiplicar. Além de "As Cartas de Fradique Mendes", publicou a tradução (ou revisão da tradução) de "As Minas de Salomão", de H. Rider Haggard (de 1885),[433] várias notas políticas assinadas sob o pseudônimo de João Gomes, e artigos sobre a conjuntura política.[434] Teve, freqüentemente, de preencher falhas. Foi o que aconteceu, em novembro de 1889, quando foi forçado a escre-

---

[431]Em 21 de julho de 1889, Eça escrevia o seguinte a Sabugosa: "A novela histórica é um gênero abominável, mas a monografia histórica, tratada como a sua 'Tourada de Xabregas' (...) é um gênero encantador." Era uma forma indireta de lhe solicitar mais contos sobre a vida da corte.
[432]Em meio à visita à casa-museu de Victor Hugo, Eça relembrou a Batalha Reis o seu prometido artigo, sobre "Portugal em África". Mais tarde, Batalha Reis enviar-lhe-ia um artigo, mas não sobre este assunto.
[433]Eça não queria que se soubesse que a tradução era sua. Em 16 de outubro de 1889, pedia a Silva Gaio para introduzir uma nota, explicitando não ser ele o tradutor, mas apenas a pessoa que revira a tradução. Durante muito tempo, pensou-se que o trabalho inicial fora feito pela cunhada Benedita, tendo ele apenas revisto a tradução, mas, com base na elevada qualidade do trabalho, Da Cal refuta esta hipótese.
[434]Eça publicaria três "Notas do Mês", todas sob pseudônimo. A primeira, no vol. I, nº 5, é variada (versa sobre as eleições em França, as greves na Inglaterra, a política portuguesa), a segunda, no vol. I, nº 6, aborda a "Revolução do Brasil" e a terceira, no vol. II, nº 2, trata do "Ultimato".

ver, às pressas, o artigo sobre a ascensão ao trono de D. Carlos, que Carlos Lobo d'Ávila lhe tinha prometido mas não lhe enviou. Saiu um ensaio ridículo, incorporando algumas idéias de Oliveira Martins: "Começa este Reinado no momento em que, pela dispersa hesitação das inteligências, pelo incurável enfraquecimento das vontades, pela desorganização dos Partidos, pela inércia das classes, o rei surge como a única força que no país ainda vive e opera. É por isso mesmo que a autoridade vital, que, desde 1820, se escoara do trono e se espalhara pelas instituições democráticas e pelos corpos que a encarnam, parece refluir ao trono para nele se condensar de novo."[435]

Nas "Notas do Mês" deste mesmo número — o n.º 5 do vol. I — Eça abordava a crise em Portugal. Apesar de conhecer o presidente do Conselho desde a infância, não era gentil com José Luciano de Castro, nem, sobretudo, com o sistema político: "Uma maioria nomeada pelo governo e que passivamente obedece às instruções do governo; um governo organizado por um Chefe e que fielmente segue as instruções desse Chefe, eis o nosso estado político atual, que não difere muito, na sua essência, do que caracterizou os reinados dos avós do nosso Rei. Um Chefe de partido, entre nós, tendo a confiança da Coroa, é um verdadeiro ditador e o nosso regime uma ditadura real, exercendo-se dentro dum constitucionalismo fictício." Segundo Eça, o regime devia ser reformado.

Apesar da dificuldade em obter colaboradores regulares, Eça conseguiu que muita gente escrevesse para a *Revista de Portugal*. A lista vai dos intelectuais que ele conhecera em Coimbra, como o positivista Teófilo Braga, o qual, em vários números, apresentou "A Epopéia da Humanidade", a aristocratas, como Bernardo Pindela, que publicou uma "Excursão à Grande Muralha da China", a brasileiros, como Eduardo Prado, que escreveu sobre os "Destinos Políticos do Brasil", a Luís de Magalhães, que ali publicou "A Corista", a Ramalho, que condescendeu em escrever "O Quadro Social da Revolução Brasileira", e a Antero de Quental, que redigiu um artigo intitulado "Tendências Gerais da Filosofia na

---

[435] Eça planejara publicar três artigos, um, de ocasião, sobre a morte D. Luís, escrito por ele, outro, sobre D. Carlos, que pediria a Lobo d'Ávila, e um outro, que deveria ser um estudo histórico sobre o rei defunto, que ficaria a cargo de Oliveira Martins. Nada disto se concretizou. Só o dele, Eça, sairia, tendo sido incluído em *Cartas inéditas de Fradique Mendes e mais páginas esquecidas, in Obras de Eça de Queiroz, op. cit.*, vol. 3, pp. 928-30.

Segunda Metade do Século XIX". Eça juntou, nesta sua publicação, positivistas ardentes e poetas decadentistas, aristocratas pretensiosos e naturalistas assumidos, historiadores famosos e contistas desconhecidos.

Mas a revista era demasiado pretensiosa para poder ser apreciada por um público amplo. Com o número de julho de 1890, de que apenas venderam cerca de setecentos exemplares, terminava a sua primeira fase. Reapareceria em outubro, com uma nota editorial, em que Eça reconhecia ser forçado a aliviar o tom. No fim, não aliviou nada. Não admira que, em junho de 1891, a publicação de novo entrasse em crise. A *Revista de Portugal* voltaria a sair em dezembro, sendo publicada até maio de 1892, data em que é extinta. Ao todo, tinham saído 24 números. Além de outros problemas, havia o da direção. Eça convencera-se de que, com bons secretários — desempenharam esse cargo M. Silva Gaio, Luís de Magalhães e Rocha Peixoto —, poderia dirigir a revista de longe. Como é óbvio, o esquema não funcionou.

Aos 47 anos, Eça assistia ao naufrágio de um dos seus mais antigos planos. Os portugueses gostavam de rir dos políticos, como o provava o êxito de *As Farpas*, não de receber lições sobre Kant. Estranhamente, Eça não desistiu da idéia. Dois anos depois, escrevia a Alberto de Oliveira: "Eu continuo a crer numa *Revista* em Portugal: o que ainda não pude discernir nitidamente é que espécie de revista o público deseja. Quando se anunciou a *Revista de Portugal,* o público correu a ela e do primeiro número comprou 3.000 exemplares, o que lhe garantia uma vida larga. Dois ou três meses depois, comprava apenas de 800 a 1.000 exemplares. Logo, tivera uma desilusão e não era aquela a revista que apetecia." Eça tentava encontrar as razões do insucesso: "Creio que a achava pesada, doutrinária, com artigos muito longos, sem modernidade, sem atualidade, e em geral maçadora: creio que a achava cara por 500 réis; e creio ainda que a achava espaçada demais, isto é, que se não interessava por uma publicação que, mesmo quando escrupulosamente regular, só aparecia uma vez por mês." Daqui partia para um novo sonho: "A ser isto verdade, o que o público pois aceitaria seria uma espécie de *magazine*, ligeiro, fácil, variado, com romances, versos, viagens, memórias, fantasias, alguma coisa no gênero de certas revistas de família inglesas, sem excluir, está claro, os estudos de alta crítica, história e mesmo filosofia: esta revista de 70 páginas não deveria custar mais de 200 réis e apareceria duas vezes por mês.(...) Em todo o caso, se o meu amigo está decidido a tentar a aventura como Secretário, eu estou pronto a recomeçar como Diretor."[436] Mas o *Serão*, o título proposto, não veria a luz do dia. Entre aquilo que Eça queria oferecer e o que o público desejava havia um abismo.

Se outras razões não houvesse, a *Revista de Portugal* justificaria a sua existência pelos textos que, para ela, Eça escreveu sobre o Ultimato inglês. De certa forma, a nota de Salisbury era a catástrofe que, há anos, ele esperava. Mas, antes de analisarmos os seus artigos, vale a pena recordar os fatos. Em 7 de janeiro de 1890, o *Times* publicara um artigo sobre o litígio, que opunha, em África, Portugal e Inglaterra. As atenções concentravam-se na expedição de Serpa Pinto na costa oriental. No dia 8, o *Pall Mall Gazette*, porta-voz dos interesses imperialistas ingleses, incitava o governo de Salisbury a atacar Lourenço Marques. Em Portugal, o governo de José Luciano se reuniu em caráter de emergência. As notícias que chegavam a Lisboa eram cada vez mais alarmantes. Em Zanzibar, tinham aportado os cruzadores ingleses *Calliope* e *Satellite*, constando que, em breve, ali chegariam reforços. No dia 12, José Luciano de Castro recebia uma nota de Salisbury, na qual este lhe comunicava que, ou o governo português satisfazia, em vinte e quatro horas, o que o governo britânico exigia — a retirada das forças militares do Chire e das regiões habitadas pelos macololos e os machonas — ou o representante diplomático inglês deixaria Lisboa. Reunida em Gibraltar, a esquadra inglesa lembrava, a quem o tivesse esquecido, o poderio da Velha Aliada.

No dia seguinte, era divulgado o conteúdo da carta entregue pelo embaixador britânico, *Sir* George Petre, ao ministro dos Negócios Estrangeiros. Sem outra hipótese, o governo português cedeu. Logo que a notícia se divulgou, "a raça dos Albuquerque" ergueu-se, aos berros, contra os "piratas ingleses". Da casa do cônsul inglês, era arrancado o emblema britânico, enquanto a residência do ministro dos Negócios Estrangeiros, Barros Gomes, era apedrejada. A fim de vaiar os "traidores", mais de 15 mil pessoas dirigiram-se para as Cortes. Nos dias seguintes, os sinais de indignação foram crescendo. Lojas da Baixa ostentavam letreiros com os seguintes dizeres: "Não se compra nem se vende a ingle-

---

[436]G. de Castilho (org.), *Eça de Queirós: correspondência, op. cit.*, vol. II, pp. 331-3.

ses." Um fabricante de bolinhos de coco deixou de os fabricar por se chamarem *christies*. Os donos dos hotéis recusavam-se a receber visitantes britânicos. A estátua de Camões apareceu coberta de crepes negros. O duque de Palmela devolveu as suas condecorações britânicas e cedeu um ano de rendimento, da sua riquíssima casa agrícola, para os fundos que estavam sendo organizados com vistas à aquisição de um couraçado. O conde de Burnay mandou regressar a Lisboa os dois filhos que tinha a estudar em Londres. Finalmente, ouviu-se cantar, pela primeira vez, a canção que, depois da implantação da República, viria a ser o hino nacional: "Às armas, às armas..." Entre janeiro e março de 1890, formaram-se, em todo o país, dezenas de comissões patrióticas.

O primeiro artigo de Eça saiu em fevereiro de 1890, como uma "Nota do Mês".[437] Começava da seguinte forma: "Durante o desagradável mês de Janeiro, Portugal atravessou uma crise, que é incontestavelmente a mais severa, talvez a mais decisiva, que esta geração tem afrontado." Depois de um parágrafo, em que Eça parecia entusiasmado com a reação dos portugueses, surgiam reticências: "Mas todavia, por ora, não há nele [movimento contra a carta do embaixador] senão os sintomas materiais da vida. É o respirar, o mover, o palpitar, o falar dum corpo que muitos julgavam morto, gelado, fácil de pisar, e talvez de retalhar. E resta agora saber em que séria e útil ocupação, em que fim de alto patriotismo, se vai empregar essa vida que tão inesperadamente o país em si surpreende e que tão dispersamente manifesta na primeira e imensa alegria de a sentir correr, quente e forte, nas veias." Segundo ele, quando homens respeitáveis devolviam à Embaixada da Inglaterra medalhas ganhas ao seu serviço ou se demitiam de empregos remunerados por companhias inglesas, estava-se diante de atos sérios.[438] Quando, porém, os professores dos liceus reclamavam como defesa nacional que se eliminasse a língua inglesa do ensino das línguas vivas, estaríamos diante não de um ato de patriotismo, mas de idiotice.

O país, reconhecia Eça, unira-se. A questão era saber em que direção. A idéia de *fazer mal à Inglaterra,* alertava, não era uma boa estratégia: "Quando tivermos acumulado sobre a Inglaterra todos os vocábulos afrontosos do nosso dicioná-

---

[437]*Revista de Portugal*, vol. II, n° 2.
[438]Sua sogra, a condessa de Resende, devolvera as medalhas concedidas a seu marido, Antônio Benedito de Castro (1821-1863), pela Inglaterra.

rio; quando tivermos penetrado o coração dos nossos filhos dum ódio tão complexo à Inglaterra que eles não possam encontrar um volume de Shakespeare sem empalidecer de furor; quando tivermos retirado totalmente a nossa freguesia às carvoeiras de Cardife ou aos teares do Lancashire, estará realizado o fim imenso duma nação que, abalada por uma crise brutal, desperta, se ergue e desesperadamente afirma que vive e que quer viver?" Ele próprio dava a resposta: "Ou muito erramos, ou esse fim, longe de obtido, está perdido." Eça lembrava que criticar os defeitos dos ingleses era de nenhuma utilidade, pois isso, ninguém, melhor do que os próprios, o sabia fazer: "Ora a desforra consiste em derrotar quem nos derrotou, humilhar quem nos humilhou. E que esperança pode ter este frágil reino de abater o mais forte dos impérios, dura ressurreição do duro Império Romano?" Desaconselhava, portanto, o boicote aos produtos ingleses: "A Inglaterra é uma imensa loja. Nós somos dos seus mais antigos fregueses. A prosperidade de uma loja depende da sua freguesia: retirando portanto a nossa freguesia à Inglaterra, comprometemos a sua prosperidade. É perfeito. Resta averiguar se é eficaz." Não o era, "porque ao fim de um tempo, para a Inglaterra, não será sensível a conta do seu prejuízo, enquanto que para nós montará pavorosamente a conta do nosso dano. (...) E há mais: assim como não queremos comprar nada aos ingleses, nada lhes queremos também vender. Ora, o inglês é o nosso maior freguês: e não teremos, pois, de ora em diante, quem nos consuma na sua quase totalidade o nosso vinho do Porto, os nossos minérios, as nossas frutas, o nosso sal, a nossa cortiça."

Estes argumentos destinavam-se a demonstrar que o importante não era *"fazer mal à Inglaterra"*, mas *"fazer bem a Portugal"*. Porque se não tratava, como dizia, de destruir a Inglaterra — empreendimento para o qual não tínhamos meios —, mas de conservar Portugal. Eça esperava, contra todas as expectativas, que os portugueses aproveitassem o susto para se tornarem mais produtivos, voltando à velha idéia de que deveríamos criar riqueza, o que só se conseguia, trabalhando. Mas o que mais feria a sensibilidade de Eça era a retórica e os gestos românticos: "Assim julgamos que devia ser utilizada e regularizada essa bela efervescência de vida, que se denomina 'movimento nacional'. Porque, de resto, bradar nas ruas contra a Inglaterra, elaborar manifestos, fundar comissões, agitar archotes, desfraldar bandeiras, abater tabuletas, não nos parecem na verdade os modos dum povo que, sob o impulso do patriotismo, se prepara para a regeneração: antes se nos afiguram os modos de um povo que, através do patriotismo, se está educando para a insurreição."

Em algumas das cartas que então escreveu, era ainda mais aberto. Em 28 de janeiro de 1890, dizia a Oliveira Martins: "Por cá, graças a Deus, vamos todos melhor [tinha comunicado ter havido doenças em sua casa]. Enquanto ao País, não sei se vai melhor e o meu pesar tem sido não estar aí para conversar contigo, a sós, e portas fechadas. Estou-te a ver, na tua poltrona, de manta nos joelhos, sorrindo e esfregando devagar as mãos, como um filósofo e um velho historiador que há dois mil anos freqüenta e conhece os homens. Eu, que os não conheço tão bem como tu, ou que, como romancista, os conheço só individualmente e que, além disso, só sei do que aí se passa através do *Tempo* e das *Novidades*, fontes únicas da minha informação, não estou certo do que deva pensar desse renascimento do Patriotismo, esses gritos, esses crepes sobre a face de Camões, esses apelos às Academias do mundo, esses renunciamentos heróicos das casimiras e do ferro forjado, essas jóias oferecidas à Pátria pelas senhoras, essas pateadas aos Burnays e Mosers, esse ressurgir de uma idéia coletiva, *toda essa barafunda sentimental e verbosa,* em que o estudante do liceu e o negociante de retalho me parecem tomar de repente o comando do velho Galeão Português. E esta carta é, quase sobretudo, para que me digas o que devo pensar, e, em três ou quatro traços, me dês *a real realidade das coisas,* como diz o nosso Fradique. O Carlos Valbom, que me escreveu há dias, afirma que isso aí está *medonho e perigoso*. A mim, não sei por que, afigura-se-me que, além disso, deve estar cômico. Esse inteligente patriotismo que leva os jornais a não quererem receber mais *periódicos ingleses* (!!), a não quererem ensinar mais o inglês, os empresários a não quererem que, nos seus teatros, entrem ingleses, os proprietários de hotéis a não quererem que nos seus quartos se alojem ingleses, parece-me uma invenção do inglês Dickens. *É de um cômico frio e fúnebre.* Por outro lado, há coisas sinceras e tocantes... *Je m'y perd.*" Indo diretamente ao que lhe importava, dizia: "Em todo o caso, parece-me que Portugal está num mau momento e — perdoa-me o jogo de palavras — seria talvez o bom momento para se fazer ouvir uma voz de bom senso e de verdade. Por que não levantas tu essa voz? Não suponhas que te venho pedir *de la copie. J' en ai.* A *Revista* está atascada de original (assim ele se imprimisse e saísse). Mas penso que, com o teu nome por baixo, ou *sem o teu nome*, uma série de artigos, que pusessem bem, claramente, o problema, era um serviço público, desses a que ninguém se pode eximir, desde que tem o dom superior de os poder prestar. (...) O país parece-me agora, neste instante, um espírito que acorda estremunhado e que olha em redor, procurando um caminho: é esse caminho que alguém lhe deve indicar. O que tu me poderás dizer é que falta um caminho aberto para mostrar-lhe e que não há senão *des culs-de-sac*, onde há o esbarrar de ventas. Mas não creio. É impossível que Portugal, agora, não tenha melhor a fazer senão ir nomear uma *maioria regeneradora*, pelo costumado processo, e depois ficar à espera que chegue o momento de nomear, pelo mesmo processo, a *maioria progressista*. Ou a minha ingenuidade é grande — ou há decerto alguns milhares de homens em Portugal que desejam outra coisa, sem saberem bem o quê."[439]

Oliveira Martins não lhe enviará o texto solicitado. Mais uma vez seria Eça a ter de escrever o que esperara de outros. Neste caso, com vantagem para nós. Em abril de 1890, publicava, sob o pseudônimo de "um espectador", um dos seus mais lúcidos textos jornalísticos, o "Novos Fatores da Política Portuguesa".[440] Eça chamava a atenção para o fato, que hoje nos parece óbvio, mas que, na época, o não era, de o Portugal de 1890 ser politicamente muito diferente do Portugal de 1889. Nascera a esperança, dizia Eça, de que "a Nação, enfim despertada do seu sono ou da sua indiferença, pronta a retomar a posse de si mesma, e certa de que a vida que vinha levando nestes últimos vinte anos a votava irrevogavelmente às humilhações e aos desastres, decidira, num ingente esforço de vontade, começar *vida nova*". Mas a realidade destruíra o sonho: "A ilusão, como dissemos, em breve se sumiu por esses ares. Poucas semanas bastaram a evidenciar que não há no país uma força latente de onde pudesse vir o movimento de reorganização nacional ou que, se a há (é sempre grato guardar uma esperança) o *ultimatum* do dia 11 e a perda de territórios maninhos de África, que quase ninguém sabia onde ficavam, não foi abalo bastante decisivo para fa-

---

[439]G. de Castilho (org.), *Eça de Queirós: correspondência, op. cit.*, vol. II, pp. 34-8.
[440]Durante anos, o texto foi atribuído erradamente a Oliveira Martins. Ver *Revista de Portugal,* vol. II, abril de dc 1890, pp. 526-541. O mesmo vem transcrito em *Obras de Eça de Queiroz, op. cit.*, vol. 4, pp. 1.022-1.034.

zer despertar e operar". Em seguida, falava do Partido Republicano. Desde 1834, argumentava que, em Portugal, existiam republicanos. Durante anos, o partido vegetara. Eis que, quando todos pensavam que a situação iria se manter, este conseguira eleger, nas eleições de março de 1890, seis deputados.[441] Eça tentava analisar a expansão: "E a sua causa tem sido simples e unicamente o descontentamento: isto é, o Partido Republicano tem-se alastrado, não porque aos espíritos democratizadores aparecesse a necessidade de implantar entre nós as instituições republicanas, como as únicas capazes de realizar certos progressos sociais, mas porque esses espíritos sentem todos os dias uma aversão maior pela política parlamentar, tal como ela se tem manifestado, com o seu cortejo de males, nestes derradeiros tempos." A parte mais importante do ensaio vinha a seguir: "O Partido Republicano em Portugal nunca apresentou um programa, nem verdadeiramente tem um programa. Mais ainda, nem o pode ter: porque todas as reformas que, como partido republicano, lhe cumpriria reclamar já foram realizadas pelo liberalismo monárquico. De sorte que se vai para a república ou se tende para ela, não por doutrinarismo, por urgência de mais liberdade e de instituições mais democráticas, mas porque numa já considerável parte do País se vai cada dia radicando mais este desejo: *antes qualquer outra coisa do que o que está!* Esta é a mais recente e desgraçada fórmula política da Nação." Eça interrogava-se sobre o que poderia ser essa "outra coisa". Para alguns, talvez fosse um governo autoritário. Eça considerava tal solução inviável.

Como se a carta do embaixador britânico não fosse suficiente para deprimir o espírito dos portugueses, surgira uma crise financeira, o que naturalmente contribuiu para aumentar, ainda mais, a agitação: "E o que torna este descontentamento político tanto mais vivo, e por assim dizer, ativo, é que ele tem o estímulo constante de um imenso descontentamento individual, nascido das dificuldades de vida que cada um experimenta. É a nossa pobreza geral que complica singularmente a nossa crise política. Em casa onde não há pão todos ralham e *todos* têm razão, porque é deste modo que o provérbio deve ser entre nós emendado." Eça via bem como a pobreza tornava difícil uma solução política:

---

[441]O sucesso nas urnas não durou: nas eleições de 1892, o número de deputados republicanos baixou para 4 e, nas de 1894, para 2.

"Ninguém vive na abundância e todos se encontram em dificuldades. Sofre o empregado pela pequenez dos ordenados; sofre o operário pela escassez dos salários; sofre o lojista pelos limitados meios de comprar de que dispõe o público; sofre o comerciante pela estagnação das transações; e sofre o agricultor pela longa crise agrícola que lhe desvaloriza a propriedade. Todos sofrem; e ainda que muitos só se deveriam queixar da sua falta de iniciativa, de persistência e mesmo de coragem civil, todos à uma se voltam contra um regimen que eles consideram como o causador de todos esses males públicos, de onde datam os seus males particulares." Estes descontentes, reconhecia, não estavam organizados. Mas até a letargia era perigosa, pois significava que ninguém levantaria um dedo para defender a monarquia.

Ora, concluía Eça, se às instituições faltava o apoio da população, o caminho lógico era pedirem estas o apoio do Exército, um fato grave, pois, a confirmar-se, as Forças Armadas seriam assediadas não apenas pelos monarquistas, mas pelos republicanos: "Em geral, desde que o regime constituído, para se manter, necessita o apoio de uma força disciplinada; e quando, por outro lado, existe um partido de revolução, que não pode tirar dos seus próprios elementos populares os meios precisos de ação, e só poderia triunfar pelo auxílio de uma força indisciplinada, o exército torna-se necessariamente o ponto para onde convergem todas as esperanças e o elemento de êxito com que contam todos os interesses políticos. (...) Pela lógica das afinidades e das ligações naturais, o partido de revolução procura atrair o sargento, que é o mesmo que conquistar o soldado; e o regime constituído procura muito justamente e com honrosa facilidade conservar fiéis os coronéis e os generais."

Eça não estava otimista quanto à sobrevivência, a longo prazo, da monarquia. Na parte final do artigo, Eça previa o que se poderia seguir: "A situação é esta. Uma parte importante da Nação perdeu totalmente a fé (com razão ou sem razão) no parlamentarismo e nas classes governamentais ou burocráticas que o encarnam; e tende, por um impulso que irresistivelmente a trabalha, a substituí-las por *outra coisa,* que ela ainda não definiu bem a si própria." Para este impasse, dizia, só existia uma saída: a revolução, feita de cima ou de baixo. Não sendo favorável à solução republicana, Eça julgava-a, contudo, a mais provável, pela simples razão de que a revolução vinda de cima não seria compreendida por um país que na concentração de força só veria a restauração do absolutismo. Afinal, nada de bom podia sair da catástrofe de 1890.

Por uma vez, não era apenas Eça que discutia a vida política em sua casa. Emília emocionou-se com as notícias que lhe iam chegando de Portugal. Irmã de quem era, tinha agora opiniões sobre a pátria, as quais, aliás, não coincidiam com as de Eça. Na primavera de 1890, quando Eça passou algumas semanas em Portugal, esta pediu-lhe veementemente para ele aderir à *Liga Patriótica*, que o seu irmão Manuel e Antero de Quental tinham fundado. Mas a idéia de passar noites preparando abaixo-assinados não atraía Eça. Além disso, logo previu o desastre da organização. Em 22 de março, sabendo da ansiedade da mulher, dizia-lhe: "O Manuel está bem e todo ocupado das coisas públicas com uma fé e uma ingenuidade que me fazem uma certa pena, porque o país está de uma podridão que nenhum esforço é capaz de purificar. O Antero esteve cá ontem à noite e não escondeu a sua descrença de tudo e sobretudo da famosa *Liga*. Mas os negócios da pátria, com franqueza, ocupam-me bem menos do que os meus."

O frio nacionalismo de Eça contrastava com o patriotismo exaltado de Emília. Quando, em maio de 1890, Emília viu, nas paredes de Paris, os cartazes afixados nas ruas contra Portugal (mandados colocar pelos credores da antiga dívida de D. Miguel), ficou tão indignada que os tentou rasgar. Numa carta de 5 de junho de 1890, ela, que raramente falava dos escritos do marido, louvava, em tons fervorosos, o artigo "Novos Fatores da Política Portuguesa". Não é difícil perceber o que a atraíra. Por uma vez presunçosa, dizia-lhe: "Gostei muito do teu artigo político, tem muita razão em tudo o que dizes; mas ri um pouco às tuas idéias ultramonárquicas! A tua *monarquice* é decerto por achares que, no dia de hoje, uma República era fatal para Portugal, *mais dans mon fort intérieur*, eu acho-te um quase, quase nada áulico. De quem será a obra? Muita razão tens em dizer que, em grande parte, o descontentamento vem da falta de pão, eu, em passando pela casa do Rotschild (sic) tenho logo opiniões políticas *rouges* e radicais — e (muito baixinho) é tudo inveja." Tentando pôr os pingos nos iis, Eça responder-lhe-á, brincando: "Não receies que eu me tenha tornado um áulico. É verdade que ainda ontem encontrei a Rainha, a quem beijei a régia pata e que foi muito amável. Mas, verdade, verdade, não estava em beleza! Só podia ser amada como princípio social."

Em 29 de abril de 1890, quando Eça anunciou a Emília que a *Liga Patriótica* se dissolvera, ela se sentiu triste. Numa carta escrita logo a seguir, comentava: "Os que não prestam, trepam e roubam, os honrados ficam em casa, ou por egoísmo ou para se não sujar, e assim vamos descendo todos os dias, faz tanta tristeza!" Sobre Oliveira Martins, partilhava a opinião do marido: "Em quem não tenho fé é no Oliveira Martins, ele falha sempre e se se meter nalguma novidade, há-de abandoná-la à última hora." Em carta anterior, Eça dissera-lhe que Oliveira Martins chegara de Madri, com "certos planos de ação que talvez nos salvassem" (*nos* quero dizer o país), antes de concluir: "Mas eu não tenho fé na energia, decisão e método do dito Oliveira Martins." Em 5 de maio de 1890, Eça contava-lhe ter ido a jantares "pacatos, quase ia a dizer filosóficos", com Oliveira Martins, Ramalho e Mayer. Andava, por essa altura, muito atarefado: "A razão é que, de dia, ando em negócios; e à noite, vou filosofar para casa de Oliveira Martins. (...) De política, tudo cada vez pior. Oliveira Martins cada vez mais pessimista; de vez em quando vai conversar com o rei; ambos eles concordam que isto é uma *choldra* e que não pode durar e, depois, muito tranquilamente, o rei vai caçar e o Oliveira Martins vem filosofar." Em 18 junho de 1890, Eça contava a Emília que, devido à política, seu irmão Manuel andava muito abatido. A única coisa que o reanimara fora a notícia de que um oficial português, na África, decidira fazer guerra aos ingleses, tendo-se revoltado à frente de dois mil negros. Contava-lhe: "O Manuel está entusiasmado com este feito, ou antes reanimado; porque tinha caído num tal estado de indiferença e desdém por tudo o que é oficial e político (e mesmo pelo país em geral) que nem os jornais lia." E comentava: "Nunca vi um tal patriota. Sofre com as coisas públicas como outros sofrem com os desgostos íntimos. Eu é que já não penso que valha a pena a gente comover-se por esta nação de Conselheiros."

Eça tentava não tomar a crise demasiado a sério, o que não o impedia de, por vezes, se sentir também ele abatido. Em 31 de março de 1890, ainda no Porto, Eça escrevia à mulher: "A capital, segundo me consta, cada dia se afirma mais como um triste centro de politiquice e de relice; e, como os meus amigos todos estão atolados até ao pescoço nessa relice e nessa *politiquice*, não me atrai a ideia de os frequentar. O próprio Oliveira Martins, esse 'filósofo', está, ao que parece, convertido num 'conselheiro'." Em 7 de abril, o tom ainda era mais triste: "Dizes bem que a Pátria me tem feito uma melancólica impressão. É verdade. Acho-a pior e mais estragada em tudo, desde o clima até ao caráter. No entanto, isto vai-se aproximando de uma crise. Creio que em breve a Política só terá dois partidos, o Conservador e o Republicano (muitos Progressistas estão-se republicanizando) e cada um deles procurará conquistar o exército que, subitamente, nestes últimos meses, tomou uma atitude nova, compreendeu a sua força e está já impondo a sua preponderância. O Rei foi hábil — chamou a si o exército, quero dizer, os oficiais superiores, a quem está enchendo de favores, de comissões, etc. Mas o soldado é republicano! Em resumo, tudo se complica. Da Inglaterra, já ninguém fala. A subscrição nacional gorou. O país inteiro readormeceu." Em 9 de maio, declarava andar nervoso: "Concorre para isso talvez a atmosfera de pessimismo em que os nosso amigos vivem. A idéia geral é que o país está na véspera da ruína. Oliveira Martins não cessa de profetizar catástrofes com voz sombria. Todas as noites é o mesmo sermão. Sai a gente de casa dele aterrado." Eça estava farto da intriga lisboeta.

Entretanto, reatara relações com Antero. Anos antes, fora visitá-lo no norte, acompanhado de Oliveira Martins. Na estação, vira, surpreendido, um Antero gordo, róseo, florido. Tinham conversado sobre o Universo. Antero continuava a levar uma vida extremamente austera. O seu único pecado era visitar Oliveira Martins, na sua casa, em Águas Férreas. Continuava a pensar que o povo português era bom e que todo o mal de Portugal provinha dos políticos. Se um "movimento reconstituidor", de que ele só queria ser "testemunha consolada", surgisse, talvez a pátria se salvasse... Nessa altura, estava interessado em redigir um pequeno catecismo, no qual explicaria, de forma clara, suas idéias. Rindo, lamentara-se de não ter discípulos, ao que Eça lhe respondera poder vir a ser um deles: "Eu sempre ardentemente me ofereci para ser o seu S. Paulo, afrontar os gentílicos, derramar o Verbo. Mas Antero receava que, como artista, eu materializasse as suas idéias em imagens — imagens floridas, cinzeladas, pitorescas e arrepiadoras portanto para quem como ele abominava o pitoresco." No fundo, era por considerar o país despreparado que Antero não sentia qualquer utilidade em publicar o seu pensamento: "Antero era como um exilado dum céu distante; era quase como um exilado no seu século."[442]

Eça descreve Antero como um homem imensamente bondoso: "Na alma de Antero, de que ele fora jardineiro cuidadoso, não restava erva má ou folha seca, nem egoísmo, nem soberba, nem intolerância, nem desdém, nem cólera." E conta-nos a última noite que passara com ele, em St. Ovídio. Antero achava agora ser inevitável que surgisse uma reação espiritualista à materialidade do século XIX, após o que começou a elogiar a vida rural, "reclamando apenas ao seu bocado de terra o seu bocado de pão". Entretiveram-se a sonhar coisas impossíveis. Antero queria formar uma organização de amigos, a *Ordem dos Mateiros*. Nessa noite, Eça e Antero descobriram, desolados, que só conseguiram arranjar três adeptos. E nem estes eram de confiança: "E eu próprio, tão delicado, reclamava já confortos, regalias estéticas e uma poltrona no deserto." No meio da conversa, aparecera o conde de Resende, que logo se ofereceu para mandar erguer o mosteiro, nas suas terras de Canelas ou de Resende. Antero achou a idéia ótima: "Mas o senhor de Resende teve exigências tão epicuristas a respeito do refeitório que, Antero, indignado, apesar da magnífica oferta, o expulsou logo da Ordem, como tinhoso, servo irremível da carne... Assim ríamos, brincando com os problemas, entre o aroma das rosas, naquela noite de Maio. Já tarde acompanhei Antero à casa que ele habitava na Rua da Cedofeita." Nunca mais o veria.

Neste texto memorialístico, Eça relata ainda a aventura da *Liga Patriótica*: "Antero acreditou então, e com deslumbrado ardor, em coisas inacreditáveis: na mocidade iniciadora; na contrição dos velhos partidos pecadores; na alma quinhentista de Portugal ressurgindo; no despertar dum povo, com a vontade bem consciente, e formulada em comícios, de ser novamente esforçado e grande!" Antero fora aclamado numa assembléia no Porto. Depois, colocaram uma bandeira de Portugal na casa onde ele estava dormindo. Eça notava o anacronismo: "Na casa em que se hospedara, tremulava sobre uma varanda o estandarte de Portugal, anunciando, à velha moda feudal, a presença do senhor da terra, de-

---

[442] Em 1888, numa carta enviada por Antero a Eça, como forma de justificar a sua recusa em colaborar na *Revista de Portugal* (posição que reveria), dizia-lhe: "Vivo como um emigrado na minha terra e creio até que no meu século." Carta publicada, em 1992, por Beatriz Berrini, no *Colóquio/Letras*, 123, 124, janeiro-junho de 1992.

fensor das gentes e dos gados." Mas o entusiasmo popular não demorou a desaparecer: "A *Liga*, que ainda mal nascera, já findava, decomposta. Tão decomposta que, dentro dela, não restava outro movimento senão o fervilhar dos vermes partidários, Regeneradores e Históricos." Quando os estatutos ficaram prontos, a *Liga* não existia mais: "... a mocidade, que fora arrancar Antero à metafísica, regressara, cansada desse esforço, às banquetas e aos *bocks* dos cafés da Praça Nova. Na sessão em que se leram os consideráveis Estatutos só havia, na vastidão dos bancos, quinze membros que bocejavam. E numa outra, final, como ventava e chovia, só apareceram dois membros da Liga, o presidente, que era Antero de Quental, e o secretário, que era o conde de Resende. Ambos se olharam pensativamente, deram duas voltas à chave da casa para sempre inútil e vieram, sob o vento e sob a chuva, acabar a noite em Santo Ovídio!"

Em 7 de outubro de 1890, numa carta a Oliveira Martins, Eça, já em Paris, mostrava-se tão desencantado com a evolução da situação que admitia a necessidade de um governo ditatorial: "Enquanto à Causa Pública, que te direi? Nada compreendo do que se está passando. O conhecimento que aí ganhei, na Primavera, dos fatores políticos não é bastante já para me explicar a anarquia atual. Deve aí haver fatores novos, novos elementos de decomposição que me escapam. Em todo o caso, não vejo senão uma solução simplista, uma Tirania. É necessário um *sabre*, tendo ao lado um *pensamento*. Tu és capaz de ser o homem que *pensa*, mas onde está o homem que *acutila*? Em antigas cavaqueiras, falamos por vezes do Rei. Mas é ele um *Homem*? Ou é ele simplesmente um *Ceptro*? A situação parece-me medonha. Não creio que haja ministério capaz de a salvar. Mesmo se tu por patriotismo entrasses num Ministério, terias tu *les coudées franches*?"[443] No final, mais uma vez lhe pedia para ele lhe mandar um artigo sobre a situação política. Não teria mais sorte do que das outras vezes.

A aceitação, por parte de Eça, de uma solução política autoritária — é bom notar que ela surge numa carta a Oliveira Martins — não durou. Em 17 de outubro de 1890, referindo-se à substituição do governo de Antônio de Serpa por um governo apartidário, chefiado pelo general João Crisóstomo, aconselhava

---

[443]Desde 14 de janeiro, o governo era presidido por Antônio de Serpa. Este viria a cair dias depois desta carta, sendo substituído pelo general João Crisóstomo. Sete meses depois, este pedia a demissão.

Oliveira Martins a manter-se distante desse *"gâchis"*. Esquecendo as ambições do amigo, sugeria-lhe que tentasse obter colocação numa embaixada: na de Bruxelas, por exemplo, onde sabia que iria ser aberta uma vaga. Dava-lhe mesmo informações: "Bruxelas vai vagar, porque o Macedo é mandado para Londres. Bruxelas não é a perfeição, mas seria apenas a transição para Berlim, donde Penafiel, por doença, quer sair. Materialmente, Berlim é excelente, à parte dois ou três meses de Inverno que, de resto, não havendo questões urgentes, tu poderias passar em Nice. Como campo de observação e de experiências, não há melhor que Berlim. E, pelo lado da Arte e da harmonia das coisas (que se deve sempre atender) a Legação de Berlim vai admiravelmente a um historiador." Imaginando a reação do amigo, acrescentava: "Não encolhas os ombros a esta sugestão: esgravata-a e suponho que lhe verás conveniências."[444] Obviamente, Oliveira Martins queria tudo, menos sair do país.

Mas, antes de abandonar a questão do patriotismo, vale a pena relembrar um artigo de Eça, muito pouco conhecido, intitulado "Fraternidade". Em maio de 1890, Eça publicara, no número único da revista *Anátema,* um ensaio sobre a gênese dos nacionalismos modernos.[445] Começava por declarar que nunca se falara tanto de "fraternidade", mas que isso mais não era do que uma forma de esconder o nascente ódio entre os povos: "De fato, porém, nunca entre as nações existiu, como neste declinar dos velhos regimes, tanta desconfiança, tanta malquerença, ódios tão intensos, apesar de tão vagos. Não se encontram hoje na Europa dois povos genuinamente fraternais: e nos países cujos interesses mais se entreligam, as almas permanecem separadas. O Alemão detesta o Russo. O Italiano abomina o Austríaco. O Dinamarquês execra o Alemão. E todos aborrecem o Inglês, que os despreza a todos." Eça argumentava que a raiva contra o estrangeiro era sobretudo visível nos estratos inferiores: "São estes antagonismos, irracionais e violentos, tanto ou mais do que as rivalidades de Estado, que forçam as nações a essa rígida atitude armada em que elas se esterilizam e se

---

[444] G. de Castilho (org.), *Eça de Queirós: correspondência, op. cit.*, vol. II, pp. 139-140.
[445] O artigo, de apenas duas páginas, foi publicado na *Anátema*, organizada a favor da Grande Subscrição Nacional. A edição da Lello dá-o como tendo sido escrito em Bristol, em 1888, o que é errado. Segundo Da Cal, o texto teria sido redigido entre 15 de janeiro e 5 de fevereiro de 1890. Saiu em maio de 1890. Foi republicado em *Últimas páginas, in Obras de Eça de Queiroz, op. cit.*, vol. 2, pp. 833-4.

enervam; e hoje, diferentemente dos tempos antigos, o amor e o cuidado da paz está nos reis e nos povos o impulso para a guerra." Na sua opinião, fora a democracia a originar este tipo de nacionalismo: "Isto provém de que o poder, ou a influência sobre o poder, passou das castas para as massas, das oligarquias para as democracias." Explicava: "Outrora, as oligarquias, tornadas 'cosmopolitas' pela educação, pelas viagens, pelas alianças, pela comunidade de hábitos e de gostos, pela similitude dos deveres da Corte, pela tolerância geral que dá a cultura e pelas especiais afinidades de espírito que criava a cultura clássica, não odiavam nunca as outras nações — porque as *outras nações* se resumiam para elas nas outras *oligarquias,* com que se sentiam congêneres em todos os modos de viver, de pensar, de representar, de governar. As democracias, ao contrário, profundamente nacionais e nunca cosmopolitas, conservando com tradicional fidelidade os seus costumes próprios e intolerantes para os costumes alheios, apenas se conhecem (através das noções duma instrução fragmentária) nas suas feições mais nacionalmente características e portanto mais irreconciliavelmente opostas: e dessas diferenças que entre si pressentem ou constatam, lhes vem por instinto um mútuo afastamento e como que uma antipatia etnográfica." Há cem anos, defendia, o operário inglês nem sabia que existiam russos. Conhecera-o, depois, pela leitura das revistas populares. Ou antes, julgou que o conhecia. A primeira coisa que lhe veio ao espírito foi suspeitar de que o russo lhe queria "roubar" a Índia. Neste artigo, Eça previa a eclosão de uma Guerra Mundial: "Por toda a parte assistimos ao desenvolvimento exaltado do indivíduo nacional e, com o advento definitivo das democracias, haverá na Europa, não a universal fraternidade que os idealistas anunciam, mas talvez um vasto conflito de povos, que se detestam porque se não compreendem, e que, pondo o seu poder ao serviço do seu instinto, correrão uns contra os outros, como outrora, nas velhas demagogias gregas, os homens de Mégaris se lançavam sobre os homens da Lacônia e toda a Ática se eriçava de armas por causa de um boi disputado no mercado de Fila ou duma bulha de rufiões nos grandes pátios da Aspásia." A contribuição de Eça para a Grande Subscrição não assumiu a forma de dinheiro, mas de análise. Se, no meio da efervescência que se vivia, esta teve alguma utilidade, já é outra questão.

Em 5 de fevereiro de 1891, Eça pedia a Oliveira Martins para lhe mandar um artigo, desta vez sobre a revolta republicana, que eclodira, no Porto, a 31 de janeiro. Ele mesmo o faria, confessava, mas, estando longe dos acontecimentos, era-lhe impossível perceber o que se passara: "É necessário que a crítica do drama seja feita por um ator, quero dizer, por alguém que habite o palco e conheça de perto os truques." Depois, informava-o: "Por aqui, a opinião geral é que esse é o começo da *débâcle*. O Governo ainda poderia afastar a hora má por algum tempo, se aproveitasse a ocasião para desorganizar inteiramente, à maneira sumária do excelente Constans, o partido republicano. Mas como naturalmente há-de tomar apenas meias medidas, inspiradas por uma meia-coragem, e executadas com uma meia-prontidão, é natural que o caso do Porto seja um *lever de rideau* e que o partido republicano, que, em Lisboa e nas cidades da província, permanece intacto e imperturbado, sem ter perdido nem um homem, nem um ceitil, nem uma ilusão, prepare para breve o *drama* a sério."[446] Quatro dias depois, Oliveira Martins dizia-lhe: "O caso do Porto não é mais do que um episódio de anarquia, já feroz, em que a soldadesca manobra às ordens de dois *chenapans* (*sic*). Nem republicanos há, porque os homens dignos de tal nome vêem para a imprensa lavar as mãos, como Pilatos, do sangue derramado no Porto. Podem acusá-los de menos coragem, mas não de falsidade, porque os demagogos nem lhes ouviram o conselho." Seu pessimismo era maior do que o de Eça: "O Exército, roído pela indisciplina, quer soldos e postos, os oficiais ineptos querem sossego e arredam-se de compromissos. Ficaram sossegadamente em casa, enquanto os soldados saíam para a rua. Como não há-de ser assim, quando o ripanço é o ideal superior das nossas classes dirigentes? Esta crise, meu caro José Maria, veio com efeito *provar que Portugal pede um tirano, mas a nossa desgraçada pátria nem tiranos produz*. Tudo é papas. Temos a consistência de alforrecas." Vaidoso, continuava: "Fartei-me de escrever enquanto era tempo, mas ninguém me deu ouvidos. Lancei-me na política e enquanto cada qual achava que devia ter procedido à maneira que lhe indicava a própria fantasia, todos se retraíam, ninguém me ajudava. (...) Agora, é tarde. A anarquia geral já arrebentou, sangrenta. A miséria bate à porta. Só por milagre, poderemos adiar as dificuldades financeiras: vencê-las, não podemos. Em Outubro (de 1890), quando foi a última crise, instaram muito comigo para entrar no governo e arranjei,

---

[446] G. de Castilho, *Eça de Queirós: correspondência, op. cit.*, vol. II, pp. 153-4.

num dia, um ministério possível. Sabes qual foi a resposta? Que era forte demais. Preferiu-se, como sempre, a pastelaria merdosa em que nos havemos de afogar e morrer." Quanto ao artigo para a *Revista de Portugal,* informava que, dado que não podia dizer publicamente o que acabava de lhe revelar, preferia abster-se.[447]

Algumas da páginas mais abatidas de Eça surgem numa carta endereçada ao conde de Arnoso em 10 de agosto desse ano. Depois de lamentar o triunfalismo dos republicanos, considerava que a Revolução estava próxima, "não um movimento de sargentos, facilmente sufocável, mas um levantamento completo das massas do povo". Seria, na sua opinião, o fim do país, dado que, perante a passividade das potências, cujo silêncio seria comprado com a dádiva de partes do Império, a Espanha invadiria Portugal. Segundo ele, a culpa era dos partidos: "E dizer que, perante estes desastres iminentes, o que ainda vive e governa Portugal, na hora de hoje, é essa mesma *Política*! Aí está o que desespera a Nação. Nos revolucionários não há, como dizem, animosidade contra El-Rei. Não há nenhuma, ao que parece, e todos, ou quase todos, lamentam a situação. Ele com efeito é de tudo inocente e sofre dos erros acumulados que lhe vieram por herança. Mas, infelizmente, o Monarca está solidário com os políticos; não quer ou não pode desembaraçar-se deles (na realidade não pode); portanto, a onda que se levantar para derrubar a *Política* tem de derrubar a Monarquia, a que eles estão colados."[448] A monarquia estava condenada.

Possivelmente, foi por esta altura que Eça escreveu *A catástrofe*, um conto que deixou inédito.[449] A ação decorre após a ocupação do país por uma potência estrangeira, que não é nomeada, a não ser como "o inimigo". O narrador, sem

---

[447] F. A. Oliveira Martins, *Correspondência de J. P. Oliveira Martins, op. cit.*, pp. 139-142.
[448] No poder, estava agora o 44º Governo Constitucional, o segundo que João Crisóstomo formara. Dele faziam parte, entre outros, Mariano de Carvalho (Fazenda e Reino), Valbom (Marinha e Estrangeiros) e João Franco (MOP). Muitas das cartas de Eça eram lidas e comentadas pelos amigos. Neste caso, uma vez que Arnoso era secretário particular do rei, é possível que Eça imaginasse que ele a mostraria a D. Carlos. Deve ter sido isso que aconteceu, uma vez que a carta foi encontrada não entre a correspondência de Arnoso, mas entre os papéis particulares do rei. Ver G. Castilho (org.), *Eça de Queirós: correspondência, op. cit.*, vol. II, pp. 170-174.
[449] Não se pode saber ao certo a data do conto, mas de tal forma ele se ajusta ao clima intelectual da época, que não hesitamos em incluí-lo aqui. Apesar de o filho mais velho do escritor considerar que a data mais provável era a de 1879, Vianna Moog defendeu, o que faz mais sentido, ter o mesmo sido escrito durante a década de 1890. Prudentemente, Guerra da Cal preferiu não datá-lo. Mas o fato de nele vir mencionado "o velho Salisbury" — que, em 1879, tinha apenas 49 anos — parece dar razão a Vianna Moog. Quando do Ultimato, o primeiro-ministro britânico tinha 60 anos, sendo possível pensar-se que Eça o tivesse então descrito como um "velho".

nome, mora defronte do Arsenal, na esquina do largo do Pelourinho, o que fazia com que todos os dias, mal abria a janela, tivesse, diante de si, a presença de uma sentinela estrangeira. Durante a primeira parte do texto, o pessimismo domina: "Foi esta sonolência lúgubre, este tédio, esta falta de decisão, de energia, esta indiferença cínica, este relaxamento da vontade, creio, que nos perderam..." O narrador conta que, na véspera da "invasão", tinha estado numa *soirée* na casa de um Nunes, situada no Rossio. Lembrava-se de que, em todos os rostos, tinha visto a "expressão desvairada de espanto e terror". Ninguém acreditava que fosse possível resistir ao invasor: "O ódio ao inimigo era violento, menos pela perda possível da Pátria livre do que pelos desastres particulares que traria a derrota: um tremia pelo seu emprego, outro, pelo juro das suas inscrições. Até aí, o Estado dera o pão ao País, e na perda do Estado, vai-se o pão de cada dia. Mas esta indignação retórica parecia esgotar toda a quantidade de patriotismo que aquelas almas eram capazes de dar. No fundo de todos eles havia a idéia da capitulação, o horror da luta, a ansiedade de ficar sem emprego, o terror de perder as inscrições!"

O conto dá, então, um salto no tempo. Eça não explica o processo, mas, um dia, Lisboa ressuscita: "Esta cidade, hoje, parece outra. Já não é aquela multidão abatida e fúnebre, apinhada no Rossio, nas vésperas da catástrofe. Hoje, vê-se nas atitudes, nos modos, uma decisão." Era assim que Eça gostaria de ter visto a capital reagir. O narrador leva, todos os dias, os filhos à janela, para neles inspirar o ódio pela sentinela estrangeira, aproveitando para lhes mostrar o caminho do futuro: "trabalhar, crer, e, sendo pequenos pelo território, sermos grandes pela atividade, pela liberdade, pela ciência, pela coragem, pela força de alma... E acostumo-os a amar a Pátria, em vez de a desprezarem, como nós fizéramos outrora. Como me lembro! Íamos para os cafés, para o Grêmio, traçar a perna e, entre duas fumaças, dizer indolentemente: — Isto é uma choldra! Isto está perdido! Isto está aqui está nas mãos dos outros!... E, em lugar de nos esforçarmos por salvar 'isto', pedíamos mais conhaque e partíamos para o lupanar." O texto termina com as famílias reunidas, colocando flores nos vasos e cantando em surdina o Hino da Carta. As últimas linhas são quase impensáveis nas mãos de Eça: "E há uma consolação, uma alegria íntima, em pensar que à mesma hora, por quase todos os prédios da cidade, a geração que se prepara está celebrando, no mistério das suas salas, dum modo quase religioso, as antigas festas da Pátria!" Afinal, foi num conto, que depois fechou numa gaveta, que Eça se libertou das pulsões suscitadas pelo Ultimato.[450]

E, um dia, em 1892, a política, de novo, passou a interessar Eça. Em 17 de janeiro, após a queda do governo presidido por João Crisóstomo, Oliveira Martins aceitava fazer parte de um Executivo, presidido por Dias Ferreira. Eça, que o conhecia, manteve-se cético. Apesar de tudo, felicitou-o: "Não temos ainda notícias oficiais, mas todos os jornais anunciam um Ministério em que tu tomas a pasta da Fazenda. Estou sinceramente cheio de esperança e de alegria. Não me alegro positivamente por ti, porque não se pode ver com prazer um amigo querido descer à Cova dos Leões, mesmo quando seja Daniel. Mas alegro-me pelo nosso pobre país e pela regeneração social e econômica a que podes deixar ligado o teu nome de pensador e de artista." Eça levantava a hipótese de que, à entrada de Oliveira Martins para o Executivo, não fosse alheia à informação de Luís de Soveral sobre a possibilidade de a banca de Londres e de Paris vir a ajudar Portugal a sair da bancarrota.[451] Mas, fossem quais fossem os condicionalismos, ele teria aceitado. Oliveira Martins ainda não tinha tomado posse e já assumia o irritante papel de mártir: "Eu, sinceramente lho afirmo", dizia a Luís de Magalhães, "considero que abdiquei hoje, de mim, do meu sossego, dos meus interesses, dos meus gostos. E faço isso, sem hesitar, nem me arrepender, porque entendo ser neste momento a obrigação de todos os portugueses fazer outro tanto." Não tinha medo das palavras: "Não se trata de gozar o poder, trata-se de lhe sofrer o martírio."[452] Oliveira Martins tinha finalmente o poder por que, ao longo de tantos anos, ansiara.

Algumas semanas depois de Oliveira Martins ter sido nomeado, Eça teve de vir a Lisboa, pelo que teve a oportunidade de acompanhar a sua atuação de perto. Em 1º de abril, influenciado pelo otimismo que invadira Oliveira Martins, dizia a Emília: "Pelo menos, o Oliveira Martins está, até certo ponto, confiado e

---

[450]O manuscrito autógrafo, sem título, é composto por 17 folhas soltas, com poucas emendas. O texto encontra-se na BN (doc. 292, cx. 9). Guerra da Cal dá o manuscrito como tendo sido totalmente escrito por Eça.
[451]G. de Castilho (org.), *Eça de Queirós: correspondência, op. cit.*, vol. II, pp. 206-209.
[452]F. A. Oliveira Martins, *Correspondência de J. P. Oliveira Martins, op. cit.*, p. 181.

justificadamente." Quem não mudara, informava-a, era a respectiva esposa: "D. Vitória continua ao seu canto, calada, com as suas contas na mão." Emília mandou-lhe uma advertência, visto Eça lhe ter relatado que, mal pusera o pé em Portugal, voltara a deitar-se tardíssimo e a comer muito: "Reprovo altamente as orgias com o ilustre Ministro da Fazenda, não é para isso que aí foste, ficas doente com certeza, sobretudo se te excederes nos bacalhaus de cebolada — *en passant*, peço muitos recados para Oliveira Martins e D. Vitória, cuja conduta, rezando as suas continhas ao canto, cada vez mais aprovo." Mas a opinião de Eça alterou-se. Cinco dias depois desta carta, já achava Oliveira Martins apático. Em carta a Emília, descrevia, em tom calmo, o estado do país: "Por aqui, nada de muito novo: imensa política e má. No entanto, imagino que aquilo a que se chama *as coisas* se arranjará, toleravelmente." Quanto à atuação do ministro da Fazenda, era crítico: "Oliveira Martins um pouco molengo e sem tomar no Ministério a atitude de mando e de supremacia que lhe compete como sendo a única força e única justificação do Ministério."[453] Contava ter passado muitos serões com ele, durante os quais Oliveira Martins lhe lera partes de seu novo livro sobre o Condestável, "a melhor coisa que tem feito". No meio do que era suposto ser a exaltante tarefa de salvar o país da bancarrota, Oliveira Martins sentia que lhe era essencial — provavelmente para manter a saúde mental — escrever sobre os heróis do passado. Tendo sabido disto, a imprensa metia-se com o ministro: no seu jornal, Mariano de Carvalho interrogava se Oliveira Martins não teria mais a fazer do que "cavaquear sobre literatura".

Quinze dias mais tarde, Eça estava, de novo, otimista quanto a Oliveira Martins: "As coisas parece que vão em excelente caminho e há agora verdadeiras esperanças de passar este cabo das Tormentas, com o seu Adamastor, e recomeçar em mares bonançosos. Se assim for, é um grande triunfo para o filósofo. Ele anda esfalfado de trabalho, mas sereno, risonho e confiado."[454] Não era essa a opinião do próprio. Pouco depois, dizia a Eça, que se deslocara ao Porto, o se-

---

[453] Os outros ministros eram os seguintes: Reino e Instrução, Dias Ferreira, que acumulava com a presidência do Conselho; Justiça, D. Antônio Aires de Gouveia, bispo de Betsaida; Guerra, general Pinheiro Furtado; Marinha, capitão Ferreira do Amaral; Estrangeiros, Antônio Costa Lobo; Obras Públicas, o visconde de Chancelleiros.
[454] G de Castilho (org.), *Eça de Queirós: correspondência, op. cit.*, vol. II, pp. 212, 214 e 218.

guinte: "Os jornais não sabem o que dizem. Ainda não cheguei ao alto do monte: não. Estou agarrado às últimas pedras da escarpa, ameaçado de dar com os lombos no chão, estatelado. Posição incomodamente irritante. Oxalá se não prolongue por muito mais, senão falta-me força no pulso e caio antes que as coisas me precipitem. Nada de entusiasmos e esperanças por ora. Horas talvez nos separem apenas do momento decisivo."[455]

Era natural que Oliveira Martins se sentisse desamparado. Dias antes, o presidente do Conselho teria afirmado a um intelectual de Lisboa, Silva Pinto: "Vou despedir o Ministro da Fazenda, porque não quero que, no meu governo, outro ministro que não seja eu — presidente — se dê ao incômodo de pensar."[456] Em 27 de maio de 1892, na seqüência de uma briga com o presidente do Conselho sobre as negociações com os credores externos, Oliveira Martins demitia-se. Estivera no poder quatro meses. No próprio dia da sua saída, redigia uma nota a Eça, começando ternamente por "José Maria do meu coração!", em que lhe comunicava: "*Emergi* da cloaca ministerial. Parto a 31 no *Madalena* para Inglaterra, onde tomarei umas semanas de ar. Termina as tuas partilhas, de modo que, no regresso, te encontre já em Paris."[457] Numa carta a Eduardo Prado, então em Londres, Eça incluía duas linhas sobre o amigo: "À hora em que lhe escrevo, o nosso bom Oliveira Martins já não é ministro." Pedia-lhe para, no caso de ele estar ainda em Londres quando Oliveira Martins ali chegasse, tentar que os jornais, a que tinha acesso, escrevessem qualquer coisa do tipo, "que Oliveira Martins chegou a Londres, e quem é Oliveira Martins e que obras deixa atrás de si Oliveira Martins".[458]

Oliveira Martins enganara-se completamente quanto a Dias Ferreira. Um político experiente, este era, como se viu, capaz de vencê-lo no primeiro *round*. Depois da saída de Oliveira Martins do governo, D. Carlos pediu calmamente a Dias Ferreira para formar outro Executivo do qual o "filósofo" ficava de fora. E tudo retomou a normalidade. Exceto para o próprio, que viveu a humilhação como uma tragédia. Quanto a Eça, se, antes, a vida política pouco o interessava, a partir

---

[455] F. A. Oliveira Martins (org.), *Correspondência de J. P. Oliveira Martins, op. cit.*, p. 200 (carta não datada).
[456] R. Brandão, *Memórias, op. cit.*, vol. II, p. 201.
[457] F. A. Oliveira Martins (org.), *Correspondência de J. P. Oliveira Martins, op. cit.*, p. 203.
[458] G. de Castilho (org.), *Eça de Queirós: correspondência, op. cit.*, vol. II, p. 240.

de agora alhear-se-ia dela totalmente. Em junho, Eça regressava a Paris. Oliveira Martins, que tinha ido se retemperar do desgosto na Inglaterra, passou, nesse verão, uma temporada na casa dele. Numa carta de agradecimentos, depois enviada de Lisboa, aproveitava para lhe dizer: "Ainda não vi ninguém; por isso, nada de interessante te posso comunicar. Lisboa está quase deserta, o que atualmente me agrada muito, pois é uma forma de prolongar a viagem. Os mortos, os livros, que são o sepulcro onde vivem, constituem, salvo excepções únicas, a melhor sociedade para a gente." Em 17 de julho de 1892, Eça afirmava-lhe quanto todos tinham gostado de tê-lo na casa, após o que, para animá-lo, lhe dizia: "Enfim, Portugal tem visto grandes tormentas. Ainda ontem eu lia no teu *Camões* a Lisboa das vésperas de Alcácer e do dia seguinte a Alcácer. (...) Nada havia, a não ser fome e descrença... E todavia, cá estamos ainda, depois de três séculos, com a nossa constituiçãozinha, o nosso reizinho, e o nosso Zezinho [Dias]. Cá estamos, na mesma *choldra* sim, mas numa choldra que é portuguesa, só nossa, toda nossa."

Entretanto, Oliveira Martins terminara o seu livro *A vida de Nun'Álvares*. Ao contrário da sua primeira impressão, Eça tinha agora reservas. Sabendo do estado depressivo de Oliveira Martins, foi cauteloso, mas não deixou de criticá-lo. Em 26 de abril de 1894, dizia-lhe ter encontrado, no livro, vários defeitos, nomeadamente o fato de, em certas personagens históricas, ser possível detectar traços de políticos contemporâneos. Segundo ele, o conde de Andeiro era demasiado parecido com Mariano de Carvalho. Eça criticava ainda o método seguido, o qual, na sua opinião, era demasiado impressionista. A sua passagem pela política, declarava Eça, fizera com que ele transportasse para os homens do passado a ironia ou o desdém que lhe inspiravam os homens da véspera. Apontava, por fim, certas anotações de gestos como inverossímeis: "Como os sabes tu? Que documentação tens para dizer que a Rainha, num certo momento, cobriu de beijos o Andeiro ou que o Mestre passou pensativamente a mão pela face?" Com inteira razão, insistia: "Estavas lá? Viste?" E acrescentava: "Esses traços, penso eu, não dão mais intensidade de vida e criam uma vaga desconfiança." Para não terminar em nota negativa, louvava, apesar de tudo, a sua capacidade para pintar movimentações coletivas.[459] Oliveira Martins deve ter ficado mais acabrunhado do que já estava.

---

[459] G. Castilho (org.), *Eça de Queirós: correspondência*, op. cit., vol. II, pp. 313-4.

Em 11 de setembro de 1891, Antero de Quental tinha-se suicidado, o que levou muitos amigos de Oliveira Martins, incluindo Eça, a temer que este pudesse fazer o mesmo. Em 27 de agosto de 1893, Eça contava a Emília que Carlos Mayer — o qual também viria a se matar — dissera-lhe estar Oliveira Martins com mania de doença, falando constantemente "no suicídio, a exemplo de Antero, como a mais clara das soluções".[460] Mas Oliveira Martins faleceria no seu leito, depois de, em 24 de agosto de 1894, ter comungado e recebido a extrema-unção. Um ano antes, dissera a Jaime Magalhães Lima: "A vida não tem sido para mim um coisa fácil, nem alegre."[461] Apesar de o ter conhecido tarde, Eça formara com Oliveira Martins uma amizade sólida. Depois da sua morte, Paris ficou mais deserta.

---

[460] A. Campos Matos (org.), *Eça de Queiroz e Emília de Castro: correspondência epistolar, op. cit.* Emília reagirá, impressionada, à notícia da depressão de Oliveira Martins, tentando convencer o marido a que o acalmasse. A forte religiosidade dela emerge, neste contexto, exprimindo, por escrito, a Eça o seu desejo de que os filhos recebessem uma sólida educação religiosa.
[461] F. A. Oliveira Martins, *Correspondência de J. P. Oliveira Martins, op. cit.*, pp. 236-7.

21

Um dândi imaginário

Em 1890, Eça tinha perdido as certezas estéticas da sua juventude. Mas, ao contrário de Huysmans, não se transformou num renegado do realismo, nem se converteu, como Paul Bourget, ao catolicismo. Sob múltiplos aspectos, a trajetória de Eça foi diversa da dos intelectuais que dominavam a cena cultural em Paris. A partir do começo de 1880, tinham surgido, em França, os "decadentistas", um grupo reunido em torno do jornal *Le Décadent*. Estes jovens, os quais provinham, em geral, de estratos relativamente privilegiados, distinguiam-se por um intenso horror ao banal. Queriam paraísos artificiais, eram apologistas do diletantismo, idolatravam a arte. Pela primeira vez, vastas camadas das classes médias podiam dar-se ao luxo de nada fazer, o que, entre outras coisas, lhes permitiu olhar em redor. E o que viram foi uma multidão que se havia tornado afirmativa. Isso levou-as a um profundo pessimismo. Num mundo onde o voto era concedido a cada vez mais gente, passaram a temer a perda da sua identidade. A reação foi a escolha da excentricidade. Nerval, diz-se, costumava passear-se pelas ruas de Paris acompanhado de uma lagosta presa por uma correia.[462] O precursor do pessimismo *fin-de-siècle* foi Musset, o qual, em 1836, perante um público despreparado para receber tais intimidades, publicava *La Conféssion d'un enfant du siècle*. Escrito sob o efeito do rompimento do seu romance com George Sand, o livro pode ser visto menos como um comentário sobre o mundo que o rodeava do que como o espelho da sua frustração amorosa. Seja como for, é representativo do desespero destes jovens. Antes de escrever *La Confession*, Musset

---
[462] R. Holmes, *Footsteps, op. cit.*, p. 212.

já tinha manifestado a sua angústia, em peças como *Rolla*, onde o herói exclamava ter vindo ao mundo demasiado tarde.

Musset estava longe de ser o único escritor a desprezar a burguesia, da qual, evidentemente, fazia parte. Em 30 de abril de 1871, num período particularmente conturbado da vida política francesa, Flaubert dizia a G. Sand: "A única coisa razoável (volto sempre ao mesmo) era obtermos um governo de mandarins, desde que os mandarins soubessem qualquer coisa ou até que soubessem muitas coisas. O povo é um eterno menor e permanecerá sempre — na hierarquia dos elementos sociais — no último degrau, uma vez que é o número, a Massa, o ilimitado. (...). A nossa salvação agora não reside senão numa *aristocracia legítima*, entendendo eu por tal uma maioria que se componha de qualquer coisa de mais do que do mero número."[463] O que Flaubert escrevia não andava longe do que os proponentes da "Vida Nova" pensavam. E não era apenas Flaubert e Oliveira Martins que defendiam este tipo de transformação. Um dramaturgo, geralmente considerado de esquerda, Ibsen, criava, em "O Inimigo do Povo", um indivíduo virtuoso que acabava esmagado por uma multidão ignara.[464]

Por toda a Europa, o clima intelectual estava mudando. Tinham acabado as revoluções ardentes, as esperanças loucas, as aventuras desmesuradas. Os jovens dândis sentavam-se, em divãs de veludo, queixando-se de *spleen*. De Schopenhauer a Huysmans, o tédio tornara-se "o mal do século". O racionalismo havia demonstrado os seus limites. Afinal, existiam mais coisas, à superfície da terra, do que as que Comte anunciara. Os artistas encontraram refúgio no esteticismo. Divulgada, nos longínquos dias de 1830, por Théophile Gautier, a doutrina fora adotada, na França, pelos simbolistas e, na Inglaterra, por Swinburne, Pater e Wilde. *The Decay of Lying*, de Oscar Wilde, tornou-se a Bíblia dos estetas ingleses.[465] Neste ensaio, Wilde opunha-se à noção de que, na arte, a sinceridade fos-

---

[463] Ver *Gustave Flaubert-George Sand: Correspondance, op. cit.,* p. 333. Sobre a sua opinião sobre o sufrágio universal, ler, por exemplo, a carta de 12 de outubro de 1871, p. 355.
[464] Ver M. Meyer, *Ibsen, op. cit.,* pp. 517-532, e, sobre a relação entre os escritores e as massas populares, J. Carey, *The Intellectuals and the Masses, Pride and Prejudice among the Literary Intelligentsia,* 1880-1834, Londres, Faber and Faber, 1992.
[465] Ver "The Decay of Lying", in *The Works of Oscar Wilde, op. cit.*, pp. 909-931. A primeira edição data de 1889, tendo este artigo aparecido na revista *Nineteenth Century*. Consultar ainda, no mesmo volume, pp. 948-998, "The Critic as Artist".

se um traço positivo: "Toda a má poesia deriva de sentimentos genuínos." Um de seus alvos era exatamente Zola, cujo ensaio, *Le Roman Experimental*, criticara severamente.[466] Para os escritores do fim do século, a arte não devia subordinar-se à verdade. A arte era a verdade.

Na França, perorava Maurice Barrès. Em *Sous l'oeil des barbares*, publicado em 1888, a característica dominante era a ânsia de se destacar do anonimato.[467] Mas o autor de quem Eça talvez se sentisse mais próximo — embora nunca o tivesse mencionado — era Joris-Karl Huysmans. Em 1884, este publicara *À Rebours*, um livro em que denunciava, em tons ferozes, a escola realista. A sua visão do mundo era catastrófica: a aristocracia tinha sido espoliada, o clérigo, humilhado e o povo, o verdadeiro povo, oprimido. Tudo era mau no mundo contemporâneo: a arte era medíocre e a política uma atividade indigna. Sendo assim, o indivíduo deveria abster-se de qualquer esforço. O apelo final de *À Rebours* — "Sociedade, colapsa: morre, velho mundo" — ilustra o que povoava estes espíritos.

Em Portugal, o fim do século assistiu ainda a uma corrente literária diversa, o "neogarretismo".[468] Era, mais uma vez, o retorno ao rusticismo, à imaginação popular, ao vernáculo. Quando ouviu falar destes poetas, Eça ficou logo de pé atrás. Numa carta escrita a Alberto de Oliveira, em 6 de agosto de 1894, depois de lhe ter agradecido o livro que este lhe enviara, *Palavras loucas,* não se coibia de exprimir as suas críticas: "Enquanto às suas idéias, não lhe parece que o Nativismo e o Tradicionalismo, como fins supremos do esforço intelectual e artístico, são um tanto mesquinhos?" Com rara frieza, continuava: "A humanidade não está toda metida entre a margem do rio Minho e o cabo de Santa Maria e um ser pensante não pode decentemente passar a existência a murmurar extaticamente que as margens do Mondego são belas!" Dizia-lhe que, entre 1830 e 1860, tinham aparecido muitos "romanceiros", mas que de nada tinham servido. Advertia: "De resto, o movimento tradicionalista, cuja ausência o meu amigo lamenta, ainda não cessou, está em torno de si. Tomás Ribeiro, Chagas e toda a sua descendência literária, são tradicionalistas. E esses *Príncipes perfeitos,* e *Duques*

---

[466] Wilde gostava de Balzac e de Flaubert, mas não de Zola.
[467] M. Barrès, *Sous l'oeil des barbares, op. cit.*
[468] Luís de Magalhães, *Notas e impressões, op. cit.*

de Viseu, e *Pedros crus* e *D. Sebastiões,* que freqüentam o palco de D. Maria, não creio que tivessem chegado aí, de Paris, pelo Sud-Express." Concluía: "Não, caro amigo, não se curam misérias, ressuscitando tradições. Se a França, depois de 1870, tivesse resumido todo o seu esforço em renovar na literatura as *Chansons de Geste,* ainda cá estavam os Prussianos. O dever dos homens de inteligência, num país abatido, tem de ser mais largo do que reconstruir em papel o castelo de Lanhoso ou chamar as almas a que venham escutar os rouxinóis do Choupal de Coimbra." Provocadoramente, interrogava: "E, a propósito, o que é o Neogarretismo? Estou com muita curiosidade de saber a que nova concepção do Universo, ou a que método científico, ou a que feitio original do espírito crítico, deu o seu grande nome o mestre genial do *Frei Luís de Sousa.*"[469]

Apesar das reticências, Eça não conseguiu eximir-se totalmente à influência dos novos tempos. A publicação de *A correspondência de Fradique Mendes* é disso uma prova. Foi no momento em que apareceu a "Vida Nova" que Eça se lembrou de sugerir a Oliveira Martins — que lhe tinha pedido colaboração para *A Província* — "uma série de cartas sobre toda a sorte de assuntos, desde a imortalidade da alma até ao preço do carvão, escritas por um certo grande homem que viveu aqui há tempos, depois do cerco de Tróia e antes do de Paris, e que se chamava *Fradique Mendes!* Não te lembras dele? Pergunta ao Antero. Ele conheceu-o".[470] Eça estava evidentemente referindo-se às poesias que, em 1869, sob aquele pseudônimo coletivo, ele próprio, Batalha Reis e Antero tinham publicado. Adiante, explicava o que tinha em mente: "Homem distinto, poeta, viajante, filósofo nas horas vagas, *dilettante* e voluptuoso, este *gentleman,* nosso amigo, morreu. E eu, que o apreciei e tratei em vida e que pude julgar da pitoresca originalidade daquele espírito, tive a idéia de recolher a sua correspondência — como se fez para Balzac, Madame de Sévigné, Proudhon, Abélard, Voltaire e outros imortais — e publico-a ou desejo publicá-la na *Província.*"[471] Era um projeto novo. Que não se concretizaria de imediato.

Houve quem pensasse que Fradique tinha ficado enterrado. Mas nem o casamento, nem a morte de dois irmãos, fizeram Eça esquecer o dândi sobre o

---
[469]G. de Castilho (org.), *Eça de Queirós: correspondência, op. cit.,* vol. II, pp. 327-8.
[470]Em *A Província,* nunca sairia qualquer artigo sobre Fradique Mendes.
[471]G. de Castilho (org.), *Eça de Queirós: correspondência, op. cit.,* vol. I, pp. 262-3.

qual desejava escrever. Em 23 de maio de 1888, anunciava a Oliveira Martins que tinha, para lhe oferecer, "uma imensa quantidade de prosa". Tratava-se de *A correspondência de Fradique Mendes*. Queria publicá-la, em folhetins, no jornal que Oliveira Martins acabara de fundar, *O Repórter*: "Se bem te recordas dele, Fradique, no nosso tempo, era um pouco cômico. Este novo Fradique que eu revelo é diferente, verdadeiramente grande homem, pensador original, temperamento inclinado às ações fortes, alma requintada e sensível... Enfim, o diabo!" Anunciava que as cartas teriam de ser antecedidas de uma biografia. Fazia exigências, declarando que este texto, que ele previa de alguma dimensão, não poderia ser fragmentado, o que, obviamente, criava problemas a Oliveira Martins. Os "dez artigos", dizia, tinham de sair todos no mesmo número. Além disso, queria ser bem pago, o que se traduziria na anuência de Oliveira Martins a que ele pudesse publicar as "fradiquices", simultaneamente, num jornal do Brasil. Oliveira Martins concordou com a segunda, mas não com a primeira reivindicação.

Eça não desistiu, voltando a exigir que a biografia de Fradique fosse publicada de uma vez só. O prefácio, explicava, era uma novela, "novela de feitio especial, didática e não dramática, mas enfim, novela, com uma narração, uma ação, episódios, uns curtos bocadinhos de diálogo e até paisagens! Desde logo, vês que disto se não podem fazer extratos! Tem de ser publicado tudo!"[472] De repente, veio a reviravolta. Em 6 de julho de 1888, influenciado pelo fato de Zola ter aceitado publicar, em folhetins, um livro "da mais fina e delicada análise", dizia a Oliveira Martins que publicasse a biografia como entendesse. Modestamente, acrescentava: "E estava eu, pulga da arte, *a faire des façons* e a ter esquisitices por causa das minhas grossas imagens! Publica, menino, publica quando quiseres!" Só se mantinha inflexível quanto ao preço: não escreveria nada por menos de duas libras, uma vez que o jornal era "propriedade de banqueiros, capitalistas e outras espécies, que, se não me ilude o meu Proudhon (eu ainda vou em Proudhon) vivem do trabalho alheio, inclusive, neste caso, do teu próprio".[473]

A correspondência de Fradique Mendes (notas e recordações) começou a sair, sema-

---
[472]G. de Castilho (org.), *Eça de Queirós: correspondência, op. cit.*, vol. I, p. 479.
[473]*Ibidem*, p. 483.

nalmente, no *Repórter*, em 23 de agosto de 1888.[474] Eça apenas publicou seis artigos, antes de, em outubro, Oliveira Martins ser demitido da direção, fato que deixou este muito abatido. Numa carta, de 22 de outubro de 1888, Eça tentava consolá-lo: "Eu previa-a [a demissão], logo que aqui me disseram que o objetivo de todas as artes do Mariano [de Carvalho] ultimamente era *fazer-te calar*! Conseguiu-o. E vê tu, querido Joaquim Pedro, as vantagens da Democracia, que tanto escarneces. Há cem anos, dado o mesmo Mariano, com o mesmo objetivo, estavas a esta hora no fundo de uma masmorra. Assim, estás regalado, ao canto do lume, e com a *voz cada vez mais forte*. A Democracia, portanto, *a du bon*." Revelando uma certa insensibilidade, Eça falava-lhe da revista que ele próprio queria lançar, e para a qual desejava a sua colaboração.[475] Os papéis invertiam-se.

Em 1889, Fradique reaparecia na *Revista de Portugal*.[476] À época, Eça tencionava já publicar tudo em livro, o que, na sua opinião, implicaria mudanças substanciais no texto. Certamente guardou cuidadosamente para si esta intenção, pois o editor, Génelioux, começou a imprimir provas. Em 1891, a própria *Revista de Portugal* anunciou que a obra estava no prelo. Como de costume, pior do que o costume, Eça não parava de corrigir. O livro sobre Fradique foi crescendo, tendo, a certa altura, Génelioux sido obrigado a anunciar que a obra sairia em dois volumes.

Afinal, nada seria editado. Nem em 1892, nem nos anos seguintes. Em 1894, já com 177 páginas impressas (o que implicava um investimento sem retorno, dado que o equipamento tipográfico tinha de ficar imobilizado), os editores estavam desesperados. Mas Eça permanecia imperturbável. No final de 1895, como medida conciliatória, admitiu reduzir o número de cartas de 30 para 24. Passaram mais quatro anos. Os editores, previsivelmente enervados, solicitaram que

---

[474]Na coleção de *O Repórter* da BN, faltam vários números do mês de agosto, entre os quais aqueles em que começa a serialização de *A correspondência de Fradique Mendes*. Ver Da Cal, *Lengua y estilo de Eça de Queiroz, op. cit.,* tomo I, p. 99.
[475]G. de Castilho (org.), *Eça de Queirós: correspondência, op. cit.*, vol. I, p. 535-7.
[476]Foram então republicadas, com algumas modificações, a biografia de Fradique e as três primeiras cartas, às quais Eça juntaria mais seis, as que, no livro, receberão os números V, VI, VII, VIII, IX e X. Eça juntou a seguinte nota: "Este estudo, de que, no seu estado incompleto, foram já publicados alguns fragmentos, é hoje dado na sua forma definitiva e integral, com a indispensável introdução às 'Cartas de Fradique Mendes', que, sem ela, seriam imperfeitamente compreendidas." Ver Da Cal, *Lengua y estilo de Eça de Queirós, op. cit.*, tomo I, p. 100.

Eça os deixasse, pelo menos, publicar o que tinham em mãos, como uma "primeira série", mas, mesmo assim, Eça recusou. Até que, em 16 de agosto de 1900, morreu. O livro não chegaria a receber a sua aprovação.

A correspondência de Fradique Mendes é, por conseguinte, um semipóstumo. Muitas das cartas e grande parte da biografia que as antecede tinham sido, é verdade, publicadas em jornais, mas Eça poderia ter querido alterar o texto. Quando ele morreu, a Lello (que entretanto tinha comprado a Chardron) optou por publicar, tal qual, o que tinha em mãos. Os editores aproveitaram as páginas compostas em 1888, que incluíam 8 das 16 cartas de que consta o epistolário. Depois, tentaram convencer Ramalho a encarregar-se da revisão. Invocando o fato de estar fora do país, este recusou, sendo as provas entregues a Júlio Brandão, um "literato do Porto", como, numa carta à viúva de Eça, Ramalho o designava. Não foi uma solução ruim: em vez de um escritor com pretensões, ou de um filho sempre pronto a imitar o estilo do pai, seria um modesto escritor a rever a prosa de Eça.[477]

A biografia, que serve como interlúdio às 16 cartas, é longa, mais longa mesmo do que as cartas. O texto é escrito na primeira pessoa. Nas passagens mais claras, o leitor imagina ver o próprio Eça, enquanto, nas seções mais pretensiosas, é fácil pensar-se em Z. Zagalo. A obra inicia-se da seguinte forma: "A minha intimidade com Fradique Mendes começou em 1880, em Paris, pela Páscoa, justamente na semana em que ele regressara da sua viagem à África Austral. O meu conhecimento, porém, com esse homem admirável datava de Lisboa, do ano remoto de 1867. Foi no Verão desse ano, uma tarde, no café Martinho, que encontrei, num número já amarrotado da *Revolução de Setembro,* este nome de C. Fradique Mendes, em letras enormes, por baixo de versos que me maravilharam." O narrador fala da juventude de Fradique, dos tempos de Coimbra, quando ele, e os seus amigos, estavam determinados a lutar contra "o Lirismo Íntimo". Diz-nos, depois, quais os temas abordados em as "Lapidárias", o livro de poemas que Fradique teria escrito: "Um corvo, facundo e velho além de toda a ve-

---

[477] Algumas das cartas, depois editadas pelo filho mais velho, não faziam parte das que Eça tinha pensado em publicar. Trata-se das duas, que saíram em *Últimas páginas*, em 1912, e das seis, incluídas em *Cartas inéditas de Fradique Mendes e mais páginas esquecidas*, de 1929. Estas últimas foram revistas, a partir dos originais guardados em Tormes, pelo filho José Maria.

lhice, contava façanhas do tempo em que seguira pelas Gálias, num bando alegre, as legiões de César, depois as horas de Alarico rolando para a Itália, branca e toda de mármores sobre o azul(...)" Os dias do convívio, em Lisboa, entre os ex-colegas de Coimbra, eram descritos de forma realista. Fradique andava, como o narrador, à procura de algo novo: "E para um meridional de vinte anos, amando sobretudo a Cor e o Som na plenitude da sua riqueza, que poderia ser esse *algo nuevo* senão o luxo novo das formas novas? (...) Decerto eu adorava a Idéia na sua essência; mas quanto mais o Verbo que a encarnava! (...) Foi sensualmente enterrado nesta idolatria da Forma que deparei com essas *Lapidárias* de Fradique Mendes, onde julguei ver reunidas e fundidas as qualidades discordantes de majestade e de nervosidade que constituíam, ou me pareciam constituir, a grandeza dos meus dois ídolos, o autor das *Flores do Mal* e o autor dos *Poemas Bárbaros*."

Com o número da *Revolução de Setembro* na mão, o narrador deslocara-se a casa de J. Teixeira de Azevedo (pseudônimo de Batalha Reis), para lhe "anunciar o advento esplêndido" deste poeta. Encontrara o amigo comendo morangos, acompanhados de vinho de Torres. Eça, ou antes o narrador, declamou solenemente *A Morte do Santo* (o santo que não queria morrer sem experimentar, mais uma vez, os prazeres da carne), mas, para Teixeira de Azevedo, o poema era, acima de tudo, impudico. Nessa noite, o narrador foi à *Revolução de Setembro,* à procura de um primo de Fradique. Carlos Vidigal, era assim que ele se chamava, contou-lhe que Fradique Mendes pertencia a uma velha família dos Açores, e que, tendo ficado órfão, fora educado por uma avó. Segue-se uma das melhores, senão a melhor, página da obra: "D. Angelina Fradique, velha estouvada, erudita e exótica que colecionava aves empalhadas, traduzia Klopstock e perpetuamente sofria dos 'dardos de Amor'. A sua (de Fradique) primeira educação fora singularmente emaranhada: o capelão de D. Angelina, antigo frade beneditino, ensinou-lhe o latim, a doutrina, o horror à Maçonaria e outros princípios sólidos; depois, um coronel francês, duro jacobino que se batera em 1830 na barricada de St Merry, veio abalar estes alicerces espirituais, fazendo traduzir ao rapaz a *Pucelle* de Voltaire e *a Declaração dos Direitos do Homem*; e finalmente um alemão, que ajudava D. Angelina a enfardelar Klopstok na vernaculidade de Filinto Elísio, e se dizia parente de Emanuel Kant, completou a confusão, iniciando Carlos, ainda antes de lhe nascer o buço, na *Crítica da razão pura* e na heterodoxia metafísica dos professores de

Tubinga. Felizmente Carlos já então gastava longos dias a cavalo pelos campos, com a sua matilha de galgos; e da anemia que lhe teriam causado as abstrações do raciocínio, salvou-o o sopro fresco dos montados e a natural pureza dos regatos em que bebia." Aos 16 anos, a avó mandou Fradique para Coimbra. Depois, a senhora morreu. Carlos apenas tinha um tio, Tadeu Mendes, "homem de luxo e de boa mesa, que vivia em Paris, preparando a salvação da Sociedade com Persigny, com Morny e com o príncipe Luís Napoleão, de quem era devoto e credor. E Carlos foi para Paris estudar Direito nas cervejarias que cercam a Sorbona, à espera da maioridade que lhe devia trazer as heranças acumuladas do pai e da avó..." A narração continua: "Depois disto, Vidigal sabia apenas que Fradique, livre e rico, saíra do *Quartier-Latin*, a começar uma existência soberba e fogosa." Entre as delícias dessa existência, contava-se uma amante, Ana de Léon, "a mais culta e bela cortesã (Vidigal dizia 'o melhor bocado') do Segundo Império". Após estas informações, Fradique assumiu "a estatura dum desses seres que, pela sedução ou pelo gênio, como Alcibíades ou Goethe, dominam uma civilização e dela colhem deliciosamente tudo o que ela pode dar em gostos e em triunfos". Quando Vidigal se oferecera para lhe apresentar Fradique, o narrador tremera de emoção.

Combinaram ver-se no dia seguinte, domingo, às duas horas, depois da missa do Loreto: "Gastei a noite preparando frases, cheias de profundidade e beleza para lançar a Fradique Mendes! Tendiam todas à glorificação das *Lapidárias*. E lembro-me de ter, com amoroso cuidado, burilado e repolido esta: 'A forma de V. Excia. é como um mármore divino com estremecimento humano'." Pálido se apresentou ele a Vidigal. Interrogou este sobre quando sairiam as *Lapidárias*. A resposta de Vidigal foi breve: nunca. Um dia, lera, por acaso, *a Serenada de Satã aos Astros* [título do poema de Eça, de 1867] e, maravilhado, pedira ao primo para o deixar publicar "algumas dessas estrofes divinas", na *Revolução de Setembro*, mas o primo só consentira, desde que o poema surgisse sem o seu nome. Vidigal não obedecera, o que tinha provocado uma cena, tendo-lhe aquele chamado "indiscreto, burguês e filisteu". Eis o comentário do narrador: "E aqui Vidigal parou, para me pedir a significação de *filisteu*. Eu não sabia; mas arquivei gloriosamente o termo, como amargo. Recordo até que, logo nessa tarde, no Martinho, tratei de *filisteu* o autor considerável do *Ave César*!" Aparentemente, o narrador estava mais perto do analfabetismo de Vidigal do que da cultura de Eça.

Chegara o momento do encontro com o herói. Vidigal apresenta o narrador a Fradique como "um poeta meu amigo". Apertam-se as mãos. A de Fradique, onde "vermelhava um rubi", era delicada e branca. O texto podia ter sido escrito por Ramalho: "O que me seduziu logo foi a sua esplêndida solidez, a sã e viril proporção dos membros rijos, o aspecto calmo de poderosa estabilidade com que parecia assentar na vida, tão livremente e tão firmemente, como sobre aquele chão de ladrilhos onde pousavam os seus largos sapatos de verniz, resplandecendo sob as polainas de linho." A face de Fradique era de feitio aquilino, "pura e fina como a dum Lucrécio moço, em plena glória, todo nos sonhos da Virtude e da Arte..." Vidigal dissera-lhe que ele tinha 33 anos. Num tom beirando a homossexualidade, o narrador contava: "Eu sentia naquele corpo a robustez tenra e ágil de um efebo, na infância do mundo grego."

Fradique explica-lhe o que o trouxera à capital: tratava-se da importação de uma múmia. Sendo a burocracia portuguesa o que era, nada conseguira. O funcionário da Alfândega não sabia qual o artigo da pauta que se poderia aplicar ao objeto. Fradique revela-lhes que os Pinto Bastos, seus amigos, o tinham aconselhado a pagar uma "propina". Vidigal, radiante, ofereceu-se logo para usar o ministro como "pistolão", seu colega na *Revolução de Setembro*. O narrador fica só com Fradique. Este convida-o para subir até aos seus aposentos. Na escada, o narrador queixa-se-lhe do calor e "estouvadamente" exclama: "Sim, está de escachar!" Como Artur Corvelo, ficou imediatamente horrorizado com a ordinarice da frase.

Envergando uma cabaia chinesa, Fradique faz uma entrada fulgurante no quarto. Chama o criado, um escocês, e murmura, sorrindo: "Aquele Marcos (o primo) é uma flor." O ambiente era requintado: "Ele estirara-se no divã; eu ficara rente da mesa, onde um ramo de rosas se desfolhava, ao calor, sobre volumes de Darwin e do Padre Manuel Bernardes." O narrador fala-lhe nas *Lapidárias*: "Fradique Mendes tirou a *cigarette* dos lábios para rir, com um riso que seria genuinamente galhofeiro, se de certo modo o não contradissesse um laivo de vermelhidão que lhe subira à face cor de leite." Declarou-lhe não considerar "assináveis" esses pedaços de prosa rimada, que, havia quinze anos, decalcara, sobre versos de Leconte de Lisle, durante um verão, numa água-furtada de Luxemburgo. O narrador diz-lhe que, depois de Baudelaire, nada o impressionara tanto. E ia a lançar a frase que preparara em casa: "A forma de V. Excia. é um mármore divino..." quando Fradique, desta vez ele, estraga tudo, com um "Vejo então (...) que é um devoto do maganão das *Flores do Mal*!" Eça distanciava-se não só de Fradique, mas do narrador.

O narrador menciona a Fradique sua admiração por Hugo. Fradique prevê que, em breve, ele perderia esse sentimento. Arrogantemente, diz-lhe ainda não considerar Baudelaire um poeta: "Poesia subentendia emoção; e Baudelaire, todo intelectual, não passava dum psicólogo, dum analista, um dissecador subtil de estados mórbidos." Na França, declarou, não havia poetas. O narrador escutava estas palavras à beira do colapso: "Tinha mil coisas, abundantes e esmagadoras, a contestar; mas não ousava, por não poder apresentá-las naquela forma translúcida e geométrica das *Lapidárias*. Essa covardia, porém, e o esforço para reter os protestos do meu entusiasmo pelos Mestres da minha mocidade, sufocava-me, enchia-me de mal-estar; e ansiava só por abalar daquela sala, onde, com tão bolorentas opiniões clássicas, tanta rosa nas jarras e todas as moles exalações de canela e manjerona, se respirava conjuntamente um ar abafadiço de serralho e de academia." O narrador estava a ponto de se fartar do ídolo.

Quando ia proferir a frase, cuidadosamente preparada, sobre a forma e o mármore, apareceu Vidigal, aos berros, anunciando que tinha resolvido o problema da múmia. O narrador, tomado por um sentimento de melancolia, preparou-se para sair. Fradique não o reteve. Na rua, o narrador não resistiu a desabafar: "Que pedante!" Como se sentisse vergonha, corrigiu: "Sim, mas inteiramente novo, dessemelhante de todos os homens que eu até aí conhecera!" À noite, na travessa do Guarda-Mor, tentou impressionar Batalha Reis, com um Fradique idealizado. Mas foi tudo em vão. Após ouvir os elogios, este disse-lhe que Fradique lhe parecia falso. Ambos, narrador e Batalha Reis, convieram, todavia, em que valia a pena estudar "um maquinismo de *pose* montado com tanto luxo!" Alguns dias depois, decidiram ir até ao Hotel Central — o narrador, elegantemente vestido, o outro, de labrego, para horrorizar Fradique — mas este já tinha partido para o Marrocos. Eram as eternas viagens do herói.

Muitos anos se passaram: "Melhor fui conhecendo os homens e a realidade das coisas, perdi a idolatria da Forma, não tornei a ler Baudelaire." Um dia, o narrador reencontrou Fradique no Egito. Fradique jantava, em frente de

Théophile Gautier. Falou-lhe das origens das tribos, das suas histórias, dos seus costumes. Contou-lhe que, em tempos, ele próprio se convertera a uma nova religião, o babismo, a fim de melhor perceber o Oriente. O narrador imaginou-se logo um discípulo de Bab. Agradava-lhe cosmopolitismo, religiões estranhas, exotismo nas artes. Mas Fradique desiludiu-o, ao declarar que a poesia oriental, "tratando temas vetustos com uma ênfase preciosa, descambara, como a nossa, num *Parnasianismo* bárbaro..." Assim, que o Oriente estava tão medíocre quanto o Ocidente. Em Bulak, os dois amigos separaram-se. Da amurada do navio que conduziria Fradique ao Alto Egito, o narrador olhava o Nilo com os olhos de Flaubert: "Quantos, desde os rudes pastores que arrasaram Tânis, aqui pararam como nós, alongando para estas águas, para estes céus, olhos cobiçosos, extáticos ou saudosos: reis de Judá, reis de Assíria, reis da Pérsia; os Ptolomeus magníficos; prefeitos de Roma e prefeitos de Bizâncio: Amru enviado de Maomé; S. Luís enviado de Cristo; Alexandre o Grande, sonhando o império do Oriente; Bonaparte retomando o imenso sonho; e ainda os que vieram só para contar da terra adorável, desde o loquaz Heródoto até ao primeiro romântico, o homem pálido de grande *pose* que disse as dores de 'René'."[478] O navio partia. O narrador ficaria anos sem ver Fradique.

Enquanto Fradique viajava pela Europa, aquele errava pelas Américas. Sabiam um do outro, através de cartas de amigos comuns. As viagens, e as cartas, são o pretexto que Eça encontrou para pôr os seus próprios amigos a falar sobre Fradique. É uma das partes mais modernas do livro. As opiniões, inventadas por Eça, de pessoas reais sobre um ser imaginário são divertidas. Eis a suposta conclusão de Oliveira Martins: "Cá encontrei o teu Fradique, que considero o português mais interessante do século XIX. Tem curiosas parecenças com Descartes! É a mesma paixão das viagens, que levava o filósofo a fechar os livros 'para estudar o grande livro do Mundo'; a mesma atração pelo luxo e pelo ruído, que em Descartes se traduzia pelo gosto de freqüentar as cortes e os exércitos; o mesmo amor do mistério e das súbitas desaparições; a mesma vaidade, nunca confessada, mas intensa, do nascimento e da fidalguia; a mesma coragem serena, a mes-

---

[478] Refere-se a Chateaubriand. Dos seus livros, Eça escolhe *René*, possivelmente o que mais o impressionara, devido à inclusão de um amor incestuoso.

ma singular mistura de instintos romanescos e de razão exata, de fantasia e de geometria. Com tudo isto, falta-lhe na vida um fim sério e supremo, que estas qualidades, em si excelentes, concorressem a realizar. E receio que, em lugar do *Discurso sobre o método* venha só a deixar um *vaudeville*."

A opinião de Carlos Mayer era semelhante à de Oliveira Martins. Também ele considerava que Fradique não utilizava bem os seus talentos. Conta o narrador que, um dia, Mayer lhe confidenciara: "O cérebro de Fradique está admiravelmente construído e mobiliado. Só lhe falta uma idéia que o alugue, para viver e governar lá dentro. Fradique é um gênio com escritos." Eis finalmente a opinião de Teixeira de Azevedo, ou seja, de Batalha Reis, comentada pelo narrador: "Sendo um nervoso e um apaixonado, [Batalha Reis] sentia uma insuperável antipatia pelo que ele chamava de *linfatismo crítico* de Fradique. Homem todo de emoção, não se podia fundir intelectualmente com aquele, todo de análise. O extenso saber de Fradique também não o impressionava. 'As noções deste guapo erudito (escrevia ele em 1879) são bocados do Larrousse diluídos em água-de-colônia'. E enfim certos requintes de Fradique (escovas de prata e camisas de seda), a sua voz mordente, recortando o verbo com perfeição e preciosidade, o seu hábito de beber champanhe com *soda-water*, outros traços ainda, causavam uma irritação quase física ao meu velho camarada da Travessa do Guarda-Mor." Mas admitia ser Fradique o português mais interessante do século XIX. E correspondia-se com ele, para o contradizer com acrimônia. Ramalho Ortigão, por seu lado, considerava Fradique o produto mais completo da civilização, enquanto Guerra Junqueiro chamava a Fradique "um Saint-Beuve encadernado em Alcides". Como teriam os amigos de Eça reagido ao verem-se assim usados? O mais provável é terem ficado deliciados.

Entre 1880 e 1887, o narrador e Fradique conviveram em Paris, Londres e Lisboa. O narrador conta — estranha especificação — tratar-se de uma relação totalmente espiritual: "De resto, desde essa noite de Páscoa em Paris que iniciou as nossas relações, nós conservamos sempre o hábito especial, um pouco altivo, talvez estreito, de nos considerarmos dois puros espíritos." Nove anos depois de se terem separado no Oriente, tinham-se encontrado num restaurante, o *Bignon*, em Paris. Ele, narrador, estava lendo um jornal, quando uma voz lhe sussurrou ao ouvido: "Separamo-nos há anos no cais de Bulak..." Quem havia de ser senão Fradique?

Além das opiniões dos amigos de Eça e da voz do narrador, Eça adota outro método, as cartas, para nos dar as facetas da personalidade de Fradique. Numa carta a Carlos Mayer, incluída no prólogo, Fradique revela-se um esteta *fin-de-siècle*: "O homem do século XIX, o Europeu, (...) vive dentro duma pálida e morna *infecção de banalidade,* causada pelos quarenta mil volumes que todos os anos, suando e gemendo, a Inglaterra, a França e a Alemanha depositam às esquinas, e em que interminavelmente e monotonamente reproduzem, com um ou outro arrebique sobreposto, as quatro idéias e as quatro impressões legadas pela Antigüidade e pela Renascença." Para Fradique, a educação popular era perniciosa: "O Estado por meio das suas escolas canaliza esta infecção. A isto, oh Carolus, se chama educar! A criança, desde a sua primeira 'Seleta de Leitura' ainda mal soletrada, começa a absorver esta camada do lugar-comum..." O narrador percebe que Fradique poderia ser irritante: "Fradique, com a sua indócil e brusca liberdade de juízos, afrontava o perigo de passar por um petulante rebuscador de originalidade, ávido de gloríola e de excessivo destaque." Mas, na sua opinião, não era esse o caso. Fradique não desejava salientar-se, como o provava, diz, o fato de nunca ter usado senão gravatas escuras!

Talvez a mais interessante das missivas do prefácio seja a de Fradique a Oliveira Martins: "Não há em mim infelizmente (...) nem um sábio, nem um filósofo. Quero dizer, não sou um desses homens seguros e úteis, destinados por temperamento às análises secundárias que se chamam Ciências, e que consistem em reduzir uma multidão de fato esparsos a tipos e leis particulares, por onde se explicam modalidades do Universo; nem sou também um desses homens, fascinantes e pouco seguros, destinados por gênio às análises superiores que se chamam Filosofias, e que consistem em reduzir essas leis e esses tipos a uma fórmula geral, por onde se explica a essência mesma do inteiro Universo. Não sendo pois um sábio, nem um filósofo, não posso concorrer para o melhoramento dos meus semelhantes, nem acrescendo-lhes o bem-estar por meio da Ciência, que é uma produtora de riqueza, nem elevando-lhes o bem sentir por meio da Metafísica, que é uma inspiradora da Poesia." Fradique dizia que a única coisa que podia fazer era analisar uma idéia, apreciar o que ela tinha de original, e passar a outra idéia.

A suprema qualidade de Fradique, salientava o narrador, era a sua extraordinária percepção da realidade. Possuindo um espírito, que *via* com a máxima exatidão e um verbo que traduzia com a máxima concisão, podia dar resumos profundos e perfeitos da realidade. Fradique conhecia as línguas clássicas, falava corretamente francês, inglês, alemão e árabe e era familiar com as ciências naturais e sociais (preferia evidentemente a antropologia, a lingüística, o estudo das raças). Passava, aliás, de uma a outra disciplina com extrema facilidade. Um dia, as revistas especializadas desapareciam das suas estantes e Fradique anunciava triunfalmente: "Sorvi todo o Sabeísmo!" ou "Esgotei os Polinésios".

A maior paixão de Fradique era a história. Numa carta a Oliveira Martins, explicava-lhe que o motivo desse amor era o "confortável e conchegado sentimento que ela me dava da solidariedade humana". Relatava-lhe que a avó o costumava mandar, pela mão de um jardineiro, a uma escola. E que, um dia, ele lera, numa *Enciclopédia de antigüidades romanas*, que, em Roma, os rapazes também iam à escola pela mão de um servo. O fato enternecera-o: "Levou-me, pois, efetivamente à História o meu amor da Unidade, amor que envolve o horror às interrupções, às lacunas, aos espaços escuros onde se não sabe o que há" (...) Talvez você murmure com desdém, 'mera bisbilhotice'! Amigo meu, não despreze a bisbilhotice! Ela é um impulso humano, de latitude infinita, que, como todos, vai do reles ao sublime. Por um lado, leva a escutar às portas e, pelo outro, a descobrir a América!"

A partir de 1880, Fradique passara a viver entre Paris e Londres, apenas vindo a Portugal ocasionalmente. Visitava Portugal, "porque, apesar da sua dispersão pelo mundo, da sua facilidade em se nacionalizar nas terras alheias e da sua impersonalidade crítica, Fradique foi sempre um genuíno português, com irradicáveis traços de fidalgo ilhéu". Há, nesta parte do texto, momentos tão reacionários que custa a crer que Eça pudesse partilhar fosse o que fosse com Fradique. A certa altura, este decide comprar uma quinta, "para *ter terra em Portugal* e para se prender pelo forte vínculo da propriedade ao solo augusto donde um dia tinham partido, levados por um ingênuo tumulto de idéias grandes, os seus avós, buscadores de mundos, de quem ele herdara o sangue e a curiosidade do *além!*" Opta pelo Ribatejo, por ser a "terra chã da lezíria e do boi". E, agora, quando vinha a Portugal, gostava de passar a cavalo por vilas decrépitas, ter conversas à lareira e participar em fraternizações nos adros. A não ser como paisagem, Lisboa não lhe agradava. Ou melhor, poderia agradar-lhe, desde que se procedessem a uns retoques: "Com três fortes retoques (escrevia-me ele, em 1881, do Hotel Bragança), com arvoredo e pinheiros mansos plantados nas colinas calvas da outra Banda; com azulejos lustrosos e alegres revestindo as fachadas sujas do casario; com uma varredela definitiva por essas benditas ruas, Lisboa seria uma dessas belezas da Natureza criadas pelo homem, que se tornam um motivo de sonho, de arte e de peregrinação." Fradique não desejava, contudo, viver aqui: "Mas uma existência enraizada em Lisboa não me parece tolerável. Falta aqui uma atmosfera intelectual, onde a alma respire. Depois, certas feições, singularmente repugnantes, dominavam Lisboa. A capital era, na sua opinião, uma cidade *aliteratada (sic), afadistada, catita e conselheiral.*"

Fradique nutria pelos políticos um horror plurifacetado: horror intelectual, julgando-os broncos; horror mundano, pressupondo-os reles; horror físico, imaginando que nunca se lavavam. Eça, ou o narrador por ele, distanciava-se, mais uma vez, desta atitude tão radical. O narrador tentara explicar a Fradique a gênese da incompetência dos políticos, a qual, na sua opinião, provinha da precipitada democratização da sociedade, da vulgaridade da vida provincial, das influências abomináveis da universidade. Mas Fradique não queria saber de motivos: "Se um rato morto me disser — 'eu cheiro mal por isto e por aquilo e sobretudo porque apodreci' — eu nem por isso deixo de o mandar varrer do meu quarto." Nem fatos nem raciocínios venciam o desprezo de Fradique pela classe dirigente portuguesa.

Não eram apenas os políticos que o irritavam, mas a imitação, em Portugal, de tudo o que era francês. Para ele, Lisboa era "uma cidade traduzida do francês em calão". Isso causava-lhe mágoa, pois Fradique gostava do Portugal genuíno. A culinária era, para ele, um desgosto: "As coisas mais deliciosas de Portugal, o lombo de porco, a vitela de lafões, os legumes, os doces, os vinhos, degeneraram, *insipidaram...* Desde quando? Pelo que dizem os velhos, degeneraram, desde o constitucionalismo e o parlamentarismo." A deterioração da gastronomia derivava, assim, da Carta. O narrador conta que o vira, numa taberna da Mouraria, todo satisfeito, comendo bacalhau, pimentões e grão-de-bico e que, alguns dias depois, encontrara-o numa festa no largo do Rato, desolado. Festas assim, confidenciou-lhe, havia-as aos montes em Paris. E continuou: "Suponha, porém, você que eu vinha achar aqui um sarau do tempo da Senhora D. Maria I, em casa dos Marialvas, com fidalgas sentadas em esteiras, frades tocando o lundum no bandolim, desembargadores, pedindo mote, e os lacaios no pátio, entre os mendigos, rezando em coro a ladainha!" No fundo, o desejo de Fradique seria viver em Paris, gozando o que a civilização lhe podia oferecer, descendo, de vez em quando, a um país congelado no tempo.

Foi este o tema de discussão durante um jantar em casa de Carlos Mayer. De tal forma Fradique lamentou o fim do velho Portugal, que acabou por enfurecer Ramalho: "Você é um monstro, Fradique! O que você queria era habitar o confortável Paris do meado do século XIX, e ter aqui, a dois dias de viagem, o Portugal do século XVIII, onde pudesse vir, como a um museu, regalar-se de pitoresco e de arcaísmo... Você, lá na Rua de Varennes, consolado de decência e de ordem. E nós aqui, em vielas fedorentas, inundadas à noite pelos despejos de águas sujas, aturdidos pelas arruaças do marquês de Cascais ou do conde de Aveiras, levados aos empurrões para a enxovia pelos malsins da Intendência, etc., etc." Assim era, de fato.

Fradique vivia em Paris, com um criado escocês, que, enquanto lhe fazia a barba, lhe resumia as notícias dos jornais. De tarde, lia revistas artísticas ou sociais, consultando ainda certos jornais portugueses, pois gostava de se comprazer em analisar "a obra genuína e sincera da mediocridade". Depois, visitava alguns amigos, ia até aos *ateliers*, às salas de armas, às exposições, aos clubes. As noites, passava-as num dos muitos salões parisienses: "Fradique amou mulheres; mas fora dessas, e sobre todas as coisas, amava a Mulher." O narrador informava ter ele uma alma extremamente sensível num corpo extremamente forte. Era, além disso, bondoso. Nos crepúsculos de novembro, fechado em sua biblioteca, Fradique entristecia-se com a crescente aspereza dos homens. Mesmo se um novo Cristo descesse à Terra, pensava, haveria de ser negado, e depois, esquecido. Nada havia a fazer pelos miseráveis. A não ser, por prudência, cada um reunir um pecúlio e adquirir um revólver. E, aos semelhantes que lhe batessem à porta, dar, segundo as circunstâncias, pão ou bala.

No inverno de 1888, Fradique apanhou frio à saída de um jantar. Trinta horas depois, sem sofrimento, morria. O enterro foi acompanhado por personalidades ilustres e, em alguns lares pobres, "este cético de finas letras, que cuidava dos males humanos envolto em cabaias de seda", foi chorado. Assim termina a biografia deste dândi imaginário. Mas não toda a história. Fradique legara, a uma amiga russa, Madame Lobrinka, algumas "migalhas" literárias. Interessado na hipótese de publicação, o narrador escrevera à senhora, mas esta recusara. Alguns achavam que, dentro do cofre, se encontrariam as duas obras a que ele, por vezes, aludira, uma *Psicologia das religiões* e uma *Teoria da vontade*; outros, como Teixeira de Azevedo, que ali estaria um romance de realismo épico, tipo *Salammbô*. Ramalho considerava que deviam ser umas *Memórias*, porque só às memórias se pode impor a condição de permanecerem secretas. Por seu lado, o narrador imaginava que não existia uma obra, porque Fradique nunca fora um autor. E explicava o motivo desta sua asserção: "Para o ser, não lhe faltaram decerto as idéias — mas faltou-lhe a certeza de que elas, pelo seu valor *definitivo*, merecessem ser registadas e perpetuadas; e faltou-lhe ainda a arte paciente, ou o querer forte, para produzir aquela forma que ele concebera em abstrato como a única digna, por belezas especiais e raras, de encarnar as suas idéias."

Antes — e esta parte ajuda-nos a perceber o estado de espírito de Eça durante este período — o narrador interrogara Fradique sobre o que era, para ele, escrever bem, tendo este respondido que, entre os modernos, nenhum o contentava: "A distensão retumbante de Hugo era tão intolerável como a flacidez oleosa de Lamartine. A Michelet faltava gravidade e equilíbrio; a Renan solidez e nervo; a Taine fluidez e transparência; a Flaubert vibração e calor. O pobre Balzac, esse, era duma exuberância desordenada e barbárica. E o preciosismo dos Goncourt e do seu mundo parecia-lhe perfeitamente indecente..." Aturdido, o narrador perguntara-lhe que prosa admitia então que merecesse ser escrita. Fradique respondeu-lhe, emocionadamente, desejar "alguma coisa de cristalino, de aveludado, de ondeante, de marmóreo, que, só por si, plasticamente, realizasse uma absoluta beleza e que expressionalmente, como verbo, tudo pudesse traduzir, desde os mais fugidios tons de luz até aos mais subtis estados de alma..." Fradique aspirava a uma prosa que não podia haver; ou, antes, a "uma *prosa como ainda não há*".

No livro, surgem, em seguida, as 16 cartas que Fradique teria dirigido a várias pessoas.[479] Dos pesados maços, o narrador escolhera, relata, as que melhor mostravam o caráter de Fradique, as que se referiam a noções gerais de literatura e as que falavam de Portugal. As mais interessantes são as que retomam a crítica de costumes. Vejamos a carta VII, talvez a mais conhecida. Fradique descreve, nela, a sua chegada a St. Apolônia.[480] Eis como relata a aproximação a Lisboa: "Chegáramos a uma estação que chamam de Sacavém — e tudo o que os meus olhos arregalados viram do meu país, através dos vidros úmidos do vagão, foi uma densa treva, donde mortiçamente surgiam aqui e além luzinhas remotas e vagas. Eram lanternas de faluas, dormindo no rio; (...) De sorte que tornei a cerrar resignadamente os olhos até que, à portinhola, um homem de boné de galão, com o casaco encharcado de água, reclamou o meu bilhete, dizendo *Vossa Excelência!* Em Portugal, boa madrinha, todos somos nobres, todos fazemos parte do Estado, e todos nos tratamos por *Excelência!*" Eça dá-nos o ambiente da estação, o ar esquálido, a desordem dos serviços, a apatia generalizada. No casarão soturno, ficara apenas Fradique, à espera das suas malas. Eram duas horas da manhã. Dois guardas da Alfândega bocejavam com dignidade. O criado de Fradique já pegara a bagagem, mas faltava um saco de couro. Todos foram em sua busca, mas nada encontraram, até que uma mulher, que por ali andava, o encontrou, fora da estação. Fradique reclamou um carro de aluguel, mas o carregador anunciou melancolicamente que não havia: "Às vezes havia, outras vezes não havia, era conforme calhava a sorte..." Seus protestos de nada serviram. Com uma gorjeta no bolso, o carregador saiu, resmungando, à procura de um carro de aluguel. Entretanto, voltado para o homem da Alfândega, Fradique censurava a irregularidade daquele serviço. O aduaneiro, na plena consciência de que a pátria era uma irreparável desordem, esboçou um movimento de desalento. O carregador voltou, sem qualquer carro: "Então, à maneira de náufragos numa ilha deserta

---

[479]Além destas, na edição das *Obras de Eça de Queiroz, op. cit.*, vol. 2, pp. 1.103-1.109, surgem, num apêndice final, mais duas. Ambas teriam sido publicadas em jornais brasileiros: uma é dirigida a Clara e outra a Eduardo Prado. Não faziam parte da seleção original de Eça.
[480]Tendo feito esta viagem dezenas de vezes, Eça sabia do que falava. Numa carta à mulher, de 25.3.1889, dizia-lhe o seguinte: "Eu cheguei no sábado, muito tarde, perto da uma hora: além disso, não achei em Sta. Apolônia uma carruagem: tive de vir, com as malas às costas de homens, ao encontro de uma que, mediante quinze tostões, condescendeu em me trazer à baixa; de sorte que, com todas estas facilidades de civilização, eram quase duas e meia quando cheguei ao Rossio e a tais horas não me atrevi a alvorotar a minha gente. Fui para o Universal." G. de Castilho (org.), *Eça de Queirós: correspondência, op. cit.*, vol. I, p. 578.

do Pacífico, todos nos apinhamos à porta da estação, esperando através da treva a vela — quero dizer, a sege salvadora." O capataz queria fechar a estação, pelo que Fradique e o criado tiveram de ir a pé, com o carregador que transportava as bagagens, às costas, pelo caminho que, de St. Apolónia, subia em direção ao Hotel Bragança. Mas eis que, de repente, surgiu uma caleche. Entraram. O condutor percebeu que podia exigir: eram 3.000 réis! Fradique cedeu. Quando chegaram ao hotel, dirigindo-se ao condutor, Fradique perguntou-lhe: "Então, são três mil réis?" Olhando para quem transportara, o condutor respondeu-lhe: "Aquilo era por dizer... Eu não tinha conhecido o Sr. D. Fradique... Lá para o Sr. D. Fradique é o que quiser." A atitude deste resume uma cultura: "Humilhação incomparável! Senti logo não sei que torpe enternecimento, que me amolecia o coração. (...) Aquele bandido conhecia o Sr. D. Fradique. Tinha um sorriso brejeiro e serviçal. Ambos éramos portugueses. Dei uma libra àquele bandido!" Em Portugal, a complacência com os outros era generalizada.

Há outras cartas interessantes, a maior parte endereçada a Madame de Jouarre. É aqui que surgem alguns dos tipos caricaturais que ficariam para a posteridade, como Pacheco, um político que chegara à Presidência do Conselho sem ter tido jamais uma idéia original. Menos famoso, mas não menos interessante é o retrato do padre Salgueiro, um clérigo muito diferente de Amaro. Salgueiro é típico padre lisboeta, moldado pelo contato com os políticos, por ligações de confissão com fidalgas e por longas estadas nas pensões lisboetas. Fradique ficara fascinado com a maneira como ele concebia o sacerdócio: "As suas relações portanto não são, nunca foram, com o Céu (do céu só lhe importa saber se está chuvoso ou claro), mas com a Secretaria da Justiça e dos Negócios Eclesiásticos." Fora ela que o colocara na sua paróquia, não para continuar a obra do Senhor, guiando os homens pela estrada da Salvação (missões de que não curam as secretarias de Estado), mas para executar certos atos públicos que a lei determinava a bem da ordem social — batizar, confessar, casar, enterrar os paroquianos. O padre Salgueiro, revela Fradique, era totalmente ignorante em matéria de teologia: "Além de raros atos da vida ativa de Jesus, a fuga para o Egito no burrinho, os pães multiplicados nas bodas de Canaã, o azorrague caindo sobre os vendilhões no Templo, certas expulsões de Demônios, nada sabe do Evangelho, que considera todavia muito *bonito*." Era evidentemente liberal: "Não admira, porém, na obra pontifical de Pio IX, nem a Infalibilidade, nem o *Syllabus* — porque se preza de liberal, deseja mais progresso, bendiz os benefícios da instrução, assina *O Primeiro de Janeiro*." Seu quotidiano era regrado. Levantava-se às dez horas. Nunca abria o breviário. Uma vez que o regulamento da Igreja proibia a fêmea e ele era um funcionário eclesiástico, a mulher não entrava no campo dos seus interesses. Como empregado do Estado, a sua grande ocupação consistia em procurar melhoria de emprego. Pertencia, por isso, a um partido político e, em Lisboa, três noites por semana, ia tomar chá na casa do chefe, levando balas às senhoras. Era o padre-cacique, de que, à época, o grande exemplo era o prior da Lapa.

Em outras cartas, o tom irônico é substituído por um insólito estilo idealista. Veja-se a carta XII, também para Madame de Jouarre, sobre o trabalho no campo: "De madrugada, os galos cantam, a quinta acorda, os cães de fila são acorrentados, a moça vai mungir as vacas, o pegureiro atira o seu cajado ao ombro, a fila dos jornaleiros mete-se às terras e o trabalho principia, esse trabalho que, em Portugal, parece a mais segura das alegrias e a festa sempre incansável, porque é todo feito a cantar. As vozes vêm, altas e desgarradas, no fino silêncio, de além, dentre os trigos, ou do campo em sacha, onde alvejam as camisas de linho cru e os lenços de longas franjas vermelhejam mais do que as papoulas. E não há neste labor nem dureza, nem arranque." Eça tinha obviamente permanecido tempo demais na quinta de Luís de Magalhães.

Logo a seguir à morte de Eça, e à imediata publicação de *A correspondência de Fradique Mendes*, apareceram outras cartas de Fradique, que Eça tinha posto de lado. Estas viriam a ser editadas pelo filho mais velho, durante a década de 1920. Entre elas, há uma missiva interessante.[481] Trata-se de uma carta que o Fradique dirige a Eça, contendo uma defesa, irônica, do purista. Fradique criticava Eça por este se queixar dos puristas. Como todas as coisas pitorescas do século XVIII, proclamava também, estes se tinham afundado durante o grande terramoto cons-

---

[481] É possível que Eça a tenha sacrificado, por não desejar entrar, na altura, em polêmica com Camilo Castelo Branco e Pinheiro Chagas. Os originais destas seis cartas estão hoje na BN. Algumas estão inacabadas e sem data. Podem ser consultadas em *Obras de Eça de Queiroz, op. cit.*, vol. 3, pp. 825-864, sob o título *Cartas inéditas de Fradique Mendes e mais páginas esquecidas*. A carta a Eça, ou que parece dirigida a Eça, é a 6ª, e surge com o título "A E...".

titucional. Ora, em vez de os atacar, Eça devia era abrir-lhes os braços. Fradique reconhecia que o tipo, com efeito, era monstruoso, mas, genuinamente português, era uma relíquia que devia ser conservada. Era curioso, advertia, observá-lo no seu labor. O purista tomava uma idéia e não queria saber se ela era justa, ou falsa, ou fina, ou estúpida, procurando apenas descobrir se as palavras, em que ela vinha expressa, se encontravam todas no Lucena.[482] O purista da língua fazia parte do Portugal que Fradique queria manter.

Uma vez que Eça não chegou a publicar *A correspondência de Fradique Mendes*, não saíram críticas ao livro, exceto uma pequena nota, quando os folhetins ainda estavam sendo publicados na *Revista de Portugal*, assinada por Fialho. Desta vez, o texto é engraçado. Em *Os Gatos*, Fialho inventou um narrador, Manuel, e várias personagens que entre si dialogavam: "Acendemos cigarros (o dito Manuel e o seu amigo Pratas); Pratas, que trouxera de fora um número novo da *Revista de Portugal*, abria-o devagar, repassando com as pontas dos olhos uma ou outra página do Fradique Mendes, última obra filosófica do Eça (...). Por essa leitura, soubemos que o parlamentarismo e o constitucionalismo estragavam em Portugal a cabidela de frango e que *Fradique* começara a interessar-se pela História por a tia lhe haver dado em pequeno um pataco, para bolos. A necessidade que cada um tem de possuir quintas, explica-a ele... 'por nos prendermos mais, pelo forte vínculo da propriedade, ao solo augusto de onde um dia tinham partido, levados por um imenso tumulto de idéias grandes, os buscadores de mundos...' Hein? É conselheiro Acácio do melhor. Já os meninos ficam sabendo por que foi que o Estêvão d'Alcochete comprou na sua mocidade Pancas... foi por Vasco da Gama ter embarcado em Belém, no século XV, para a viagem da Índia." O diálogo prosseguia, com a seguinte pergunta: "Que vem a ser então este *Fradique*?" Eis a resposta: "A condensação, num tipo de caixeiro, das idéias, das apreciações literárias e das pedanterias juvenis dos homens do *Cenáculo*, que, envelhecendo, e chegando a cargos oficiais, deram a filarmônica dos vencidos da vida. *Fradique* é uma espécie de Ramalho Ortigão, que, tendo lido todos os livros, visto todos os homens, descamba a dizer asneiras sobre as coisas que viu

---

[482]Trata-se do padre João Lucena (1550-1600), autor do livro *História da vida do padre S. Francisco Xavier e do que fizeram na Índia os religiosos da Companhia de Jesus,* tido como um grande purista da língua.

e percorreu." A conclusão de Fialho era deprimente: "Nada entristece mais do que a senectude precoce dum homem de gênio."[483] Sobre a obra, foi tudo.

Entre todos os livros de Eça, *A correspondência de Fradique Mendes* é talvez o de mais difícil interpretação. É Fradique um insuportável pedante ou "um grande homem"?[484] Uma vez que a relação de Eça com Fradique é irônica, não há identificação possível. Eça nunca poderia ter dito "Fradique, *c'est moi*". Mas então de que trata o livro? Como muitos, em 1946, Pierre Hourcade hesitava sobre o que Eça teria pretendido: "Este fantoche é o que o nosso autor teria sonhado ser ou antes se libertou com ele e nele duma tentação de esnobismo que o obcecava e de quis curar-se, encarnando-o?"[485] Gaspar Simões não tinha tais dúvidas. Para ele, Fradique seria o duplo que, há anos, existia no interior de Eça, e que, em 1886, no aristocrático ambiente de St. Ovídio, teria desabrochado.[486] Apesar de detestar o livro, salientava ser o seu prefácio um dos primeiros casos de "ficção intelectual na história de qualquer literatura".[487]

A obra é desconcertante. Às vezes, quase somos tentados a olhar Fradique como se ele fosse o conde de Abranhos. Em outras ocasiões, detectamos preocupações que genuinamente ocupavam o espírito de Eça. A dificuldade reside em sabermos qual a parte da personalidade de Eça contida no herói. Se este era um pedante, e não há dúvidas de que Eça o via como tal, era também alguém que Eça admirava. É fácil descobrir momentos da vida de Fradique que Eça gostaria de ter vivido: "Vestido com a camisa escarlate, [Fradique] acompanhara Garibaldi na conquista das Duas Sicílias. Incorporado no Estado-Maior do velho Napier, que lhe chamara *the Portuguese lion* (o leão português), fizera toda a campanha da Abissínia. Recebia cartas de Mazzini. Havia apenas meses que visitara Hugo no seu rochedo de Guernesey..." Como há frases que Eça teria apreciado que lhe fossem aplicadas: "O que impressionava logo

---

[483]*Os Gatos*, Porto, nº 4, março-julho de 1890.
[484]Várias figuras têm sido apontadas como podendo ter servido de inspiração para a construção da Fradique: Eduardo Prado — riquíssimo e sempre viajando — e Carlos Mayer — vivendo em Paris grandes temporadas.
[485]P. Hourcade, "Eça de Queirós e a França", *in Temas da Literatura Portuguesa, op. cit.*, p. 91.
[486]J. Gaspar Simões, *Vida e obra de Eça de Queirós, op. cit.*, p. 614.
[487]Toda a esquerda detestou o livro. Antônio Sérgio, por exemplo, considerava Fradique um fantoche que acreditava, crime maior, nada ser possível fazer para melhorar o mundo. A personagem confirmaria, na sua opinião, a hipótese de que o problema do ócio estava no "âmago da novelística" de Eça. Ver A. Sérgio, *Ensaios, op. cit.*, Tomo VI, pp. 104-105.

na inteligência de Fradique, ou antes na sua maneira de se exercer, era a suprema liberdade junta à suprema audácia." Em outras partes, Eça diverte-se, pura e simplesmente, como acontece quando relata a opinião de Ramalho Ortigão sobre Fradique Mendes. Para Ramalho, era uma lição vê-lo, no seu quarto, entre as suas malas de couro da Rússia, as grandes escovas de prata lavrada, as carabinas Winchester, escolhendo um perfume, bebendo goles de chá e ditando, a um criado de calção, telegramas que iriam levar notícias suas aos *boudoirs* de Paris e de Londres.

Em certas passagens, Eça quase se esquece do livro que tem diante de si, começando a exprimir as suas próprias opiniões. Veja-se, por exemplo, a forma como são descritas as iluminações no Oriente, um trecho que poderia ter feito parte de *O Egito*. No extremo oposto, há atitudes que nunca poderiam ter sido adotadas por Eça. O caso mais notório talvez seja o da compra da quinta em Portugal. Não é fácil imaginar Eça atravessando o charco, de vara de camponês na mão. Alguns leitores pensarão, como o imaginário Batalha Reis e eu, que Fradique mais não é do que um guapo erudito, perorando bocados de *Larousse* diluídos em água-de-colônia; outros, como o narrador, ter ele sido um cético de finas letras; outros ainda que era um ser suficientemente complexo para nele caber tudo. Eça deixou-nos a escolha. Ele próprio adiou a sua. Até o dia em que não podia mais decidir.

Durante este período, além de sua obra sobre Fradique Mendes, Eça escreveu (e reescreveu) outras obras. Comecemos pela que reescreveu, ou seja, a coletânea que organizou com base em *As Farpas*. Em 1886, Ramalho tivera a idéia de republicar, em livro, *As Farpas*. Para tanto, contatou o editor Corazzi, que aceitou a sugestão. Sua idéia era a de que os opúsculos deveriam sair por ordem numérica, com os seus 11 volumes à cabeça, seguindo-se, depois, os de Eça. Este não concordou e disse-o, desde logo, a Ramalho. Em carta de 24 de outubro de 1890, Eça tentava explicar-lhe, na parte em que eram explicáveis, as suas razões: "O título de *As Farpas* é seu, é o que você deu à totalidade da sua obra, na qual eu não entrei, nem colaborei. Se, a um livro meu, feito da minha colaboração, eu dou também o título 'Farpas', faço dele uma continuação, um suplemento do seu. Sobre isto, não pode haver duas opiniões."[488] Ramalho comunicou-lhe que a idéia de Eça não convinha ao editor, mas o argumento não o impressionou.

---

[488] G. de Castilho (org.), *Eça de Queirós: correspondência, op. cit.*, vol. II, pp. 141-143.

Queria uma obra autônoma, com um título diverso — *Uma campanha alegre* — e tempo necessário para rever as provas.[489] Teimou. Acabou por vencer.

    Como era óbvio, Eça não queria ver os seus textos publicados como se fossem apêndices dos de Ramalho. As discussões entre eles continuaram, com Ramalho, que já terminara a edição dos fascículos, a fazer pressão para que Eça não se atrasasse. Eça foi revendo tudo vagarosamente, alterando, pelo meio, muita coisa. Houve mesmo um artigo (o que se debruçava sobre o seu concurso no Ministério dos Negócios Estrangeiros) que desapareceu do livro. Em 7 de novembro, Eça enviava, por fim, ao editor, os textos revistos, acrescidos de um prólogo. Na carta que escreveu a Ramalho, dizia-lhe: "Das *Farpas*, verá que fui forçado a limpar, catar e endireitar muito o estilo. Você nasceu com um estilo já feito e escrevia tão bem há vinte anos como escreve hoje; daí o poder reimprimir os seus artigos sem lhes tocar. Eu tive de fazer o meu estilo à custa de esforços e *tâtonnements*. No tempo das *Farpas* estava ainda no período bárbaro da forma. Não era possível, decentemente, deixar aparecer ao público páginas assim desalinhadas e por vezes despidas da própria gramática. Tive de refazer uma *toilette* a cada artigo. Mas nem uma só frase foi alterada na sua intenção ou no seu feitio de *humour*." Mentira: nem Eça considerava Ramalho um escritor superior, nem resistira a introduzir alterações.[490] Apesar de todas discussões, *A campanha alegre* acabou por sair em 1890-91.[491] Foi esta a única compilação de textos a que Eça procedeu em vida.

    Muito distante do tom satírico de *As Farpas* estão os textos que, por estes mesmos anos, Eça andava escrevendo. Há muito que, sob a influência de Flaubert, Eça vinha se interessando por matéria hagiológica.[492] O assunto era, por um lado,

---

[489]A edição da Lello de *Uma campanha alegre* é uma vergonha. As datas estão erradas, os títulos não são os corretos e a ordem da seqüência aparece alterada. Não existe ainda uma edição crítica.
[490]Eça não só emendou o estilo, como modificou o sentido de alguns artigos. Algumas páginas, como as que versavam os incidentes em Pernambuco, causados por um artigo seu, foram alteradas. Por razões ideológicas, na edição de *Uma campanha alegre*, de 1927, organizada pelo filho José Maria, verificou-se ainda a ablação de certos artigos.
[491]No final, o editor, não daria a Eça as provas para ele rever, motivo pelo qual o texto contém inúmeras falhas, as quais, até hoje, não foram corrigidas.
[492]Em 1875, Flaubert publicara, na imprensa, o conto *La Légende de Saint Julien Hospitalier*, um escrito que viria a integrar a sua obra *Trois Contes*. Mas o seu fascínio com a vida de santos era muito anterior. Nas suas diversas versões, *La Tentation de Saint Antoine* acompanhara-o ao longo da vida. A primeira versão, de 1849, lida a dois amigos, recebeu deles uma opinião muito crítica, pelo que Flaubert só viria a editar a versão curta, de 1874, tendo, nesse meio tempo, escrito a obra-prima *Madame Bovary*.

uma óbvia forma de escapismo, e, por outro, uma maneira de se concentrar apenas na forma. Em 1891, durante um passeio pelo bosque de St. Cloud, nos arredores de Paris, Eça teria dito a Batalha Reis: "Saberás, porventura, com satisfação, que estou seguindo o teu antigo conselho: Enevoei-me outra vez, totalmente, no fantástico; quase naquele velho fantástico da *Gazeta de Portugal,* feito agora com menos 'abutres' e em 'prosa talvez menos bárbara' que a desses longínquos tempos. Estou escrevendo a vida diabólica e milagrosa de São Frei Gil; e, por sinal, dir-to-ei agora aqui, quando justamente nos achamos sob os arvoredos, que a nossa riquíssima língua portuguesa me parece deficiente em cores com que se pintem selvas; e também te confiarei que, tendo metido, por minhas próprias mãos, o santo bruxo numa floresta, não sei como o hei-de tirar de lá."[493] De fato, por lá permaneceu, esquecido. Eça nunca terminou esta lenda.

Os três contos sobre santos, todos incompletos, ficaram inéditos. Sua cronologia é desconhecida: o mais provável é ter Eça escrito, ao mesmo tempo, mais de um. Tanto quanto se sabe, o "S. Cristóvão" deve ter sido redigido entre 1890 e 1892.[494] A lenda sobre "São Frei Gil", que Eça teria começado a redigir por volta de 1893, ficaria em esquema. Numa carta, de 17 de abril de 1893, para Oliveira Martins, Eça dizia-lhe: "Nós também, louvado seja Deus, não temos história e o nosso *ramerrão* lá se vai desenrolando contínuo e calmo, com um Prado aqui, e uma Navarro além, e, lá muito de vez em quando, o meu santo — outro santo, porque interrompi o S. Frei Gil, para me devotar a Santo Onofre. Não creio que conheças este ilustre solitário, porque não há bem a certeza que ele jamais existisse. Não da sua vida, que a não tem, mas dos agiológios (*sic*), consegui extrair umas cem páginas, uma pequena *plaquette,* para ir acostumando o público a este *neo-flos-sanctorismo.*"[495]

A lenda sobre S. Cristóvão, a única que se aproxima de um texto completo, passa-se na Idade Média.[496] A prosa é diferente da que estamos habituados em Eça: "Um

---

[493] Final da Introdução de Batalha Reis a *Prosas bárbaras, in Obras de Eça de Queiroz, op. cit.,* vol. I, p. 569.
[494] E. Guerra da Cal, *Lengua y Estilo de Eça de Queiroz, op. cit.,* Tomo I, p. 358.
[495] G. de Castilho (org.), *Eça de Queirós: correspondência, op. cit.,* vol. II, p. 256.
[496] A maioria dos manuscritos das lendas desapareceu. O "Santo Onofre" é o texto que apresenta maiores problemas, pois Eça deixou vários manuscritos. Quando organizou a edição, conhecendo-os a todos, Luís de Magalhães foi escolhendo, de cada um, as partes que mais lhe agradavam. Do original, em que Magalhães se baseou para a sua versão da lenda de "Santo Onofre", que H. Cidade Moura diz ter desaparecido, existe uma cópia, feita à mão, na quinta de Luís de Magalhães. Dos outros, há, em mãos de particulares, alguns fragmentos. Após a morte de Eça, o conto "São Cristóvão" foi parcialmente publicado, sem indicação da procedência do texto, em "A Ilustração Portuguesa", de 17 de dezembro de 1906. Ver E. Guerra Da Cal, *Lengua y Estilo de Eça de Queiroz, op. cit.,* Tomo I, pp. 357-359.

dia, numa floresta, ao entardecer, quando por sob as frondes ressoavam as buzinas dos porqueiros, e lentamente na copa alta dos carvalhos se calavam as gralhas, um lenhador, um servo, de surrão de estamenha, que rijamente trabalhara no souto desde o cantar da calhandra, prendeu a machada ao cinto de couro, e, com a sua égua carregada de lenha, recolheu, pelos caminhos da aldeia, ao castelo do seu senhor." O lenhador entra na cabana, onde o esperava a companheira. Aparece-lhe o Menino Jesus, que lhe diz que o filho, que está para nascer, há de ser um santo. Afinal, seria uma criança anormal. Aos 4 anos, ainda não falava. Só quando viu a mãe morrer, Cristovão dirá umas palavras. Em breve, o pai morreria. O monstro fica sozinho.

Cristovão toma então o caminho das montanhas: "Durante um ano viveu na serra. E pouco a pouco, naquela solidão, longe de toda a vida humana, ele quase perdeu a humanidade e foi como um pedaço da montanha que o cercava." Dirigiu-se, depois, a um mosteiro. O padre-mestre explicou-lhe os dogmas e uns noivos leram-lhe os Evangelhos. Cristovão começou a amar Jesus e decidiu trocar o mosteiro por uma aldeia: "As portas do convento nunca mais as transpôs: porque lá habitam a paz e a abundância, o celeiro está cheio de trigo, a adega cheia de vinho." Eram os velhos, os mendigos e os órfãos da aldeia que dele precisavam. Mas, um dia, Cristovão foi apedrejado. Caminhou durante muito tempo, até que chegou a uma cidade. Um homem disse-lhe que não entrasse, pois ali se morria de peste negra. Cristovão não levou o aviso em consideração. Ajudava toda a gente, o que inquietou o sobrinho do príncipe, que então estava a governar a cidade. Cristovão foi amarrado, cuspiram-lhe na cara e escarneceram-no.

De novo, errou pelos caminhos. Ajudava agora um grupo de eremitas. Mas seu orgulho acabou por desgostá-lo. Tomou o caminho oposto ao dos povoados. Foi nessa altura que viu os barões a saquearem as terras dos camponeses. E interrogava-se: "Os seus olhos erguiam-se para o Céu. Ali, por detrás do azul, estava o Senhor! Decerto ele via tantos sofrimentos, as guerras, as fomes, as pestes. Por que não descia do seu trono de ouro?" Cristovão não percebia. Um dia, chegou a uma terra, onde encontrou um grupo de homens trabalhando nos campos, vigiados por besteiros. A humanidade parecia-lhe singularmente infeliz. Cristovão sentia-se triste: "Por que não vinha o Senhor?"

Encontrou-se ao lado do castelo dos senhores de Ribadona. O senhor tinha apenas seis anos. Como estava a ser educado para cavaleiro, "desejava libertar damas presas em torres, domar dragões e ser servido por um gigante armado duma clava". O menino passou a cavalgar Cristovão: "Assim os dias tranqüilos passavam no castelo tranqüilo." Mas, quando cresceu, o menino desinteressou-se de Cristovão. Entretanto, chegara ao castelo um velho, com novidades: no mercado, corria que um bando de servos se levantara, num domínio, por trás das colinas, tendo por brado: "Morte aos castelos!" Outros servos já haviam se juntado a eles. Cristovão quis levantar a ponte para proteger os senhores, mas estes não ligaram para os boatos.

De manhã, Cristovão subiu às ameias e viu "um bando imenso de homens, servos em farrapos, furiosos, brandindo fouces, chuços, tochas, amontoando-se na ponte levadiça, que ninguém se lembrara de erguer, enquanto outros, em redor, a grandes machadadas, abatiam as forcas patibulares e o banco de pedra da justiça, que o musgo cobria, sob o olmo senhorial". Saíram os pagens para defender o senhor: "Através dos pátios, no entanto, já os gritos dos feridos ressoavam por entre o clamor da turba dos *jacques*, que vinha como uma onda que arrebentou os diques." E eis que apareceu Cristovão, com a face ardente, uma barra de ferro em cada mão: "Foi como uma aparição e a turba furiosa recuou com terror." Os servos fugiram, atravessando os pátios, as costas contra as muralhas. Do meio da multidão, surgiu um velho, com um ramo de oliveira na mão, que perguntou a Cristovão por que os atacava, ele, que também era servo, "a eles, servos também". Disse-lhe que não era pelo prazer de destruir que atacavam os castelos: era porque ali, entre as muralhas, residia a gente que causava a fome dos seus filhos. Cristovão deixou cair a barra de ferro. E o velho, avançando, perguntou-lhe por que não vinha com eles, acabar com os amos cruéis. Cristovão desceu lentamente a colina. E o velho gritava: "Este é o grande gigante que nos vem libertar!" Cristovão, brandindo a sua barra, disse: "Vinde."

E, num impulso irresistível, todos os *jacques* o seguiram, enquanto das muralhas do castelo o intendente estendia o braço, "mostrando Cristovão, que se bandeava com os *jacques* e partia através das campinas". Pelo começo da tarde, acharam-se os servos diante de um castelo, de onde saía, sem armas, um senhor. Cristovão gritou, pedindo uma esmola. E o senhor mandou distribuir mantimentos, após o que a ponte se levantou. De madrugada, foram seguindo o regato, até que sentiram um cheiro nauseabundo: era um servo enforcado, meio roído pelos corvos. Ao longe, viram novo castelo. Um silêncio sinistro reinava. De repente, saíram das muralhas dezenas de cavaleiros, de viseira baixa, a lança em riste. Os *jacques* recuaram. Cristovão estava só, no planalto, sem a sua barra de ferro. Um dos cavaleiros correu sobre ele. Cristovão arrancou um pinheiro e derrubou o cavaleiro, enquanto gritava: "Resgate! Resgate!" Em troca do cavaleiro, os servos queriam dinheiro, pão, vacas. Tendo obtido o que desejavam, Cristovão libertou o cavaleiro: "Então começou, de castelo em castelo, através das províncias, a marcha dos *jacques*. Das aldeias, por onde eles passavam, corriam a juntar-se-lhes miseráveis, servos revoltados, mendigos. (...) Dia e noite, Cristovão mantinha a ordem na turba imensa. Não permitia que despojassem as árvores dos frutos, que se tomasse o gado nas pastagens. Só era aceito o que a caridade dava. (...) E sempre adiante, Cristovão ia como uma torre que marchava."[497]

Assim vagueavam, quando uma tarde viram um grupo de cavaleiros, cujos pendões tremulavam no ar. Os *jacques* e os cavaleiros pararam: "O sol brilhava sobre as águas da lagoa e havia um vasto silêncio. À frente dos *jacques* inquietos, Cristovão ficara pensativo, um instante: e ia a marchar para os cavaleiros, pedir caridade para os seus pobres, quando por trás a turba gritou: 'Pára! Pára!' Os homens de armas, desenrolando uma longa linha de batalha, galopavam com as lanças enristadas contra a turba miserável." Cristovão disse aos camponeses para irem buscar os seus chuços e as suas foices, mas os *jacques* tombavam já, às centenas: "E, no meio do combate, sem armas, como não querendo derramar sangue, Cristovão, esguedelhado, enorme, ia com os seus braços arrancando cavaleiros das selas e atirando-os para o chão como fardos de ferragens. O sangue já lhe escorria, da face, do peito..." Uma flecha atingiu-lhe um joelho. Os cavaleiros caíram sobre ele. Os *jacques* reuniram-se e, guiados por um frade, caíram em cima do grupo de cavaleiros. Foram todos mortos. Cristovão jazia estendido na colina. Adormeceu.

Veio um menino, que lhe curou as feridas. E o gigante recomeçou a correr mundo. Era bom com os animais. Ajudava os camponeses a atravessar os rios. Por uma noite de grande inverno, Cristovão, já velho, trôpego, dormia, quando uma

---

[497]Na edição da Lello, vem sempre *jaques*, um erro. A insurreição dos *jacques* teve lugar em 1358, tendo os camponeses destruído castelos no vale de Oise, na Brèche e no Thérain. A rebelião seria duramente reprimida pelos nobres, comandados pelo rei de Navarra, Carlos, o Mau. Eça deslocou a vida de S. Cristovão, do século III para o século XIV.

voz dolorida, gritou: "Cristovão! Cristovão!" Ergueu-se o gigante. E viu, diante de si, uma criancinha, pisando, descalça, a relva, com os cabelos a esvoaçar ao vento e apertando sobre o peito a camisa muito branca. O menino, perdido, pedia-lhe que o levasse até casa de seu pai. Cristovão o pegou. Andou, andou, até que deixou de ter forças: "E parou, sem poder, no topo do monte." Era o fim. Cristovão pousou o menino no chão e caiu ao lado, estendendo as mãos. Ia morrer. Sentiu as suas mãos presas nas do menino e a terra faltou-lhe debaixo dos pés. Então entreabriu os olhos e reconheceu o Menino Jesus, tão pequenino como quando nascera no curral. Através da manhã clara, ia-o levando para o Céu. Assim termina o conto.

Quando foram publicadas, em 1912, as lendas perturbaram muita gente. Houve quem visse nelas um entretenimento reacionário, como houve quem defendesse que elas constituíam um retorno aos ideais progressistas da juventude de Eça.[498] A direita tendeu a confundir a descrição lírica da vida de um santo com a aprovação da Igreja católica, enquanto a esquerda teimava em ver nelas uma mensagem revolucionária. Ambas estavam evidentemente equivocadas. Por um lado, Eça nunca confundiu a Igreja com santos. Por outro, mais do que um partido revolucionário, o "S. Cristovão" é uma apologia do Sermão da Montanha.

Além das lendas, Eça continuou a escrever para os jornais. Entre 1892 e 1893, Eça mandou, para a *Gazeta de Notícias,* oito artigos sobre a atualidade européia.[499] Dentre eles, vale a pena destacar um, "O Bock Ideal", no qual se referia a uma associação de estudantes, existente no Quartier Latin (daí o título), que se reu-

---

[498]Segundo Jaime Cortesão, Eça teria aderido aos valores do franciscanismo, o que o fazia olhar os pobres, os animais e, em geral, a natureza com doçura. Para A. J. Saraiva, por estes anos, Eça teria deixado de acreditar na Revolução. Ver J. Cortesão, *Eça de Queiroz e a questão social, op. cit.,* e A. J. Saraiva, *Para a história da cultura em Portugal, op. cit.,* vol. 2, p. 90.

[499]O artigo em que Eça se debruça sobre a personalidade do imperador alemão é notável. Ver *Ecos de Paris, Obras de Eça de Queiroz, op. cit.,* vol. 2, pp. 1.129-1.135. O artigo foi publicado, na *Gazeta de Notícias,* em 26.4.1892. Nele, Eça alertava a opinião pública para o fato de, sem Bismarck, o *kaiser* se ter transformado num indivíduo perigoso. Na ausência de uma opinião pública forte, como a que existia na Inglaterra, sua ambição poderia conduzir a um guerra mundial. Este artigo é tão lúcido que alguns acadêmicos contemporâneos o têm citado como uma das melhores análises da personalidade do imperador. Ver, por exemplo, K. S. Pinson, *Modern Germany, op. cit.,* pp. 279-280 e 306-7, onde se menciona "a análise competente e espantosamente profética de Guilherme II feita pelo arguto diplomata português Eça de Queirós". A leitura do artigo havia sido feita a partir do extrato incluído no livro de H.W. Steed, *Through Thirty Years, op. cit.* À época, Steed só tinha duas soluções: ou consultou o artigo no original, em *Ecos de Paris,* ou leu-o na tradução espanhola, de 1919.

nia, três vezes por mês, para beber e sobretudo para ouvir um intelectual de direita, Melchior de Vogue. Sob a capa de um evangelismo doce, andava pregando a introdução de uma autoridade mais forte nas sociedades modernas. Apesar de, na opinião de Eça, o orador só afirmar banalidades, de tal forma o seu discurso correspondia a uma corrente de emoção, surgida como reação ao "materialismo dos tempos", que conseguira conquistar o coração dos jovens. Para Eça, o renascimento místico era pernicioso, pois, por trás dele, escondia-se a Igreja católica.[500] Não, Eça não se convertera. Não, Eça não era cesarista. Não, Eça não era Fradique.

---

[500] Ver *Notas contemporâneas*, in Obras de Eça de Queiroz, op. cit., vol. 2, pp. 1.129-1.534. O artigo foi publicado na *Gazeta de Notícias*, desconhecendo-se a data. Da Cal não o conseguiu localizar na revista brasileira, uma vez que na coleção, única, faltam alguns números. Luís de Magalhães datou-o de 1893.

22

O *Spleen*

Houve quem tivesse chamado à década de 1890 de *Belle Époque*, mas não foi assim que os contemporâneos a viram. O sentimento dominante não era o da alegria, mas o da ansiedade. A economia estagnara. O desemprego crescia. Os anarquistas punham bombas. Se, mais tarde, estes anos foram vistos de forma positiva, isso se deve ao fato de a guerra de 1914-18 ter sido de tal forma atroz que o passado surgiu envolto numa névoa cor-de-rosa.

Os anos finais de Eça foram tristes. Sua saúde piorou. A família tinha uma longa história de tuberculose, doença que, em 1886 e 1888, matara, em sucessão, dois dos seus irmãos, pelo que Eça sempre pensou, erroneamente como se viria a verificar, que seria aquela doença a vitimá-lo.[501] A partir de 1897, nas cartas que endereçou à mulher, aparecem referências freqüentes a dores intestinais e a febres intermitentes. Ao que parece, a amebíase, uma espécie de impaludismo, contraída em Cuba ou no Egito, agravara-se.

Entretanto, Eça continuava a viver, em Paris, como se os franceses não existissem.[502] Pouco a pouco, a cidade deixara de o encantar. Não ia aos *boulevards*, não gostava de cafés, não lhe agradava passear. Cansava-lhe o ran-

---

[501] Três irmãos já tinham morrido, anos antes, de tuberculose.
[502] Em *Eça de Queiroz entre os seus apresentado por sua filha, op. cit.*, p. 409, sua filha Maria diz o seguinte: "Nos nossos colégios tínhamos feito conhecimento e amizade com pequenos franceses que vinham a nossa casa, como nós íamos às deles, mas nunca vi um estrangeiro sentado à nossa mesa! Mesmo meus pais, que eu saiba, nunca foram convidados senão por portugueses ou brasileiros, que vinham freqüentemente ver-nos."

ger das sedas, as orquestras, o gás. Fazia, sem interesse, o trabalho do Consulado.[503] Fechava-se no escritório horas sem fim. Não tinha vontade de publicar o que escrevia. Arrastava, pela cidade, dias de imenso tédio.

Em 1893, a família Queirós mudara-se para uma pequena moradia na Av. du Roule, 38, em Neuilly. A casa estava situada num pátio, por trás de um prédio de seis andares. Só depois de se ter passado uma grande porta se descobria um passeio, com árvores, e ao fundo, duas casas gêmeas, uma das quais era a de Eça. Nem o jardim era tão grande, nem a casa tão espaçosa como a anterior. No térreo, ficavam as salas; no 1º andar, os quartos de dormir; no 2º, o quarto de vestir de Eça e o seu escritório.[504] Forradas de estantes, mal se viam as paredes. Como sempre, Eça escrevia de pé, fumando cigarros, que deitava fora, mal os acendia. De tempos a tempos, passeava pelo quarto, falando só.[505] Foi esta a sua morada mais isolada. Nem o barulho das ruas chegava até ele. Numa carta a Oliveira Martins, a última que lhe escreveria, Eça falava-lhe da sua nova habitação: "Nós continuamos na remota província de Neuilly. A nossa casa agora é metida dentro de um jardim, que é ele mesmo metido dentro de um terreno, que, por seu turno, está metido dentro de um largo prédio de *rapport*. Tens decerto visto disposições iguais em caixinhas chinesas. Aí passamos uma vida provinciana e rotineira, como se vivêssemos em Carcassona ou em Carpentras."[506] Acrescentava: "Faço também literatura, uma literatura complicada, porque, com o vício de misturar trabalhos, acho-me envolvido na composição, revisão e *acepilhação* (sic) geral de cinco livros."[507] A Eduardo Prado, então no Brasil, dizia: "Aqui, na Avenue du Roule, tudo é *very compact*, superburguês e já não há noitadas, nem ceias, nem reformas definitivas do sistema do Mundo."

Eça mantinha-se um grande obsessivo. O criado, Charles, tinha estritas instruções para deixar tudo como encontrara. Sobre a alta mesa de trabalho, que sempre o acompanhou, apareciam, sempre pela mesma ordem, um tinteiro, três pesos de papel, o limpa-penas e um castiçal de louça. No seu quarto de vestir, o

---

[503]Terá sido pelo seu papel como cônsul que, em 1896, Eça viria a receber a Legião de Honra.
[504]*Eça de Queiroz entre os seus apresentado por sua filha, op. cit.*, p. 301.
[505]Ver A. Campos de Matos (org.), *Eça de Queiroz e Emília de Castro, correspondência epistolar, op. cit.*, p. 742.
[506]G. de Castilho (org.), *Eça de Queirós: correspondência, op. cit.*, vol. II, p. 312.
[507]Provavelmente referia-se a *A correspondência de Fradique Mendes. S. Frei Gil, Sto Onofre, A ilustre casa de Ramires* e *A cidade e as serras*.

conteúdo das gavetas seguia uma ordem predeterminada, os frascos de água-de-colônia ocupavam sempre o mesmo lugar, as escovas de prata, com o seu monograma, estavam sempre alinhadas. Apesar da depressão, continuava a ser um janota. A filha recorda a chegada dele à casa: "Vejo-o ainda, de volta do Consulado, de chapéu alto, bota de polimento, uma das mãos no bolso do *paletot*, segurando a bengala erguida..."

Duas máquinas, a bicicleta e a máquina fotográfica, animavam aqueles dias mornos. Um amigo, Alberto Frazão, introduzira, no pequeno grupo que se reunia no seu jardim, o gosto pela fotografia. Foi devido a este novo conviva que ficaram registrados para a posteridade o embaixador, Sousa Rosa, o conde da Caparica, que o continuava a chatear, e Carlos Mayer, com quem ele maldizia o século.

Na primavera de 1895, Eça decidiu tirar umas férias no seu país. Habituados a outros confortos, os filhos olharam com espanto o país espartano onde os pais tinham nascido. A mais velha, Maria, ainda recordava, muitos anos depois, o frio que tinham passado nos hotéis e a dureza das camas. Pela primeira vez, as crianças tiveram contato com a família paterna: "Foi durante essa estada em Portugal que fizemos verdadeiro conhecimento com os meus avós Queirós. O Avô, muito alto, muito magro, muito branco, quieto e grave, ensinava-me paciências, de que lhe ficava muito grata. A Avó era muito viva e autoritária e fazia-nos rir com as suas respostas prontas. Muito janota e muito boa dona de casa." Inicialmente, Eça e a família tinham ficado alojados numa pensão, na rua Nova da Trindade. Depois, alugaram a Quinta dos Castanhais, em Sintra. Os rapazes mais velhos foram passar uma temporada com os avós, em Cascais, onde descobriram, deliciados, os figos. Entretanto, Eça tentava rever as provas de *A cidade e as serras*, entre os lamentos de Emília, que odiou a umidade da serra.

Durante estes anos, Eça continuou a mandar crônicas para a *Gazeta de Notícias*.[508] Em geral, são menos interessantes do que as coligidas em *Cartas de Inglaterra*. Nota-se, em muitas delas, um certo cansaço. Mas há exceções. Vejam-se,

---

[508] Foram depois publicadas em *Ecos de Paris,* Porto, Chardron, 1905. O volume foi organizado por Luís de Magalhães. A coletânea não oferece ao leitor quaisquer indicações do local da publicação, nem da data dos artigos. A ordem pretende ser cronológica, mas apresenta irregularidades. A coleção inclui 18 crônicas enviadas por Eça para a *Gazeta de Notícias*, entre 1880 e 1894.

por exemplo, os artigos sobre o anarquismo. Já em 19 de junho de 1892, num texto intitulado "Primeiro de Maio", Eça abordara o tema, embora de forma pouco profunda.[509] Os artigos de 1894 foram publicados pouco depois de o anarquista Auguste Vaillant ter sido guilhotinado, na seqüência do julgamento instaurado devido à bomba que, no ano anterior, colocara no interior do Parlamento.[510] No primeiro, Eça conta, em pormenor, como este confessara à polícia ser o autor do ataque. Analisava, depois, os motivos que o teriam levado ao crime: o desejo de vingança, "por misérias longamente padecidas na obscuridade e na indigência"; o apetite mórbido da celebridade; e o propósito de aplicar a doutrina da seita, "que tendo condenado a sociedade burguesa e capitalista, como único impedimento à definitiva felicidade dos proletários, decretou a destruição dessa sociedade". Eça defendia que, caso Vaillant tivesse conseguido matar todos os deputados, o mais provável seria a emergência de um poder mais duro. O proletariado nada teria conseguido, a não ser criar, ao lado dos velhos mártires da liberdade, novos "mártires da autoridade". As bombas "nunca passariam, relativamente à força e estabilidade dessa sociedade, de atos impotentes e tão inúteis como bolhas de sabão lançadas contra uma muralha". A isto, respondiam os anarquistas não querer destruir as sociedades, mas aterrorizar os burgueses. O raciocínio era vão: "É a eterna inutilidade do regicídio que, matando o homem, não mata o sistema." Eça lembrava que Proudhon fora sempre contra o tiranicídio e, na sua opinião, fosse ele vivo, certamente pregaria contra o anarquismo, por "ser sobretudo um tão lamentável desperdício de energia heróica". Dito isto, pensava que a sentença que condenara Vaillant era impotente para suprimir os anarquistas.

Eça era cético quanto aos meios de luta contra estes grupos: "Durante um momento, decerto, à força de buscas, de prisões, que são o acompanhamento usual da sentença, a seita fica desorganizada, desconjuntada: mas para imediatamente se reorganizar além, mais numerosa, mais fanatizada, por isso que vem

---

[509] Este artigo não foi incluído por Luís de Magalhães em *Ecos de Paris*. Só viria a ser descoberto em 1977, sendo publicado pelo semanário *O Jornal*. Posteriormente, sairia uma separata, ilustrada por João Abel Manta, com o texto, em *O Jornal*, 1979.
[510] O primeiro conjunto saiu a 26.2, 27.2 e 28.2.1894; o segundo, a 26.4., 27.4 e 28.4 de 1894. Auguste Vaillant detonara, em 9 de dezembro de 1893, uma bomba dentro do Parlamento francês, sendo guilhotinado em 5 de fevereiro de 1894.

de padecer mais uma perseguição." Acrescentava: "Tais sentenças não têm senão o efeito desastroso de criar mártires. Ora, não há semente mais fecunda que uma gota de sangue de mártir, sobretudo quando cai num solo tão preparado para que ela frutifique, como é a alma especial dos humanitários que chegaram à exacerbação do humanitarismo, não por teoria, mas através de realidades dolorosas e de uma experiência constante das misérias servis." Para Eça, o júri que condenara Vaillant só vira "o bruto que quis matar". Mas, além deste olhar, havia outro, o dos miseráveis, que nele "só vêem o justo que quis libertar". Embora compreendesse que o problema era de difícil solução, Eça criticava a forma como a França o estava tratando: "A violência não cura e o anarquismo é uma doença." Antes, o trabalhador colocava a sua felicidade não na vida terrena, que só lhe trazia penas, mas no período após a morte. Depois de 1789, tudo mudara: o povo imaginou que poderia, e deveria, ser feliz na terra. Tinham-lhe dito que, para obter tal fim, bastar-lhe-ia derrubar a monarquia: "O proletário, convencido, saiu em tamancos dos seus velhos covis e começou a destruir." Mas, sobre os escombros da monarquia, apareceu um novo amo, o burguês, mais exigente do que o que ele guilhotinara. O povo teria, assim, concluído que as revoluções tinham sido feitas para benefício exclusivo da classe média: "A decepção foi tremenda e tremendos o ódio e o desejo de vingança contra o burguês traiçoeiro. A parte mais inteligente, mais pacífica ou mais legal do proletariado concebeu logo a necessidade de fazer uma outra e derradeira revolução, não contra a estrutura política da sociedade nova, mas contra a sua organização económica..." Assim teria nascido o socialismo, movimento que Eça considerava da mesma família ideológica que o anarquismo: "Uma outra parte, porém, do proletariado, a mais inculta ou a mais violenta, ou simplesmente a mais naturalista, concebeu uma outra ideia e estranha. Para essa, a revolução económica, pregada pelo socialismo (...) é ineficaz, quase pueril, porque não atinge o mal!" O mal, para o anarquista, era o Estado.

Na opinião de Eça, subjacente a tudo isto, estava Rousseau. Fora ele que proclamara aos quatro ventos que o homem nascera livre e bom. De onde se passou a deduzir que, se o homem estava escravizado, a culpa tinha de ser da sociedade. Sendo assim, era inútil continuar a fazer revoluções, pois a sociedade persistiria em conter o vírus da autoridade. A única maneira de os pobres serem felizes seria através da destruição do Estado. Este teria de ser derrubado, em bloco, sem que, de um lado, se colocassem os culpados, e, do outro, os inocentes. Era verdade que existia uma classe particularmente criminosa, os ricos; no entanto, pela sua passividade, todos os homens eram cúmplices. Daí ser necessário "atirar indiscriminadamente a bomba redentora contra as classes exploradoras, contra as classes voluntariamente exploradas, contra a cidade onde se realiza a exploração, contra as próprias crianças que nascem, porque elas já trazem em si o vírus da submissão explorável". Eis o motivo da frieza anarquista perante o assassinato de inocentes.

Eça interrogava-se sobre as razões pelas quais uma seita tão horrenda se multiplicara com tal rapidez. Uma das mais inesperadas causas tinha origem no fascínio que, por ela, sentiam os elementos da alta sociedade, como aquele rapaz louro que figurará no jantar, em casa de Jacinto, no romance *A cidade e as serras*. Este caldo de cultura tendia a glorificar os atos anarquistas e, assim, a absolvê-los. Uma das raízes do fascínio pelo anarquista, a boa, viria da comiseração que naturalmente qualquer pessoa sente por quem sofre; mas havia outra, e perniciosa, que derivava do doentio entusiasmo por tudo quanto é monstruoso. Em Paris, era o delírio: "Duquesas moças, cobertas de diamantes, condenam a má organização da sociedade, comendo codornizes trufadas em pratos de Sèvres." A culpabilidade dos ricos levava-os ao êxtase diante do gesto bombista. Na sua opinião, era sobretudo na imprensa que o anarquismo encontrava um estímulo ao desenvolvimento: "Se é anarquista, se lançou a bomba, é dele a fama universal, que nem sempre conseguem os santos e os gênios." Sem grandes esperanças, Eça afirmava que o Estado não deveria promulgar leis de exceção; que os humanistas deveriam condenar moralmente o anarquista; que os artistas deveriam afirmar que o gesto era meramente bestial; e sobretudo que a imprensa não deveria fazer alarde dos atos dos terroristas.

Cerca de dois meses depois, num artigo que o organizador da coletânea, Luís de Magalhães, intitulou "Outra Bomba Anarquista, o Sr. Brunetière e a Imprensa", Eça, embora falasse brevemente do anarquismo, abordava sobretudo o tema do papel da imprensa no mundo contemporâneo.[511] Da denúncia do anarquismo

---
[511] Os artigos saíram em 26.4, 27.4. e 28.4.1894.

— fora lançada outra bomba num café — Eça passava ao ataque a um mentor literário da alta sociedade, o Sr. Brunetière, que recentemente havia sido eleito membro da Academia Francesa. Conhecido pelas suas opiniões reacionárias, os estudantes tinham decidido protestar contra a ascensão, fato que alegrou Eça: "Eu conto estes guinchos e estes furores da mocidade, como um dos elementos da sua glória, senão já do seu valor, porque desde que as idéias gerais recomeçaram a apaixonar os espíritos moços e que nos pátios das Universidades se trocam outra vez bengaladas por causa de teorias, um professor só poderá ser considerado suficientemente original, vivo, forte, fecundo, quando o seu ensino tenha provocado rancores ou entusiasmos." Eça apreciava particularmente a fúria dos estudantes, porque, no discurso inaugural na Academia, Brunetière proferira uma tirada contra os jornalistas. Eça decidiu atacá-lo, concentrando a sua atenção no seu papel de crítico literário: "O Sr. Brunetière é um botânico das letras. E, de resto, esta comparação não lhe poderia desagradar, porque ele é um dos que recentemente, ao que parece, mais se têm aplicado a introduzir nas ciências morais o método das ciências naturais e a considerar as obras humanas, e sobretudo as obras de literatura e de arte, como produtos de que a crítica e a estética só têm a verificar os caracteres e a esmiuçar as causas." Eça referia-se ao tipo de crítico que ele apreciava: "Ignorante como sou, eu gosto de um crítico que me possa explicar as causas e os caracteres da obra de Musset, mas que sinta palpitar o coração quando lê as *Noites* e a *Carta a Lamartine*, ou porque se lhe comunicou a emoção do ardente lírico, ou porque se enlevou na contemplação da beleza realizada. Sem a faculdade emotiva e o gosto, o crítico pertence àquela espécie de esmiuçadores de causas e arrumadores de gêneros, que Carlisle[512] chamava os *ressequidos*."

Brunetière censurara a imprensa por sua superficialidade, pela bisbilhotice e pelo sectarismo. Eça concordava que os jornais publicavam muitos disparates. Ainda uma semana antes, contava, um articulista do *Figaro*, um jornal geralmente considerado, afirmara que em Portugal "os filhos das mais ilustres famílias da aristocracia se empregavam como carregadores da Alfândega e, ao fim de cada

---

[512]Eça estava certamente se referindo a Thomas Carlyle, o autor de *The French Revolution*, e não a Geroge Howard, 7º conde de Carlisle.

mês, mandavam receber as soldadas pelos seus lacaios". Mas isto não destruía o valor da imprensa. Eça, que, neste artigo, se confessava um "jornalista", argumentava haver jornais para todos os gostos, incluindo publicações sérias, como o *Times*.

Eça ainda escreveu outros artigos, os quais, após a sua morte, Luís de Magalhães compilou numa coletânea, intitulada *Cartas familiares e bilhetes de Paris*. Esta antologia continha os textos por Eça enviados para a *Gazeta de Notícias*, entre 1893 e 1897.[513] Muitos são conjunturais. Dois deles, todavia, sobrevivem ao tempo: um, sobre a guerra entre chineses e japoneses (de 1894); outro, sobre as teorias "nativistas" nos EUA (de 1896). Em "Chineses e Japoneses", Eça aborda a resistência chinesa em proceder à modernização do país.[514] O artigo é culto, perspicaz e informado. Eça começa por criticar a incapacidade de, ao falarem dos povos orientais, os europeus se libertarem de estereótipos: "Que por detrás do rabicho e dos guarda-sóis de papel, e das caturrices, e de todo o exotismo, existam sólidas instituições sociais e domésticas, uma velha e copiosa literatura, uma intensa vida moral, fecundos métodos de trabalho, energias ignoradas, o europeu mediano não o suspeita." Os valores desses povos eram evidentemente diversos dos ocidentais, mas isso não significava que fossem uns selvagens: "Quando uma civilização se abandona toda ao materialismo, e dele tira, como a nossa, todos os seus gozos e todas as suas glórias, tende sempre a julgar as civilizações alheias segundo a abundância ou a escassez do progresso material, industrial e sumptuário. Pequim não tem luz elétrica nas lojas; logo, Pequim deve ser uma cidade inculta." Segundo ele, os europeus, que apenas conheciam os chineses que lhe tiravam as malas dos navios, mantinham naturalmente, sobre

---

[513]*Cartas familiares e bilhetes de Paris, 1893-1896*, Porto, Chardron, 1907. Magalhães dividiu o volume em duas partes: a primeira, intitulada *Cartas familiares de Paris,* contem 9 crônicas; a segunda, *Bilhetes de Paris,* 6. As datas do título não estão corretas, uma vez que, em 1897, Eça ainda enviou para a *Gazeta de Notícias* duas crônicas. Muitos dos subtítulos não são de Eça, mas do compilador. Em outros casos, este não respeitou os títulos de Eça, alterando-os. A ordem, que pretende ser cronológica, falha. Magalhães mutilou alguns textos e não reproduziu outros. Algumas crônicas foram salvas do esquecimento por Manuel Bandeira e Jaime Cortesão. Ver L. Miguel Pereira e Câmara Reis (orgs.), *Livro do centenário do Eça de Queiroz, op. cit.* (para as descobertas por Manuel Bandeira) e J. Cortesão, *Eça de Queiroz e a questão social, op. cit.*, pp. 215-230.
[514]Trata-se de um conjunto de cinco artigos, publicados no jornal brasileiro nas seguintes datas, 1.12, 2.12, 3.12, 5.12 e 6.12.1894.

eles, uma impressão distorcida. Eça argumentava possuir a China uma civilização prodigiosa, "pois que tem sobrevivido a todas as formas de civilizações criadas pelo gênio da raça ariana: e que possui decerto também uma grande doçura, porque o tema invariável e secular da literatura chinesa, desde as máximas dos filósofos até às canções dos líricos, é celebrar a inefável e incomparável felicidade de ser chinês, de viver na China".

Segundo Eça, os europeus deveriam aproveitar a guerra sino-japonesa para estudar, um pouco melhor, a evolução das relações internacionais: "O que ardentemente nos deve ocupar, a nós, Europeus, e mesmo a vós, Americanos, são as conseqüências da guerra — sobretudo as conseqüências de uma derrota da China, de uma boa derrota, bem estridente e humilhante, que penetre até ao mandarinato, até ao inacessível orgulho da dinastia manchu." Fosse o Japão o esmagado, não adviria daí mal ao mundo. Mas, "a China vencida é a Europa ameaçada", porque, no território chinês, vivia quase um terço da humanidade.

Convencidos de que, sob todos os pontos de vista, eram superiores, os governantes orientais apenas viam nos europeus uma qualidade: a de mecânicos. Fora por isso que, a certa altura, tinham decidido mandar missões à Europa.[515] Eça estava a par das grandes transformações que a dinastia Meiji empreendera, após 1868, no Japão. Sobre este fenômeno, dizia: "De uma manhã para a tarde, sem descanso, com um ardor frenético, este povo ligeiro e gárrulo sacudiu as suas tradições, as suas instituições, as suas leis, os seus costumes, os seus trajos, as suas maneiras e envergou duma só vez, e toda completa, como uma farpela, a civilização européia, comprada por preços ruinosos num 'armazém de civilizações feitas'." Até a indumentária do imperador, dizia, se alterara. Nada de semelhante se passara no território chinês. A China tinha comprado algumas armas, o que a levou a ficar convencida que, se houvesse uma guerra com o Japão, ganharia. Mas as coisas não lhe ocorreram desta forma: "Apenas declarada essa guerra, em poucas semanas, o Japão ocupava a Coréia, escangalhava o velho rei e o velho governo, repelia o exército chinês, destroçava a armada chinesa, invadia o solo chinês e começava uma marcha sobre Pequim, para

---

[515]Como se sabe, este processo viria a sofrer um retrocesso, em setembro de 1895, depois do golpe palaciano pela reacionária imperatriz-viúva Ci Xi.

impor ao *Filho do Céu*, dentro da sua cidade santa, uma paz cheia de vergonha e ruína. Por ora, o Japonês ainda marcha, ainda está longe de Pequim. Mas, quando lá entrar, como tudo o pressagia, a China terá sofrido a maior afronta de toda a sua história de seis mil anos."

Eça recuava no tempo, até a guerra do ópio. A Europa, relembrava, forçara a China a abrir os portos, esquecendo-se de que, por onde entravam produtos, saíam pessoas. Para Eça, o perigo não proviria de uma China militarizada — que ele achava improvável —, mas do aumento exponencial da emigração: "Não que devamos recear, como tantos receiam e já profetizam, uma nova invasão de bárbaros da Ásia." Eça tinha suficiente confiança na força, material e espiritual, da Europa para vencer a China. Aliás, este país era fraco em situação de guerra: "A China é uma raça de lavradores, governada por uma classe de literatos; e, com estes elementos, não se criam hordas invasoras." Derrotados, como achava que o viriam a ser, os chineses tenderiam a emigrar: "É esta a invasão a recear, não a invasão tumultuária à moda vandálica." Eça considerava-a inevitável: "... porque, à maneira que as nossas classes operárias, mais educadas, se tornarem mais indisciplinadas (ou antes mais legitimamente exigentes) e o capital europeu travar uma luta mais áspera com o trabalho europeu, a sua tendência irresistível será utilizar a enorme massa dócil e facilmente contente que, cada ano, lhe remeterá a inesgotável China." Eça recordava os chineses que conhecera em Cuba: "Na Havana, nas grandes plantações de tabaco, açúcar, algodão, em serviço onde todas as raças sucumbiam, mesmo a negra, o chinês prospera, fica mais luzidio e gordo. Sóis tórridos, chuvas traspassantes, terrenos paludosos, micróbios e toxinas não têm ação sobre aquele ser, de aparência mole e como feito de borracha." O chinês, dizia, trabalhava sempre. Juntava economias. Depois, partia, levando o dinheiro que juntara e um desprezo, mais intenso do que o que trouxera, pela civilização européia. Um imigrante destes era terrível, porque, na opinião de Eça, alterava significativamente o equilíbrio dos salários nos países industrializados.

Sendo um liberal, jamais passou pela cabeça de Eça impedir a livre circulação de pessoas. Apenas prevenia os governos, neste caso, o brasileiro, para as tensões sociais, derivadas de um influxo súbito de chineses. Eça contava o que se passara na Califórnia, desde que, em 1852, os chineses tinham começado a aportar àquela costa. Depois de várias pressões, o estado da Califórnia terminara por promulgar uma lei proibindo o ingresso dos chineses no território, com base em que roubavam postos de trabalho dos brancos. A série de artigos terminava com uma interpelação de Eça aos fazendeiros brasileiros que andavam proclamando as vantagens da contratação de chineses. Do ponto de vista econômico, tal contratação poderia ser ótima. Em tons apocalípticos, Eça relembrava o reverso da medalha: "Sereis inundados, submergidos. Virão cem, virão logo cem mil. Daqui a dez anos, em S. Paulo e no Rio, tereis vastos bairros chineses, com tabuletas sarapintadas de vermelho e negro, fios de lanternas de papel, covis empestados de ópio, toda a sorte de associações secretas, uma força imensa, crescendo na sombra, e cabaias e rabichos sem cessar, fervilhando. (...) Todas as outras colônias, portuguesa, italiana, alemã, serão insensível e sutilmente empurradas para as suas pátrias de origem: e o Brasil todo, em vinte anos, será uma China." Esta série de artigos não terá o estilo dramático das crônicas sobre os ingleses no Egito, mas é excepcionalmente lúcida.

Em março e abril de 1896, Eça publicava sete artigos, numa série intitulada "A Propósito da Doutrina de Monroe e do Nativismo".[516] Sob esta estranha designação, Eça versava sobre a tentativa, dos EUA, de introduzir medidas protecionistas. O pretexto para a publicação era a situação da Venezuela, país que motivara um conflito entre a Inglaterra e os EUA, aparentemente sobre o ouro. Os americanos tinham então ressuscitado a "doutrina Monroe", interpretando-a abusivamente como significando a "A América para os Americanos".[517] Eça considerava tal ressurreição um fato ridículo. No princípio do século XIX, o que Monroe dissera talvez tivesse feito algum sentido; oitenta anos depois, não fazia nenhum. Eça aproveitou o momento para vestir, com brio, o traje de historiador: "Era então o devoto e borbônico ano de 1823 e a Europa estava nos grandes dias de Metternich e da Santa Aliança. Tão radicalmente mudou a face política, moral e social do mundo que o conhecimento íntimo desta famosa Aliança, que a si própria se designava *Santa*, pertence quase exclusivamente à erudição histórica. Não a caluniamos decerto dizendo que ela foi uma aliança dos reis contra os povos." Em seguida, contava como, após a queda de Napoleão,

---

[516]Os artigos foram publicados em 30.3, 31.3, 1.4, 2.1, 3.4, 4.4 e 5.4.1896.
[517]James Monroe (1758-1831) foi o quinto presidente dos EUA.

a aliança se formara. Tendo esmagado "os primeiros rebentos liberais no Piemonte e em Nápoles, e restituído à Espanha os pitorescos benefícios de Fernando VII, da Inquisição e da forca", a Santa Aliança arrogara-se o direito de tomar uma atitude hostil, relativamente a qualquer país que se atrevesse a derrubar o rei. Ora, havia uma parte do mundo, a América Latina, onde isso se passava: "Por toda a sua costa, do Atlântico ao Pacífico, não se viam senão vice-reis espanhóis, fugindo com baús de couro carregados de uniformes e dobrões, para bordo de velhas naus que viravam cabisbaixamente as proas para Espanha. Uma a uma todas as colônias, aproveitando as guerras de doutrina política que assolavam a mãe-pátria, se iam emancipando dela e dando o começo a essa bela pândega anárquica em que se têm deliciado há setenta anos, entre muita gritaria, muita poeira e muito sangue." Eça explicava: "... a Santa Aliança apenas acabou de consertar os negócios de Fernando VII em Espanha e de aferrolhar os liberais nas prisões do Santo Ofício e nos presídios de África, começou a pensar em lhe consertar também os negócios na América espanhola e em reduzir de novo as colônias a uma sujeição filial, redourando assim o necessário prestígio dos Bourbon e dando simultaneamente uma ríspida lição aos povos que se quisessem abandonar à desleal quimera da Liberdade. Com tão santos intuitos se reuniu o Congresso de Verona,[518] onde se deviam assentar as bases de uma ação entre todas as potências aliadas, para o extermínio dessas abomináveis repúblicas latinas, formadas de pedaços partidos do império espanhol." Fora perante isto que se erguera a voz do presidente Monroe. Retoricamente, Eça interrogava: "Podiam, pois, os Estados Unidos consentir que uma frota aliada, com pavilhão apostólico, viesse desmanchar esta obra de liberdade e mesmo de civilização, de que ela fora a inspiradora e a mestra?" Não, não podia, embora, como reconhecia, não tivesse sido a declaração de Monroe que travara os planos da Aliança, mas a frota inglesa. Na realidade, a Inglaterra olhava as repúblicas da América do Sul "com o vivo e mercantil receio de que a restauração política da Espanha no Novo Mundo fosse (como fatalmente seria) a restauração paralela do seu sistema econômico, que excluía dos portos coloniais todo o tráfico, produção e indústria

---

[518]Congresso que se reuniu, em 1822, em Verona, para analisar o que se poderia fazer diante do iminente colapso da Aliança das Potências.

inglesa". Foi finalmente a proteção britânica que permitiu às repúblicas sul-americanas não soçobrarem.

Depois desta incursão pela história, Eça voltava à questão de "A América para os Americanos". Havia, notava, um problema: os "Americanos", tal como mencionados na frase, não existiam. Americanos eram os algonquins, os iroqueses, os apalaches, tão raros que constituíam apenas uma curiosidade etnológica. Eça prosseguia, com brilho, o argumento: "Em todo o vasto continente americano, não há uma cidade, um centro ativo, onde exista, se possa descobrir um único *americano*. Em Nova Iorque, onde se agitam dois milhões de homens, que são irlandeses, ou ingleses, ou escoceses ou alemães ou suecos ou franceses ou italianos ou russos, ou espanhóis ou portugueses, é fácil ainda encontrar chineses, japoneses, hindus, tártaros, persas, marroquinos, árabes do deserto, negros dos mais negros fundos de África: mas é impossível descortinar um homem, que, no puro sentido etnológico, seja um americano."

Eça reconhecia que a China há muito praticava uma política protecionista, mas achava-lhe desculpas, na medida em que tinha uma tradição em que assentar as suas decisões, o que não acontecia com os EUA: "De norte a sul, não há em todo o continente americano (com exceção dos toucados de penas dos Índios) um único princípio, um único costume, uma única firma que fosse originariamente inventada na América." Com algum exagero, Eça dizia que em quatrocentos anos, a América nada teria inventado. O nativismo apenas significava, para Eça, "*o medo egoísta da concorrência*", um sentimento que provinha do seu complexo de inferioridade. Para ele, não havia povos nativistas. O que havia era gente incapaz: "É o lojista que tem de fechar a loja deserta, enquanto ao lado o lojista estrangeiro alarga a sua, onde a multidão se apinha. É o escritor que vê livros estrangeiros vendidos, discutidos, envolvidos na vida intelectual, enquanto os seus ao fundo dos armazéns apodrecem, no silêncio, na escuridão e no pó das obras mortas. É o arquiteto a quem nem o Estado, nem os particulares, confiariam a construção dum muro de quintal e que assiste ao triunfo de o arquiteto estrangeiro, encarregado de cobrir a cidade de casas e monumentos. (...) Estes são os verdadeiros nativistas, os que *falharam* em face do estrangeiro que *acertou*." Poucos o terão dito tão bem.

No final, Eça estimulava a vaidade dos brasileiros. Era provável, reconhecia, que, no Rio de Janeiro, onde a concorrência era áspera, "alguns derrotados da vida atribuam candidamente a sua derrota, não à própria inabilidade e fraqueza, mas à força esmagadora de um fenômeno social, ao número invasor das raças alheias". Mas as suas declarações não deviam ser ouvidas: "As repúblicas semimortas da América Central, uma Guatemala, uma Nicarágua, um Equador, são nativistas com paixão, e o seu nativismo é compreensível, porque nelas não só abundam os homens *falhados*, mas elas próprias são países *falhados*." Não era esse o caso do Brasil, um país suficientemente forte para agüentar a concorrência. Foi com esta nota otimista que Eça terminou esta série.

Os *Bilhetes de Paris* contêm outros seis artigos, todos escritos entre 1896-97. São menos interessantes do que era comum em Eça. Em 20 de setembro de 1897, este publicava a sua última colaboração para a *Gazeta de Notícias*. Intitulava-se "As Catástrofes e as Leis da Emoção". Durante o período em que estivera silencioso, tinham-se verificado vários desastres: na Armênia, a matança de trezentos mil cristãos, uma guerra terrível entre a Turquia e a Grécia, a explosão de bombas anarquistas na Espanha. O assunto que decidira abordar era a forma como as pessoas reagiam aos diversos tipos de desastres: "Mas eu não sei, meus amigos, se estas desgraças realmente vos interessam, vos comovem, porque a distância atua sobre a emoção exatamente como atua sobre o som." Eça recordava uma noite em que, numa vila de Portugal, uma senhora lia, à luz do candeeiro, um jornal da tarde. Em torno da mesa, senhoras costuravam. Espalhados pelas cadeiras, três ou quatro homens fumavam. A senhora relatava várias calamidades: na ilha de Java, um terremoto destruíra vinte aldeias, matara duas mil pessoas... Ninguém comentou. Na Hungria, um rio transbordara, destruindo homens, searas, gado. Entre um bocejo, alguém dissera: "Que desgraça!" A senhora continuava, muito calma, contando que, na Bélgica, houvera uma *greve*, que a polícia matara algumas criancinhas. Alguém: "Que horror!... Estas *greves*! Pobre gente!" As desgraças continuavam. No sul da França, um trem descarrilara. Subitamente, a senhora que estava a ler alto o jornal levou as mãos à cabeça: "Santo Deus!" Todos se ergueram. E ela balbuciou que Luísa Carneiro, da rua da Bela Vista, "desmanchara" um pé naquela manhã. As senhoras deixaram a costura, os homens esqueceram os charutos. Todos queriam saber mais. Um criado correu até casa da amiga para saber notícias. A emoção destruíra a paz da *soirée*. Eça acrescentava: "Dois mil javaneses sepultados no terremoto, a Hungria inundada, soldados matando crianças, um comboio esmigalhado numa ponte, fomes, pestes e guerras, tudo desaparecera, era sombra ligeira e remota. Mas o pé desmanchado da Luísa Carneiro esmagava os nossos corações... Pudera! Todos nós conhecíamos a Luisinha e ela morava adiante, no começo da Bela Vista, naquela casa onde a grande mimosa se debruçava do muro, dando à rua sombra e perfume." Foi com este artigo que Eça se despediu do público brasileiro. E do jornalismo em geral.

Eça sentia-se cansado. Tão cansado que nem férias lhe apeteciam. Em diversos momentos, Emília e os filhos voltaram a freqüentar as praias da Normandia e da Bretanha, mas Eça preferiu ficar na capital. A solidão nunca o incomodara e nem agora, que se sentia mal, o afligia. Houve momentos em que parece ter-se divertido. Numa carta estival, contava à mulher que, nessa noite, bebera champanhe e que, depois, "uivara Verlaine pelos *boulevards* desertos". Mas noutras ocasiões já não era capaz de estar sozinho. Em 1897, sem criados em casa, decidiu ir para um hotel. Mas, desabituado do ruído das ruas, a confusão enervou-o. Partiria, pouco depois, para Plombières, a primeira de uma série de estadas em termas. Em 18 de agosto de 1897, queixava-se a Emília do médico local: "Faz as visitas quando toda a gente está no banho, entra *en coup de vent,* manda deitar a língua de fora e abala. Estou com curiosidade de saber o que ele me leva por me ter visto tantas vezes a língua." Sem obter melhora, voltou para Paris.

Na cidade, a vida prosseguia, monotonamente igual. No lar, o ambiente continuava a ser dominado pela mulher. Quando se tratou de escolher a educação dos filhos, Eça assumiu uma posição passiva. De fato, foi Emília quem selecionou os estabelecimentos escolares que os filhos freqüentaram. No outono de 1894, Maria fora inscrita num convento, o das *Dames Chanoinesses Augustines Anglaises,* que ficava perto de casa, e José, no Colégio dos Padres da St. Cruz, localizado na rua onde moravam. Os mais novos, Antônio e Alberto, ficaram em casa, tendo aulas com uma senhora francesa, antes de, também eles, virem a freqüentar o colégio de José. Ao verificar que as crianças eram incapazes de se exprimir em português, agora que a criada Teresa partira, Emília mandou vir de Portugal uma preceptora, Isabel Correia, recomendada por sua irmã Benedita.

Mas nunca, enquanto viveram em Paris, os filhos falaram português. Mesmo com os pais, exprimiam-se em francês. As cartas que Eça deles recebia eram igualmente escritas nessa língua. Aliás, Eça também lhes respondia em francês.[519] Tendo nascido todos (exceto Maria) fora do país, as crianças eram incapazes de dominar a língua dos pais. Por insistência de Eça, em 1899, Maria decidiu fazer um diário. O documento revela as brincadeiras com que, na casa, se entretinham as crianças: "*Oh! Je me suis bien amusée, j'ai fait le baptême de ma poupée. (...). Zézé a été le curé, il était très drôle, car maman luit avait mît um peignoir et en guise de soutane un capouchon noir.*"[520] Que terá pensado Eça de tudo isto? Nesta fase da sua vida, é pouco provável que o fato o irritasse.

No que diz respeito à vida social, Eça deixava-se levar. Quase sem ele dar por isso, a vasta rede familiar de Emília levou-o a poses cada vez mais pretensiosas. Em 24 de janeiro de 1897, numa carta à condessa de Sabugosa, tecia considerações sobre Paris destinadas a agradar à nova prima: "Paris, com efeito, já não é aquela cidade que V. Excia., minha Prima, conheceu ligeira e luminosa. Agora está muito grosseira de aspectos, de modos e de idéias — e completamente negra! Dizem os entendidos que é por causa do imenso número de fábricas e porque Paris se vai tornando uma cidade cada vez menos intelectual e mais fabril. Não sei, o que é certo é a sua grosseria e o seu melancólico negrume. Até exteriormente perdeu toda a graça e elegância." A ladainha reacionária terminava com: "Deus nos dê paciência para aturar a civilização."[521] Mesmo nas cartas aos amigos, nota-se um tom mais artificial. Em 28 de maio de 1898, escrevia a Luís de Magalhães, sobre cujos méritos sabemos o que pensava, o seguinte: "Já recebi D. Sebastião. Já folheei e admirei logo a nobre e bela estrutura do Poema, aquilo a que os franceses chamam *l'ordonnance*. Enfim! Eis um poema português com uma sólida coordenação e rolando em majestosa disciplina para um *fim* cheio de poesia e de superior moralidade..." Um poema "português", rolando para um fim cheio de "superior moralidade"?!! Nunca Eça descera a tais inépcias. Mais duro tinha sido, quando, a 26 de abril de 1894, comentara *A vida de Nun' Álvares*, de Oliveira Martins, livro que, apesar de tudo, era infinitamente superior ao de Magalhães.

---

[519] Ver Beatriz Berrini (org.), *A arte de ser pai, op. cit.*
[520] *Ibidem*, p. 63.
[521] G. de Castilho (org.), *Eça de Queirós: correspondência, op. cit.*, vol. II, pp. 379-181.

As cartas em que menciona a rainha são igualmente patéticas. Em 8 de janeiro de 1898, a propósito de um desenho (uma mulher da Beira) que servira para ilustrar o número especial da *Revista Moderna* dedicada à rainha D. Amélia, Eça comunicava ao conde de Sabugosa: "O desenho da Rainha é realmente encantador, de um desenho firme, de um relevo todo repassado de vida, de uma factura ao mesmo tempo muito graciosa e forte." A rainha era ainda tema de uma carta que, em 1898, Eça escrevia, de Lisboa, à mulher, em que lhe contava que, segundo constava, seu artigo na *Revista de Portugal* não tinha sido visto com agrado nos círculos palacianos (talvez por ele se ter intitulado "um vago anarquista entristecido"), mas que a rainha fora "exuberante de reconhecimento, afirmando que nunca sobre ela se tinham dito coisas tão amáveis e num tom tão elegante".[522] As novas amizades levaram-no a cometer atos inesperados, como o de tornar-se sócio de umas "Cozinhas Econômicas", patrocinadas pela duquesa de Palmela. Numa carta de 11 de maio de 1899, dizia-lhe: "Sempre de longe me interessarei, e vivamente, por essa Obra em que a Duquesa põe tanto coração e tanta inteligência."[523] Ao conde de Arnoso, em maio de 1899, tentava explicar a razão pela qual fora embora de Lisboa sem dele ter se despedido: "Não sei se te lembras do Ulisses. E se te lembras sobretudo dos expedientes, das manhas sublimes desse divino homem, naquela prodigiosa viagem em que ele ansiosamente navegava em demanda da sua Ítaca, da sua Penélope, do seu doce Telêmaco..." Tudo para dizer que, também ele, Eça, tivera de usar subterfúgios para fugir aos cânticos das sereias: "Não te rias! sim, é certo, o Carlos Mayer nunca poderá ser tomado por uma Sereia, nem mesmo no nevoeiro mais cerrado; tu também, apesar de mais bonito, tens, para Sereia, muito pêlo na cara; nenhuma das nossas amigas, por outro lado, canta de noite ao luar, com metade do corpo mergulhado e ondulado na vaga indolente (...)". A carta terminava: "Peço que ofereças todos os meus respeitos a El-Rei, a quem beijo a mão. E beija tu por mim a mão da Rainha, dizendo-lhe, se achares bem, quanto vivamente senti não tomar, no momento da minha partida, as suas ordens sempre bem desejadas."[524]

Em 1897, Eça encontrara um novo veículo, a *Revista Moderna,* para os seus

---

[522]O artigo sobre Dona Amélia aparecera, num número especial, com data de 15.1.1898, da *Revista Moderna*. Da Cal afirma que o artigo não agradara, pois houve quem o considerasse pouco cortês.
[523]G. de Castilho, *Eça de Queirós: correspondência, op. cit.*, vol. II, pp. 490-1.
[524]*Ibidem*, pp. 494-9.

artigos. Era um periódico editado, em Paris, por Martinho de Arruda Botelho, filho de um riquíssimo fazendeiro de café de São Paulo. Formalmente, o diretor era Botelho; na prática, quem organizava tudo era Eça. Com ótimo papel e inúmeras ilustrações, a revista publicou, entre maio de 1897 e abril de 1899, 30 números. Depois, pediu falência.[525] O que não admira, dadas as extravagâncias a que Botelho se entregara. A certa altura, como forma de angariar leitores, este decidiu dar, a cada novo assinante, um relógio de ouro, da marca Pathek Philip, a mais cara do mundo.[526]

A qualidade das crônicas de Eça neste periódico é muito desigual. Algumas — veja-se, por exemplo, *Na praia*, de 20.8.1897 — são de uma banalidade chocante; outras, como os contos *A perfeição* e *José Matias*, são obras-primas. Foi ainda nesta revista que saiu, em folhetins, parte de *A ilustre casa de Ramires*.[527] Apesar de seu estado de saúde, Eça continuava a trabalhar intensamente.

Inspirado no Canto V da *Odisséia*, a *Perfeição* é um conto admirável. Eça fala da infelicidade de Ulisses na ilha onde Calipso o recolhera. Até que Mercúrio, o mensageiro de Júpiter, diz à deusa: "Ora, o destino deste herói não é ficar na ociosidade imortal do teu leito, longe daqueles que o choram, e que carecem da sua força e manhas divinas. Por isso Júpiter, regulador da Ordem, te ordena, oh deusa, que soltes o magnânimo Ulisses dos teus braços claros, e o restituas, com os presentes docemente devidos, à sua Ítaca amada, e à sua Penélope, que tece e desfaz a teia ardilosa, cercada dos pretendentes arrogantes, devoradores dos seus gordos bois, sorvedores dos seus frescos vinhos." Resignada, Calipso vai ter com Ulisses: "Ah! Se conhecesses, como eu, quantos duros males tens de sofrer antes de avistar as rochas de Ítaca, ficarias entre os meus braços, amimado, banhado, bem nutrido, revestido de linhos finos..." Docemente, Ulisses responde-lhe:

---

[525]A periodicidade da revista foi irregular: começou por ser quinzenal, passando depois, em maio de 1898, a mensal, com exceção do mês de julho do mesmo ano, em que se publicaram dois números. A revista, cuja assinatura anual era, na França, de 40 francos e, em Portugal, de 10.000 réis, estava além das posses do público. Quando surgiu a crise financeira, Eça planeou um número especial, dedicado à rainha Dona Amélia, mas nem isso a salvou.
[526]Heytor Lira, *O Brasil na vida de Eça de Queiroz*, op. cit.
[527]Na *Revista Moderna* seria publicado o conto "O suave milagre", que a direita recuperaria, como obra maior. É a história de uma viúva pobre com um filho doente, a quem, um dia, o Menino Jesus apareceu. Em 1901, o conde de Arnoso, em conjunto com Alberto de Oliveira, adaptá-lo-ia ao teatro, sendo a peça representada, pela primeira vez, no Teatro D. Maria II, em 28 de dezembro desse ano.

"Oh deusa venerável, não te escandalizes! Perfeitamente sei que Penélope te está muito inferior em formosura, sapiência e majestade. Tu serás eternamente bela e moça, enquanto os *deuses* durarem: e ela, em poucos anos, conhecerá a melancolia das rugas, dos cabelos brancos, das dores da decrepitude e dos passos que tremem apoiados a um pau que treme. O seu espírito mortal erra através da escuridão e da dúvida; tu, sob essa fronte luminosa, possuis as luminosas certezas. Mas, oh, deusa, justamente pelo que ela tem de incompleto, de frágil, de grosseiro e de mortal, eu a amo, e apeteço a sua companhia congênere!" Como se vê, Eça conseguiu dar ao texto clássico um frescor surpreendente.

 O outro conto, *José Matias*, publicado em 25 de junho de 1897, foi logo considerado uma obra-prima. Embora apenas o declarasse em carta privada, até Machado de Assis foi forçado a reconhecer que o escrito de Eça era "lindo".[528] O enredo gira em torno de um homem, José Matias, apaixonado por uma mulher que não quer possuir. Matias ilustra a natureza da paixão, a qual, pela sua essência, exclui a consumação. O conto começa com uma voz, sem rosto e sem nome, dizendo a alguém, igualmente sem rosto e sem nome, estar à espera do enterro do amigo. A biografia deste será contada durante a viagem fúnebre. O narrador, um filósofo, dirige-se ao companheiro que, com ele, partilha o fiacre: "O meu amigo certamente o conheceu — um rapaz airoso, louro como uma espiga, com um bigode crespo de paladino, sobre uma boca indecisa de contemplativo, destro cavaleiro, duma elegância sóbria e fina." A vida de José Matias centrara-se exclusivamente em Elisa: "Alta, esbelta, ondulosa, digna da comparação bíblica da palmeira ao vento. Cabelos negros, lustrosos e ricos, em bandós ondeados. Uma carnação de camélia muito fresca. Olhos negros, líquidos, quebrados, tristes, de longas pestanas..." A beldade era casada com um velho e vivia em Arroios. Sempre fechada no lar, ninguém sabia de sua existência. Quem a via, e todos os dias, era José Matias, que habitava a casa ao lado. Este apaixonara-se pela vizinha. O amor, esplêndido, puro, distante, durou dez anos. Embora jamais se tivessem falado, trocavam-se cartas. O marido não contava: "Não sugeria idéias inquietadoras de marido ardente, cujo ardor, fatalmente e involuntariamente,

---

[528] Em janeiro de 1898, Machado de Assis escrevia a um amigo seu, o diplomata Magalhães de Azeredo, que vivia em Paris: "Os dois contos de Eça de Queirós, *Perfeição* e *José Matias*, são lindos." Ver H. Lyra, *O Brasil na vida de Eça de Queiroz*, op. cit., p. 199.

se partilha e abrasa." Matias quase tinha consideração pelo velho. Um dia, no final do inverno de 1871, o marido morrera. Quando, nessa noite, o narrador chegara a casa de José Matias, ele já fazia as malas. Ia partir para o Porto. Os amigos julgaram que o motivo fosse a delicadeza: enquanto o luto de Elisa durasse, afastar-se-ia. Enganavam-se.

José Matias não voltou a Lisboa durante anos. Um dia, pelos jornais, Matias soube que Elisa voltara a casar, desta vez com um proprietário rico. Os amigos indignaram-se com a traição a Matias, até terem conhecimento, pelo próprio, de ter sido ele a recusar o casamento. Matias desejava voltar ao seu *status* de *voyeur*. Queria de novo amá-la, serenamente, da sua janela. Mas, agora, havia uma diferença. Embora Matias soubesse que Elisa o amava, o novo marido era um homem na flor da vida, que "rompera brutalmente através do seu puríssimo amor, com os negros bigodes, e os carnuços braços e o rijo arranque dum antigo pegador de touros e empolgara aquela mulher, a quem revelara talvez o que é um homem!" O narrador ainda levantara a hipótese de que Matias temesse as materialidades do casamento. Mas não: Matias era apenas "um ultra-romântico, loucamente alheio às realidades fortes da vida, que nunca suspeitou que chinelas e cueiros sujos de meninos são coisas de superior beleza em casa em que entre o sol e haja amor". O pior, contava, é que Elisa continuava a amá-lo: "...logo desde Setembro, quando o Torres Nogueira partiu para as suas vinhas de Carcavelos, a assistir à vindima, ela recomeçou, da borda do terraço sobre as rosas as dálias abertas, aquela doce remessa de doces olhares com que durante dez anos extasiara o coração do José Matias." Já não se escreviam, mas continuavam a amar-se. Infeliz, Matias espantou Lisboa com as suas excentricidades. Nem elas dissiparam a sua dor. Começou a beber. Matias arruinara-se. Tudo isto durou sete anos. Eis que, subitamente, o segundo marido de Elisa morre. Durante muito tempo, o narrador não encontrara Matias, nem ouvira falar de Elisa. Até que, um dia, a viu, numa varanda de uma casa da rua de S. Bento, metendo folhas de alface na gaiola de um canário: "E bela, meu amigo! Mais cheia e harmoniosa, toda madura, e suculenta, e desejável, apesar de ter festejado em Beja os seus quarenta e dois anos!" Tinha agora um amante, um jovem, ex-apontador de Obras Públicas no Alentejo, que arrastara até Lisboa.

Voltara, passadas algumas semanas, à rua de S. Bento. E deparara-se com José

Matias: "Deixara crescer a barba, uma barba rara, indecisa, suja, mole como cotão amarelo; deixara crescer o cabelo, que lhe surdia em farripas secas de sob um velho chapéu de coco." Escondido, num buraco, esperava por Elisa: "Pois, meu amigo, três anos viveu o José Matias encafuado naquele portal!" Ela continuava a querer vê-lo. Todas as noites, encostada à varanda, ou por trás dos vidros, o olhava. Ao fim de três anos, José Matias foi parar no hospital.

Os companheiros chegavam agora ao cemitério. E qual não foi o espanto de ambos, quando, a um canto, viram o amante, com um ramo de flores, enviado por Elisa. O conto terminava com uma mensagem: "Elisa mandou o seu amante carnal acompanhar à cova e cobrir de flores o seu amante espiritual!. Mas, oh meu amigo, pensemos que, certamente, nunca ela pediria ao José Matias para espalhar violetas sobre o cadáver do apontador! É que sempre a Matéria, mesmo sem o compreender, sem dele tirar a sua felicidade, adorará o Espírito, e sempre a si própria, através dos gozos que de si recebe, se tratará com brutalidade e desdém! Grande consolo, meu amigo, este apontador com o seu ramo, para um metafísico que, como eu, comentou Spinoza e Malebranche, reabilitou Fichte e provou suficientemente a ilusão da sensação! Só por isto valeu a pena trazer à sua cova este inexplicável José Matias, que era talvez muito mais do que um homem — ou talvez ainda menos que um homem... Com efeito, está frio... Mas que linda tarde!"[529] Se, nos seus artigos, Eça continuava a lutar veementemente contra o espiritualismo, na ficção dava-se liberdades.

Na primavera de 1898, Eça veio a Lisboa, para rever as propriedades herdadas. Emília ficou, como de costume, em Paris. De Lisboa, Eça escrevia-lhe sobre os amigos. Contava-lhe que Ramalho estava doente em Cascais, que tinha ido a uma *soirée* na casa de Maria Amália Vaz de Carvalho, que estivera presente numa festa em honra de Mouzinho de Albuquerque. E acrescentava não se sentir bem de saúde. Lisboa apenas era boa, dizia-lhe, para se comprarem livros em alfarrabistas. Instalado em casa dos pais, tinha dificuldade em escrever: "O que me perturba é a terrível mudança de hábitos. Almoço às dez, para poder jantar às cinco, hora já tardia e que é a extrema concessão que meu pai pode fazer. Além

---

[529] Ver A. Coleman, *Eça de Queiroz and European Realism, op. cit.*, pp. 233-241 e J. Prado Coelho, "Sobre o 'José Matias' de Eça de Queirós", in *A letra e o leitor, op. cit.* Este último salienta a modernidade da técnica narrativa do conto, a qual servia o pudor anti-romântico de Eça.

disso, ao que parece tu tiveste a infernal inspiração de indicar à Miló o meu regime (!), que minha mãe entendeu *tout de travers*. E as carnes sangrentas, jantar às horas inverossímeis em breve darão cabo do meu pobre estômago e já estão fazendo a sua obra. Ainda hoje não cessei de tomar águas de Vidago! Estas horas, além disso, desarranjam inteiramente o meu trabalho e isto tudo cria para mim uma atrapalhação digestiva e literária."[530] Eça relatava-lhe que, na capital, todo mundo andava excitado com a guerra entre Espanha e Cuba. Fora isso, a vida lisboeta continuava igual. Em 22 de abril de 1898, comentava: "Creio que é nestas visitas, e distâncias, e paragem no Chiado, e vestir para jantar, etc., que se vai o meu precioso dia. Não tenho feito nada e ando nesse desgosto." Sentindo-se cada vez mais adoentado, adiara a ida às quintas. Só em meados de maio partiria para o Alentejo. Noutra carta, contava a Emília que a herdade estava muito bem tratada: "Quase dá vontade de ali viver, se não fosse a imensa solidão, a melancolia da paisagem e a insalubridade do sítio." Eram muitos "ses". Regressou a Lisboa, onde ainda permaneceu uns dias, antes de seguir para Sta. Cruz. Foi o tempo suficiente para assistir, da varanda de casa dos pais, ao cortejo organizado a propósito do Centenário de Vasco da Gama. Envaidecido, contava a Emília que tinha sido reconhecido: "Ainda apanhei o cortejo cívico, que não tinha civismo nenhum e onde apenas ofereciam interesse um bando de pretos de Moçambique. (...) Entusiasmo, nenhum. O povo ainda não percebeu quem era este Vasco da Gama. Aqui, no Rossio, o cortejo passou num silêncio glacial, quase sombrio, um silêncio de 30 mil pessoas. Eu, todavia, se me faz favor, tive a minha ovação, que agradeci, do quarto andar, com modéstia." O povo podia não conhecer o herói das Descobertas, mas sabia quem era o autor de *O primo Basílio*.

No fim do mês, partia para o Porto: "Pena tenho eu de não ter passado todas estas férias na província. Não no Porto, que é cada vez mais triste, apesar da luz elétrica." Deve ter sido durante esta sua estada que teve lugar a cena que Raul Brandão conta nas suas *Memórias*. À época, o refúgio dos literatos era o Café Camacho, na praça Nova. Ali se costumavam reunir, entre outros, Antônio Nobre, Joaquim de Araújo, Basílio Teles e Sampaio Bruno. Brandão relata que, durante várias noites, Eça por lá passava, a altas horas da noite, comendo invaria-

---

[530] G. de Castilho (org.), *Eça de Queirós: correspondência, op. cit.*, vol. II, p. 424.

velmente uma galinha cozida. À volta dele, em sussurro reverencial, dizia-se: "Anda a escrever um romance..." Todos o olhavam com admiração. Um dia, um dos presentes, o mais atrevido, perguntou-lhe de onde vinha, àquela hora. Ao que Eça terá respondido: "Venho de dar o beijo sagrado na fonte das gerações."[531] A serem verdadeiras, o que está longe de ser certo, estas atividades não apareciam nas cartas a Emília.

Eça partia, pouco depois, para a quinta do Douro, desta vez com Luís, o filho natural de Luís Resende. O tempo estava magnífico. Apesar disso, Eça sentiu-se desapontado com a paisagem, impressão que, depois, se alteraria: "A casa, essa, inteiramente me convenceu da sua inabitabilidade. Nunca seria possível vir passar aqui dois meses de férias, por gosto, este ano, mesmo com o alegre propósito de *roughing it*. Não há quartos, não há mesmo cozinha. Realmente, a casa, tal qual está, é um vasto celeiro. Excelente para guardar milho, impossível para conter uma família." Mais uma vez, Eça se impressionara com as condições de vida dos caseiros, habitando "uns buracos negros, de incomparável imundície". Era crítico em relação ao estado em que esta gente vivia: "Um dos inconvenientes destes sítios é a horrenda imundície da gente! Decerto há miséria, e esse é um dos reversos de toda esta beleza. Decerto as casas de aldeia ou dos caseiros são, por culpa dos proprietários, verdadeiros covis, onde mesmo o gado estaria mal." No entanto, notava, a culpa não era apenas dos donos: "Mas há também na gente o amor da imundície. Agora que tenho observado mais detidamente estou horripilado. Talvez a inverossímil limpeza do Alentejo, superior à da Holanda, me tivesse *gaté*. Mas o espetáculo aqui espantaria o velho Diógenes." Embora louvasse a fertilidade do terreno, Eça tudo fazia para tirar da cabeça de Emília a idéia de ali empreenderem obras: "À exceção daqueles sítios onde, como disse, a serra se humaniza, todo o passeio se compõe de dois esforços: o duma descida em que há sempre o perigo de ser despenhado, e uma subida, depois, em que se tem de parar, cada cinco minutos, a arquejar, ou vice-versa. Andar de gatas, agarrado às fragas, é freqüente nestes passeios de prazer. Eu gosto. Tu gostarias?"

É notável que, embora as quintas pertencessem a Emília, ela nunca as tenha

---

[531] Raul Brandão, *Memórias, op. cit.*, vol. III, p. 119.

visitado a fim de poder ver, com os próprios olhos, as vantagens e desvantagens. Em matérias importantes, o chefe de família via, escolhia e decidia. Como fica provado pela carta, resignada, que Emília lhe escreveu, em 6 de junho de 1898, declarando que, visto isto, se não pensava mais em St. Cruz. Punha então a hipótese, que Eça nem se dignou encarar, de se vender a quinta do Douro, comprando, com o dinheiro, outra, perto de Setúbal. Pouco depois, Eça regressava a Paris.

Em fevereiro de 1899, vinha de novo a Lisboa, onde permaneceria quatro meses. Embora se declarasse deprimido, o povo da capital pareceu-lhe mais "alegre e remoçado". Mas não conseguia, como desejava, trabalhar: *A ilustre casa de Ramires* e *A cidade e as serras* permaneciam em cima da mesa, sem que ele lhes tocasse. Por outro lado, a revista *Serão*, que projetara fundar com Alberto de Oliveira, falhara. De Paris, Emília apelava a que não fosse extravagante com dinheiros: "Não temos de ser ricos, devemos resignar-nos e apenas tornar o nosso modo de viver cada vez mais modesto; que rico se consideraria um *ouvrier* com a nossa renda! Pois se vivermos como *ouvriers*, somos ricos. Eu bem faço a diligência para simplificar tudo, que pequenos são os nossos jantares! Mas a verdade é que o gasto é sempre grande, valha-nos Deus." Mais burguês do que ela, Eça deve ter ficado horrorizado com as perspectivas anunciadas.

Em 14 de abril, Emília queixava-se, com humor, da sua ausência — cujo motivo se desconhece — numa carta onde lhe dava notícias de Paris. Depois de lhe pedir dinheiro, afirmava: "Sei só pelos jornais que *l'Affaire* (Dreyfus) cada dia está mais venenoso, que o Mouzinho grita 'Aqui d'El-Rei' e hoje li que se realiza o casamento de uma Moçâmedes com o Baltazar Cabral." E perguntava-lhe: "Aonde estás tu? Em Lisboa? Corte Condessa? St. Cruz? No Egito? Aqui?" No princípio de maio, declarava-se cansada de estar sozinha: "Não te posso dar notícias de nada, a monotonia dos nossos dias não permite ter surpresas. Os incidentes são a relva do jardim ser ou não cortada, os pequenos perderem as suas *casquettes* ou pendurarem-nas com muito cuidado e outras coisas do gênero." Depois de ter feito mais uma visita a St. Cruz, Eça partia para Paris.

Em agosto de 1899, Emília ia para a praia, com os filhos. Eça ficava em Paris, tentando acabar *A ilustre casa de Ramires*. Nas cartas entre ambos, falam do grande debate da época, a reabertura do julgamento de Dreyfus. Anulado o primeiro julgamento, o réu estava, outra vez, respondendo em tribunal. Foi então que Eça notou a força do anti-semitismo francês. Em setembro, contava à mulher que, apesar de deserto, Paris fervia *"pour* ou *contre* Dreyfus". Em torno dos quiosques, havia magotes de gente à espera das notícias. Por seu lado, Emília rezava por esse "desgraçado, pedi por ele a Nossa Senhora, que ele não conhece, e ao Deus de Israel, que ele conhece tão bem". Diplomata, talvez não fosse fácil a Eça pronunciar-se publicamente sobre o assunto. Mas fizera-o em outras ocasiões, como quando, estando na Inglaterra, escrevera sobre o bombardeamento de Alexandria. Havia ainda, é certo, a circunstância de só em meses recentes o "caso Dreyfus" ter sido percebido, pelo público, como uma injustiça. Em 1894, quando Dreyfus fora condenado, o assunto não suscitara qualquer escândalo. De fato, o movimento pro-Dreyfus só começou em 13 de janeiro de 1898, quando Zola publicou o "J'Accuse", no *Aurore*. Foi então que parte da população francesa se interrogou sobre se os juízes não teriam, de fato, condenado um inocente.[532] Nessa altura, Eça já cessara a sua colaboração na *Gazeta de Notícias*. Mas, como é evidente, se tivesse desejado escrever qualquer coisa, qualquer jornal publicaria a sua opinião. Por indiferença, cansaço, medo, não o fez.

Só em particular Eça manifestou o que pensava. Em 26 de setembro de 1899, dizia a Domício da Gama: "Também eu senti grande tristeza com a indecente recondenação do Dreyfus. Sobretudo, talvez, porque com ela morreram os últimos restos, ainda teimosos, do meu velho amor latino pela França. Os Suíços, querido Domício, não se enganam, generalizando e atribuindo o julgamento de Rennes 'à própria essência do espírito nacional'." Eça aproveitava para ajustar contas com o país que amara na juventude: "A França nunca foi, na realidade, uma exaltada de Justiça, nem mesmo uma amiga dos oprimidos. Esses sentimentos de alto humanismo pertenceram sempre e unicamente a uma *élite*, que os tinha, parte por espírito jurídico, parte por um fundo inconsciente de idealismo evangélico." Tinham tido lugar revoluções generosas, "mas logo, com o Império, a França se recuperou, regressou à sua natureza natural e recomeçou a ser como sempre a Nação videira, formigueira, egoísta, seca, cúpida. Devia talvez acrescentar cruel, porque, de fato, todas as grandes crueldades da História

---

[532] R. Tombs, *France, 1814-1914, op. cit.*

Moderna, desde a guerra dos Albigenses até às Matanças de Setembro têm sido cometidas pela França." Eça denunciava a hipocrisia subjacente à retórica política francesa: "O seu pretendido Humanitarismo e Messianismo do Amor Social é uma mera *réclame*, montada pela Literatura romântica (...). Em nenhuma outra nação, se encontraria uma tão *larga massa* de povo para unanimemente desejar a condenação de um inocente (que sentia inocente) e voltar as costas, ou mesmo ladrar injúrias, à sua longa agonia."[533] O seu fascínio pela França terminara.

Durante os anos finais de Paris, Eça sentia-se profundamente abatido. Tudo, o seu país, a sua obra, a sua família, o entristecia. Agora que Oliveira Martins tinha morrido, a política nacional deixara de lhe interessar. As danças e contradanças entre José Luciano e Hintze Ribeiro apenas serviam para confirmar o seu pessimismo. Quanto menos soubesse do que se passava em Portugal, melhor. Com esforço, ainda fora capaz de escrever alguns contos, mas sentia que eles não tinham o fôlego dos seus primeiros romances. Apreciava a rotina doméstica montada por Emília, mas não podia falar-lhe da única coisa que verdadeiramente o interessava. Gostava dos filhos, mas tinha pouca aptidão para brincar com eles. As janelas foram-se fechando, as forças desaparecendo, a vontade de publicar diminuindo. No fim de 1899, Eça sentia-se exausto.

---

[533] G. de Castilho (org.), *Eça de Queirós: correspondência, op. cit.*, vol. II, pp. 520-21.

23

A tentação bucólica

Em 16 de outubro de 1892, Eça publicara, na *Gazeta de Notícias*, um conto, intitulado "Civilização".[534] Nele, uma voz em *off* contava-nos a história de um rapaz, Jacinto, vivendo em Lisboa. No palácio que habitava, tinha introduzido todas as máquinas que o século XIX inventara. O interior era uma mistura bizarra entre o antigo e o moderno. Escrevia sentado numa cadeira de couro com brasões, de onde pendiam tubos acústicos. Em cima da velha mesa, tinha uma máquina de escrever, um telégrafo Morse, um fonógrafo e um telefone. Quando trabalhava era uma agitação: "Constantemente sons curtos e secos retiniam no ar morno daquele santuário. Tique, tique, tique! Dlim, dlim, dlim! Craque, craque, craque! Trrre, trrre, trrre!..." Jacinto tinha tido sorte na vida: "Nunca padeceu, mesmo na idade em que se lê Balzac e Musset, os tormentos da sensibilidade." Mas, um dia, sem causa aparente, fora atacado pelo tédio: "Aos trinta anos, Jacinto corcovava, como sob um fardo injusto!" A vida tornara-se oca. Tentou seriamente interessar-se pela realidade. Começara a ler os 77 volumes sobre "A evolução das idéias morais entre as raças negróides", mas, todos os dias, voltava a casa mais murcho. Decidiu ir até ao seu solar de Torges. Antes, expediu, pelo trem, o que considerava essencial ao seu conforto.

A viagem correu mal. Quando pôs os pés em terra, notou que não havia ninguém para levá-lo até à quinta. Seguiu a pé, com um amigo. Nos intervalos, notava a beleza da paisagem. Quando chegou ao solar, o aviso da sua chegada

---
[534] O conto saiu em cinco folhetins sucessivos, a partir de 16 de outubro de 1892.

extraviara-se. Jantou um caldo de galinha, que os caseiros lhe prepararam às pressas. Através do caldinho, descobriu as delícias da natureza. Algumas semanas depois, o amigo veio visitá-lo. Jacinto, em vez de se curvar, agora falava mal de Schopenhauer e do *Ecclesiastes*, considerando que nem o alemão nem o israelita conheciam a verdadeira vida. A sapiência estaria em recuar até o mínimo de civilização, que consistia em ter um teto de colmo, um pedaço de terra e o grão para nela semear: "Para reaver a felicidade, é necessário regressar ao Paraíso e ficar lá, quieto, na sua folha de vinha, inteiramente desguarnecido de civilização, contemplando o anho aos saltos entre o tomilho, e sem procurar, nem com o desejo, a árvore funesta da Ciência." Quatro anos mais tarde, Jacinto continuava soberbamente feliz. Com todo o tempo à sua frente, lera a *Ilíada*. Deixara de fazer a barba. Corriam rumores de que se iria casar com "uma forte, sã e bela rapariga". Em Lisboa, o palácio desmoronava-se, jazendo, pelo chão, as máquinas que tinha comprado. O fim do conto é pastoral: "Àquela hora, decerto, Jacinto, na varanda, em Torges, sem fonógrafo e sem telefone, reentrado na simplicidade, via, sob a paz lenta da tarde, ao tremeluzir da primeira estrela, a boiada recolher ente o canto dos boieiros."

Foi uma pena que Eça tenha decidido ampliar o conto. Mas, no final de 1893, numa carta ao editor, em que lhe propunha a edição de vários pequenos livros — uma obsessão nunca concretizada —, dizia estar preparando *"le premier de ces petites machines, une nouvelle fantaisiste qui s'appelle A cidade e as serras"*. Em 1894, comunicava-lhe que a obra não teria mais de quatro capítulos. A obra — que continha muitas das cenas de "Civilização" — crescia. Ao longo de toda a década, Eça foi acrescentando páginas. Quando morreu, não a tinha dado por terminada. No fundo, foi bom que Eça tenha deixado *A cidade e as serras* inédita. Isso nos dá a possibilidade de acreditar que a culpa do pior que este livro contém é de Ramalho Ortigão.

Na época de sua morte, só havia as provas da parte "Cidade", a que faltavam imprimir ainda 40 páginas. O manuscrito das "Serras", que nunca saíra das suas mãos, foi tido como desaparecido. Até que, em 24 de dezembro de 1900, Ramalho anunciou ter encontrado, no cofre que viera de Neuilly, algumas folhas sobre as "Serras". O romance acabaria por ser publicado, em 1901, tendo ficado a revisão a cargo de Ramalho. Este reescreveu toda a segunda parte (ou seja, da p. 241, da primeira edição, até ao fim), tendo ido muito mais longe do que o respeito literário exigia.[535]

O enredo de *A cidade e as serras* é semelhante ao do conto. Mas existem diferenças significativas. À oposição cidade-campo, sobrepõe-se agora a de estrangeiro-pátria. O novo Jacinto nascera, e sempre vivera, em Paris. O avô, um miguelista ferrenho, escolhera o exílio, motivo pelo qual a família ficara na França. Quando o romance começa, Jacinto, com 23 anos, habita uma residência luxuosa, o n.º 202 dos Campos Elíseos. No livro, aparece uma nova personagem, Zé Fernandes, que dará um tom ambíguo à obra. Jacinto e Zé Fernandes tinham-se conhecido após este ter sido expulso da Universidade de Coimbra, o que o levara a ter de ir estudar para Paris. Jacinto nos é apresentado como um vencedor, embora dotado de um espírito limitado. Zé Fernandes, que funciona como narrador, é, dos dois, o mais inteligente. O narrador vai relatando como "o Príncipe da Grã-Ventura", designação por que era conhecido Jacinto, decidira que o homem só seria superiormente feliz quando fosse superiormente civilizado. A idéia ganhara adeptos entre os amigos, preparados para "acreditar que a felicidade dos indivíduos, como a das nações, se realiza pelo ilimitado desenvolvimento da mecânica e da erudição". Zé Fernandes tinha dúvidas, mas guardou-as para si. Em fevereiro de 1880, teve de regressar a Portugal. Não se veriam durante sete anos.

Quando Zé Fernandes regressa a Paris, encontra um Jacinto diferente. Numa volta pela casa, este mostra-lhe as inovações que tinha mandado instalar. Zé Fernandes exclama: "E acumulaste civilização, Jacinto! Santo Deus... Está tremendo, o 202!" Passam pela biblioteca, com milhares de livros, pelo quarto de Jacinto, com maravilhosas escovas de prata, pelo banheiro, com torneiras que graduavam a água de zero até cem. Antes do fim da visita, já Zé Fernandes se apercebera de que Jacinto andava triste: "Com espanto (mesmo com dor, porque sou bom, e sempre me entristece o desmoronar duma crença) descobri eu, na primeira tarde em que descemos aos *boulevards*, que o denso formigueiro humano sobre o asfalto e a torrente sombria dos trens sobre o macadame afligiam o meu amigo pela brutalidade da sua pressa, do seu egoísmo e do seu

---

[535] Entretanto, o manuscrito da obra foi disperso, faltando, no Espólio de Eça, vários trechos.

estridor." De tal forma o tédio lhe invadira a vida que, um dia, virara-se para o amigo, pedindo-lhe para, nesse domingo, fazerem qualquer coisa simples. Depois de uma pausa, saíra: "Vamos ao Jardim das Plantas, ver a girafa." Era tudo o que Jacinto conseguia imaginar como divertimento.

O capítulo mais conhecido do livro é o IV, no qual é descrito o jantar que Jacinto organiza, em honra de um grão-duque, que lhe oferecera um peixe apanhado na Dalmácia. O fato de o prato não ter podido subir até à sala de jantar, por o elevador entre a copa e o andar ter ficado preso, pareceu aos leitores uma passagem hilariante.[536] Mas Jacinto olha as peripécias do jantar com enfado. A alta sociedade que o rodeia, o grão-duque, a condessa de Trèves, o historiador Danjon, um diretor de uma revista, um "psicólogo feminista", Madame d'Oriol, um "poeta neoplatônico e místico", o duque de Marizac e um "moço de barba cor de milho" causam-lhe arrepios. Não participa sequer da conversa mais interessante, a travada entre o rapaz louro e o poeta místico. O primeiro, que já tinha dito e repetido que ali só faltavam um general e um bispo, explicava ao segundo o motivo da sua insistência: "Temos aqui um esplêndido ramalhete de flores de civilização, com um grão-duque no meio. Imagine uma bomba de dinamite, atirada da porta!. Que belo fim de ceia, num fim do século!" A destruição da civilização tornara-se tema de conversa nos salões.[537]

Três dias depois, Jacinto recebeu a notícia de que um temporal havia destruído a igreja, onde jaziam, sepultados desde o século XVI, seus avós. Decidiu telegrafar ao caseiro, Silvério, ordenando-lhe que recolhesse as ossadas e reedificasse a igreja. Para se animar, comprou mais livros. Enquanto Jacinto andava nesta tarefa, Zé Fernandes passeava. Até que descobriu, no *boulevard* da Madalena, uma criatura seca e morena, por quem se apaixonou. A prostituta — porque de uma prostituta se tratava — intitulava-se *Madame* Colombe. A dimensão desta paixão é muito bem dada por Eça: "Amei aquela criatura. Amei aquela criatura com amor, com todos os amores que estão no Amor, o amor divino, o amor humano, o amor bestial, como Santo Antonino amava a Virgem, como Romeu amava Julieta, como um bode ama uma cabra." Zé Fernandes sabia que ela era estúpi-

---
[536]Mesmo aqueles que se esqueceram de todo o resto são capazes de falar do peixe entalado, por essa cena ter feito parte dos exercícios escolares usuais sob o Estado Novo.
[537]Zola incluiu uma cena semelhante no seu romance *Paris*, publicado em 1898.

da, mas durante sete semanas, dissolveu nela a sua personalidade: "Desses dias de sublime sordidez só conservo a impressão duma alcova forrada de cretones sujos, duma bata de lã cor de lilás com sotaches negros, de vagas garrafas no mármore de um lavatório e dum corpo tisnado que rangia e tinha cabelos no peito." Uma tarde, quando foi visitá-la, soube que partira, com uma amante. Era bissexual. Zé Fernandes sofre, como Jacinto jamais imaginaria ser possível. Embebedou-se até quase perder os sentidos. Estirado na cama, sonhou com ela. Colombe sugava, lentamente, o sangue de seu coração. De manhã, mais calmo, concluiu que tinha padecido de "uma longa sezão, sezão da carne, sezão da imaginação, apanhada num charco de Paris, nesses charcos que se formam através da cidade com as águas mortas, os limos, os lixos, os tortulhos e os vermes duma civilização que apodrece." Colombe fazia parte do cenário decadentista de Paris.

Jacinto andava envolto numa névoa tão espessa de tédio que nem dera pelas ausências do amigo. Num domingo qualquer, já depois de terminado o romance com a prostituta, foram os dois até Montmartre. Com a cidade aos pés, começaram a denegrir Paris, essa criação antinatural, onde o solo era feito de alcatrão e o carvão tapava o céu: "E ante estas encanecidas e veneráveis invectivas retumbadas pontualmente por todos os moralistas bucólicos, desde Hesíodo, através dos séculos, o meu Príncipe vergou a nuca dócil, como se elas brotassem, inesperadas e frescas, duma revelação superior, naqueles cimos de Montmartre; 'Sim, com efeito, a cidade... É talvez uma ilusão perversa'." Depois, falaram dos pobres, filosofaram sobre a burguesia e terminaram por admitir que os homens a quem Cristo encarregara de continuar a sua obra — os padres, os bispos, os papas — tinham esquecido o sermão da Montanha.

As tardes de Jacinto eram geralmente passadas em casa de Madame d'Oriol. Mas, agora, nem ela o animava. Jacinto, prevendo o pior, insistia sempre com Zé Fernandes para ele o acompanhar. Mas este preferiu viajar: "Trinta e quatro vezes, à pressa, bufando, com todo o sangue na face, desfiz e refiz a mala. Onze vezes passei o dia num vagão, envolto em poeirada e em fumo, sufocado, a arquejar, a escorrer de suor, saltando em cada estação para sorver desesperadamente limonadas mornas que me escangalhavam as entranhas. Catorze vezes subi derreadamente, atrás dum criado, a escadaria desconhecida dum hotel; e espalhei o olhar incerto por um quarto desconhecido; e estranhei uma cama desconhecida, de onde me erguia, estremunhado, para pedir em línguas desconhecidas um café com leite que me sabia a fava, um banho de tina que me cheirava a lodo." Na era das multidões, a viagem, descobrira Zé Fernandes, perdera o sabor. E quando voltou a Paris, a resposta que recebeu de Jacinto, quando o interrogou sobre como tinha passado, foi: "Como um morto."

Jacinto decidira tentar perceber racionalmente a causa de tanta melancolia, tendo chegado à conclusão de que a tristeza, afinal, não derivava dele, mas da própria vida. Caiu no pessimismo. Aos 33 anos, nada mais desejava do que a morte. No fim de um inverno escuro, tendo recebido uma carta do caseiro comunicando-lhe que as obras da capela tinham terminado, decidiu partir para Tormes. Nas vésperas da partida, pôs-se a amar Paris. A partida foi adiada. Mas Zé Fernandes insistiu. E lá se foram. Na estação, Jacinto comprou todos os jornais, todos os livros e até um saca-rolhas de formato complicado. Tinha medo de deixar a civilização sem os apetrechos que lhe poderiam vir a ser necessários. Quando entrou no país dos seus antepassados, a primeira coisa que notou foi que cheirava bem. Mas o desleixo português não tardou a fazer-se notar. Na estação de trem que servia Tormes, começaram as trapalhadas. O criado e as bagagens tinham desaparecido. E não havia ninguém para os receber. O caseiro partira, havia meses, para junto da mãe, que estava doente. Jacinto e Zé Fernandes ficaram largados, no meio da sala da estação, como órfãos. Alguém arranjou umas éguas, para os senhores poderem ir até à casa ancestral. Aqui, esperava-os nova surpresa. Os caixotes, com os utensílios tidos por Jacinto como indispensáveis à estada, não tinham chegado. A fúria assomou diante do sossego crepuscular que invadia o vale. Um caldo de galinha, seguido de um arroz de favas, fez as delícias dos viajantes. Dormiram em enxergas, no chão, com as grossas camisas que o caseiro lhes arranjara. No dia seguinte, Jacinto anunciou a Zé Fernandes que partiria para Lisboa, onde contava instalar-se no Hotel Bragança. Mas, quando, algumas semanas depois, Zé Fernandes voltou a Tormes, Jacinto ainda lá estava. Afinal, e embora reconhecesse que nem tudo eram rosas, apreciava aquela vida. A propósito de uma jovem que lhes tinha trazido água, Jacinto mencionou a Zé Fernandes a miséria dos camponeses.

É aqui, na p. 241 da 1ª edição da obra, que Eça deixou de rever o manuscrito. Entra em cena Ramalho. Este não terá alterado o enredo, mas mexeu, e muito, no estilo e nos pormenores.[538] Em Tormes, Jacinto lia a *Odisséia* e "todo ele vivia no espanto e deslumbramento de assim ter encontrado, no meio do caminho da sua vida, o velho errante, o velho Homero". Sem disso se ter dado conta, Jacinto era um exilado no seu próprio país. No dia do aniversário de Zé Fernandes, este deu um jantar para apresentá-lo às boas famílias da região. Foi logo nítido que, entre eles, não havia conversa possível. Até que, no pesado silêncio que se instalara à volta da mesa, um dos convidados brindou ao "ausente". Nem Zé Fernandes, nem Jacinto perceberam a quem D. Teodósio se referia. Foi preciso alguém explicar-lhes que era a D. Miguel. Conhecendo as tradições da família de Jacinto, aquele imaginara que a sua vinda era o primeiro passo para repor o exilado no trono. Não corria já entre os camponeses o rumor que Jacinto escondera, em Tormes, o filho do amado rei?

No dia seguinte, Zé Fernandes apresentou Jacinto à sua prima Joaninha, que apareceu, "corada do passeio e do vivo ar, com um vestido claro um pouco aberto no pescoço, que fundia mais docemente, numa larga claridade, e esplendor branco da sua pele e o louro ondeado dos seus belos cabelos..." O amor, ali iniciado, deu frutos: "E foi assim que Jacinto, nessa tarde de Setembro, na Flor da Malva, viu aquela com quem casou em Maio, na capelinha de azulejos, quando o grande pé da roseira se cobrira todo de rosas." O romance foi despachado em dez linhas.

Ao contrário de Jacinto, Zé Fernandes aborrecia-se nas montanhas. Mesmo quando falava mal de Paris, a cidade continuava a atraí-lo. Para lá partia ciclicamente. Depois da primeira ausência, notou, com desaprovação, que Jacinto se aburguesara: "... pai de família, principiara a fazer-se monótono." Zé Fernandes sentia saudades do Jacinto rural e utópico: "Quando ele agora, bom sabedor das coisas da lavoura, percorria comigo a quinta, em sólidas palestras agrícolas, prudentes e sem quimeras, eu quase lamentava esse outro Jacinto, que colhia uma teoria em cada ramo de árvores e riscando o ar com a bengala, planeava queijarias de cristal e porcelana, para fabricar queijinhos que custariam duzentos mil-réis cada um." Embora mantivesse o palacete em Paris, Jacinto nunca mais voltara lá. Zé Fernandes desafiava-

---

[538] Numa entrevista ao *Diário de Notícias*, de 28.2.1996, Frank F. de Sousa afirmou que Ramalho fizera 1.300 correções nesta obra.

o a ir até lá, mas Jacinto achava sempre que a época não era a mais conveniente. De novo, Zé Fernandes partirá. Mas não ficou muito tempo em Paris. No fundo, não se sentia bem nem na cidade nem no campo. Da última vez que regressa a Tormes, Jacinto esperava-o, na estação, de chapéu serrano e de jaqueta. O romance termina com as linhas mais bucólicas que Eça (possivelmente com a ajuda de Ramalho) jamais escrevera: "Em fila, começamos a subir a serra. A tarde adoçava o seu esplendor de Estio. Uma aragem trazia, como ofertado, perfumes de flores silvestres. As ramagens moviam, com um aceno de doce acolhimento, as suas folhas vivas e reluzentes. Toda a passarinhada cantava, num alvoroço de alegria e de louvor. As águas correntes, saltantes, luzidias, despediam um brilho mais vivo, numa pressa mais animada. Vidraças distantes de casas amáveis flamejavam com um fulgor de ouro. A serra toda se ofertava, na sua beleza eterna e verdadeira." Como se isto não bastasse, seguiam-se as reflexões de um aparvalhado Zé Fernandes: "E na verdade me parecia que, por aqueles caminhos através da natureza campestre e mansa, o meu Príncipe, atrigueirado nas soalheiras e nos ventos da serra, a minha prima Joaninha, tão doce e risonha mãe, os dois primeiros representantes da sua abençoada tribo e eu — tão longe de amarguradas ilusões e de falsas delícias, trilhando um solo eterno e de eterna solidez, com a alma contente e Deus contente por nós, serenamente e seguramente subíamos, para o Castelo da Grã-Ventura."[539]

Apesar de tudo quanto se tem escrito sobre *A cidade e as serras*, Eça não tinha se transformado num escritor reacionário.[540] Em 1892, numa carta a Eduardo Prado, depois de louvar, em termos líricos, a excursão que fizera ao Minho, Eça dizia, em tom de autocrítica: "Com mil bombas! Isto parece uma epístola de desembargador do século XVIII, cantando em verso, solto grave, *a felicidade dos campos*."[541] Eça sabia muito bem quão anacrônica era a prosa bucólica. É, aliás, esclarecedor consultar o que, por estes anos, Eça andava a escrever para a *Gazeta de Notícias*. A este propósito, o artigo mais interessante é o intitulado "Positivismo e Idealismo". Nele,

---

[539] No trecho citado, a partir da palavra "natureza", não se sabe quem escreveu aquelas linhas, visto a p. 298 do manuscrito ter desaparecido. Ver Espólio de Eça de Queirós, B.N.
[540] Em seu livro *O segredo de Eça: ideologia e ambigüidade em 'A cidade e as serras'*, op. cit., Frank F. de Sousa defende, com razão, que Jacinto é uma personagem muito diferente, por exemplo, do Clym do *The Return of the Native*, de T. Hardy, ou do Levin de *Anna Karenina*, de Tolstoi.
[541] G. Castilho (org.), *Eça de Queirós: correspondência*, op. cit., vol. II, p. 238.

Eça analisa a posição ideológica dos jovens da década de 1890: "Em literatura, estamos assistindo ao descrédito do naturalismo. O romance experimental, de observação positiva, todo estabelecido sobre documentos, findou (se é que jamais existiu, a não ser em teoria) e o próprio mestre do Naturalismo, Zola, é cada dia mais épico, à velha maneira de Homero. A simpatia, o favor, vão todos para o romance de imaginação, de psicologia sentimental ou humorista, de ressurreição arqueológica (e pré-histórica) e até de capa e espada, com maravilhosos *imbróglios*, como nos robustos tempos de d'Artagnan." A Eça espantava, em especial, a renovada popularidade de Lamartine: "A lua das *Meditações* passa outra vez, pálida e meiga, sobre o lago, e o rouxinol e Deus reentraram na estrofe." Infelizmente, não era apenas na estrofe que Deus entrara: "Mas onde esta reação contra o positivismo científico se mostra mais decidida e franca é em matéria religiosa. Ah! o nosso velho e valente amigo, o livre pensamento vai atravessando realmente uma má crise! talvez a mais aflitiva que ele tem afrontado, desde que nasceu sob os claros céus helênicos e que balbuciou as suas primeiras lucubrações cósmicas e éticas, sobre os joelhos de Tales e de Sócrates." Num período em que, segundo alguns, Eça estaria tendendo para a direita, eis o que dizia: "Tudo isto é desolador. Tanto mais que, ao lado desde movimento negativo contra o positivismo, surge e cresce paralelamente um movimento afirmativo de espiritualidade religiosa."[542]

Eça já não era um escritor realista, mas isso não o levava apreciar os rumos escolhidos pela juventude dos finais do século: "O homem contemporâneo está, evidentemente, sentido uma saudade dos tempos gloriosos em que ele era a criatura nobre feita por Deus e no seu ser corria como um outro sangue o fluido divino e ele representava e provava Deus na criação e quando morria reentrava nas essências superiores e podia ascender a anjo ou santo." Eça mencionava a preocupação dos que, tendo já ultrapassado os 50 anos, olhavam o futuro: "Todos pensavam que ela (a nova geração) continuaria a revolução, só acreditaria na ciência e nos laboratórios e seria jacobina, positivista e naturalista. Mas eis que de repente ela (...) manifesta que a sua tendência é espiritualista e simbolista, neocristã e místico-socialista". Eça não criticava, analisava: percebia que fora a altivez dos positivistas que os levara ao isolamento.

---

[542] *Notas contemporâneas*, in *Obras de Eça de Queiroz*, op. cit., vol. 2, p. 1494-1501. O artigo data de 1893.

Apesar das críticas que Eça formulou em relação à moda literária da época, pode-se detectar, em *A cidade e as serras*, a influência de alguns escritores seus contemporâneos. Veja-se, por exemplo, o paralelismo entre certos traços — o artifício como marca distintiva do gênio, a sensibilidade decadente, a aversão pela natureza — do primeiro Jacinto e do herói, Des Essaintes, de *À Rebours*. Até nos pormenores — os objetos de luxo de que ambos se rodeavam — há semelhanças.[543]

Desde os tempos em que Pinheiro Chagas pôs em causa a devoção de Eça à pátria que não se parou de debater a relação de Eça com Portugal. Muitos têm argumentado que, durante os últimos anos, Eça desejava regressar ao país. A evidência de que dispomos provam o contrário. Eça nunca quis abandonar Paris. Pelo contrário: temeu sempre perder o lugar. De cada vez que mudava um governo, Eça angustiava-se, pensando que alguém se poderia lembrar de chamá-lo. Numa carta a Oliveira Martins, de 28 de janeiro de 1890 (na qual Eça lhe pedia para vigiar as intrigas do visconde de Faria), comunicava-lhe, com alguma hipocrisia: "Isto não quer dizer que eu não tenha desejo de recolher à minha Pátria: mas isso é difícil, por questões orçamentais e, a ficar na carreira, então desejo ficar em Paris. Se vocês, todavia, homens poderosos, pudessem arranjar aí um nicho ao vosso amigo há tantos anos exilado, teríeis feito obra amiga e santa! Era necessário porém descobrir o nicho! E, depois, arranjar do nosso bom amigo, o rei, que eu fosse plantado nesse nicho!" Nada disto era para ser levado a sério. O que era sério, sério mesmo, vinha a seguir: "E dizer que, se eu tivesse nascido dos Pireneus para cá, e dado romances ao *Petit Journal,* possuiria talvez 60.000 francos de renda."[544] Não nasceu. Sendo assim, para levar a vida que desejava, precisava trabalhar dobrado. E, para isso, preferia permanecer no estrangeiro.

Em 3 de fevereiro de 1890, o pai de Eça enviava-lhe uma carta, na qual lhe dava conta de uma diligência por este solicitada. O juiz Queirós, agora par do Reino e juiz do Supremo, fora falar com o ministro dos Negócios Estrangeiros, Hintze Ribeiro, a fim de averiguar se o filho corria o risco de ser transferido.[545]

---

[543] A. Pinheiro Torres, "Incidências Huysmanianas n'*A cidade e as serras* de Eça de Queirós", em *Eça e Os Maias*, Porto, *op. cit.*

[544] A quantia referida era astronômica: correspondia aproximadamente a 10.800$000 réis por ano — admitindo que Eça estava se referindo a uma renda anual — o que representava 12 vezes o salário de um lente de Coimbra. G. de Castilho (org.), *Eça de Queirós: correspondência, op. cit.*, vol. II, p. 37.

[545] Hintze Ribeiro era ministro de um governo presidido por Antônio de Serpa desde 14 de janeiro desse ano.

Na carta, optava por relatar ao filho o que se passara no gabinete ministerial em discurso direto: "Falei-lhe e ele disse-me o seguinte: 'Escreva ao seu filho. Diga-lhe que esteve comigo e que prometo conservá-lo cônsul em Paris e que, se por qualquer motivo imperioso, que não espero, tivesse de o remover daquele consulado, dar-lhe-ia emprego ou comissão de categoria e vencimento superior, nomeando-o Inspetor de Consulados, podendo nessa qualidade residir em Paris ou onde quisesse e finalmente que eu desejo que ele seja meu amigo e que estejamos sempre em boa harmonia.'" O pai aconselhava-o a não escrever nem a Ficalho nem a Pindela, pois as garantias de Hintze Ribeiro lhe pareciam suficientes. Em vez de uma sucessão ansiosa de "pistolões", aconselhava-o o pai, Eça deveria, como ato de delicadeza, enviar uma carta ao ministro, agradecendo-lhe a sua "boa disposição" para com ele.[546]

Pouco depois, Eça veio a Lisboa. A mulher escreveu-lhe, nessa altura, comunicando-lhe que Batalha Reis, que passara por Paris, a informara de que, no Ministério dos Negócios Estrangeiros, iria vagar o lugar de chefe dos Consulados, cargo que eventualmente lhe poderia interessar (a Batalha Reis interessava certamente, dado que a vinda do amigo para Lisboa poderia levar à sua transferência de Newcastle para Paris). Mas, por mais que a Emília agradasse voltar, e a ela agradava seguramente mais do que a ele, sabia que a mudança implicaria o prejuízo da família. Como o salário que Eça auferia no estrangeiro era superior àquele que receberia em Portugal, a família teria de baixar o padrão de vida, o que a própria Emília admitia na carta. Apenas colocara a hipótese, dizia, pensando que, como escritor, a transferência lhe pudesse interessar. Não interessou.

Em 1945, ano do centenário do nascimento de Eça, os campos ideológicos extremaram-se. A esquerda, dominada pelos comunistas, privilegiou o Eça da juventude; a direita, comandada pelos próceres de Salazar, concentrou a sua admiração nas últimas obras. J. Gaspar Simões, que não era comunista nem católico, perdeu a cabeça e decidiu atacar *A cidade e as serras,* com base em que Eça não tinha sido sincero, uma vez que todos sabiam que ele jamais trocaria Paris por Tormes. Foi a vez de Jacinto do Prado Coelho rebater, com razão: "Não é

---

[546]Carta do juiz Teixeira de Queirós, datada de 3.2.1890, guardada no "Arquivo Pessoal de Eça de Queirós" (APEQ), em Tormes.

por este critério biografista, doente de miopia, que vamos julgar a validade duma obra literária." Para Prado Coelho, que tão pouco gostava de *A cidade e as serras,* a insinceridade não consistia no abandono da pátria, mas no fato de Eça ter traído a sua personalidade literária: "O que podia ser uma obra profundamente irônica redundou num jogo de espírito superficial, na demonstração, diletante e mal estabelecida, duma tese reacionária, não obstante a existência de algumas páginas vagamente polvilhadas duns restos de idealismo social que Jacinto, restituído às alegrias da ação, põe em prática fazendo uma bonita 'revolução' em Tormes."[547] Exceto pela direita, *A cidade e as serras* foi considerada uma obra menor.

Ironicamente, as duas obras que o salazarismo ergueu como paradigmáticas do romancista, *A cidade e as serras* e *A ilustre casa de Ramires*, são semipóstumas, sem a possibilidade — na ausência da totalidade dos manuscritos — de uma reconstituição. Mutilada, *A cidade e as serras* acabou por se transformar no produto emblemático de um Estado, o Novo, que, sem escrúpulos, erigiu o livro como a obra-prima de Eça. Segundo esta versão, na última fase da sua vida, o filho pródigo ter-se-ia reconciliado com Portugal. Um dos primeiros, aliás, a defender esta tese foi Alberto de Oliveira, o qual acabaria a sua vida declaradamente à direita. Em 1918, no livro de memórias que consagrou a Eça, escrevia: "Entretanto, estou absolutamente convencido de que Eça de Queirós *nunca viveu no estrangeiro*. Morou lá, ancorou em diversas partes do mundo a sua nau consular e literária, mas nunca se estabeleceu em terra firme. A sua casa e a sua vida foram sempre, através do seu longo exílio, uma ilha cercada de Portugal por todos os lados."[548] A verdade era exatamente o contrário. O deslumbramento que Eça sentira diante de Paris poderia ter desaparecido. Mas isso não o fazia desejar Lisboa. Muito menos as montanhas. A cidade era o seu elemento e o estrangeiro, o seu refúgio.

---

[547] J. Prado Coelho, "A tese de *A cidade e as serras*", in *A letra e o leitor, op. cit.*
[548] A. de Oliveira, *Eça de Queiroz, páginas de memórias, op. cit.*, p. 63.

24

O último romance

Há muito, desde pelo menos 1890, que Eça pensava escrever um conto, intitulado *A ilustre casa de Ramires*. O mesmo chegou a estar anunciado, na *Revista de Portugal*, de 14 de janeiro desse ano. Mas a revista desapareceu sem que tivesse surgido uma única página. A história ficou, contudo, no seu espírito. Em 1891, Eça já escrevera uma primeira versão, mas a extensão ultrapassava a de um conto. Em 29 de julho de 1893, quando a obra teria umas 180 páginas, Eça anunciava a Genelioux que "La *Casa de Ramires* est presque finie". Depois de múltiplos atrasos, acabaria por enviar ao editor uma versão, que dizia completa, mas à qual faltava o último capítulo.

Durante a década de 1890, publicaram-se dezenas de dramas patrióticos, uns mais ridículos do que os outros. Mas não era um romance histórico que Eça queria escrever, mas um *pastiche* do gênero. Decidiu assim inserir a novela medieval dentro de um romance de costumes. Para não ter problemas com o editor, continuou a deixar imprimir provas, a forma por ele preferida de corrigir a prosa. Em 1894, dizia a Genelioux que afinal tencionava escrever um pequeno livro. Durante dois anos, nada entregou. Em 14 de fevereiro de 1896, numa carta a Oliveira Martins, comunicava-lhe estar trabalhando em *A ilustre casa de Ramires*, agora com vista à sua serialização, em *O Serão*, o qual, como vimos, nunca seria publicado. Finalmente, em novembro de 1897, *A ilustre casa de Ramires* saía em folhetins, na *Revista Moderna*. Encerrada esta, o romance ficou interrompido.[549]

A luta entre Eça e os editores, para a entrega do manuscrito, continuou. O próprio reconhecia, aliás, a sua culpa. Mas nada fazia para acabar a obra. Em julho de 1899 ainda continuava a rever provas. Quando morreu, ao manuscrito faltaria a conclusão. Após a sua morte, a editora pediu a Ramalho para corrigir as provas, mas a tarefa acabou por ser entregue a Júlio Brandão. Dado o manuscrito ter desaparecido, não se sabe o que este revisor terá mudado, mas é legítimo pensar-se que foi menos do que o teriam feito, quer Ramalho, quer o filho primogênito de Eça.[550] A rigor, desde meados do capítulo X, ou seja, desde a madrugada que antecedeu a sova que Ramires dá a Ernesto de Narcejas (p. 417, da 1ª edição da Lello) até ao fim do livro, o texto é póstumo. Não é possível saber-se o que Eça teria revisto nestas últimas 137 páginas.

O romance abre com o fidalgo da Torre, Gonçalo Ramires, de chinelos. É verão. Num solar do século X, algures no norte de Portugal, o jovem fidalgo tenta trabalhar numa novela histórica, destinada aos *Anais de Literatura de História*, a revista fundada por um antigo colega de Coimbra, José Lúcio Castanheiro. Para a elaboração da novela, Gonçalo usa várias fontes de inspiração: Walter Scott, volumes soltos do *Panorama* e, acima de tudo, um poema histórico escrito por um tio que já morrera.[551] Alto e louro, Gonçalo pertence à mais antiga fidalguia do reino. Através da novela, Eça vai relatando a história da família Ramires: amuados sob os Filipe, prepotentes durante a Restauração, no Brasil com D. João

---

[549] Esta versão brasileira nunca foi impressa. No essencial, que não nos pormenores, é quase idêntica à publicada em 1900, pela Lello. Todavia, Da Cal considera que a idéia de levar o protagonista até a África deve ter surgido já depois de Eça ter terminado os folhetins, visto que, nestes, nunca essa possibilidade fora aventada. Ver a nova edição, organizada por Elena Losada Soler, para a Edição Crítica das Obras de Eça de Queirós (dirigida por Carlos Reis), *A ilustre casa de Ramires*, Lisboa, I.N., 1999. Não existindo o manuscrito, a organizadora serviu-se da edição, incompletamente publicada, da *Revista Moderna*, bem como da primeira edição do romance, de 1900.

[550] No *In Memoriam de Eça de Queiroz*, organizado por Eloy do Amaral e Cardoso Martha, em 1922, Júlio Brandão relata (pp. 158-164) que deixou "intactas" as páginas de Eça que lhe tinham sido entregues, embora não se saiba o que isto quer significar. A organizadora do texto para a editora Livros do Brasil, H. Cidade Moura, diz que usou, tal qual, a 1ª edição, pois "não tivemos possibilidades de consultar os manuscritos". Ver *A ilustre casa de Ramires*, Lisboa, Livros do Brasil, s/d, p. 364.

[551] Eça conhecia bem a novela histórica. Antes mesmo de Herculano, o seu pai escrevera um livro que pode ser incluído no gênero, *O mosteiro de St. Maria de Tamarães*.

VI. A decadência da família acompanha a do país. O pai do Gonçalo levara uma vida mesquinha, centrada na política. Vivera em Lisboa, num hotel, até ser nomeado, através da amante de um político, governador civil de Oliveira, a cidade mais próxima das suas propriedades.

O livro é construído em *flashbacks*. O primeiro relata a estada de Gonçalo em Coimbra. Fora ali que ele conhecera Castanheiro, o patriota que lhe explicaria ser necessário "desatulhar, caramba, Portugal do aluvião do estrangeirismo". Gonçalo participa, com ele, num *Cenáculo Patriótico*. Entretanto, arrasta-se por Coimbra, escrevendo contos lacrimejantes. Levou anos a formar-se. Bacharel, vai até Lisboa, onde encontra Castanheira. A conversa é solenemente patriótica: "Nós estamos imundamente morrendo do mal de não sermos portugueses." O remédio, segundo o amigo, seria fundar uma revista, para a qual pede a colaboração de Gonçalo. Este, lembrando-se, de repente, do poemeto do tio Duarte, intitulado "O Castelo de Santa Irineia", responde-lhe afirmativamente. Afinal, ser-lhe-ia fácil transpor "as fórmulas fluidas do Romantismo de 1846" para a "máscula prosa" dos anos 1890. Não era bem um plágio, pensou. E, mesmo que o fosse, ninguém teria a mais remota hipótese de o descobrir. Atraía-o a idéia de misturar o "Bobo" e "Salammbô". Imaginava o começo: "Era nos Paços de Santa Irineia, por uma noite de Inverno, na sala alta da alcáçova..." Gonçalo voltou contente para as suas terras do Minho.

Um preguiçoso, todos os dias adiava o início da redação. Durante a primeira parte, Gonçalo surge a uma luz muito negativa. O descendente dos Ramires quase só tem defeitos: além de preguiçoso, é covarde, mentiroso e ganancioso. A agravar tudo, não sabe o que fazer da vida. Um dia, olhando-se ao espelho, nota que está ficando careca. E ainda não tinha 30 anos. Horrorizado, pensa no futuro. Deveria ir para Lisboa? Mas fazer o quê? Tentar a advocacia? Esta nem era uma hipótese, dado ele ter horror a "autos e papelada forense". Nesse caso, como sustentar-se na capital, se as rendas das suas terras não davam para ali viver com o mínimo de dignidade? É então que lhe vem à mente ser deputado. Não era mal pensado, tanto mais que a literatura — que estava tentando — era a via ideal para se chegar à política. Mas, quando revelou o plano aos amigos, todos o consideraram um disparate. O cunhado, Barrolo, não percebia a teima: "Que maçada! Eram logo as intrigas e as desandas nos jornais, os enxovalhos. E sobretudo aturar os eleitores." Também Titó, o seu melhor amigo, o desaprovava, dizendo-lhe que ser deputado era igual a ser criado do chefe de um partido. Gonçalo tentava explicar-lhes: Portugal era uma fazenda, possuída por uma parceria. Ora, Lisboa era a parceria que governava a herdade chamada Portugal. Segundo o seu esquema, os portugueses pertenciam todos a duas classes: uns cinco a seis milhões trabalhavam na fazenda e pagavam impostos; uns trinta sujeitos, em Lisboa, governavam. Ora, ele, por gosto, por necessidade e por hábito de família, desejava mandar. Mas, para entrar na parceria, precisava de uma habilitação: o ser deputado. Apesar do engenho da explicação, ninguém ficou convencido.

Mas Gonçalo não esmoreceu. Decidiu aconselhar-se com o administrador do concelho de Vila Clara, João Gouveia. Este aprovou o esquema, aconselhando-o a fazer as pazes com o governador civil, André Cavaleiro, com quem Gonçalo se zangara, por, no passado, este ter desfeito um namoro com a sua irmã Gracinha. Gonçalo ficou horrorizado, mas percebeu a necessidade do gesto. Sem o apoio deste sobrinho de um dos chefes históricos, a possibilidade de ser eleito era remota. Tomada a decisão, adormeceu. Ainda faltava, pensou, muito tempo antes do ato eleitoral. No intervalo, o melhor era divertir-se com os amigos. Eça relata pormenorizadamente algumas das farras a que estes se entregavam. A província é apresentada, nesta obra, de forma diferente da dos anteriores romances de Eça. Gonçalo não nutria por Vila Clara o ódio que Artur Corvelo sentia por Oliveira de Azeméis.

No decorrer da ação, Gonçalo começa a demonstrar algumas qualidades. Uma delas, tão aristocrática, era a comiseração pelos pobres. Uma tarde, tendo encontrado um velho num caminho, com uma perna a sangrar, deu-lhe o seu cavalo, para que ele pudesse ir até a casa. Todas as aldeias em redor falaram do gesto. Mas a inconsistência do caráter de Gonçalo prejudica-lhe a vida. Depois da decisão de se candidatar a deputado, eis que, ao ler *As minas do rei Salomão*, se entusiasma com a idéia de ser um aventureiro em África. Mais uma vez, os amigos ficam horrorizados. O cunhado achou o esquema odioso. Para este, tudo acabaria com Gonçalo a plantar cocos, cacau e café. Rindo-se, Titó aprovou o esquema de ir "traficar com o preto", mas avisou Gonçalo que ele não tinha corpo para aqueles climas. Titó — um aristocrata bom, ignorante e divertido — é uma das personagens mais realistas do livro. Irmão de um morgado, de quem recebia uma mesada para se manter fora da sua vista, andava pelas tabernas, caturrava com os padres, filosofava com o coveiro. Para ele, uma boa vida resumia-se a uma jantarada.[552] Eça fala-nos das intrigas locais, da falta de entretenimentos, das vidas escrutinadas, da lentidão da vida provinciana, do analfabetismo generalizado. Sem amargura.

A certa altura, o deputado pelo círculo, Sanches Lucena, morre. Perante a iminência de uma eleição suplementar, Gonçalo teve de acelerar a reconciliação com o governador civil. Antes de fazer o que quer que fosse, pôs-se a sonhar com as reformas políticas que, a ser eleito, promoveria. Primeiro, claro, a instrução pública. A fim de cair nas boas graças de Cavaleiro, decide usar a irmã como isca. Convence o cunhado a organizar um jantar, para o qual aquele seria convidado. Minutos antes de ele chegar, Gonçalo sugere à irmã que se decote um pouco mais. No final do repasto, a reconciliação estava consumada. A vila espantou-se, mas outras coisas, como a publicação de um jornal republicano, ocupavam as atenções.

Seguem-se várias páginas sobre a campanha eleitoral. Gonçalo reparou, com surpresa, o respeito pela fidalguia antiga, que ele julgava desaparecido. Até um "influente" importante, o visconde de Rio Manso, fora a sua casa, com ar humilde, manifestar-lhe o seu apoio. A única nuvem, neste céu azul, ocorreu quando Gonçalo se apercebeu de que algo de ilícito se passava entre a irmã e Cavaleiro. Optou por fingir que nada vira: "A eleição era a única fenda por onde ele lograria escapar do seu buraco rural; e, se rompesse com o Cavaleiro, esse vilão, vizeiro a vilanias, imediatamente, com o apoio da horda intrigante de Lisboa, improvisaria outro candidato por Vila Clara... Desgraçadamente *ele era um desses seres vergados que dependem.*" O melhor era esquecer o possível adultério da irmã.

Um dia, Gonçalo acorda com uma idéia na cabeça: a de se casar com a viúva de Sanches Lucena, que, por sinal, andava a fazer-lhe risinhos convidativos. É verdade que era filha de um carniceiro, mas era bonita e rica. Titó destrói-lhe o sonho, ao revelar-lhe que ela tivera vários amantes, incluindo ele próprio. Dado

---

[552] Fontes contemporâneas viram em Titó o primo dos Resende, Antônio de Castro, mais conhecido por Pitó. Ver Alberto Couto, *Eça de Queiroz e Oliveira de Azeméis*, op. cit.

a autocomiseração, Gonçalo fica deprimido. Mas tudo passa. A certa altura, num gesto imprevisível, Gonçalo dá uma sova num rapaz, Ernesto de Narcejas, que andava amedrontando as aldeias. No passado, o próprio Gonçalo dele fugira. Desta vez, porém, levava consigo um chicote que, na véspera, um dos seus criados descobrira, no sótão, entre os pertences dos seus antepassados. O objeto antigo permitira-lhe vencer o medo. A sua popularidade aumenta, quando ele ajuda a filha, doente, de um camponês, um gesto equívoco, dado que ele o pratica não tanto por generosidade, mas por sentir remorsos pelo que fizera ao pai (durante a questão de arrendamento de terras). Gonçalo espanta-se com o fato de os camponeses darem tanta importância a gestos, que, a ele, lhe pareciam naturais.

Correndo, Gonçalo termina a novela *A torre de D. Ramires*. Alguns dias depois, Cavaleiro, que chegara de Lisboa, comunicou-lhe, sorrindo, que o editor dos *Anais* ficara entusiasmado com o texto: "Parece que nem no Herculano, nem no Rebelo da Silva existe nada tão forte como reconstrução histórica. O Castanheiro prefere mesmo o teu realismo épico ao de Flaubert, na 'Salammbô'." Já a outra notícia que Cavaleiro lhe comunica, que o rei decidira dar-lhe o título de marquês de Freixedo, o deixa indiferente. Os seus pergaminhos eram suficientemente antigos para ele se poder dar ao luxo de desprezar a distinção.

Eis que chega o dia da eleição. Como toda a gente esperava, Gonçalo foi o vencedor. Mas algo de estranho acontece. Em vez da esperada felicidade, Gonçalo fica melancólico: "Deputado! Para quê? Para almoçar no Bragança, galgar de tipóia a ladeira de S. Bento..." Mesmo se fosse para ministro, nada de importante se modificaria na sua vida: como nos tempos de deputado, continuaria a galgar, todos os dias, de tipóia, a calçada de S. Bento. Afinal, não lhe apetecia a vida política. Mas tomará posse do lugar de deputado. Passou então a aparecer nas colunas mundanas, o que fez com que, em Vila Clara, fosse olhado com desconfiança. Gouveia chegou mesmo a declarar ter ele desandado em janota. Em junho, para admiração de todos, soube-se que, após ter obtido a concessão de um vasto terreno na Zambézia, partira para a África. Ao todo, estivera seis meses em Lisboa. Entre o leitor e Gonçalo, ergue-se, a partir de agora, um véu. O herói não voltará a aparecer.

Tudo que sobre ele se sabe é por via indireta. Uma prima de Lisboa escreve para a irmã de Gonçalo, contando-lhe que, após quatro anos de África, Gonçalo regressara, via Paris. Na carta, dizia-lhe ter ele enriquecido com coqueiros, cacau e borracha. E que decidira que a vida na África tampouco era para ele. Regressava à metrópole, deixando a fazenda nas mãos de um administrador. Os presentes, diante dos quais a carta foi lida, aproveitaram para discutirem os méritos das colônias. Gouveia continuava a ter-lhes horror: "A África é como essas quintarolas, meio a monte, que a gente herda duma tia velha, numa terra muito bruta, muito distante, onde não se conhece ninguém, onde não se encontra sequer um estanco; só habitada por cabreiros e com sezões todos os anos. Boa para vender!" Gracinha indignou-se, exclamando que tinham sido terras que tanto tinham custado a ganhar. Mas o administrador do concelho não se comoveu: "Quais trabalhos, minha senhora? Era desembarcar na areia, plantar umas cruzes de pau, atirar uns safanões aos pretos... Essas glórias de África são balelas. Está claro, V. Excia. fala como fidalga, neta de fidalgos... Mas eu como economista..." O diálogo continuava a ser um dos pontos fortes de Eça.

O romance termina com a preparação da chegada de Gonçalo a Vila Clara. Todos queriam pronunciar-se sobre ele. Titó considerava-o um incoerente, mas com raça. O padre Soeiro salientava a sua bondade. É então que João Gouveia afirma que Gonçalo lhe lembrava Portugal, "com a sua fraqueza, a doçura, a bondade, a imensa bondade (...) os fogachos e os entusiasmos que acabam logo em fumo e juntamente muita persistência, muito aferro quando se fila à sua idéia.... A generosidade, o desleixo, a constante trapalhada nos negócios..." Era o fim da tarde. O padre Soeiro recolhia à Torre, "no silêncio e doçura da tarde, rezando as ave-marias e pedindo a paz de Deus para Gonçalo, para todos os homens, para campos e casais adormecidos e para a terra formosa de Portugal, tão cheia de graça amorável, que sempre bendita fosse entre as terras". Teria esta prosa sido escrita por Eça? Que alterações — se algumas — teria introduzido Júlio Brandão? Uma coisa é certa: Eça tivera razões em se preocupar com o último capítulo.

Há muito que agradava a Eça fazer uma paródia dos romances de Herculano. No romance histórico, metido em *A ilustre casa de Ramires*, Eça diverte-se com o uso da linguagem arcaica, da retórica guerreira, dos diálogos heróicos. Como imitação irônica, é insuperável. Mas Eça não zomba apenas de Herculano. Através da figura de Castanheiro, Eça aproveita para destruir os jovens que, como Alberto de Oliveira, andavam a apregoar a necessidade do retorno à tradição.

Quem gostou muito de *A ilustre casa de Ramires*, quando a leu em folhetins na *Revista Moderna*, foi Machado de Assis. Em 18 de janeiro de 1898, este dizia, em carta ao seu amigo Magalhães de Azeredo: "Começamos aqui a ler *A ilustre casa de Ramires*, que promete ser (academicamente falando) nova floração para o nosso Eça de Queirós. A arte com que está posta, desenhada e pintada a principal figura é realmente admirável e não é preciso falar particularmente da língua e do estilo, que fazem parte dele."[553] Nem todos eram desta opinião.

Mais uma vez, as opiniões têm-se dividido, segundo critérios ideológicos. À esquerda, temos Gaspar Simões, o qual, embora reconhecendo a beleza da prosa, argumenta que, tal como os outros escritos desta fase, a obra fora contaminada pela presença, na vida de Eça, da família Resende. À direita, temos uma plêiade de críticos, que consideram *A ilustre casa de Ramires* uma das obras máximas de Eça. O salazarismo encontraria nela muitos aspectos — o ruralismo, a bondade congênita do aristocrata, a reverência natural do camponês, a África como terra redentora — constitutivos da ideologia que queria propagandear. Assim, o regime fomentou a leitura da obra, sem dizer, contudo, que era póstuma.[554]

A maior parte das críticas da esquerda é absurda, pois parte do princípio de que Eça podia ter ficado para sempre idêntico. É nessa base que Gaspar Simões compara *A ilustre casa de Ramires* com *O primo Basílio*. Como é óbvio, aos cinqüenta anos Eça era diferente do que fora aos trinta. As visitas ao norte, aquando das partilhas, tinham-no feito conhecer o mundo dos fidalgos desleixados e dos

---

[553] Citado *in* H. Lyra, *O Brasil na vida de Eça de Queiroz, op. cit.*, p. 200. Quando surgiu a primeira tradução inglesa de *A ilustre casa de Ramires*, em 1968, um reputado crítico literário, V. S. Pritchett, resenhou o livro, referindo-se ainda a *A cidade e as serras* e a *O mandarim*. Segundo ele, Eça estaria mais próximo de Stendhal do que de Balzac. Embora apenas conhecesse estes livros, Pritchett considerava que a prosa de Eça conduzia em direção aos êxitos de Proust. Ver V. S. Prichett, "Eça de Queiroz, a Portuguese Diplomat", *The Myth Makers, op. cit.* O artigo tinha sido originariamente publicado na *New York Review of Books,* de 9.4.1970. No que diz respeito a *A cidade e as serras*, Prichett terá sido influenciado pela excepcional tradução do poeta Roy Campbell.
[554] Ver A. Sérgio, "Guilherme Meister, Cândido e Gonçalo Ramires", *in Ensaios, op. cit.*, tomo IV, pp. 177-189. Sérgio critica o final do livro, visto este dar, na sua opinião, uma idéia ilusória das potencialidades coloniais. Para ele, Gonçalo Ramires devia ter optado, como o Cândido, de Voltaire, por "cultivar o seu jardim".

camponeses miseráveis, que, até então, eram terra incógnita. Por outro lado, só agora Eça se apercebia da doce transparência do ar de setembro, da beleza dos crepúsculos, do silêncio das noites escuras. Muito do que viu, quer em St. Ovídio, quer na quinta de Luís de Magalhães, terá servido de inspiração a esta última obra. O pergaminho do século XVI encontrado, em *A ilustre casa de Ramires*, a embrulhar um frasco de sais de fruta, lembra o desprezo dos Resende pelo patrimônio escrito. Após o momento em que Eça começou a dar-se com as grandes famílias aristocráticas — e isso só aconteceu depois do casamento — passou a ter a possibilidade de inscrever estes círculos nos seus romances. Mas isso não lhe pode ser assacado como deficiência.

A apropriação da obra pela direita conduziu a outras aberrações. A figura de Gonçalo tem sido geralmente encarada, pelos pensadores desta orientação, como positiva. Mas a forma como Eça a construiu não permite tal interpretação. A história dos antepassados de Gonçalo Ramires está ali, exatamente para a salientar a fraqueza, não a força, do herói. Tructesindo, o seu avô medieval, podia ter uma alma bárbara, mas era um homem que cumpria a palavra dada. Pelo contrário, Gonçalo é um mentiroso, como se vê no caso do arrendamento das suas terras. *A ilustre casa de Ramires* não é uma apologia de Gonçalo, muito menos da pátria. Pensando bem, é mesmo o oposto.[555]

---

[555] "Uma interpretação de *A ilustre casa de Ramires*", in A.J. da Costa Pimpão, *Escritos diversos, op. cit.*

25

A morte

No início de 1900, a doença, de que Eça vinha há anos a padecer, agravou-se. Em fevereiro, foi para umas termas em Arcachon, seguindo, depois, para Biarritz, e, mais tarde, para Pau. Em nenhum destes locais se verificaram quaisquer melhoras. Numa carta a Emília, do dia 23, Eça dizia-lhe que, ao contrário do que alguns médicos tinham afirmado, considerava não sofrer de malária, nem sequer de intoxicação, mas de "uma supressão da transpiração". No fundo, estava farto de médicos. Nos princípios de março, regressava a Paris, mas não por muito tempo. Em abril, de novo partia, por dois meses, para um sanatório dos arredores da capital. Com dois filhos doentes, um deles gravemente, Emília teve de ficar em casa. No verão Emília foi para Fontainebleau, com os filhos mais velhos, Maria e Zézé, enquanto Eça ficava em Paris, com os outros dois, a convalescer de escarlatina. A má disposição física de Eça deve explicar o tom rude com que Eça, numa carta à mulher, censurava-lhe o "mimo apaixonado e contínuo" que esta daria ao primogênito e que, segundo ele, em nada estava ajudando sua recuperação.

No final de julho, Eça estava pior. A conselho do médico particular, deslocou-se à Suíça. Ramalho, que se encontrava em Paris de passagem, inverteu, a pedido de Emília, o itinerário previsto — tinha planejado ir logo para Itália — de forma a acompanhar Eça até Genebra. Embora, numa carta a sua mulher, Ramalho se confessasse pessimista, ninguém, nem o próprio Eça, imaginava a gravidade do seu estado. Em 30 de julho, segundo Ramalho, Eça estaria um pouco melhor.[556] Por sua vez, já da Suíça, Eça escrevia à mulher afirmando sentir-se muito cansado. Contava que ele e Ramalho tinham estado três dias em Genebra, com Eduardo Prado e a mulher, "o que fez uma pequena companhia agradável e quase necessária".

Os ares suíços, no entanto, nada fizeram pela sua saúde. Apesar de um regime alimentar sóbrio (leite e ovos), continuava com dores de estômago. Além disso, "o cansaço, o *épuisement*, a inchação de pés, o sentido de inércia são maiores". A Suíça provara ser uma má solução. Para desanuviar, contava à mulher as suas impressões sobre o país: "Enquanto à Suíça, é a Suíça. A sua beleza está ainda acima de tudo quanto, antes de a ver, se conhece por tradição. O lago de Genève é maravilhoso. Este sítio de Glion é magnífico! Os hotéis são palácios, este está cercado dos mais belos jardins, com tanta rosa que anda o perfume no ar (...) Todavia, creio que, com todos estes confortos e incomparáveis belezas, a Suíça não se atura mais de quinze dias. É *fade, très fade*. Enfim, pudesse ela dar-me algum bocadinho de saúde." Esta carta foi respondida por outra, de Emília, em que esta, além de lhe pedir notícias, lhe pedia dinheiro. De mau humor, Eça queixava-se de lhe ter deixado mil e tantos francos, não percebendo com que ela poderia tê-los gasto: "Tudo, todavia, tinha ficado calculado para te equilibrares durante esta semana. Como posso eu ter sossego e portanto um bocado de saúde com estas constantes inquietações com dinheiro?" Entretanto, Eduardo Prado e Ramalho tinham partido. Eça sentia-se enervado. Na carta que enviava a Emília, dizia-lhe, com alguma crueldade: "Em vista de tais despesas, estou com idéia de findar eu a minha vilegiatura, por medida de economia." Depois contava-lhe que pensara instalar-se num hotel, no cimo da montanha, mas, devido à mudança de clima, desistira.

Eça estava farto da peregrinação por termas: "Que solidão a deste hotel, apesar de estar cheio de gente. As noites são tristes e por isso eu agora me deito às nove horas. Ao menos, na cama, há calor." Emília escrever-lhe-ia, arrependida de o ter incomodado com problemas de dinheiro. Acrescentava estar apreensiva com o fato de os Prado e Ramalho terem partido. Sonhava: "Já me lembrou, em o Zézé estando melhor, anunciarmos esta casa para alugar mobilada e irmos todos

---

[556]Ver Beatriz Berrini (org.), *Cartas a Emília, op. cit.*, pp. 132-3.

para o sul, para Portugal, talvez! Que dizes?" Fazia planos: "Tomara que fosse possível e prático ir ter contigo aí! Mas por ora acho que não é bom para o Zézé, ele continua muito melhor, alegre, com bom apetite, hoje já foi só até ao fim do jardim." Retomava a idéia de partirem, de férias, para Portugal, para Nice ou para Monte Carlo: "O que queria era estar contigo; a tua solidão assim adoentado custa-me tanto. Sempre que pensares em mim, podes quase ter a certeza que estou pensando em ti."

Em 5 de agosto, após ter deixado Eça em Glion, Eduardo Prado escrevia, da Suíça, a Emília. Dos Alpes, onde estava, contava-lhe que tinha telefonado para o hotel e que ele lhe respondera-lhe ir "na mesma". Prado sugeria a Emília que, mesmo que para isso tivesse que levar o Zézé, fosse ter com o marido: "Receio que Queirós comece a andar para a direita e para a esquerda, o que não aconteceria se V. Excia. estivesse com ele. Ele precisa parar num lugar. Na nossa volta de Itália, se o Queirós ainda estiver na Suíça, passaremos para vê-lo de novo."[557]

No dia 9, de um hotel de Lucerna, Eça escrevia a Emília a sua última carta. Nela, comunicava-lhe a sua resolução de partir imediatamente para Basiléia, a fim de tentar ver um especialista em Heidelberg. Caso este estivesse de férias, seguiria para Paris. De fato, ainda tentou chegar à Alemanha, mas, em Basiléia, de tal forma se sentiu extenuado que tomou a decisão de voltar para casa. No final, comentava: "A Suíça foi uma *failure*. Eu sempre o pensei. Nunca imaginei porém que ela me trouxesse de novo os crescimentos (febre). Além disso, viajar, fazer malas, estar em hotéis, tão incomodado, como eu tenho estado, é absurdo. E o meu estômago reclama atenção urgente de médico." Pedia-lhe que mandasse limpar, a fundo, o seu quarto e o seu escritório. Em 13 de agosto de 1900, Eça chegava a Paris.

Quando Emília, que o fora esperar na estação, viu o seu aspecto, começou imediatamente a chorar. Eça vinha magro, com uma cor doentia e o cacho de uvas, que trazia na mão, dava-lhe um ar singularmente desamparado. Eça tentou consolar a mulher, mas Emília não se acalmou. Quando chegou em casa, mandou chamar o médico assistente, o Dr. Melo Viana, o qual solicitou o comparecimento de um especialista, o Dr. Charles Bouchard. Este logo percebeu

---

[557] A. Campos Matos (org.), *Eça de Queiroz e Emília de Castro, correspondência epistolar*, op. cit., p. 739.

que Eça estava morrendo. Ainda se falou em encomendar um soro no Instituto Pasteur. Mas era tarde demais. Alertado, apareceu, em casa da família Queirós, o embaixador Sousa Rosa. Eça mal conseguia falar. No quarto, estava ainda uma prima de Eça, Conceição de Eça de Melo, que vivia em Paris. Foi ela que ouviu Bouchard dizer a Sousa Rosa que Eça estava moribundo.

Eram três horas, do dia 16 de agosto. Fazia um calor horrível. As duas janelas do quarto, que davam sobre o jardim, estavam abertas. Estendido numa cama de solteiro, colocada no meio do quarto, Eça tinha os olhos quase cerrados. A um lado da cama, chorando, estava Emília.[558] A prima de Eça disse-lhe que o marido estava morrendo, interrogando-a sobre se não seria melhor mandar chamar um padre.[559] Emília concordou. Pouco depois, chegava o padre Lanfand, que deu a extrema-unção a um Eça inconsciente.[560] Crianças de um orfanato vizinho cantavam o "Miserere". Eram quatro horas e trinta e cinco minutos da tarde. Eça acabava de morrer.

Em 18 de agosto, teve lugar o enterro. A missa foi celebrada na Igreja de St. Pierre, em Neuilly. Presentes, a família e alguns amigos que, nessa altura, estavam em Paris. Mal souberam da morte, Eduardo Prado e a mulher, que se encontravam na Sicília, interromperam a digressão européia. O mesmo não fez Ramalho, que continuou a sua viagem. Ao ter conhecimento da morte de Eça, através do cônsul português em Gênova, sentiu-se culpado por tê-lo deixado sozinho, o que o levou a escrever uma longa carta, de Veneza, ao genro. Eis o que, em 20 de agosto de 1900, dizia a Eduardo Burnay: "Neste momento, duas horas da tarde, recebo de Gênova, em telegrama de Lisboa, a horrível notícia da morte do meu querido Queirós. Inteiramente só em Veneza, tão longe de Paris, tão longe de Lisboa, sinto o meu coração despedaçado, e não sei que fazer... Escrevo-lhe através das mais tristes e saudosas lágrimas, para que V. conheça e

---

[558] A. Campos Matos (org.), *Eça de Queiroz e Emília de Castro, correspondência epistolar, op. cit.*, p. 665.
[559] Conceição de Eça de Melo, *Eça de Queiroz revelado por uma ilustre senhora da sua família, op. cit.*
[560] Em 1910, o filho José Maria, que à altura da morte do pai tinha 12 anos, escrevia o seguinte a um editor brasileiro, que lhe pedira informação sobre o pai: "Meu pai recebeu a extrema-unção à hora da morte, mas, por mim, julgo que nada percebeu. Pode dizer-se que não teve agonia, pois ficou numa síncope. Um criado dedicado, que assistiu à sua morte, pretende que meu pobre pai apertou a mão ao sacerdote que lhe perguntava se o ouvia." Se o filho, um católico, admite como hipótese provável ter estado o pai inconsciente ao receber a extrema-unção, é porque possivelmente foi assim que as coisas se passaram. Ver A. Campos Matos (org.), *Eça de Queiroz e Emília de Castro, correspondência epistolar, op. cit.*, p. 742.

possa comunicar aos amigos e à família Queirós as últimas notícias que tenho dele." Contava que os médicos em Paris não tinham considerado ser grave a doença e que, durante os passeios que ambos tinham feito em Genebra, Eça parecia estar melhorando. A fim de dar uma idéia precisa de quão bem estaria Eça, descrevia a forma como o tinha encontrado, num dia em que ele tinha estado fora: "Fui nessa manhã a Lausanne e, ao voltar, de tarde, encontrei-o na larga varanda do seu quarto, confortavelmente instalado numa poltrona, lendo um romance inglês, fumando um cigarro de papel e contemplando a paisagem encantadoramente risonha que tinha em frente de si, sobre jardins, escalonados quase a pique e transbordante de rosas e jasmins por entre pinheiros, até à beira da água, em baixo o doce espelhamento do azul do lago de Léman, riscado pelo fumo dos vaporzinhos de recreio e pelas velas brancas das barcas de pesca: e, fechando o horizonte, ao longe, a linha ondulada da montanha, polvilhada de ouro do sol poente." Contava ainda que Eça estava muito contente com o hotel que escolhera e que, no seu quarto, mobilado à inglesa, tinha os seus livros, a sua pasta de escrita e os seus cadernos.[561] Tudo isto para dar a entender que sofria. Mas quem o conhecesse sabia que Ramalho não era homem para deixar que a morte de um amigo interferisse nos seus prazeres.

Não foi esta a única carta que Ramalho escreveu sobre a morte de Eça. Em 7 de setembro de 1900, de Florença, fazia ao conde de Sabugosa algumas confidências interessantes: "Eu devo muito a Queirós, devo-lhe do que sou o que não devo a mais ninguém no mundo. Por isso, o amo como um pai." O interessante vem a seguir: "Mas, a amigos como você, como Bernardo, como poucos mais do que nos conhecem de perto, eu posso enternecidamente acrescentar que Queirós, entrando na vida pelo meu braço, alguma coisa me deveu também. E é por esta razão, meu querido, por esta secreta razão, que todos os estranhos desconhecem, que, além de amar Queirós como se ama um pai, eu o amava também — mais carinhosamente ainda! — como se ama um filho."[562] Agora, Ramalho podia vangloriar-se.

Pela sua obra, pela família a que se ligara, pelo cargo que ocupava, Eça era

---

[561] A. Campos Matos (org.), *Eça de Queiroz e Emília de Castro, correspondência e epistolar*, op. cit., p. 662 (carta de Ramalho ao genro, Eduardo Burnay).
[562] Carta citada *in* Rodrigues Cavalheiro, *A evolução espiritual de Ramalho*, op. cit., p. 114-5.

suficientemente famoso para ter um funeral com honras oficiais. O governo de Hintze Ribeiro encarregou-se da transladação do cadáver para Lisboa. A 12 de setembro, após as exéquias em Paris, onde estiveram presentes várias personalidades portuguesas de passagem pela capital francesa (José Luciano de Castro, Carlos Mayer, Bensaúde, o marquês da Graciosa, o barão de Ornelas, Antônio Arroio, Ressano Garcia), a urna foi transportada para a Gare de St. Lazare, de onde seguiu para o Havre.[563] Aqui, embarcou no navio militar *África*, com destino a Portugal.

O *África* chegou ao Tejo em 16 de setembro, pouco passava do meio-dia.[564] Pelas duas horas da tarde, o ministro da Marinha, acompanhado pelo ajudante-de-ordens, chegou ao Arsenal, onde se juntou aos membros da comissão de imprensa que o iam acompanhar até o navio, fundeado junto de Cacilhas. Uma parte da marinhagem estava nas vergas, enquanto outra fazia a guarda, no portaló, apresentando armas. Os membros da comissão deslocaram-se até junto da urna, encimada por uma chapa de zinco, em que se podia ler, em francês: "*Monsieur José Maria Eça de Queirós, consul du Portugal à Paris*". A urna foi então transferida para um rebocador, que a conduziu até o cais das Colunas.

Fazia um calor tremendo. No terreiro do Paço, além do presidente do Conselho, Hintze Ribeiro, estavam presentes vários membros do governo. O trajeto por onde o funeral iria passar tinha sido minuciosamente ornamentado. O arco da rua Augusta ostentava faixas pretas. No Rossio, os candeeiros, acesos, exibiam laços de crepe negro (oferecidos, ao preço de fábrica, pelo Sr. Grandela). Na varanda do Teatro D. Maria II, forrada de preto, um sexteto tocava uma marcha fúnebre. O carro funerário, decorado por Rafael Bordalo Pinheiro, estava forrado a hortênsias, rosas e crepes. Seguia-se a carreta, onde tinham sido depositadas as coroas. Já sem forças para comparecer, o pai de Eça enviara uma coroa de crisântemos lilases, com fitas de *moirée* pretas. A coroa de Emília era de glicínias, hortênsias e folhagem. Junqueiro mandara um ramo de rosas e margaridas, preso por fitas brancas. Contrastando com esta simplicidade estudada, podia ver-se a mais luxuosa coroa do conjunto, de folhagem de veludo negro, com

---

[563] A presença de tantos portugueses em Paris pode dever-se ao fato de estar então em exibição a Exposição Universal de 1900.
[564] *O Século*, 17 e 18 de setembro de 1900.

flores da mesma cor, enviada por M. Botelho, o ex-proprietário da *Revista Moderna*.

Depois da carreta, vinham as carruagens, com as personalidades. Encabeçando a marcha, viam-se os representantes da família real: o marquês de Pombal, pelos soberanos, e o duque de Loulé, representando a rainha D. Maria Pia. Depois, os ministros e os diplomatas. No cortejo fúnebre, destacavam-se Luís de Soveral, o conde de Arnoso, Antônio Enes, o conde de Sabugosa e Bordalo Pinheiro. Achacado com reumatismo, Ramalho Ortigão não esteve presente. Viam-se, depois, representantes de várias agremiações, jornais e o presidente da Câmara Municipal da Póvoa do Varzim, Dr. Alberto Navarro.

O cortejo pôs-se em marcha por volta das três horas da tarde. Adoentado, Hintze Ribeiro teve de recolher-se em casa. No Rossio, de gravata encarnada, podia ver-se Fialho de Almeida.[565] O cortejo foi até S. Domingos, subiu a rua da Palma e atravessou Arroios. Demorou mais de uma hora e meia para chegar ao Alto de S. João. Em princípio, não era aqui que Eça deveria ter ficado. Ao que parece, o próprio teria manifestado à mulher o seu desejo de ser enterrado junto ao túmulo do avô, no cemitério de Oliveirinha. Consultado o pai, este deixou a decisão à viúva. Por razões que se desconhecem, Eça acabou por ficar sepultado no jazigo dos Resende.

Rezou as orações o prior de S. Julião, padre Antônio Luiz Alves. Em nome do governo, falou o ministro da Marinha, Teixeira de Sousa. Um transmontano corpulento, de cabelo rapado à escovinha, era um homem imponente, mas incapaz de fazer um discurso à altura da situação. Começou por dizer que vinha prestar homenagem a um grande cidadão, que "dentro em pouco vai esconder-se para sempre dentro daquele fúnebre jazigo". Depois, declarou que, ninguém, melhor do que Eça, "conhecia a psicologia e a patologia da sociedade". Terminou declarando terem os portugueses levado "a civilização ao mundo inteiro, mas tudo isso ficaria esquecido se não houvesse homens que, como Eça de Queirós, comemorassem esses fatos em páginas de ouro". Afinal, o anúncio de que o corpo iria desaparecer no fúnebre jazigo não se concretizaria: a urna era

---

[565]Apesar de ter sido convidado para fazer parte da comissão de jornalistas, encarregados de homenagear Eça, Fialho preferira adotar esta posição.

grande demais para o buraco por onde tinha de passar. O coveiro teve de ir a Cascais, a fim de pedir à família do morto licença para desaparafusar as argolas do caixão, única forma de este entrar no jazigo. Eça seria enterrado, no dia seguinte, num cemitério deserto, entre as ossadas de uma família que não era a sua.[566]

Morto Eça, todos lhe descobriam virtudes. De dissonante, só a voz de Fialho de Almeida. No *Brasil-Portugal*, este criticava o desconhecimento de Eça relativamente à sociedade portuguesa, o que dera origem a que tivesse criado obras povoadas por uma "galeria estranha de grotescos".[567] Aproveitava o momento para alinhar os defeitos do romancista, dos quais destacava a miséria do vocabulário, a falta de sentido dramático e a fraqueza do diálogo. Segundo ele, Eça era um "gênio falhado pelo mau uso que de si próprio fez na traça de escritor, gênio que se amesquinhou por indisciplina filosófica, predomínio de instintos mundanais, falta de fé num ideal intenso e absorvente". A Fialho, irritava-o sobretudo "a choradeira feita de roda do maior desnacionalizador que teve Portugal modernamente, do gênio cínico que tão mal compreendeu a sua missão moral de homem de pena e que, em vez de erguer a alma do país para idéias centralistas que o defendessem contra a morte, em vez de arraigar, nas almas, germes de trabalho, de pátria e de família, gastou a vida a negar, a deprimir, a dar supremacia a modernices francesas, a fazer descrer da honra e da virtude, a não ver nos homens senão cretinos ou biltres e nas mulheres senão rudimentos vulgares de prostitutas". Ao contrário do que anunciava, Eça continuaria a ser lido muitos anos após a sua morte, o que não se passaria com o "grande romance", que Fialho estava sempre anunciando, mas jamais escreveria.[568]

---

[566]Rocha Martins, *Os românticos antepassados de Eça de Queiroz, op. cit.*, pp. 281-82.
[567]*Portugal-Brasil*, setembro de 1900.
[568]A fúria de Fialho agravou-se quando, em 1903, foi inaugurado o monumento a Eça. Conta Raul Brandão, nas suas *Memórias*, que Fialho ficara indignado com a homenagem. Brandão dizia: "No fundo, nunca o pôde ver: faltou-lhe o carinho, a consideração, e isso magoou-o muito, que rodeou o grande escritor de *Os Maias*." Tendo casado, em 1893, com uma rica alentejana, de quem enviuvaria pouco depois, a raiva de Fialho era duplamente patética. R. Brandão, *Memórias, op. cit.*, vol. I, pp. 49-50.

26

A segunda morte

A morte de Eça não era esperada. Nem por ele, nem pelos familiares. Pouco habituada a tomar decisões, Emília ficou em estado de choque. Sozinha, numa cidade estrangeira, lutando com a dor provocada pelo desaparecimento de alguém que tinha amado, não sabia o que fazer. Os Prado, que a acolheram, deram-lhe um apoio precioso, mas Emília estava consciente de que tinha, diante de si, momentos difíceis. Durante as semanas em que foi preciso de tratar das exéquias, do transporte do corpo, do fechamento da casa, do transporte dos móveis, do empacotamento dos papéis, não terá tido tempo para chorar. Os momentos dolorosos viriam depois.

Quando chegou a Portugal, as tarefas a resolver ainda a ocuparam durante alguns dias. Como Sto. Ovídio já não existia, optou por aceitar o convite da irmã Benedita para ir para sua casa, em Penamacor. Viúvas, poder-se-iam dar o conforto de que ambas precisavam. Com 43 anos, Emília era uma mulher vigorosa. Mas não era fácil transformar-se, de repente, no chefe de família, com a responsabilidade de quatro filhos menores, sob o trauma de terem sido transplantados para um país que não conhecem. Arrumadas as coisas, chegara o momento de sentir a falta do marido.

E de considerar a sua situação financeira. Ora, esta não era brilhante. Emília pensou no destino a dar aos romances, inacabados, que trouxera consigo na maleta de latão. Em 10 de outubro de 1900, escrevia a Ramalho: "Como sabe, o José deixou vários livros prontos ou quase prontos, *A ilustre casa de Ramires*, *A cidade e as serras* e *As cartas de Fradique Mendes,* tudo isto porém tem de ser revisto, pelo menos os finais. Eu pus todas estas obras numa malinha, que mandei pelo Rosa para casa de Maria Barbosa [a cunhada]. O que lhe peço como um muito grande favor é se se quer encarregar de examinar estes queridos papéis e de decidir o que se há-de fazer. Como o editor é no Porto, o Lello e Irmão, Livraria Chardron, e como o trabalho pode ser muito, podia, se assim entendesse, reparti-lo com o Luís de Magalhães, eu ainda o não consultei, mas estou certa da sua amizade e que se prestará de muito boa vontade. É contudo nas mãos do Sr. Ramalho que eu queria depositar estas últimas obras do José; ele era tão difícil! e estou certa que ninguém fará, mais ao gosto dele — e eu estimaria que o companheiro dos primeiros anos o acompanhasse também nesta última publicação." Depois, acrescentava: "Eu também nada sei a respeito dos contratos que o José teria feito com os editores e muito grata lhe seria se também se ocupasse dessa parte. Querendo fazer-me este grande favor, podia pedir à Maria Barbosa que lhe mandasse a mala. Imagino que o impressionará muito ocupar-se destas publicações, mas certa da sua amizade, penso que ao mesmo tempo terá gosto em dar esta última prova da sua dedicação pelo José."[569]

Quatro dias depois, Ramalho respondia-lhe. Embora o trabalho envolvido o deva ter assustado, começava por lhe agradecer a "preciosa prova de amizade."

Mais uma vez lhe dizia não se ter apercebido do estado do amigo. Relatava o choque, ao receber, em Veneza, o telegrama anunciando a sua morte. No que dizia respeito ao pedido de Emília, afirmava que, mal terminasse a cura para o reumatismo, se ocuparia "com todo o meu zelo de coordenar para a imprensa tudo o que resta da obra do que foi o mais amado, o mais fiel, o mais honrado companheiro da melhor parte da minha vida". Prometia ainda escrever à editora, para averiguar a situação dos contratos. Num sopro de entusiasmo, acrescentava: "Vou ainda tratar de coligir todos os escritos dispersos em jornais e em revistas dos quais se apurarão certamente dois ou mais volumes de grande importância na obra completa de Eça de Queirós." Concordava que Luís de Magalhães lhe poderia ser muito útil.

Entretanto, Emília recebia, da Lello, já publicados, *A ilustre casa de Ramires* e *As*

---

[569] A. Campos Matos (org.), *Eça de Queiroz e Emília de Castro, correspondência epistolar, op. cit.,* pp. 676-77.

cartas de Fradique Mendes. A primeira obra vinha com uma nota, indicando que, a partir da pag. 417, a revisão de provas não fora feita pelo autor. Emília não ficou feliz. E disso falou a Ramalho: "Acho que a Lello se apressou muito e que devia ter-se aconselhado antes de publicar. Meu pobre José, ele que nunca achava a sua obra bastante perfeita." Em 20 de outubro de 1900, Ramalho informava a Emília que falara com um dos irmãos Lello e que este lhe dissera terem andado à sua procura, para ser ele a fazer a revisão dos dois livros, mas que, "achando-me eu ausente de Portugal resolvera fazer rever muito escrupulosamente as provas finais por um literato do Porto chamado Júlio Brandão, que nesse trabalho havia posto o mais religioso escrúpulo". Comunicava-lhe que já lera *A ilustre casa de Ramires* e garantia-lhe que o revisor não estragara nada. Quanto a *As cartas de Fradique Mendes*, ainda não acabara a sua leitura, pelo que guardava a sua opinião para o fim. Prometia-lhe que, no caso de *A cidade e as serras*, seria ele próprio a rever tudo.

De todas estas intenções, Ramalho apenas cumprirá a revisão da segunda parte de *A cidade e as serras* e da quarta edição de *O mistério da estrada de Sintra*. Em 28 de agosto de 1901, Ramalho escrevia a Luís de Magalhães: "Já para a revisão e coordenação de *A cidade e as serras,* a Sr. Dª Emília me falara em V., considerando-o de entre os amigos de seu marido como o mais adequado a aliviar-me desse doce trabalho, que V. faria talvez melhor, mas de que eu procurei desempenhar-me o melhor que pude sobre um daqueles caudalosos e terríveis manuscritos do primeiro jorro (...) Espero ainda que V. me diga que sim, para que o trabalho [a colaboração em periódicos] se não retarde e eu possa sem remorsos empreender a conclusão de uma viagem que o ano passado principiei com o Queirós pela Suíça e que a inesperada notícia da sua morte tão dolorosamente quebrou."[570] A devoção de Ramalho pelos papéis de Eça era nula. Quando morreu em 1915, os seus filhos encontraram no arquivo, que entretanto tinha sido levado para o Rio de Janeiro, provas manuscritas de *A capital*, de *O conde de Abranhos* e cinco cartas inéditas de *Fradique*.

Por sua vez, Luís de Magalhães cumpriria pontualmente aquilo a que se comprometera: em 1902, saíam *Os contos*; em 1903, as *Prosas bárbaras*; em 1905, as *Cartas de Inglaterra*; ainda em 1905, os *Ecos de Paris*; em 1907, as *Cartas familia-*

---

[570] Esta carta vem incluída em Andrée Crabbée Rocha, *Epistolografia portuguesa, op. cit.*, p. 273.

res; em 1909, as *Notas contemporâneas;* em 1912, as *Últimas páginas*.[571] Luís de Magalhães pedira a ajuda de Emília, no sentido de esta tentar encontrar, em casa, alguns recortes de jornal. Mas em 11 de dezembro de 1901, Emília dizia pouco poder ajudá-lo (apenas lhe mandava um recorte da *Gazeta de Notícias* e alguns rascunhos de cartas): "Saído do seu trabalho, o José não gostava de falar sobre a sua obra e agora que pena sinto de lhe não ter perguntado tanta coisa! De não saber a sua opinião sobre tanto assunto! Tanta coisa dele que fiquei sem saber, ele era naturalmente reservado e eu pensava que o teria sempre!"

Pouco antes, Emília escrevera a Ramalho, exprimindo-lhe as imensas saudades que sentia do marido e a certeza de que, tivesse ele deixado "a cidade e vindo para as serras viver a boa vida simples", ainda estaria vivo. Emília sentia-se bem respirando, ao lado da irmã, os ares da Beira Baixa. Mas, às vezes, tinha dúvidas sobre como teria reagido Eça a esta onda de publicações. Em 12 de abril de 1910, exprimia estas hesitações a Luís de Magalhães. Naturalmente, este a tranqüilizou. Pouco dada a masoquismos, depressa enterrou o assunto. Magalhães ainda orientaria a publicação, em 1912, de mais um livro. A primeira fase da reunião de dispersos terminara.

Entretanto, com o advento da República, a vida de Emília complicou-se. A viúva de Eça via o novo regime com todas as suspeitas do mundo. O pior aconteceu quando os dois filhos mais velhos, José Maria, com 23 anos, e Antônio, com 22, optaram por se ligar à causa de Paiva Couceiro. Em março de 1911, ambos fugiram para a Galiza, onde participaram ativamente nas incursões monárquicas, que tiveram lugar em outubro de 1911 e julho de 1912. Alarmada por uma notícia sobre os filhos que aparecera nos jornais, Emília partiu, em outubro de 1911, para Vigo, onde ficou várias semanas. Sua permanência, ao lado de dois filhos insurrectos, custar-lhe-ia a pensão de Estado, que há alguns anos recebia. Os republicanos consideraram que não valia a pena gastar dinheiro com monárquicos. A família de Eça passou a ser vista com maus olhos pelo novo regime.[572]

---

[571] Apesar de ter sido ministro, entre 19 de maio de 1906 e 2 de maio de 1907, Magalhães não interrompeu o seu trabalho de coleta de artigos de Eça.
[572] A família de Eça passou a ser vista com maus olhos pelo regime republicano. Tudo mudou depois do golpe de 1926. José Maria viria a morrer pouco depois, em 1928, mas Antônio manteve-se muito ativo na defesa do Estado Novo. Além dos romances, medíocres, que publicou, escreveu ainda um opúsculo, intitulado *O ressurgimento do espírito nacional pelo fortalecimento do espírito legionário*.

Em 1925, celebrava-se o centenário do nascimento de Camilo Castelo Branco.

Nesse ano, ressuscitou um novo Eça.[573] Surgiram então, no mercado, *A capital, O conde de Abranhos* e *Alves & Cia.*, além de um segundo volume de *Cartas inéditas de Carlos Fradique Mendes e páginas esquecidas* (que só sairia em 1929), um volume de *Correspondência* e outro, contendo as notas a *O Egito*. Anunciou-se também *A tragédia da rua das Flores*, um romance que, depois da morte do filho mais velho, a família se recusaria a publicar.

Como era possível que, da noite para o dia, tivessem surgido tantos inéditos? A responsabilidade cabe inteirinha a Ramalho. Este, que ficara com a maleta que a cunhada de Emília lhe tinha entregue, não se deu ao trabalho de olhar para o que estava lá dentro, ou, tendo-o feito, alternativa ainda mais vergonhosa, escondeu-o. Foi o seu filho Vasco Ortigão que, depois de morto o pai, resolveu ver o que se encontrava no embrulho. Para sua surpresa, deparou-se com inúmeras páginas de Eça. Entrou imediatamente em contato com o filho mais velho de Eça, propondo-lhe enviar tudo o que tinha. Assim fez. Em 1924, os manuscritos voltaram, portanto, para as mãos da família Queirós. José Maria dedicou os poucos anos de vida que lhe restavam — morreria em 1928 — a reescrever os inéditos. Sabe-se que alterou o que quis, um gesto que, mesmo os que dele tiveram conhecimento, não criticaram.[574] Ótimo imitador do estilo do pai, os livros que saíram de suas mãos foram muito apreciados. Tanto *A capital* como *O conde de Abranhos* esgotaram-se rapidamente, tendo sido feita, no ano seguinte, uma segunda edição.

Nem todos os mistérios terminaram com a descoberta além-Atlântico. Quem olhar o espólio de Eça reparará na ausência de uma correspondência numerosa, que não pode deixar de espantar. Poder-se-ia pensar — e foi isso que, de início, pensei — que a família, na posse de cartas íntimas, nada quisesse mostrar. Há, nesta hipótese, uma parcela de verdade — só recentemente vieram à luz do dia as cartas das namoradas americanas —, mas o que se passou é mais trágico. O arquivo pessoal de Eça encontra-se no fundo do mar.

---

[573]J. A. França, *Os anos vinte em Portugal*, op. cit., pp. 117-122.
[574]José Agostinho, *As últimas obras póstumas de Eça de Queiroz e a crítica*, op. cit., é uma exceção.

Descobri o fato numa nota de pé de página da obra de Heitor Lyra, *O Brasil na vida de Eça de Queirós*.[575] Com base numa carta que a filha, Maria, lhe escrevera, em 4 de outubro de 1963, Lyra revela que, após a morte de Eça, sua mulher decidira enviar os móveis que existiam em Neuilly, bem como o arquivo, pelo navio *St. André*, encarregado pelo governo de transportar as obras de arte portuguesas que tinham estado presentes na Exposição Universal de Paris.[576] A decisão viria a revelar-se uma catástrofe. Em 24 de janeiro de 1901, diante de Lisboa, o *St. André* naufragava. O Tejo estava agitado e, fora da barra, as ondas andavam altíssimas. No Havre, quando o *St. André* saiu, as condições atmosféricas já estavam deploráveis. Além disso, segundo consta, o barco não tinha condições. Quando o *St. André* se deparou com dificuldades, nas coordenadas 10,35° de latitude e 10,5° de longitude, foi abandonado pela tripulação. O rebocador *Berrio*, enviado de Lisboa para recuperar o navio, falhou na missão. Abandonado às correntes, o *St. André* foi arrastado pelo mar, presumindo-se que tenha afundado em algum lugar no sul de Portugal. Apenas foram encontrados restos de cascos, uma barrica com óleo mineral e um remo. Como resultado, desapareceram vários quadros de Carlos Reis, de Malhoa e de Veloso Salgado e uma pequena tela, de Columbano, onde Eça era retratado. Para o que nos interessa, desapareceu a quase totalidade dos papéis pessoais do escritor.[577] Ironicamente, muitas coisas que Eça desejaria ver esquecidas — eventualmente a relação com a mãe — deixaram de poder ser estudadas.

Como uma desgraça nunca vem só, não foram apenas os papéis de Eça que desapareceram, mas também a sua biblioteca. Quando a viúva de Eça se mudou para Vigo, na época das incursões monárquicas, deixou os livros, que haviam pertencido ao marido, na casa de uma velha criada, cujo genro, um tipógrafo

---

[575] H. Lyra, *O Brasil na vida de Eça de Queiroz, op. cit.*, p. 435.
[576] Curiosamente, o comissário da parte portuguesa na Exposição Universal de Paris foi o mesmo visconde de Faria que Eça tinha desalojado do Consulado, em 1888. Ver *Portugal, 1900, op. cit.*
[577] O naufrágio do *St. André* foi rodeado de polêmica, tendo o governo sido acusado de incúria na escolha do navio. Talvez isto explique a dificuldade em se encontrar a notícia nos jornais. Ver J. de Figueiredo, *Portugal na Exposição de Paris*, Lisboa, 1901. Encontrei uma pequena referência ao naufrágio no *Jornal do Comércio*, 25.1.1901 e outra em *O Século*, 24 e 25.1.1901. Ver ainda J. Quintanilha Mantas, "Notícias sobre a Exposição Universal de 1900", e "Relatório do Comandante Folange, capitão do *Saint André*, sobre o naufrágio do navio", em *Portugal, 1900, op. cit.*

chamado Danton — nome simbólico de um clube a que pertenceria — os foi, pouco a pouco, roubando.[578]

Finalmente, a família de Eça sempre foi muito renitente em mostrar aos investigadores o que possuía. Disso mesmo se queixava, há anos, João Gaspar Simões. Farto de a nada ter acesso, este decidiu declarar que os papéis do romancista eram patrimônio da nação. O filho Antônio respondia-lhe, em 1950, o seguinte: "É claro que possuímos, minha irmã e eu, cativos, *quantidade* de papéis íntimos do nosso Pai, toda uma vasta correspondência, notas, manuscritos, e tudo isso, todo esse espólio é nosso, muito nosso, exclusivamente nosso."[579] A família talvez não possuísse tanto quanto dava a entender, mas estas linhas revelam a atitude adotada, durante décadas, pelos descendentes de Eça.

Emília morreria aos 77 anos. Vivia agora na praia da Granja, onde os filhos passavam temporadas. Até ao fim, manteve-se uma católica rígida e pura, não sendo difícil imaginar que terá sido sua a interdição relativamente à não publicação de *A tragédia da rua das Flores*. Há muito que deixara de ler os livros anticlericais do marido, refugiando-se no *Suave milagre*. Antes de morrer, ainda tomou uma decisão, relativa à localização do túmulo onde o corpo do marido deveria ficar. Em 1932, através de Luís de Magalhães, teve conhecimento de que uma comissão de notáveis de Aveiro se preparava para promover a trasladação dos restos mortais de Eça para o cemitério do Outeirinho, perto de Verdemilho. Numa carta que, em 17 de dezembro de 1932, dirigiu a Magalhães, Emília dizia-lhe concordar com a trasladação, mas com reservas. Por um lado, tinha repugnância em que os corpos fossem para debaixo da terra; por outro, queria que o jazigo fosse só para "os únicos Eça de Queirós". Por trás de tal afirmação, estava a exclusão do desembargador Joaquim José de Queirós, presumivelmente por ele ter sido maçom. A carta prosseguia: "O meu sogro era Teixeira de Queirós

---

[578]H. Lyra, *O Brasil na vida de Eça de Queirós, op. cit.*, p. 435. Muitas das obras em língua inglesa e francesa não interessaram ao gatuno, que parece ter roubado sobretudo os livros em língua portuguesa. Desapareceram inclusivamente todas as obras do próprio escritor, apenas tendo escapado a tradução, em castelhano, de *O primo Basílio*. A Fundação Eça de Queiroz tem procurado reaver estes livros. Na sede em Tormes, existe uma pequena biblioteca, onde se encontram, por exemplo, livros de Tennyson, Carlyle, Thackeray, Chateaubriand, Victor Hugo, Taine, Zola etc. Infelizmente, nenhuma destas obras contém qualquer tipo de anotação feita por Eça. Ver A. Campos Matos, *A casa de Tormes, Inventário de um patrimônio, op. cit.*
[579]Antônio d'Eça de Queirós, *Desafronta à memória de Eça de Queiroz, op. cit.*, p. 46.

e esse avô, que decerto foi aquele que mandou fazer o jazigo existente em Verdemilho, era, creio eu, Almeida de Queirós. Parece-me que esse está muito tranquilo no seu jazigo ao pé da sua mulher e que não há razão nenhuma para de lá o tirar." Acrescentava que mudar o avô para um novo jazigo seria fazer política, o que ela não desejava. Por fim, pedia a Luís de Magalhães para ver se conseguia que o novo jazigo ficasse dentro de uma capela. Nem os notáveis de Aveiro, nem Luís de Magalhães, também maçom, devem ter considerado a exigência sensata. Eça continuou sepultado no Alto de São João. E quando, em 1989, de lá foi retirado, foi para seguir para terras não do avô, mas dos Resende. Eça de Queirós jaz hoje em St. Cruz, no meio da serra onde jamais quis viver.

Conclusão

Eça morreu, em Paris, a 16 de agosto de 1900. Não, Ulisses não regressou. Apesar de nunca ter deixado de pensar em Portugal, parecia-lhe impossível viver no país onde nascera. Como James Joyce, sentia que a pátria destruía os seus filhos. Um dia viu, diante de si, o espectro de um homem inteligente, mas que, devido à moleza do clima, a um temperamento fraco e às solicitações sociais, era incapaz de terminar o livro que queria escrever. Numa palavra, viu o Ega, de *Os Maias*. E jurou que esse não seria o seu destino.

O exílio voluntário viria a provocar um debate que se prolongou até a atualidade: foi Eça um "desnacionalizador" ou alguém que amava o seu país? Fundamentalmente, está tudo dito, no artigo, inserido em *O Atlântico*, de 14 de dezembro de 1880, no qual Eça responde ao seu fiel inimigo, Manuel Pinheiro Chagas. Ao contrário deste, Eça não se orgulhava da conquista do Industão, não tinha saudades da última nau que partira, não esperava por auroras ansiosas. Como o burguês que dizia ser, preocupava-o o atraso da pátria. Em todos os seus romances, subjacente ao enredo, é possível entrever o debate sobre a modernização de Portugal. Eça considerou sempre que o que estava a ser feito — aquelas toscas imitações do estrangeiro que ele tanto desprezava — estava torto. E sofria com isso.

Segundo Eça, Portugal ocupava o último degrau da civilização, uma idéia que lhe vinha dos anos da sua juventude, quando sobre este assunto falara com Antero de Quental e Oliveira Martins. Para estes, o país estaria atravessando a última fase de um período de decadência que remontava a 1580. Esta convicção influenciou os romances de Eça e, indiretamente, a forma como, ainda hoje, os portugueses vêem o século passado. Mesmo os que jamais leram um livro seu, *sabem* que todos os políticos oitocentistas eram corruptos, todos os padres, lúbricos, todos os burgueses, ridículos. O século XIX português é o que Eça nos legou.

Mas não devia ser. Porque os romances não são obras históricas.[580] Além disso, Eça tinha um programa político. Queria destruir, pela sátira, o sistema instalado. E instalado era exatamente a forma como ele o via. Depois das guerras civis da primeira metade do século, a Regeneração trouxera a paz. Poder-se-ia pensar que todos iriam ficar felizes. Mas não. De fato, como podiam os netos dos heróis da Revolução Liberal e os filhos dos revolucionários da Patuléia respirar sob o céu de chumbo da ordem burguesa? Não podiam. Daí a raiva que exibiram perante uma sociedade, onde, sob o arguto olhar de Ávila, as elites jantavam lagosta, acompanhada de Moet et Chandon. A "geração de 1850", gente como Fontes, Andrade Corvo, Rodrigues Sampaio, considerava, com alguma razão, que no meio das convulsões européias Portugal era uma ilha feliz. Os jovens radicais, que ficaram na história sob a designação da "geração de 1870", pensavam o contrário. Alimentados de livros franceses, reagiam aos acontecimentos como se vivessem em Paris. Os políticos, todos os políticos, eram sósias de Napoleão III.

No final de *Os Maias,* Carlos, de regresso a Lisboa, interrogava Ega sobre os seus planos. Este confessa-lhe que ainda pensara em ingressar na diplomacia, mas que acabara por desistir, dado que percebera que, lá fora, continuaria a vida de ociosidade dourada que levava em Lisboa. Carlos fala-lhe na hipótese de uma carreira política. Ega responde-lhe, furioso, declarando que, desde que o dinheiro invadira a política, tal carreira se tornara moral e fisicamente nojenta. Mesmo antes de sair de Portugal, já Eça olhava os seres que se sentavam no Parlamento ou nas cadeiras do poder com insuperável nojo. Naturalmente a estada no estrangeiro contribuiu para que a apreciação se tornasse mais negativa. Eça tendia a comparar o regime inglês, que, aliás, idealizada, com o português. Nunca entendeu que, num país onde, além de a aristocracia ter sido dizimada, havia 80% de analfabetos, jamais poderia existir um parlamentarismo aristocrático, como o que ele via em funcionamento na Inglaterra. Além disso, no seu país, nem tudo era tão escandaloso quanto ele pensava, nem na pátria fundadora do liberalismo eram tudo rosas. Na Inglaterra, atropelos eleitorais também eram inúme-

---

[580] Acontece até que quanto mais medíocres são os romances, mais úteis nos são como fonte histórica. Por exemplo, para os meios operários e pequeno-burgueses, os livros de Abel Botelho, embora fracos do ponto de vista literário, contêm dados sociológicos úteis.

ros. A diferença residia em que, ali, os caciques eram aristocratas, enquanto, em Portugal, quem dominava as eleições eram os agentes da autoridade. Eça continuou, durante muito tempo, a pensar no maçante bispo de Viseu, no caquético duque de Saldanha, no louco conde de Peniche como típicos da fauna política nacional. Nunca compreendeu Fontes Pereira de Melo, como nunca se apercebeu da transformação de Portugal durante este período. Mas foi durante os anos em que Eça escreveu os seus grandes livros — de *O crime do padre Amaro* a *Os Maias* — que o país se modernizou.

Dito isto, voltemos às obras de Eça. Nascido para as letras como um romântico, Eça só se libertou de seus "abutres" depois da viagem ao Egito. Foi então que leu, com atenção, Flaubert. O estilo de Eça foi-se tornando mais atento ao pormenor, mais perto da linguagem coloquial, mais exato. A sua espetacular capacidade de absorção permitiu-lhe fundir o realismo e a prosa lírica. A primeira versão de *O crime do padre Amaro*, um ensaio de escrita realista, contém muitos laivos de um lirismo que lhe era congênito. Veio depois a fase declaradamente realista, a de *O primo Basílio*. Mas, no fundo, não faz sentido aplicar um rótulo a Eça, um escritor multifacetado capaz de, enquanto escrevia algo do melhor jornalismo europeu, imaginar mandarins assassinados por amanuenses, sonhos bíblicos vividos por lisboetas lúbricos, sagas familiares que terminavam em tragédias.

A ironia, que vem com o ceticismo, acabou por se lhe impor. Eça sabia que ela era o meio ideal para que a sensibilidade não degenerasse em sentimentalismo, doença crônica da literatura portuguesa. Mesmo antes de partir já tinha uma grande facilidade em olhar o país como se estivesse de fora. Por outro lado, a percepção da inconsistência subjacente à vida individual e às instituições levou-o a ser um mestre do humor. Mas Eça tampouco pode ser rotulado, como o fez Oliveira Martins, de "humorista". Nem de escritor satírico. Nem de ensaísta pícaro. Nem de romancista de costumes. Era tudo isso e muito mais.

Além dos livros, há o homem. E a biografia, que ele sempre insistiu em que não devia ser escrita. De tal forma detestava Eça que falassem da sua vida privada que quase somos tentados a crer que interveio junto de Netuno para que o *St. André*, o navio que transportava grande parte dos seus papéis, viesse, como acabou por suceder, a naufragar. Como todos nós, teve uma vida. Que não era, como ele provocadoramente proclamou, tão desinteressante quanto a História da República de Andorra. Nascera, em 1845, filho de "mãe incógnita", fato que deu origem a inúmeras especulações. Infelizmente, sobre Carolina Augusta nada se encontra nos arquivos, os livros pouco se lhe referem, o filho nunca quis falar sobre ela. As teses que defendem ter a personalidade de Eça sido construída com base na relação com a mãe — *vide* João Gaspar Simões — carecem, por conseguinte, de comprovação. É possível que Eça tenha sentido a ilegitimidade como um trauma. Mas o contrário também é verossímil. Dada a elevada taxa, à época, de nascimentos fora do casamento, a sua situação pode ter sido vivida com indiferença. A única atitude que um investigador pode adotar, em circunstâncias semelhantes, é deixar ficar em paz, com as suas zonas negras, as questões insolúveis. Ao certo, sabemos apenas que Eça formou o seu caráter no colo de uma velha avó e de um casal de criados negros. A reserva, que o acompanhou até a morte, pode, em parte, atribuir-se a este limbo inicial. As suas "poses" — é revelador que tenha sido um bom ator — mais não eram do que a forma encontrada para enfrentar um mundo que o assustava.

Eça tinha conhecimento, desde menino, que, além da ama, e dos avós, tinha pai e mãe. No Porto, ouvira dizer, tinha irmãos. Só ele, por razões que lhe escapavam, ficara em Verdemilho. Não sabia se era ou não feliz. Ou, se o sabia, não o disse. Não deveremos ser nós a afirmá-lo. Em 1861, foi para Coimbra, a fim de freqüentar a universidade. O fato de, durante o primeiro ano, não ter ido para uma "república", mas para a casa de um amigo da família, e além de tudo a de um lente, não ajudou a que desabrochasse. Manteve-se solitário. De dia, ia às aulas. À noite, escrevia poemas a imortalizar a humanidade. Diligente, foi passando nos exames. Finalmente, deixou a casa do Dr. Dória e foi viver com outros estudantes. Mais importante do que isso, passou a representar no Teatro Acadêmico. Estava prestes a formar uma nova personalidade. Tornou-se ateu, passou a desprezar os clássicos, começou a ler poetas franceses. Eça não perdia um livro que chegasse de Paris. Victor Hugo era o seu herói e Proudhon e Balzac os seus mentores. Já então, a política — enquanto Eça esteve em Coimbra viveu-se a demissão do reitor, a questão do "Bom Senso e Bom Gosto", a fuga dos estudantes para o Porto — o interessava menos do que a literatura. Para espanto dos que o leram, publicou uns folhetins românticos na *Gazeta de Portugal*.

Com o canudo de bacharel na mão, chegou à capital, em 1866. O pai tinha sido transferido para Lisboa, onde habitava um esplêndido andar, no Rossio. Pela primeira vez, Eça foi viver com sua família de origem. Mal conhecia os irmãos, o pai agastava-o com conselhos sobre a carreira, a severidade da mãe assustava-o. Um dos traços marcantes da sua personalidade — a insatisfação permanente com os locais onde vivia — começava a manifestar-se. Alguns meses passados sobre a sua vinda para Lisboa, já a capital provocava nele sentimentos de frustração. Com a cabeça povoada pelos heróis dos romances que andava lendo, a Lisboa da "Fusão" parecia-lhe um cárcere. Foi por esta altura que, em colaboração com Antero e Batalha Reis, inventou uma personagem, Carlos Fradique Mendes, sob cujo nome escreveu a única poesia que se conhece, "Serenata de Satã às Estrelas". Como o título indica, destinava-se a chocar a burguesia. Esta era, para a "geração de 1870", o inimigo principal. Todos eles detestavam a sua complacência, a sua opulência, a sua felicidade. O grupo, de que Eça fazia parte, reagia à civilização que Fontes Pereira de Melo estava tentando importar para Portugal de forma utópica. Os "melhoramentos materiais", as estradas de ferro, os telégrafos, a maquinaria, pareciam-lhe coisas insignificantes. Uns, como Antero de Quental, voltaram-se nostalgicamente para a época em que os avós tinham empunhado armas pela liberdade; outros, como Oliveira Martins, para um futuro radioso, o socialismo. Eça decidiu que o que tinha a fazer era viajar.

Após uma maravilhosa viagem à Palestina, por ocasião da abertura do canal de Suez, decidiu deixar Portugal. Em 9 de novembro de 1872, partiu para Cuba, como cônsul de Portugal. Uma vez em Havana, odiou a elite colonial espanhola. A estes, preferiu os americanos que ali passavam férias. Seria entre esta comunidade que encontraria duas jovens, Mollie e Anna, que viria a namorar simultaneamente. Tudo indica que tenha se apaixonado pela mais velha, Anna, uma senhora casada, bela e neurótica. O posto que se seguiu foi Newcastle. Era uma cidade agreste, mas, ao menos, ficava na Europa. Depois das aventuras amorosas dos últimos meses, Eça sentia que precisava de sossego. Aproveitou o tempo livre — em Newcastle ele era substancial — para recriar Leiria, as suas praças, as suas beatas, os seus padres. Nesse meio tempo, teve alguns amores, primeiro com uma "devassa" e, mais tarde, com uma "beata".

Em 1875, o jornal de Batalha Reis e Antero de Quental, *A Revista Ocidental*, começava a publicar, em folhetins, *O crime do padre Amaro*. Antes de partir para a Inglaterra, Eça conseguira, dos amigos, a promessa de que poderia rever tudo o que quisesse em provas. Mas aqueles faltaram com a palavra, acabando o texto por sair sem revisão. Eça ficou furioso. Tudo se resolveu com a sua decisão de publicar a história em livro. Em seguida, em 1878, saía o seu livro mais realista, *O primo Basílio*. No Brasil, um grande escritor, Machado de Assis, criticou-o. Apesar do moralismo deslocado dos seus artigos, as reservas de Machado de Assis a *O primo Basílio* tocaram Eça. Este percebeu que uma obra de arte não tinha de servir a intuitos sociais.

Os anos de Newcastle foram extremamente produtivos. Custa a acreditar no que Eça foi capaz de redigir, entre 1878 e 1879. Sem contar com o esboço para o futuro conto *A catástrofe* (sobre uma eventual invasão espanhola), Eça redigiu *A capital* (em que atacava os republicanos), *O conde de Abranhos* (chegara a vez dos políticos da monarquia) e *A tragédia da rua das Flores* (uma obra cujo tema central era o incesto). São, ao todo, milhares de páginas. Mas, ao reler o que tinha escrito, Eça entrou em pânico. Sentiu que, se publicasse estes textos, nunca mais poderia pôr os pés em Lisboa. Os intelectuais e os políticos nunca lhe perdoariam. Decidiu, portanto, meter os escritos na gaveta. Pouco tempo depois, trocava Newcastle por Bristol. Foi aqui que escreveria a sua obra maior, *Os Maias*, e o seu melhor jornalismo.

Em 1886, casava-se. Não se pode dizer, como o proclamou um crítico célebre, que o casamento mais não foi do que uma maneira de Eça ascender socialmente. A razão determinante não foi a paixão, embora quem leia as cartas de noivado, especialmente as de Eça, possa ser levado a pensar que ele teria sido assaltado por um vendaval de sentimentos. Mas — convém recordar — Eça era alguém que sabia manejar as palavras. Neste caso, dado que a noiva, Emília de Resende, oferecera resistências, ou por se considerar desonrada, ou por se sentir ainda afetivamente ligada a Luís de Soveral, era preciso convencê-la das vantagens do casamento. Na época com 28 anos, Emília preparava-se para ficar para tia. As cartas de Eça, um primor, dissuadiram-na do plano.

Aos 40 anos, Eça já vivera todas as paixões, amores e aventuras que tencionava ter. Agradava-lhe uma companhia. Escolheu Emília de Resende, irmã de um grande amigo seu. Podia não ser uma beleza, mas, pelo menos, não era uma burguesinha do Chiado, suscetível de se apaixonar, à primeira oportunidade, por um Basílio. Foram estas razões que levaram Eça ao altar, não um desejo qualquer de ascensão social.

Nos seus últimos anos, Eça começou a ser visto como um esnobe. Mas também aqui as razões invocadas eram absurdas. É verdade que ele herdara da mãe um gosto especial pela indumentária. Se excetuarmos Ramalho, igualmente um dândi, o cuidado com que se vestia sempre espantou os amigos. Embora o destituísse da imagem clássica do intelectual, o fato não o transformava necessariamente num conservador. O projeto da boêmia, popular entre os românticos, horrorizava-o. Por isso escolheu uma carreira, a consular, que lhe permitia confortos.

Com o casamento, não "transitou" de uma classe para outra. Tanto a família do pai, como sobretudo a da mãe, faziam parte dessa fidalguia de província, que gosta de inventar reis de quem descende e de decorar as suas casas com brasões. Não sendo um grande aristocrata, Eça tampouco era um burguês nascido com a Revolução Liberal. Há muito que os seus antepassados tinham profissões nobres, nas armas e no foro. No fim da vida, era difícil classificar Eça socialmente. Não era a sua origem na fidalguia de província, nem o fato de ser cônsul que lhe conferia *status*. Era da sua obra — e, convenhamos, do seu matrimônio — que retirava a importância de que gozava.

No dia-a-dia, o casamento foi um pouco diverso do que ele imaginara. Eça não tardou a perceber que perdera o silêncio a que estava habituado. Emília ficou grávida pouco tempo após o casamento. Menos de um ano depois, em 16 de janeiro de 1887, nascia a filha Maria. Vieram depois, em rápida sucessão, três rapazes: José Maria, nascido em 1888, Antônio, em 1889, e Alberto, em 1890. Pela primeira vez, Eça teve de montar casa (até então vivera sempre em casas mobiladas). As despesas aumentaram. Houve *nannies* a contratar e férias de verão a organizar. Mesmo que se isolasse, no pavilhão ao fundo do jardim, sua vida mudara. Ninguém sabe se era isto que ele queria. Foi o que teve.

Em 1888, após oito anos de maturação, publicava *Os Maias*. Trocara a raiva de suas primeiras obras pelo desalento. Sob a influência da literatura inglesa, o tempo era tratado, nesta obra, de forma revolucionária. A ação decorre em 1875, mas Eça consegue deslizar até 1820 e, depois, numa espécie de epílogo, avançar até 1887. E não é esta a única novidade. Um romance de costumes, *Os Maias* contém, no seu interior, uma tragédia. Pela primeira vez, Eça admitia a possibilidade de coincidências extraordinárias, como a dos irmãos-amantes, o que teria sido impossível, se tivesse ficado dominado pela influência francesa. Não há, no livro, uma palavra a mais, um tempo morto, uma passagem desnecessária. Apesar disso, é uma obra longa, o que fez com que os contemporâneos, habituados a romances de intrigas rápidas, a desprezassem. Eça sabia perfeitamente ter escrito uma obra-prima. O que o magoou não foram tanto as críticas, medíocres, que saíram, mas o fato de *Os Maias* terem sobretudo sido debatidos por causa de um imbecil *fait divers*: Eça foi acusado de ter retratado, na figura de Alencar, Bulhão Pato.

No ano em que foi publicado este livro, Eça foi nomeado cônsul em Paris. Seria aqui, nesta tão ambicionada cidade, que morreria. Duplamente. *Os Maias* foram o último livro que publicou. Por qualquer razão, Eça sentia-se incapaz, não de escrever, mas de publicar. E, no entanto, ao chegar a Paris, vinha cheio de planos. Alguns até foram postos em prática. Em 1889, aparecia a *Revista de Portugal*, o veículo através do qual ele pretendia formar uma elite. Profundamente envolvido na política, Oliveira Martins foi o seu grande colaborador. Demasiado pretensiosa, a publicação ia, em 1892, à falência. Mais ou menos na mesma época, Eça iniciou a redação de três obras, *A correspondência de Fradique Mendes*, *A cidade e as serras* e *A ilustre casa de Ramires*. Embora nelas tivesse trabalhado ao longo da década, nunca as terminaria.

Dado o seu mérito como romancista, confrange pensar que Eça levou tantos anos para ser internacionalmente reconhecido. Vivendo fora do seu país, que motivos o teriam impedido de se tornar um escritor universal? Ele próprio nos deu um princípio de explicação, quando referiu a admiração que os parisienses começaram a sentir, após as festas organizadas em honra da frota enviada pelo czar Alexandre III, por tudo quanto era russo.[581] Pertencendo a uma nação poderosa, os russos eram capazes de impor os seus escritores: foi assim que os franceses descobriram Tolstoi. Além desta via, havia outra, a de se ser nobre, rico e expatriado. Foi esta a seguida por outro russo, Ivan Turguenev. Instalado em Paris,

---

[581] Ver a crônica IX, *Ecos de Paris*, in *Obras de Eça de Queiroz*, op. cit., vol. 2, pp. 1.161-1.166.

desde 1856, teve a felicidade de se apaixonar por uma cantora casada, Pauline, o que o levou a passar grandes períodos na casa do casal Viardot, em Paris. Um admirador incondicional da cultura européia, Turguenev nada tinha a fazer na vida, além de admirar Pauline, o que lhe deu amplas oportunidades de conviver com os intelectuais franceses, entre os quais Flaubert, de quem foi grande amigo.

Nada disto se passava com Eça. Para começar, nascera no país mais desprezado da Europa. Em segundo lugar, não deixara Portugal para gozar as delícias de Paris, mas para ganhar o sustento. Eça era um funcionário público, o que fazia, por exemplo, com que jamais pudesse ter levado — a admitir que o tivesse desejado — a vida de um Balzac. Por insistência de Mariano Pina, visitou, um dia, Zola. O contato teria servido para o elogio póstumo que este lhe fez. Um jornalista residente em Paris, Xavier de Carvalho, relata que Zola lhe teria confessado considerar Eça superior a Flaubert.[582] A fonte não inspira confiança, mas, de qualquer modo, tem sido usada na publicidade das recentes edições de Eça em língua estrangeira.

Ao longo de sua vida, Eça teve muitos conhecidos. Amigos, poucos; íntimos, nenhum. Na juventude, no Porto e em Coimbra, dera-se bem com alguns colegas, mas não formara relações duráveis. Participou em extravagâncias coimbrãs, passou noitadas com os companheiros do Teatro Acadêmico, até partilhou um quarto com um amigo, com quem tomava cafés da manhã na cama. Mas tudo isso era volátil. Só em Lisboa consolidou relações. Algumas delas, é preciso dizê-lo, tinham um desagradável lado instrumental. É possível que ele gostasse de Ficalho ou de Arnoso, mas, um pela política, o outro pela sua influência no Paço, podiam-lhe ser úteis. E, por mais que ele disfarçasse, este elemento era importante. Mas o fato mais insólito ainda é a sua passividade perante os estrangeiros que o rodeavam. No caso da França, isto é particularmente chocante, visto ele ter residido em Paris não cinco ou nove anos, como em Newcastle e Bristol, mas doze. E, na capital francesa, havia um meio cultural, ausente na fabril Newcastle ou na portuária Bristol. Tivesse Eça desejado e não lhe teriam faltado, na França, intelectuais com quem conversar, alguns dos quais até lhe poderiam ter sido úteis na sua inserção na vida cultural. Em vez disso, isolou-se, primeiro, num pavilhão ao fundo

---

[582]Xavier de Carvalho, *Memórias, op. cit.*

de um jardim, depois, numa moradia escondida por trás de um prédio. Não era só a língua que o separava dos homens, mas o seu temperamento.

O isolamento permitiu-lhe seguramente uma maior concentração na escrita. Mas acabou por pagar um elevado preço por ele. Terá desprezado desnecessariamente alguns poetas franceses contemporâneos, e, mais importante, não conheceu o único português à altura do seu talento, Cesário Verde. Poder-se-á argumentar que, mesmo tendo uma vida social mais ativa, era improvável que Eça o tivesse encontrado. Trabalhando, desde os dez anos, na loja de ferragens do pai, Cesário não freqüentava os círculos sociais de Eça. Mesmo assim, Lisboa era Lisboa. Não era impossível que, alguém, um dia, lhe tivesse apresentado Cesário. Até porque havia várias pessoas que conheciam os dois.

Fernando Pessoa disse, um dia, que Eça era provinciano. Não é verdade. Eça jamais se pôs, abertamente, a admirar a Europa. Não só criticou a Inglaterra, quando disso foi o caso — consultem-se os seus artigos sobre a situação dos camponeses da Irlanda —, como, em várias ocasiões, zombou dos portugueses que indiscriminadamente imitavam tudo o que viam no estrangeiro. Eça sabia, e com isso sofria, que jamais pertenceria, no verdadeiro sentido do termo, às sociedades civilizadas onde passara a viver. Para isso, como ele próprio o escreveu, era preciso ter-se nascido no seu interior. Ou nelas ter sido socializado desde jovem, como sucedera a Joseph Conrad. A sua relação com os países onde habitou foi sempre ambígua. No fundo, invejava os que, desde o berço, tinham tido o benefício de usufruir de uma civilização superior.

Para ser conhecido além fronteiras, havia ainda a tradução. Mas não se pense que era fácil, para um estrangeiro, arranjar um editor. Mesmo quando se conseguia a publicação, os livros eram geralmente mal traduzidos. A tradução de *O primo Basílio* feita nos EUA, uma edição pirata, de tal forma apareceu mutilada que até o título — *Dragon's Teeth: A Novel from the Portuguese* (1889) — foi alterado. O único outro escrito traduzido em vida de Eça, *O mandarim,* foi editado por uma revista literária especialmente dedicada à divulgação de escritores estrangeiros. A tradução, feita por um português, era tão deficiente que, onde, no original, estavam "andaluzas nuas", apareceu, na versão francesa, "andalouses plus douces que du satin blanc".[583] Os estrangeiros, que queriam ver os seus livros

---

[583] J. Medina, *Eça de Queiroz e a Geração de 1870, op. cit.*, p. 118.

editados, tinham freqüentemente de pagar do seu bolso não só as traduções, mas a própria impressão.[584] Eça nunca quis sujeitar-se a estas condições. Nem para tal teria dinheiro.

Só no pós-guerra o mundo passou a conhecer Eça. Durante os anos 1950, suas obras começaram a ser divulgadas nos mercados que realmente tinham importância. Roy Campbell, que então traduziu várias das suas obras, não dominava o português, mas escrevia tão bem em inglês que, ainda hoje, suas idiossincráticas traduções dão prazer.[585] Finalmente, em 1998, *The Maias* era publicado na prestigiada coleção Penguin Classics. Hoje podemos ver o nome de Eça nas grandes livrarias, ao lado do de Balzac, de Flaubert ou de Dickens.[586] Isso tê-lo-ia consolado dos desgostos que sofreu durante a última década da sua vida, dentre os quais avulta a desilusão com os portugueses durante a crise do Ultimato.

Em 1890, Eça tinha diante de si a catástrofe que tantas vezes anunciara como purificadora. Mas, em vez de despertar os portugueses, a crise provocou espasmos histéricos. Perante um país que desta forma entendia o patriotismo, Eça se desesperou. Continuar a escrever, mas, estranhamente, não tinha von-

---

[584]Ver as peripécias que rodearam a tentativa do conde de Arnoso para editar na França um livro seu. Eça foi o intermediário e explicou-lhe, em 1896, as duras condições impostas pelas editoras. Este documento encontra-se no Espólio do Conde de Arnoso, Arquivo da Cultura Portuguesa Contemporânea, BN.

[585]A situação tem vindo a alterar-se, sendo hoje o nome de Eça reconhecido como um grande escritor, quer na França, quer nos países anglo-saxônicos. Em 1979, Martin Seymour-Smith incluía Eça em seu livro *An Introduction to 50 European Novels, op. cit.* Em 1986, Peter Gay dedicava vários parágrafos aos livros de Eça (P. Gay, *The Tender Passion*, Oxford University Press, 1986). Em 1994, Harold Bloom incluía *Os Maias* na lista de clássicos da Cultura Ocidental, ver H. Bloom, *The Western Canon*, Londres, Harcourt Brace & Company, 1994. Em 1998, a reputada coleção Penguin Classics publicava *The Maias* (usando a tradução, de 1965, de Patricia McGowan Pinheiro e de Ann Stevens). Na França, existem hoje boas traduções das principais obras de Eça. Veja-se, nomeadamente *Les Maias*, trad. de Paul Teyssier, Paris, Ed. Chandeigne/UNESCO, 1996. As revistas literárias também têm dedicado espaço a Eça, a começar pela prestigiada *New York Review of Books*, onde, em 9.4.1970, V.S. Pritchett publicou um artigo sobre Eça, ao *Times Literary Review*, onde, em 17.10.1977, J. Keates publicava um artigo sobre Eça ou *Le Monde des Livres*, que, a 25 de dezembro de 1998, apresentava uma resenha de *O conde de Abranhos*. Isto para só citar alguns dos artigos que me vieram parar às mãos.

[586]Em Portugal, Eça nunca deixou de ser um escritor popular. Em 1884, o jornal de Coimbra, *O Imparcial*, fez uma pesquisa, junto dos leitores, para averiguar quais os romancistas favoritos. Entre os 25 escolhidos, Eça vinha em 4º lugar, a seguir a Camilo, que ocupava o primeiro lugar, a Pinheiro Chagas e a J.M. Latino Coelho. Ver R. Ramos, *A Segunda Fundação*, in J. Mattoso (org.), *História de Portugal, op. cit.*, vol. VI, p. 55. Depois de sua morte, os livros de Eça mantiveram-se sempre disponíveis no mercado, alcançando tiragens consideráveis.

tade de ver os seus livros nas mãos dos leitores. Algo, no seu espírito, se quebrara. É difícil — tão variadas foram as causas — explicar o motivo pelo qual *Os Maias* foi o último livro que publicou. Sua fase realista, que lhe dera energia para redigir algumas das suas melhores obras, estava terminada. As fantasias curtas, como *O mandarim,* eram o fruto de um verão. Em *Os Maias,* por outro lado, sentia que dissera tudo quanto havia a dizer sobre Portugal. Poderia, talvez, ter recuperado. Só que o mundo, nestes anos finais do século XIX, estava caminhando depressa. De repente, Eça viu-se sem voz. Faria sentido regressar ao realismo de *O primo?* À sátira de *A relíquia?* À tragédia de *Os Maias?* A década de 1890 deitara abaixo aquilo em que ele tinha acreditado.

Seus últimos anos foram cinzentos. A não ser quando algum dos seus velhos companheiros de Lisboa o visitava, não falava de seus livros. Com o pai, mantinha uma relação amigável, mas distante. Gostava dos filhos, mas nunca se interessou pela sua educação. Respeitava Emília, mas conhecia-lhe os limites. Apesar dos sinais de pose aristocrática — que vão da sua adesão às "Cozinhas Económicas" da duquesa de Palmela à presença na sua sala de um quadro oferecido pelo rei — Eça não "traiu" quaisquer ideais, afirmação que se baseia na falácia de que, na juventude, havia sido um revolucionário. Ora, em 1871, enquanto Antero e Batalha Reis se reuniam com representantes da I Internacional, Eça passava os serões na casa de Ramalho, a conversar com um grande industrial. O que não impede que, como qualquer ser humano, tenha evoluído. Eça acreditara ser possível melhorar a sorte dos homens. Com o tempo, essa fé desapareceu. O que não faz dele um reacionário, mas um céptico; ou, como ele próprio se definiu, em 1898, "um vago anarquista entristecido".[587] Se nem a crise do Ultimato servira para acordar o país, nada poderia desviá-lo, pensava, do sonolento caminho para o abismo. Usando o termo da época, não se pode argumentar que Eça não "amasse" Portugal. Simplesmente o fazia à sua maneira. Não era um patriota, se por tal se entender alguém que tem, do seu país, uma visão imperial. Era-o se pensarmos o termo como aplicando-se a quem sofre com os desastres do seu país e se alegra com as suas glórias, a quem se indigna com as suas torpezas e suspira por uma vida melhor para a comunidade.

---

[587]"A Rainha", in *Revista Moderna*, 15.1.1898, artigo incluído em *Notas contemporâneas*.

Mesmo sem ter em conta o seus últimos livros — os semipóstumos *A cidade e as serras* e *A ilustre casa de Ramires* — Eça ficou na memória dos homens. Por lhes ter falado de coisas novas e por tê-lo feito numa linguagem moderna. Basta compará-lo com Camilo para nos apercebermos do fosso que separa os dois romancistas. Ao terminar a leitura de um livro de Eça, o que o leitor retém não é tanto a intriga, mas o ambiente. Era por querer dar-nos o ar que se respirava nas ruas, o tom dos salões, o cheiro dos becos, que ele valorizava o pormenor. Como o prova a seguinte historieta. Uma tarde, em que estava reunido com alguns amigos em Neuilly, Eça entretinha-se a ler o *Diário de Notícias*. Fartos do seu silêncio, aqueles tentavam descobrir o que o interessava. Era, nada mais nada menos, do que os anúncios. Presente, Soveral atirou-lhe o *Figaro*, dizendo-lhe para largar aquelas páginas nojentas, ao que Eça respondeu: "Estou a ver Lisboa através do saguão."[588]

Esta atenção maníaca ao concreto permitiu a Eça criar figuras inesquecíveis. Não falando já das maiores, do padre Amaro, de Carlos da Maia, João da Ega, a uma galeria de personagens secundárias que conseguiriam se impor. Cada um terá a sua escolha. A minha inclui o padre Nazário, de *O crime do padre Amaro*, a Juliana, de *O primo Basílio*, o Alpedrinha, de *A relíquia*, a avó, de *A correspondência de Fradique Mendes*, o Titó, de *A ilustre casa de Ramires*. Em alguns casos, ocupam apenas uma página. Mas isto bastou. Há, depois, os casos das personagens — tipo que ele satirizou, Acácio, Pacheco, Abranhos. Eça tinha um talento caricatural fora do comum, simultaneamente uma bênção e uma maldição. A sua facilidade em desenhar estes tipos era tão grande que, por vezes, o traço é grosso demais. Por outro lado, a sua fúria ao descrevê-los levou a que tenham obtido uma indevida superioridade sobre as restantes personagens. Hoje, mesmo quem nada leu de Eça, é capaz de utilizar — provavelmente sem sabê-lo — o adjetivo "acaciano".

Eça tem sido acusado, sobretudo por devotos de Camilo Castelo Branco, de ter usado um vocabulário pobre. Como é óbvio, não foi por incapacidade de ler os clássicos, ou de usar termos rebuscados, que Eça escreveu como escreveu. Fê-lo, porque estava farto da retórica fradesca que, há séculos, dominava as le-

---

[588] Archer de Lima, *O marquês de Soveral e o seu tempo*, Lisboa, *op. cit.*

tras portuguesas. Nenhum outro escritor — com a possível exceção de Cesário Verde — inovou tanto quanto ele. A nossa língua é, ainda, a dele. É por isso que os seus escritos resistiram ao tempo. O seu riso revive nos sorrisos que, ao longo dos anos, foi despertando e, porque fizeram correr outras lágrimas, as suas lágrimas não secaram. Ao criar uma língua nova, ao dar-nos um mundo diferente, Eça modificou a forma como os portugueses se viam. À sua maneira, acabou por contribuir para a modernidade do país onde nascera.

Bibliografia citada

Dada a extensão da bibliografia sobre Eça de Queirós e a imensidão de biografias publicadas sobre romancistas estrangeiros, optei por incluir apenas as obras citadas em notas de rodapé. Quem quiser aprofundar o que sobre Eça se escreveu tem à sua disposição os volumes 2 (A e B) e 4 da monumental obra de Ernesto Guerra da Cal.[589] Basta folhear este conjunto para se ter uma idéia da imensidão de livros, opúsculos e artigos que, ao longo dos anos, foram sendo editados sobre este escritor. Até 1984, data do apêndice do livro de Guerra da Cal, teriam aparecido cerca de 11 mil obras, número ligeiramente inflacionado, dado existirem artigos, idênticos, que receberam numeração seguida e, ainda, por nele se incluírem diversas traduções da mesma obra. No mesmo caminho de Da Cal, mas apenas no que diz respeito ao estrangeiro, Ana Madureira organizou recentemente um levantamento do que, sobre Eça, se publicou a partir de 1975 (traduções e bibliografia passiva).[590]

I. BIBLIOGRAFIA PRIMÁRIA

1. Obras de Eça de Queirós

Berrini, Beatriz (org.), *Eça de Queiroz: obra Completa*, Rio de Janeiro, Editora Nova Aguilar, 1977.
Medina, J. (org.), *A tragédia da rua das flores*, Lisboa, Morais, 1980.
Moura, H. Cidade (org.), *O crime do padre Amaro*, Porto, Lello, 1964.
Obras de Eça de Queiroz, Porto, Lello, s/d (1º e 2º vols.), 1979 (3º vol.) e 1986 (4º vol.).
Rego, R. (org.), *A emigração como força civilizadora*, Lisboa, Perspectivas e Realidades, 1979.
Reis, C. (org.), *Edição crítica das obras de Eça de Queiroz*, Lisboa, Imprensa Nacional, 1992-2000.[591]

---

[589]E. Guerra da Cal, *Lengua y Estudo de Eça de Queiroz*, particularmente os tomos 2 e 4.
[590]A. Madureira, *Os últimos 25 Anos, tradução e crítica*, Lisboa, Instituto Camões, 2000.
[591]Até a data, foram publicados os seguintes volumes: *O mandarim*, (1992), *A capital* (1992), *Alves & Cia.* (1994), *Textos de imprensa-VI* (1995), *A ilustre casa de Ramires* (1999) e *O crime do padre Amaro* (2000).

2. Livros e Opúsculos

2.1 Portugueses

Agostinho, J., *As últimas obras póstumas de Eça de Queiroz e a crítica*, Lisboa, 1926.
Almeida, J. V. Fialho de, *Pasquinadas*, Porto Lello, 1889.
——, *Figuras de destaque*, Clássica Editora, 1923.
Antero de Quental/In Memoriam, Porto, Mathieu Lugan, 1896.
Arnoso, Conde, *Azulejos*, Lisboa, Portugal-Brasil, s/d.
Ávila, J. T. Lobo d', *Estudos de administração*, Lisboa, 1867.
Braga, T., *História da Universidade de Coimbra nas suas relações com a instrução pública portuguesa*, Lisboa, 1902, Tomo IV.
Brandão, Raul, *Memórias*, Lisboa, Perspectivas e Realidades, s/d.
Cabral, A., *Camilo e Eça de Queiroz*, Coimbra, Antiga Casa França, 1924.
——, *Eça de Queiroz*, Lisboa, Bertrand, 1944.
Carvalho, X. de, *Memórias*, 1922.
Castro, J. Vieira de, *Uma página na universidade*, Porto, 1858.
Coelho, A., *A questão do ensino*, Porto, 1872.
Costa, J. de Sousa e, *Eça de Queiroz, memórias da sua estada em Leiria*, 1870-1, Lisboa, Sá da Costa, 1953.
Couto, A., *Eça de Queiroz e Oliveira de Azeméis*, Porto, Porto Editora, 1985.
David, C., *Eça de Queiroz em Évora*, 1945.
Ferreira, A. e Marinho, M. José (org.), *Bom senso e bom gosto* (a questão coimbrã), Lisboa, Imprensa Nacional, 3 vols., 1985.
Ferro, A., *Eça de Queiroz e o centenário do seu nascimento*, Lisboa, SNI, 1945.
Guimarães, R., *De Lisboa ao Cairo*, 1869.
Júnior, A. Salgado, *História das Conferências do Cassino*, Lisboa, 1930.
Leal, T. Eça, *Eça de Queiroz, menino e moço*, Lisboa, Sá da Costa, 1954.
Lima, Archer de, *O marquês de Soveral e o seu tempo*, Lisboa, Livraria Universal, 1923.
Lima, Veva de, *O único Vencido da Vida que também o foi da morte*, Lisboa, Livraria Luso-Espanhola, 1945.
Magalhães, L. de, *Notas e impressões*, Câmara Municipal da Maia, 1999.
——. *O brasileiro Soares*, Lisboa, Imprensa Nacional, 1980.
Marques, Gentil, *Eça de Queiroz*, Lisboa, Romano Torres, 1946.
Martins, F. A. Oliveira, *D. Carlos e os Vencidos da Vida*, Lisboa, Parceria Antônio Maria Pereira, 1942.
Martins, J. P. Oliveira, *Literatura e filosofia*, Lisboa, Guimarães, 1955.
Martins, Rocha, *Os românticos antepassados de Eça de Queiroz*, Lisboa, Inquérito, 1945.
Melo, A. de, *Eça de Queiroz, o exilado da realidade*, Porto, Livraria Tavares Martins, 1945.

Melo, Conceição de Eça de, *Eça de Queirós revelado por uma ilustre senhora da sua família*, Alma Nova, 1924.
Oliveira, A. de, *Eça de Queiroz: páginas de memória*, Lisboa, Portugália, s/d.
Oliveira, Lopes, *Eça de Queiroz*, Lisboa, Vida Mundial, 1944.
Ortigão, R. *As Farpas*, Lisboa, Clássica Editora, 1942-6.
——. *Quatro grandes figuras literárias*, Lisboa, Empresa Literária Fluminense, 1924.
Pato, Bulhão, *Lázaro cônsul*, Lisboa, 1889.
Penha, J., *Por montes e vales*, Lisboa, 1899.
Pereira, L. Miguel e Reis, Câmara (orgs.), *Livro do centenário do Eça de Queiroz*, Lisboa, Portugal-Brasil, 1945.
Queirós, A. d'Eça de, *Desafronta à memória de Eça de Queiroz*, Porto, Lello, 1950.
Ramos, F., *Eça de Queiroz e os seus últimos valores*, Ocidente, 1945.
Reis, J. Batalha, "Anos de Lisboa, Algumas Lembranças", in *Anthero de Quental/In Memoriam*, Porto, Mathieu Lugan, 1896.
Sérgio, A., *Ensaios*, Lisboa, Sá da Costa, 1980.
Serrão, J., *Prosas sócio-políticas*, Lisboa, Imprensa Nacional, 1982.
Trigueiros, L. Forjaz, *O nacionalismo de Eça*, 1935.

2.2. Estrangeiros

Assis, Machado de, *Obra completa*, Rio de Janeiro, Nova Aguilar, 1997.
Barrès, M., *Sous l'Oeil des Barbares*, 1888.
Carré, Jean-Marie, *Voyagers et Écrivains Français en Égypte*, Cairo, Imprimerie de l'Institut Français d'Archéologie Orientale, 1932.
Proudhon, P. J., *De la Justice dans la Révolution et dans l'Église*, Bruxelas, 1869.
——. *Du Principe de l'Art et de sa Destination Sociale*, Paris, Garner Frères, 1865.
Steegmuller, F. (org.), *Flaubert in Egypt*, Londres, Penguin, 1972.

3. Correspondência

Berrini, Beatriz (org.), *A arte de ser pai*, Lisboa, Verbo, 1992.
—— (org.), *Cartas inéditas de Eça de Queiroz*, Lisboa, O Jornal, 1987.
—— (org.), *Cartas a Emília*, Lisboa, Lisoptima, 1993.
Castilho, G. de (org.), *Eça de Queirós: correspondência*, (2 vols.) Lisboa, Imprensa Nacional, 1983.
—— (org.), *Antônio Nobre, correspondência*, Lisboa, Imprensa Nacional, 1982.
Eça de Queiroz entre os seus apresentado por sua filha, Porto, Lello, 1948.
Freeland, A. (org.), *Eça de Queiroz: correspondência consular*, Lisboa, Cosmos, 1994.
Gustave Flaubert-George Sand: Correspondance, Paris, Flammarion, 1981.

Marinho, M. José, "Cartas de Jaime Batalha Reis a Celeste Cinatti", *Revista da Biblioteca Nacional,* 1, 1993.
Martins, Ana Maria Almeida (org.), *Obras Completas/Antero de Quental/Cartas,* Lisboa, Editorial Comunicação, 1989.
Martins, F. A. Oliveira (org.), *Correspondência de J. P. Oliveira Martins,* Lisboa, Parceria A. M. Pereira, 1926.
Matos, A. Campos (org.), *Eça de Queiroz e Emília de Castro, correspondência epistolar,* Porto, Lello, 1995.
——. *Cartas de amor de Anna Conover e Mollie Bidwell para José Maria Eça de Queirós, cônsul de Portugal em Havana (1873-1874),* Lisboa, Assírio e Alvim, 1998.
Quental, A., *Cartas,* Lisboa, Editorial Comunicação, 1888.
Rocha, Andrée Crabée (org.), *Epistolografia portuguesa,* Lisboa, Imprensa Nacional, 1984.

4. Imprensa

Atlântico, O
Brotéria
Correio da Manhã, O
Diabo, O
Diário de Notícias
Diário de Portugal
Diário Ilustrado
Diário Popular, O
Farpas, As
Gatos, Os
Ilustração, A
Jornal da Noite
Jornal do Comércio
Nação, A
Panorama
Província, A
Repórter, O
Revista de Portugal
Revista Moderna
Revolução de Setembro
Século, O
Tempo, O

5. Manuscritos

Arquivo Pessoal de Eça de Queirós, Tormes.
Espólio Conde de Arnoso, "Arquivo da Cultura Portuguesa Contemporânea", B. N.
Espólio J. Batalha Reis, "Arquivo da Cultura Portuguesa Contemporânea", B. N.

6. Vários

Censo de 1864, Lisboa, 1866.
Diário da Câmara dos Deputados, *1875*.
Grand Dictionnaire Universel du XIX Siècle, Paris, Larousse, 1865-1878.
Lacerda, J. M. Corrêa de, *Diccionário Encyclopédico ou Novo Diccionário da Língua Portuguesa*, 4ª edição, 1874.
Memórias do Prof. Thomaz de Mello Breyner, Lisboa, Parceria Antônio Maria Pereira, 1930.
Musset, A., *La Confession d'un Enfant du Siècle*, Paris, Gallimard, 1973.
Queirós, J. M. Teixeira de, *O castelo do lago*, Coimbra, 1841.

II. BIBLIOGRAFIA SECUNDÁRIA

1. Livros e Opúsculos

1.1. Portugueses

Barreto, Moniz, "Eça de Queiroz e os Maias", *Ensaios de Crítica*, Lisboa, Bertrand, 1944.
Bonifácio, M. Fátima, *Apologia da história política*, Lisboa, Quetzal, 1999.
Cabral, A. (org.), *Dicionário de Camilo Castelo Branco*, Lisboa, Caminho, 1989.
Cavalheiro, Rodrigues, *A evolução espiritual de Ramalho*, Lisboa, Clássica, 1962.
Coelho, J. Prado, *A letra e o leitor*, Lisboa, Morais, 1977.
——, *Ao contrário de Penélope*, Lisboa, Bertrand, 1976.
Cortesão, J. *Eça de Queiroz e a questão social*, Lisboa, Portugália, 1970.
Ferreira, V., *Eça e os Maias*, Lisboa, Asa, 1990.
Figueiredo, J., *Portugal na Exposição de Paris*, Lisboa, 1901.
Fonseca, H. A., *O Alentejo no século XIX: economia e atitudes econômicas*, Lisboa, I. N., 1996.
França, J. A., *As Conferências do Cassino no Parlamento*, Lisboa, Horizonte, 1973.
——. *Os anos vinte em Portugal*, Lisboa, Presença, 1992.
Homem, A. Carvalho, *O primeiro conde de Arnoso e o seu tempo*, Câmara Municipal de V. N. de Famalicão, 1988.
Lains, P., *A economia portuguesa no Século XIX*, Lisboa, Imprensa Nacional, 1995.

Lamy, A. Sousa, *A Academia de Coimbra*, Lisboa, Rei dos Livros, 1990.
Lourenço, E., *Portugal como destino*, Lisboa, Gradiva, 1999.
Magalhães, J. Calvet de, *José Maria, a vida privada de um grande escritor*, Lisboa, Bertrand, 1994.
Martins, A. Coimbra, *Ensaios Queirósianos*, Lisboa, Publicações Europa-América, 1967.
Mata, M. Eugênia, *As finanças portuguesas da Regeneração à I Guerra Mundial*, Lisboa, Banco de Portugal, 1993.
Matos, A. Campos (org.), *Dicionário de Eça de Queiroz*, Lisboa, Caminho, 1988 (2ª Edição e Suplemento 2000).
——. *A casa de Tormes*, Fundação Eça de Queiroz, 2000
Medina, J., *Eça de Queiroz e a geração de 1870*, Lisboa, Morais, 1980.
Mónica, M. Filomena, *O movimento socialista em Portugal, 1875-1934*, Lisboa, Imprensa Nacional, 1984.
——. *Artesãos e operários*, Lisboa, ICS, 1986.
Monteiro, Gomes, *Vencidos da Vida*, Lisboa, Edição Romano Torres, 1944.
Monteiro, N. G., *O crepúsculo dos grandes*, 1750-1832, Lisboa, Imprensa Nacional, 1998.
Nunes, M. Luísa, *As técnicas e a função do desenho de personagem nas três versões de O crime do padre Amaro*, Porto, Lello, 1976.
Oliveira, Maria João de, *O paraíso invisível*, Lisboa, Grifo, 1999.
Petrus, *Proudhon e a cultura portuguesa*, Porto, Editorial Cultura, 1961-8.
Pimpão, A. J. Costa, *Escritos diversos*, Coimbra, Imprensa da Universidade, 1972.
Portugal, 1900, Lisboa, Fundação Calouste Gulbenkian, 2000.
Ramos, R., *A Segunda Fundação 1890-1926*, in J. Mattoso (org.), *História de Portugal*, Lisboa, Círculo dos Leitores, 1994.
Reis, C., *Introdução à leitura de Os Maias*, Coimbra, Almedina, 1998.
Rosa, A. Machado da, *Discípulo de Machado?*, Lisboa, Presença, 1964.
Sacramento, M., *Retrato de Eça de Queiroz*, Lisboa, Editorial Ádito, 1944.
Saraiva, A. J., *As idéias de Eça de Queiroz*, Lisboa, Bertrand, 1982.
——. *Para a história da cultura em Portugal*, Lisboa, Bertrand, 1982.
Sardinha, A., "O espólio de Fradique", *In Memoriam de Eça de Queiroz*, 1922.
Serrão, J., *O primeiro Fradique Mendes*, Lisboa, Horizonte, 1985.
Silva, J. Palminha da, *O nosso cônsul em Havana: Eça de Queiroz*, Lisboa, A Regra do Jogo, 1981.
Simões, J. Gaspar, *Vida e obra de Eça de Queiroz*, Lisboa, Bertrand, 1980.
Torres, A. Pinheiro, *Eça e os Maias*, Porto, Asa, 1990.
Valente, V. Pulido, *Às avessas*, Lisboa, Assírio e Alvim, 1990.

1.2. Estrangeiros

Ackroyd, P., *Dickens*, Londres, Minerva, 1991.
Berrini, Beatriz, *Eça de Queiroz: palavra e imagem*, Lisboa, Inapa, 1988.

Bloom, H., *The Western Canon*, Londres, Harcourt Brace & Company, 1994.
Cal, E. Guerra Da, *Lengua y Estilo de Eça de Queiroz*, Universidade de Coimbra, 1975-1984.
——. *Linguagem e estilo de Eça de Queiroz*, Lisboa, Aster, 1953.
——. *A relíquia, romance picaresco e cervantesco*, Lisboa, Grémio Literário, 1971.
Carey, J., *The Intellectuals and the Masses, Pride and Prejudice among the Literary Intelligentsia, 1880-1834*, Londres, Faber and Faber, 1992.
Carr, R., *Spain, 1808-1975*, Oxford University Press, 1993.
Cavalcanti, P., *Eça de Queiroz, agitador no Brasil*, Lisboa, Livros de Brasil, s/d.
Coleman, A., "Uma reflexão a respeito de Eça de Queiroz e Machado de Assis", in *Eça e os Maias*, Porto, Asa, 1990.
——. *Eça de Queiroz and European Realism*, Nova York, University Press, 1980.
Eça de Queirós et la Culture de son Temps, Paris, Fondation Calouste Gulbenkian, 1998.
Fragrinlas, M., *The Sugar Mills: The Socioeconomic Complex of Sugar in Cuba, 1760-1860*, N. Y. Monthly Review Press, 1976.
Freeland, A., *O leitor e a verdade oculta: ensaio sobre Os Maias*, Lisboa, Imprensa Nacional, 1989.
Gay, P. *The Tender Passion*, Oxford University Press, 1986.
Himmelfarbe, Gertrude, *On Looking Into the Abyss*, Nova York, Alfred A. Knopf, 1994.
Holmes, R., *Footsteps*, Londres, Penguin, 1985.
Hourcade, P., "Eça de Queiroz e a França", *Temas de Literatura Portuguesa*, Lisboa, Morais, 1978.
Kaplan, F., *Dickens: A Biography*, Londres, Sceptre, 1988.
Kee, R., *The Green Flag*, Londres, Penguin, 1989.
Lyra, H., *O Brasil na vida de Eça de Queiroz*, Lisboa, Livros do Brasil, 1965.
Lottman, H., *Flaubert*, Londres, Methuen, 1989.
Mansfield, P., *A History of the Middle East*, Londres, Peguin, 1992.
Martinez-Alier, Verena, *Marriage, Class and Colour in XIX Century Cuba*, Cambridge University Press, 1974.
Meyer, M., *Ibsen*, Londres, Pelican, 1974.
Murray, D. R., *Odious Commerce*, Cambridge University Press.
Nabokov, V., *Lectures on Literature*, Nova York, Harvest Book, 1980.
Nord, P., *The Republican Movement*, Londres, Harvard University Press, 1995.
Osborne, L., *The Poisoned Embrace*, Londres, Bloomsbury, 1993.
Overton, B., *The Novel of Female Adultery*, Londres, MacMillan Press, 1996.
Pichois, C. e Ziegler, J., *Baudelaire*, Londres, Vintage, 1991.
Pinson, K. S., *Modern Germany*, Collier-MacMillan, 1968.
Prichett, V. S., *The Myth Makers*, Londres, Chatto e Windus, 1979.
——. *Balzac*, The Hogarth Press, 1992.
Robb, G., *Balzac*, Londres, Picador, 1994.
——. *Victor Hugo*, Londres, Picador, 1997.

Sartre, J. P., *L'Idiot de la Famille*, Paris, Galimard, 1988.
Seymour-Smith, M., *An Introduction to 50 European Novels*, Londres, Pan Books, 1979.
Sousa, F. de, *O segredo de Eça: ideologia e ambigüidade em 'A cidade e as serras'*, Lisboa, Cosmos, 1996.
Steed, H. W., *Through Thirty Years*, Londres, 1924.
Suchlicki, J., *Historical Dictionary of Cuba*, Londres, The Scarecrow Press, 1988.
Tombs, R., *France, 1814-1914*, Londres, Longman, 1996.
Troyat, H., *Flaubert*, Paris, Flammarion, 1998.
Vincent, J., *Disraeli*, Oxford, University Press, 1990.
Wilde, O., *The Works of Oscar Wilde*, Londres, Collins, 1961.

2. Artigos

2.1. Portugueses

Fonseca, H. e Reis, J., "José Maria Eugénio de Almeida, um capitalista da Regeneração", *Análise Social*, 99, 1987.
Macedo, H., "Machado de Assis: entre o lusco e o fusco", *Colóquio-Letras*, 121-2, 1991.
Ramos, R., "A formação da *intelligentsia* portuguesa, 1860-1880", *Análise Social*, 116-117, 1992.
Santos, Gomes, "A penitência dos Vencidos da Vida", *Brotéria*, 1956.

2.2. Estrangeiros

Teyssier, P., "Os Maias cent ans aprés", in *Eça de Queirós et la Culture de son Temps*, Paris, Fondation Calouste Gulbenkian, 1988.

3. Vários

Almeida, P. Tavares, *A construção do Estado liberal*, Tese de doutoramento não publicada, FCSH, UNL, 1995.
Bernardo, M. A. Rodrigues, *Sociabilidade e práticas de distinção em Évora na segunda metade do século XIX*, Provas de Capacidade Científica e Aptidão Pedagógica, Departamento de História, Universidade de Évora, 1992.
Ramos, R., *Liberal Reformism in Portugal: The Movement for a New Life, 1885-1908*, tese não publicada, apresentada na Universidade de Oxford, 1998.

Fontes das Ilustrações

1. *O Ocidente*, 20.11.1903.
2. Fundação Eça de Queiroz.
3. *Idem.*
4. *A Arte e a Natureza em Portugal*, Porto, Emílio Biel e C.ª Editores, 1904.
5. Arquivo Círculo de Leitores.
6. Coleção particular (AB).
7. *Idem.*
8. Biblioteca Municipal do Porto.
9. *O Ocidente*, 1.8.1880.
10. *Eça de Queirós, Marcos Biográficos e Literários, 1845-1900*, Lisboa, Instituto Camões, 2000.
11. ANF (Arquivo Nacional de Fotografia).
12. *Eça de Queirós: A Escrita do Mundo*, Lisboa, Biblioteca Nacional-Edições Inapa, 2000.
13. *Camões — Revista de Letras e Culturas Lusófonas*, abril-setembro 2000, n.º 9-10, Lisboa, Instituto Camões.
14. Coleção particular (MFM).
15. *Idem.*
16. *Idem.*
17. *Idem.*
18. Coleção particular (AB).
19. Coleção particular (MFM).
20. Coleção particular (A. Lopes).
21. Arquivo Círculo de Leitores.
22. Museu da Cidade.
23. Coleção particular (MFM).
24. *Eça de Queirós, Marcos Biográficos e Literários, 1845-1900*, Lisboa, Instituto Camões, 2000.
25. *Imagens de Cuba Colonial*, Olga Lopez Nuñez, La Habana, 1998.
26. Fundação Eça de Queiroz.
27. *Idem.*
28. Newcastle upon Tyne City Libraries and Arts.
29. *Eça de Queirós, Marcos Biográficos e Literários, 1845-1900*, Lisboa, Instituto Camões, 2000.
30. *Idem.*
31. *Idem.*
32. Arquivo Nacional de Fotografia (ANF).

33. *A Capital! Começos de Uma Carreira*, L. Fagundes Duarte (org.). Edição Crítica das Obras de Eça de Queirós, Lisboa, Imprensa Nacional, 1992.
34. Fundação Eça de Queiroz.
35. Arquivo Círculo de Leitores.
36. Reece Winstone Archive and Publishing, Bristol.
37. *Álbum das Glórias*, 1880.
38. Fundação Eça de Queiroz.
39. *O António Maria*, 15.7.1880.
40. Coleção particular (AB).
41. ANF.
42. D. Alexander, "Surprising Stoke Bishop", *Gloucestershire and Avon Life*, Abril de 1984.
43. National Portrait Gallery, Londres.
44. Fundação Eça de Queiroz.
45. *Idem*.
46. *Eça de Queirós, Marcos Biográficos e Literários, 1845-1900*, Lisboa, Instituto Camões, 2000.
47. Coleção particular (MFM).
48. Fundação Eça de Queiroz.
49. *Idem*.
50. *Idem*.
51. *Idem*.
52. *Eça de Queirós, Marcos Biográficos e Literários, 1845-1900*, Lisboa, Instituto Camões, 2000.
53. Biblioteca Municipal do Porto.
54. Coleção particular (MFM).
55. ANF.
56. Museu Vicentes, Funchal.
57. Biblioteca Municipal do Porto.
58. Fundação Eça de Queiroz.
59. *Idem*.
60. *Idem*.
61. *Idem*.
62. Coleção particular (MFM).
63. Fundação Eça de Queiroz.
64. *Idem*.
65. *Idem*.
66. Arquivo Círculo de Leitores.
67. *Revista Moderna*, 20.11.1897.
68. Fundação Eça de Queiroz.
69. *Idem*.
70. *Revista Moderna*, 20.11.1897.
71. *Paris, 1900*, Porto, Centro Português de Fotografia, 2000.

As fotos foram realizadas por A. Sequeira e por António Lopes.

Índice Toponímico

A

Abissínia, 389
Açores, 31, 315
Adem, 226
Afeganistão, 232
África Oriental, 77
Aix-les-Bains, 305
Albergaria, 246
Alemanha, 171, 231, 233, 236, 380, 451
Alentejo, 46, 59, 61, 63, 247, 315, 331, 420, 421
Alexandria, 74, 76, 79, 224, 225, 226, 227, 423
Alpes, 449
Alsácia-Lorena, 306
Alta Síria, 74
América Central, 133
América do Sul, 133
América Latina, 340
Angers, 195, 215, 219
Angra do Heroísmo, 330
Antilhas Espanholas, 98, 127, 144
Arcachon, 447
Armênia, 412
Ática, 357
Austrália, 134
Áustria, 233, 304
Auvergne, 313
Aveiro, 18, 20, 127, 461

B

Babilônia, 256, 260
Baía, 95
Barcelona, 296
Basiléia, 449
Beira Baixa, 458
Beirute, 74, 81
Beja, 59
Bélgica, 330, 331, 412
Berlim, 84, 142, 356
Betânia, 75
Biarritz, 447
Bolama, 237
Bósforo, estreito de, 20
Braga, 25, 160, 320
Brasil, 18, 48, 101, 173, 186, 188, 212, 231, 232, 233, 235, 246, 256, 371, 400, 409, 412, 468
Bretanha, 413
Bristol, 34, 40, 94, 195, 219, 221, 229, 239, 241, 242, 253, 256, 271, 274, 296, 304, 307, 356, 468, 471
Bruxelas, 356
Buçaco, 237
Buenos Aires, 296

C

Cacilhas, 453
Cádis, 74, 127

Cafraria, 228
Cairo, 74, 75, 76, 77, 78, 79, 224, 226
Califórnia, 134, 408
Canaã, 81
Canadá, 137, 139, 140
Canárias, 322
Carcassone, 400
Cardife, 346
Carpentras, 400
Cascais, 401, 419, 454
Cédron, vale do, 75
Ceilão, 236
Chaves, 219
Chicago, 141
China, 129, 132, 215, 216, 407, 408, 411
Chipre, 232
Chire, 344
Coimbra, 19, 23, 26, 27, 28, 29, 30, 31, 33, 34, 36, 37, 40, 46, 57, 59, 67, 85, 87, 97, 114, 118, 127, 149, 192, 198, 200, 247, 257, 274, 298, 320, 322, 330, 342, 370, 374, 438, 466, 467, 471, 473
Constantinopla, 192, 251
Copenhague, 304
Coréia, 407
Costa Nova, 244
Covilhã, 49
Crato, 127
Cuba, 127, 128, 129, 130, 131, 132, 134, 135, 139, 141, 142, 291, 399, 408, 420, 467

D
Damão, 103
Deir-el-Kal'a, 75
Dinamarca, 58
Dinan, 203
Diu, 103, 246

E
Egito, 74, 77, 80, 82, 223, 224, 226, 227, 229, 377, 399, 409, 465

El-Atâka, 75
Equador, 412
Escócia, 274
Espanha, 55, 70, 111, 123, 127, 128, 132, 328, 329, 410, 411, 412, 421
Estados Unidos da América, 95, 129, 132, 133, 135, 136, 137, 140, 141, 409, 472
Évora, 46, 47, 48, 50, 54, 56, 59, 60, 63, 73, 87, 191

F
Famalicão, 69
Fila, 357
Filadélfia, 141
Florença, 451
Fontainebleau, 447
Fornos de Algodres, 18
França, 31, 32, 33, 49, 65, 67, 88, 89, 90, 109, 111, 120, 123, 127, 141, 171, 193, 195, 219, 222, 223, 233, 236, 243, 287, 299, 306, 313, 322, 323, 367, 368, 370, 377, 380, 403, 412, 423, 427, 471, 472, 473
Freixo de Espada à Cinta, 330

G
Galiléia, 83, 260
Galinhas, ilha das, 85, 236, 237
Galiza, 18, 458
Gau, 24
Genebra, 447, 448, 451
Gênova, 451, 452
Gessen, 81
Gibraltar, 74, 76, 226, 344
Gizé, 79
Glion, 448
Goa, 103
Grã-Bretanha, 131, 193
Granja, 245, 247
Gravelotte, 106
Grécia, 412
Guatemala, 412

Guernsey, 70, 389
Guimarães, 219

H
Havana, 107, 127, 128, 129, 130, 133, 140, 143, 146, 329, 408, 467
Havre, 33, 452, 460
Heidelberg, 449
Heliópolis, 79
Holanda, 274, 421
Hong Kong, 129
Hungria, 412

I
Índia Portuguesa, 103
Índia, 24, 77, 91, 103, 223, 235, 357
Industão, 104, 463
Inglaterra, 18, 40, 74, 103, 144, 146, 148, 151, 161, 179, 181, 191, 192, 198, 215, 224, 225, 226, 227, 228, 229, 230, 232, 233, 236, 245, 253, 271, 288, 296, 306, 344, 345, 346, 347, 353, 364, 368. 396, 409, 410, 423, 464, 468, 472
Irlanda, 24, 55, 229, 230, 472
Ismaília, 74, 76, 80
Israel, 258, 259
Itália, 24, 99, 127, 314, 447, 449

J
Japão, 407
Java, ilha de, 412
Jericó, 259
Jerusalém, 74, 83, 256, 259, 262
Josafat, vale de, 75, 83
Judá, 259
Judéia, 75, 83, 260

L
Lacônia, 357
Lancashire, 192, 346
Lanhoso, 370

Lausanne, 451
Leicester, 229
Leiria, 86, 90, 94, 96, 101, 130, 158, 162, 166, 467
Léman, lago de, 451
Líbano, 74, 75, 81
Lisboa, 11, 29, 37, 39, 40, 41, 49, 50, 51, 52, 54, 56, 57, 61, 63, 64, 65, 68, 70, 73, 74, 76, 81, 82, 85, 88, 90, 92, 94, 97, 102, 105, 107, 122, 127, 130, 133, 142, 147, 150, 155, 167, 173, 181, 190, 199, 200, 201, 216, 234, 241, 252, 257, 262, 264, 268, 269, 274, 275, 290, 293, 305, 306, 308, 311, 312, 313, 315, 321, 323, 325, 329, 330, 331, 344, 358, 361, 363, 364, 374, 379, 382, 385, 415, 418, 422, 430, 435, 436, 439, 442, 450, 460, 467, 468, 471, 472
Liverpool, 224
Londres, 83, 142, 170, 192, 222, 228, 229, 242, 246, 250, 253, 256, 271, 272, 292, 293, 306, 314, 323, 331, 332, 345, 356, 361, 363, 379, 381, 390
Lourenço Marques, 215
Lucerna, 449

M
Macau, 129, 132
Madri, 84, 128, 132, 253, 322, 352
Malta, 76, 91, 226, 258
Manchester, 181
Marrocos, 377
Marselha, 224
Meca, 80, 228
Mégaris, 357
Mênfis, 79
Minho, 17, 128, 130, 243, 257, 432
Moçambique, 420
Molucas, 236
Moncorvo, 149
Monte Carlo, 449

Montenegro, 191
Montijo, 198
Montreal, 139

N
Nancy, 86
Nápoles, 410
Neuilly, 318, 400, 426, 450, 460, 475
Newcastle, 41, 144, 145, 146, 147, 150, 167, 173, 179, 181, 191, 193, 195, 291, 435, 450, 467, 468, 471
Newcastle-on-Tyne, 145, 146
Nicarágua, 412
Nice, 356, 449
Normandia, 413
Nova York, 129, 132, 135, 136, 139, 140, 141, 412

O
Oliveira de Azeméis, 200, 201, 202
Oliveirinha, 453
Omã, 75
Oriente Médio, 73, 223
Ormuz, 236
Outeirinho, 461
Ovar, 198, 200
Oxford, 7

P
Palestina, 74, 258, 467
Paraguai, 48, 70
Paris, 42, 60, 63, 67, 74, 86, 88, 107, 142, 190, 222, 241, 243, 253, 255, 258, 262, 272, 288, 292, 293, 303, 305, 306, 307, 308, 310, 313, 315, 316, 320, 322, 325, 328, 330, 333, 336, 339, 341, 351, 355, 361, 364, 367, 370, 379, 380, 381, 382, 390, 391, 399, 404, 413, 416, 417, 431, 434, 435, 436, 438, 443, 447, 449, 450, 452, 463, 464, 466, 470, 471
Pau, 447

Penamacor, 454
Penela, 246
Pensilvânia, 141
Pequim, 216, 332, 407
Pernambuco, 15, 188, 391
Pérsia, 77
Petreia, 228
Piemonte, 410
Pireneus, 23
Pittsburg, 135, 136, 137, 141
Plombières, 413
Polónia, 24, 32, 55
Pomerânia, 133
Ponte de Lima, 15, 16
Port Said, 79, 224, 226
Porto, 16, 18, 20, 21, 23, 30, 40, 49, 52, 53, 65, 67, 69, 82, 96, 106, 142, 167, 179, 180, 191, 195, 243, 244, 247, 271, 296, 322, 331, 340, 352, 354, 358, 359, 362, 373, 420, 454, 457, 466, 467, 471
Póvoa de Lanhoso, 50
Póvoa do Varzim, 15
Prússia, 274

R
Reriz, 246
Ribatejo, 381
Rio de Janeiro, 171, 188, 221, 409, 412, 457
Roma, 141, 274, 331, 381
Rouen, 317
Roussillon, 237
Rússia, 36, 55, 120, 171, 191, 192

S
Saint-Aubin, 313
Saint-Privat, 106
Sakkarah, 79
São Petersburgo, 84, 191
Santa Eufémia, 328
São Martinho de Cedofeita, 252
São Paulo, 409, 416

Septa-Sindu, 24
Setúbal, 422
Sicília, 450
Silo, 83
Siloé, vale de, 74
Sintra, 91, 401
Stoke Hill, 271
Suez, 73, 74, 79, 81, 82, 226, 467
Suíça, 447, 448, 449, 457
Suriname, 20

T
Tel el-Kebir, 224
Torquay, 271, 273
Torres Vedras, 69, 96
Trás-os-Montes, 330
Tubinga, 375
Turquia, 75, 191, 223, 412

V
Val-André, 313
Vale de Lobos, 130

Veneza, 450, 456
Venezuela, 409
Verdemilho, 20, 21, 198, 462, 466
Verona, 410
Viana do Castelo, 15, 16, 19, 328, 330
Viena, 142
Vigo, 458, 460
Vila do Conde, 15, 16, 252
Viseu, 180

Y
Yorkshire, 227

Z
Zambézia, 442
Zanzibar, 344
Zululândia, 228

Índice Onomástico

A
A. Karr, 97
Abélard, 370
Achmann, Paulo, 147, 242
Adelino, Frederico Filémon da Silva, 25
Aguiar, Joaquim Antônio de, 50
Alberto, Basílio, 29, 33
Albuquerque, Afonso Tavares de, 21, 243
Albuquerque, Maria das Dores Pereira d'Eça e, 22
Albuquerque, Mouzinho de, 419, 422
Alcibíades, 375
Alexandre III, 470
Alexandre, *o Grande*, 378
Ali, Maomé, 226
Almeida, Fialho de, 105, 165, 290, 291, 292, 293, 294, 321, 336, 341, 388, 453, 454
Almeida, José Maria Eugênio de, 45, 46, 47, 49, 50, 54
Alves, Antônio Luís, 453
Amaral, E. do, 438
Amaral, Ferreira do, 362
Amélia, D., 415, 416
Amru, 378
Anastásio, 87
Andeiro, conde de, 364
Andrade, Carneiro de, 86, 147
Anjos, Policarpo Ferreira dos, 316
Arabi, 223, 225, 227, 228
Aragão, Teixeira de, 263
Araújo, Joaquim de, 422
Araújo, José Ferreira de, 221
Argona, duque de, 19
Arnoso, Bernardo, conde de, 270, 316, 327, 332, 333, 359, 415, 416, 453, 471, 473
Arriaga, Manuel, 67
Arrobas, conselheiro, 304
Arroio, Antônio, 453
Asmodeus, 97
Aspásia de Mileto, 357
Assis, Machado de, 183, 184, 185, 186, 187, 188, 221, 417, 444, 468
Assunção, Henriqueta da, 61
Assunção, Manuel de, 149
Austen, Jane, 149
Aveiras, conde de, 383
Ávila, Antônio José, duque de, 69, 95, 97, 99, 114, 115, 116, 119, 123, 124, 464
Ávila, Carlos Lobo de, 46, 292, 294, 317, 325, 327, 329, 332, 342
Azeredo, Magalhães de, 417, 444
Azevedo, J. Teixeira de, 374, 379, 384

B
Bakunine, 122
Balzac, 9, 23, 24, 163, 165, 167, 172, 174, 178, 181, 184, 201, 203, 298, 369, 370, 384, 425, 444, 466, 471, 473
Bandeira, Manuel, 406
Barbosa, Maria, 456
Barrès, Maurice, 369
Barreto, Guilherme Moniz, 340

Barros, Ana Joaquina Leal de, 16
Barros, Gama, 115
Barros, Guilhermino de, 261, 262
Bartolomeu, Antônio Gonçalves, 20
Basto, Evaristo, 22
Bastos, João, 263
Baudelaire, Charles, 31, 37, 44, 65, 71, 260, 376, 377
Beaconsfield, lord, 173, 233
Beire, viscondes de, 247
Benalcanfor, visconde de, 263
Bensaúde, 452
Berlioz, 44
Bernardes, padre Manuel, 376
Bernhardt, Sarah, 216, 313, 330
Beethoven, 37
Bidwell, Mollie, 135, 136, 140, 141, 468
Bilac, Olavo, 221, 317, 318
Bismarck, 173, 231, 330, 332, 339, 396
Blanc, Luís, 225
Bobone, 332
Bolhão, conde de, 19
Bonaparte, Napoleão, 26, 378, 409
Borbons, 410
Borghi, 198
Botelho, Abel, 262, 336, 464
Botelho, Martinho de Arruda, 416, 453
Bouchard, Charles, 449
Bouillet, Louis, 78
Boulanger, general, 307
Bourget, Paul, 367
Braamcamp, Anselmo José, 193, 215, 326
Braga, Teófilo, 24, 27, 31, 32, 35, 57, 177, 178, 180, 181, 217, 238, 342
Branco, Camilo Castelo, 19, 20, 22, 31, 127, 128, 162, 164, 209, 217, 265, 266, 340, 387, 473, 475
Branco, barão de Rio, 317
Brandão, Júlio, 373, 438, 443, 457
Brandão, Raul, 421, 454
Brigth, 270

Browning, 232
Brunetière, 404, 405
Bruno, Sampaio, 89
Burnay, conde de, 345
Burnay, Eduardo, 241, 450
Burnay, João, 86, 142
Byron, 66, 139

C
Cabral, Antônio, 26
Cabral, Baltazar, 422
Cabral, Costa, 19
Cadaval, duque de, 46
Calígula, 110
Camões, Luís de, 321
Campbell, Roy, 444, 473
Campos, Luís de, 119
Canavarro, João, 25, 67
Cândido, Antônio, 325, 327, 331, 332
Canovas, 270
Caparica, conde de, 401
Caparica, condes de, 317, 318
Carlisle, conde de, 405
Carlos X, 171
Carlos, D., 30, 244, 314, 329, 331, 333, 336, 342, 359, 363
Carlos, *o Mau*, 395
Carlyle, Thomas, 274, 405, 461
Carr, Raymond, 7
Carvalho, Coelho de, 198, 261
Carvalho, Maria Amália Vaz de, 327, 461
Carvalho, Mariano de, 198, 314, 326, 359, 326, 364
Carvalho, Xavier de, 471
Cascais, marquês de, 383
Castilho, Antônio Feliciano de, 31, 32, 104
Castillo, Canòvas del, 142
Castro, Antônio Benedito de, 247, 252, 345
Castro, Antônio de, 442
Castro, Antônio José de, 246
Castro, Inês de, 19

Castro, José Luciano de, 89, 297, 299, 325, 342, 344, 452
Castro, José Vieira de, 94
Castro, Luís Inocêncio Benedito de, 246, 297
Castro, Manuel de, 297
Castro, Matilde de, 297
Castro, Vieira de, 30
César Machado, Júlio, 61
Chagas, Pinheiro, 31, 58, 79, 103, 104, 113, 116, 117, 119, 120, 173, 231, 234, 235, 236, 237, 238, 261, 262, 263, 264, 295, 334, 387, 434, 463, 473
Chancelleiros, visconde de, 362
Chardron, Ernesto, 22, 156, 160, 167, 170, 174, 197, 198, 199, 203, 274
Chateaubriand, 124, 217, 378, 461
Cinatti, Celeste, 111, 307
Cipriano, Luís, 334
Claretie, Jules, 328
Clemenceau, 270
Coelho, Adolfo, 113, 114, 115, 123
Coelho, Eduardo, 89
Coelho, J. M. Latino, 473
Coelho, Jacinto do Prado, 436
Colaço, Jerônimo, 242
Columbano, 460
Comte, 368
Conover, Anna, 135, 136, 137, 138, 139, 140, 143, 144, 288, 468
Conrad, Joseph, 472
Constans, 307
Corazzi, 390
Cordeiro, Luciano, 113
Corneille, 94
Correia, Isabel, 413
Corvelo, Artur, 39, 376
Corvo, Andrade, 95, 133, 134, 169, 171, 335
Costa, J. Marques da, 336
Couceiro, Paiva, 458
Courbet, 112, 124
Covo, condessa do, 253

Crespo, Gonçalves, 25, 37
Crisóstomo, João, 355, 359, 361

D
D'Artagnan, 433
Dâmaso, Reis, 217
Dantas, 272
Dante, 234
Danton, 173
Darwin, 23, 170, 376
Daudet, 178, 317
Daupias, conde de, 142
Delagrave, Charles, 310
Descartes, 378
Dickens, 9, 149, 164, 172, 232, 274, 280, 347, 473
Diderot, 26
Dinis, Júlio, 104, 162
Diógenes, 423
Disraeli, 222, 231, 232, 233
Dória, José, 23, 466
Dreyfus, 423, 425
Duarte, Martins, 47
Dugommier, 237
Durkheim, 53

E
Eça, Ana Clementina de Abreu e Castro Pereira de, 15
Eça, Carolina Augusta Pereira de, 15, 17, 20, 39
Eça, José Antônio Pereira de, 15, 19
Eça, Martinho Pereira de, 19
Eduardo, Manuel, 58
Eliot, George, 232, 274
Elísio, Filinto, 374
Enes, Antônio, 160, 341, 453
Estêvão, José, 29
Esteves, Tadeu, 60
Eugénia, imperatriz, 80

F

Falcão, José, 36, 118
Faria, Augusto de, 272, 303, 304, 305, 434
Fernando VII, 410
Fernando, D., 19, 55
Ferrão, Martens, 36, 53, 95, 115, 124, 205
Ferreira, José Dias, 69, 87, 124, 263, 361, 362, 364
Ferry, 270, 307
Feuerbach, 118
Feuillet, Octávio, 90
Ficalho, conde de, 83, 243, 252, 256, 325, 327, 331, 435
Ficalho, condes de, 332
Ficalho, condessa de, 251
Fichte, 419
Figueiroa, Maria Balbina Pamplona Carneiro Rangel Veloso Barreto de, 247
Flaubert, Gustave, 9, 44, 68, 71, 73, 78, 79, 83, 112, 113, 124, 164, 166, 178, 203, 222, 234, 268, 270, 274, 298, 317, 321, 368, 369, 378, 384, 391, 442, 466, 471, 473
Fontana, José de, 82, 116, 121, 122
Francisco I, 89
Franco, João, 359, 456
Frazão, Alberto, 401
Freitas, Gonçalves de, 95
Freitas, Rodrigues de, 179, 180
Freud, Sigmund, 18
Friedlander, Ludwig, 255
Furtado, Pinheiro, 362
Fuschini, Augusto, 114

G

Gaio, M. Silva, 341, 343
Galdós, Benito Pérez, 323
Gama, Arnaldo, 22
Gama, Domício da, 317, 423
Gama, Vasco da, 103, 420
Gambetta, 222, 223

Garcia, Manuel Emídio, 36, 97
Garcia, Ressano, 454
Garibaldi, Giuseppe, 24, 29, 63, 389
Garrett, Almeida, 25, 42, 94, 180, 201
Garvani, 56
Gautier, Théophile, 77, 368, 378
Genelioux, 310, 340, 372, 437
Gladstone, 192, 223, 227, 229
Goethe, 23, 95, 375
Gomes, Henrique Barros, 303, 304, 305, 344
Gomes, João, 341
Goncourt, Edmond, 317, 384
Gounod, 65
Gouveia, Antônio Aires de, 362
Graciosa, marquês da, 452
Grandela, 452
Guimarães, Ricardo, 79

H

Haggard, H. Rider, 341
Hegel, 23, 86, 231, 293
Heine, Henri, 23, 24, 37, 45, 59, 66
Henriques, D. Afonso, 103
Herculano, Alexandre, 116, 124, 130, 164, 236, 442, 443
Heródoto, 378
Hesíodo, 429
Holbein, 368
Holmes, Richard, 9
Homero, 431, 433
Horácio, 27
Hourcade, Pierre, 389
Howard, George, 405
Hugo, Victor, 9, 23, 24, 45, 59, 118, 171, 179, 298, 321, 330, 376, 384, 389, 461, 466
Humberto I, 29
Huysmans, Joris-Karl, 367, 368

I
Ibraim, 81
Ibsen, 368
Isabel II, 55, 70

J
Jefunco, 237
João II, D., 247
João VI, D., 243, 328, 440
João, infante D., 19
Joaquina, Teodora, 20
Jordão, Isabel, 87
Jordão, Levy Maria, 35
José, D., 246
Jouarre, Madame de, 386
Jourdan, Louis de, 59
Joyce, James, 463
Juarez, 55
Junqueiro, Guerra, 9, 25, 36, 67, 71, 244, 319, 321, 322, 326, 327, 330, 332, 334, 341, 379, 452

K
Kant, 142, 231, 334, 374
Keats, 138
Klopstock, 374
Kock, Paulo de, 130

L
Lamartine, 99, 180, 268, 384
Langlois, 118
Lapa, M. Rodrigues, 337
Latour, 122
Leal, Gomes, 43, 71
Leal, Mendes, 20
Leclerq, 94
Leicester, duque de, 229, 230
Leonor, D., 19
Lesseps, 81
Levy, Michel, 106

Lima, Abreu, 330
Lima, Jaime Magalhães, 365
Lima, Sílvio, 337
Linvingstone, 173
Lisle, Leconte de, 376
Littré, 118
Lobato, Gervásio, 22
Lobo, Antônio Costa, 362
Lobo, Barros, 336
Lorenzo, 122
Loulé, duque de, 24, 29, 453
Lucena, João, 388
Luciano, José, 325, 334, 424
Luís XIV, 23
Luís XV, 148
Luís, D., 55, 244, 336, 244

M
Macedo, Diogo de, 86
Macedo, Manuel de, 160
Machado, Augusto, 67
Machado, Júlio, 58
Magalhães, Luís de, 28, 43, 44, 188, 198, 243, 244, 256, 264, 268, 294, 321, 334, 342, 361, 387, 392, 414, 445, 456, 457, 458, 461
Maia, Faria e, 67
Malebranche, 419
Malheiro, Alexandre, 185
Malheiro, Lourenço, 66, 215, 274
Malhoa, 460
Mallarmé, 65
Manta, João Abel, 402
Manuel II, D., 231
Margall, Pi y, 142
Maria I, D., 235, 237, 383
Marialva, marquês de, 235
Marialvas, marqueses de, 383
Marinho, Maria José, 110
Martha, Cardoso, 438
Martins, D. Antônio Alves, 97

Martins, Oliveira, 29, 67, 86, 157, 165, 217,
    219, 221, 235, 238, 243, 244, 255, 267,
    289, 290, 303, 304, 306, 309, 310, 316,
    317, 321, 322, 325, 326, 327, 310, 316,
    317, 321, 322, 325, 326, 327, 328, 329,
    333, 334, 341, 342, 347, 348, 352, 353,
    355, 356, 357, 358, 361, 362, 363, 364,
    365, 368, 370, 371, 372, 378, 380, 381,
    393, 401, 414, 424, 434, 439, 463, 465
Marx, Karl, 122, 124
Massena, 237
Maupassant, Guy de, 307, 313, 317
Maurouny, E., 195
Mayer, Carlos, 26, 37, 65, 67, 313, 314, 317,
    328, 330, 332, 334, 352, 365, 379, 380,
    383, 389, 401, 415, 452
Mazzini, 225, 389
Mello, Francisco Manuel de, 331
Melo, Bernardo Pinheiro Correia de, 243
Melo, Conceição de Eça de, 450
Melo, Fontes Pereira de, 46, 49, 52, 53, 95,
    128, 160, 207, 215, 244, 250, 299, 464
Mendelssohn, H. S., 148
Mendes, Catulo, 65
Mendonça, Henrique Lopes de, 261, 262
Meternich, 409
Michelet, 23, 64, 280, 384
Mickiewicz, Ladislas, 218
Miguel, D., 18, 351, 431
Molière, 149
Moniz, Jaime, 263
Monroe, James, 409, 410
Monteiro, Ofélia Paiva, 89
Monteiro, Sousa, 231, 263
Montesquieu, 71
Mora, 122
Morago, 122
Morny, 375
Moser, conde de, 321, 332
Mota, Silveira da, 263
Mozart, 37, 71, 142

Murger, 56
Murça, condes de, 331
Murça, Maria José de Melo, 243
Musset, 28, 56, 59, 66, 201, 367, 405, 425

N

Nabuco, Joaquim, 317
Napier, 389
Napoleão III, 60, 63, 88, 110, 375, 464
Narvaez, 55
Nasser, 225
Navarro, Alberto, 453
Navarro, Emídio, 317, 326
Nazaré, Santos, 58
Nerval, 24, 37, 45, 56, 58, 367
Nobre, Antônio, 255, 296, 318, 320, 321,
    322, 421
Nogueira, Antônio, 95
Novais, Ferreira, 95
Novalis, 37

O

O'Neill, Jorge, 333
Oliveira, Alberto de, 295, 319, 343, 369, 416,
    422, 436
Oliveira, Teotônio Flávio de, 261
Ornelas, barão de, 452
Ortigão, Ramalho, 21, 22, 31, 40, 43, 82, 85,
    86, 89, 90, 92, 94, 97, 98, 105, 107, 108,
    128, 129, 130, 140, 142, 145, 147, 148,
    149, 154, 155, 161, 162, 169, 170, 171,
    172, 173, 174, 180, 181, 182, 187, 193,
    195, 197, 199, 212, 213, 219, 221, 238,
    241, 242, 243, 244, 251, 252, 253, 255,
    261, 274, 310, 313, 317, 326, 327, 328,
    332, 340, 342, 352, 373, 376, 379, 383,
    384, 390, 391, 392, 419, 426, 430, 432,
    438, 447, 448, 449, 450, 451, 452, 455,
    456, 457, 458, 459, 469, 474
Ortigão, Vasco, 459
Ortolan, 94

Ouguela, visconde de, 164
Ovídio, 89

P
Palmela, duque de, 46, 345
Palmela, duquesa de, 415, 474
Palmerston, 223
Parnell, 231
Pater, 368
Pato, Bulhão, 43, 56, 104, 295, 470
Pauline, 471
Paxá, Ismail, 79, 80, 223
Pedro I, D., 19
Pedro IV, D., 19
Peixoto, Rocha, 343
Penha, João, 25, 36, 65, 97, 320
Peniche, conde de, 69, 465
Pereda, José Maria de, 323
Pereira, Isabel, 19
Pereira, José, 61
Persigny, 375
Pessoa, Fernando, 190, 472
Petre, Sir George, 344
Pia, D. Maria, 303, 453
Pilatos, 263
Pimentel, Serpa, 263
Pina, Mariano, 263, 264, 266, 295, 303, 321, 471
Pindela, Bernardo, 135, 253, 327, 331, 342
Pindela, Vicente, 243
Pinheiro, Bordalo, 198, 453
Pinto, Basílio Alberto de Sousa, 27
Pinto, Serpa, 344
Pinto, Silva, 164, 363
Poe, Edgar, 23, 44
Pombal, marquês de, 453
Prado, Eduardo, 313, 314, 317, 318, 342, 363, 389, 392, 400, 432, 448, 449, 450, 471
Proudhon, 23, 24, 29, 52, 54, 69, 93, 112, 117, 118, 124, 143, 151, 185, 200, 370, 402, 466
Proust, 444

Q
Queirós, Alberto Eça de, 39, 113, 180, 253, 413, 469
Queirós, Almeida de, 462
Queirós, Antônio Eça de, 413, 458, 459, 461, 469
Queirós, Carolina Augusta Pereira de Eça de, 252
Queirós, Joaquim Augusto Teixeira de, 60
Queirós, Joaquim José de, 16, 461
Queirós, José Maria de Almeida Teixeira de, 16, 17, 19, 21, 39, 45
Queirós, José Maria Eça de, 210, 212, 273, 297, 391, 447, 449
Queirós, Manuel de, 352
Queirós, Maria Eça de, 74, 253, 271, 297, 317, 399, 401, 413, 447, 450, 458, 460, 469
Queirós, Teixeira de, 198, 461
Queirós, Teodora Joaquina de Almeida, 16
Quental, Antero de, 24, 28, 31, 32, 36, 43, 59, 67, 68, 70, 71, 82, 85, 86, 88, 95, 96, 109, 110, 111, 112, 113, 114, 117, 118, 119, 121, 122, 123, 124, 142, 153, 155, 162, 166, 198, 243, 244, 295, 315, 326, 327, 342, 351, 353, 365, 370, 463, 467, 474
Quental, Filipe de, 29
Quental, Manuel de, 351
Quevedo, 267
Quinet, 118

R
Racine, Jean, 23, 27
Ramalho, Joaquim da Costa, 21
Rangel, 117
Real, Anselmo Vila, 317
Reis, Carlos, 460
Reis, Jaime Batalha, 29, 40, 41, 42, 43, 45, 63, 66, 67, 68, 70, 71, 82, 85, 88, 94, 96, 110, 111, 114, 117, 119, 121, 122, 123, 124,

142, 143, 144, 145, 151, 152, 153, 154,
155, 199, 238, 307, 313 317, 341, 370,
374, 377, 379, 390, 392, 435, 467, 474
Renan, 43, 71, 82, 114, 117, 200, 280, 332, 384
Resende, Alexandre, 315
Resende, Benedita de, 244, 253, 313, 315,
316, 318, 341, 413, 455
Resende, condessa de, 244, 247, 251, 345
Resende, Emília de, 198, 244, 245, 246, 247,
248, 249, 250, 251, 252, 253, 271, 273,
297, 307, 308, 311, 313, 314, 315, 316,
318, 334, 351, 352, 362, 365, 401, 413,
420, 422, 424, 435, 447, 448, 449, 452,
455, 456, 458, 459, 461, 468, 470, 474
Resende, Luís de, 66, 71, 76, 77, 78, 79, 80,
81, 149, 162, 246, 354, 422
Resende, Manuel de, 66, 244, 245, 247, 249,
315
Ribeiro, Casal, 55, 327
Ribeiro, Hintze, 424, 434, 435, 453
Ribeiro, Silvestre, 94
Ribeiro, Tomás, 31, 57, 200, 371
Rio, Maria Pia Josefa de Meneses de Brito
do, 331
Rios, Fernando de los, 142
Robespierre, 66
Rosa, Sousa, 401, 450
Rosa, Tomás, 332
Rothschild, 351
Rousseau, 26, 403

S
Sabóia, Amadeu de, 55, 128
Sabugosa, marquês de, 331
Sabugosa, conde de, 108, 327, 332, 341, 415,
451, 453
Sabugosa, condes de, 333
Sabugosa, condessa de, 414
Saint-Pierre, Bernardim de, 99
Salazar, 435
Saldanha, duque de, 18, 30, 86, 465

Salgado, Veloso, 460
Salgueiros, barão de, 96
Salgueiros, baronesa de, 96
Salisbury, 306, 344, 359
Salomão, 75
Sampaio, José da Cunha, 29
Sampaio, Rodrigues, 233, 464
Sand, George, 307, 368
Sandeman, Guilherme, 250, 272
Saragga, Salomão, 43, 66, 67, 114, 117, 123
Sarmento, Anselmo Morais, 191
Savarin, Brillart de, 26
Schiller, 139
Schopenhauer, 38, 231, 243, 426
Schwalbach, João Pedro, 22
Scott, Walter, 438
Sebastião, D., 247
Séguier, Jaime de, 198
Serpa, Antônio de, 333, 355, 434
Sévigné, Madame de, 370
Shakespeare, 26, 59, 99, 138, 142, 179, 180, 346
Silos, Domingos da Soledade, 16
Silva, Carlos Bento da, 95
Silva, Oliveira e, 305
Silva, Rebelo da, 442
Silvestre, José, 263
Soares, Nogueira, 95
Sócrates, 433
Soromenho, 119, 124
Sousa, Maria Balbina Pamplona de, 252
Sousa, Teixeira de, 453
Soveral, Luís de, 244, 248, 327, 331, 333, 361,
453, 470, 475
Spencer, 330
Spinosa, 419
Stendhal, 444
Swinburne, 232, 368

T
Taine, 60, 77, 133, 234, 384, 461
Tales, 433

Teles, Basílio, 420
Teles, Júlio, 87
Teles, Maria, 19
Tennyson, 232, 461
Terrail, Ponson du, 91
Tessalonica, arcebispo de, 235
Tewfik, 223
Thackeray, 232, 273, 274, 461
Tieck, Ludwig, 37
Tolstoi, Leon, 470
Tremoceiro, Pedro Rui, 74
Turguenev, Ivan, 470, 471
Twain, Mark, 70

V

Vaillant, Auguste, 402, 403
Valbom, Carlos, 347, 359
Valbom, conde de, 272, 303, 304, 305, 333
Valbom, condes de, 317, 329
Vasconcelos, Maria do Ó Barreiros Arrobas Portugal da Silveira de Barros e, 304
Vasconcelos, Teixeira de, 31, 37, 45, 161
Verde, Cesário, 472, 476

Verdi, Giuseppe, 43
Verlaine, Paul, 320, 413
Veuillot, Louis, 60
Viana, Melo, 449
Viardot, 471
Vico, 23
Vilas-Boas, André, 60
Virgílio, 27, 28
Viseu, bispo de, 465
Vogue, Melchior de, 397
Voltaire, 26, 370, 374
Vrunsk, 94

W

Wilde, O., 368, 369

Z

Zagalo, Z., 373
Zola, Emile, 124, 157, 163, 167, 174, 178, 179, 180, 181, 187, 188, 189, 269, 317, 320, 369, 371, 423, 433, 461, 471
Zorilla, 59

Este livro foi composto na tipologia Aldine
401 em corpo 10/15 e impresso em
papel offset 75g/m² no Sistema Cameron
da Divisão Gráfica da Distribuidora Record.

Seja um Leitor Preferencial Record
e receba informações sobre nossos lançamentos.
Escreva para
RP Record
Caixa Postal 23.052
Rio de Janeiro, RJ – CEP 20922-970
dando seu nome e endereço
e tenha acesso a nossas ofertas especiais.

Válido somente no Brasil.

Ou visite a nossa *home page*:
http://www.record.com.br